W0375440

Portugal

La plage d'Albufeira.
Neale Clark / robertharding / age fotostock

Les régions du guide :
(voir la carte à l'intérieur de la couverture ci-contre)

Sommaire

NOS INCONTOURNABLES

ORGANISER SON VOYAGE

COMPRENDRE LE PORTUGAL

DÉCOUVRIR LE PORTUGAL

1 LISBONNE ET SES ENVIRONS

2 L'OUEST ET LA VALLÉE DU TAGE

3 L'ALENTEJO

4 L'ALGARVE

POUR CHAQUE SITE, RETROUVEZ NOS ADRESSES

5 LES BEIRAS

6 PORTO ET LE NORD

Nos incontournables

Postée à la pointe atlantique de l'Europe, **Lisbonne★★★** respire le vent du large *(p. 122)*.

Le **couvent du Christ de Tomar★★★**, l'un des plus grands monuments manuélins du Portugal *(p. 284)*.

Une sélection de nos plus beaux sites étoilés.

Évora★★★, cité indolente et gracieuse inscrite au Patrimoine mondial de l'Unesco *(p. 298)*.

Les falaises de la **pointe de Sagres**★★★, ultime plongeon dans l'Océan *(p. 404)*.

Le **Palais national de Pena**★★, à **Sintra**★★★, semble tout droit sorti d'un conte de fées *(p. 209)*.

Les vignobles en terrasses de la **vallée du Douro★★** dessinent un paysage unique *(p. 522)*.

Coimbra★★ est une ville universitaire où il fait bon vivre *(p. 416)*.

Parmi les fascinants villages perchés de l'Alentejo, la citadelle en nid d'aigle de **Marvão**★★ *(p. 328).*

Le **monastère de Batalha**★★★, chef-d'œuvre d'art gothique et manuélin *(p. 271).*

Porto★★, la capitale du Nord, est célèbre pour les vins auxquels elle a donné son nom *(p. 488).*

Crédits photographiques :

page 4 : N. Farrin/Robert Harding World Imagery (haut) ; Jesús Nicolás Sánchez/age fotostock (bas)

Page 5 : J. Arnold/hemis.fr (haut gauche) ; Neale Clark/robertharding/age fotostock (haut droit) ; R. Mattes/hemis.fr (bas)

page 6 : O. Fantuz/Sime/Photononstop (haut) ; J. A. Moreno/age fotostock (bas)

Page 7 : M. Abreu/John Warburton-Lee/Photononstop (haut gauche) ; R. Mattes/hemis.fr (haut droit) ; J.-P. Degas/hemis.fr (bas)

ORGANISER SON VOYAGE

La Casa da Música de Porto, par l'architecte néerlandais Rem Koolhaas.
R.-B. Babouan/hemis.fr/ADAGP, Paris 2016

Suggestions d'itinéraires

5 JOURS	ESCAPADES AUTOUR DE LISBONNE
Programme	**Jour 1** : Sintra la romantique (p. 204). **Jour 2** : journée plage à Estoril ou Carcavelos et soirée à Cascais (p. 214). **Jour 3** : les palais de Queluz (p. 180) et de Mafra (p. 220) ; plage à Ericeira (p. 222). **Jour 4** : sur la rive sud du Tage (p. 182), le Cristo Rei ; apr.-midi plage sur la Costa da Caparica (p. 183). **Jour 5** : Setúbal et la serra da Arrábida (p. 225).
Transport	En train pour Sintra et Cascais (liaisons en bus entre les deux). En bus pour Queluz, Mafra et Ericeira. En bateau et bus pour la rive sud du Tage. En voiture pour la serra da Arrábida.
Conseils	Pour un séjour à Lisbonne, voir p. 132. Prévoyez des étapes (Sintra, Cascais, Estoril, Mafra, Ericeira), ou bien logez à Lisbonne et faites des excursions à la journée.
UNE SEMAINE	**DE LISBONNE À PORTO PAR L'OCÉAN**
Suggestion d'itinéraire (env. 550 km)	**Jour 1** : faites une halte au château de Queluz (p. 180) avant de gagner Sintra (p. 204) ; nuit à Ericeira (p. 222), au bord de l'Océan. **Jour 2** : la cité médiévale d'Óbidos (p. 248) et sa lagune (p. 239) ; nuit à Nazaré (p. 261), station balnéaire au site exceptionnel. **Jour 3** : le monastère d'Alcobaça (p. 266) puis celui de Batalha (p. 271) ; nuit au bruit des vagues à Figueira da Foz (p. 438). **Jour 4** : faites un détour par les ruines romaines de Conímbriga (p. 433) avant de rejoindre Coimbra (p. 416) où vous passerez la nuit. **Jour 5** : balade dans la forêt de Buçaco (p. 441) ; visite et nuit à Viseu (p. 455). **Jour 6** : Aveiro et la ria (p. 447). **Jour 7** : départ tôt le matin pour Porto (p. 488).
Transport	En voiture de préférence. Comptez 2 jours de plus en transports en commun.
Conseils	En été, passez un jour de plus à Óbidos pour une escapade sur l'île de Berlenga (p. 256). Après Porto, si vous avez du temps, prolongez votre itinéraire dans la vallée du Douro (p. 522).
UNE SEMAINE	**SUR LES ROUTES DE L'ALENTEJO**
Circuit en boucle au départ de Lisbonne (env. 800 km)	**Jour 1** : en route pour Évora (p. 298), faites une halte pique-nique près des sites mégalithiques (p. 310), puis balade dans les ruelles de la capitale de l'Alentejo. **Jour 2** : le matin, visite de la cathédrale et du musée d'Évora, puis départ pour la serra de São Mamede (p. 328) et Marvão, l'un de ses plus beaux villages perchés (p. 328) ; fin d'apr.-midi à Castelo de Vide (p. 329) et nuit à Portalegre (p. 323). **Jour 3** : visitez le musée de la Tapisserie de Portalegre (p. 325) avant d'aller à Elvas (p. 333), superbe ville fortifiée. Enchaînez avec le palais ducal de Vila Viçosa (p. 315) ; nuit à Estremoz (p. 319). **Jour 4** : tôt le matin, Monsaraz pour la beauté du site et la tranquillité (p. 336). L'apr.-midi, filez à Moura et embarquez non loin de là pour une promenade en bateau sur le lac du barrage d'Alqueva (p. 345) ; nuit à Serpa (p. 344). **Jour 5** : journée à Beja (p. 339), agréable ville de province avec son musée régional, et nuit sur place. **Jour 6** : passez par la villa romaine de São Cucufate (p. 341) et Viana do Alentejo (p. 309) pour gagner Setúbal (p. 225). **Jour 7** : retour à Lisbonne par la serra da Arrábida (p. 224), la « Côte d'Azur » portugaise.
Transport	Véhicule indispensable.
Conseils	Sortez de Lisbonne par le pont Vasco-de-Gama qui vous mettra sur la route Évora. Prenez les routes de campagne plutôt que les autoroutes.

SUGGESTIONS D'ITINÉRAIRES

UNE SEMAINE	PLAGES ET NATURE SAUVAGE : LE TOUR DE L'ALGARVE
Circuit en boucle au départ de Faro (env. 580 km)	**Jour 1** : en route pour Albufeira, arrêtez-vous à l'église São Lourenço (p. 365) et à la plage de Falésia (p. 366) ; nuit à Albufeira (p. 382). **Jour 2** : non loin de Portimão, déjeunez à Ferragudo (p. 389) ; farniente et soirée à Praia da Rocha (p. 398). **Jour 3** : visite de Lagos (p. 396), sports nautiques ou plage (p. 398) ; nuit sur place. **Jour 4** : Sagres, le cap St-Vincent et la côte vicentine (p. 402) ; nuit à Carrapateira ou à Arrifana (p. 407). **Jour 5** : traversée de la serra de Monchique (p. 391) ; après-midi et nuit à Silves (p. 389). **Jour 6** : rejoignez Alte pour traverser la Serra do Caldeirão (p. 366) ; nuit à Tavira (p. 373). **Jour 7** : départ tôt le matin pour Castro Marim (p. 379) et la vallée du Guadiana (p. 378) ; retour à Faro (p. 360).
Transport	Véhicule indispensable.
Conseils	Pour vous loger, privilégiez les maisons d'hôte de charme dans l'arrière-pays. Évitez juillet et août : plages et hôtels sont alors bondés, et les prix s'envolent.
UNE SEMAINE	**PORTO ET LES TRÉSORS DU DOURO**
Circuit en boucle au départ de Porto (env. 500 km)	**Jour 1** : balade dans le vieux Porto (p. 500) le matin, déjeuner près du fleuve et visite des caves de Vila Nova de Gaia (p. 514 et 504) ; nuit à Porto. **Jour 2** : circuits dans la vallée du Douro, à la découverte des vignobles de *vinho verde* (p. 523) ; nuit à Lamego (p. 525). **Jour 3** : circuit du vignoble du porto (p. 528), visite du manoir de Mateus (p. 529) ; nuit à Vila Real (p. 528). **Jour 4** : traversez la serra do Marão (p. 530) pour découvrir Amarante (p. 531) et poursuivez vers Trofa (p. 544) puis Guimarães (p. 538) où vous ferez étape. **Jour 5** : journée à Braga (p. 546) avec une excursion l'après-midi au Bom Jesus do Monte (p. 551) ; nuit à Braga. **Jour 6** : randonnée dans le Parc national de Peneda-Gerês (p. 576 et 582) ; nuit dans le parc. **Jour 7** : retour à Porto par Ponte de Lima (p. 572) et Viana do Castelo (p. 560), principale station balnéaire de la Costa Verde.
Transport	À pied et en tramway à Porto, en voiture pour les circuits.
Conseils	Faites étape de préférence dans des *quintas* et arrêtez-vous chez des producteurs pour faire des dégustations. En été, embarquez pour une minicroisière sur le Douro (p. 533).
UNE SEMAINE	**LES BEIRAS : DES DUNES LITTORALES AUX CIMES DE LA SERRA DA ESTRELA**
Circuit en boucle au départ de Coimbra (env. 700 km)	**Jour 1** : visite de Coimbra (p. 416) et nuit sur place. **Jour 2** : randonnée dans la forêt de Buçaco (p. 441) ; nuit à Luso (p. 445). **Jour 3** : route pour Aveiro (p. 447) et sa ria (p. 451) ; pique-nique sur une plage du nord de la lagune (p. 451) ; nuit à Aveiro. **Jour 4** : découverte de la serra de Caramulo (p. 460) ; visite du musée Grão Vasco (p. 456) et nuit à Viseu (p. 455). **Jour 5** : excursion dans la serra da Estrela (p. 470 et 477) et la haute vallée du Zézère (p. 473) ; nuit dans la serra. **Jour 6** : les villages fortifiés de Belmonte et Sortelha (p. 467) ; nuit à Guarda (p. 462). **Jour 7** : balade dans la serra da Lousã (p. 436) et visite des ruines romaines de Conímbriga (p. 433) ou plage à Figueira da Foz (p. 438) avant de revenir à Coimbra (p. 416).
Transport	Véhicule indispensable.
Conseil	Prévoyez des vêtements chauds pour la serra da Estrela. En été, pensez à réserver si vous passez le week-end près des plages.

Types de séjour

VILLES DE CULTURE	
Lisbonne (p. 122)	Des églises, des palais et des musées à foison, pour tous les âges et tous les goûts ! Quatre jours y suffisent à peine. *Voir notre programme p. 132.*
Évora (p. 298)	Un temple romain, un cœur médiéval, des expos d'art contemporain… et des mégalithes aux alentours : une traversée du temps.
Coimbra (p. 416)	Un lacis de ruelles médiévales enserrant une université fameuse, distinguée par l'Unesco.
Porto (p. 488)	Une cité portuaire où l'austérité du granit épouse l'opulence des ors baroques. Et la capitale d'un vin que l'on ne présente plus.
PALAIS ET SANCTUAIRES	
Palais de Sintra (p. 205)	À une demi-heure de Lisbonne, ils rivalisent d'exubérance, de faste et d'originalité.
Batalha (p. 271)	Un bijou de l'art manuélin. Et aux alentours, le monastère d'Alcobaça (p. 266) et le couvent du Christ à Tomar (p. 284).
Solar de Mateus (p. 529)	Le splendide manoir baroque des comtes de Vila Real sera le temps fort d'un séjour dans la vallée du Douro.
Bom Jesus (p. 551)	Une voie sacrée jalonnée de symboles mystiques monte au sanctuaire, juché au faîte de son escalier monumental.
CHÂTEAUX ET SITES FORTIFIÉS	
Almourol (p. 290)	Un château de conte de fées, nimbé de romantisme chevaleresque.
Villes et villages blancs de l'Alentejo (p. 295)	Évora (p. 298), Arraiolos (p. 308), Estremoz (p. 319), Elvas (p. 333), Monsaraz (p. 336), Serpa (p. 344), Mértola (p. 342), Moura (p. 344), Castelo de Vide (p. 329), Marvão (p. 328)…
Marvão (p. 328)	Surveillant l'Espagne, une citadelle en nid d'aigle qui semble surgir de la montagne.
Silves (p. 389)	Le plus grand château de l'Algarve raconte le souvenir des Maures.
Sagres (p. 404)	Battue par les vents, une forteresse du bout du monde où plane le souvenir d'Henri le Navigateur.
Guarda (p. 462)	Tout autour de la ville sentinelle, les places fortes de l'Est (p. 464) montent une garde vigilante.
SÉJOUR BALNÉAIRE	
Île de Berlenga (p. 256)	Une île rocheuse à explorer en barque et/ou en plongée sous-marine.
Faro (p. 360)	Un agréable point de départ vers la lagune et les plages océanes.
Tavira (p. 373)	Un petit trajet en bateau pour accéder aux long cordon de sable d'Ilha de Tavira, entre la ria et l'Océan.
Lagos (p. 396)	Windsurf, plongée, kayak : pour les amateurs de sports nautiques.
Aveiro (p. 447)	De longues plages côté mer ouverte et une ria sillonnée de canaux.

TYPES DE SÉJOUR

SÉJOUR GASTRONOMIQUE	
L'Alentejo (p. 293)	Des vins fameux (p. 53) et d'étonnantes marinades de porc aux prairies (p. 52).
Serra da Estrela (p. 470)	Un fromage de brebis qui se savoure à tous les stades d'affinage (p. 475) et de petites routes sillonnant les vignobles du Dão (p. 477).
Porto (p. 488) et la vallée du Douro (p. 522)	Les chais de Vila Nova de Gaia (p. 504) et les *quintas* de la vallée du Douro (p. 522) pour des dégustations de *vinho verde*, de vin du Douro et de porto.
Monção (p. 571) et Ponte de Lima (p. 572)	Au cœur du Minho et des vignes produisant le meilleur *vinho verde* du pays.
SÉJOUR SPORTIF	
La Riviera (p. 214) et l'Algarve (p. 356)	Les deux régions attirent les golfeurs du monde entier et les amateurs de sports nautiques pourront profiter du vent qui souffle fort sur les côtes.
Serra da Sintra (p. 207) et Parc de Peneda-Gerês (p. 576)	Du parcours pédestre à la randonnée sportive, les deux sites sont accessibles à toutes les jambes.
Littoral alentejan (p. 348) et côte vicentine (p. 402)	La côte sud réunit les spots incontournables pour surfer au Portugal.
Penhas da Saúde (p. 472)	Une station de ski dans la serra de Estrala.
SÉJOUR NATURE	
Parc naturel du Sud-Ouest alentejan (p. 114)	Des plages sauvages battues par les vents, et une faune et une flore d'une extraordinaire richesse.
Forêt de Buçaco (p. 441)	À découvrir à pied, bien sûr, le nez, les yeux et les oreilles bien ouverts !
Serra da Estrela (p. 470)	Sommet du pays, la montagne de l'Étoile attire les skieurs en hiver.
Parc national de Peneda-Gerês (p. 576)	Le seul parc national du pays affiche des paysages grandioses ; une région qui invite à la randonnée.

SITES OU ACTIVITÉS À FAIRE EN FAMILLE	
Albufeira	Parcs aquatiques Slide & Splash et Zoo Marine
Aveiro	Sortie en bateau de la lagune, réserve de São Jacinto
Beja	Musée botanique, musée de l'Horlogerie de Serpa
Buçaco	Pique-nique dans la forêt de Buçaco
Caminha	Promenade de l'estuaire du rio Minho et plage de Moledo
Caramulo	Musée et exposition d'automobiles
Coimbra	Parc Portugal dos Pequenitos
Estremoz	Centre d'études Ciência Viva
Évora	Circuit des Mégalithes ; Oficina da Terra à Arraiolos
Faro	Plage ; promenade en catamaran dans le Parc naturel Ria Formosa ; centre Ciência Viva, parc aquatique Aqua Show
Fátima	Site jurassique de Bairro
Guimarães	Ascension du mont Penha en téléphérique
Lagos	Kayak sur la plage de Meia Praia ; sports nautiques et zoo de Lagos
Leiria	Balade à pied dans la pinède de Leiria
Littoral alentejan	Promenade en *moliceiro* sur le rio Mira à Vila Nova de Milfontes
Lisbonne	*Voir le tableau p. 132.*
Mafra	Les activités nature à la Tapada Nacional.
Miranda do Douro	Croisière en bateau sur le Douro
Nazaré	Plage de São Martinho do Porto
Parc de Peneda-Gerês	Pique-nique à l'entrée de la réserve et promenade jusqu'à la voie romaine
Portalegre	Balades dans la serra de São Mamede, haras royal de Alter Real
Portimão	Musée de Portimão et parque da Mina ; observation de dauphins ; promenade en bateau à Alvor.
Porto	Musée du Tram, jardins du palais de Cristal, aquarium Sea Life
Serra da Arrábida	Plage de Sesimbra, sortie en mer et rencontre avec les dauphins
Sintra	Tramway jusqu'à l'Océan.
Tavira	Camera Obscura, Centre Ciência Viva ; petit train de Praia do Barril
Vallée du Guadiana	Croisière sur le Guadiana
Viana do Castelo	Plage de Cabedelo, funiculaire de Santa Luzia
Vila Franca de Xira	Centres équestres Morgado Lusitano et Lezíria Grande
Vila Nova de Foz Côa	Parc et Centre de réception.
Vila Nova de Milfontes	Promenade en *moliceiro* sur le rio Mira
Vila Viçosa	Musée des Carrosses

Aller au Portugal

Nom officiel : République portugaise
Capitale : Lisbonne
Superficie : 91 946 km^2
Population : 10 374 822 hab.
Monnaie : euro (€)
Langue officielle : portugais

En avion

Lisbonne, Porto et Faro disposent d'un aéroport international. Réservez vos billets longtemps à l'avance pour les départs en été (nombreux retours des Portugais résidant à l'étranger, surtout au mois d'août).

LIAISONS AÉRIENNES

Lisbonne est reliée au moins 1 fois/j à **Paris** (CDG ou Orly) par Aigle Azur, Air France, Easy Jet, Iberia, Vueling et TAP, ainsi que Ryanair au départ de Paris-Beauvais.
De **Lisbonne,** liaisons régulières ou saisonnières avec **Bâle-Mulhouse** (Easy Jet), **Bordeaux** (Easy Jet et TAP), **Bruxelles** (Brussels Airlines et TAP), **Genève** (Easy Jet et TAP), Lille (Easy Jet), **Luxembourg** (Easy Jet et TAP), **Lyon** (Easy Jet), **Marseille** (TAP), **Nantes** (TAP et Transavia) et **Nice** (Easy Jet et TAP).
Porto est régulièrement reliée à **Paris** (CDG ou Orly) par les compagnies Aigle Azur, Iberia, Easy Jet, TAP, Transavia et Vueling, ainsi que par Ryanair au départ de Paris-Beauvais.
De **Porto**, liaisons régulières ou saisonnières avec **Bruxelles** (Brussels Airlines et TAP), **Genève** (Easy Jet), **Luxembourg** (Easy Jet), **Lyon** (Easy Jet et Transavia), **Nantes** (Easy Jet), **Marseille** (Ryanair) et **Toulouse** (Easy Jet).
Faro est régulièrement reliée en saison à **Bâle-Mulhouse** (Easy Jet), **Bruxelles** (Ryanair), **Genève** (Easy Jet), **Luxembourg** (Luxair) et **Paris** (Easy Jet et Transavia ; Ryanair au départ de Paris-Beauvais).

COMPAGNIES AÉRIENNES

TAP Air Portugal – ✆ *0 820 319 320 - www.flytap.fr.*
Air France – ✆ *36 54 - www.airfrance.fr.*
Brussels Airlines – ✆ *0 902 51 600 (Belgique) - www.brusselsairlines.com.*
Aigle Azur – ✆ *0 810 797 797 - www.aigle-azur.fr.*
Easyjet – *www.easyjet.com.*
Iberia – ✆ *0 825 800 965 - www.iberia.com.*
Luxair – *www.luxair.fr.*
Ryanair – *www.ryanair.com.*
Transavia – ✆ *0 972 720 032 - www.transavia.com.*
Vueling – ✆ *0 899 232 400 - www.vueling.com.*

VOLS CHARTERS ET DÉGRIFFÉS

Expedia – ✆ *01 57 32 49 86 - www.expedia.fr.*
Lastminute – ✆ *0 892 686 100 - www.lastminute.fr.*
GoVoyages – ✆ *0 899 860 860 - www.govoyages.com.*
Look Voyages – ✆ *0 892 020 025 - www.look-voyages.fr.*
Nouvelles Frontières – ✆ *0 825 000 747 - www.nouvelles-frontieres.fr.*

COMPARATEURS DE VOLS

Mise en regard des offres des différentes compagnies aériennes, classements par tarifs et vente de billets en ligne sur les sites : *www.liligo.fr, www.kayak.fr, www.opodo.fr,* entre autres.

En train

De Paris – *www.voyages-sncf.com.* De Paris-Montparnasse, un **TGV** part tous les jours à 10h28 vers Hendaye, où vous changerez de train ; arrivée à la gare d'Oriente, puis à la gare de Santa Apolónia à Lisbonne le lendemain vers 7h30 (env. 21h de trajet).

De Bruxelles – *www.thalys.com.* Aucune liaison directe ; prenez le *Thalys* jusqu'à Paris.

De Genève ou Zürich – Direct jusqu'à Barcelone, changements à Barcelone et Madrid.

En autocar

De France – *Gare routière internationale Paris-Gallieni - 28 av. du Gén.-de-Gaulle - 93541 Bagnolet - ✆ 0 892 89 90 91 (0,35 €/mn) - www.eurolines.fr.* La compagnie **Eurolines** dessert une centaine de villes portugaises. Départ de la gare routière de nombreuses villes de province. Comptez minimum 22h30 pour rallier Lisbonne au départ de Paris.

De Belgique – *✆ 02 274 13 50 (centrale de réserv.) - www.eurolines.be.* Liaisons avec les principales villes portugaises au départ de Bruxelles (pl. de la Constitution ou rue du Progrès), et d'autres villes belges.

En voiture

Le service de calcul d'itinéraires sur **www.viamichelin.fr** suggère des trajets selon vos préférences (le plus court, le plus rapide, sans péage, etc.) et indique les distances entre localités.

De Paris – La route la plus directe passe par Bordeaux, Bayonne, Vitoria, Burgos et Salamanque, soit 1 360 km jusqu'à la frontière portugaise, à **Vilar Formoso.** Pour gagner le sud, allez jusqu'à Salamanque (1 284 km), où vous bifurquerez vers Cáceres et Badajoz pour passer par le poste frontière de **Elvas-Caia** (plus 316 km).

De Bruxelles – Rejoignez Paris (310 km) et suivez les indications ci-dessus.

De Genève – 1 400 km jusqu'à Salamanque. Le trajet le plus court passe par Lyon, Clermont-Ferrand et Bordeaux. Suivez ensuite les indications données au départ de Paris.

Avec un voyagiste

VOYAGES ORGANISÉS

Evaneos – *www.evaneos.com.* Circuits à thème au Portugal, dont un axé sur le patrimoine industriel et insolite du Nord.

Voyageurs du monde – *✆ 01 42 86 16 00 - www.voyageursdumonde.fr.* Spécialiste du voyage individuel organisé. Nombreuses formules, du « Nouvel An chic et tendance à Lisbonne » à l'Algarve en hôtels de charme.

VOYAGES « CULTURE »

Association Arts et Vie – *✆ 01 40 43 20 21 - www.artsetvie.com.* Plusieurs propositions, de 4 à 10 j. Agences à Paris, Grenoble, Nice, Lyon et Marseille.

Clio – *✆ 01 53 68 82 82 - www.clio.fr.* Avec un conférencier, voyage historique et culturel de Lisbonne à Porto, d'Évora à Braga, ou le temps d'une croisière sur le Douro.

VOYAGES « AVENTURE »

Terre d'Aventures – *✆ 01 70 82 90 00 - www.terdav.com.* Randonnées de 8 j en Algarve, à Porto et dans les vignobles, à Lisbonne et dans la serra de Sintra jusqu'à l'Océan.

Avant de partir

Météo

Le Portugal bénéficie d'un climat relativement doux et compte en moyenne 220 j de soleil par an. Le Nord est toutefois plus froid que le Sud, en particulier la région du Trás-os-Montes, où les hivers peuvent être très rigoureux. Meilleure saison pour une visite d'ensemble du pays : le printemps et l'automne.
Institut portugais national de météorologie : *www.ipma.pt.*
Printemps – C'est l'époque des maisons fleuries et des paysages verdoyants. Excellente saison pour visiter le **sud du pays**, en évitant les fortes chaleurs et les foules en Algarve. En avril ont lieu les cérémonies de la Semaine sainte et de nombreuses manifestations folkloriques.
Été – Sec et chaud à l'intérieur, le climat est tempéré sur le **littoral** par des brises marines. *Romarias*, festivals, compétitions sportives se succèdent. C'est la meilleure saison pour profiter des plages. Température moyenne de l'eau : 16/19 °C sur la côte ouest, 21/23 °C sur la côte de l'Algarve. Températures moyennes de l'air : Porto 20 °C, Lisbonne 26 °C, Évora 29 °C, Faro 28 °C.
Automne – Dans le **nord** du pays en particulier, le paysage, où poussent châtaigniers et vignes, prend de jolis tons. La vallée du Douro s'anime pour les vendanges (de mi-sept. à mi-oct.). C'est le moment idéal pour visiter le Minho et le Trás-os-Montes. Températures moyennes dans ces régions : 13 °C et 8 °C respectivement (oct.-déc.).
Hiver – En **Algarve**, où l'on peut se baigner de mars à nov. (mer à 17 °C et air à 18 °C), et sur la Costa do Estoril (mer à 16 °C et air à 17 °C), l'hiver est doux et ensoleillé. La floraison des amandiers d'Algarve, vers fin janv., métamorphose le paysage. On pratique les sports d'hiver dans la serra da Estrela.

QU'EMPORTER ?

L'**été**, des vêtements légers, et quelques habits plus chauds pour les soirées, parfois fraîches en altitude et dans le Nord. Pour lézarder sur les plages atlantiques ou de l'Algarve, n'oubliez pas lunettes de soleil et chapeau.
En **automne** et au **printemps**, pensez à prendre un imperméable dans vos bagages.
En **hiver**, il peut faire froid, surtout dans l'arrière-pays ; les pensions les plus modestes sont mal chauffées.
Et, quelle que soit la saison, une bonne paire de chaussures de marche sera très utile à Lisbonne.

Adresses utiles

INFORMATIONS TOURISTIQUES

Le site Internet **www.visit portugal.com** fait fonction d'office de tourisme. Envoi et téléchargement de documents.
Offices de tourisme au Portugal : voir « Sur place de A à Z », p. 26.

CENTRES CULTURELS

Centre culturel (Instituto Camões) – *6 passage Dombasle - 75015 Paris - ✆ 01 53 92 01 00 - www. instituto-camoes.pt.* Le centre culturel de l'ambassade propose cours et stages de langue pour adultes.

Fondation Calouste Gulbenkian – *39 bd de La Tour-Maubourg - 75007 Paris - ✆ 01 53 85 93 93 - www.gulbenkian-paris.org.* Bibliothèque, expositions et conférences. Les ouvrages publiés par la fondation sont en vente à la librairie Jean Touzot à Paris *(38 r. St-Sulpice, 75006 - ✆ 01 43 26 03 88 - www.jd-touzot.fr).*

LIBRAIRIES

Librairie portugaise & brésilienne – *19/21 r. des Fossés-St-Jacques - 75005 Paris - ✆ 01 43 36 34 37 - www.librairie-portugaise.com.* Tout sur le monde lusophone, en français et en portugais.

Librairie Portugal – *146 r. Chevaleret - 75013 Paris - ✆ 01 45 85 07 82 - www.presseportugaise.com.* Ouvrages en version originale, presse portugaise, CD et DVD. Très fréquentée par les Portugais de Paris.

REPRÉSENTATIONS DIPLOMATIQUES

En France (ambassade) – *3 r. de Noisiel - 75016 Paris - M° Porte-Dauphine - ✆ 01 47 27 35 29 - www.paris.embaixadaportugal.mne.pt.*

En Belgique (ambassade) – *12 av. de Cortenbergh - Bruxelles 1040 - ✆ 02 286 43 70 - www.embaixadadeportugal.be.*

En Suisse (consulat) – *220 rte de Ferney - 1218 Le Grand-Saconnex - ✆ 022 791 76 36 - www.secomunidades.pt/web/genebra.*

Au Luxembourg (consulat) – *282 rte de Longwwy - 1940 Luxembourg - ✆ 45 33 47 1.*

Au Canada (consulat) – *2020 bd Robert-Bourassa - suite 2425 - Montréal - Québec - H3A 2A5 - ✆ (514) 499 03 59.*

Représentations diplomatiques au Portugal : voir p. 24.

VOYAGISTES SPÉCIALISÉS

Voir « Aller au Portugal », p. 15.

S'INFORMER SUR INTERNET

www.visitportugal.com – Site de l'office du tourisme, très complet.

www.ambafrance-pt.org – Site de l'ambassade de France à Lisbonne. Brèves d'actualité sur le pays.

www.embaixada-portugal-fr.org – Site de l'ambassade du Portugal à Paris. Situation socio-politique, données touristiques générales *(en français et en portugais).*

www.patrimoniocultural.pt – Sites sur le patrimoine culturel portugais, notamment les musées et les monuments nationaux (infos pratiques, collections, billets en ligne *(en anglais et portugais).*

www.natural.pt – Sites sur le patrimoine culturel portugais (zones protégées, activités nature, etc.).

www.ipma.pt – Prévisions météo des principales villes portugaises *(en anglais et en portugais).*

www.pai.pt – Les *Pages jaunes* portugaises *(en anglais et en portugais).*

www.jn.pt, **www.dn.pt**, **www.publico.pt** – Principaux organes de presse *(en portugais).*

Région par région

Chacune des cinq régions touristiques possède un portail dédié, en général avec un onglet de recherche en français ou en anglais. Du nord au sud :

www.portoenorte.pt – De Porto à Bragança, toute la région nord.

www.turismodocentro.pt – Le centre du pays, avec les districts de Castelo Branco, Coimbra, Ria de Aveiro et Viseu.

www.visitlisboa.com – La capitale, ses environs et la vallée du Tage, jusqu'au Ribatejo et à Setúbal.

www.visitalentejo.pt – De Portalegre à Beja en passant par Évora, toutes les ressources touristiques de l'Alentejo.

www.visitalgarve.pt – L'Algarve,

côte méridionale du Portugal, avec son chapelet de stations balnéaires.

ASSOCIATION

Association Cap Magellan – *7 av. de la Porte-de-Vanves - 75014 Paris - ✆ 01 79 35 11 00 - www.capmagellan.org*. Regroupe essentiellement des jeunes luso-descendants.

Formalités

PIÈCES D'IDENTITÉ

Les **ressortissants de l'Union européenne** (y compris les mineurs) ainsi que les Suisses doivent être en possession d'une carte d'identité ou d'un passeport en cours de validité. Les **Canadiens**, exemptés de visa pour un séjour inférieur à 3 mois, doivent présenter un passeport en cours de validité.

ASSURANCES SANTÉ

Vérifiez que vous êtes assuré à l'étranger. Si ce n'est pas le cas, souscrivez un contrat d'assurance rapatriement. Certaines cartes bancaires, lorsqu'elles sont utilisées pour régler le déplacement, ouvrent droit à des garanties d'assurance : renseignez-vous auprès de votre banque.

Sécurité sociale

La **carte européenne d'assurance maladie** permet aux ressortissants de l'Union européenne et aux Suisses de bénéficier d'une prise en charge sur place de leurs frais médicaux. Pensez à en faire la

QUELQUES IDÉES DE PRIX POUR ÉTABLIR SON BUDGET

SERVICES OU ARTICLES	PRIX EN EUROS
Une chambre double dans un hôtel très simple	50-60
Une chambre double dans un hôtel confortable	80-100
Une chambre double dans un hôtel de catégorie supérieure	130 et plus
Une chambre confortable à Lisbonne	90-130
Un repas dans une *casa de pasto*	de 12 à 15/pers.
Un repas dans un restaurant	de 18 à 25/pers.
Une location de voiture pour une semaine (catégorie A)	env. 300
Un litre d'essence sans plomb	env. 1,40
Un billet de train Lisbonne-Porto	24-30
Un ticket de métro à Lisbonne	1,40
Trajet en taxi aéroport-centre de Lisbonne	15
Location d'un vélo pour une journée	10-15
Un litre d'eau minérale	0,80
Un café	0,80-1,20
Une bière	0,85-1,30
Un paquet de cigarettes	env. 4 €
Un dîner-spectacle de fado	16-50
Un billet d'entrée de site ou de musée	2-10

demande auprès de votre caisse d'assurance maladie ou en ligne sur *www.ameli.fr* au moins deux semaines avant votre départ.
À défaut, délivrance en ligne d'une attestation temporaire.
Voir aussi « Santé » dans « Sur place de A à Z », p. 28.

DOUANES

La réglementation concernant les importations (alcools, cigarettes, etc.) est la même dans toute l'Europe.

ANIMAL DE COMPAGNIE

Chiens, chats et autres animaux domestiques doivent être munis d'un **passeport** délivré par les vétérinaires. Au Portugal, les animaux sont souvent refusés dans les hôtels et les restaurants, et interdits dans la plupart des lieux publics (y compris parcs et plages).

VÉHICULE ET PERMIS

Le conducteur doit avoir un permis de conduire à trois volets ou un permis international et pouvoir présenter les papiers du véhicule, ainsi que la carte verte, délivrée par la compagnie d'assurances.
Voir aussi « Voiture » dans « Sur place de A à Z », p. 33.

Argent

Le Portugal est membre de la zone euro. En 2015, un **franc suisse** valait 0,91 € (ou 1 € = 1,09CHF). Un **dollar canadien** valait 0,69 € (ou 1 € = 1,45 CAD).
Pour connaître les taux de change en vigueur : www.xe.com/fr.

CHANGE ET CARTES DE CRÉDIT

Le **change** de monnaies étrangères en euros peut se faire dans les banques et les bureaux de change. Très courants, les **distributeurs automatiques de billets** *(multibanco)* permettent de retirer des espèces avec la plupart des cartes de crédit.
La majorité des pensions n'acceptent pas les cartes de crédit, de même que de nombreux petits restaurants.
Demandez à votre agence le numéro à composer de l'étranger pour faire **opposition** en cas de

Calculez votre budget quotidien
Lisbonne est l'une des capitales européennes les moins chères, et le coût de la vie est globalement moins élevé au Portugal qu'en France, surtout quand on s'éloigne du littoral. Les budgets indiqués s'entendent **par jour et par personne** ; ils comprennent la nuit dans une chambre double, le déjeuner et le dîner. Pensez à y ajouter transports, visites, spectacles et activités selon votre programme.
Petit budget (environ **55 €/j/pers.**) : nuit dans une *pensão*, un *residencial* ou un hôtel simple (catégorie « Premier prix »). Déjeuner dans un établissement de restauration légère, et dîner dans une *casa de pasto* (moins de 20 €). Déplacements en bus.
Budget moyen (de **65** à **90 €/j/pers.** environ) : étape dans des établissements confortables, souvent agréablement aménagés. Déjeuner léger et dîner dans un restaurant plus haut de gamme (de 20 à 30 €/pers.). Déplacements en voiture de location basique.
Budget plus large (à partir de **130 €/j/pers.**) : votre séjour s'effectuera dans des conditions très confortables. Nuit dans de jolies *quintas* de l'arrière-pays ou de splendides *pousadas*, dîner gastronomique (plus de 45 €). Déplacements en voiture de location confortable.

NOS CATÉGORIES DE PRIX		
	Hébergement	**Restauration**
Premier prix	moins de 50 €	moins de 20 €
Budget moyen	de 50 à 90 €	de 20 à 30 €
Pour se faire plaisir	de 90 à 130 €	de 30 à 45 €
Une folie	plus de 130 €	plus de 45 €

perte ou de vol de votre carte bancaire. Serveur vocal pour tous les types de cartes : ✆ 0 892 705 705 (0,35 €/mn).

CHÈQUES DE VOYAGE

Pratiques pour les sommes importantes, ils existent en coupures de 50, 100 et 200 €. Ils sont acceptés dans toutes les banques et la majorité des bureaux de change portugais. En revanche, leur usage n'est pas courant dans les hôtels. Les frais de commission varient d'un changeur à l'autre.
Voir aussi « Banque », p. 24.

Téléphoner au Portugal

De la France, la Belgique et la Suisse, composez le 00 + 351 + n° à 9 chiffres du correspondant.
Du Canada, composez le 0011 + 351 + n° à 9 chiffres du correspondant.
Pour les appels depuis le Portugal, voir « Téléphone », p. 31.

Se loger

Vous trouverez une sélection d'hôtels dans les pages « Nos adresses à… », ville par ville. Pour les catégories de prix, voir le tableau ci-dessus.
Notre sélection de lieux d'hébergement est répartie en quatre catégories de prix, sur la base tarifaire d'une chambre double en haute saison.
Les écarts de prix peuvent être considérables entre haute et basse saison, surtout dans les régions très touristiques (l'Algarve, Lisbonne en période de fête ou Fátima durant les pèlerinages) ; vérifiez bien les tarifs lors de vos réservations.

SIGLES

En dehors des hôtels (**H**), les établissement sont classés en **PH** *(pousada histórica)*, **AG** *(agroturismo)*, **CC** *(casa de campo)*, **HR** *(hotel rural)*, **TH** *(turismo de habitação)* et **AL** *(alojamento local)*.

RÉSERVER SON HÉBERGEMENT

En haute saison (juin-août, Pâques et fêtes de fin d'année), dans des régions touristiques telles que l'Algarve, il faut absolument réserver longtemps à l'avance.
À Lisbonne, réservez plusieurs semaines à l'avance entre avr. et oct., surtout dans les hôtels très référencés. Dans la région de Tomar et de Leiria, vous aurez du mal à trouver un hébergement, même à l'avance, pendant les pèlerinages de Fátima, notamment celui de mai.
Plusieurs **sites** vous permettront de réserver votre hébergement, hôtel, *pousada*, auberge de jeunesse ou agritourisme, ou d'affiner vos choix.

HÔTELS

Il y en a pour tous les budgets, de la **pensão** (pension), modeste, le **residencial**, plus confortable mais sans grand charme, à l'**estalagem**, plus luxueux, et l'**hôtel**, de 1 à 5 étoiles. Le petit-déjeuner est presque toujours compris dans le tarif de la chambre (sauf dans les établissements les plus modestes).

Mais Turisme – *www.maisturismo.pt.* Large choix d'hôtels (photos et infos pratiques).
Hoteis de Portugal – *www.hoteis.pt.* Sélection d'établissements avec recherche à partir de cartes.

POUSADAS

Comparables aux *paradors* espagnols, ces établissements (une quarantaine au Portugal) aménagés dans des sites prestigieux comme des châteaux ou d'anciens couvents, offrent un accueil particulièrement soigné. Les *pousadas* étant vite complètes, il est prudent de réserver.
Enatur – *R. Santa Joana Princesa, 12 - Lisbonne - ✆ 218 81 63 00 - www.pestana.com ou www.enatur.pt.*
Les pousadas sont signalées sur la carte Michelin 733 par le symbole .

CHAMBRES D'HÔTE

Présente dans l'ensemble du pays, la plus luxueuse des formules de logement chez l'habitant, le **« Turismo de Habitação »**, est particulièrement développée dans le Nord. Voilà une magnifique opportunité de loger dans des fermes paisibles de campagne (*casas rústicas*, l'équivalent des gîtes ruraux) ou dans de splendides manoirs (*solar* ou *quinta*).

Pour réserver

Associação do Turismo de Habitação/Central Nacional de Turismo no Espaço Rural – *Praça da República - 4990-062 Ponte de Lima - ✆ 258 74 16 72 ou 258 93 17 50 - www.turihab.pt ou www.center.pt.* Recense un grand nombre d'hébergements en milieu rural, de la demeure rustique au manoir.

AUBERGES DE JEUNESSE

Le pays compte une quarantaine d'auberges de jeunesse *(pousadas de juventude).*
Juventude.gov.pt – *✆ 707 20 30 30 - www.pousadasjuventude.pt (en anglais, espagnol et portugais).*

CAMPING-CARAVANING

Le camping « sauvage » n'est pas autorisé. Les offices de tourisme fournissent une liste des terrains aménagés, classés par ordre de confort croissant de 1 à 4 étoiles. Le *Roteiro campista* décrit les terrains de camping et leur accès ; en vente pour 6,90 € sur Internet ou auprès de **Roteiro Campista** – *R. do Giestal, 5-1º F - 1300-274 Lisboa - www.roteiro-campista.pt (en français et en portugais).*
Le règlement du séjour s'effectue le plus souvent en espèces.
Federação Portuguesa de Campismo e Montanhismo – *Av. Coronel Eduardo Galhardo, 24 D - 1199-107 Lisboa - ✆ 218 12 68 90 - www.fcmportugal.com.*

LE GUIDE MICHELIN ESPAÑA, PORTUGAL

Ce guide de référence recommande les meilleurs hôtels et restaurants à tous ceux qui sont à l'affût de bonnes adresses. Chaque année, la publication des restaurants étoilés fait l'évènement.

Se restaurer

Vous trouverez une sélection de tables simples ou réputées dans les pages « Nos adresses à… », ville par ville. Elles sont réparties en catégories de prix (voir le tableau p. 21).

Sur place de A à Z

ACHATS

Voir aussi « Souvenirs » p. 28.

Heures d'ouverture

Magasins – En général, de 9h à 13h et de 15h à 19h; ils ferment en principe le sam. apr.-midi et le dim.
Centres commerciaux – Sauf exception, ouv. tous les jours de 10h à 22h.

Pointures et tailles

Ce sont les mêmes qu'utilisées en France.

AMBASSADES ET CONSULATS

Ambassade de France – *R. de Santos-o-Velho, 5 - 1249-079 Lisboa - 213 93 91 00 - www.ambafrance-pt.org.*
Consulat de France – *R. Capela do Telheiro, 70 - 4465-054 São Mamede de Infesta - 229 05 94 39 - www.ambafrance-pt.org.*
Ambassade/Consulat de Belgique – *Praça do Marquês de Pombal, 14-6° - 1269-024 Lisboa - 213 17 05 10 - www.diplomatie.be/lisbonfr.*
Ambassade du Canada – *Av. da Liberdade, 198/200-3° - 1269-121 Lisboa - 213 16 46 00.*
Ambassade du Luxembourg – *R. das Janelas Verdes, 43 - 1200-690 Lisboa - 213 93 19 40 - http://lisbonne.mae.lu.*
Ambassade de Suisse – *Travessa do Jardim, 17 - 1350-185 Lisboa - 213 94 40 90 - www.eda.admin.ch.*

BANQUE

Voir aussi la rubrique « Argent » dans « Avant de partir », p. 20.
Les guichets sont généralement ouverts de 8h30 à 15h du lundi au vendredi. Nombreux distributeurs automatiques, en service 24h/24.

COURSES DE TAUREAUX

La saison commence à Pâques et s'achève en octobre. Rens. dans les offices de tourisme locaux sur les dates et lieux où l'on peut assister à une **tourada** (corrida à cheval). Les aficionados ne jurent que par les arènes de Lisbonne, Santarém, Vila Franca de Xira et des petites villes du Ribatejo (Alpiarça, Chamusca et Golegã).

DÉCALAGE HORAIRE

L'heure légale du Portugal est celle du méridien de Greenwich, soit **une heure de moins** qu'en France.

ÉLECTRICITÉ

220 volts/50 Hz. Les prises sont semblables aux prises françaises, avec deux fiches rondes.

GOLF

La douceur du climat et les nombreux terrains de haut niveau, en particulier ceux de Cascais-Estoril ou de l'Algarve, fort réputés, permettent de pratiquer le golf toute l'année.
Federação Portuguesa de Golfe – *R. Santa Teresa do Menino Jesus, 6 - 1495-161 Algés - 214 12 37 80 - www.fpg.pt.*

HANDICAP

Le Portugal s'équipe peu à peu selon les normes de l'Union européenne mais tous les établissements ne possèdent pas encore des infrastructures adaptées. Les aéroports et les

grandes gares disposent d'un accès pour fauteuils roulants, tout comme certaines stations du métro lisboète.
Secretariado Nacional de Reabilitação – *Av. Conde Valbom, 63 - Lisbonne - ✆ 217 92 95 00 - www.inr.pt (en portugais).*
Les bureaux d'information touristique fournissent des adresses d'hébergement adaptés (souvent des établissements de catégorie supérieure, et quelques auberges de jeunesse).
Également des infos sur *www.pcd.pt*, le portail du citoyen handicapé *(en portugais)*.

INTERNET

De très nombreuses villes proposent des zones **wifi** en accès gratuit. Les bibliothèques et certains bureaux de poste disposent de bornes, parfois gratuites. Accès wifi gratuit également dans la quasi totalité des hôtels et cafés, surtout sur le littoral.

JOURS FÉRIÉS

1er janv. – Nouvel An.
Mardi gras – Date variable.
Vendredi saint – Date variable.
25 avril – Anniversaire de la révolution des Œillets, fête de la Liberté.
1er Mai – Fête du Travail.
10 juin – Fête nationale : mort de Camões et fête des communautés portugaises.
15 août – Assomption.
8 déc. – Immaculée Conception.
25 déc. – Noël.
Chaque ville célèbre en outre sa fête patronale (saint Antoine à Lisbonne le 13 juin ; saint Jean à Porto le 24 juin) ainsi qu'un jour férié municipal.
Pour le calendrier festif, voir notre « Agenda », p. 36, ainsi que les pages « Nos adresses à… » des différentes villes.

MÉDIAS

Journaux
Les principaux **quotidiens** sont le *Diário de Noticias*, le *Correio da Manhã*, le *Público* et, à Porto, le *Jornal de Notícias*. Parmi les hebdomadaires, l'*Expresso* est l'un des plus lus. Ils disposent tous d'une version en ligne.

Télévision
Six chaînes gratuites (dont les chaînes publiques généralistes RTP1 et RTP2, et les privées SIC et TVI, qui comptent parmi les plus anciennes) côtoient une foule de chaînes payantes. Les émissions en langue étrangère restent rares, même pour les informations.

MUSÉES, SITES ET MONUMENTS

Horaires
Monuments – En général, 10h-12h30 et 14h-17h (18h en été).
Musées nationaux – Fermés les lundis et jours fériés. Les **musées municipaux** ferment souvent à l'heure du déjeuner. Dans les villes en revanche, beaucoup restent ouverts entre 12h et 14h.
Églises – Dans les villages, elles n'ouvrent souvent que pour les offices religieux.

Tarifs et pass
Un ticket d'entrée coûte en général entre 2 et 10 €. Les musées nationaux, souvent gratuits le 1er dim. du mois, accordent aux plus de 65 ans et aux enfants de moins de 12 ans une réduction de 50 %. Étudiants, pensez à présenter votre carte ISIC *(voir « Réductions », p. 27)* !
Les villes de Lisbonne, Porto, Coimbra et Braga ont mis en place un système de pass conférant la gratuité et/ou des réductions dans leurs musées.
Voir les rubriques « S'informer » et « Visite » de ces villes.

NAVIGATION DE PLAISANCE

Les ports de plaisance qui apparaissent sur la carte Michelin n° 733 ont été sélectionnés pour leurs équipements et leurs infrastructures.

OFFICES DE TOURISME

Les offices de tourisme municipaux (**postos de turismo**), présents dans toutes les villes, sont gérés par les cinq régions de tourisme *(região de turismo)*. Le personnel parle plusieurs langues dont, souvent, le français. Vous y trouverez toujours un plan détaillé de la ville, souvent la liste des activités nature ou culture possibles sur place, parfois une carte des environs ou de la région et une aide en cas de difficulté à trouver un hébergement. Dans les villages, un bureau paroissial *(junta da freguesia)* tient lieu d'office de tourisme.

PÊCHE

En rivière

La pêche se pratique surtout dans le Nord : truite, saumon, barbeau, alose (rio Minho, Douro) et dans les nombreuses rivières de montagne de la serra da Estrela (carpe, barbeau, truite). Veillez aux éventuelles interdictions et à acquérir une licence auprès d'une délégation de la DGRM (fortes amendes à défaut).

Direcção Geral de Recursos Naturais, Segurança e Serviços Marítimos (DGRM) – *Av. Brasilia - 1449-030 Lisboa - ✆ 213 03 57 00 - www.dgrm.mam.gov.pt.*

Federação Portuguesa da Pesca Desportiva – *R. Eça de Queiroz, 3-1° - 1050-095 Lisboa - ✆ 213 14 01 77 - www.fppd.pt.* Pour plus d'infos.

Dates d'ouverture de la pêche en rivière : rens. dans les offices de tourisme.

En mer

Sur les côtes du Nord, on pêche des poissons d'eau froide : la raie, la merluche, la roussette, le bar. Le Sud est plus riche en espèces méditerranéennes. L'Algarve est réputé pour sa pêche au gros en haute mer (espadon, thon, squale).

PLAGES

Les plus fréquentées sont celles de l'**Algarve**, s'allongeant le long de falaises ocre ou sur des cordons littoraux. Elles bénéficient d'un climat chaud et d'une eau à la température agréable (17 °C en hiver et jusqu'à 23 °C en été).

Entre le **cap St-Vincent et Setúbal**, la côte est plus accidentée, avec des plages nichées au pied de falaises et une mer froide et agitée (15 °C en hiver, 19 °C en été).

La **Costa de Lisboa**, de Setúbal au Cabo da Roca, comprend les agréables plages de la serra da Arrábida, bien protégées, celles de Costa da Caparica, au sud de l'estuaire du Tage, et celles de Carcavelos, Estoril et Cascais, prisées des Lisboètes.

La **Costa de Prata,** du Cabo da Roca à Aveiro, est constituée d'immenses plages de sable rectilignes, dont celles d'Ericeira, de Nazaré, de Figueira da Foz, ou celles que borde la grande pinède de Leiria.

La **Costa Verde**, entre l'estuaire du Douro et la frontière espagnole, est formée de longues plages sur fond d'arrière-pays agreste verdoyant. L'eau est froide (15 °C en hiver, 19 °C en été).

Bon à savoir – Sur les plages bordées par l'océan Atlantique, surtout sur la côte ouest, faites attention aux courants, parfois violents. Les plages surveillées *(area concessionada)* sont signalées par un panneau vert.

Voir aussi « Types de séjour », p. 12.

PLANCHE À VOILE

Elle se pratique surtout sur le littoral d'Estoril (Praia do Guincho) et sur les plages de l'Algarve. La pratique de la planche à voile est réglementée sur les plages : adressez-vous aux clubs de voile.

PLONGÉE

D'excellents spots de plongée sous-marine se trouvent dans les secteurs escarpés du littoral (île de Berlenga et Peniche, côte de Sesimbra) et les grottes marines qui émaillent la côte de l'Algarve entre Albufeira et Sagres.

POSTE

Les bureaux de poste *(CTT, correios)* sont en général ouv. du lun. au vend. de 8h30 à 18h.
Les timbres *(selos)* sont en vente dans les bureaux de poste, les boutiques de souvenirs et certains kiosques à journaux.

POURBOIRE

Au restaurant, on laisse souvent un pourboire d'env. 10 % du montant de l'addition.

RANDONNÉE

De nombreux sentiers balisés sillonnent le Portugal. Vous pourrez notamment découvrir à pied, à cheval ou à vélo les serras de Monchique, de Sintra ou da Estrela, la forêt de Buçaco, le Parc national de Peneda-Gerês…
Rens. dans les offices de tourisme, aux bureaux d'information des parcs et des réserves et sur www.natural.pt.
Voir aussi « Types de séjour », p. 12.

RÉDUCTIONS

Jeunes…

Collégiens, lycéens et étudiants se procureront l'**ISIC** *(International Student Identification Card)*, valable un an (15 €) et délivrée par les Crous, les centres d'information jeunesse, ou en ligne. La **carte jeune internationale** (IYTC - 13 €), consent aux moins de 30 ans, étudiants ou non, les mêmes réductions que l'ISIC.
ISIC-France – *2 r. de Cicé - 75006 Paris - ✆ 01 40 49 01 01 - www.isic.fr.*

… et moins jeunes

Munis de leur **carte Senior**, les ressortissants de l'Union européenne de 65 ans et plus ont droit à une réduction sur les billets de train et sur certaines entrées de musées et de sites (voire leur gratuité).
Voir aussi « Transports », p. 32.

RESTAURANTS

Pour en savoir plus sur les traditions culinaires du Portugal, lire aussi nos rubriques « Gastronomie », p. 50 et « Vins », p. 53.

Portions : dose ou demi-dose ?

Dans les restaurants populaires, surtout dans le Nord, deux prix différents sont affichés pour le même plat. L'un concerne la **demi-portion** *(meia dose)*, déjà bien copieuse, et l'autre, la **portion entière** *(dose)*, qui conviendra largement pour deux personnes. Pour les **poissons**, les tarifs peuvent indiquer le prix au kilo.

Ce que comprend le prix

Avant le plat choisi, on vous apportera des petits **hors-d'œuvre** *(acepipes)* : fromage, jambon cru, *chouriço*, olives, pâté de thon, etc. Ils ne sont pas offerts en guise de bienvenue mais sont ajoutés à l'addition. Si vous n'en voulez pas, dites-le simplement au serveur quand il les apportera. Le pain et le beurre sont également facturés.
La carafe d'eau n'existe pas : vous devrez commander de l'eau en bouteille.

Différents établissements

Les **restaurantes** (restaurants) affichent une cuisine traditionnelle ou moderne. Hormis à Lisbonne et dans certaines villes accueillant d'importantes communautés étrangères (indienne à Tavira, par ex.), la restauration exotique se fait rare.

La **tasca** (taverne), ou **casa de pasto** (petit établissement de quartier), sert des plats simples et bon marché. Un peu plus cher, la **cervejaria** (brasserie) propose des spécialités locales à apprécier avec une bière ; dans les **churrasqueiras**, les viandes sont à l'honneur tandis que, dans les **marisqueiras,** vous vous régalerez de poissons. Enfin, l'**adega** (« cave vinicole ») s'apparente au bar à vins. Tous offrent une ambiance conviviale. Pour une simple pause, les **pastelarias** (pâtisseries) font généralement office de salon de thé.

Horaires des repas

On commence la journée avec le **pequeno almoço**, ou petit-déjeuner, en général peu copieux (sauf dans les *pousadas* et grands hôtels). Puis vient l'heure de l'**almoço**, ou déjeuner : servi vers 13h, il peut durer deux heures... Enfin, le **jantar** (dîner) se prend entre 19h et 22h, voire plus tard dans les grandes villes ou centres touristiques.

Commander un café

Bica : très serré (type expresso)
Carioca : café plus léger
Galão : café au lait servi dans un grand verre
Descafeinado : décaféiné
Voir aussi « Pourboire », p. 27.

SANTÉ

Hôpitaux

Ils sont modernes et bien équipés mais souvent surpeuplés. Préparez-vous à attendre assez longuement pour vous faire soigner.

Urgences

Composez le **112** ou adressez-vous au *serviço de urgência* de l'hôpital le plus proche.

Pharmacies

Reconnaissables à leur croix blanche sur fond vert, les *farmácias* sont ouv. du lun. au vend. de 9h à 13h et de 15h à 19h, et le sam. matin. On y trouve les mêmes médicaments qu'ailleurs en Europe. Les pharmacies de garde *(farmácias de serviço)* sont ouvertes toute la nuit et le dim.

Médecins

Les médecins portugais sont aussi compétents que leurs homologues français. La plupart parlent anglais ou français. L'ambassade de France *(voir p. 24)* fournit une liste de médecins francophones. Une consultation chez un généraliste coûte env. de 60 à 80 €.
Voir aussi « Assurances santé » dans la rubrique « Formalités », p. 19.

SÉCURITÉ

Rien de particulier à signaler, hormis que les règles de bon sens s'appliquent au Portugal comme ailleurs : ne rien laisser d'apparent dans sa voiture, conserver un double de ses papiers d'identité scannés et déposés sur son propre mail ou sur le site sécurisé *https://mon.service-public.fr.*
Voir aussi « Informations utiles » à Lisbonne, p. 184, et à Porto, p. 510.

SOUVENIRS

Coloré, jouant de toutes les matières naturelles, l'artisanat portugais séduit par sa variété et les prix demeurent raisonnables, tout au moins en dehors des localités les plus touristiques. Chaque région a ses spécialités : linge de maison

SEPT GRANDES VILLES
FORMAT POCKET
ROME DANS
LA POCHE
RCS 433 677 721 00030
SE RESTAURER
FAIRE UNE PAUSE
SHOPPING
SORTIR
ROME . NEW YORK . VENISE . LONDRES . BARCELONE
PARIS . MARSEILLE
ROME
YORK
ISE
ORES
LONE
IS
ILLE
Anguillara
Piazza S.
Sonnino
53
V. del
Salumi
MICHELIN
Une meilleure façon d'avancer

en lin ou en coton brodé à la main, tapis faits main, objets décoratifs et ustensiles en terre cuite ou en bois, ferblanterie (*almotolias*, récipients pour l'huile d'olive), verres de Marinha Grande, azulejos, casseroles en cuivre (dont la typique *cataplana* de l'Algarve)…

Réputé pour la qualité de son cuir, le Portugal est le pays idéal pour acheter des chaussures ou de la maroquinerie. Il ne faut pas quitter Porto sans une bouteille de… porto (si vous prenez l'avion, vous devrez la mettre en soute). Quant à Lisbonne, elle concentre un grand nombre de jeunes artistes spécialisés dans la mode et le design qui vendent leurs créations à des prix abordables.

Céramique et poterie

Dans certains villages, les potiers *(oleiros)* continuent à fabriquer au four des objets en argile cuite d'usage domestique ou décoratif, dont la forme et les coloris diffèrent selon les régions. À **Barcelos**, les poteries sont vernissées, de couleurs vives (jaune et marron) et ornées de rameaux et de fleurs ; on y réalise également les fameux coqs multicolores. Dans la région de **Coimbra**, les verts se nuancent de jaune et de marron ; le décor est plus géométrique. Les poteries de **Caldas da Rainha**, d'un vert éclatant, ont des formes inattendues, parfois grivoises. Dans la lignée de Rafael Bordalo Pinheiro *(voir p. 81)*, les pots à eau, les saladiers, les assiettes sont décorés de feuilles, de fleurs, d'animaux ; les poteries d'**Alcobaça** et de **Cruz da Légua**, plus classiques, se distinguent par la variété de leurs teintes bleues. Dans le Haut-Alentejo, à **Redondo**, **Estremoz** et **Nisa**, les argiles s'incrustent d'éclats de quartz et de marbre. En **Algarve**, les amphores s'inspirent des vases grecs ou romains. Enfin, dans le **Trás-os-Montes**, en particulier à Bisalhães, près de Vila Real, les artisans couvrent leur four en fin de cuisson, ce qui donne à la vaisselle une teinte noire.

Dentelles

Selon un dicton populaire, « Là où il y a des filets, il y a des dentelles. » Effectivement, la dentelle se fabrique presque exclusivement le long du **littoral** (Caminha, Póvoa de Varzim, Vila do Conde, Azurara, Peniche, Setúbal, Lagos, Olhão) ou à proximité (Valença do Minho, Guimarães, Silves) ; seul Nisa fait exception à cette règle. Les motifs décoratifs sont des pins, des fleurs et du trèfle à **Viana do Castelo**, où la dentelle elle-même prend l'aspect du tulle ; des algues, des coquillages et des poissons à **Vila do Conde**.

Broderie

Parmi les châles, nappes et couvre-lits *(colchas)* finement brodés, les plus raffinés sont ceux de **Castelo Branco**, brodés avec de la soie sur de la toile de lin. D'une origine lointaine, ces broderies, qui exigent un long travail, constituaient une part importante du trousseau de la mariée.

Filigrane

Le travail à la main de fils d'or ou d'argent, qui connut une période faste sous le règne de Jean V, est encore à l'honneur au Portugal. Le centre principal en est la petite ville de **Gondomar**, près de Porto. Le fil d'or sert à fabriquer des bijoux en forme de cœur, de croix, de guitare ou de caravelle aux contours vaporeux. Dans le **Minho**, on fabrique toujours les boucles d'oreilles et les broches en filigrane qui mettaient en valeur le costume régional.

Tissage et tapis

Malgré la concurrence des produits industriels, le tissage artisanal reste pratiqué dans quelques villages de montagne : sur d'antiques métiers se tissent de grosses toiles de bure qui deviendront des pèlerines ou des capes. À **Guimarães**, on produit des couvre-lits et des rideaux en toile grossière brodée de motifs classiques de couleurs vives. Les tapis de chanvre ou de lin brodés de laine, dont les plus renommés sont ceux d'**Arraiolos**, sont ornés de dessins d'inspiration plus populaire. Quant aux tapisseries de **Portalegre**, elles font la fierté du pays.

Travail du bois

Les objets en bois peint appartiennent au passé : jougs ouvragés (les plus célèbres étaient ceux de la région de **Barcelos**) et carrioles bariolées de l'Alentejo et de l'Algarve se retrouvent plus souvent dans les musées que dans les scènes de la vie courante, même si l'on voit encore quelques bateaux de pêche sculptés et ornés de scènes naïves ou d'un œil dans la **ria de Aveiro** et sur les plages reculées. On continue cependant à fabriquer, notamment en Alentejo, des objets plus modestes tels que plateaux ou chaises, décorés de motifs naïfs aux tons gais.

Vannerie

Le travail de l'osier, du roseau, des tiges de saule et de la paille de seigle sert à réaliser des corbeilles et des paniers décoratifs ou utilitaires.

Objets en liège

Dans l'Alentejo et l'Algarve, où pousse en abondance le chêne-liège, boîtes, ceintures, sacs, etc., montrent l'extrême diversité d'utilisation du liège.

TABAC

Les cigarettes sont en vente dans les bureaux de tabac *(tabacaria)*, les kiosques à journaux, les supermarchés, et vous trouverez des distributeurs dans certains cafés et épiceries.

Bon à savoir – Il est interdit de fumer dans les lieux publics, en dehors des zones réservées quand elles existent. Les restaurants et les bars de plus de 100 m² doivent disposer d'un espace fumeurs, mais les autres sont souvent entièrement non-fumeurs, tout comme de nombreux hôtels.

TAXI

Les taxis, de **couleur beige**, sont relativement bon marché. Le tarif de prise en charge varie selon les localités (env. 3,40 €) avec une taxe de 1,60 € pour les bagages.

TÉLÉPHONE

Voir aussi p. 21 pour appeler le Portugal de l'étranger.

Appels locaux

L'indicatif régional étant intégré au numéro, vous composerez toujours 9 chiffres. Les numéros commençant par 800 (ligne verte) sont gratuits, ceux qui commencent par 808 (ligne bleue) sont facturés au prix d'un appel local. Les numéros de portables commencent par un 9.

Appels internationaux

Pour appeler du Portugal à l'étranger, composez le 00 + indicatif du pays (France 33 ; Belgique 32 ; Suisse 41 ; Canada 1) + n° du correspondant (sans le 0 initial pour la France, la Belgique et la Suisse).

Appels en PCV

Pour appeler en PCV *(pagar no destino)*, composez le **120** d'un poste fixe pour être mis en relation avec un opérateur.

Cabines téléphoniques

La plupart fonctionnent avec des cartes prépayées (**Portugal Telecom** ou autres opérateurs), pour les appels locaux ou internationaux. Certaines cabines permettent l'utilisation des cartes de crédit. Les cartes téléphoniques sont en vente dans les boutiques PT (Portugal Telecom), les bureaux de poste et certains kiosques et bureaux de tabac.

Téléphones portables

Les opérateurs de **téléphonie mobile** proposent des options internationales, variables selon votre forfait. Jusqu'en juin 2017, date de la suppression des frais d'itinérance, les appels restent extrêmement onéreux. Rens. auprès de votre service client.

Bon à savoir – Avec un téléphone débloqué, vous pourrez acheter une puce chez un opérateur local. Vous vous verrez attribuer un numéro portugais et pourrez recharger votre crédit téléphone dans leurs boutiques respectives, à la poste ou dans les guichets automatiques des banques avec votre carte bancaire.

THERMALISME

Nombreuses au Portugal, les stations thermales *(www.termasdeportugal.pt)* attirent beaucoup de curistes par la grande gamme de leurs eaux minéro-médicinales : radioactives, titaniques, sulfurées, sulfatées…

Voir notamment « Chaves », p. 587.

TRANSPORTS

En train

Le réseau ferroviaire portugais, bon marché, dessert la bande littorale (entre Faro au sud et Braga au nord) et les principales villes de l'intérieur. L'**Alfa-pendular** relie 2 fois/j Lisbonne à Faro (3h), et Lisbonne à Porto ttes les 1 à 2h (3h de trajet, avec escale à Coimbra). Les **trains Intercidades** effectuent les mêmes trajets, avec des arrêts plus fréquents et des tarifs plus intéressants, et desservent également Beja, Leiria, Covilhã, Guarda et Peso da Régua. Les **trains régionaux, interrégionaux et suburbains** desservent les lignes secondaires.

Horaires, tarifs et plan du réseau sur le site des chemins de fer portugais : www.cp.pt.

Réductions – Le **pass Interrail** permet de circuler à moindre coût en Europe, à des tarifs plus avantageux pour les –26 ans. Plusieurs formules : **Interrail One Country Pass** permet d'explorer le Portugal de façon illimitée pendant 3, 4, 6 ou 8 j au choix sur une période de 1 mois ; **Interrail Global Pass**, valable dans 30 pays, permet de voyager de façon illimitée et continue pendant 15, 22 j ou 1 mois, ou de voyager de façon illimitée pendant 5 j

DISTANCES	Bragança	Coimbra	Évora	Faro	Guarda	Lisbonne	Porto
Bragança	-	322	473	746	188	512	211
Coimbra	322	-	251	435	149	201	115
Évora	473	251	-	227	289	135	354
Faro	746	435	227	-	551	277	549
Guarda	188	149	289	551	-	318	207
Lisbonne	512	201	135	277	318	-	305
Porto	211	115	354	549	207	305	-

au choix sur une période de 10 j, ou pendant 10 j au choix sur une période de 22 j. Cartes en vente auprès de la **SNCF** – *✆ 36 35 (0,40 €/mn) - www.interrailnet.eu.*

La **carte Eurail Pass Portugal** *(www.eurail.com)* permet de voyager de façon illimitée dans le pays pendant 3, 4, 5 ou 8 j sur une période de 1 mois. Même principe dans la péninsule Ibérique avec l'**Eurail Pass régional Espagne-Portugal** (illimité pendant 3 à 10 j sur une période de 2 mois), ainsi que dans 24 pays d'Europe, dont le Portugal, avec l'**Eurail Global Pass**.

Voir aussi « Réductions », p. 27.

En autocar

Le meilleur moyen de visiter le pays à défaut de voiture. Le Portugal dispose d'un réseau très dense de lignes d'autocars : toutes les localités sont desservies, à des tarifs souvent inférieurs à ceux du train. Les **lignes express** relient les principales villes ; les **lignes régionales** effectuent des arrêts plus fréquents. Les bureaux de vente des gares routières sont ouverts tous les jours.

Rede Nacional de Expressos – *Praça Marechal Humberto Delgado (r. das Laranjeiras) - Lisbonne - ✆ 707 22 33 44 (8h-22h) - www.rede-expressos.pt (en portugais).* Principale compagnie ; elle propose des lignes express.

En avion

La **TAP** *(p. 15)* assure les vols domestiques. Coût élevé, faibles distances à parcourir : ce mode de déplacement présente peu d'intérêt. Exemples de durée des trajets : Lisbonne-Porto 50mn ; Lisbonne-Faro 40mn.

Voir « Nos adresses » à Lisbonne (p. 184), Faro (p. 369) et Porto (p. 510) pour localiser l'aéroport et connaître les liaisons avec le centre-ville.

En ville

Dans les grandes villes, vous aurez le choix entre le tramway, l'autobus et le métro pour Lisbonne et Porto.

Pass et formules spéciales visiteurs : voir la rubrique « Transports » dans « Nos adresses », notamment à Lisbonne, p. 186 et à Porto, p. 511.

URGENCES

SOS et police – *✆ 112.*

Assistance médicale – *✆ 115.*

Voir aussi « Santé » p. 28.

VOILE

Elle est pratiquée sur tout le littoral, dans l'estuaire du Tage et sur de nombreuses retenues d'eau à l'intérieur des terres. Des régates et des compétitions internationales sont organisées en saison dans les grandes stations.

Federação Portuguesa de Vela – *Doca de Belém - Lisbonne - ✆ 213 65 85 00 - www.fpvela.pt (en portugais).*

VOITURE

Permis de conduire : voir p. 20.

Location de voitures

Les principales compagnies sont bien représentées, en ville comme dans les aéroports et les gares ferroviaires internationales. L'âge minimum pour louer une voiture est souvent de 21 ans.

Pour payer moins cher, passez par un courtier comme *www.bsp-auto.com* ou bien encore *www.autoescape.com.*

Bon à savoir – Si vous choisissez l'assurance rachat de franchise auprès du courtier (vivement recommandée), le loueur bloquera à ce moment-là une caution minimale de 1 000 € sur votre carte de crédit. Optez pour un retour avec réservoir plein avec option péage électronique *(voir p. 34).*

Réseau routier

Il est en excellent état, y compris sur le réseau secondaire. Les autoroutes, toutes neuves, ne sont pas très fréquentées en raison du prix élevé des péages.

Cartes et plans

Voir p. 39.

Code de la route

La **vitesse** est limitée à 120 km/h sur autoroute, 90 km/h sur route et 50 km/h en agglomération (pour un **camping-car** : 100 km/h sur autoroute, 70 km/h sur route et 50 km/h en agglomération). Port de la **ceinture** de sécurité obligatoire à l'avant et à l'arrière. Attention, les **passages cloutés** sont matérialisés sur la chaussée par un stop. Le **taux d'alcoolémie** ne doit pas dépasser 0,5 g/litre.

Consignes de sécurité

Une **grande prudence** est recommandée aux automobilistes. Les Portugais roulent vite… Le programme **« Tolérance zéro »** appliqué sur certaines grandes voies se traduit par un renforcement des contrôles de police et une application rigoureuse du Code de la route.

Bon à savoir – Sur l'IP 5, qui relie Aveiro à Vilar Formoso, il est obligatoire de rouler avec les **feux de croisement allumés**, même de jour.

Péages

La plupart des autoroutes sont payantes. Certaines autoroutes du littoral nord (A27, A28), du Grand Porto (A4, A24, A41 et A42), du centre du Portugal (A17, A23, A25 et A29) et l'A22 en Algarve sont dotées **exclusivement** d'un système de **péage électronique** (panneau « Electronic toll only » et logo semblable à un signal wifi). Si votre véhicule est immatriculé à l'étranger, vous devrez :
– soit acheter une **Toll Card** prépayée, que vous vous procurerez dans un Welcome Point à la frontière, à la poste ou dans une aire de service au Portugal ou en Espagne (5, 10, 20 ou 40 € ; activation par envoi d'un SMS) ;
– soit opter pour la formule **Easy Toll** (validité 30 j), qui consiste à appairer une carte de crédit à l'immatriculation de votre véhicule en insérant celle-ci dans le terminal d'un Welcome Point.

Welcome Point – *www.portugaltolls.pt - Sur les N 13 (Vila Nova de Cerveira), A 24 (Chaves), A 25 (Vilar Formoso) et A 22 (Vila Real de Santo António).*

Stationnement

Le non-respect des places réservées aux handicapés est puni d'amendes importantes.

Carburant *(gasolina)*

Les stations-service sont généralement ouvertes de 7h à 0h (certaines 24h/24).
En 2015, les prix au litre étaient de :
– sans plomb 95 *(sem chumbo)* 1,37 € ;
– sans plomb 98 1,50 € ;
– gasoil 1,15 € ;
– GPL 0,80 €.
Tarifs et listes des *postos de gasolina* sur *www.maisgasolina.com*.

Assistance automobile

Numéro national d'urgence : **112**.

Mémo

Agenda

Cette liste indique les principales fêtes et les grands festivals sans prétendre à l'exhaustivité.

PRINTEMPS

Braga – Processions et cérémonies religieuses *(Semaine sainte).*
Loulé – Pèlerinage à Nossa Senhora da Piedade, renouvelé deux dim. plus tard *(dim. de Pâques).*
Sintra – Concerts classiques dans les parcs de Sintra ou au palais de Queluz *(de déb. mai à déb. juin).*
Barcelos – Fête « das Cruzes », foire à la poterie, danses populaires *(3 mai).*
Sesimbra – Festa do « Senhor das Chagas » *(3-5 mai).*
Fátima – Premier grand pèlerinage annuel. *12 mai* : procession des Cierges à 21h30; *13 mai* : messe internationale.
Leiria – Foire-exposition agricole et artisanale : processions, danses, etc. *(2e quinz. de mai, fête de la ville le 22).*
Amarante – Fêtes de São Gonçalo *(6, 7 et 8 juin).*
Ponte de Lima – Fête du *vinho verde (2e w.-end de juin).*
Santarém – Foire nationale d'agriculture : folklore *(1er-10 juin).*
Lisbonne – Fête des saints populaires : défilés (12-29 juin).

ÉTÉ

Braga – Fête de la St-Jean, *(23-24 juin).*
Porto – Fête de la St-Jean *(23-24 juin).*
Sintra – Grande Foire de São Pedro *(28-29 juin).*
Vila Real – Foire de São Pedro *(28-29 juin).*
Tomar – Fête des *tabuleiros (1re sem. de juil., tous les 4 ans, prochaine en 2019).*
Coimbra – Fête « da Rainha Santa » *(1er ou 2e w.-end de juil., années paires).*
Aveiro – Fête de la ria, avec concours de proues décorées de *moliceiros (juil.-août).*
Portimão – Festival de la sardine *(déb. août).*
Guimarães – Fête des « Gualterianas » : foires, rues décorées, géants. *(1er w.-end d'août).*
Viseu – Foire de São Mateus : folklore, artisanat, gastronomie, etc. *(de mi-août à mi-sept.).*
Viana do Castelo – Fête de « Nossa Senhora da Agonia » *(3e sem. d'août).*
Miranda do Douro – Fête de Santa Bárbara : danse des *pauliteiros (3e dim. d'août).*
Lamego – Fête de « Nossa Senhora dos Remédios » *(déb. sept.).*
Nazaré – Fête de Notre-Dame de Nazaré *(à partir du 8 sept.).*
Lisbonne – Festival mondial de pyrotechnie *(sept.).*

AUTOMNE

Vila Franca de Xira – Foire d'artisanat, lâchers de taureaux, *touradas (4-12 oct.).*
Santarém – Festival national de la gastronomie *(2e dim. d'oct.).*
Fátima – Dernier grand pèlerinage annuel *(12-13 oct.).*

Marchés traditionnels

Les marchés ont lieu une fois par semaine dans la plupart des bourgades et les foires sont réputées pour leur animation. Voici les plus connus :

Barcelos – Foire tous les jeu. mat. (poterie).
São Pedro de Sintra – 2e et 4e dim. du mois, foire aux antiquités.
Estremoz – Marché le sam. (poterie).
Estoril – Foire artisanale (Feira do Artesanato) en juil. et août.
Santarém – Foire agricole en oct.
Golegã – Foire du cheval en nov.

Bibliographie

GÉOGRAPHIE, HISTOIRE

- Bourdon Albert-Alain, *Histoire du Portugal*, Chandeigne, 2010. Une histoire de la nation portugaise du 11e s. à nos jours.
- Poirier Jean-Paul, *Le Tremblement de terre de Lisbonne : 1755*, Odile Jacob, 2005. Le désastre vu par les contemporains.
- Castro Xavier de et Thomaz Luís-Filipe, *Le Voyage de Magellan (1519-1522)*, Chandeigne, 2010. Un recueil très complet des sources sur l'épopée du navigateur portugais.
- Peroncel-Hugoz Jean-Pierre, *Le Fil rouge portugais*, Payot, 2004. Un tour du monde des pays où les Portugais ont laissé des traces de leur passage : du Japon au Kenya, du Mozambique à Rio.
- Loude Jean-Yves, *Lisbonne, dans la ville noire*, Actes Sud, 2003. Une enquête originale et engagée sur le visage africain de Lisbonne.
- Lepère François, Dehnel André et Heckmann Céline, *Sur le chemin de St-Jacques-de-Compostelle - Le Chemin portugais*, Lepère, 2011. De Lisbonne à Compostelle *via* Fátima, Coimbra, Porto, etc.

ART

- Collectif, *Par les terres de la Maure enchantée, L'Art islamique au Portugal*, Édisud, 2001. Cinq siècles de civilisation « mauresque » dans les traditions et l'architecture de la péninsule Ibérique.
- Júdice Nuno et Cornu Bernard, *Portugal, un voyage dans le temps*, Les Perséides, 2013. Photographies noir et blanc accompagnées de textes poétiques.

GASTRONOMIE ET VINS

- Castro Mario de, *Cuisine intime et gourmande*, La Martinière, 2012. Éloge d'une cuisine familiale aux influences multiples.
- Gachao Pedra, *Les Recettes portugaises de nos grands-mères*, CPE, 2013. Recueil de recettes traditionnelles en hommage à la gastronomie portugaise.

TRADITIONS

- Boulin-Néel Laëticia, *Le Cheval lusitanien : élevage et traditions équestres au Portugal*, Larivière, 2004. Portrait exhaustif et passionné de la race lusitanienne.

LITTÉRATURE

- Bessa-Luís Agustina, *Un chien qui rêve*, Métailié, 2000. *Le Principe de l'incertitude*, Métailié, 2002. La « Yourcenar portugaise » est l'auteur d'une quarantaine de romans (certains portés à l'écran par Manoel de Oliveira) et de pièces de théâtre.
- Camões Luís de, *Les Lusiades*, Robert Laffont, 1999. Le plus célèbre poème épique portugais relate la découverte des Indes par Vasco de Gama (édition bilingue).
- Cardoso Dulce Maria, *Cœurs arrachés*, Phébus, 2005. Un polar métaphysique autour du destin mêlé d'un homme et quatre femmes.
- Cardoso Pires José, *De profundis, Valse lente*, précédé de *Lettre à un ami-nouveau*, Gallimard, 2008, *Ballade de la plage aux chiens, Gallimard*, 1999. Un auteur plusieurs fois primé.
- Castelo Branco Camilo, *Amour de perdition*, Actes Sud, 2000. Le plus grand roman d'amour de la

péninsule Ibérique évoque avec brio la passion clandestine.

- Ferreira Vergílio, *Le Matin perdu*, Éditions de La Différence, 1990. Ce livre, marqué par les longues années que l'auteur a passées au séminaire, a obtenu le prix Fémina étranger en 1990.
- Jorge Lídia, *Nous combattrons l'ombre*, Métailié, 2008. *Le Vent qui siffle dans les grues*, Métailié, 2009. *Les Mémorables*, 2015, Métailié. L'une des grandes figures de la littérature portugaise actuelle, dont l'œuvre s'enracine dans son Algarve natale.
- Lobo Antunes António, *Le Cul de Judas*, Métailié, 2013. *La Splendeur du Portugal*, Seuil, 1998. *Au bord des fleuves qui vont*, Christian Bourgois, 2015. Ancien médecin militaire en Angola, psychiatre réputé au Portugal, son œuvre romanesque compte une quinzaine de livres.
- Lourenço Eduardo, *Mythologie de la saudade*, Chandeigne, 1997. Un bel essai sur la mélancolie portugaise.
- Mendes Pinto Fernão, *Pérégrinations*, La Différence, 2002. Écrit au 16e s., le récit picaresque d'un voyage aux Indes long d'une vingtaine d'années.
- Oliveira Carlos de, *Une abeille dans la pluie*, José Corti, 1989. L'un des meilleurs romans néoréalistes portugais, qui dénonce les préjugés sociaux traditionnels.
- Peixoto José Luís, *Livro*, Grasset, 2012. Le grand roman de l'immigration portugaise en France.
- Queirós Eça de, *Les Maia*, Chandeigne, 2015. Fresque d'une société bourgeoise décadente dans une Lisbonne fin de siècle (19e s.).
- Saramago José, *Histoire du siège de Lisbonne*, Seuil, 1999. *L'Année de la mort de Ricardo Reis*, Seuil, 1998. *L'Évangile selon Jésus-Christ*, Seuil, 2000. *L'Aveuglement*, Seuil, 2008. *Le Dieu manchot*, Seuil, 2008. *Pérégrinations portugaises*, Seuil, 2003. Prix Nobel de littérature en 1998, José Saramago est l'auteur d'une trentaine d'œuvres.
- Tavares Gonçalo M., *Jérusalem*, Points, 2012. La folie rôde dans une cité sans nom. Un roman dense.
- Tordo João, *Le Domaine du Temps*, Actes Sud, 2010. Roman inclassable à l'intrigue riche et haletante.
- Torga Miguel, *La Création du monde*, Garnier-Flammarion, 1999. Le maître-livre d'un écrivain humaniste, interdit pendant plusieurs décennies sous la dictature de Salazar.

Voir aussi « Une littérature d'envergure », p. 58.

POÉSIE

- Pessoa Fernando : toute son œuvre, notamment *Le Livre de l'intranquillité* (Christian Bourgois, 2011) et *Lisbonne* (Éd. 10/18, 2000). L'homme aux multiples hétéronymes reste l'un des plus grands poètes portugais.
- Collectif dirigé par Michel Chandeigne, *Anthologie de la poésie portugaise contemporaine (1935-2000)*, Gallimard, 2003. Les plus belles poésies de Pessoa, Torga ou Al Berto.

Filmographie

Les Amants du Tage (1954), Henri Verneuil.
Les Lavandières du Portugal (1957), Pierre Gaspart-Huit.
Les Vertes Années (1963), Paulo Rocha.
Jaime (1974), António Reis.
Dans la ville blanche (1983), Alain Tanner.
La Ville des pirates (1983), Les Mystères de Lisbonne (2010), Raul Ruiz.
Lisbonne Story (1993), Wim Wenders.
Adeus Pai (1996), Luís Rocha.
Ossos (1997), *Dans la chambre de Vanda,* (2001), Pedro Costa.
Requiem (1998), Alain Tanner.
Les Mutants (1998), Teresa Villaverde.

Amour de perdition (1978), *Non, ou la vaine gloire de commander* (1990), *Val Abraham* (1993), *Le Couvent* (1995), *Je rentre à la maison* (2001), *Le Principe de l'incertitude* (2001), *Porto de mon enfance* (2001), *Gebo et l'Ombre* (2012), Manoel de Oliveira.
Silvestre (1982), *La Comédie de Dieu* (1995), *Les Noces de Dieu* (1998), *Va-et-vient* (2003), João César Monteiro.
Trois Palmiers (1994), *Tráfico* (1998), *Os Maias* (2014), João Botelho.
Capitaines d'avril, María de Medeiros (2001).
Le Chant d'une île (2004), Joaquim Pinto.
Alice (2005), Marco Martins.
La Religieuse portugaise (2008), Eugène Green.
Mourir comme un homme (2009), João Pedro Rodrigues.
Tabou (2012), *Les Mille et une nuits* (2015), Miguel Gomes.
Voir « Un cinéma original », p. 63.

Discographie

FADO

Luz, Le Chant du Monde (2005) ; *Outobro*, Felmay (2007), par Bévinda.
Amai, Warner/Wea (2005) ; *Lua semi nua*, Document (2006), par Paulo Bragança.
Sensus (2003), *Ulisses* (2014), Emarcy, par Cristina Branco.
O Melhor de Camanée 1995-2013, Mis, par Camané.
Por morrer uma andorinha, Mis (2013) ; *Um homem na cidade*, Mis (2013), par Carlos do Carmo.
Fado Maior, Discmedi (2011) ; *Património*, Histoire d'M (2012) ; *Ate ao fim*, Katia Guerreiro Productions (2015), par Katia Guerreiro.
Existir (1992), *Movimento* (2001), *Faluas do Tejo* (2005), Emi, par Madredeus.
Fado curvo, Emi (2003) ; *Transparente*, Mis (2005) ; *Mundo*, Wea (2015), par Mariza.
Ritual, Warner (2001) ; *Canto*, Warner (2003), *Drama Box*, Naive (2005), *Para Amália*, Verycords (2015), par Misia.
Desfado, Mis (2014), par Ana Moura.
Troubadour, Mbari (2010), par Lula Pena.
O primeiro canto, Polydor (2011), par Dulce Pontes.
Segredo, Valentim De Car (2010) ; *Rainha do fado*, Ogm World (2001) ; *Uma casa portuguesa*, Membran Média (2006), par Amália Rodrigues.
Voir aussi « La musique au rythme du fado », p. 66.

AUX SOURCES DU FADO

Sementes do Fado, autoproduction (2005), par Os Músicos do Tejo.
18th Century Portuguese Love Songs, Hyperion (2012), par L'Avventura London, Zak Ozm.
Évora, Portuguese Baroque Villancicos, Pan classics (2014), par A Corte Musical, Rogério Gonçalves.

Cartes

Carte Michelin **National 733** (au 1/400 000) : Portugal et Madère, avec plans de villes et index des localités. Au 1/300 000 : cartes 591 Portugal Nord, 592 Portugal Centre et 593 Portugal Sud ; avec plans des principales villes et index des localités.
Carte Michelin **National 734** Espagne-Portugal (au 1/1 000 000).
Atlas Espagne, Portugal n° 460 (au 1/400 000).
Mini Atlas Espagne, Portugal n° 28 (au 1/1 000 000).
Plan de ville Michelin n° 39 (au 1/11 000) : pour arpenter **Lisbonne**.
Le site **www.viamichelin.fr** offre une multitude de services et d'informations pratiques d'aide à la mobilité : calcul d'itinéraires détaillés avec temps de parcours, carte de pays, plans de villes, sélection d'hôtels, etc.

COMPRENDRE LE PORTUGAL

Détail du portail du monastère de Batalha.
J. Arnod/hemis.fr

Le Portugal aujourd'hui

Le Portugal du 21e s. n'a plus rien à voir avec l'image longtemps véhiculée de femmes vêtues de noir, de carrioles bariolées et de villages endormis vivant au rythme des saisons et du fado. Le Portugal d'avant la révolution des Œillets, en somme. Happé par la frénésie du siècle, rattrapé par les rêves de l'Europe et par leurs désillusions, le pays a connu deux décennies de croissance avant de se retrouver confronté à une crise d'une ampleur qui le dépasse. Et ce peuple de grands navigateurs regarde à nouveau vers ses anciennes colonies, espérant y trouver un avenir plus souriant.

Société

Le Portugal compte un peu plus de 10 millions d'habitants, pour une densité de 113 hab./km^2. L'« européanisation », avec les aides et les impératifs de la Communauté, a apporté croissance, ouverture économique et modernisation des structures, mais aussi des changements radicaux dans les modes de vie, que le développement rapide des nouveaux moyens de communication, Internet en tête, n'a fait qu'accroître.

RATTRAPÉ PAR LA MODERNITÉ

Le pays a connu ces dernières décennies un important **exode rural** et les villes accueillent aujourd'hui les deux tiers de la population. Le pouvoir d'achat a augmenté, ainsi que le nombre des femmes dans la population active. Le mode de vie s'est rapproché de celui des autres pays européens ; on y retrouve globalement les mêmes habitudes de consommation et les mêmes problématiques sociales, à commencer par le chômage. Toutefois, le **rythme de vie** demeure plus lent que dans le reste de l'Europe : Lisbonne, par exemple, quoique capitale européenne, reste une ville « de villages » dont les habitants prennent vraiment le temps de se parler.

Les mentalités évoluent-elles moins rapidement pour autant ? Certes, il aura fallu attendre le référendum de 2007 pour obtenir la dépénalisation de l'avortement ; mais, en 2010, le Portugal était dans le peloton de tête des pays européens à autoriser le mariage homosexuel…

UN PAYS VIEILLISSANT

Avec 20 % de sa population dépassant les 65 ans, le Portugal figure parmi les pays le plus « vieux » du monde. Au rang des facteurs pesant dramatiquement sur la démographie, le taux de fécondité, très faible (1,35 ‰ contre 2,01 ‰ en France) mais aussi les vagues successives d'émigration

Avec la crise, de nombreux Portugais tentent leur chance en Europe, en Afrique ou au Brésil.
J. Fuste Raga / Mauritius / Photononstop

qui vident le pays de ses jeunes et de ses travailleurs qualifiés à vitesse grand V depuis 2008.

Venir…

Quand le Portugal entre dans l'Europe en 1986, le courant migratoire le plus important se compose alors de ressortissants du Brésil, terre lusophone, mais aussi des pays de l'Europe de l'Est et de l'ex-URSS, en particulier d'Ukraine. Le nombre des ressortissants d'Afrique lusophone, essentiellement cap-verdiens, guinéens et angolais, appelés *Africanos,* est estimé à environ 150 000 personnes. Près de 330 000 étrangers vivent aujourd'hui au Portugal, un faible taux en comparaison avec d'autres pays européens. Principalement concentrés à Lisbonne, ils font de la capitale une ville métisse.

… et repartir

La crise, le manque de perspectives d'avenir (environ 30 % des moins de 25 ans sont au chômage) nourrissent une nouvelle filière d'émigration à destination des anciennes colonies, notamment l'Angola, le Brésil et le Mozambique. Le gouvernement portugais soutient le mouvement et incite les demandeurs d'emploi à quitter le pays. Depuis 2008, ils seraient 500 000 à avoir émigré, un chiffre aussi important que dans les années 1960. Parmi eux, des jeunes, mais aussi des actifs diplômés contraints d'accepter à l'étranger des emplois sous-qualifiés et mal payés. Dans le même temps, la venue de riches retraités étrangers en quête d'une douceur de climat et d'exemption fiscale est encouragée…

REGARD TOURNÉ VERS LE LARGE

En matière de richesse, le traditionnel clivage nord-sud est désormais remplacé par une différence de développement entre les zones côtières et celles de l'intérieur. Une répartition géographique qui n'est pas sans rappeler la fascination maritime qui a toujours hanté l'imaginaire portugais – à preuve l'Exposition universelle de Lisbonne en 1998, tissant les thèmes de l'outre-mer et

LE DRAPEAU PORTUGAIS

Vert et rouge, il présente en son centre une sphère armillaire jaune sur laquelle se détachent les armoiries de l'État : un écusson aux cinq **quinois** (petits écussons) d'azur rangés en croix, portant chacun cinq **besants** d'argent (points blancs) représentant les plaies du Christ et, à la bordure, des gueules (rouges) chargées des sept **châteaux** d'or (les places fortes reconquises aux Maures).

des aventures océanes. Aujourd'hui, 90 % de la population vivent à proximité immédiate de l'Atlantique et le transport maritime demeure vital pour le commerce extérieur du pays. Plus de 800 km de côtes font du Portugal un pays tourné vers le large. Et ce, même si l'entrée du Portugal dans la Communauté européenne en 1986 l'a ancré au continent : le pays, qui s'est rapidement modernisé, réalise aujourd'hui l'essentiel de ses échanges avec les pays de l'Union.

Économie

Au moment de la révolution des Œillets, en 1974, le Portugal avait accumulé sur ses voisins européens des décennies de retard, faute d'investissements dans l'industrie et les infrastructures sous le régime de Salazar. Le pays disposait par ailleurs de grandes réserves d'or provenant en partie de l'exploitation des anciennes colonies. Les activités traditionnelles restaient alors prédominantes : production agricole et vinicole, extraction de liège et de pierre, pêche.
La révolution apporta des changements politiques mais l'économie portugaise resta dans une situation critique. Par ailleurs, la pays fut longtemps frappé par les grèves et par l'aggravation du chômage. La banqueroute fut évitée grâce aux aides internationales. Des mesures drastiques furent prises, subordonnées au FMI et en accord avec d'autres partenaires européens (dévaluation de la monnaie, augmentation des tarifs publics), tandis que des mesures sociales et économiques mettaient en cause les « acquis » révolutionnaires. La réforme agraire, point important de la révolution, échoua.
Quarante ans plus tard, on mesure les efforts considérables qu'il a fallu déployer au Portugal pour approcher le niveau de vie de ses voisins.

LA MODERNISATION DU PAYS

L'ouverture à l'économie de marché et à la concurrence internationale a profondément changé le visage de l'économie portugaise. Les activités traditionnelles se sont modernisées. Même si les vins de Porto et de Madère, le mobilier et le liège (le Portugal en est le premier producteur mondial, avec près de 150 000 t par an) restent des produits phares, de nombreux groupes industriels internationaux se sont installés dans le pays pour profiter de sa compétitivité élevée.
Le **secteur agricole** occupe encore 10,5 % des actifs mais ne représente plus que 2 % du PIB (contre 25 % en 1960). Le Portugal produit notamment du blé, du maïs, des tomates, des pommes de terre et du raisin.
Dans le **domaine industriel**, de la transformation et de l'énergie, qui regroupe un quart des emplois, se détachent les secteurs du papier (produit à partir des plantations d'eucalyptus), les industries pétrochimique, automobile, métallurgique et mécanique.

L'important secteur de la chaussure, du **textile** et de l'habillement continue de perdre des emplois, concurrencé par les importations asiatiques, omniprésentes.
En revanche, la modernisation des infrastructures ainsi que la réalisation de l'Expo'98 et de l'Euro 2004, avec la construction du Parc des Nations de Lisbonne et des stades de football, ont fait du BTP et des matériaux de construction un secteur important de l'économie.
Comme dans l'ensemble de l'Europe, les **activités du tertiaire** (2/3 de la population active et 75 % du PIB) ont rapidement supplanté les secteurs primaire et secondaire.
Un tourisme en plein essor joue également un rôle significatif : se concentrant sur l'Algarve, Lisbonne et Porto grâce aux vols low-cost, il occupe près de 10 % des actifs et représente 19,6 % de la balance du commerce extérieur !

UNE ÉCONOMIE MAUSSADE

Très dépendant de ses importations, le Portugal a vu son **déficit** se creuser, contraignant ses gouvernants à prendre des mesures draconniennes. En 2011, la **crise de la dette souveraine** obligeait le pays à demander un prêt au FMI et à Bruxelles, en adoptant parallèlement un plan de restructuration financière supervisé par la « troïka » (BCE, FMI et Commission européenne).
Le gouvernement libéral conduit par Pedro Passos Coelho adoptait une cure d'**austérité** brutale : hausse des tarifs des transports, de l'énergie, de la TVA (23 %), des impôts (4 %), baisse du traitement des fonctionnaires, fermeture d'écoles, réduction du budget de la santé… Le chômage continua son envolée pour atteindre 17,5 % au printemps 2013, avant de baisser à partir de 2014 (13,9 %). Dans le même temps, après des années de récession, la croissance faisait une timide apparition (1,6 % en 2015), tandis que le déficit public semblait maîtrisé, aidé en cela par la vente des entreprises publiques les plus rentables à des investisseurs étrangers. En mai 2014, après l'Irlande, le Portugal sortait du plan d'assistance financière, une réussite à tempérer par l'aggravation des inégalités, la paupérisation de la population et la montée des tensions sociales.
Aujourd'hui, la situation du pays reste fragile : PIB en berne, croissance insuffisante, et faiblesse du secteur bancaire. À cela s'ajoute l'instabilité politique, les élections législatives d'octobre 2015 n'ayant pas dégagé de majorité. De quoi inquiéter les partenaires européens du Portugal…

LA CRISE DE LA DETTE SOUVERAINE

La flambée des prix des matières premières en 2008 et la crise financière globale ont contraint le gouvernement socialiste de José Sócrates à imposer des mesures d'austérité drastiques pour satisfaire aux exigences de Bruxelles. De nombreux acquis sociaux sont remis en question, notamment dans la fonction publique. Malgré cela, le déficit commercial continue de se creuser ; après la dégradation de sa note de crédit en 2009, le pays plonge dans la spirale de l'endettement et, en 2011, il se trouve au bord de la faillite. Un nouveau plan d'austérité est rejeté par l'assemblée, provoquant la démission du Premier ministre. La BCE et le FMI consentent un prêt au Portugal, à la condition que le gouvernement mette en place un programme de coupes budgétaires et de réformes très impopulaires en vue de réduire l'endettement.

Traditions et art de vivre

La forte croissance économique des années 1980 et 1990 et l'intégration européenne ont poussé les Portugais à plonger avec une certaine frénésie dans la société de consommation, tournant le dos à des rites et coutumes ancestraux ressentis comme archaïques. Quelques pivots de la tradition demeurent toutefois. Avec le retour du printemps et de Pâques arrive le temps des « romarias », ces fêtes religieuses qui fleurissent à travers le pays. C'est aussi le moment où les amateurs se pressent dans les « praças de touros », ces arènes circulaires (surtout présentes dans la vallée du Tage et le sud du pays), pour assister à une « tourada », la corrida équestre traditionnelle : un spectacle enlevé, démonstration d'adresse, d'élégance et de courage. Et s'il n'est pas aussi ancien, le ballon rond est ici chez lui : au Portugal, le « futebol » est une religion, une passion dévorante, dans laquelle on tombe dès le plus jeune âge. La première couleur qu'un enfant peut nommer, c'est celle du club que soutient sa famille !

Les romarias, fêtes religieuses

Les *romarias* sont célébrées en l'honneur d'un saint patron. Pèlerinage, pardon, foire, fête foraine : elles sont un peu tout cela à la fois. Les plus importantes ont lieu dans le nord du pays, surtout dans le Minho. Les petites *romarias* se tiennent dans des chapelles de montagne et ne durent qu'une journée. Les grandes *romarias*, qui se déroulent dans les villes, peuvent s'étaler sur plusieurs jours. Certaines sont réservées à des confréries professionnelles, comme la *romaria* des pêcheurs à Póvoa de Varzim.

LA QUÊTE

Quelques jours avant la fête, les responsables organisent une quête pour subvenir aux frais de la *romaria*. Les dons en nature sont recueillis dans des paniers ornés de fleurs et de guirlandes, puis vendus aux enchères. Ces quêtes sont déjà l'occasion de réjouissances auxquelles participent le **gaiteiro** (joueur de cornemuse), le **fogueteiro** qui lance les fusées et, en Alentejo, le **tamborileiro** qui joue du tambour. Les rues sont jonchées de tapis de fleurs.

LE CIERGE

L'essentiel de la cérémonie religieuse consiste à conduire solennellement un cierge (d'où le nom de *círio* donné à la *romaria*) ou une bannière, depuis une localité parfois éloignée jusqu'au sanctuaire ; le cierge est transporté sur un char à bœufs ou sur une charrette fleurie. Il est suivi par une procession d'où émerge la statue du saint ou de la Vierge couverte

Jour de match.
Jan Michalko / Bilderberg / Photononstop

de guirlandes et de dentelles. Le *gaiteiro* ouvre la marche. À l'arrivée, le cortège accomplit deux ou trois fois le tour du sanctuaire dans un vacarme de pétards, de musiques et de cris. Le cierge, ou la bannière, est ensuite déposé près de l'autel, puis les fidèles redoublent de gestes de ferveur.

LES « SAINTS AVOCATS »

Pour obtenir la faveur particulière de certains saints, les croyants accomplissent des rites de pénitence tels que le tour du sanctuaire à genoux en priant. Les ex-voto en cire offerts à cette occasion peuvent avoir la forme de l'organe dont on demande la guérison : cœur, rein, yeux, oreilles. Les saints faiseurs de mariages (saint Jean, saint Antoine, saint Gonzalves) étaient très populaires jadis ; les saints protecteurs du bétail (saint Mamede, saint Marc, saint Sylvestre) voient les animaux participer à la procession. Certains villages pratiquent encore le culte du **St-Esprit**, resté vivace surtout aux Açores et au Brésil. La Fête des *tabuleiros* à Tomar *(voir p. 286)*, organisée autrefois par les fraternités du St-Esprit fondées au 14e s., s'est perpétuée jusqu'à nos jours.

LES RÉJOUISSANCES POPULAIRES

Une fois les dévotions achevées, les participants passent aux fêtes profanes : le repas, les danses folkloriques, les feux d'artifice. Chaque *romaria* s'accompagne de la vente d'objets d'artisanat.

Retrouvez les principales romarias *et festivités p. 36 et à la rubrique « Agenda » des pages « Nos adresses ».*

Les touradas, corridas équestres

Les Portugais se refusent à voir dans le combat qui oppose l'homme au taureau la lutte de l'intelligence contre l'instinct ; pour eux, c'est un spectacle d'adresse, d'élégance et de courage ; le taureau n'est qu'un instrument. À la différence de la corrida, une partie de la *tourada* se passe à cheval et le taureau n'est pas tué dans l'arène. À l'origine, la *tourada* fut créée par les nobles pour s'exercer à la guerre, en recourant au cheval lusitanien, connu depuis toujours pour sa dextérité et son intelligence *(voir encadré p. 113)*.

LE DÉROULEMENT

Dans l'arène, les acteurs – cavaliers, toreros *(toureiros)* et *forcados* – se présentent selon un vrai cérémonial sur fond de musique « tauromachique » et saluent le public et les autorités.

Puis la *tourada* commence. Le premier cavalier *(cavaleiro)*, vêtu d'un costume style Louis XV (casaque de soie ou de velours brodée d'or, tricorne à plumes, bottes vernies, éperon d'argent), entre dans l'arène, monté sur un étalon magnifiquement harnaché. Il est accompagné des *toureiros*, dans leur habit de lumière, brandissant leurs capes jaune et rose.

Le *cavaleiro* provoque le taureau et s'approche assez près pour pouvoir placer les banderilles *(farpas)*. Le spectacle de la course est impressionnant ; le cheval se dérobe adroitement devant l'assaut du taureau qui pèse souvent près de 500 kg et dont les cornes sont gainées de cuir *(emboladas)* pour leur ôter tout pouvoir perforant. Le cavalier change de monture. Tandis que les *toureiros* à pied distraient le taureau dans de grands mouvements de cape, le cavalier plante 4, 5 ou 6 banderilles dans l'échine de l'animal, qui devient furieux.

Dès que le *cavaleiro* plante le nombre de banderilles exigé, il cède la place aux valets, les *forcados*, du nom d'une espèce de fourche dont ils étaient armés jadis. Ces derniers, en général au nombre de huit, pénètrent en file indienne, vêtus de beige, marron et rouge. Celui qui est en tête, coiffé d'un long bonnet vert, avance en se dandinant et en excitant le taureau par des appels. Le rôle des *forcados* est de maîtriser le taureau : c'est la *pega*. Le chef de file tente de saisir l'animal par les cornes tandis que ses équipiers l'immobilisent ; si l'opération se révèle trop difficile, le chef doit saisir le taureau par le garrot en se plaçant de côté. L'un des aides tire sur la queue de l'animal et tournoie avec.

À la fin, un troupeau de vaches, clochettes de cuivre au cou, est amené par deux hommes (les *campinos*) dans l'arène pour inciter le taureau à rentrer dans le toril.

Le taureau vaincu est en général conduit aux abattoirs (certaines de ces viandes sont très recherchées, même dans la haute gastronomie !), ou bien achève sa vie à la campagne comme reproducteur.

La *tourada* traditionnelle compte trois cavaliers et plusieurs *toureiros*. Une partie du spectacle peut se passer à pied et le combat se déroule à peu près comme en Espagne. Les différences sont

LA CORRIDA À LA PORTUGAISE

Le taureau portugais, à la différence de son voisin espagnol, n'est pas achevé d'un coup d'épée à la fin du spectacle ; il quitte l'arène avec sa queue et ses oreilles.

C'est le comte d'Arcos, encorné par un taureau en 1799, qui est à l'origine de cette coutume. Sa mort déplut tant à la reine qu'elle suspendit les *touradas*. Elles ne reprirent qu'après la promulgation de nouvelles règles obligeant l'encapuchonnage des cornes dans un étui de cuir *(emboladas)* et interdisant la mise à mort publique du taureau.

DE GRANDS FOOTBALLEURS

Eusébio (1942-2014), dont la disparition fut vécue comme un drame national au Portugal, est le plus grand joueur du pays et l'un des grands footballeurs du 20e s. **Deco**, autre star du ballon rond (ancien du FC Porto), a pris sa retraite sportive en 2013. Il a joué au FC Barcelone, où il a remporté en 2006 le titre de champion d'Europe. **Pauleta**, connu comme « l'aigle des Açores », après avoir terminé sa carrière au PSG, est devenu vice-présisent de la Fédération portugaise de football; en France, il avait été par trois fois désigné meilleur buteur du championnat. **Cristiano Ronaldo**, actuel capitaine de l'équipe nationale portugaise (ancien du Sporting), exerce ses talents sous le maillot du Real Madrid.

Quant à l'**équipe nationale**, elle a brillé lors du Championnat d'Europe des nations de 2004, en dépit de sa défaite en finale face à la Grèce. Au Mondial de 2014 au Brésil, la *Selecção* de Cristiano Ronaldo déçut en revanche ses supporters en sortant dès le premier tour.

l'absence de picador et de *faena*; en outre, la mort du taureau dans l'arène étant interdite au Portugal depuis le 18e s. (sauf à Barrancos, gros village frontalier avec l'Espagne, dans l'Alentejo), elle est simulée avec une banderille qu'on plante à la place de l'épée.

LA SAISON TAUROMACHIQUE

La saison des *touradas* s'étend de Pâques à octobre; les spectacles ont lieu en général deux fois par semaine (jeudi ou vendredi et dimanche) et presque tous les jours en période de fêtes populaires. Les plus réputées se tiennent dans les arènes *(praça de touros)* de Lisbonne *(voir p. 203)*, Santarém *(voir p. 247)* et Vila Franca de Xira *(voir p. 241)*, à proximité des centres d'élevage des taureaux de combat du Ribatejo.

Le football

Le football est sans conteste une passion nationale au Portugal. Les jours de match du championnat national ou lors des rencontres internationales, les cafés se remplissent et les drapeaux apparaissent aux balcons, surtout si la compétition concerne l'équipe nationale ou l'un des grands clubs du pays.

Le **Benfica** (les rouges « encarnados »), né en 1904, est une « institution » de la capitale. L'un des clubs européens les plus titrés, finaliste le la coupe de l'EUFA en 2013 et 2014, il a sa base aujourd'hui au stade de la Luz. Le **Sporting Clube de Portugal** (les verts ou « lions d'Alvalade ») est le berceau de grands joueurs portugais. Le **FC Porto** (les « dragons bleu et blanc »), né en 1893, a dominé les championnats nationaux de la dernière décennie. En 1987, le club remporte pour la première fois le titre suprême, la Coupe d'Europe des clubs champions et, en 2003, la Coupe de l'UEFA, avant d'être élu à nouveau en 2004 meilleur club d'Europe grâce à sa victoire en Champions League face à Monaco. Trustant aussi les premières places du championnat national, le **Sporting Clube de Braga** et le **Vitória Sport Clube** de Guimarães se vouent une rivalité acharnée. Le « derby du Minho », opposant les deux villes proches, est un spectacle toujours très attendu.

Gastronomie et vins

À la seule évocation de la cuisine portugaise, on pense aussitôt au « bacalhau », la morue, qui occupe une place particulière dans l'histoire du pays. Pour les Portugais, qui la surnomment « l'amie fidèle », elle est l'aliment populaire par excellence, le plat traditionnel de Noël, la friandise omniprésente sous forme de beignets... Qu'elle ne fasse pourtant pas oublier les cuisines régionales, aussi riches en viandes qu'en poissons et fruits de mer ! Des agapes volontiers roboratives que l'on accompagne d'un vin local, souvent excellent. Car si le porto a fortement contribué à la réputation mondiale de ce vignoble, d'autres vins existent qui méritent d'être connus.

Saveurs portugaises

Les repas traditionnels comptent plusieurs plats généralement préparés à l'huile d'olive et à l'ail, relevés de nombreux aromates (romarin, laurier, coriandre, etc.). La viande et les produits de la mer en constituent la base. Comme garniture, les Portugais préfèrent le riz, dont ils ont acquis le goût à la suite de leurs voyages en Orient, la pomme de terre ou une salade mixte (salade, tomate et oignon).

LES SOUPES

La soupe manque rarement au repas. On y mêle les composants les plus divers : volaille et riz *(canja de galinha)*, poisson *(sopa de peixe)*, fruits de mer *(sopa de mariscos)*, lapin *(sopa de coelho)*, pois chiches *(sopa de grão)*.

La plus réputée est le **caldo verde** (Minho), très répandu au nord du Mondego. Elle est à base de purée de pommes de terre et de chou galicien vert, émincé en fines lamelles ; on y ajoute de l'huile d'olive et des rondelles de saucisson fumé *(chouriço)*.

Au sud, le **gaspacho**, soupe pimentée et vinaigrée aux tomates, oignons et concombres, est servi glacé avec des croûtons de pain grillé.

Les **açordas**, sorte de purée au pain, peuvent être dégustées partout et connaissent de nombreuses variantes ; en Alentejo, on la prépare avec des feuilles de coriandre, de l'huile d'olive, de l'ail, du pain ainsi qu'un œuf poché *(açorda alentejana)*.

LES PRODUITS DE LA MER

Le Portugal est le pays d'Europe qui a la plus grande consommation de poisson par habitant (70 kg par an, contre 23 kg en moyenne en Europe) et le quatrième au monde.

La **morue** *(bacalhau)* est particulièrement appréciée, surtout dans le nord du pays. Pêchée dans les lointaines eaux froides de Terre-Neuve, il faut la saler

Vendanges dans la vallée du Douro.
C. Watson/John Warburton-Lee/Photononstop

pour la conserver jusqu'au retour des bateaux. Mais, en raison de la surpêche, les stocks diminuent et les prix de la morue ont fortement augmenté, ce qui n'en fait plus du tout un plat économique. Il y a, dit-on, 365 manières de la préparer. La plus traditionnelle est la morue cuite au four et garnie de pommes de terre *(bacalhau cozido com batata ao murro)*. Originaire de Lisbonne, le **bacalhau à Brás** est aujourd'hui servi dans tout le pays.

On accommode toutes sortes de poissons : sardines grillées dont l'odeur parfume les rues de toutes les villes du littoral, poissons-épées, lamproies, lottes, saumons du Minho, aloses du Tage, thons de l'Algarve, etc. La **caldeirada** est une sorte de bouillabaisse, que les pêcheurs préparent sur la plage.

Les **fruits de mer** *(mariscos)* et les poulpes sont abondants et garnissent nombre de plats. Toujours cuits, les coquillages, dont le plus connu est l'*amêijoa* (praire), sont délicieux et variés, surtout en Algarve, où un plat spécial en cuivre, la **cataplana**, sert à les préparer. Agrémentés d'aromates, de tomates et de saucisses, ils acquièrent à la cuisson une saveur agréable.

On trouve des **huîtres** de mer dans la région du Sado (Setúbal) mais aussi à Peniche et dans l'Algarve. L'huître dite « portugaise » est une variété connue dont les essaims grossissent par élevage, comme en Algarve, avant d'être exportés, principalement en France.

La **langouste** *(lagosta)* à la mode de Peniche, cuite à l'étouffée, est également renommée.

LES VIANDES

Le **porc** est accommodé et préparé de multiples façons ; le porcelet rôti – *leitão assado* – de Mealhada (au nord de Coimbra) est délicieux. On consomme aussi la viande de porc en ragoût, en saucisses de langue fumée – *linguiça* –, en filets fumés *(paio)*, en jambon fumé *(presunto)* comme à Chaves et Lamego. Accompagné de haricots rouges ou blancs, de choux et de saucisson fumé *(chouriço)*, le

QUELQUES SPÉCIALITÉS

Le lexique général se trouve à l'intérieur du 2e rabat de couverture.

Açorda de marisco – Panade de palourdes et de gambas mélangée à de l'ail, des œufs, de la coriandre et des épices.
Amêijoas à bulhão pato – Petites palourdes cuites dans l'huile d'olive, avec de l'ail et de la coriandre.
Arroz de marisco – Riz cuisiné avec des palourdes, des crevettes, des moules et de la coriandre.
Bacalhau – Morue.
Cabrito – Chevreau rôti.
Caldeirada – Sorte de bouillabaisse.
Caldo verde – Bouillon de pommes de terre et de choux.
Canja de galinha – Bouillon de poulet avec riz et jaunes d'œufs bouillés.
Carne de porco à alentejana – Dés de porc cuits dans une sauce à l'huile d'olive, ail et coriandre, avec pommes de terre coupées en dés et petites palourdes.
Cataplana – Fruits de mer cuits à l'étouffée, avec des morceaux de jambon.
Chouriço – Saucisse fumée.
Cozido – Pot-au-feu avec viandes, saucissons et légumes.
Feijoada – Haricots avec viande de porc, choux et saucisson.
Gaspacho – Soupe de légumes froide.
Leitão assado – Cochon de lait grillé, servi chaud ou froid.
Presunto – Jambon fumé.
Salpicão – Saucisson fumé et épicé.
Sopa à alentejana – Soupe à l'ail et au pain, avec œuf poché et coriandre.
Sopa de feijão verde – Soupe de haricots verts.
Sopa de grão – Soupe de pois chiches.
Sopa de legumes – Soupe de légumes.
Sopa de marisco – Soupe de fruits de mer.
Sopa de peixe – Soupe de poisson.

jambon devient un des composants de la **feijoada**. Jambon et saucisses entrent dans la préparation du **cozido à portuguesa**, pot-au-feu de bœuf, légumes, pommes de terre et riz; dans celle des tripes à la mode de Porto – *dobrada* –, plat à base de tripes ou de gras-double de veau et de haricots blancs. La viande de porc à l'alentejane – **carne de porco à alentejana** – est marinée dans le vin et préparée avec des *amêijoas* (praires) ou des pommes de terre (*carne de porco à portuguesa).*

Le **bœuf** apparaît souvent sous forme de steak, comme le *bife a cavalo* (steak surmonté d'un œuf frit, « à cheval »).

On fait aussi, plus rarement, rôtir à la broche cabris et agneaux.

LES FROMAGES

On appréciera : les fromages de brebis (d'octobre à mai) : de la serra da Estrela *(queijo da Serra)*, de Castelo Branco, d'Azeitão et de Serpa, très crémeux; les fromages de chèvre comme les *queijos secos* (fromages secs) mais aussi le *cabreiro*, le *rabaçal* (région de Pombal); les petits fromages blancs *(quejinhos)* de Tomar, souvent servis en hors-d'œuvre, de même que le fromage de chèvre frais *(queijo fresco)* et celui de Nisa. Enfin, partout au Portugal, on déguste le *queijo da Ilha*, produit aux Açores.

LES DESSERTS

Le Portugal compte un nombre infini de gâteaux, presque tous à base d'œufs, hérités de vieilles recettes conventuelles : *toucinho-do-céu* (lard du ciel), *barrigas de freira* (ventres de nonnes), *queijadas de Sintra*, aux amandes et fromage de brebis frais… Le *pudim flan*, sorte de crème renversée, a sa place dans la plupart des menus. Avec les mêmes ingrédients, on obtient le *leite-creme*, plus crémeux. L'*arroz doce* (riz au lait), saupoudré de cannelle, est souvent réservé aux repas de fête.
Dans les pâtisseries, nombreuses, on trouve le délicieux *pastel de nata* : un flan, dans une pâte feuilletée, saupoudré de cannelle, qui accompagne en général le café *(bica)*. En Algarve, figues et amandes permettent la confection de délicieuses friandises.

Les vins

Cinquième producteur mondial de vin en 2015, le Portugal possède une gamme très riche de crus. Contrairement à d'autres vins du monde, les vins portugais n'ont pas cédé aux sirènes de la mondialisation et ont su garder leur goût traditionnel, ce qui en fait le charme et la qualité, tout cela à des prix très abordables. Si le porto et le madère ont une renommée internationale, en partie redevable aux Anglais, on trouve aussi sur place, à des prix raisonnables, d'autres vins de qualité.

LES GRANDS VIGNOBLES

Plusieurs régions produisent des vins dignes d'intérêt, faisant l'objet depuis 1987 d'un classement en VQPRD (Vin de qualité produit dans une région déterminée), qui comprend les DOC (Dénomination d'origine contrôlée, correspondant à l'AOC française), les IPR, les vins régionaux et les vins de table. Dans les restaurants, on peut demander le *vinho da casa*, vin de la maison, généralement très convenable.

Le « vinho verde » (vin vert)

Il est blanc (tendant au jaune) ou rouge foncé *(tinto)*, et son appellation de « vin vert » indique la précocité des vendanges et la brièveté de la fermentation qui donne un vin à faible teneur alcoolique (de 8 à 11,5°), léger, pétillant, fruité, un peu acidulé même. Il est produit dans le nord-est du pays, dans le Minho et la basse vallée du Douro, de Porto à Vila Real.
Le *vinho verde* le plus réputé est produit avec le cépage *alvarinho* et, contrairement aux autres, il peut être conservé plus longtemps.
Le *vinho verde* se boit jeune et bien frais. Idéal en apéritif, il accompagne agréablement le poisson et les fruits de mer.

ROUTES DES VINS

Le Portugal est sillonné d'une dizaine de routes des vins, notamment la route du Porto, la route des Vinhos Verdes, le long de la vallée du Douro et dans le Minho, la route du vin du Ribatejo, une région agricole très fertile, ou celle de l'Alentejo qui vous fera passer par la belle ville d'Évora. Ces routes sont jalonnées de coopératives *(adegas cooperativas)* et vous feront découvrir de jolies *quintas* hors des sentiers battus, dont vous pourrez visiter les caves et déguster les crus. Les bureaux de l'Institut de tourisme du Portugal de Porto et de Lisbonne ou les offices de tourisme locaux vous fourniront des brochures détaillant les circuits. Vous pouvez aussi les suivre librement car ils sont bien indiqués sur les routes.

Douro

Réputée pour le porto, la région délimitée du Douro produit aussi des vins exceptionnels, d'appellation « douro », généralement rouges, robustes et charpentés, et parfois blancs.

Dão

Sur les terrains granitiques des vallées du Dão et du Mondego, près de Viseu, Coimbra et Guarda, on obtient un vin blanc frais et un vin rouge très doux, velouté et chargé d'arômes, dont la qualité peut être comparée à celle des crus du Bordelais. Les vins de « *quinta* » sont d'ailleurs l'équivalent des vins de « château » français.

Alentejo

De nombreux vignobles émaillent les plaines alentejanes. Les rouges, ronds et corsés, rencontrent de plus en plus de succès à l'exportation. Ils portent les noms des villages de leurs origines : **Reguengos de Monsaraz**, **Borba** et **Redondo**, **Moura**, etc. La région produit également des vins blancs fruités, légèrement acidulés ; le blanc de Vidigueira reste particulier.

Bairrada

Région viticole très ancienne, la Bairrada donne naissance à un vin rouge robuste et parfumé. Elle produit également un mousseux naturel très apprécié au Portugal, qui accompagne à merveille son fameux porcelet rôti.

Colares

Près de la serra de Sintra, la vigne pousse sur un terrain sablonneux, au-dessus d'une couche d'argile, produisant un vin renommé depuis le 13e s.

Bucelas

Vin blanc sec, acidulé, de couleur jaune paille, il est produit sur les rives du rio Trancão, un affluent du Tage.

Algarve

La production connaît ces dernières années un extraordinaire boom

qualitatif. La région compte quatre appellations (Lagos, Portimão, Tavira et surtout Lagoa, entre Silves et Loulé, dont la coopérative est la plus ancienne du pays) ; vins rouges, blancs ou rosés.

Autres vins de table

Les vignobles du Ribatejo produisent de bons vins ordinaires, vins rouges corsés de la région de Cartaxo, vins blancs de Chamusca, Almeirim et Alpiarça, sur la rive opposée du Tage. Citons encore les blancs racés et subtils de la région du Sado et de la péninsule de Setúbal, les vins de Torres Vedras (blancs et rouges), d'Alcobaça (blancs), de Lafões (blancs, rouges et mousseux) et d'Águeda (rouges et mousseux), les rosés de Pinhel et de Mateus (le plus vendu à l'exportation).

Vins de dessert

Le **moscatel de Setúbal**, dont le vignoble se situe sur les pentes argilo-calcaires de la serra da Arrábida, est un vin généreux, fruité, qui acquiert avec l'âge une saveur particulièrement agréable. Le **carcavelos**, également fruité, est très apprécié.

LE PORTO

Les vignes des vallées du Haut-Douro et de ses affluents produisent des vins généreux, exportés après traitement à Porto, qui leur a donné son nom.

Le vignoble

Il est cultivé dans la région délimitée du Douro, créée par la loi de 1756. Celle-ci recouvre 250 000 ha, dont 1/6 en vignes qui s'étendent sur une centaine de kilomètres le long du Douro jusqu'à la frontière espagnole. Le centre du vignoble se trouve approximativement à hauteur du bourg de Pinhão. On compte 25 000 propriétaires viticulteurs, dont les plus importants sont à la tête de vastes domaines, les *quintas*. Les conditions exceptionnelles dues au climat (été chaud, hiver froid) et au sol schisteux de cette région, associées au vieillissement que l'on fait subir au vin, assurent au porto des caractéristiques uniques. Le vignoble cultivé sur les versants raides du Douro, complètement sculptés en terrasses, forme un paysage unique au printemps et à l'automne.

LE PORTO ET LES ANGLAIS

Au 14e s., certains vins de Lamego étaient déjà exportés vers l'Angleterre. Au 17e s., en échange de leur aide contre les Espagnols, les Portugais accordèrent aux Anglais des privilèges commerciaux. Et, à la fin du 17e s., quand la formule du porto fut mise au point, de nombreux Anglais se portèrent acquéreurs de *quintas* dans la vallée du Douro et se lancèrent dans la production de ce vin. Le **traité de Methuen** (1703) avait attribué le monopole du commerce des vins portugais à la couronne britannique, mais le roi Joseph Ier et le marquis de Pombal créèrent en 1756 la **Compagnie générale de l'agriculture des vignes du Haut-Douro**, établissement public chargé de fixer les prix à l'exportation. L'année suivante, la compagnie entreprit de déterminer les limites du vignoble ayant droit à l'appellation. Dans le même temps, les maisons anglaises se multiplièrent : Cockburn, Campbell, Offley, Harris, Sandeman, Dow, Graham, etc. ; les Portugais attendirent 1830 pour créer leurs propres compagnies : Ferreira, Ramos-Pinto, etc. En 1868, le phylloxéra s'abattit sur la région, mais le vignoble fut rapidement reconstitué et l'on produisit des *vintage* dès la fin du 19e s.

L'élaboration du porto

Les vendanges ont lieu fin septembre. Les grappes sont transportées à dos d'homme dans des hottes en osier. Le raisin cueilli est porté au pressoir où le foulage mécanique s'est substitué au foulage au pied, dont les chansons et les rythmes appartiennent désormais au folklore. Le moût fermente jusqu'à ce qu'il atteigne le degré de sucre souhaité, puis on y ajoute de l'eau-de-vie – de raisin du Douro, obligatoirement – pour en faire cesser la fermentation et retenir le sucre. Au printemps, le vin est transporté jusqu'aux chais de Vila Nova da Gaia, la ville située sur la rive gauche du Douro, juste en face de Porto. Jusqu'en 1964, ce transport s'effectuait à bord des *barcos rabelos*, qui descendaient le Douro sur 150 km jusqu'à Porto. On peut voir certains de ces bateaux colorés à Pinhão et Vila Nova da Gaia.

Les différents portos

La teneur en alcool du porto varie entre 19 et 22°. Il existe une grande variété de portos en fonction de la marque et du procédé d'élaboration. Vieillis en fût, ils mûrissent par oxydation et prennent une belle couleur ambre ; vieillis en bouteille, ils mûrissent par réduction et se caractérisent par leur teinte rouge sombre.

Depuis 1963, les Français ont supplanté les Anglais et sont devenus les premiers importateurs de porto. Ils consomment surtout du *tawny (voir ci-dessous)*, demi-sec et doux, alors que les Anglais sont amateurs de portos de grande qualité.

Le **porto blanc**, ou *branco*, moins répandu, provient de cépages blancs. Sec ou extra-sec, d'une teneur en alcool de 16,5° minimum, il constitue un excellent apéritif à servir frais.

Le **ruby**, de couleur rouge, est un vin jeune, d'environ deux ans.

Le **tawny**, vin de mélange, ayant en général passé 3 ou 4 ans en fût, présente une couleur blond doré. Il existe également des *tawnies* avec indication d'âge et des *tawnies* de *colheita (voir ci-dessous)*.

Le **porto avec indication d'âge** (mention : 10, 20, 30 ans, etc.) correspond au temps passé en fût. Ce vin de très bonne qualité est à boire dans les années suivant la mise en bouteilles.

Le **colheita**, porto avec mention de la date de récolte, est réalisé avec des vins de même année, la mise en bouteilles se faisant au bout de 7 ans minimum (cette date est mentionnée sur l'étiquette).

Le **vintage** est obtenu à partir

ACHETER ET DÉGUSTER DU PORTO

Les portos les moins chers sont les **blancs**, les rouges **ruby** ou les jeunes **tawnies**. Ce sont des vins de coupage (*blended* en anglais), produits avec des mélanges de vins de différentes productions et de différentes années. Une fois ouvert, un porto ruby doit être consommé rapidement pour en apprécier toute la subtilité. Les meilleurs portos, et les plus chers, sont les **vintage** et les **LBV** *(voir p. 57)*. À défaut de pouvoir s'offrir du LBV ou du *vintage*, une Réserve ou une Réserve spéciale *(entre 12 et 14 €)* peuvent procurer un bonheur rare, avec des fruits rouges et du chocolat noir. En effet, contrairement aux Français qui le consomment à l'apéritif, les Portugais boivent du bon porto surtout avec le dessert.

À Porto, visitez le musée du Vin de Porto, et les chais des grandes maisons à Vila Nova de Gaia *(voir p. 504)* puis continuez par la route du Vin de Porto.

d'un raisin de qualité remarquable, produit généralement sur un seul domaine en une année exceptionnelle. Il est impérativement mis en bouteilles après deux ou trois années passées en fût. La bouteille, qui porte le nom de l'exportateur, est millésimée et ne doit être ouverte qu'au bout de huit à dix ans.

Enfin les **LBV** *(late bottled vintage)*, sont réalisés aussi avec une seule récolte et mis en bouteilles entre la 4e et la 6e année après la vendange. *Vintage* et LBV peuvent être gardés de nombreuses années, pourvu que l'on prenne certaines précautions (température adéquate, bouteille couchée). Le *vintage* doit être servi dans une carafe pour être décanté, et consommé rapidement, de préférence le jour de l'ouverture de la bouteille.

LE MADÈRE

La culture de la vigne fut introduite à Madère dès le 15e s. Les plants importés de Crète produisirent sur le sol volcanique riche et ensoleillé de la côte sud un vin de bonne qualité, la malvoisie. Le vin de Madère acquit un certain prestige en Europe, notamment à la cour de François Ier qui en offrait à ses invités. Des alliances commerciales scellées dès le 17e s. incitèrent les Anglais à prendre part à sa production et à son exportation.

Un procédé original

Les vendanges ont lieu à partir de la fin août. Les grappes sont portées au pressoir et leur jus mis à fermenter dans des tonneaux et soumis à de multiples traitements : on y ajoute de l'alcool, on le clarifie à l'aide de blanc d'œuf ou de colle de poisson et, surtout – la plus grande caractéristique du madère – on le soumet à la chaleur. Stocké dans des barriques et des tonneaux, on laisse ainsi le vin pendant au moins trois mois dans des caves chauffées à 45 °C, ce qui provoque sa maturation. Ce procédé s'appelle l'*estufagem* (le chauffage). Les propriétés de la chaleur furent découvertes à l'occasion du transport du vin sous les tropiques au 18e s. À une certaine époque, on a même utilisé les tonneaux de Madère pour lester les bateaux faisant de longs trajets vers l'Inde ou l'Amérique. Pendant le voyage aller-retour, le vin avait tout le temps de chauffer !

Madère au pluriel

Les trois principaux crus sont le **sercial**, dont les plants proviennent du Rhin : vin sec, bouqueté, de couleur ambre et servi frais, idéal pour l'apéritif ; le **boal** qui vient de Bourgogne : brun rougeâtre, sa saveur riche et fruitée en fait surtout un vin de dessert ; la **malvoisie** (*Malmsey* pour les Anglais), le plus réputé, est également un vin de dessert très doux, dont la couleur tend vers le violet. On produit aussi le **verdelho**, vin demi-sec que l'on peut servir en toute occasion, le *moscatel* et le *tinto*, vin rouge.

Les madères *vintage*, réalisés à partir des meilleurs vins des années exceptionnelles, peuvent être consommés pendant plus de 150 ans. On raconte qu'en 1815, Napoléon, en route vers Ste-Hélène, fit escale à Madère et reçut du consul anglais un tonneau de vin ; à sa mort, le consul récupéra le vin non entamé qui fut mis en bouteilles. En 1936, un Anglais put se vanter d'avoir dégusté de ce « vin de l'Empereur » plus que centenaire.

Culture

Ouverte aux influences extérieures qu'elle assimile rapidement et avec succès, la littérature portugaise n'en est pas moins originale et pleine d'imagination. L'âme lyrique et nostalgique du peuple est imprégnée de la fameuse « saudade » – comme dans le fado – mais aussi de sens critique, vite enclin à la satire des injustices ou des aspects ridicules de chaque époque. C'est pourquoi la poésie y a toujours occupé une place privilégiée, avec, pour figure de proue défiant les siècles, la figure tutélaire de Camões. Le cinéma est pénétré du même esprit. Déconcertant et exigeant, il a su résister à l'uniformisation ambiante et s'imposer, grâce à des cinéastes qui comptent parmi les plus géniaux du monde et collectionnent les récompenses.

Bien que le territoire portugais ait été occupé par différents peuples (Phéniciens, Wisigoths, Celtes, Arabes), la langue portugaise, dans son vocabulaire comme dans sa syntaxe, dérive directement et principalement du latin parlé par les Romains qui ont séjourné dans la péninsule Ibérique. Le portugais a également été fortement influencé par l'arabe qui, à partir du 8e s., a enrichi le lexique de mots ayant trait aux techniques introduites par ce peuple. À mesure que celles-ci évoluaient, ces termes ont été progressivement remplacés par d'autres, mais il en subsiste un certain nombre, en particulier l'essentiel des mots commençant par « al ».

À l'époque des Grandes Découvertes, les Portugais ne se sont pas contentés de disséminer leur langue dans le monde, ils ont aussi importé, en même temps que les précieuses épices, de nouveaux vocables exotiques, qui sont le condiment de cette langue. « De ma langue, on voit la mer », disait l'écrivain Vergílio Ferreira…

Une littérature d'envergure

UNE LONGUE TRADITION DE POÈTES

Le Moyen Âge

Le Portugal entre dans la littérature à la fin du 12e s. avec la poésie des troubadours, influencée par le lyrisme provençal. On distingue les **cantigas de amor** interprétées par des voix masculines, les **cantigas de amigo,** plus populaires, les **cantigas de escárnio,** satiriques ; toutes sont réunies dans des *cancioneiros* dont le plus célèbre, le *Cancioneiro Geral*, œuvre de l'Espagnol Garcia de Resende, réunit toute la poésie produite en portugais et en castillan pendant plus d'un siècle.

Le roi Denis Ier, poète lui-même, imposa l'usage officiel du portugais. **Fernão Lopes** (né vers 1380/1390), chroniqueur des rois de Portugal *(Crónicas de D. Pedro, D. Fernando, D. João I, D. Dinis),* fut le grand nom de la littérature médiévale.

Concert de fado dans le Bairro Alto, à Lisbonne.
B. Gardel/hemis.fr

La Renaissance

Le 16e s. introduit l'humanisme et un renouveau de la poésie et de l'art dramatique. Le créateur du Théâtre national portugais, **Gil Vicente** (1470-1536), dresse au fil de ses 44 pièces de théâtre un tableau satirique de la société portugaise au début du 16e s., faisant preuve de beaucoup d'irrespect envers l'Église. Il commence par des *autos* (actes), souvent inspirés par des thèmes religieux, puis poursuit avec des tragicomédies et des « farces ». La grande personnalité de cette époque reste **Luís de Camões** ou **Camoens** (1524-1580). Dans sa vaste fresque des *Lusiades* (1572), « les fils de Luso », soit les Portugais, le poète épique retrace l'épopée de Vasco de Gama à la manière de l'*Odyssée*. Il se fait ainsi le chantre des Grandes Découvertes après une vie aventureuse qui l'a mené, entre autres, au Maroc et à Goa. Le 10 juin, anniversaire de la mort de Camões – auteur par ailleurs de magnifiques sonnets –, est le jour de la Fête nationale portugaise. Contemporain de Luís de Camões, **Fernão Mendes Pinto** (1509-1583) vagabonda lui aussi pendant près de vingt ans en Orient, ce qui lui inspira *Pérégrination*, vaste roman d'aventures relatant, sur un ton sarcastique, les tribulations asiatiques de marchands, de missionnaires et de brigands.

Le maître du 17e s.

Au 17e s., durant les 60 années de domination espagnole, la littérature portugaise se confine dans les académies de Lisbonne et de province ; la préciosité baroque triomphe. L'extraordinaire figure du père **António Vieira** (1608-1697) domine le siècle. Pour Pessoa, ce jésuite, qui fut tour à tour missionnaire, écrivain, diplomate, économiste et prédicateur, était « l'empereur de la langue portugaise ». Son talent multiforme s'appliquait aussi bien à des sermons enflammés qu'à des lettres toutes de clarté, des pamphlets au vitriol ou des écrits messianistes. Ses écrits lui valurent d'être emprisonné par l'Inquisition. *Histoire du futur* est son chef-d'œuvre.

Le 18e s.

Le siècle des Lumières a ses représentants au Portugal : savants, historiens, philosophes. Théâtre et poésie se ressentent de l'influence française. **Manuel M. Barbosa du Bocage** (1765-1805), lui-même d'ascendance française par sa mère, est un poète lyrique dont l'œuvre s'inspire des mouvements sociaux et politiques de l'époque.

Le 19e s. : du romantisme au réalisme

Le romantisme s'installe grâce à **Almeida Garrett** (1799-1854), poète *(Fleurs sans fruits, Feuilles tombées)* et maître de toute une génération de poètes, réformateur du théâtre portugais *(Frei Luís de Sousa)*. Outre d'ardents poèmes d'amour, il écrivit *Voyages dans mon pays*, un carnet de voyages qui évoque avec ironie et humour l'état politique, social et culturel du Portugal en 1843. C'est une des œuvres majeures de la littérature portugaise.
Le siècle voit s'imposer d'autres remarquables poètes tels **António F. de Castilho** *(Amour et Mélancolie)* et **João de Deus**. **Alexandre Herculano** (1810-1877) introduit le roman historique dans un style se rapprochant de celui de Victor Hugo. Son *Histoire du Portugal* fut un grand succès. Son contemporain, **Oliveira Martins**, s'essaie aussi à retracer l'histoire du pays dans un style rappelant celui de Michelet.
La transition vers le réalisme se fait avec **Camilo Castelo Branco** (1825-1890). Incroyablement prolixe, l'écrivain a publié quelque 260 ouvrages, romans, contes, récits et nouvelles. Son chef-d'œuvre, *Amour de perdition*, un roman intense et dramatique, fut adapté au cinéma par Manoel de Oliveira. Branco avait la conscience tragique d'un monde en pleine mutation. Son suicide marque la fin du romantisme.
À la même époque, les *Odes modernes* de l'Açorien **Antero de Quental** (1842-1891) sont un instrument d'agitation sociale.
À la manière d'un Zola, le diplomate et romancier **José Maria Eça de Queirós** (1845-1900) s'est attaché à la peinture de mœurs de son temps et à la critique sociale. Dans *Les Maias*, son livre majeur, il décrit avec un humour féroce la société bourgeoise décadente de Lisbonne. Jorge Luís Borges le considérait comme l'un des plus illustres écrivains de son temps. Nommé en 1889 consul à Paris, déchiré entre son amour pour l'Europe moderne et son attachement à son pays encore arriéré, il fut membre d'un groupe baptisé *Les Vaincus de la vie*. Il y côtoyait l'historien **Oliveira Martins** (1845-1894) à qui l'on doit l'*Histoire du Portugal*.

LA LITTÉRATURE CONTEMPORAINE

Fernando Pessoa, l'unique

Écrivain au succès universel, Fernando Pessoa (1888-1935) est le génie des lettres portugaises, la référence absolue. Il n'a publié de son vivant qu'un seul manuscrit, *Message*. Mais à sa mort, on a découvert une malle contenant 27 000 fragments de manuscrits, signés par 72 auteurs différents, en fait autant de doubles littéraires (*voir encadré p. 61*). Publiés plus de quarante ans plus tard, ces feuillets vont marquer un tournant dans la littérature portugaise des années 1980. Il faut lire *Le Livre de l'intranquillité*, chef-d'œuvre de la littérature, livre inclassable en forme de recueil d'aphorismes et de réflexions, et se promener dans les poèmes : l'œuvre étrange et mystérieuse dit le désenchantement du monde.

La génération autour de Pessoa

Parmi les contemporains de Pessoa, citons ses amis Mario de Sá-Carneiro et Almada Negreiros avec qui, entre autres, l'écrivain fonde en 1915 l'innovatrice et éphémère revue *Orpheu*. **Almada Negreiros** (1893-1970), écrivain et peintre *(voir p. 76)*, est une figure contestataire importante dans les mouvements littéraires et artistiques à partir des années 1910. **Mario de Sá-Carneiro** (1890-1915), le plus proche de Pessoa, se suicida à 26 ans en laissant de très beaux poèmes.

Influencée par la révolution commencée par *Orpheu*, la revue *Presença* est créée en 1927 par un groupe de Coimbra. Dirigée par **José Régio** (1901-1969), auteur notamment des *Poésies de Dieu et du Diable*, elle révèle le poète et romancier **Miguel Torga** (1907-1995), devenu depuis un ténor de la littérature portugaise. Dans des textes courts et ciselés comme *Contes de la montagne*, Torga a construit une mythologie exaltant l'amour de sa terre natale, le Trás-os-Montes, ses forces élémentaires et ses mythes, sans pour autant tomber dans le folklore. Son journal intime *(Journal)*, écrit au fil des décennies, rend aussi compte de l'histoire portugaise. Son œuvre est une remarquable réflexion sur l'être humain et l'attachement à la terre. Sur les marges de *Presença*, un autre groupe d'écrivains, se qualifiant de « néoréaliste », promeut une littérature engagée. Parmi eux, citons **Vitorino Nemésio** (1901-1978, également poète) et son très beau roman *Gros Temps sur l'archipel* qui se déroule aux Açores, ou encore **Ferreira de Castro** (1898-1974) qui a tiré parti d'un long séjour au Brésil *(Forêt vierge, La Mission)*.

La littérature d'après guerre

Née en 1922, personnalité marquante de la littérature d'après-guerre, **Agustina Bessa Luís** est une star au Portugal. Elle a reçu en 2004 le prestigieux prix Camões, la plus haute distinction décernée à un auteur lusophone. Prolifique, elle a publié une cinquantaine de romans ainsi que des biographies. Elle a également écrit des scénarios et adapté plusieurs de ses romans pour le réalisateur Manoel de Oliveira. Son écriture taille au scalpel des images de son pays et de la société en général.

Le renouveau des lettres portugaises

Après la révolution de 1974 et plus encore dans les années 1980, la littérature portugaise a connu un autre renouveau. Quelques noms à (re-)découvrir d'urgence :

PESSOA ET SES « HÉTÉRONYMES » : LA VIE RÊVÉE ET DÉMULTIPLIÉE

Modeste employé de bureau à Lisbonne, presque inconnu à sa mort, **Fernando Pessoa** est considéré aujourd'hui comme le plus grand écrivain portugais depuis la Renaissance. Génie complexe et précurseur, Pessoa, dont le nom signifie « personne », a renouvelé la poésie portugaise en se dissimulant derrière plusieurs « hétéronymes », tous doués d'une vie propre inventée par l'écrivain : à chacun Pessoa avait attribué un nom, une date de naissance, une philosophie de la vie. Outre des ouvrages signés de son propre patronyme *(Poèmes ésotériques, Message, Le Marin)*, ces identités multiples lui ont permis de s'exprimer dans des styles et des genres très différents ; ainsi entrent en scène Álvaro de Campos *(Œuvres poétiques)*, Alberto Caeiro et Ricardo Reis *(Poèmes païens)* et le « demi-hétéronyme » de Pessoa, Bernardo Soares, qui a définitivement choisi de rêver sa vie plutôt que de la vivre, à l'image de Pessoa lui-même. On doit à ce dernier hétéronyme *Le Livre de l'intranquillité*.

À travers ses romans, **José Saramago** (1922-2010) brasse les grands mythes de l'histoire du Portugal. Saramago, qui s'est lancé tardivement dans la littérature, n'a connu le succès qu'à l'âge de 60 ans avec *Le Dieu manchot* (1982), qui retrace la construction du couvent de Mafra : un livre choc, épique, foisonnant, baroque, où il se plaît à déboulonner dogmes et vérités. L'histoire, le combat du bien et du mal sont les thèmes essentiels de son œuvre, récompensée en 1998 par le prix Nobel de littérature *(voir encadré ci-dessous)*.

José Cardoso Pires (1925-1998), autre grand nom du 20ᵉ s., est un critique virulent et engagé du régime de Salazar et des guerres coloniales. Dans *Ballade de la plage aux chiens*, enquête policière sur la mort d'un officier, il décrit un Lisbonne tout à fait inhabituel.

La renommée d'**António Lobo Antunes** (né en 1942) est désormais mondiale. Ce médecin psychiatre, souvent comparé à Céline, est un écrivain provocateur, iconoclaste, dont l'écriture chaotique charrie des métaphores surgies d'une vision pessimiste du Portugal. Ses personnages, tragiques et désespérés, sont voués à l'enfer. *Le Cul de Judas* (1979), sur la guerre en Angola, est son premier grand succès et la meilleure introduction à son œuvre *(Exhortation aux crocodiles, Le Retour des caravelles)*. Il dit de ses livres : « Je voudrais qu'on les attrape comme une maladie. » L'écrivain a reçu le prix Camões en 2007.

Le premier roman de **Lídia Jorge** (née en 1946), *La Journée des prodiges* (1980), est une évocation des mythes populaires portugais et une description de la vie quotidienne d'une famille de paysans de l'Algarve – sa région natale – au temps de la dictature. Son expérience africaine en tant que femme d'officier pendant la guerre coloniale au Mozambique lui a inspiré *Le Rivage des murmures* (1988). Son style, à la fois réaliste et lyrique, sans concession, fait d'elle l'écrivain de la mémoire du peuple portugais.

Considéré comme le meilleur essayiste de son pays, le philosophe **Eduardo Lourenço** (né en 1923) est l'auteur de nombreux ouvrages politiques sur la révolution de 1974, ainsi que d'études sur l'identité portugaise dont l'excellent *Mythologie de la saudade*. Ses textes, d'une grande qualité littéraire, sont empreints d'un lyrisme nostalgique.

Mentionnons également **Nuno Júdice** (né en 1949) dont le style est surtout poétique (*Théorie du sentiment, Un champ dans l'épaisseur du temps)*, **Almeida Faria** (né en

JOSÉ SARAMAGO, UN PARCOURS ATYPIQUE

Né à Azinhaga, près de Santarém, José Saramago a vécu dès l'âge de 3 ans à Lisbonne. Il y exerça mille métiers (mécanicien, dessinateur, employé à la Sécurité sociale, éditeur, traducteur, journaliste) avant de publier en 1947 son premier roman, *Terra do Pecado*. Il travailla ensuite dans une maison d'édition et fut critique littéraire de la revue *Seara Nova*. Son deuxième livre, *Les Poèmes possibles*, ne parut qu'en 1966, et ses grands succès littéraires datent surtout des années 1980 : *Le Dieu manchot* (1982), *L'Année de la mort de Ricardo Reis* (1984), consacré à Pessoa, *Le Radeau de pierre* (1986), *Histoire du siège de Lisbonne* (1989), *L'Aveuglement* (1998). En 1992, l'Église demanda l'interdiction de son roman *L'Évangile selon Jésus-Christ* (1991), l'accusant de porter atteinte au patrimoine religieux des Portugais. Saramago décide alors de s'exiler à Lanzarote, aux Canaries, où l'argent du prix Nobel lui permit de se consacrer tranquillement à l'écriture.

1943) qui chante la mémoire, l'exil et la nostalgie.
Les écrivains les plus intéressants de la jeune génération se nomment **Dulce Maria Cardoso** (née en 1964), **Gonçalo M. Tavares** (né en 1970), **João Ricardo Pedro** (né en 1973), **José Luís Peixoto** (né en 1974), ou **João Tordo** (né en 1975), auteur d'un troublant *Domaine du temps*. N'ayant pas connu la dictature, ils rompent avec leurs aînés par leur défaut d'engagement politique. Par ailleurs, leurs romans ne s'ancrent plus systématiquement dans le Portugal ou dans son histoire.

LE MONDE LUSOPHONE

Un important projet fédérateur, à dimension culturelle mais aussi politique et économique, a vu le jour en 1996 : la **Communauté des pays de langue portugaise** (CPLP), regroupant le Brésil, le Portugal et ses cinq anciennes colonies africaines.

Une langue parlée sur quatre continents

Quelque 250 millions de personnes (dont 194 millions de Brésiliens) s'expriment en portugais dans le monde, sur quatre continents ; c'est la 9e langue parlée après le chinois, l'anglais, l'espagnol, les langues indiennes (hindi et bengali), le russe et l'arabe. C'est aussi la 3e langue européenne parlée dans le monde (devant le français). Outre le Portugal, ses archipels Atlantique (Açores, Madère) et ses anciens comptoirs asiatiques (Timor, Macao et Goa), le monde lusophone forme toujours un important ensemble pluricontinental : Brésil, Angola, Guinée-Bissau, Mozambique et Cap-Vert, São Tomé e Príncipe.
Les prévisions tablent sur une croissance de 50 % de la population lusophone dans le monde en 2025.
Voir aussi notre « Bibliographie », p. 37.

Un cinéma original

Dans les années 1930 et 1940, le cinéma portugais s'épanouit autour de thèmes populaires, de films ruraux ou de comédies de mœurs dont les principales vedettes sont Beatriz Costa et António Silva. Puis l'idéologie salazariste prime avec le réalisateur quasi officiel António Lopes Ribeiro. Le « Cinema Novo » gagne alors une reconnaissance internationale. La jeune génération perpétue aujourd'hui la tradition de ce cinéma d'auteur indépendant.

VERS UN CINÉMA D'AUTEUR

À partir des années 1950, les réalisateurs portugais se distinguent par leur créativité et leur indépendance. Les ciné-clubs se multiplient et une élite intellectuelle et artistique émerge, mais elle souffre de la censure du gouvernement. Pendant cette période, les comédies se font rares. Au cours des années 1960, de jeunes Portugais font leurs études cinématographiques en France et en Grande-Bretagne. Les réalisateurs les plus connus sont **Paulo Rocha**, qui a été l'assistant de Jean Renoir, **Fernando Lopes** *(Belarmino)* et **António de Macedo** *(Domingo à Tarde)*.

Le « Cinema Novo »

Paulo Rocha se signale par son film *Os Verdes Anos (Les Vertes Années)* en 1963, qui marque la rupture avec les œuvres de la dictature et inaugure le « Cinema Novo », équivalent de la Nouvelle Vague française. Après avoir travaillé quelques années au Japon *(L'Île des amours)*, il continue sa carrière au Portugal *(Fleuve d'or)*. La plupart des réalisateurs portugais reviennent au pays à la fin de leurs études. C'est aussi la période post-révolution des Œillets : les réalisateurs tournent des films influencés par le militantisme et la politique, dans la lignée de *O Recado (Le Message)*, réalisé par **José Fonseca e Costa** alors que la dictature sévissait toujours. Se distinguent aussi António Reis *(Jaime)*, António Pedro de Vasconcelos *(O Lugar do Morto)* et Lauro António *(La Brume de l'aube)*.

Manoel de Oliveira, père du cinéma contemporain

Le cinéma portugais doit sa notoriété internationale à l'extraordinaire personnalité de **Manoel de Oliveira**, qui tourna jusqu'à sa disparition en 2015, à l'âge de 106 ans.

Son premier long-métrage, *Aniki Bobo*, est dédié à sa ville natale, Porto, où il a tourné dès 1931. Pendant la dictature salazariste, Oliveira produira très peu. Il réapparaît sur la scène cinématographique portugaise à partir des années 1980. L'illustre réalisateur obtint de nombreux prix et une palme d'or en 2008 pour l'ensemble de son œuvre.

Il surprit le public de la Croisette en 2003 avec *Je rentre à la maison*, un film plus accessible, plus « grand public » que d'ordinaire, où il s'interrogeait sur la solitude, la vieillesse et la mort. Ce long-métrage marquait une rupture avec son cinéma habituel, contemplatif, aux sujets souvent tirés de la littérature, composé de plans lents, parfois fixes, conçus comme des tableaux. Des films qui examinent avec acuité la condition humaine, dans un style formel, précieux et poétique, traquent la vanité des hommes (*Non ou la Vaine Gloire de commander, Parole et utopie*) ou décryptent les relations amoureuses (*Amour de perdition, Francisca*).

Fidèle à un certain cinéma, Oliveira s'est imposé avec des œuvres souvent décalées par rapport au tout-venant de la production cinématographique.

À ses acteurs de prédilection, Luís Miguel Sintra et Leonor Silveira, se joignirent des stars internationales : Irène Papas, Chiara et Marcello Mastroianni, Catherine Deneuve, John Malkovich et Michel Piccoli.

LES HÉRITIERS

Pedro Costa se fait connaître en 1989 avec son premier film, *Le Sang (O Sangue)*. Il tourne *Ossos* en 1998, dans le bidonville cap-verdien de Lisbonne. Un film plein de force et pour le moins intrigant, presque sans lumière, sans couleur, sans récit ni dialogue. Costa est retourné dans ce quartier avant sa destruction pour y réaliser *Dans la chambre de Vanda* (2000), un documentaire d'une noirceur insoutenable sur le quotidien d'un junkie.

João Botelho s'intéresse au thème de la décolonisation dans *Trois Palmiers* (*Três Palmeiras*, 1994), avant de réaliser le sulfureux *Tráfico* (1998). *Os Maias* (2014), d'après le roman éponyme d'Eça de Queiroz, a rencontré un très gros succès en salle.

Citons également, parmi la nouvelle génération, **João Pedro Rodrigues** et son émouvant *Mourir comme un homme* (2009), tragédie bouleversante d'une transsexuelle vieillissante ; **Raquel Freire** pour *La Déchirure* (2001), surprenant thriller psychologique situé dans le microcosme de la ville universitaire de Coimbra, **João Mário Grilo** *(O Processo de Rei - 1990, Longe da Vista - 1998, O Fim do Mundo - 1993)* ; **Joaquim Pinto** (*Le Chant d'une île*, 2004), sur la vie des pêcheurs des Açores ; et, dans un genre plus populaire et hollywoodien, **Joaquim Leitão**, réalisateur de *Adão e Eva* (1995). Aujourd'hui, tous les regards se tournent vers **Miguel Gomes**, auteur de *Tabou* (*Tabu*, 2012), en forme de diptyque et d'hommage au cinéma muet, et des *Mille et une nuits* (*As 1001 Noites*,

Fernando Pessoa, dans son habit de bronze, devant le café A Brasileira à Lisbonne.
J. Heintz / hemis.fr

2015). Cette œuvre en trois parties (soit plus de 6h) brosse un tableau kaléidoscopique et touché par la grâce d'un Portugal en crise.

LISBONNE, VILLE RÊVÉE DES CINÉASTES

Sept collines, des maisons colorées, des impasses, recoins et jardins, des perspectives tous azimuts, une lumière si particulière et surtout une ambiance de ville à la fois en mouvement et arrêtée dans le temps… Lisbonne semble faite pour le cinéma. En tout cas elle est depuis longtemps source d'inspiration pour nombre de réalisateurs étrangers et portugais. Le Suisse **Alain Tanner** y est venu filmer *Dans la ville blanche*, où Lisbonne tient le rôle principal. *Lisbonne Story* de **Wim Wenders** raconte l'histoire d'un preneur de son à la recherche d'un ami qui finit par se perdre lui-même dans cette ville propice aux errances. D'autres réalisateurs étrangers comme Robert Krammer ou Aleksandr Sokourov y ont aussi trouvé matière à leur travail.

Chez les cinéastes portugais, la capitale a également joué un rôle essentiel pendant la période du « Cinema Novo » (*Les Vertes Années* de Paulo Rocha et *Belarmino* de Fernando Lopes).

De son côté, **João César Monteiro** (1939-2003), s'est révélé être un des meilleurs portraitistes de sa ville. Son personnage, l'inénarrable et iconoclaste João de Deus, déambule dans Lisbonne, amenant le spectateur à la rencontre de caractères locaux hauts en couleur tandis que de longs plans-séquences dans des lieux clefs de la cité en dessinent une géographie très personnelle et inclassable.

Depuis quelques années, certains réalisateurs de la **nouvelle génération** préfèrent filmer la ville depuis ses coulisses et ses arrière-salles ou aller en périphérie, dans l'envers du décor. Ainsi Teresa Vilaverde *(Les Mutants)*, Pedro Costa (*Dans la chambre de Vanda*, une plongée dans la vie des toxicomanes du quartier pauvre de Fontainhas) ou Bruno de Almeida, Portugais d'origine installé à New

York (*The Lovebirds*, sur le thème du labyrinthe émotionnel que peut être Lisbonne la nuit) donnent à voir une autre réalité de la ville.
Voir notre sélection de films p. 38.

La musique au rythme du fado

ORIGINES

Mélopée dérivée des poésies chantées par les troubadours du Moyen Âge, chant d'origine mauresque ou afro-brésilienne, les hypothèses ne manquent pas sur les origines du fado. Il apparaît au Portugal à la fin du 18e s. à la fois sous la forme d'un chant nostalgique de marins et du chant des femmes du quartier populaire de la Mouraria, à Lisbonne. Il se développe au début du 19e s. dans une période agitée par les guerres napoléoniennes et l'indépendance du Brésil. Ces circonstances expliqueraient le succès de ce chant triste dont les principaux thèmes évoquent les fluctuations du sort (son nom viendrait du latin *fatum* : destin).
Le fado acquiert sa popularité à Lisbonne dès 1820 avec la chanteuse **Maria Severa**. En 1833 s'ouvrent les premières maisons de fado. À partir de 1870, les aristocrates l'adoptent et s'exercent à exprimer leurs émotions romantiques à travers ces chants. À la fin du siècle, le fado devient un genre littéraire et les grands poètes et écrivains du moment s'y essaient. Dans le roman apparaît le personnage du *fadista* qui traîne de maison de fado en maison de fado en buvant et en écoutant ces airs nostalgiques, les yeux mi-clos dans un nuage de fumée. Au début du 20e s., le fado sert de support aux luttes idéologiques.

UNE RECONNAISSANCE MONDIALE

Amália Rodrigues, avec une voix incomparable et un choix de textes de qualité, a fait connaître le fado au-delà des frontières. Considérée comme la plus grande interprète de ce style, elle a conféré au fado une gloire internationale telle qu'il est devenu le symbole du Portugal et de sa *saudade*. Elle a su innover en faisant appel aux plus grands poètes, Pessoa notamment. En 1974, au moment de la révolution des Œillets, on lui a reproché ses accointances avec le pouvoir. Elle s'en est défendue, ce qui n'empêcha pas sa mise à l'écart. En 1990, le président Mário Soares l'a décorée de la plus haute distinction. En 1999, ses funérailles sont nationales, l'hommage est unanime.
Trop associé à l'obscurantisme du salazarisme, le fado va connaître une crise avant de renaître dans les années 1990. Plusieurs chanteuses tentent de renouveler le style sans rompre avec la tradition. Citons Cristina Branco, Mísia, Mariza, Katia Guerreiro, Bevinda, **Ana Moura**, **Lula Pena** ou encore **Teresa**

MUSIQUE, MUSIQUES

Loin de se cantonner au fado, l'offre musicale au Portugal déborde largement les genres et les frontières, voire les océans. La présence d'importantes communautés, brésilienne et cap-verdienne notamment, et le lien que constitue la langue portugaise à travers le monde, font de Lisbonne et, dans une moindre mesure, de Porto des scènes actives pour les musiques du monde. En outre, le développement des festivals et des salles de qualité à la programmation variée, surtout à Lisbonne, comblent tous les amateurs : classique, jazz, rock, électro, etc.

LA SAUDADE

Un mal qui fait du bien, un bien qui fait du mal : c'est ainsi que Camões qualifiait la *saudade*. Le mot, sans équivalent dans d'autres langues, désigne un sentiment qui pour beaucoup caractérise l'« âme » portugaise. Le fado est une forme d'expression privilégiée de la *saudade*, qui « avant d'être pensée, a été chantée » comme l'affirme l'essayiste Eduardo Lourenço. Le fado parle des amours inaccomplies, des départs, des ruptures, des difficultés de la vie, d'un destin contre lequel on ne peut rien. Cette fatalité et ce chagrin chantés dans le fado expriment parfaitement le sentiment contradictoire qui constitue la *saudade* : une mélancolie joyeuse, la douceur d'exprimer une douleur, une souffrance qui se contente et se satisfait d'elle-même…

Salgueiro, la chanteuse du groupe *Madre Deus*. Certaines ont collaboré avec la fine fleur de la littérature contemporaine : Lídia Jorge, José Saramago, António Lobo Antunes. Parmi les *fadistas* masculins, il faut citer **Carlos do Carmo**, véritable icône en son pays, **Camané**, **Pedro Moutinho** ou **António Zambujo**.
Voir notre sélection de disques p. 39.

PRATIQUE DU FADO

Le chanteur *(fadista)*, femme ou homme, est accompagné par un ou deux joueurs de viole *(guitarra portuguesa)*. Cet instrument né au Portugal, dont l'un des plus grands maîtres fut Carlos Paredes, est utilisé exclusivement pour accompagner le *fadista*, ou comme instrument soliste. Il diffère de la guitare espagnole *(viola)* par sa forme plus ovale et par le nombre de ses cordes (douze au lieu de six), qui lui permettent davantage de nuances dans les tonalités et un son plus aigu. Le *fadista*, souvent vêtu de noir, se tient droit, la tête rejetée en arrière, les yeux mi-clos, et frappe par la force de sa voix souvent grave.
L'évolution de ce type de musique est à l'origine de quelques tentatives pour créer un « fado gai » au rythme varié ; ce nouveau style est controversé par certains amateurs. Le fado de Lisbonne, considéré comme presque pur, serait plus proche des origines que le fado de Coimbra, chanté uniquement par des hommes portant les grandes capes noires des étudiants. Ce dernier raconte traditionnellement les aventures des étudiants avec les femmes du peuple.

OÙ L'ÉCOUTER

À Lisbonne, des spectacles de fado sont donnés tous les soirs dans les quartiers de l'Alfama et du Bairro Alto. Malheureusement, nombre de maisons de fado sont devenues extrêmement touristiques et le chant y perd un peu de son âme. Parfois, dans un petit restaurant, on peut avoir la chance de trouver des *fadistas* amateurs qui chantent pour leur plaisir… et le nôtre. Les grands noms du fado, quant à eux, se produisent dans les salles de concert.
Pour tout savoir sur le fado, visitez la Casa-Museu Amália Rodrigues (voir p. 156) et le Museu do Fado (voir p. 142), à Lisbonne. Vous trouverez dans les pages « Nos adresses à Lisbonne » les coordonnées de maisons de fado.

Art et architecture

L'inspiration maritime et exotique de l'art manuélin, l'exubérance baroque de la « talha dourada », l'art décoratif renouvelé de l'azulejo, la créativité de l'art populaire... autant de facettes d'une sensibilité artistique originale, dont la créativité se perpétue aujourd'hui chez les plasticiens ou dans l'architecture moderne. Quelques clefs pour apprécier ce très riche patrimoine, qui reste largement méconnu.

L'art portugais

Quelques **sites préhistoriques** – gravures rupestres de la vallée du Côa, mégalithes autour d'Évora – ou protohistoriques, comme celui de Briteiros (datant de l'âge du fer) et quelques **ruines romaines** à Conímbriga, Évora et Tróia près de Setúbal éclairent sur l'archéologie du territoire.

De petites **églises préromanes** rappellent les influences qui se sont succédé dans la péninsule Ibérique, venues du nord ou de l'est : wisigothique (São Pedro de Balsemão près de Lamego, Santo Amaro à Beja), mozarabe (São Pedro de Lourosa à Oliveira do Hospital, dans la Serra da Estrela) et byzantine (São Frutuoso près de Braga). Mais c'est au 11ᵉ s., avec l'accession du pays à l'indépendance, que l'art portugais trouve son style propre.

LE MOYEN ÂGE (11ᵉ-15ᵉ S.)

L'art roman

Importé de France par des chevaliers bourguignons et des moines de Cluny et de Moissac, le style roman n'a pénétré que tardivement au Portugal (11ᵉ s.) et a gardé dans l'ensemble les traits du roman français. Dans le nord du pays, où il est le mieux représenté, le rayonnement de St-Jacques-de-Compostelle lui a donné un style plutôt galicien, accentué par l'emploi du granit. D'où aussi l'aspect massif et fruste des édifices : les chapiteaux montrent la résistance que ce matériau offre au ciseau du sculpteur.

Les **cathédrales**, souvent édifiées par des architectes français, de préférence sur une éminence au centre de la cité, ont été construites en même temps que les châteaux forts pour soutenir l'action contre les musulmans, d'où leur allure de forteresses si visible dans les cathédrales de Coimbra, Lisbonne, Évora, Porto et Braga. Les **églises de campagne**, plus tardives, présentent des portails parfois richement sculptés. L'intérieur, où apparaissent l'arc brisé et la voûte d'arêtes, a été transformé par des adjonctions manuélines ou baroques.

L'art gothique

Les grands monastères – Alors que le style roman s'était épanoui dans le nord du pays avec la construction de cathédrales et de chapelles, l'art gothique s'est développé à la fin du 13ᵉ s. dans les régions calcaires de Coimbra et de Lisbonne avec l'éclosion de grands monastères. Les églises, à trois nefs avec abside et absidioles

Les voûtes gothiques du monastère des Hiéronymites, à Belém (Lisbonne).
Ph. Renault/hemis.fr

polygonales, conservent encore les proportions et la sobriété de l'art roman. Le **monastère d'Alcobaça**, reflet de l'ancienne abbaye de Clairvaux en France, a servi de modèle pour les cloîtres cisterciens (14e s.) des cathédrales de Coimbra, Lisbonne et Évora. Le gothique flamboyant, qui fut de brève durée, a trouvé sa meilleure expression dans le **monastère de Batalha**, bien que celui-ci ait été achevé à l'époque manuéline.

Les tombeaux sculptés – La sculpture gothique s'est développée au 14e s. dans l'art tumulaire (ou tombal), négligeant la décoration des tympans et des portails; les chapiteaux et les corniches n'ont guère reçu que des décors géométriques ou végétaux, à l'exception de quelques animaux stylisés ou de rares sujets humains (chapiteaux du monastère de Celas, à Coimbra).

L'art tumulaire s'est épanoui à partir de trois foyers : Lisbonne, Évora et, surtout, Coimbra dont l'influence, sous la direction de **Maître Pêro**, s'étendit sur le nord du Portugal, en particulier à Porto, Lamego, Oliveira do Hospital et São João de Tarouca. Les plus beaux tombeaux, ceux d'Inès de Castro et de Pierre Ier au monastère d'Alcobaça, ont été sculptés dans le calcaire. Le rayonnement de Coimbra persista au 15e s., avec **João Afonso** et **Diogo Pires le Vieux**; un second centre se créa à Batalha sous l'inspiration de **Maître Huguet** (tombeaux de Jean Ier et de Philippa de Lancastre).

La **statuaire**, influencée par l'art français, en particulier à Braga, est caractérisée par la finesse des détails, le réalisme des têtes et la douceur de l'expression.

L'architecture militaire

Pour lutter contre les musulmans, puis contre les Espagnols, les Portugais édifièrent de nombreux châteaux forts qui constituent un des éléments marquants du paysage. Les premiers jalonnent les étapes successives de la Reconquête, les seconds, édifiés du 13e au 17e s., gardent les voies de passage les plus fréquentées.

La plupart, bâtis au Moyen Âge, ont un air de famille avec leur double enceinte entourant le donjon *(torre de menagem)*, carré, massif, couronné de merlons pyramidaux où l'on reconnaît un ultime rappel de l'influence musulmane.

LA PÉRIODE MANUÉLINE

Le style manuélin marque, au Portugal, la transition du gothique à la Renaissance. Son nom, qui lui a été donné au 19e s., rappelle que ce style s'est épanoui sous le règne de **Manuel Ier**. Il reflète la passion de la mer et des territoires lointains récemment découverts, et manifeste la puissance naissante et la richesse qui s'installent sur les bords du Tage. Son originalité lui confère, malgré sa brièveté (1490-1520), une importance capitale dans l'histoire de l'art portugais.

Une architecture marine

Les églises demeurent gothiques par leur plan, la hauteur de leurs piliers et le réseau de leurs nervures ; mais la nouveauté et le mouvement apparaissent dans les piliers qui se tordent en spirale. Les arcs triomphaux accueillent des moulures représentant des câbles marins. Les voûtes, d'abord sur simples croisées d'ogives, reçoivent de grosses nervures en relief, rondes ou quadrangulaires, dont le dessin se transforme en étoile à quatre pointes ; des cordages décoratifs y apparaissent, faisant quelquefois des nœuds ; la forme des voûtes évolue, elles s'aplatissent, reposent sur des arcs segmentés ; les collatéraux s'élèvent, donnant naissance à d'authentiques églises-halles.

La sculpture

Le style manuélin prend tout son caractère dans la décoration. Les fenêtres, les portes, les rosaces, les balustrades se couvrent alors de rameaux de laurier, de capsules de pavot, de roses, d'épis de maïs, de glands, de feuilles de chêne, de grappes d'ombelles, d'artichauts, de chardons, de perles, d'écailles, de cordages, d'ancres, de globes terrestres, de sphères armillaires et enfin de la croix du Christ qui régnait sur ces ensembles décoratifs.

Les artistes

Boytac, d'origine française, est l'auteur du premier édifice manuélin, l'église de Jésus à Setúbal, et de la cathédrale de Guarda ; il a participé à la construction du monastère des Hiéronymites (Jerónimos) à Belém, ainsi qu'à celle de l'église du monastère de Santa Cruz à Coimbra et du monastère de Batalha. Son art évolue dans le sens de la complication : les colonnes torsadées dont il est le spécialiste se recouvrent de feuilles de laurier et d'écailles et sont entrecoupées d'anneaux. Ses portails, élément majeur de l'art manuélin, s'inscrivent dans une composition rectangulaire que bordent des colonnes torses surmontées de pinacles en spirale ; au centre de la composition ou au-dessus sont disposés les emblèmes manuélins : écusson, croix de l'ordre du Christ et sphère armillaire.

Mateus Fernandes donne à Batalha une tournure manuéline. Son art est nettement influencé par l'élégance du style gothique flamboyant. Le décor, surtout composé de thèmes végétaux, géométriques ou calligraphiques, prime sur le volume. Le portail des Chapelles inachevées de Batalha frappe par sa richesse décorative.

Auteur de l'exubérante fenêtre de Tomar, **Diogo de Arruda** est l'artiste le plus original du style manuélin. Chez lui, les thèmes nautiques sont une véritable obsession.

Concepteur de la tour de Belém

à Lisbonne, **Francisco de Arruda** rejette les excès décoratifs de son frère, préférant la sobriété de l'art gothique, qu'il agrémente de motifs mauresques.
Les frères Arruda furent également les « maîtres d'œuvre de l'Alentejo », où ils surent colorer l'art manuélin d'éléments d'art musulman, créant ainsi un style original : la plupart des résidences seigneuriales et des châteaux de cette région ainsi que les palais royaux de Sintra et de Lisbonne sont marqués par ce style « luso-mauresque », caractérisé par l'arc outrepassé, aux moulures très fines, des portes et des fenêtres.
Parallèlement à l'art manuélin, la sculpture portugaise subit à la fin du 15e s. l'influence flamande sous l'impulsion d'**Olivier de Gand** et de **Jean d'Ypres** (leur chef-d'œuvre est le retable en bois de la Sé Velha de Coimbra). Puis **Diogo Pires le Jeune** reprend les thèmes manuélins : la cuve baptismale du monastère de Leça do Balio (1515), près de Porto, en est le meilleur exemple.
Au début du 16e s., plusieurs maîtres, venus de Galice et de Biscaye, exercent leur art dans le nord du Portugal ; ils participent à la construction des églises de Caminha, de Braga, de Vila do Conde et de Viana do Castelo. Leur art tient du gothique flamboyant et du plateresque espagnol.
À partir de 1517, deux artistes de Biscaye, **João** et **Diogo de Castilho**, travaillent successivement à Lisbonne, Tomar et Coimbra ; leur art proche du plateresque s'intègre au style manuélin, comme on peut le voir dans le monastère des Hiéronymites à Belém.

Les arts mineurs

Le goût manuélin se traduit dans les arts mineurs par une exubérance des motifs de décoration, souvent inspirés de l'Orient. L'**orfèvrerie religieuse**, fastueuse aux 15e et 16e s., se ressent de l'exotisme oriental. La **faïence** subit l'influence de la porcelaine chinoise ; le **mobilier** adopte des procédés de décoration venus d'Orient : emploi de laques (Chine) ou de marqueterie de nacre et d'ivoire.

LA PEINTURE DE 1450 À 1550

Les peintres portugais, plus tardivement que les architectes et les sculpteurs, traduisent à leur manière la prodigieuse ascension politique du pays, en se dégageant progressivement des influences étrangères.

Les primitifs (1450-1505)

Les premiers peintres subissent franchement l'influence de l'art flamand dont la pénétration au Portugal est favorisée par les relations commerciales étroites entre Lisbonne et les Pays-Bas.
Seul **Nuno Gonçalves**, auteur du célèbre polyptyque de l'Adoration de saint Vincent (au musée d'Art ancien à Lisbonne), a su faire preuve d'originalité ; son tableau évoque, par sa composition, l'art de la tapisserie ; malheureusement, on ne lui connaît guère d'autres œuvres, à l'exception des cartons et tapisseries représentant la prise d'Asilah et de Tanger qui se trouvent dans le trésor de l'église de Pastrana, près de Guadalajara (Espagne). Deux copies de ces tapisseries ornent une salle du palais des Ducs à Guimarães.
Plusieurs « maîtres » anonymes, dont le **maître de Sardoal**, ont laissé de nombreuses œuvres bien représentées dans les musées du pays sous le nom de « primitifs portugais ».
Parmi les peintres flamands venus s'installer au Portugal, **Francisco Henriques** et **Frei Carlos** se distinguent par leurs compositions amples et leur richesse chromatique.

Les peintres manuélins (1505-1550)

Ils créent une véritable école portugaise de peinture caractérisée par la finesse du dessin, la beauté et la vérité des couleurs, la composition réaliste des arrière-plans, la dimension en grandeur nature des personnages et le naturalisme expressif des visages. Les principaux artistes ont travaillé à Viseu ou à Lisbonne.

L'**école de Viseu** est dirigée par **Vasco Fernandes**, dit « Grão Vasco » (Vasco le Grand) ; les premières œuvres de cet artiste (retable de Lamego) révèlent encore l'influence de la peinture flamande ; son art devient ensuite plus original par son réalisme, la richesse de sa palette et le sens dramatique de la composition (tableaux de la cathédrale de Viseu, aujourd'hui au musée Grão Vasco à Viseu). **Gaspar Vaz** pratique une peinture plus raffinée (tableaux de l'église São João de Tarouca près de Lamego) et, bien que formé à l'école de Lisbonne, réalise ses meilleures toiles dans la région de Viseu. Les deux maîtres ont probablement collaboré au polyptyque de la cathédrale de Viseu.

L'**école de Lisbonne** voit se développer, autour de **Jorge Afonso**, peintre officiel du roi Manuel, l'art de plusieurs peintres de talent. **Cristóvão de Figueiredo**, dont la technique évoque l'impressionnisme (usage de la tache à la place du trait), utilise les noirs et les gris pour représenter les portraits ; son style fut imité par plusieurs artistes (maître de Santa Auta : retable de l'église primitive de la Madre de Deus à Lisbonne). **Garcia Fernandes**, parfois archaïsant, affecte dans ses portraits une certaine préciosité. **Gregório Lopes**, plus dur dans le dessin et le modelé, est le peintre de la vie de cour ; il excelle dans les arrière-plans qui évoquent toujours de façon précise un paysage ou une scène de la vie portugaise (retables de l'église São João Baptista à Tomar) ; son influence est visible chez le maître d'Abrantes, au style cependant déjà baroque.

LA RENAISSANCE

La Renaissance conserve au Portugal ses traits essentiels, venus d'Italie et de France. Elle s'épanouit dans la sculpture à partir de Coimbra, sous l'impulsion d'artistes français.

Dans son style resté fidèle aux principes de la Renaissance italienne, **Nicolas Chanterene** se charge de la décoration du portail nord du monastère des Hiéronymites à Belém avant de devenir le principal sculpteur de l'école de Coimbra, où il réalise son chef-d'œuvre, la chaire de l'église de Santa Cruz. **Jean de Rouen** excelle dans l'art des retables et des bas-reliefs. **Philippe Houdart** succède, à partir de 1530, à Chanterene comme grand maître de la statuaire de Coimbra ; on reconnaît ses sculptures à leur réalisme.

L'architecture connaît un essor plus tardif, sous la direction d'architectes portugais. **Miguel de Arruda** introduit à Batalha une note de classicisme à partir de 1533. **Diogo de Torralva** achève le couvent du Christ à Tomar. **Afonso Álvares** assure la transition avec l'art classique en faisant prendre aux édifices un aspect monumental et sobre.

L'ART CLASSIQUE

La période classique voit le succès du style jésuite avec **Philippe Terzi**, architecte italien venu au Portugal en 1576, et **Baltazar Álvares** (1550-1624) ; les églises adoptent un plan rectangulaire, sans transept ni chevet.

La **peinture protobaroque** portugaise, peu connue jusqu'à une date récente, a néanmoins produit de grands artistes. Le maître incontestable de la nature morte est **Baltazar Gomes Figueira** (1604-1674). Ses œuvres ont été souvent attribuées à sa fille, Josefa de Ayala, appelée **Josefa de Óbidos** *(voir encadré p. 249)*, dont les peintures plus naïves sont débordantes de vie. **Domingos Vieira** (1600-1678) est considéré comme le génie de la peinture portugaise du 17e s. Tout comme **André Reinoso** (1610-1641), il a surtout peint des motifs religieux. **Diogo Pereira** (mort en 1658) s'est distingué dans les scènes mythologiques et romantiques, figurant des paysages et des incendies.

Le goût pour les compositions classiques apparaît également dans l'orfèvrerie.

Le 17e s. est par ailleurs la grande époque du **mobilier indo-portugais** dont le secrétaire à incrustations de bois précieux et d'ivoire est l'exemple le plus courant.

L'ART BAROQUE (FIN 17e-18e S.)

Le style baroque doit son nom au mot portugais *barroco* qui désigne une perle irrégulière. Il correspond, dans le domaine de l'art, à l'esprit de la Contre-Réforme qui, aux 16e et 17e s., pour combattre les hérésies, opposa à l'austérité protestante les séductions d'un art fastueux et populaire au service de la foi catholique.

Une architecture flamboyante

Opposé aux dispositions symétriques de l'art classique, le baroque manifeste un sens du mouvement, du volume et de la profondeur, une prédilection pour les lignes courbes et une recherche de la grandeur.

Au 17e s., l'architecture, à peine libérée de l'influence espagnole imposée par Philippe II, prend un aspect austère et simple sous la direction de **João Nunes Tinoco** et **João Turiano**. Mais dès la fin du siècle, les façades s'animent de festons, de figures d'anges et de jeux de courbes, en particulier à Braga ; **João Antunes** prône l'adoption du plan octogonal pour les édifices religieux (église de Santa Engrácia à Lisbonne). Au 18e s., le roi Jean V fait appel à des artistes étrangers : l'Allemand **Friedrich Ludwig** et le Hongrois **Mardel**, formés à l'école italienne, importent un art sobre et monumental dont le plus beau chef-d'œuvre est le monastère de Mafra.

Le véritable **baroque portugais** se développe dans le nord du pays, tant dans les églises que dans les constructions civiles ; l'esthétique des façades est soulignée par le contraste des murs blancs, crépis à la chaux, avec les pilastres et les corniches de granit qui les entourent. À Porto, **Nicolau Nasoni** *(voir encadré p. 497)*, d'origine italienne, orne les façades de motifs floraux, de palmes et de draperies. À Braga, l'architecture évolue vers le rococo (palais du Raio, église Santa Maria Madalena à Falperra).

La décoration

Les azulejos *(voir p. 79)* et la **talha dourada** connaissent alors une grande faveur. Cette dernière expression désigne les bois dorés qui ornent l'intérieur des églises et, à partir de 1650, le retable du maître-autel ; celui-ci est alors en bois sculpté, puis doré. Au 17e s., le retable ressemble à un portail : de chaque côté de l'autel, que surmonte un trône à plusieurs degrés, se dressent des colonnes torses ; des motifs décoratifs (pampres, grappes, oiseaux, angelots, etc.) en haut relief se multiplient. Cette décoration servait surtout à encadrer des peintures de maîtres.

Au 18e s., le retable prend souvent des proportions démesurées et envahit le plafond et les murs du chœur. Son ordonnance se modifie : des entablements à fronton brisé coiffent les colonnes accompagnées d'atlantes ou de statues. Il est surmonté d'un baldaquin. L'espace tout entier est envahi par une débauche de sculptures.

La statuaire

La plupart du temps en bois, les statues se disséminent dans la multitude des retables qui ornent les églises. Au 18e s., la statuaire est en grande partie tributaire des écoles étrangères : à Mafra, l'Italien **Giusti** forme de nombreux sculpteurs portugais dont **Machado de Castro** ; à Braga, Coimbra et Porto, **Laprade** représente l'école française. Cependant à Arouca, le Portugais **Jacinto Vieira** donne à ses œuvres un style personnel très vivant.

Venu d'Italie du Sud, le goût pour les **crèches** *(presépios)* baroques se développe. Au Portugal, elles sont plus populaires (leur composition s'inspire des pèlerinages traditionnels), mais ne manquent pas de valeur artistique ; les figurines, en terre cuite, sont souvent l'œuvre de **Machado de Castro**, **Manuel Teixeira** ou **António Ferreira**.

Le talent des sculpteurs baroques se manifeste également dans les innombrables **fontaines** qui parsèment le Portugal et plus particulièrement la région du Minho. Le monumental escalier de Bom Jesus, près de Braga, est en fait constitué d'une succession de fontaines de style rococo.

La peinture

Elle est représentée par **Vieira Lusitano** (1699-1783) et surtout **Domingos António de Sequeira** (1768-1837), portraitiste et dessinateur remarquable.

DE LA FIN DU 18e S. AU 19e S.

L'architecture

La seconde moitié du 18e s. voit le retour aux formes classiques avec les œuvres de **Mateus Vicente** (1747-1786) à Queluz, de **Carlos da Cruz Amarante** et des architectes lisboètes dont **Eugénio dos Santos**, qui crée le style « pombalin ».

À la fin du 19e s., le courant romantique affectionne les styles « néo » ; le néomanuélin, évocation de la période prestigieuse des Grandes Découvertes, triomphe avec le château de Pena à Sintra, le palace-hôtel de Buçaco et la gare du Rossio à Lisbonne. À la même époque, les façades des maisons se couvrent d'azulejos.

Sculpteurs et peintres

En sculpture, **Soares dos Reis** (1847-1889) tente de traduire la *saudade* (nostalgie) portugaise ; **Teixeira Lopes** (1866-1918), son élève, dévoile une technique élégante, en particulier pour les bustes d'enfants.

Les peintres portugais, quant à eux, découvrent le naturalisme de Barbizon : **Silva Porto** (1850-1893) et **Marques de Oliveira** (1853-1927) appartiennent au mouvement naturaliste tandis que **José Malhoa** (1855-1933), peintre des fêtes populaires, et **Henrique Pousão** (1859-1884) se rapprochent de l'impressionnisme ; **Sousa Pinto** (1856-1939) excelle dans les pastels ; enfin, **Columbano Bordalo Pinheiro** (1857-1929), frère du célèbre céramiste, est réputé pour ses portraits et ses natures mortes.

LES 20e-21e S.

Une architecture novatrice

L'Art nouveau rencontre un certain succès à Lisbonne, Coimbra, Leiria et Aveiro. Le style Art déco voit l'une de ses plus belles réalisations

Inauguré en 1998, le pont Vasco-de-Gama franchit le Tage à Lisbonne.
S. Torrione/hemis.fr

à la Casa Serralves à Porto. Dans les années 1930, l'architecte **Raul Lino** réalise la Casa dos Patudos à Alpiarça, près de Santarém.
Les années 1950 marquent un tournant avec la construction de logements sociaux et d'édifices comme le musée Gulbenkian.
L'**école de Porto** se signale par son modernisme, son inventivité, son élégance et son attention au patrimoine historique. De son fondateur, **Fernando Távora** (1923-2005), citons les travaux d'aménagement du couvent de Refóios do Lima et ceux du couvent d'Oliveira à Guimarães, un temps converti en *pousada*.
La transformation en *pousada* d'un autre couvent, celui de Santa Maria do Bouro, a été conçue par **Eduardo Souto Moura** (né en 1952), architecte lui aussi lié à cette école. **Álvaro Siza** (né en 1933), le plus renommé des architectes portugais, est l'auteur d'importantes réalisations, comme le musée d'Art contemporain de Porto (1999), le pavillon du Portugal de l'Exposition universelle (1998), ou encore la réhabilitation du quartier du Chiado à Lisbonne, en partie détruit par l'incendie de 1988, dans le respect attentif du patrimoine historique.
L'**école de Lisbonne** est plus controversée. Parmi ses architectes, citons **Tomás Taveira**, qui a conçu les tours des Amoreiras dans la capitale – principal événement architectural des années 1980 –, Egas José Vieira ou Manuel Graça Dias.
Plusieurs réalisations architecturales ont vu le jour en 1998, à l'occasion de l'**Exposition universelle de Lisbonne** *(voir « Parc des Nations », p. 163)*. Cet événement a également engendré une opération d'urbanisme d'envergure : création de la superbe gare ferroviaire d'Oriente, construction du pont Vasco-de-Gama, transformation du quartier d'Olivais au nord-est de la ville et réhabilitation des berges du fleuve.

La sculpture

Francisco Franco (1885-1955) fut le représentant de la sculpture

officielle, celle des monuments commémoratifs très appréciés sous Salazar. Plus récemment, **João Cutileiro** s'est fait connaître par l'originalité de ses statues (le roi Sébastien à Lagos, Camões à Cascais, monument célébrant la révolution des Œillets dans le parc Eduardo VII à Lisbonne), tandis que les artistes contemporains **José Pedro Croft**, **Rui Sanches** et **Rui Chafes** se définissent comme des sculpteurs plus conceptuels. **Croft** (né en 1957), qui a d'abord travaillé la pierre puis le bronze, détourne les objets quotidiens de leurs fonctions d'origine.
Le bois et les agglomérés sont à la base des créations de **Sanches** (né en 1954), dont le travail questionne la perception du corps humain. **Rui Chafes** (né en 1966) fait un travail de sculpture violent et exalté.
L'œuvre de **Pedro Cabrita Reis** (né en 1956) a évolué du dessin et de la peinture vers la sculpture et l'installation. Ses réalisations sont marquées par l'affirmation du monumental ou encore par la subordination absolue de l'espace utilisé.

La peinture du début du 20e s.

La peinture portugaise du début du 20e s. s'était en partie figée dans le naturalisme; seuls quelques artistes suivirent l'évolution générale de la peinture; à Paris, **Amadeo de Souza Cardoso** (1887-1918), ami de Modigliani, assimila les leçons de Cézanne. En constante recherche, il fut influencé par les mouvements artistiques de l'époque, du cubisme au dadaïsme, en passant par le futurisme, l'abstraction et l'expressionnisme. Avec une peinture haute en couleur, Amadeo de Souza est une figure très importante de l'art moderne portugais. Quant à son ami **Santa Rita** (1889-1918), mort prématurément, il apporta une contribution importante au mouvement futuriste portugais. Figure majeure de la scène artistique et intellectuelle portugaise, **José de Almada Negreiros** (1893-1970) fut le principal protagoniste du mouvement futuriste. Il marqua aussi la naissance du modernisme au Portugal avec son *Manifesto anti-Dantas*, une réponse au critique Júlio Dantas qui avait attaqué la toute récente revue *Orpheu*, créée par **Almada Negreiros** et Fernando Pessoa, entre autres. Dessinateur de talent, il se dédia principalement à la peinture, qui était selon lui le « chemin naturel vers lequel le dessin conduit ». Entre 1943 et 1949, il réalisa les grandes fresques des gares maritimes de Alcântara et de Rocha do Conde de Óbidos, à Lisbonne.

Les artistes contemporains

Plusieurs artistes portugais sont partis vivre ou étudier à l'étranger pendant la dictature salazariste. Proche de l'école de Paris, ville où elle résida à partir de 1928, **Maria Helena Vieira da Silva** (1908-1992), épouse du peintre hongrois Arpad Szenes *(voir à Lisbonne, « Fondation Arpad Szenes-Vieira da Silva », p. 156)*, recrée un espace imaginaire, et l'on retrouve parfois dans ses compositions la juxtaposition et les tons des azulejos, tout comme chez **Manuel Cargaleiro** (né en 1927), surtout connu au Portugal et à l'étranger pour son travail de céramiste.
Júlio Pomar (né en 1926), qui vécut en France durant la période Salazar et partage aujourd'hui son temps entre les deux pays, est un artiste polyvalent aussi bien dans les thèmes – protestation politique, tauromachie, nature morte, portrait, œuvre érotique – que dans les techniques – peinture, gravure, dessin, sculpture, « assemblages », azulejo, tapisserie.
Paula Rego (née en 1935) vit

et travaille à Londres. Avec une peinture principalement figurative et narrative, « ses tableaux commencent par une histoire, un événement, un titre ». Influencée par le Pop Art, Rego introduit le collage dans son travail, technique qu'elle utilise jusqu'aux années 1980. Elle est l'une des très rares artistes à avoir un musée de son vivant *(à Cascais, p. 215)*.

Citons aussi **Lourdes Castro** (peintre), **José de Guimarães** (peintre et sculpteur), dont la collection personnelle est présentée dans sa ville natale *(p. 541)*, **Alberto Carneiro** (installations), **Graça Morais**, **Pedro Calapez** (abstraction et formes volumétriques), **Pedro Casqueiro** (abstraction), **Álvaro Lapa** et **Julião Sarmento**. Son parcours cohérent avec la réalité artistique internationale fait de lui une référence pour les plus jeunes artistes. Outre la peinture, Sarmento utilise la photographie et l'illustration.

Au début des années 1980, un groupe d'artistes organise le Grupo Homeostético, dont fait partie **Pedro Portugal**, mais aussi Xana, Manuel Vieira, Ivo et Fernando Brito et **Pedro Proença**. Ce groupe, présenté par un manifeste, organise des expositions et des initiatives collectives.

Parmi la jeune génération, citons Francisco Tropa, Rui Toscano, Rui Moreira, Rui Patalho (né au Mozambique), **João Onofre,** utilisant principalement la vidéo, et **Joana Vasconcelos**, qui a exposé ses étonnantes créations colorées au château de Versailles en 2012, puis au Palácio d'Ajuda de Lisbonne en 2013, attirant 235 000 visiteurs.

Vous retrouverez les œuvres de ces artistes au Centre d'art moderne José de Azeredo Perdigão à Lisbonne (voir p. 177).

L'architecture populaire

LES MAISONS RURALES

Humbles maisons paysannes ou constructions bourgeoises et aristocratiques, on voit encore dans les campagnes des demeures traditionnelles, dont la physionomie s'adapte aux spécificités climatiques et géologiques de chaque région. Dans le **Centre et la région de Lisbonne**, le calcaire donne aux habitations une allure plaisante et la façade s'orne fréquemment de corniches et de stucs.

Nord

Les maisons sont massives, souvent en granit, et recouvertes de tuiles. Un escalier extérieur débouche sur un balcon de bois ou de pierre, ou sur une véranda qui peut se transformer en pièce d'habitation. Dans le Trás-os-Montes, le schiste domine et les maisons sont couvertes d'ardoises. Dans la vallée du Douro, les splendides manoirs *(solares)* et les domaines *(quintas)* des propriétaires terriens sont blanchis à la chaux.

Alentejo

Pour lutter contre la luminosité et la chaleur, on a bâti des maisons très basses, sans étage, aux murs blanchis à la chaux, et réduit la taille des ouvertures. Les rigueurs de l'hiver ont pourtant obligé à ériger une énorme cheminée, rectangulaire ou cylindrique. Les constructions anciennes utilisent la *taipa* (argile séchée) ou l'*adobe* (boue et paille coupée mélangées, séchées au soleil), couramment employé autrefois par les musulmans. On se sert aussi de brique pour la décoration (cheminées, créneaux, vérandas), ou de marbre autour d'Estremoz. Les encadrements de portes et de fenêtres sont peints en bleu, rose ou orange.

CALÇADA PORTUGUESA

Les chaussées portugaises sont pavées de petits cubes de calcaire blanc et de basalte noir composant une véritable marqueterie de pierre. Le répertoire des frises est inépuisable : figures marines, armes de la ville, symboles historiques, dessins géométriques et même parfois logos commerciaux. Disposés le long des trottoirs, sur les places et les belvédères comme sur le pas d'une porte, elles sont un peu le pendant horizontal des azulejos. La nuit, leur surface blanche et réfléchissante scintille et illumine la ville. On les retrouve dans toutes les cités du pays, mais aussi à l'autre bout du monde, partout où les Portugais ont laissé trace de leur passage, du Brésil à Macao en passant par le Mozambique. Ce tapis de mosaïque est à lui seul une invitation à la marche. Mais gare à ne pas glisser par temps de pluie…

Algarve

La maison basse, blanchie à la chaux, est composée généralement de plusieurs blocs juxtaposés. Le toit de tuiles rondes est parfois remplacé, dans l'Est, par une terrasse, utilisée pour récupérer l'eau de pluie ou faire sécher le poisson et les fruits, ce qui donne à Olhão ou Fuseta l'aspect des villes d'Afrique du Nord. À la terrasse se substitue exceptionnellement un toit à quatre pans recourbés *(telhado de tesouro)* que certains attribuent à l'influence chinoise ; ce système est encore bien conservé à Faro, Tavira et Santa Luzia. Les portes sont surmontées d'arcs et de voussures. Les cheminées, fines et élégantes, sont délicatement ajourées et couronnées d'une boule, d'un fleuron, d'un vase ou d'un ornement curieux (lance, faux) ; elles sont peintes en blanc ou utilisent les combinaisons décoratives de la brique.

QUELQUES ÉLÉMENTS TRADITIONNELS D'URBANISME

Trottoirs

Dans tout le pays, les trottoirs et les places sont recouverts de belles compositions dessinées par l'alternance des pavés de basalte noir, de grès doré, de calcaire blanc et de granit gris. Ce sont les **calçadas portuguesas** *(voir encadré)*.

Greniers à grain *(espigueiros)*

Très répandus dans le Minho, les greniers à grain, dont les plus beaux exemples se trouvent à Lindoso et Soajo (Parc national de Peneda-Gerês), sont des constructions de granit sur pilotis. On y sèche le maïs, des fentes de ventilation étant ménagées dans les parois de granit. Les croix qui les surmontent évoquent le caractère sacré du grain.

Moulins *(moinhos)*

Le Portugal comptait plus de 2 000 moulins à vent il y a encore une vingtaine d'années, mais la plupart ont été laissés à l'abandon et tombent aujourd'hui en ruine. On en aperçoit encore sur les crêtes des collines autour de Nazaré, d'Óbidos, de Viana do Castelo et à l'est de Coimbra. Le type de moulin le plus répandu est le moulin méditerranéen formé d'une tour cylindrique en pierre ou en terre battue qui supporte une coupole conique à laquelle est fixé un mât porteur de quatre voiles triangulaires.

Piloris *(pelourinhos)*

Au centre des petites villes et des villages se dresse le pilori où l'on exposait autrefois les brigands. Au Moyen Âge, le pilori devint le symbole du municipalisme triomphant ; seuls pouvaient l'ériger ceux qui avaient droit de justice. Ce fut le prélude aux libertés

municipales, aussi les trouve-t-on souvent près de la mairie, de la cathédrale ou d'un monastère, tous sièges de juridiction.
Au 12e s., un pilori était une simple colonne que surmontait la cage où l'on enfermait le malfaiteur. Au fil des ans, la cage perdit de l'importance et on la remplaça par des crochets de fer auxquels étaient enchaînés les contrevenants. La **colonne**, le plus souvent cylindrique, mais parfois prismatique, pyramidale, conique ou torse (au 17e s.), peut être décorée de stries droites ou en spirale, de roses, de disques sculptés, d'écailles, de nœuds ou de figures géométriques.
Le **couronnement** est une pièce ornementale qui dérive souvent de la cage primitive : une cage miniature avec colonnettes, une sorte de pomme de pin, un prisme ou tout simplement une plate-forme agrémentée de colonnettes, une sphère lisse ou armillaire (époque manuéline). Il est parfois surmonté de girouettes ou de bras tenant une épée de justice. Dans la région de Bragança, la plupart des piloris se terminent par quatre bras de pierre en croix auxquels sont suspendus les crochets de fer.

Padrão

Monument public et mémorial portant la croix et les armes du Portugal, il était dressé par les explorateurs portugais quand ils abordaient une terre nouvelle : on le trouve surtout dans les anciennes colonies ou dans les îles.

Les azulejos

Bien que ces carreaux soient en majorité bleu et blanc, leur nom ne viendrait pas de *azul* (« bleu » en portugais) mais plutôt de l'arabe *al zulaycha*, qui désigne un morceau de terre cuite et lisse. L'azulejo fait partie du domaine architectural portugais et a été une des composantes des différents styles qui se sont succédé au fil des siècles.

LES ORIGINES

Les premiers azulejos venaient d'Espagne, plus précisément d'Andalousie, où ils décoraient les alcazars et palais. Ils furent introduits au Portugal par le roi Manuel Ier qui, revenu ébloui par l'Alhambra de Grenade, en importa pour décorer son palais de Sintra.
À l'époque, les azulejos étaient des **alicatados**, morceaux de faïence monochromes découpés et assemblés pour dessiner des motifs géométriques. Ce procédé fut remplacé par celui de la **corda seca** : un fin cordon fait d'huile et de manganèse qui permettait d'isoler les différents émaux et qui noircissait à la cuisson, dessinant les contours des différents motifs. Un autre principe d'isolation consistait à dessiner des arêtes – **aresta** – avec la terre même du carreau.
À partir du 16e s., l'Italien Francesco Nicoloso introduit la technique de la **majolique** : on recouvre la terre cuite d'une couche d'émail blanc sur laquelle se fixent les pigments. Les azulejos deviennent un support comme les autres, un format « standard » est adopté établissant à 14 cm les côtés du carreau, et les Portugais ouvrent des ateliers à Lisbonne.

RENAISSANCE ET MANIÉRISME

Vers le milieu du 16e s., l'influence flamande supplante les modèles espagnols avec des panneaux plus complexes utilisant des motifs comme la pointe de diamant (transept de São Roque à Lisbonne). Les azulejos sont alors très demandés pour la décoration des pavillons d'été et des jardins. Les plus beaux exemples sont ceux de la *quinta* de Bacalhoa réalisés en 1565 *(voir « Serra da Arrábida », p. 229)*. De la même époque date le panneau de Nossa Senhora da Vida (au musée des Azulejos à Lisbonne).

LE 17e S.

Sous la domination espagnole, le Portugal entre dans une période d'austérité. Pour décorer sans trop de frais les murs des églises, on utilise de simples carreaux monochromes que l'on dispose de façon géométrique. Un très bel exemple en est donné par l'église de Marvila à Santarém.
Ces compositions vont évoluer jusqu'à donner le style *tapete* (tapis) évoquant les tentures orientales par leurs motifs géométriques ou floraux se reproduisant à partir des modules de 4, 16 ou 36 carreaux. Ces grands panneaux polychromes couvrant les parois des églises et se combinant avec les bois dorés et les sculptures sont produits à grande échelle dans des ateliers.
La restauration des Portugais sur le trône est suivie d'un essor créatif. On revient aux panneaux figuratifs décrivant des scènes mythologiques ou des « singeries » caricaturant les scènes de mœurs contemporaines. Les jaunes et bleus traditionnels sont relevés par le vert du cuivre et le violet du manganèse (on peut en voir de très beaux exemples au palais des marquis de Fronteira à Lisbonne).
Cette polychromie laisse peu à peu la place au bleu de cobalt sur fond d'émail blanc (salle des Batailles dans le palais des marquis de Fronteira). Parallèlement, on assiste à une grande diffusion des carreaux à motif isolé reproduisant un animal, une fleur, une allégorie, qui s'inspirent des modèles hollandais. Ces carreaux sont utilisés pour décorer les cuisines ou les corridors.

LE 18e S.

Au 18e s., les azulejos seront presque exclusivement bleu et blanc ; cette mode vient des porcelaines chinoises mises au goût du jour par les Grandes Découvertes. Les azulejos sont décorés par de vrais maîtres, dont les principaux sont **António Pereira**, **Manuel dos Santos** et surtout **António de Oliveira Bernardes** et son fils **Policarpo**. Parmi leurs œuvres, citons la chapelle de Remédios à Peniche, l'église de São Lourenço près d'Almancil et la chapelle du château de São Filipe à Setúbal.
Le règne de Jean V (1706-1750) se caractérise par sa magnificence. L'or du Brésil permet des folies architecturales. Le goût est à l'extériorisation, à la théâtralité, et cela se manifeste tout particulièrement dans les azulejos. Les panneaux, véritables tableaux représentant des personnages sur fond de paysages raffinés, sont entourés de bordures où s'entremêlent lambrequins, franges, anges voltigeurs et pilastres. C'est la pleine expression du **style baroque**. **Bartolomeu Antunes** et **Nicolau de Freitas** sont les grands noms de cette époque. Les azulejos se multiplient partout sur le continent mais aussi à Madère, aux Açores et au Brésil.
La seconde moitié du 18e s. est marquée par le **style rocaille**. On revient à la polychromie : le jaune, le marron et le violet dominent ; la peinture se fait plus fine, les petits motifs plaisent et la décoration des encadrements utilise les ailes de chauve-souris, les éléments végétaux et les coquillages. De beaux exemples de ce style se trouvent au palais de Queluz, le long du canal.
Après le tremblement de terre de Lisbonne en 1755, l'azulejo joue un rôle primordial dans la reconstruction. Il égaie une architecture épurée, parfois austère. La création de la fabrique royale de faïence au Rato en 1767 va permettre des productions en quantité. On revient au style *tapete*.

Surprenant bestiaire sur les murs du palais des marquis de Fronteira, à Lisbonne.
T. di Girolamo/age fotostock

Le **style néoclassique** sous le règne de Marie Ire frappe par la sérénité et la fraîcheur des sujets, les encadrements formés de rubans, de guirlandes, de pilastres, d'urnes ou de feuillages.

LE 19e S.

Vers 1830, des Portugais partis faire fortune au Brésil reviennent dans leur pays et tapissent les murs extérieurs de leurs maisons d'azulejos. Cette pratique était courante au Brésil où l'on protégeait ainsi les façades des fortes pluies tropicales et de l'humidité. Petit à petit cette mode se répand et des rues entières, des façades d'églises se couvrent de petits carreaux de faïence produits de façon industrielle par le système de l'estampille.
L'azulejo devient aussi l'un des principaux éléments de décoration des magasins, des marchés (Santarém) et des gares (Évora, Aveiro) avec des sujets se rapportant au commerce, aux traditions de la région ou à l'histoire.
Le **romantisme** trouve toute son expression avec **Rafael Bordalo Pinheiro** qui, après la fondation de la fabrique de Caldas da Rainha en 1884, édite des carreaux avec des motifs en relief couverts d'émaux irisés. Il est le grand inspirateur de l'**Art nouveau** au Portugal. L'un des principaux artistes de cette époque, **José António Jorge Pinto**, réalisa de nombreux panneaux allégoriques. Avec le style **Art déco**, la géométrisation des formes facilite la production industrielle. À la même époque, on trouve aussi des œuvres d'inspiration historique et folklorique. **Jorge Colaço** (1868-1942) décore la gare São Bento de Porto et le palais de Buçaco. Il privilégie les thèmes historiques et les illustre par d'immenses fresques bleu et blanc.

L'ÉPOQUE CONTEMPORAINE

Dans les années 1940 et 1950, l'azulejo retrouve un certain prestige. Parmi les artistes qui l'utilisent, citons Manuel Cargaleiro, Querubim Lapa, Rolando Sá Nogueira, Carlos Botelho et

LE PORTUGAL AU PATRIMOINE CULTUREL DE L'UNESCO
Monastère des Hiéronymites et tour de Belém à Lisbonne (1983) - Couvent du Christ à Tomar (1983) - Centre historique d'Évora (1986), de Porto (1996) et de Guimarães (2001) - Monastères de Batalha (1983) et d'Alcobaça (1989) ; Montagne de Sintra (1995) - Sites d'art rupestre préhistorique de la vallée de Côa (1998) - Région viticole du Haut-Douro (2001) - Ville fortifiée d'Elvas (2012) - Université de Coimbra (2013).

Maria Keil. Les azulejos, présentés sous forme de grandes fresques géométriques, de frises recouvrant surtout les façades, sont partie prenante de l'architecture générale et intégrés à elle. Pour l'Expo'98, l'Américain Ivan Chermayeff a conçu une immense fresque murale dans l'Oceanário du Parc des Nations : composée d'azulejos de type industriel, elle figure de grands animaux marins traités informatiquement.

MÉTRO ET AZULEJOS

Depuis 1987, la décoration en azulejos des stations du métro lisboète a été confiée à des artistes célèbres : **Vieira da Silva** pour celle de Cidade Universitária, **Álvaro Siza Vieira** pour celle de Baixa-Chiado, **Menez** pour celle de Marquês de Pombal, où il retrace le 18e s. portugais. À la station Alto dos Moinhos, **Júlio Pomar** évoque la vie de trois célèbres poètes portugais – Luís de Camões, Fernando Pessoa et Bocage – et du peintre Almada Negreiros. **Eduardo Nery**, célèbre pour son art urbain, est l'auteur de la fresque de la station Campo Grande, où il fragmente l'image d'un homme et d'une femme, produisant un effet d'animation. Des personnalités de notoriété internationale ont participé à la décoration de la station Oriente : **Erró** (Islande), **Friedensreich Hundertwasser** (Autriche), **Yayoi Kusama** (Japon), **Sayed Haider Raza** (Inde) et **Antonio Seguí** (Argentine).

À Lisbonne, le musée des Azulejos retrace, dans le cadre élégant du couvent da Madre de Deus, l'histoire de cet art si attachant (voir p. 146). À voir aussi, à Lisbonne, le palais des marquis de Fronteira (p. 178), et à Porto, la gare de São Bento (p. 497).

Termes d'art

Certains termes comme ajimez *sont en portugais ou en espagnol, car ils n'ont pas d'équivalent en français.*

Abside : extrémité arrondie d'une église, derrière le chœur.
Ajimez : baie géminée.
Altar mor : maître-autel.
Arbre de Jessé : représentation de la généalogie du Christ qui descendait de David, fils de Jessé.
Arc en tiers-point : arc brisé dans lequel s'inscrit un triangle équilatéral.
Arc outrepassé : arc en fer à cheval.
Arc triomphal : dans une église, arcade se trouvant à l'entrée du chœur.
Arcature lombarde : décoration en faible saillie, faite de petites arcades aveugles reliant des bandes verticales. Caractéristique de l'art roman.
Artesonado : plafond à marqueterie dessinant des caissons en étoile. Décor mauresque, né sous les Almohades.
Atlante (ou télamon) : statue masculine servant de support.
Atrium : patio dans la maison romaine.
Billettes (cordon de) : ligne de petites billes ayant fonction décorative dans l'art roman.
Cadeiral : désigne l'ensemble des stalles.

Calçada portuguesa : trottoirs et ruelles pavés *(empedrados)* à motifs.
Campanile : clocher isolé.
Castro : du latin *castrum*, ville fortifiée d'époque romaine et, aussi, camp romain destiné à retarder l'assaillant.
Chapier : meuble de bois où les religieux remisaient vêtements de cérémonie et instruments du culte.
Chrisme : monogramme du Christ, formé des lettres grecques *khi* (X) et *rhô* (P) majuscules, qui sont les deux premières lettres du mot Christos.
Churrigueresque : style des Churriguera, architectes espagnols du 18e s. Désigne un décor baroque surchargé.
Citânia : ruines de forteresses romaines ou préromaines.
Coro : endroit où se trouvent les stalles réservées aux chanoines.
Enfeu : niche pratiquée dans le mur d'une église pour recevoir une tombe.
Entablement : couronnement horizontal comprenant une corniche, une frise et une architrave.
Gâble : pignon décoratif très aigu.
Gisant : effigie funéraire couchée.
Glacis : talus d'un ouvrage fortifié en pente douce.
Grotesque : de *grotta* (grotte en italien); nom donné aux ornements fantastiques utilisés pendant la Renaissance.
Jalousie : dispositif de fermeture de fenêtre composé de lamelles mobiles.
Judiaria : ancien quartier juif.
Lavabo : dans un cloître, fontaine destinée aux ablutions des moines.
Modillon : petite console soutenant une corniche.
Moucharabieh : grillage en bois tourné placé devant une fenêtre.
Mouraria : ancien quartier maure.
Mozarabe : se dit de l'art des chrétiens vivant sous la domination musulmane après l'invasion de 711.
Mudéjar : se dit de l'art des musulmans restés sous le joug chrétien après la Reconquête; les œuvres (du 13e au 16e s.) où se lisent des réminiscences mauresques.
Ostensoir : pièce d'orfèvrerie composée d'une lunule en cristal entourée de rayons servant à exposer l'hostie.
Padrão : monument commémoratif élevé par les Portugais sur les terres qu'ils découvraient.
Péristyle : colonnes disposées autour ou en façade d'un édifice.
Plateresque : style né en Espagne au 16e s., caractérisé par un décor finement ciselé rappelant le travail des orfèvres (de *plata* : argent).
Prédelle : partie inférieure d'un retable.
Púlpito : chaire.
Remplage : armature en pierre taillée d'une baie.
Retable : architecture de marbre, de pierre ou de bois qui compose la décoration de la partie postérieure d'un autel.
Rinceaux : ornements de sculpture ou de peinture inspirés du règne végétal.
Rococo : style qui succéda à la fin du 18e s. au style baroque. Il est marqué par le goût des ornements.
Salomonique : nom donné aux colonnes torses décorées d'un réseau végétal.
Sé : du latin *sedes* (siège). Désigne le siège épiscopal, donc la cathédrale.
Sphère armillaire : globe formé de cercles symbolisant la course des astres. Elle est très représentée dans l'art manuélin et fut l'emblème du roi Manuel.
Stuc : matière que l'on peut mouler, composée principalement de plâtre.
Talha dourada : boiseries sculptées et dorées, caractéristiques de l'art baroque portugais.

ABC d'architecture

Architecture religieuse

Coupe d'une église

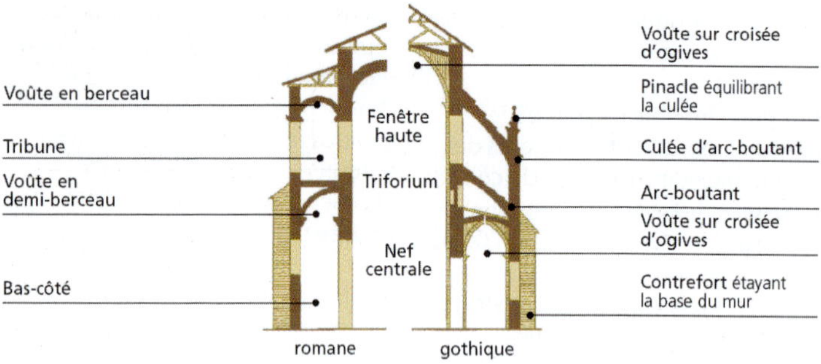

LISBONNE – Plan de l'église Sta Maria de Belém (couvent des Hiéronymites)

Église de type **église-halle** (la nef centrale et les collatéraux sont de même hauteur ; quand la hauteur est différente, on distingue alors nef centrale et bas-côtés).

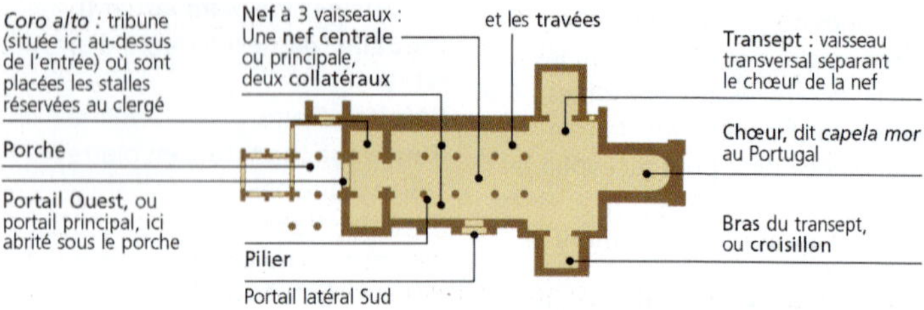

FREIXO DE ESPADA-À-CINTA – Portail latéral Sud de l'église

Attribuée à Boytac, la petite église paroissiale présente les caractères essentiels du **style manuélin** : colonnes torses entrecoupées d'anneaux, décor végétal, pinacles en spirale. Cette décoration, prolongement du style mudéjar *(voir pages suivantes)*, n'est pas sans rappeler le style plateresque appliqué en Espagne. Limitée ici aux portails, elle va rapidement se multiplier et envahir façades et intérieurs.

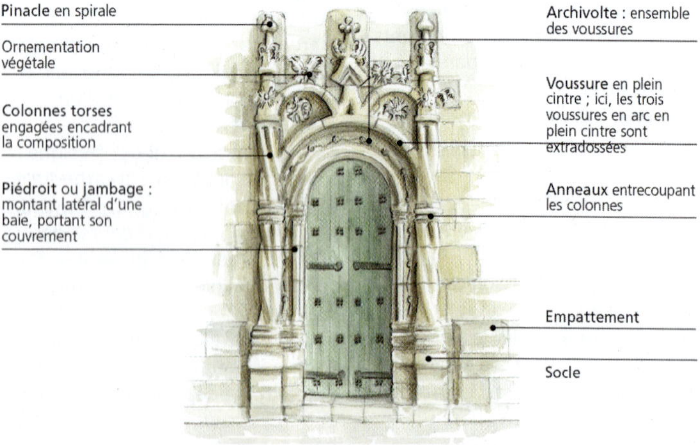

H. Choimet/MICHELIN

ART ET ARCHITECTURE

RATES – Chevet de l'église S. Pedro (12e-13e s.)

Représentative de l'art roman portugais, cette église est l'un des vestiges d'un monastère fondé par Henri de Bourgogne pour les moines de Cluny.

BATALHA – Monastère : chapelle du Fondateur (15e s.)

Splendide exemple de gothique triomphant, la chapelle où reposent le roi Jean Ier, son épouse, Philippa de Lancastre, et leurs fils, parmi lesquels Henri le Navigateur, est une salle carrée surmontée d'une lanterne octogonale à deux étages et d'une voûte d'ogives nervurée en étoile à huit pointes.

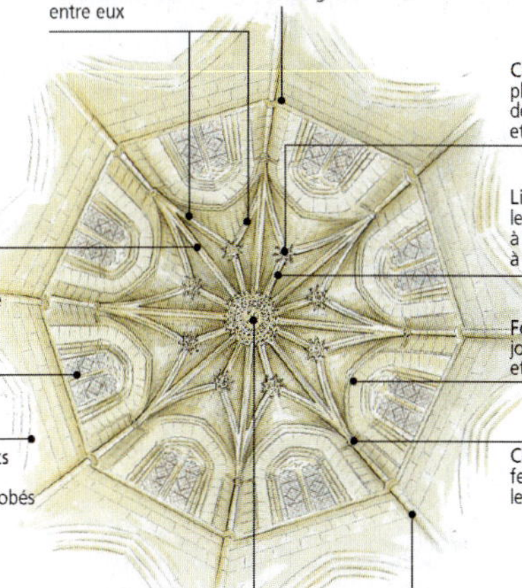

H. Choimet/MICHELIN

MAFRA - Basilique du palais-couvent (18e s.)

Chef-d'œuvre de l'architecture portugaise du 18e s. où prédominent les influences du néoclassicisme italien et du baroque allemand, la basilique s'inspire de la basilique de Saint-Pierre du Vatican et de l'église du Jésus à Rome.

Architecture civile et militaire

ÓBIDOS – Château (13e-14e s.)

Sur le site d'un oppidum luso-romain, les Arabes élevèrent une forteresse qui fut considérablement modifiée après la reconquête d'Óbidos. Toutefois, l'influence arabe demeure sensible, notamment dans la forme pyramidale donnée aux merlons de la tour dite de Dom Ferdinand et l'absence d'éléments tels que les mâchicoulis couronnant les murailles hautes de 13 m.

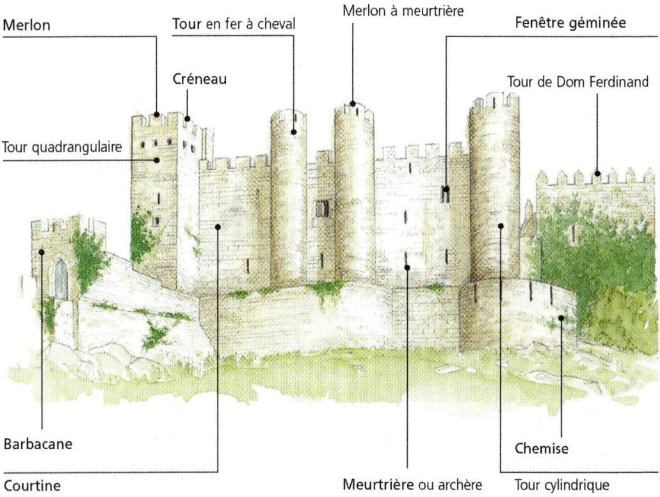

L'influence mudéjare (13e au 16e s.)

Après la Reconquête se développe dans la péninsule Ibérique une forme d'art qui emprunte certaines formes décoratives à l'art islamique et que l'on qualifie de mudéjar, d'après le nom donné aux musulmans restés sous le joug chrétien. Au Portugal, cette influence fut particulièrement sensible dans la région d'**Évora**, où le roi Manuel Ier fit édifier un palais dont il ne subsiste qu'un pavillon.

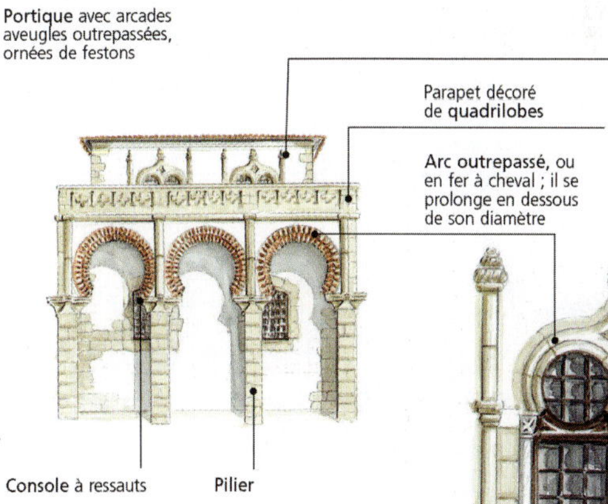

Le jeu des couleurs entre le granit utilisé pour les piliers, colonnes et encadrements et le blanc des murs chaulés est rehaussé par la brique rouge employée comme claveau pour composer les arcs outrepassés.

Fenêtres géminées sous arcs en fer à cheval, surmontées d'un encadrement en accolade.

H. Choimet/MICHELIN

GUIMARÃES – Palais des ducs de Bragance (15e s.)

Élevé par le premier duc de Bragance, le château, d'inspiration à la fois normande et bourguignonne, a retrouvé après restauration son aspect d'origine. S'il garde un caractère défensif par ses massives tours d'angle, ses créneaux et ses mâchicoulis, il préfigure les bâtiments de la Renaissance par ses toitures pentues hérissées de cheminées et ses larges baies.

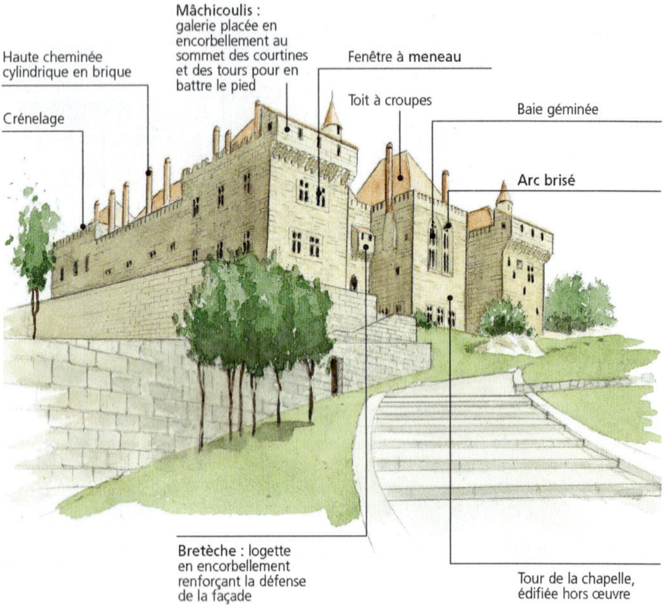

ÉVORA – Cloître de l'ancienne université (16e s.)

L'ancienne université jésuite s'inspire de la Renaissance italienne. L'avant-corps central à trois travées, délimité par des pilastres dont l'amortissement est constitué par des statues, donne accès à la salle des Actes. À l'aplomb de la travée centrale, un attique de couronnement orné d'un écusson porte un fronton brisé dans lequel s'inscrit un groupe sculpté. Remarquer de part et d'autre les arcades en plein cintre, reposant sur des colonnettes à piédestal dans la galerie haute et sur des colonnes au niveau du portique.

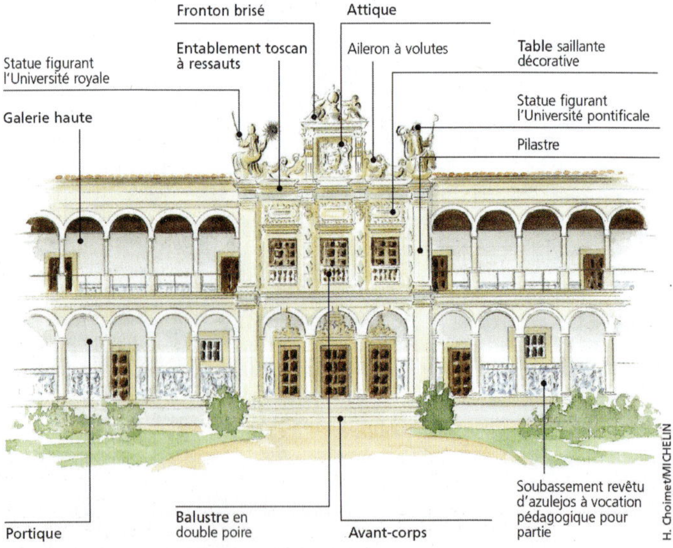

LISBONNE – Praça do Comércio (18e s.)

Après le tremblement de terre du 1er novembre 1755, le ministre Pombal prend le parti de raser et remodeler le quartier de la Baixa. Entre le Terreiro do Paço, rebaptisé Praça do Comércio, et le Rossio, il fait édifier un quartier régulier de rues se coupant à angle droit, dont tous les immeubles comptent trois étages. Seuls quelques détails décoratifs distinguent les rues. Ce nouveau style, en partie inspiré du passé architectural de la ville, prendra le nom de **style pombalin**.

LISBONNE – Gare centrale, place du Rossio (19e s.)

Édifiée en 1886-1887 par José Luis Monteiro, elle cache derrière sa façade, bel exemple du style néomanuélin, une architecture en fer. Les trois compartiments sont rythmés à l'étage par des colonnettes polygonales engagées reposant sur les épaulements talutés du rez-de-chaussée. Un édicule de couronnement abrite l'horloge. Les éléments de décoration (cordages, anneaux, pinacles en spirale) sont typiquement manuélins.

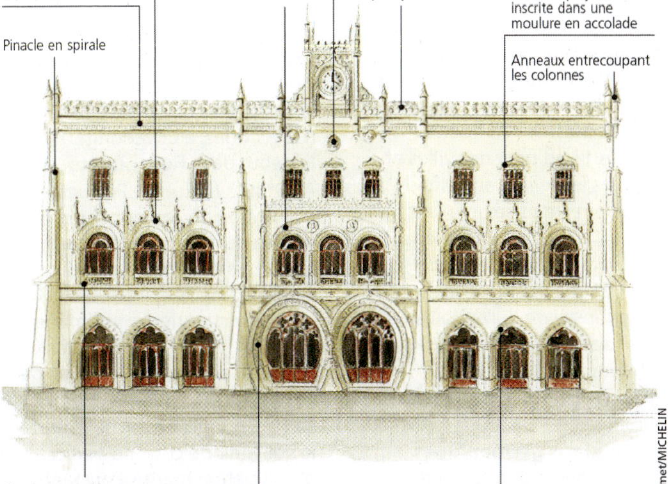

H. Choimet/MICHELIN

Histoire

L'histoire du Portugal se confond avec celle de l'Espagne jusqu'en 1143, date à laquelle il est reconnu comme royaume indépendant par la Castille. Dès lors, le pays se forge une véritable identité et devient, à partir du 15e s., l'une des plus grandes puissances mondiales. Sa formidable expansion maritime lui permet de bâtir un empire commercial immense : c'est l'âge d'or des Grandes Découvertes, l'heure de gloire des navigateurs. À cette période faste succèdent deux siècles de déclin économique et de marasme politique. Il faut attendre la révolution des Œillets en 1974 et l'entrée dans l'Europe en 1986 pour que le Portugal s'éveille à la modernité et à la démocratie.

Avant le Portugal

L'ANTIQUITÉ

Dans l'Antiquité, cette région, qui fera partie de l'Espagne jusqu'en 1143, est peuplée par les Lusitaniens, une civilisation agropastorale. Elle voit s'installer sur sa côte des comptoirs grecs, phéniciens et carthaginois, qui laissèrent cependant peu de traces.

Aux 3e et 2e s. av. J.-C., les **Romains**, au faîte de leur puissance, pénètrent à l'intérieur du pays et créent la province de **Lusitanie**, baptisée ainsi par l'empereur Auguste. Ils édifient des villes et des voies les reliant au reste de leur empire, mais se heurtent à la résistance des Lusitaniens menés par Viriathe, le Vercingétorix local. Le futur Portugal va néanmoins vivre durant plusieurs siècles sous la *Pax Romana*, assez longtemps pour que le latin constitue la base de sa langue courante.

Les **invasions germaniques**, au début du 5e s. apr. J.-C., mettent fin à la domination romaine. Les Suèves puis les Wisigoths déferlent sur le sud de l'Europe et marquent de leur empreinte la péninsule Ibérique.

Vestiges romains : ruines de Conímbriga, temple d'Évora, ancien théâtre romain de Lisbonne, ruines de Cetóbriga (près de Setúbal).

L'OCCUPATION MUSULMANE

Les peuplades germaniques sont chassées du territoire à partir de 711 par les musulmans venus d'Afrique du Nord. En 715, hormis les Asturies, toute la péninsule est occupée. En 718, une première victoire contre les Maures acquise par Pélage, roi des Asturies, à Covadonga, marque le début de la **Reconquête**.

Au 9e s., la région de Portucale, au nord du fleuve Mondego, est reprise par les chrétiens mais il faudra attendre 1249 et la libération de l'Algarve pour voir la fin de l'occupation musulmane au Portugal – et près de huit siècles se seront écoulés avant la **chute de Grenade**.

La Reconquête s'attache à effacer le souvenir de ces cinq siècles d'occupation maure. Pourtant, même si le Portugal en a conservé moins de traces que l'Espagne

Les rois de Portugal

Henri de Bourgogne ép. Thérèse de Castille

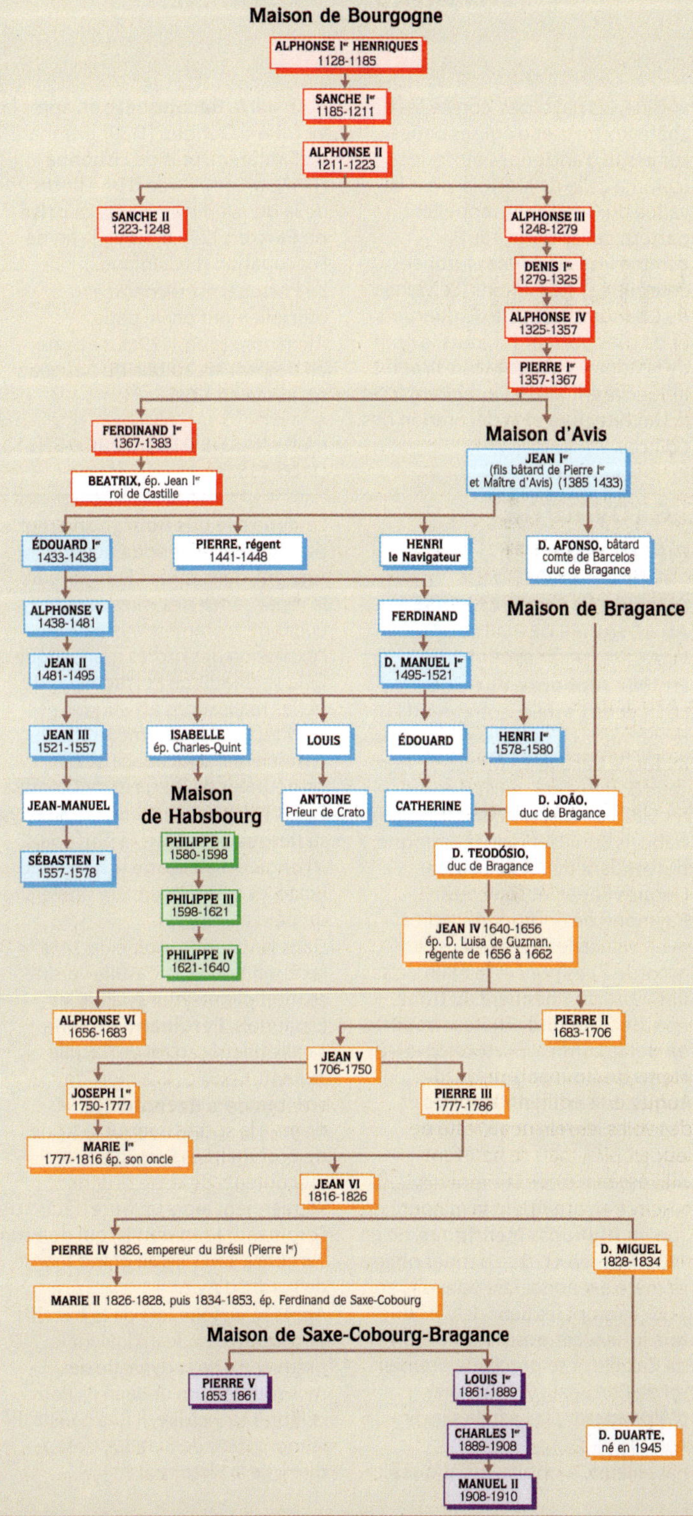

voisine, les paysages, constellés de châteaux forts et d'églises bâties sur le site d'anciennes mosquées (comme celle de Mértola, dans la vallée du Guadiana), rappellent partout cet épisode, tout comme les cathédrales fortifiées couronnées de merlons (Sé Velha de Coimbra). Nombre de quartiers et de rues portant toujours le nom de « Mouraria » (des Maures), et les influences mudéjars marquent ici et là l'architecture et la décoration des édifices.

Le royaume de Portugal

DU COMTÉ « PORTUCALENSE » AU ROYAUME DE PORTUGAL

En 1087, **Alphonse VI**, roi de León et de Castille, entreprend la reconquête de la Nouvelle-Castille (actuelle Castille-La Manche), alors sous domination musulmane. Il reçoit l'aide de plusieurs chevaliers français dont Henri de Bourgogne, descendant du roi de France Hugues Capet, et son cousin Raymond de Bourgogne. Après avoir vaincu les musulmans, il accorde à ces princes la main de ses filles. Urraca, l'héritière du trône, épouse Raymond; Thérèse apporte en dot le comté « portucalense » à **Henri de Bourgogne**, qui devient comte de Portugal. Ce comté s'étend entre les rios Minho et Douro.

À la mort d'Henri, Thérèse devient régente en attendant la majorité de son fils **Alphonse Henriques**, né en 1109. Mais en 1128 ce dernier oblige sa mère à renoncer au pouvoir; en 1139, il rompt les liens de vassalité que lui avait imposés Alphonse VII de Castille et se proclame premier roi de Portugal sous le nom d'Alphonse Ier; la Castille s'incline en 1143.

Par ailleurs, Alphonse Henriques poursuit la **Reconquête** et, après la victoire d'Ourique (1139), s'empare de Santarém, puis de Lisbonne (1147), grâce à l'aide d'une flotte de la deuxième croisade. La **prise de Faro** en 1249 marque la fin de l'occupation musulmane.

Le Portugal est reconnu officiellement par le pape Alexandre III en 1179; **Lisbonne** en devient la capitale du nouveau royaume en 1256.

LA DYNASTIE DES BOURGOGNE (1128-1383)

La **dynastie des Bourgogne** règne pendant cette période du Moyen Âge qui, dans toute l'Europe, voit la renaissance des villes et des échanges commerciaux ainsi que l'explosion des ordres monastiques. Cela se traduit au Portugal par de belles réalisations artistiques et architecturales comme l'abbaye cistercienne d'Alcobaça et les cathédrales de Braga et de Coimbra.

Denis Ier (1279-1325) impose au pays sa **langue officielle**, le portugais, à l'origine dialecte de la région de Porto, et crée la première université du pays à Coimbra.

Dans la seconde moitié du 14e s. les conflits avec la Castille voisine se multiplient. Pour apaiser les Espagnols, **Ferdinand Ier** marie sa fille Beatrix au roi de Castille **Jean Ier**. Celui-ci, à la mort de son beau-père, revendique ses droits à la succession sur le trône de Portugal. Les Portugais, fort mécontents de cette situation, soutiennent alors un frère bâtard de Ferdinand, **Jean d'Avis**, qui doit son surnom à son rôle de grand maître de l'ordre d'Avis.

Après sa victoire lors de la **bataille d'Aljubarrota**, Jean devient le premier roi de la dynastie des Avis sous le nom de Jean Ier. Pour célébrer sa victoire, il fera construire le monastère de Batalha, c'est-à-dire « de la victoire ».

Détail des remplages manuélins du cloître royal du monastère de Batalha.
F. De Noyelle / Godong / Photononstop

LA DYNASTIE DES AVIS (1385-1578) ET LES GRANDES DÉCOUVERTES

Cette période, essentielle dans l'histoire du Portugal, est traitée de façon plus détaillée dans les pages thématiques qui suivent.

Jean Ier, par son mariage avec Philippa de Lancastre, s'assure le soutien de l'Angleterre, alliance qui se maintiendra tout au long de l'histoire du Portugal. Ils ont quatre fils dont Henri le Navigateur qui sera l'instigateur des Grandes Découvertes.

En 1415 la **prise de Ceuta** marque le début de l'expansion portugaise. Suivent les découvertes de Madère, des Açores et des îles du Cap-Vert.

Le **roi Jean II** (1481-1495), surnommé « le Parfait », encourage la science nautique ; il fait cependant l'erreur de ne pas accepter le projet de Christophe Colomb. Sous son règne, Bartolomeu Dias franchit le cap de Bonne-Espérance (1488) et le **traité de Tordesillas** (1494) est signé, partageant le Nouveau Monde en deux zones d'influence : castillane et portugaise. Les îles de São Tomé et Príncipe sont découvertes, ainsi que le Groenland (1492).

Sous le règne de **Manuel Ier** (1495-1521), Cabral découvre, en 1500, le Brésil juste après que le traité de Tordesillas a délimité les possessions espagnoles et portugaises. Heureuse surprise, le territoire du Brésil qui se trouve à l'est de la ligne de partage est immense.

Vasco de Gama débarque aux Indes en 1498 et l'expédition de **Magellan** accomplit le premier tour du monde entre 1519 et 1522. Pendant cette période, l'Empire portugais se met en place en Asie avec la conquête d'importants centres commerciaux comme ceux de Goa et de Malacca.

Le Portugal se retrouve à la tête d'un empire qui lui apporte de formidables richesses. De nombreux monuments sont édifiés dans un style dit **manuélin**, caractérisé par ses cordages, ses ancres, ses globes terrestres, véritables odes aux Grandes Découvertes.

Les Grandes Découvertes

Comme l'a écrit le poète Camões, les marins portugais de la Renaissance donnèrent « de nouveaux mondes au monde ». Aujourd'hui encore, les Grandes Découvertes demeurent au Portugal un motif d'orgueil national.

D'AMBITIEUX DESSEINS

Le 25 juillet 1415, une flotte de plus de 200 navires quitte Lisbonne, commandée par le roi Jean Ier et trois de ses fils, dont l'infant Henri. Par la **prise de Ceuta**, les Portugais mettent fin aux actes de piraterie sur leurs côtes, s'assurent le contrôle du détroit de Gibraltar et espèrent obtenir à prix avantageux l'or et les esclaves du Soudan. L'esprit de croisade n'est pas étranger à cette lutte qui oppose chrétiens et musulmans. En abordant l'Afrique, les Portugais voudraient rejoindre le royaume chrétien du prêtre Jean (Éthiopie), qui, dit-on, se trouve au-delà des contrées islamiques.

Par ailleurs, le sentiment que l'on peut **« faire reculer les bornes du monde »** préoccupe les esprits de l'époque. Dans cette fin du Moyen Âge, la richesse appartient à ceux qui ont le monopole du commerce des épices et des parfums provenant d'Extrême-Orient. Or, ce commerce est aux mains des Maures, qui contrôlent le passage des caravanes entre le golfe Persique et la Méditerranée, et de la république de Venise. Pour les éviter, il faut trouver une voie maritime : Henri le Navigateur consacre sa vie à ce rêve.

L'école de Sagres

L'infant Henri (1394-1460), surnommé **Henri le Navigateur**, se retire sur le promontoire de Sagres où, entouré de nombreux cosmographes, cartographes et navigateurs, il essaie de trouver une route maritime directe qui relie l'Europe aux Indes ; l'idée de contourner le continent africain par le sud germe déjà dans son esprit. Il fait appel à des navigateurs expérimentés et leur demande à chaque voyage de pousser plus avant vers le sud : l'île de **Madère** est découverte en 1419 par João Gonçalves Zarco et Tristão Vaz Teixeira, **les Açores** en 1427 probablement par Diogo de Silves ; en 1434, **Gil Eanes** franchit le **cap Bojador** (Sahara-Occidental). Sous le règne d'Henri, les Portugais découvrent les côtes africaines jusqu'à la Sierra Leone, soit environ sur 4 000 km. Pour assurer le succès des expéditions, l'école de Sagres met au point la caravelle et perfectionne les instruments de navigation *(voir encadrés p. 405 et 406)*. Les marins se font aussi commerçants.

À partir de 1441, les esclaves noirs constituent la principale richesse recherchée sur cette côte. Les expéditions visent également à entrer en contact avec le royaume chrétien d'Éthiopie, avec lequel l'infant Henri voulait faire une alliance contre les ennemis de la foi catholique.

Les Portugais inaugurent de nouvelles méthodes de colonisation : la *feitoria*, factorerie ou comptoir (établissement de commerce ou de banque fondé par des particuliers, qui a donné naissance à des villes indépendantes du pouvoir local, comme Goa), la « compagnie » (société créée pour contrôler le trafic d'un produit) et la « donation » (terrain octroyé – en général à un capitaine de vaisseau – avec mission de le mettre en valeur), comme ce fut le cas pour les capitaines-donataires des archipels de Madère et des Açores. Henri meurt en 1460, mais l'élan est donné.

De nombreuses expéditions partirent de Lagos, où se dresse la statue d'Henri le Navigateur.

LES GRANDES DÉCOUVERTES

UN SIÈCLE DE DÉCOUVERTES

Sous le règne de Jean II, petit-neveu d'Henri le Navigateur, se précise le moyen d'arriver en Inde par voie maritime. **Diogo Cão** atteint l'embouchure du Congo en 1482. Toute la côte angolaise devient possession portugaise. En 1488, **Bartolomeu Dias** dépasse le cap des Tempêtes, rebaptisé aussitôt « cap de Bonne-Espérance » par le roi Jean II. Sur chaque nouvelle côte, les navigateurs plantent un **« padrão »**, sorte de borne portant une croix et les écussons des armes du Portugal.

Le partage d'un monde

Quelques années plus tôt, **Christophe Colomb** avait eu l'idée de gagner les Indes en partant vers l'ouest. Refusée à Lisbonne, sa proposition devait conduire, en 1492, à la découverte du Nouveau Monde pour le compte des Rois Catholiques d'Espagne. En 1494, par le **traité de Tordesillas** et avec l'accord du pape, les souverains portugais et castillans se partagent les terres à découvrir au grand dam du roi de France Charles VIII qui écrit à Jean II : « Puisque vous et le roi d'Espagne avez décidé de vous partager le monde, je vous serais bien obligé de me communiquer la copie du testament de notre père Adam qui vous institue seuls légataires universels. »

À l'ouest d'un méridien tracé à 370 lieues marines des îles du Cap-Vert, les terres reviendront à la Castille, à l'est, au Portugal. Le choix d'une telle ligne laisse supposer à certains historiens que les Portugais connaissaient l'existence du Brésil avant sa découverte officielle, en 1500, par **Pedro Álvares Cabral**.

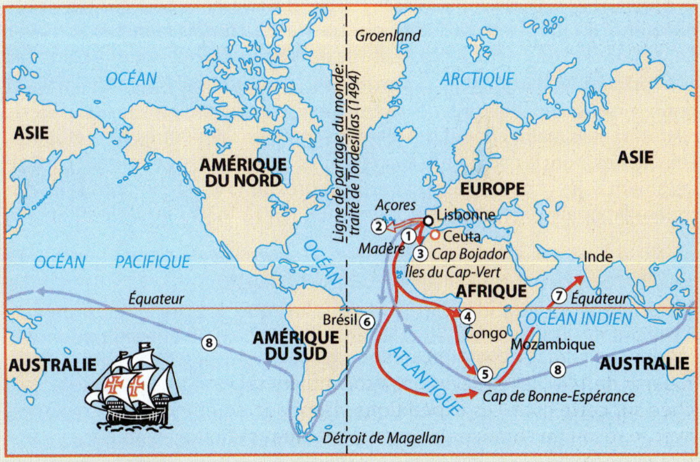

PRINCIPALES EXPÉDITIONS PORTUGAISES (1419-1522)

① Madère (João Gonçalves Zarco et Tristão Vaz Teixeira - 1419)
② Açores (1427)
③ Cap Bojador (Gil Eanes - 1434)
④ Embouchure du Congo (Diogo Cão - 1482)
⑤ Cap de Bonne-Espérance (Bartolomeu Dias - 1488)
⑥ Brésil (Pedro Álvares Cabral - 1500)
⑦ Mozambique et Inde (Vasco de Gama - 1498)
⑧ Tour du monde (Magellan - 1522)

Les routes des Indes

L'exploration des côtes africaines continue : après la signature du traité, le roi Jean II commence à préparer une expédition dont la mission est d'atteindre les Indes en doublant le cap de Bonne-Espérance. Le roi meurt pendant les préparatifs, mais son successeur, Manuel Ier, poursuit la mission.

Le 8 juillet 1497, une flotte de quatre navires dirigée par l'amiral **Vasco de Gama** quitte Lisbonne. Ils touchent le Mozambique en mars 1498 et réussissent à rallier Calicut le 20 mai : la route maritime des Indes est ouverte. Manuel Ier fête le retour de Gama. Ainsi commence un nouveau cycle dans l'histoire portugaise. Camões célèbre cette épopée dans les *Lusiades*.

En 1501, **Gaspar Corte Real** accoste à Terre-Neuve, mais c'est l'Asie qui intéresse le roi Manuel. En quelques années, les Portugais explorent le littoral asiatique. En 1515, ils contrôlent l'océan Indien. Goa, conquis par **Afonso de Albuquerque** en 1510, devient le principal centre portugais en Asie.

De Goa part un vaste mouvement d'expansion du catholicisme. Les missionnaires jésuites arriveront, au début du 17e s., jusque dans les régions inaccessibles du Tibet.

Mais c'est pour le compte du roi d'Espagne que le Portugais **Fernão de Magalhães** (Magellan) atteint les Indes par l'ouest (1519-1521). Il est assassiné aux Philippines par les indigènes, mais l'un de ses navires boucle cependant le premier tour du monde (1522).

La conquête de l'Orient

La **Chine** constitue aussi un centre d'intérêt important, Manuel Ier ayant le projet, dès 1517, de substituer la route terrestre de la soie par une route maritime. Il faut attendre 1554 pour que les Portugais commercent avec Canton. En 1557, ils reçoivent la petite île de **Macao**, utilisée comme comptoir.

Les Portugais débarquent au **Japon** en 1543, y introduisent des armes à feu et bouleversent la politique intérieure. Leur principal centre d'activité est la ville de Nagasaki et ils maintiennent des relations commerciales entre Chine et Japon. Les jésuites, dont la compagnie avait été fondée en 1540, s'y montrent particulièrement zélés : en 1581, le Japon compte près de 150 000 chrétiens et les historiens japonais appellent cette période (de 1540 à 1630) « le Siècle chrétien ».

LES JÉSUITES À LA CONQUÊTE DU MONDE

À l'époque des Grandes Découvertes, alors que se pose la question de l'évangélisation de nouveaux peuples, le roi Jean III entend parler de quelques jeunes prêtres réunis au collège Ste-Barbe à Paris autour d'un certain Ignace de Loyola. Ces hommes, qui veulent consacrer leur vie au prosélytisme, fondent en 1540 la Compagnie de Jésus. Certains vont avoir un rôle extrêmement important comme **saint François Xavier**, parti dès 1542 évangéliser au nom du Portugal les Indes et le Japon. Dans ce pays, l'influence des jésuites se manifeste surtout dans les tractations commerciales, et il y a un tel engouement pour les Portugais que les Japonais de la cour s'habillent à la mode portugaise (comme on le voit sur les paravents *nambans* du musée d'Art ancien, à Lisbonne). Un autre jésuite, **Manuel da Nóbrega**, fonde São Paulo au Brésil en 1554. Deux siècles plus tard, le marquis de Pombal n'a de cesse d'amoindrir leur pouvoir. Il interdit les missions du Brésil, leur supprime le droit de commercer, de prêcher et d'enseigner et, le 3 septembre 1759, obtient un décret d'expulsion pour tous les membres de la Compagnie. Après avoir été arrêtés et incarcérés, ceux-ci sont renvoyés auprès de la maison mère à Rome.

LA NOUVELLE CARTE DU MONDE

Survenues dans la période troublée du Moyen Âge finissant, les Découvertes ont eu les plus importantes conséquences.

Un immense empire colonial

Dès le début du 16e s., le monopole du commerce avec les Indes, détenu jusque-là par les Arabes et les Turcs, passe aux mains des Portugais; les centres commerciaux de la Méditerranée (Venise, Gênes) et de la Baltique (Lübeck) périclitent au profit des ports de l'Europe occidentale, en particulier Lisbonne; les peuples nordiques viennent y échanger des armes, des céréales, de l'argent et du cuivre contre l'or et l'ivoire d'Afrique, les fameuses épices (poivre, cannelle, gingembre, clous de girofle) des Indes, les soieries et porcelaines de Chine, les tapis de Perse, les métaux précieux de Sumatra.

De nouveaux produits sont introduits, d'abord au Portugal, puis en Europe (patate douce, maïs, tabac, cacao, noix de coco, indigo). L'or d'Afrique et d'Amérique afflue sur les rives du Tage.

Le Portugal et l'Espagne accèdent au rang de grandes puissances dotées d'immenses empires coloniaux. Grâce aux richesses ramenées d'Orient, Manuel Ier « le Fortuné » connaît un règne d'une opulence inégalée et s'attribue le titre de « Seigneur de la Conquête, de la Navigation et du Commerce de l'Éthiopie, de l'Arabie, de la Perse et des Indes ».

Un monde en profonde mutation

La découverte de nouveaux pays et civilisations provoque des bouleversements dans tous les domaines : politique, économique, mais aussi culturel et religieux. La cuisine traditionnelle est transformée, comme la vie quotidienne et l'architecture. Des plantes inconnues et animaux exotiques sont ramenés au Portugal en grand nombre et deviennent des motifs de tapisseries et de manuscrits.

La révélation de l'existence de peuplades inconnues pose aussi des problèmes métaphysiques : les hommes du Nouveau Monde ont-ils une âme, sont-ils marqués par le péché originel ? L'apparition de l'esprit critique annonce la naissance des sciences, telles l'anthropologie et la géographie. Le besoin de main-d'œuvre entraîne aussi le trafic du « bois d'ébène » qui amorce le peuplement noir en Amérique.

Une richesse illusoire

Mais le Portugal a présumé de ses forces : la population du pays est passée de 2 à 1 million d'habitants, en raison des départs outre-mer; les richesses font augmenter le nombre d'oisifs et d'aventuriers; la terre n'est plus cultivée et il faut importer du blé et du seigle; l'artisanat périclite; la vie est devenue chère. L'or est échangé contre les produits de Hollande et de France, et la fortune du pays n'est bientôt plus qu'une illusion.

Le glas de cette époque sonne le 4 août 1578 avec la mort du roi Sébastien Ier pendant la bataille de Ksar el-Kébir, au Maroc *(voir p. 98)*. Deux ans après sa mort, le Portugal passe à nouveau sous le contrôle de l'Espagne.

Des poètes comme l'illustre Camões *(Les Lusiades)* en chantent les hauts faits et les heures de gloire.
Cependant, pour épouser Isabelle, la fille des Rois Catholiques d'Espagne, Manuel Ier s'engage à expulser les Juifs qui forment l'élite des commerçants et financiers du royaume. L'**Inquisition** ronge la société et sonne le glas de la dynastie des Avis. L'échec du roi Sébastien contre les Maures dans la **bataille de Ksar el-Kébir** où il disparaît, en 1578, en est le dernier épisode, car c'est un Habsbourg d'Espagne qui lui succède. En effet, à la mort de Sébastien, trois de ses cousins prétendent à la couronne : Antoine, prieur de Crato, la duchesse de Bragance, et le roi d'Espagne, Philippe II, fils de l'infante Isabelle. Philippe II, qui avait rallié à sa cause des personnages de haut rang, triomphe et entre dans Lisbonne en 1580. Le prieur de Crato va chercher du soutien aux Açores.

Le monastère de Batalha, celui des Hiéronymites à Belém (Lisbonne) et la fenêtre du couvent du Christ à Tomar constituent de belles illustrations du style manuélin caractéristique de cette période. Pour en savoir plus sur ce courant, voir p. 70.

LA DOMINATION ESPAGNOLE (1580-1668)

Philippe II d'Espagne, héritier des Rois Catholiques par sa mère, se retrouve détenteur de la couronne portugaise par son père et se fait donc nommer roi de Portugal, sous le nom de **Philippe Ier**.
La domination espagnole va durer 60 ans, jusqu'en 1640. Les Portugais se soulèvent, c'est la **guerre de Restauration** qui se termine par le couronnement du duc Jean de Bragance sous le nom de Jean IV. En 1668, l'Espagne reconnaît l'indépendance du Portugal.
La dynastie de Bragance régnera jusqu'en 1853.

LE 18e S.

Le 18e s. est marqué par l'alliance avec l'Angleterre, qui se concrétise notamment par le **traité de lord Methuen** favorisant l'exportation du vin de Porto.
Après le règne de Pierre II (1683-1706), le 18e s. est dominé par celui de **Jean V** « le Magnanime », qui laisse le souvenir d'une magnificence inouïe, alimentée par les richesses du Brésil (or et diamant) et conforme au faste d'un roi de l'époque baroque. Son monument fétiche, le monastère de Mafra *(voir p. 220)*, se veut l'Escurial portugais.

SÉBASTIEN IER, LE « ROI-CHEVALIER » (1554-1578)

Sébastien monte sur le trône en 1557 à l'âge de 3 ans. Il est élevé par un jésuite qui lui inculque les valeurs déjà désuètes de la chevalerie auxquelles le prédispose son esprit rêveur et altier. Il se croit investi d'une mission : conquérir l'Afrique sur les infidèles. En 1578, il décide d'accomplir son destin et embarque pour le Maroc après avoir levé une armée de 17 000 hommes encadrée par la fine fleur de la noblesse portugaise. Mais les soldats sont mal préparés, souffrent du soleil accablant sous leurs riches armures et l'équipée se termine brutalement sur les bords de l'oued Makhazen près de Ksar el-Kébir, où la moitié de l'armée périt et l'autre est capturée. On ne retrouvera jamais le corps du roi. Aussi, la période de domination espagnole qui suit est-elle propice au développement du **sébastianisme**, un mythe national faisant du jeune roi disparu un messie attendu pour sauver le Portugal et lui offrir un empire universel.

Le tremblement de terre de Lisbonne en 1755.
Mary Evans Picture Library / Photononstop

En 1755, sous le règne de Joseph Ier, un terrible **tremblement de terre** détruit Lisbonne. Le **marquis de Pombal**, Premier ministre, prend alors les rênes du pays, donnant l'exemple d'un despotisme éclairé. L'initiateur de la reconstruction de Lisbonne est également à l'origine de l'expulsion des jésuites du Portugal en 1759. Quant à l'alliance du Portugal avec l'Angleterre, elle entraîne le pays dans les guerres napoléoniennes.

L'escalier de Bom Jesus, près de Braga, constitue un étonnant exemple du baroque portugais.

LES GUERRES NAPOLÉONIENNES

Le Portugal, allié de l'Angleterre depuis le traité de Methuen (1703), participe à la première coalition qui se constitue en 1793 contre la France révolutionnaire. En 1796, l'Espagne se détache de la coalition et s'allie à la France. Le Portugal se trouve alors isolé. Il n'en refuse pas moins de dénoncer l'alliance anglaise et de participer au blocus continental. Mais pour éviter les représailles de l'armée espagnole, il cède Olivença (Olivenza) à l'Espagne au terme de la **guerre des Oranges**, en 1801.

Pour assurer une stricte application du blocus, **Napoléon** envoie son armée au Portugal. Mais les trois expéditions successives menées par Junot (1807), Soult (1809), puis Masséna (1810) ne viennent pas à bout du pays soutenu par des renforts venus d'Angleterre et commandés par Wellesley, futur duc de Wellington. Les troupes françaises sont contraintes à la retraite par un ennemi insaisissable. Le pays a subi les déprédations des deux armées ; les dégâts matériels et les conséquences politiques et morales sont tragiques : le roi Jean VI s'exile au Brésil (1807-1821), tandis que le Portugal devient une **dépendance britannique**.

LA FIN DE LA MONARCHIE

En 1822, le Brésil se proclame indépendant et prend comme empereur le fils aîné du roi **Jean VI**, Pierre IV, sous le nom de Pierre Ier du Brésil. À la mort de Jean VI en 1826, celui-ci conserve le trône du Brésil

LE PORTUGAL GOUVERNÉ PAR UN GÉNÉRAL BRITANNIQUE

Général d'origine irlandaise, **William Carr** (1768-1854) servait à la fin du 18e s. dans les lointaines colonies britanniques. Lorsque Napoléon s'allie à l'Espagne par le traité de Fontainebleau en 1807, le Portugal resserre ses liens avec la Grande-Bretagne et se place sous son autorité en vue d'une guerre prochaine contre la France. Carr est alors envoyé au Portugal afin de réorganiser et professionnaliser l'armée portugaise.

Nommé en 1809 généralissime (ou maréchal commandant) de l'armée portugaise, il vainc Soult à La Albuera (près de Badajoz) en 1811. L'année 1814 le verra entrer à Bordeaux aux côtés du duc d'Angoulême et recevoir du prince-régent George le titre de **vicomte de Beresford**. Revenu au Portugal et détenant un fort pouvoir au sein de l'armée, Beresford fait du Portugal une « colonie » anglaise : les Anglais l'imposent au roi de Portugal et du Brésil Jean VI, qui, resté à Rio de Janeiro, le nomme régent du Portugal en 1816. Mais la tyrannie qu'il exerce engendre une conspiration contre lui en 1817. Celle-ci ayant échoué, c'est seulement à la fin de l'année 1820 que Beresford est chassé du pays par les forces libérales portugaises.

et installe sur celui du Portugal sa fille **Marie II** en adoptant une Constitution libérale où l'autorité royale est sous la suprématie du pouvoir parlementaire. Son frère **Miguel**, qui a le titre de régent, se fait alors le champion de la monarchie absolue et réclame la couronne qu'il finit par obtenir en 1828. Une lutte acharnée, véritable guerre civile, s'instaure entre les absolutistes et les libéraux qui soutiennent Pierre Ier. Celui-ci, aidé par les Anglais, vient rétablir sa fille sur le trône en 1834. La **convention d'Évoramonte** met fin à la guerre civile *(voir encadré p. 308)*. L'abolition du tribunal du St-Office a lieu en 1832.

L'année 1836 voit l'abolition de l'esclavage et le mariage de Marie II avec Ferdinand de Saxe-Cobourg-Gotha.

En 1851 débute une période d'alternance parlementaire *(rotativismo)*. Sous les règnes de Pierre V (1855-1861), Louis Ier (1861-1889) et Charles Ier (1889-1908), la vie politique, bien qu'agitée, n'empêche pas la reconstitution d'un troisième empire en Angola et au Mozambique. L'Angleterre s'oppose à l'entreprise du gouverneur **Serpa Pinto** qui veut conquérir des territoires entre l'Angola et le Mozambique afin de les réunir.

Avec l'aggravation de la crise politique, la Chambre est dissoute en 1906. Le pays vit une dictature de 1907 à 1908. Le 1er février 1908, le roi **Charles Ier** et le prince héritier sont assassinés à Lisbonne. Le sang-froid de la reine Amélie permet de sauver son plus jeune fils, qui monte sur le trône sous le nom de Manuel II. Mais il abdique le 5 octobre 1910 et la **république** est proclamée, faisant du Portugal le troisième État républicain en Europe.

La « république »

La république, proclamée en 1910, ne parvient pas à restaurer l'ordre. L'entrée en guerre contre l'Allemagne en 1916 et l'envoi de troupes en France aggravent la situation intérieure. À la suite d'un coup d'État militaire en 1926, le **général Carmona** devient président du Conseil. C'est la fin de la Première République, qui aura connu huit présidents. Entre-temps, le Parti communiste portugais est fondé en 1921.

La période Salazar

En 1927, une tentative de rétablissement de la république échoue. L'élite de l'opposition s'exile au Brésil et en France. La situation économique devient critique en 1928. Le général Carmona fait alors appel à un professeur de l'université de Coimbra, **António de Oliveira Salazar**, qui, nommé ministre des Finances, rétablit la stabilité monétaire et politique.
En 1932, Salazar est nommé président du Conseil. Il renvoie les militaires et promulgue en 1933 la Constitution de l'**Estado Novo** (« l'État nouveau »), une dictature aux allures de république, mais reposant sur une police politique – la PIDE, Policia Internacional e de Defesa do Estado –, l'interdiction des partis politiques et la censure de la presse. Il va s'efforcer de préserver le Portugal des influences étrangères, de l'escamoter aux yeux du monde pour régner en maître absolu.
Le Portugal reste neutre pendant la Seconde Guerre mondiale. Après la guerre, le mouvement de libéralisation s'intensifie.
En 1949, le Portugal devient l'un des membres fondateurs de l'**Otan**.

Crise et remous outre-mer

Pendant les années 1960 et 1970, en raison des difficultés économiques, une importante **vague d'émigration** se constitue vers la France, issue principalement des régions rurales.
Par ailleurs, le Portugal doit gérer les conflits qui progressent dans ses colonies. L'Inde a annexé Goa, Damião et Diu en 1961. Le MPLA (Mouvement populaire de libération de l'Angola) commence ses actions en Angola. C'est le début de la **guerre coloniale**, qui s'étend à la Guinée-Bissau (en 1963) et au Mozambique (en 1964).
En juillet 1970, Salazar, qu'un accident a écarté des affaires fin 1968, meurt. Son successeur, **Caetano**, poursuit une lutte antiguérilla ruineuse en Afrique. Le leader nationaliste Amilcar Cabral est assassiné en Guinée-Bissau en 1973. L'indépendance du pays est proclamée par le PAIGC (Parti africain pour l'indépendance de la Guinée et du Cap-Vert).

Le Portugal moderne

1974 : LA RÉVOLUTION DES ŒILLETS

Le pays dort encore la nuit du 24 avril 1974, quand le Rádio Clube Português diffuse la chanson interdite *Grândola Vila Morena* de José Afonso. C'est le feu vert du coup d'État militaire qui renverse en une seule journée le gouvernement en place et amorce une nouvelle ère politique et économique pour le pays.
Une première tentative de coup d'État avait échoué le 16 mars, à la suite de la destitution des généraux Spinola (ancien commandant en chef de Guinée-Bissau et chef d'état-major) et Costa Gomes. Mais cette fois-ci, avec la complicité des civils, la rébellion organisée par les capitaines Otelo Saraiva de Carvalho et Vitor Alves ne rencontre pas de résistance.
En ce début d'après-midi mémorable du **25 avril**, une junte militaire (dont Spinola et Costa Gomes font aussi partie) déclare assumer provisoirement le pouvoir. Le **MFA** (Mouvement des forces armées) annonce la libération des prisonniers politiques, la restitution des libertés civiques, l'organisation d'élections libres, ainsi que la fin de la censure et de la PIDE (police secrète). La population envahit les rues de Lisbonne, fraternisant avec les militaires. Des œillets rouges, emblèmes de

la révolution, sont accrochés au bout des fusils et dans les cheveux des femmes. Les jours qui suivent, les exilés politiques commencent à revenir au pays. Le 1er Mai 1974 est célébré par de grands rassemblements dans toutes les villes fêtant la Révolution.

CONTESTATIONS SOCIALES ET DÉCOLONISATION

Les mois suivants sont marqués par les grèves et les manifestations. Le général **Spinola**, devenu président de la République, entre en conflit avec certains capitaines plus radicaux. Ces derniers défendent les mouvements sociaux, tandis que Spinola est plus modéré. En juillet, le MFA impose le colonel **Vasco Gonçalves** comme Premier ministre. La situation devient de plus en plus critique ; le point de clivage central concerne la décolonisation de l'Angola, que Spinola souhaite progressive alors que les militaires du MFA la veulent immédiate. Le 27 septembre, Spinola quitte le gouvernement. La question de la **décolonisation** était alors levée : la Guinée-Bissau et le Cap-Vert deviennent officiellement indépendants le 10 septembre 1974, le Mozambique, le 25 juin 1975, São Tomé et Príncipe, le 12 juillet 1975 et l'Angola, le 11 novembre 1975.

L'inversion des flux migratoires

Avec la fin des guerres coloniales et les indépendances, les **retornados** commencent à gagner la Métropole. Durant l'été 1974, en quelques semaines, Lisbonne reçoit environ 700 000 personnes alors qu'elle compte moins d'un million d'habitants.

Plus généralement, les flux migratoires se sont inversés avec le retour de certains émigrés des années 1960 et 1970 et l'arrivée d'importants groupes d'immigrés venus des anciennes colonies, en particulier du Cap-Vert, de la Guinée-Bissau, des îles de São Tomé et Príncipe, d'Angola, du Brésil et d'Inde.

UNE PÉRIODE D'INSTABILITÉ POLITIQUE

Même après le départ de Spinola, une fracture surgit entre deux pôles du gouvernement. Une

LA COLONISATION À LA PORTUGAISE

La décolonisation, commencée avec la révolution de 1974, a connu son terme ultime avec la rétrocession de **Macao** à la Chine fin 1999 et la reconnaissance de l'indépendance du Timor en 2002. La légende voudrait que les Portugais aient été des pionniers exemplaires guidés par un esprit d'exploration, à l'inverse des brutaux conquistadors espagnols. Avec les Portugais, les prises de contact se seraient généralement effectuées plus en douceur. La valorisation du métissage et le mythe d'un modèle d'« intégration raciale voluptueuse » ont forgé l'idéologie du lusotropicalisme, cette manière pacifique lusitanienne d'aimer, de penser et de vivre sous les tropiques en bonne harmonie, dont l'avatar plus récent est la supposée « démocratie raciale » brésilienne.

Il faut cependant rappeler que les Portugais, parmi les premiers négriers, furent de redoutables et efficaces commerçants du « bois d'ébène » et que l'esclavage n'est aboli au Brésil qu'en 1888. De plus, les tardives guerres portugaises en Afrique (Angola, Mozambique et Guinée) figurent parmi les plus dures de l'histoire de la décolonisation, et ont laissé le champ libre à des guerres civiles particulièrement meurtrières.

UNE ÉMIGRATION ÉCONOMIQUE ET IDÉOLOGIQUE

Découvreurs de tant de territoires nouveaux, les Portugais ont souvent dû émigrer pour aller chercher fortune ailleurs. Au 19e s., le **Brésil** fut la destination de prédilection, suivi par l'Amérique du Nord, l'Argentine et le Venezuela. Au début du 20e s., les colonies africaines (surtout le Mozambique et l'Angola) attirent aussi leur lot d'immigrants portugais. À partir des années 1950, l'émigration, provoquée par une situation économique difficile, s'oriente vers les **pays européens** industrialisés qui cherchent de la main-d'œuvre bon marché, en particulier la France, l'Allemagne, le Luxembourg et le Royaume-Uni. Les principaux foyers d'émigration sont les archipels de Madère et des Açores, ainsi que les provinces intérieures du nord du pays. Dans les années 1960, aux problèmes économiques s'ajoutent les guerres de libération de l'Angola, de Guinée-Bissau et du Mozambique ; de nombreux jeunes émigrent pour ne pas être enrôlés. Entre 1960 et 1972, plus d'un million et demi de Portugais ont quitté leur pays. Ce flot est interrompu en 1974, la révolution des Œillets ayant renversé le régime et les pays industrialisés commençant à être touchés par la crise. Après l'adhésion à la Communauté européenne et les bouleversements économiques qui s'en sont suivis, le Portugal est même devenu, pour un temps, un pays d'immigration.

nouvelle tentative de putsch a lieu en mars 1975 et Spinola, reconnu comme son instigateur, doit s'exiler. Les premières élections législatives libres depuis un demi-siècle se déroulent ainsi le 25 avril 1975. La population vote en masse avec un taux de participation de 92 %, et la majorité est accordée au Parti socialiste.

Mais l'instabilité continue avec de fréquents changements de gouvernement. Vasco Gonçalves finit par démissionner au cours de l'été 1975. Le pays, sombrant dans l'anarchie, voit s'affronter deux partis se réclamant du socialisme : l'un prône l'exemple des pays de l'Est, l'autre celui des pays d'Europe de l'Ouest.

L'APPRENTISSAGE DE LA DÉMOCRATIE

Fin 1975, le pays voit la retraite forcée des militaires et le pouvoir retransmis aux civils. Les mesures modérées de normalisation, lancées à partir du 25 novembre 1975, indiquent le début d'un recul du processus révolutionnaire.

Une **nouvelle Constitution** est adoptée le 2 avril 1976 et des élections législatives ont à nouveau lieu le 25 du même mois. Elles sont remportées par le Parti socialiste, suivi de près par le PPD (Parti populaire démocratique).

La stabilité politique ne réapparaît pas immédiatement : le Portugal connaît treize gouvernements jusqu'en 1987. Les deux principales formations politiques qui assument le pouvoir alternativement sont le Parti socialiste (PS) et le Parti social-démocrate (PSD).

La **démilitarisation** du système et des institutions se fait lentement. En 1980, le Parti conservateur remporte les élections législatives. Sá Carneiro forme un gouvernement, mais il trouve la mort le 4 décembre dans un accident d'avion. Le mandat présidentiel du général António Ramalho Eanes est renouvelé.

La Constitution, révisée deux fois, en 1982 et 1989, s'éloigne de plus en plus du texte « révolutionnaire » d'origine.

La démocratie se stabilise. **Mário Soares** est élu en 1986, devenant le

POLITIQUE : UN RÉGIME SEMI-PRÉSIDENTIEL

La **Constitution** adoptée le 2 avril 1976 et révisée sept fois depuis (entre 1982 et 2005 pour la dernière révision) a instauré un régime semi-présidentiel.
Le **pouvoir exécutif** est détenu par le **président de la République** élu au suffrage universel pour un mandat de cinq ans, renouvelable une seule fois consécutive. Celui-ci nomme le **Premier ministre**, représentant de la majorité parlementaire et, sur proposition de ce dernier, les ministres ; il dispose d'un droit de veto sur les lois approuvées par l'Assemblée.
Le **pouvoir législatif** est représenté par une chambre unique comprenant de 240 à 250 députés élus pour quatre ans.
Les archipels de Madère et des Açores constituent deux régions autonomes, dotées d'un gouvernement régional et d'une assemblée régionale élue au suffrage universel. Le président de la République y nomme un **ministre de la République** qui représente la souveraineté de la république et désigne à son tour le **président du gouvernement régional**.

premier président civil depuis 1926. La même année, le Portugal entre dans la **CEE**. L'alternance politique est depuis une réalité. Alors que quelques années auparavant le Nord était acquis au PSD, le Centre et le Sud au PS, et l'Alentejo majoritairement communiste, les clivages politiques régionaux s'estompent.

UNE FIN DE SIÈCLE DYNAMIQUE

En 1996, **Jorge Sampaio** remplace à la présidence Mário Soares. Dans les années 1990, le pays connaît d'importants changements économiques et culturels. En 1994, Lisbonne est élue Capitale européenne de la culture. Quatre ans plus tard, la ville accueille l'Exposition universelle au tout nouveau Parc des Nations, un quartier entièrement réaménagé pour l'occasion. L'année suivante, Macao est retrocédé à la Chine, symbole fort puisque l'événement met un terme à plusieurs siècles de présence portugaise aux confins du monde.
En 2001, Jorge Sampaio est réélu tandis que Porto assume à son tour le rôle de Capitale européenne de la culture. L'année suivante, les élections législatives anticipées amènent au pouvoir une coalition de droite. Le social-démocrate **José Manuel Durão Barroso** est nommé Premier ministre.

LE RALENTISSEMENT

Mais le miracle économique qu'a connu le pays durant deux décennies s'essouffle. En 2001, le Portugal, « bon élève » européen, est le premier pays à violer le pacte de stabilité de l'Union européenne, le montant de ses déficits publics atteignant 4,4 % du PIB. Une procédure est alors engagée par la Commission avec, en toile de fond, le risque de voir disparaître les aides au développement octroyées par Bruxelles.
Pour éloigner cette menace, le gouvernement de José Manuel Durão Barroso engage une franche politique de rigueur. Le résultat ne se fait pas attendre : dès 2002, le déficit repasse sous la barre fatidique des 3 %.
Si le Portugal redore sa réputation, l'économie, pour la première fois depuis 1993, plonge dans une récession provoquée par la chute de la consommation, les ménages subissant un véritable « choc fiscal ». Dans le même temps, l'investissement diminue et le chômage explose, passant de 4,1 % en 2001 à 6,4 % en 2003 et 8 % en 2007.

25 avril 1974 : la révolution des Œillets.
D. R.

La fin d'un long cycle de croissance, soutenu par les financements européens et couronné, en 2002, par l'adhésion à l'euro, a mis en lumière la faiblesse récurrente de l'économie portugaise : une productivité médiocre, l'une des plus basses d'Europe, au moment où le Portugal doit faire face à la concurrence asiatique et à celle des pays nouvellement entrés dans l'Union et dont les coûts de production sont bien plus bas.

DE CRISE EN CRISE

En 2004, José Manuel Durão Barroso démissionne pour prendre la présidence de la Commission européenne. À la suite de la dissolution du Parlement fin 2004, le Parti socialiste mené par **José Sócrates** remporte les élections législatives de 2005, puis celles de 2009 (sans avoir la majorité absolue). Désavoué en 2011 par le Parlement en raison de sa politique d'austérité, José Sócrates remet sa démission, et son parti perd les élections législatives anticipées. **Pedro Passos Coelho** est nommé Premier ministre, à la tête d'une coalition PPD/PSD, par le président **Aníbal Cavaco Silva**, réélu en 2011 pour un second mandat. C'est la première fois que la gauche perd l'exercice du pouvoir depuis 1974. Le gouvernement effectue de nouvelles coupes claires dans les dépenses publiques, gèle les salaires, augmente les cotisations sociales et la TVA, supprime des jours fériés ; malgré ces sacrifices, le déficit public reste supérieur à l'objectif de 4,5 % du PIB qu'il s'était fixé. Le Portugal va alors connaître des manifestations monstres orchestrées par celle qui se nomme la « génération à la traîne ». En janvier 2013, le chômage atteint un taux record de 17,7 %, avec une économie en récession depuis trois ans. L'impopularité croissante de l'austérité conduit à des dissensions et en juillet 2013, suite à la démission de deux ministres, une crise politique menace la stabilité au sein de la coalition, ravivant les inquiétudes des marchés financiers quant aux engagements du pays sur son endettement. Un accord entre les partis est finalement trouvé suite à l'intervention du président de la République. Depuis les élections législatives de 2015, António Costa (PS) dirige un gouvernement minoritaire soutenu par les autres partis de gauche. Il devra cohabiter avec le président conservateur Marcelo Rebelo de Sousa, élu en 2016.

Pour en savoir plus sur la situation économique et sociale, voir « Le Portugal aujourd'hui », p. 42.

Chronologie

- **147-139 av. J.-C.** – Invasion romaine.
- **711** – Début de la conquête musulmane.
- **1140** – Alphonse Henriques se proclame, sous le nom d'Alphonse Ier, roi de Portugal.
- **1143** – La Castille reconnaît l'existence du Royaume de Portugal.
- **1249** – Fin de l'occupation arabe.
- **1385** – Victoire d'Aljubarrota, début de la dynastie des Avis.
- **1494** – Traité de Tordesillas.
- **1500** – Cabral accoste au Brésil.
- **1578** – Mort du roi Sébastien Ier à Ksar el-Kébir.
- **1580** – Philippe II d'Espagne, roi de Portugal.
- **1668** – L'Espagne reconnaît l'indépendance du Portugal.
- **1703** – Traité de Methuen : l'Angleterre obtient le monopole de l'importation des vins de Porto.
- **1755** – Tremblement de terre de Lisbonne.
- **1807-1810** – Guerres napoléoniennes. La Cour s'exile au Brésil.
- **1822** – Indépendance du Brésil.
- **1908** – Assassinat de Charles Ier et de son fils aîné.
- **1910** – Proclamation de la république.
- **1926** – Dictature du général Carmona.
- **1928** – Salazar, ministre des Finances.
- **1933** – Constitution de l'Estado Novo.
- **1961** – Début des guerres coloniales.
- **25 avril 1974** – Révolution des Œillets ; indépendance de la Guinée-Bissau.
- **1975** – Indépendance des îles du Cap-Vert, du Mozambique, de l'Angola et de São Tomé.
- **1976** – Nouvelle Constitution socialiste. Indépendance du Timor. Autonomie de Macao et des archipels de Madère et des Açores.
- **1986** – Entrée du Portugal dans la CEE. Élection de Mário Soares à la présidence de la République.
- **1994** – Lisbonne, Capitale européenne de la culture.
- **1998** – Expo'98 : Exposition mondiale à Lisbonne.
- **1999** – Le territoire de Macao est rétrocédé à la Chine.
- **2001** – Porto, Capitale européenne de la culture.
- **2004** – Le Portugal prend la présidence de la Commission européenne.
- **2007** – Signature du traité de Lisbonne, le 13 décembre, par les chefs d'État et de gouvernement des 27 États membres de l'Union européenne.
- **2009** – Victoire du PS aux élections législatives.
- **2011** – Pedro Passos Coelho à la tête de la coalition PPD/PSD remporte les législatives anticipées.
- **2012** – Guimarães partage avec Maribor (Slovénie) le titre de Capitale européenne de la culture.
- **2015** – La coalition PPD/PSD arrive en tête aux législatives. Mis en minorité par les forces de gauche coalisées, Pedro Passos Coelho démissionne et laisse le fauteuil de Premier ministre à António Costa (PS).
- **2016** – Élection du président de la République Marcelo Rebelo de Sousa (PSD).

Nature et paysages

Le Portugal s'inscrit dans un rectangle de 560 km de longueur sur 220 km de largeur, au sud-ouest de la péninsule Ibérique. Sur cette superficie relativement faible (88 944 km² sans Madère et les Açores), il présente une grande diversité de paysages et compte plus de 800 km de côtes sur l'Atlantique. L'altitude décroît de la frontière espagnole à l'Océan et du nord au sud. Le Tage, qui traverse le pays d'est en ouest de l'Espagne à Lisbonne, sépare une région montagneuse au nord d'une région de plateaux et de plaines au sud.

Le relief

Au nord du pays, entre l'Espagne et la vallée du Douro, la cordillère Cantabrique est prolongée par des montagnes massives séparées par des vallées aux versants violemment érodés.

Au centre, entre le Douro et le Tage, des reliefs particulièrement vigoureux prolongent les sierras de Castille : la **serra da Estrela** culmine au **mont Torre** (1 993 m), sommet le plus élevé du Portugal continental ; les vallées du Mondego et du Zêzere ceinturent cette échine.

Au sud du Tage s'étend un grand plateau qui descend vers l'Océan ; les immenses horizons sont à peine barrés par les affleurements des **serras de Monchique et do Caldeirão**.

Les 837 km de littoral atlantique offrent une incroyable variété de sites : interminables grèves, plages de sable fin abritées au creux de falaises rocheuses, criques et caps (Carvoeiro, Espichel, St-Vincent). Les vastes estuaires sont occupés par les principaux **ports** : Porto sur le Douro, Lisbonne sur le Tage, Setúbal sur le Sado. Quelques baies offrent leur abri aux ports de pêche comme Portimão ; des promontoires les protègent du vent, comme à Peniche ou à Lagos. Mais la majeure partie du littoral est une côte sablonneuse plate, parfois doublée par un cordon littoral (côte est de l'Algarve, lagune d'Aveiro). La fraîcheur de l'eau qui baigne les côtes (sauf en Algarve) est due au courant froid des Canaries.

Régions et paysages

Le Portugal continental distingue cinq grandes régions administratives : le Nord, le Centre, la région de Lisbonne (incluant la vallée du Tage), l'Alentejo et l'Algarve – auxquelles s'ajoutent les archipels de Madère et des Açores. À l'intérieur de chaque région, on distingue :

- les **districts** : il y en a 18 dans le Portugal continental. De nombreuses administrations publiques fonctionnent au niveau du district : santé, éducation, finances, etc. ;
- les 308 **concelhos** du pays

ANCIENNES PROVINCES

Le Portugal était autrefois divisé en 10 provinces *(voir carte ci-dessous)* : le Minho, le Trás-os-Montes, le Douro, les Beiras Alta, Baixa et Litoral, le Ribatejo, l'Estrémadure, l'Alentejo et l'Algarve. Les noms de ces provinces sont toujours utilisés et servent à désigner les principales régions naturelles du pays.

représentent le pouvoir municipal. Ils sont l'équivalent de certaines communautés urbaines ou de cantons. Le *concelho* est doté d'une mairie *(paço do concelho)* et d'un conseil exécutif *(câmara municipal)*, dont le président joue le rôle de maire. Comme l'assemblée municipale, il est élu tous les 4 ans au suffrage universel ;

- chaque *concelho* compte plusieurs **freguesias** (ou paroisse ; un peu

PROVINCES ET DISTRICTS

Braga	Limites et capitale de district
MINHO	Nom des anciennes provinces

plus de 3 000 pour l'ensemble du pays, archipels compris) qui, dans certains cas, peuvent représenter un village, dans d'autres, un quartier. À leur échelle s'effectuent la tenue de l'état civil, l'entretien du patrimoine, l'organisation des fêtes et autres manifestations locales.

PORTO ET LE NORD

Cette région comprend les anciennes provinces du Minho et du Douro, très cultivées, et, à l'intérieur du pays, la région plus sèche du Trás-os-Montes.

Le Minho et le Douro

Districts du Minho : Braga et Viana do Castelo ; district du Douro : Porto.
Tous deux sont essentiellement formés de collines granitiques couvertes d'une abondante végétation, malheureusement atteinte par de dramatiques incendies. Les serras de Gerês, de Soajo et de Marão, qui constituent le **Parc national de Peneda-Gerês**, à l'extrême nord, présentent des sommets dénudés parsemés d'éboulis de rochers. Les champs entourés de haies et de vignes grimpantes produisent parfois deux récoltes par an ; çà et là apparaissent quelques boqueteaux d'eucalyptus, de pins (sur la côte) et de chênes. Vignes, arbres fruitiers et pâturages complètent une économie de terroir. Sur les pentes bien exposées poussent des oliviers, des pommiers et parfois des orangers. La population, très dense ici, vit dans des villages extrêmement nombreux, à l'urbanisation galopante, reliés entre eux par des routes tortueuses et parfois encore pavées. Des vallées verdoyantes comme celles du rio Lima ou du rio Vez servent d'axes de circulation. La **Costa Verde** (Côte Verte), qui doit ce surnom à son paysage verdoyant, est baignée d'eaux relativement froides.
Porto est la capitale incontestée de cette région active qui regroupe plus du quart de la population du pays, et de nombreuses industries, comme autour de Braga.

Le Trás-os-Montes

Districts : Bragança et Vila Real.
Son nom signifie « au-delà des monts » : c'est en effet à l'est, au-delà des serras de Marão et de Gerês, que s'étirent ses hauts plateaux surmontés de crêtes rocheuses et coupés de profondes vallées. Les plateaux, dominés par des sommets pelés et couverts d'une végétation rabougrie, sont le domaine de la lande à moutons. Les villages isolés, bâtis en granit ou en schiste, se confondent avec le paysage. Les bassins plus peuplés, autour de Chaves, Mirandela et Bragança, ressemblent à des oasis où croissent arbres fruitiers, vignes, maïs et légumes. Cette région a toujours été un grand foyer d'émigration (notamment vers la France) et aujourd'hui les petites villes se voient grossies par les constructions des émigrants de retour au pays.
Au sud de la province, le **Haut-Douro** (Alto Douro) fait exception. Les rebords des plateaux et les versants du Douro et du Tua ont été aménagés en terrasses sur lesquelles poussent oliviers, figuiers, amandiers et, surtout, le célèbre vignoble produisant le porto.

AU CENTRE : LES BEIRAS

Cette région rassemble la Beira Alta (au nord), la Beira Baixa (au sud) et la Beira Litoral (le long de la côte).

La Beira Alta et la Beira Baixa

Districts de la Beira Alta : Guarda et Viseu ; district de la Beira Baixa : Castelo Branco.
Dans ces provinces, les plus montagneuses du Portugal, se succèdent blocs surélevés

et bassins d'effondrement. Les montagnes – les principales sont les **serras da Estrela et da Lousã** – montrent des versants boisés que terminent des sommets herbeux, parfois hérissés de chicots rocheux, où paissent les moutons. Quelques lacs de barrage occupent les emplacements d'anciens cirques glaciaires ou de gorges creusées dans le quartz. De vieux villages se dressent au-dessus des fonds de vallées quadrillés de cultures en terrasses (maïs, seigle, oliviers).
La population s'est surtout établie dans les vallées du Mondego et du Zêzere. La **vallée du Mondego**, vaste couloir d'effondrement qu'empruntent les principales voies de communication entre Coimbra et Guarda, est couverte de riches cultures; les versants bien exposés deviennent le domaine des vignobles de crus (région du Dão).
La haute vallée du Zêzere, appelée **Cova da Beira**, est plus orientée vers l'élevage; Covilhã, principale ville de ce secteur, maintient une industrie lainière importante. Aux environs de **Guarda**, la plupart des villages, construits en granit, sont protégés par un château fort ou des remparts, témoins des luttes qui opposaient autrefois Portugais et Espagnols.

La Beira Litoral

Districts : Coimbra et Aveiro.
Cette région sillonnée de nombreux canaux correspond en gros aux basses vallées du Vouga, du Mondego et de la Lis; les rizières s'étendent dans les zones irriguées autour de Soure et d'Aveiro. Cette partie de la côte, appelée **Costa de Prata** (Côte d'Argent), possède, comme celle de l'Estrémadure, de longues plages rectilignes fixées par d'immenses pinèdes (Pinhal de Leiria, Pinhal do Urso); la ria de Aveiro forme un paysage original de lagune. L'arrière-pays se couvre de petits champs de blé ou de maïs bordés d'arbres fruitiers et de vigne, ainsi que de belles forêts comme celle de Buçaco.
Les deux grands pôles d'activité sont **Coimbra**, célèbre pour son université, et **Aveiro**.

LISBONNE ET SA RÉGION

Cette région rassemble les deux anciennes provinces du Ribatejo et de l'Estrémadure.

L'Estrémadure

Districts : Leiria, Lisbonne et Setúbal.
Étendue pour l'essentiel au nord de Lisbonne, bordée par l'Atlantique, l'Estrémadure était jadis la limite méridionale des territoires reconquis sur des musulmans, d'où son nom qui signifie « extrémité ». Aujourd'hui, cette région regroupe un tiers de la population du pays.
De Nazaré à Setúbal, le paysage est vallonné et verdoyant : entre les bosquets de pins et d'eucalyptus, le blé, le maïs, les oliviers, la vigne et les arbres fruitiers sont l'objet de soins minutieux. Les exploitations, petites dans le Nord, plus vastes dans le Sud, s'ordonnent autour de villages aux maisons basses.
Sur la côte, où alternent de hautes falaises et de belles plages de sable, les villages de pêcheurs sont nombreux. Dans les stations balnéaires de **Cascais** et **Estoril**, à proximité de Lisbonne, les plages sont plus urbaines. La **serra de Sintra**, située elle aussi près de la capitale, compose un agréable massif boisé. Au sud du Tage, la **serra da Arrábida** abrite de petites stations balnéaires.
Lisbonne, grand pôle d'activité de la région, centralise le pouvoir politique, administratif et financier, ainsi que de nombreux sièges sociaux et commerciaux.

Le Ribatejo

District : Santarém.
La région de la « rive du Tage » (Riba do Tejo), au nord-est de Lisbonne,

L'Alentejo est le domaine de l'olivier.
J. Arnold / hemis.fr

est une plaine alluviale formée aux ères tertiaire et quaternaire. Sur les collines de la rive droite, les habitants pratiquent une polyculture à base d'oliviers, de vigne et de légumes alors que, sur les terrasses de la rive gauche, s'étendent de grandes propriétés spécialisées dans la culture du blé et des oliviers. La plaine inondable est occupée par des rizières, des cultures maraîchères et, surtout, par de grandes prairies vouées à l'élevage des chevaux et des taureaux noirs de combat. Cette région, dont le principal centre est **Santarém**, est connue pour ses *touradas*, corridas à la portugaise.

L'ALENTEJO

Districts : Beja, Évora et Portalegre. Alentejo signifie « au-delà du Tage » (Além Tejo). Cette région, l'une des plus pittoresques et des plus belles du Portugal avec ses vastes étendues désolées et ses villages éclatants, couvre près du tiers de la superficie du pays. Uniforme et sans grand relief, exception faite de la **serra de São Mamede**, la végétation naturelle y est presque inexistante : « En Alentejo, il n'y a pas d'ombre », dit un proverbe. Cependant, malgré les difficultés d'irrigation, les paysans laissent rarement le sol à l'abandon. L'Alentejo, grenier à blé du Portugal, est aussi le domaine du chêne-liège, du chêne vert et de l'olivier ; on y cultive également le prunier aux environs de Vendas Novas et d'Elvas. Moutons et porcs noirs pâturent sur les mauvais sols. Traditionnellement, cette région compte de grandes propriétés avec des domaines immenses s'étendant autour du *monte*, grosse ferme blanchie à la chaux, isolée sur une butte, où réside le propriétaire ; les autres habitants se groupent dans des villages aux maisons basses, surmontées d'énormes cheminées. À la suite de la révolution des Œillets, la réforme agraire de juillet 1975 a réparti les terres entre des coopératives. Cette réforme n'ayant pas eu le succès attendu, on est revenu progressivement

au régime de la moyenne et de la grande propriété.
Dans le **Baixo Alentejo** (au sud), la côte, bien que peu hospitalière, voit se développer des stations balnéaires. On y trouve peu de ports, à part celui de Sines, bien équipé.
Il n'y a pas de villes vraiment importantes; **Évora** (Alto Alentejo), avec ses 57 000 habitants et une grande université, joue le rôle de capitale de la région, mais vit surtout du tourisme.

L'ALGARVE

District: Faro.
Son nom vient de l'arabe *El Gharb* qui signifie « ouest »; c'était en effet la contrée la plus occidentale des territoires conquis par les Arabes. Cette région, séparée de l'Alentejo par des collines schisteuses, ressemble à un jardin; les fleurs (géraniums, camélias, lauriers-roses) se mêlent aux cultures (coton, riz, canne à sucre) et aux vergers (caroubiers, figuiers, amandiers, orangers); la plupart des jardins sont clôturés de haies d'agaves. Les villages rassemblent des maisons éblouissantes de blancheur, décorées de jolies cheminées. À l'ouest se dresse un massif de roches volcaniques, la **serra de Monchique**, que couvre une végétation luxuriante. La côte est très sablonneuse. À l'est de Faro (Sotavento), elle est protégée par des cordons littoraux; à l'ouest (Barlavento), les plages sont bordées de hautes falaises qui forment au **cap St-Vincent** un impressionnant promontoire.
Bien que baignée par l'Atlantique, l'Algarve dispose d'un climat méditerranéen qui lui permet de connaître un immense succès touristique, parfois au détriment des activités traditionnelles: la pêche, les conserveries, l'horticulture et l'industrie du liège. La plupart des villages de pêcheurs sont devenus des stations balnéaires. Les principales villes sont **Faro**, **Lagos** et **Portimão**.

La végétation

La multiplicité et la diversité des essences végétales témoignent des contrastes climatiques et des différences de nature des sols.
Les **forêts** couvrent au Portugal une superficie d'env. 3,2 millions d'ha (36 % du territoire), et appartiennent à près de 600 000 petits propriétaires. Le domaine sylvicole compte 58 % de feuillus pour 42 % de résineux et les essences se répartissent principalement entre pins maritimes (30 %), chênes-lièges et chênes verts (22 %), et eucalyptus (21 %). Un patrimoine pourtant fragile: des incendies dévastateurs détruisent chaque été des centaines de milliers d'hectares – et les années successives de sécheresse ou de canicule en accroissent encore le risque.
Au sud du Tage et dans la haute vallée du Douro, on rencontre des peuplements considérables de **chênes verts** et de **chênes-lièges** voisinant avec des garrigues et des landes à cistes où poussent aussi lavande, romarin et thym. Le chêne-liège est encore davantage présent dans l'Alentejo, dont il domine largement les paysages.
Sur les sommets très arrosés dont l'altitude dépasse 500 m (dans le nord du pays et dans les serras de São Mamede et de Monchique au sud) croissent le **chêne rouvre** et le **chêne tauzin**, accompagnés de **châtaigniers**, de bouleaux et d'érables. Bien que très décimé, le **chêne lusitanien** se rencontre encore dans le Centre et le Sud. L'**eucalyptus**, introduit dans le pays

à la fin du 19e s., pousse surtout le long de la côte près de Leiria, Coimbra et Aveiro (600 000 ha au total), espace qu'il partage avec les **pins maritimes** et les pins parasols pour former de vastes forêts. En Algarve, les plantes méditerranéennes s'acclimatent bien ; on y trouve ainsi des **agaves**, des **caroubiers**, des **amandiers**, des **figuiers**, des **orangers** et des **oliviers**.

La faune

La diversité des paysages favorise celle de la faune, mélange d'espèces européennes et nord-africaines. Les animaux les plus communs sont le **lièvre ibérique**, le lapin et le renard, présents dans tout le pays. À l'intérieur des terres, on trouve aussi cochons sauvages, chèvres et cervidés.

La structure rurale du pays jusque dans les années 1980 a permis de fidéliser quelques espèces, comme les **cigognes blanches** qui n'ont jamais abandonné les clochers des églises ni les cheminées, surtout dans l'Alentejo et sur les rives du Tage.

Les côtes portugaises sont très poissonneuses. Des **dauphins** vivent autour du Tage et dans l'estuaire du Sado.

UNE BIODIVERSITÉ MENACÉE

Depuis les années 1970, la plantation d'**eucalyptus**, pour la fabrication de la pâte à papier, s'est intensifiée. Or la monoculture d'arbres et, plus généralement, l'exploitation différente de la terre (multiplication de l'agriculture intensive, désertification de certaines zones) ont contribué à la fragilisation des écosystèmes, aggravée par des **incendies** récurrents.

Le développement qui a accompagné l'entrée dans l'Union européenne a accéléré l'expansion des villes et l'usage des transports, notamment avec la construction d'un important réseau autoroutier dans tout le pays ; en outre, le boom du tourisme a entraîné l'urbanisation sauvage des côtes : autant d'évolutions dont s'alarment les défenseurs de la nature.

Plusieurs grands mammifères se trouvent menacés par ces bouleversements. C'est le cas du **loup gris** qui vit en sursis dans certaines forêts (serra da Estrela) et régions cultivées, où il attaque souvent les animaux domestiques, et du **lynx ibérique** dont la survie, dans les forêts de chênes de l'Alentejo, les montagnes de la Beira intérieure et de l'Algarve, dépend

LE CHEVAL LUSITANIEN ET L'ART ÉQUESTRE PORTUGAIS

« Il est le plus beau du monde et le plus approprié pour un roi un jour de victoire » (duc de Newcastle, 17e s.). Connu des hommes du Paléolithique supérieur, qui l'ont gravé sur les rochers de la vallée du Côa, monté depuis près de 5 000 ans, le pur-sang lusitanien est le plus ancien cheval de selle du monde. Son tempérament fougueux mais docile, son agilité, sa force et son courage en ont fait le cheval de combat par excellence. Au Portugal, depuis le Moyen Âge, la noblesse l'a utilisé dans la guerre. Pour s'y préparer, elle recourait à l'affrontement avec les taureaux ibériques. L'École portugaise d'art équestre a été créée au 18e s. Aujourd'hui encore, les cavaliers portugais portent les mêmes habits d'apparat et les chevaux sont harnachés comme autrefois. Tout cela contribue à faire du spectacle équestre un moment de rare beauté, dans lequel le cavalier et son cheval, en parfaite harmonie, exécutent les figures les plus complexes avec une légèreté qui rend justice au surnom donné aux Lusitaniens : les « fils du vent ».

Parc naturel du Sud-Ouest alentejan et de la côte vicentine

De Burgau, en Algarve, à Sines, dans l'Alentejo, s'étire le **Parque Natural do Sudoeste Alentejano e Costa Vicentina**. Tout au long de la côte, cette zone protégée déroule un envoûtant chapelet de dunes et de pinèdes, de grèves sauvages et de falaises déchiquetées.

Pour profiter de ces paysages uniques, il faut s'écarter de la nationale et prendre les chemins de traverse, souvent cahoteux, qui se faufilent entre des garrigues parfumées. On débouche alors sur des plages immenses et désertes, dans des criques rocheuses où des pêcheurs solitaires taquinent le bar et la daurade. En retrait du littoral, quelques villages discrets et sereins se lovent au creux des vallons.

Les amoureux de nature sauvage ne sauraient rêver meilleur endroit pour s'isoler des foules, s'enivrer du roulement des vagues ou s'abîmer dans la contemplation d'un vol d'oiseaux migrateurs.

UNE RÉSERVE PROTÉGÉE

Le parc, qui s'étend sur 75 000 ha, constitue l'un des espaces naturels les mieux préservés d'Europe. À cela, plusieurs raisons : un faible peuplement (moins de 30 000 hab.), l'absence d'industries et une agriculture limitée à de petits jardins familiaux. Même la pêche n'a jamais été ici très développée. Jusque dans les années 1970, le tourisme était une notion inconnue dans cette contrée qui regardait passer d'un œil mauvais les hippies en quête de paradis naturels.

Les choses ont un peu changé à la fin des années 1980, avec l'arrivée des surfeurs et des retraités allemands ou anglais venus chercher le soleil.

À la même époque fut créée une réserve protégée, devenue **parc naturel** en 1995. Son but : assurer le développement durable de la région tout en préservant l'écosystème.

Pour autant, on voit s'élever de plus en plus de résidences qui « mitent » le paysage. De gros projets touristiques (marinas, golfs…) essayent également de s'infiltrer, âprement combattus par les associations de protection de la nature.

FLORE ET FAUNE

Pas moins de **750 variétés de plantes** ont été recensées, dont une cinquantaine d'espèces endémiques. Euphorbes, scilles, orchidées, narcisses et cistes côtoient la sauge et la mauve, le laurier et l'armoise, les agaves, les griffes de sorcières, les genièvres et quantité d'autres végétaux.

Le parc est également un refuge essentiel pour les **oiseaux** qui migrent entre l'Europe et l'Afrique ; 200 espèces ont été comptabilisées. Dans les falaises nichent les derniers pygargues (aigles de mer) d'Europe, des cigognes blanches, des faucons pèlerins, des choucas et des busards. Dans les estuaires des rivières furètent le héron pourpré, le butor étoilé, la foulque macroule et la fauvette.

La **faune marine** comprend dauphins, tortues et loutres. Dans les dunes et les pinèdes se cachent des salamandres, des petits rongeurs et des **mammifères** carnivores comme le rare lynx d'Ibérie, le renard, la mangouste, la genette, la belette et le blaireau.

de la préservation du lapin sauvage. Les incendies de forêts l'ont encore un peu plus fragilisé. Enfin les zones montagneuses du Douro abritent une espèce de **vipère** propre à la péninsule Ibérique.

LE SANCTUAIRE DES OISEAUX MIGRATEURS

Parmi les oiseaux, la **grande outarde**, très rare dans le monde, survit difficilement dans les plaines de l'Alentejo. Le Portugal accueille aussi une large variété d'oiseaux migrateurs, le pays se trouvant sur la route de migration entre Europe du Nord ou du centre et Afrique. Une colonie de plus de 400 **flamants roses** est établie dans l'estuaire du Tage ; ils sont aussi nombreux dans l'estuaire du Sado et dans les zones de salines de l'Algarve. Le cap St-Vincent, pointe la plus occidentale de l'Europe, sert également de relais aux migrateurs entre Europe et Afrique.

Les parcs et réserves

Face aux menaces que les bouleversements récents représentent pour l'environnement, des zones de protection de la nature ont été créées afin de conserver intacte la beauté de certains paysages et d'en préserver la faune et la flore.

Parcs national et naturels

Le Portugal ne compte qu'un parc national, celui de **Peneda-Gerês** (72 000 ha), dans l'extrême nord du pays *(voir p. 576)*.

En revanche, de nombreuses zones ont été décrétées parcs naturels et font l'objet d'une protection particulière. Il s'agit, du nord au sud, des parcs naturels de **Montesinho** (75 000 ha ; *voir p. 592*) près de Bragança, du **Douro Internacional** (86 500 ha), d'**Alvão** (7 220 ha ; *voir p. 533*) près de Vila Real, de la **serra da Estrela** (100 000 ha ; *voir p. 470*), des **serras de Aire et de Candeeiros** (34 000 ha ; *voir p. 275*) près de Fátima, de **Sintra-Cascais** (23 280 ha), da **Arrábida** (10 820 ha plus 5 700 ha marins ; *voir p. 224*), de la **serra de São Mamede** (31 750 ha ; *voir p. 327*), de la **vallée du Guadiana** (69 600 ha ; *voir p. 378*), le long du fleuve, du **Sudoeste Alentejano e de la Costa Vicentina** (74 788 ha ; *voir ci-contre*) et de la **Ria Formosa** (18 400 ha ; *voir p. 364*), où nidifient des espèces rares d'oiseaux marins.

Tous ces parcs naturels se trouvent dans des zones montagneuses, à l'exception des deux derniers, situés en Algarve et destinés à préserver ces zones de la dégradation du littoral liée au tourisme, comme à retarder l'intense érosion de cette côte.

Réserves naturelles

Destinées à la protection de la végétation et la faune, ce sont des zones de montagne comme la **serra de Malcata** (21 760 ha), des marais comme le **Paúl de Arzila** (535 ha) au nord du Mondego, et le **Paúl do Boquilobo** (530 ha) près du Tage, ou encore des estuaires particulièrement riches pour leur avifaune : l'**estuaire du Tage** (14 560 ha), l'**estuaire du Sado** (22 700 ha), Sapal de Castro Marim-Vila Real de Santo António (2 089 ha) dans l'**estuaire du Guadiana**, voire des zones dunaires, comme les **dunes de São Jacinto** (666 ha) dans la ria de Aveiro, ou insulaires, comme **Berlenga** (1 063 ha), au large de Peniche.

Aires de paysage protégé

Elles ont pour but de protéger la côte des constructions anarchiques : **serra do Açor** (346 ha), **littoral de Esposende** (440 ha) et **Costa de Caparica** (1 570 ha).

DÉCOUVRIR LE PORTUGAL

Armação de Pera, en Algarve.
J. Fuste Raga/Mauritius/Photononstop

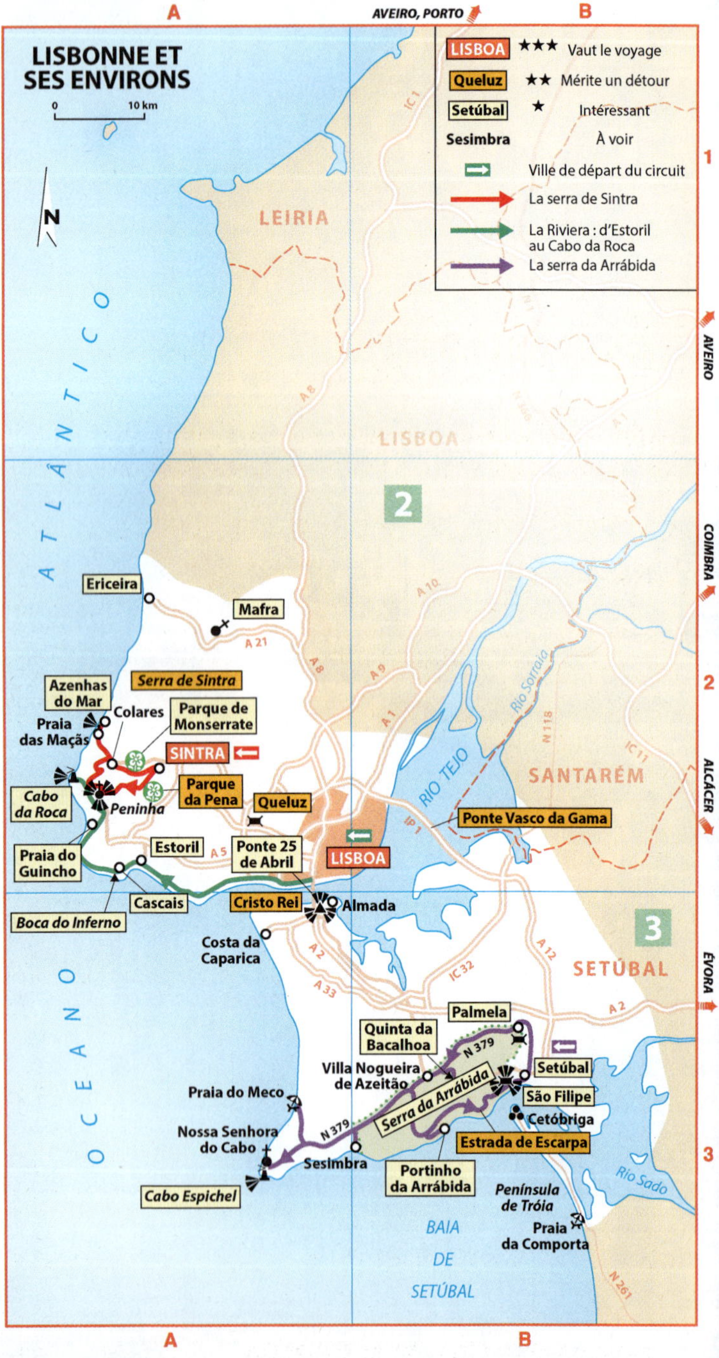
LISBONNE ET SES ENVIRONS
0 10 km
N
LISBOA ★★★ Vaut le voyage
Queluz ★★ Mérite un détour
Setúbal ★ Intéressant
Sesimbra À voir
Ville de départ du circuit
La serra de Sintra
La Riviera : d'Estoril au Cabo da Roca
La serra da Arrábida
A
B
1
2
3
AVEIRO, PORTO
AVEIRO
COIMBRA
ALCÁCER
ÉVORA
ATLÂNTICO
OCEANO
LEIRIA
LISBOA
SANTARÉM
SETÚBAL
2
3
Ericeira
Mafra
Serra de Sintra
Azenhas do Mar
Colares
Praia das Maçãs
Parque de Monserrate
SINTRA
Parque da Pena
Peninha
Cabo da Roca
Queluz
Praia do Guincho
Estoril
Ponte 25 de Abril
LISBOA
Ponte Vasco da Gama
RIO TEJO
Rio Sorraia
Cascais
Boca do Inferno
Cristo Rei
Almada
Costa da Caparica
Palmela
Quinta da Bacalhoa
Villa Nogueira de Azeitão
Setúbal
São Filipe
Cetóbriga
Serra da Arrábida
Estrada de Escarpa
Praia do Meco
Nossa Senhora do Cabo
Sesimbra
Cabo Espichel
Portinho da Arrábida
Península de Tróia
Praia da Comporta
Rio Sado
BAIA DE SETÚBAL
A 21
A 8
A 9
A 1
A 10
A 5
IP 1
IC 1
IC 11
N 118
A 2
A 33
IC 32
A 12
N 379
N 261

Lisbonne et ses environs 1

Carte Michelin National 733

ESTRELA
28
554

Grand angle sur Lisbonne et ses environs

Une région capitale… dans tous les sens du terme ! Lisbonne, avec ses quartiers à l'identité affirmée, son urbanisme tantôt labyrinthique, tantôt tracé au cordeau, sa population métissée, son animation diurne bon enfant devenant franchement festive en soirée, est l'une des meilleures introductions pour mesurer toute la diversité du Portugal.

L'ART DE VISITER LISBONNE

La ville se visite à pied, nez en l'air, en empruntant les tramways qui grimpent à l'assaut des collines, en profitant des vues offertes depuis les **belvédères** sur la cité couleur pastel et sur l'étendue dorée du Tage, en se laissant étreindre par un doux sentiment de **saudade**.
Entre deux visites d'églises ou de monuments attachés au temps des Grandes Découvertes, de musées singuliers, l'un dédié au **fado**, un autre à l'**azulejo** ou abritant des carrosses d'apparat, viennent s'intercaler des plaisirs variés : déguster des *pastéis de nata* à **Belém** ou dans une petite pâtisserie néobaroque de quartier, retrouver les traces de Pessoa au **café A Brasileira** ou boire un verre de *ginjinha*, la liqueur locale de griotte. La soirée débutera dans un petit restaurant tendance ou dans une gargote traditionnelle couverte d'azulejos du quartier de l'**Alfama**, avant de s'achever en sirotant un cocktail dans un bar à la déco recherchée.

UNE CEINTURE DE PALAIS

De quoi passer un week-end bien rempli, voire une semaine, sans s'ennuyer une seconde, tant la région possède d'atouts ! Au nord de la ville, le **palais de Queluz** se donne des airs versaillais, tandis que **Sintra** joue la carte du romantisme. Son château maure, son palais manuélin et ses résidences décadentes entourées d'immenses parcs plantés d'essences rares laissent un souvenir émerveillé. Plus loin encore, le **palais-couvent de Mafra** rappelle les fastes d'un 18e s. portugais enrichi par l'or du Brésil.

UNE CAPITALE EN BORD DE MER

De l'autre côté de l'estuaire, dans la **serra de Arrábida**, les versants couverts de forêts et de maquis, jalonnés de petites plages lovées au bord d'une mer bleu azur, font penser à quelque bout de Méditerranée. Au **cap Espichel**, bout du monde battu par les vents, ainsi qu'au nord de l'estuaire de la **Praia do Guincho** à Ericeira, le littoral attire les adeptes du surf, du bodyboard et du kyte-surf. Les familles et les enfants trouveront des eaux moins agitées sur la Riviera, du côté d'**Estoril** et de **Cascais**. Nées avec l'essor des bains, ces stations balnéaires conservent encore aujourd'hui leur parfum aristocratique.

Le tramway n° 28 emprunte la rua das Escolas Gerais, dans le quartier de l'Alfama, à Lisbonne.
O. Fantuz / Sime / Photononstop

Lisbonne

Lisboa

★★★

545 245 habitants (agglomération 2,9 millions) – District de Lisbonne

Postée à la pointe atlantique de l'Europe, dans l'estuaire du Tage, Lisbonne s'ouvre sur une rade majestueuse, surnommée « la mer de Paille » en raison de ses reflets dorés. Vue d'en haut, la ville aux sept collines ressemble à un labyrinthe de ruelles serpentines et d'escaliers biscornus, coloré de toits roses et de façades ocre, animé par le jeu des ombres et des lumières. Métropole en pleine mutation, Lisbonne s'est façonné un look moderne à grand renfort de grues et de marteaux-piqueurs. Les mégacentres commerciaux (Amoreiras, Colombo), le stade da Luz jusqu'aux réalisations de la fin du 20e s. le long du Tage (Parc des Nations, quartier des docks) témoignent de son dynamisme. Mais l'ancien port d'attache des grands navigateurs conserve aussi, avec fierté et nostalgie, le souvenir de ses épopées ultramarines et de ses lointaines colonies. Capitale cosmopolite, elle arbore toujours le visage enjôleur d'une vieille cité populaire, désordonnée et un peu canaille, aux ruelles étroites pavoisées de linge domestique, aux tramways brinquebalants, aux balcons croulant sous les pots de géraniums. Le spectacle de la rue est partout vivant, chaleureux, nonchalant : les sardines que l'on grille devant sa porte, les tavernes d'où s'échappent la rumeur, les soirs de match, et parfois un air de fado, les marchands des quatre-saisons qui arpentent les trottoirs pavés de petits dés noirs et blancs… Cité océane pétrie de songes, Lisbonne invite à la flânerie. Il faut aller à sa rencontre sans se presser, musarder dans ses recoins secrets, s'arrêter pour apprécier l'harmonie d'une église, d'une place, d'une fontaine. Bref, partir à sa découverte comme les navigateurs portugais embarquaient jadis vers des mondes inconnus.

NOS ADRESSES PAGE 184
Hébergement, restauration, achats, activités, etc.

S'INFORMER

Lisboa Welcome Center – Plan III EZ - *R. do Arsenal, 25 - ✆ 210 31 28 10 - www.visitlisboa.com - 9h-20h.* Outre des informations touristiques, cet espace situé dans un édifice pombalin des arcades de la **praça do Comércio** propose par ailleurs un vaste choix de produits régionaux. Accès Internet payant. Antennes « Ask me Lisboa » à l'**aéroport** (*✆ 218 45 06 60 ; 7h-0h*), à la **gare de Santa Apolónia** Plan II H2 (*✆ 218 82 16 06 ; mar.-sam. 7h30-21h30*) et devant le Mosteiro dos Jerónimos à **Belém** Plan VIII (*✆ 213 65 84 35 ; tlj sf dim. 10h-13h, 14h-18h*).

Palácio Foz – Plan III EX - *Praça dos Restauradores - Mº Restauradores - ✆ 213 46 33 14 - 9h-20h.* Principal bureau de l'Instituto de turismo de Portugal qui renseigne sur Lisbonne et sa région ; plusieurs kiosques de rue dans la ville.

Lisboa Card – *18,50 € (24h) ; 31,50 € (48h) ; 39 € (72h) ; tarif réduit pour les enf.* Une formule pratique et économique : la carte donne

un accès gratuit et illimité aux transports publics (bus, métro, trams, funiculaires, train pour Cascais et Sintra), et la gratuité (ou des réductions) dans la plupart des musées et des sites culturels de Lisbonne et de ses environs. Elle est en vente sur le site www.askmelisboa.com, à l'aéroport et aux adresses ci-dessus.
Voir aussi le site de la mairie de Lisbonne, www.cm-lisboa.pt, et la rubrique « Visite », p. 188.

SE REPÉRER

La capitale du pays se situe 311 km au sud de Porto, 196 km au sud de Coimbra et 278 km au nord de Faro (Algarve). Le cœur historique est formé par la ville basse (Baixa), ouverte sur le Tage, et les collines alentour. Principale artère, l'avenida da Liberdade mène du Rossio, le centre, vers les quartiers modernes du nord.
Pour une vision d'ensemble de la ville, reportez-vous au plan « Les principaux quartiers de Lisbonne » et à la page thématique « Se repérer dans les quartiers », p. 126.
Voir aussi la rubrique « Arriver/partir » dans « Nos adresses ».

SE GARER

Utilisez le parking de votre hôtel ou les parkings souterrains situés dans la Baixa, le Chiado ou sous la praça dos Restauradores (Plans III et V).

À NE PAS MANQUER

Une promenade en bateau sur le Tage ; le tramway n° 28E de Graça à Estrela, la Baixa et le Chiado ; une dégustation de *pasteis de nata* à la Fábrica dos Pastéis de Belém ; chiner à la Feira da Ladra.
Voir aussi notre « Best of », p. 132.

ORGANISER SON TEMPS

Comptez au moins 4 jours pour visiter la ville. Si vous êtes amateur d'art, les musées ferment en général le lundi ou le mardi, et certains sont gratuits le dimanche matin ou le 1er dimanche du mois. Parcourez de préférence le quartier de l'Alfama le matin, à la fraîche. Visitez le Bairro Alto en fin d'après-midi et en soirée : les boutiques branchées aux abords de la praça do Príncipe Real ouvrent tard et les ruelles du quartier s'animent à la nuit tombée. Enfin, prévoyez des chaussures adaptées aux ruelles en pente et aux irrégularités des pavés.
Voir aussi notre « Programme », p. 132.

AVEC LES ENFANTS

Sillonner la ville par le tram n° 28E et les *elevadores* (funiculaires et ascenseurs) ; l'océanorium du Parc des Nations ; le planétarium Calouste Gulbenkian ; le musée des Marionnettes ; le parc de Monsanto ; le jardin zoologique – entre autres !
Voir aussi notre suggestion de sites à découvrir « En famille », p. 132.

1

PLANS DE LISBONNE

Histoire de Lisbonne

UNE VILLE DANS L'HISTOIRE

Selon la légende, « Olisipo » aurait été fondée par Ulysse. Elle a d'abord été plus probablement un comptoir phénicien (1200 av. J.-C.) appelé « Alisubbo » (la rade délicieuse), ce qui en ferait la plus ancienne ville d'Europe occidentale. Grecs et Carthaginois venaient y commercer. La conquête et la colonisation romaine, après une brève invasion germanique, sont suivies d'une longue occupation arabe (711-1147). Avec l'aide des croisés, la ville est finalement reprise aux Maures. À la fin du 13e s., avec la fondation d'une université, Lisbonne supplante Coimbra et devient définitivement la capitale du royaume.

L'ère des Grandes Découvertes

Cette époque correspond à un véritable âge d'or pour la ville. Dès le début du 15e s., Henri le Navigateur lance ses caravelles sur les océans. Les côtes africaines sont systématiquement explorées, Vasco de Gama découvre la mythique route des Indes en 1498 et Pedro Álvares Cabral accoste au Brésil deux ans plus tard. Épices de toutes sortes, bois exotiques du Brésil, or et pierres précieuses, soies de Chine, perles du Japon, etc. : toutes ces fabuleuses richesses rapportées des contrées lointaines remplissent les cales des vaisseaux qui viennent mouiller sous les fenêtres du palais royal d'Alcáçova, au cœur de la ville basse. Elles vont faire la fortune de la ville et du pays tout entier.

La « Reine du Tage » est alors le cœur battant de l'Empire, une cité maritime et commerciale rivalisant avec Venise ou Gênes. La ville se couvre de monuments. Le port connaît une activité incessante. Autour de 1500 s'épanouit l'art manuélin, dont le style de décoration s'inspire des thèmes marins, avec comme fleuron le Mosteiro dos Jerónimos (monastère des Hiéronymites) de Belém.

La terre tremble

Située sur une zone d'importante activité sismique, Lisbonne subit depuis toujours des tremblements de terre. Mais le 1er novembre 1755, jour de la Toussaint, à l'heure de la grand-messe, un séisme particulièrement destructeur, suivi d'un raz-de-marée, anéantit Lisbonne aux deux tiers et fait au moins 15 000 victimes. La ville basse (Baixa), poumon de la cité, est entièrement ravagée. Sa reconstruction sera menée à bien par le **marquis de Pombal**, qui impose le plan en damier et un urbanisme moderne.

Les soubresauts de la République

Après la brève invasion napoléonienne de 1807 et durant tout le 19e s., Lisbonne est le théâtre d'agitations politiques continuelles aboutissant à l'instauration de la République en 1910. Mais l'instabilité demeure, révolutions et coups d'État se succèdent jusqu'à ce que **Salazar** devienne président du Conseil en 1932. La neutralité du Portugal pendant la Seconde Guerre mondiale en fait une capitale de l'espionnage. Le régime dictatorial impose une chape de plomb et correspond à une période de stagnation économique. Il ne s'achève qu'avec la joyeuse et pacifique révolution des Œillets du 25 avril 1974, qui met un terme aux guerres coloniales (1961-1974). Lisbonne doit alors accueillir en quelques mois plusieurs centaines de milliers de réfugiés *(retornados)* des anciennes colonies africaines.

L'ouverture sur le monde

Depuis les années 1980, Lisbonne se modernise très rapidement. À l'image du reste du pays, elle a bénéficié de la manne financière considérable qu'a représentée l'entrée dans l'Union européenne, en 1986. Élue Capitale européenne de la culture en 1994, elle a redoré son blason artistique et culturel. L'Exposition universelle de l'été 1998 (6 millions de visiteurs) a servi de catalyseur pour la rénovation de la ville, la modernisation des transports et l'aménagement de la rive nord du Tage. Depuis, Lisbonne a confirmé son rang de capitale européenne attractive, où le tourisme a littéralement explosé ces dernières années.

VILLE MÉTISSE, VILLE MODERNE

Cinq siècles d'occupation romaine ont donné à Lisbonne son visage méditerranéen. Les trois grandes religions du Livre y ont cohabité jusqu'à la fin du 15e s., date de l'expulsion des Juifs de la péninsule. Première ville d'Europe cosmopolite au temps des Grandes Découvertes (elle comptait alors de très nombreux esclaves africains), cœur d'un empire colonial qui fut le dernier à disparaître, Lisbonne reste une ville métisse et bigarrée : rapatriés d'Afrique lusophone, Cap-Verdiens, Brésiliens, Indiens de Goa, etc.

De la vie de village...

Les Lisboètes, au curieux surnom d'*alfacinhas* (« petites laitues »), sont généralement affables et plus réservés que leurs voisins espagnols. Lisbonne est une ville conviviale qui rappelle les vieilles cités du monde arabe auquel elle a longtemps appartenu. Dans les *bairros* (quartiers) populaires, les générations se mêlent ; le système d'entraide et la solidarité de voisinage pallient les difficultés de la vie. Les relations de proximité s'entretiennent aussi dans les multiples tavernes et petites épiceries de quartier *(lugares)*. Les ménagères discutent sur le pas de leur porte et font sécher leur linge aux fenêtres, tandis que les nombreux supporters des deux clubs de football de la ville, Benfica et Sporting, sont suspendus aux résultats des matchs. On grille encore les sardines en plein air sur des *fogareiros* portatifs. Les vendeurs ambulants, cireurs de chaussures et autres petits métiers arpentent les rues, notamment dans la ville basse. Cette population des quartiers est en liesse lorsqu'elle fête, en juin, ses saints populaires.

... aux maux d'une capitale moderne

Lisbonne est entrée à marche forcée dans la société de consommation. Des problèmes sont apparus : embouteillages, inégalités sociales de plus en plus criantes, voire cités délabrées et bidonvilles (à Benfica ; vers l'aéroport). Certaines constructions, décriées, symbolisent ces années de croissance : tours postmodernes des Amoreiras, sièges des banques BNU et Caixa Geral de Depósitos, gigantesque centre commercial Colombo. Puis la crise a succédé aux années fastes, et de grands travaux comme la liaison ferroviaire à grande vitesse vers Madrid ou la création d'un nouvel aéroport sur la rive sud de l'estuaire du Tage ont été annulés. D'ambitieux chantiers ont cependant été menés à bien ou maintenus, comme le nouveau musée des Carrosses, inauguré en 2015 à Belém, le projet aussi futuriste que polémique du Centro de Arte e Tecnologia, à Belém également, ou la réhabilitation des rives du Tage. L'effort porte aussi sur la rénovation des innombrables immeubles vétustes ou abandonnés du centre-ville, dans les quartiers de la Baixa, de la Mouraria ou de l'Alfama. Déjà les premiers résultats sont là : Lisbonne, dont 100 000 de ses habitants partaient chaque décennie grossir les banlieues, semble avoir endigué son déclin démographique !

Se repérer dans les quartiers

Lisbonne s'étage en amphithéâtre sur **sept collines**, offrant ainsi des vues dégagées. Les constructions dépassent rarement quelques étages et, de partout ou presque, on voit le ciel sans même lever la tête : des perspectives surgissent, qui plongent vers le **Tage** ou surplombent les toitures. Pas facile pourtant de comprendre la physionomie de cette ville tout en dédales et en vallons. D'autant que le vieux Lisbonne compte peu de très grands monuments : on rencontre surtout des églises baroques et des édifices des 18e et 19e s. aux tons pastel ou recouverts d'azulejos. Il est donc plus aisé de se repérer par rapport au fleuve et en fonction du relief.

Lisbonne ne s'est pas coulée dans l'uniformisation urbaine, lot de bien des capitales européennes. Elle compte de nombreux quartiers très typés, tranquilles ou actifs, chics ou populaires, qui mélangent souvent les genres. Observons-la depuis le Tage, face au nord.

LA BAIXA *(voir p. 133)* Plan III

Au premier plan se trouve la Lisbonne du 18e s. et le quadrillage de la Baixa, la ville basse et active prolongée par le Rossio, la praça dos Restauradores et l'avenida da Liberdade. C'est le quartier traditionnellement commerçant et le point névralgique de Lisbonne. Très animé pendant la journée, on y croise des touristes et des amateurs de lèche-vitrine, mais aussi des employés de banque, des vendeurs de billets de loterie ou encore des cireurs de chaussures ; tandis que le soir, désertée par la foule, la ville basse n'est plus qu'un point de passage pour les automobilistes.

Au nord de la Baixa, les quartiers modernes autour du **parc Eduardo VII** et au-delà (quartiers d'affaires de **Campo Pequeno** et **Campo Grande**) sont quadrillés par un réseau de grandes avenues : da República, de Roma, de Berna, etc.

SE REPÉRER DANS LES QUARTIERS

ALFAMA *(voir p. 137)* Plan IV, **MOURARIA ET GRAÇA** *(voir p. 144-145)*

Sur la colline de droite, dominés par le château São Jorge, s'étagent les quartiers médiévaux de l'Alfama et de la Mouraria, aux ruelles sinueuses et pentues, aux ambiances populaires et bigarrées, qui rappellent l'héritage mauresque. De jour, le quartier est animé par les marchés (marchés des rues São Pedro et dos Remédios, puces du Campo de Santa Clara) ; le soir, comme dans une médina nord-africaine, ses habitants se retirent dans les cours et les maisons (sauf les jours de fête) et la promenade dans l'entrelacs de ruelles peu éclairées peut constituer une expérience agréable. Graça, situé sur une colline au-dessus de l'Alfama, est un quartier essentiellement résidentiel, qui offre d'excellents points de vue sur la ville.

LE CHIADO *(voir p. 148)* Plan V

Sur la colline de gauche débute ce quartier commerçant, chic et intellectuel. Le Chiado, en particulier les rues do Carmo et Garrett, concentrait les grands magasins avant l'incendie de 1988. Depuis sa rénovation, les marques internationales s'y sont implantées, mais il a conservé ses librairies et certaines boutiques aux devantures en bois.

LE BAIRRO ALTO *(voir p. 151)* Plan V

Quartier populaire le jour et animé la nuit, le Bairro Alto, situé sur la colline São Roque, surplombe le Chiado. Depuis les années 1980, une nouvelle population y a élu domicile : des restaurants et surtout des bars en ont fait un haut lieu de la vie nocturne à Lisbonne, tandis que designers et boutiques de mode ont investi les hauteurs, autour de la praça do Príncipe Real. Au Bairro Alto succèdent, plus à l'ouest, les quartiers résidentiels et vallonnés de **Madragoa**, **Estrela** et l'aristocratique **Lapa** Plan VI.

LE LONG DU TAGE *(voir p. 161)*

De **Cais do Sodré**, zone portuaire située à proximité de la praça do Comércio, aux **Docas**, anciens entrepôts où se sont installés bars et discothèques branchés, l'influence du fleuve sur la ville est omniprésente. C'est également au bord du Tage que s'étendent les deux quartiers symboles du Lisbonne d'hier et d'aujourd'hui : au sud-ouest de la capitale, **Belém** Plan VIII, matrice de l'art manuélin, et à l'autre bout de la ville, au nord-est, le **Parc des Nations** Plan VII. Ce parc de loisirs, installé sur le site de l'Exposition universelle de 1998, s'insère dans un programme de revitalisation des berges du Tage à l'emplacement d'une ancienne zone industrielle.

LEXIQUE À L'USAGE DU PROMENEUR

Lisbonne est une ville ouverte faite pour le promeneur. Les ruelles animées débouchent sur d'agréables belvédères *(miradouros)*, sur des jardins suspendus ou des parcs tranquilles aux essences tropicales. Le tracé en labyrinthe des vieux quartiers, les innombrables recoins tortueux et impasses *(becos)* invitent à la flânerie. N'hésitez pas à affronter les escaliers biscornus *(escadinhas)*, à sillonner les rues pentues *(calçadas)* ou transversales *(travessas)*, ni à entrer dans les courettes *(patios)*. Une multitude de terrasses de cafés ou de restaurants offrent autant de haltes possibles, reposantes et agréables. Les bougainvilliers débordent des murs, les pots de basilic ou les cages à oiseaux garnissent le rebord des fenêtres et les petits pavés blancs et noirs *(calçadas portuguesas)* dessinent des frises ondulantes.

LISBONNE ET SES ENVIRONS

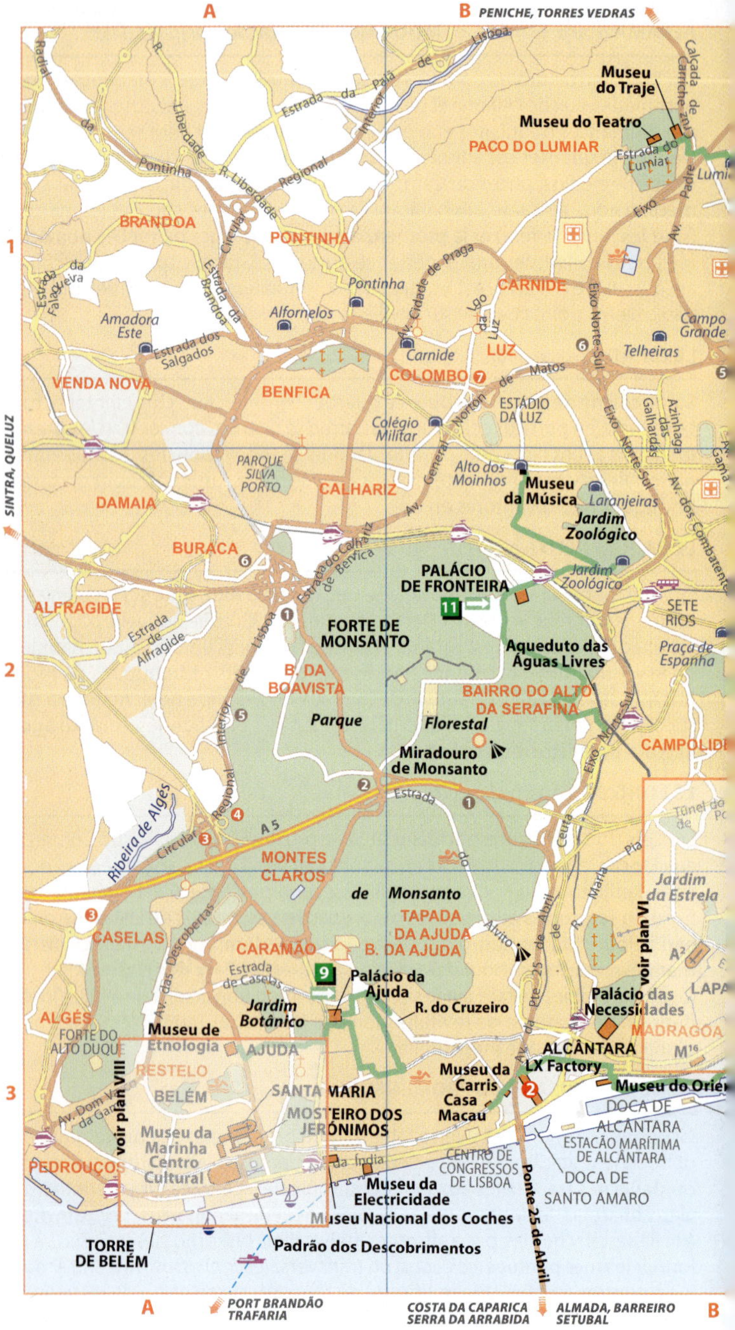

C
COIMBRA, FÁTIMA, VILA FRANCA DE XIRA
D
PONTE VASCO DA GAMA
AEROPORTO DE LISBOA-PORTELA
Aeroporto
Av. Carlos Paredes
Quinta das Conchas
LUMIAR
Museu da Cidade
Museu Rafael Bordalo Pinheiro
ALVALADE
PARQUE JOSÉ GOMES FERREIRA
Alvalade
Cidade Universitária
Entre Campos
Av. de Roma
Roma
Av. da República
Biblioteca Municipal
Areeiro
AREEIRO
C. Pequeno
MUSEU GULBENKIAN
Centro de Arte Moderna
Alameda
PARQUE DA FONTE LUMINOSA
ALTO DO PINA
Saldanha
Arroios
S. Sebastião
Casa-Museu Anastácio Gonçalves
Picoas
Parque
Parque Eduardo VII
Anjos
Pr. Marquês de Pombal
Avenida da Liberdade
Intendente
Rato
Jardim Botânico
Castelo de São Jorge
Rossio
BAIXA
ALFAMA
Sé
CHIADO
Praça do Comércio
TERREIRO DO PAÇO
CAIS DO SODRE
ESTACÃO MARÍTIMA ROCHA DO CONDE DE ÓBIDOS
TEJO
CACILHAS
SEIXAL
BARREIRO, MONTIJO
voir plan II
SANTA APOLÓNIA
Museu da Água da EPAL
Madre de Deus
Museu Nacional do Azulejo
XABREGAS
B.LOPES
BEATO
MARVILA
CHELAS
Estrada de Chelas
R. Gualdim Pais
Av. Carlos Pinhão
Olaias
Av. Afonso III
PARQUE DA BELA VISTA
Bela Vista
Av. Ucrânia
Av. do Condestável
Chelas
Av. Marechal Gomes da Costa
Olivais
Cabo Ruivo
OLIVAIS SUL
PARQUE VALE DO SILÊNCIO
OLIVAIS NORTE
Encarnacão
ALAMEDA DA ENCARNAÇÃO
PARQUE DAS NAÇÕES
Torre Vasco da Gama
F.I.L.
Pavilhão Atlântico
Oceanário
Oriente
Pavilhão do Conhecimento
Av. Dom Infante Henrique
voir plan VII
BRAÇO DE PRATA
POÇO DO BISPO
Av. Infante Dom Henrique
R. do Açúcar
R. do Grilo
1
2
3
LISBOA
plan I
0
1,3 km
N
SE RESTAURER
O Funil 5
1300 Taberna 2
Basílica da Estrela A2
Caixa Geral de Depósitos .... B
Fundação Arpad Szenes-Viera da Silva... F
Mãe d'Água das Amoreiras .... K
Museu Militar M13
Museu Nacional de Arte Antiga M16

SE LOGER

Britânia 3

NH Liberdade 14

SE RESTAURER

Deli Delux ....

G
H
1
2
3
B.LOPES
SAPADORES
GRAÇA
MOURARIA
ALFAMA
Miradouro da Senhora do Monte
Miradouro da Graça
Convento N. S. da Graça
Largo da Graça
Jardim Boto Machado
Palácio Lavradio
Campo de Sta Clara
Santa Engrácia
SANTA APOLÓNIA
Museu Militar
São Vicente de Fora
Castelo de São Jorge
Paço Real
Museu de Artes Decorativas
Largo das Portas do Sol
Largo de Sta Marinha
Sto Estêvão
Miradouro de Santa Luzia
Casa do Fado e da Guitarra Portuguesa
ALFÂNDEGA
DOCA DO TERREIRO DO TRIGO
Alfândega
Esplanada do Castelo
Sé
Casa dos Bicos
Igreja da Conceição Velha
Campo das Cebolas
MINISTÉRIO
Lisboa Story Centre
DOCA DA MARINHA
Terreiro do Paço
ESTAÇÃO FLUVIAL TERREIRO DO PAÇO
TEJO
Martim Moniz
voir plan IV
voir plan III
Av. General Roçadas
R. dos Sapadores
Calçada dos Barbadinhos
R. Afonso Domingues
R. do Vale de Santo António
R. da Bela Vista à Graça
R. da Senhora da Glória
R. das Beatas
R. do Sol à Graça
Travessa da Pereira
R. da Verónica
R. Leite de Vasconcelos
R. de Sta Engrácia
Calçada do Monte
R. da Senhora do Monte
R. de São Gens
R. Damasceno Monteiro
R. Angelina Vidal
R. Augusto José Vieira
R. da Penha de França
R. do Alto da Eira
R. Frei do Cenáculo
R. Álvares Fagundes
R. General Justiniano Padrel
Calçada dos Barbadinhos
R. do Mato Grosso
R. Fernão de Magalhães
R. Diogo do Couto
R. do Mirante
Av. Infante Dom Henrique
Av. Mouzinho de Albuquerque
R. Henrique Barrilaro Ruas
R. Maria Andrade
R. Andrade
R. Maria da Fonte
R. da Bombarda
R. Natália Correia
R. Maria Josefa
Travessa das Mónicas
Calçada de São Vicente
Calçada de Santo André
R. dos Bacalhoeiros
R. dos Cais de Santarém
Travessa das Merceeiras
R. das Pedras Negras
Av. Almirante Reis
LISBOA
plan II
0
290 m
N

1

Best of

SI VOUS AIMEZ...	
Les musées	Musée d'Art ancien★★★ (p. 158) ; musée Calouste-Gulbenkian★★★ (p. 175) ; musée des Arts décoratifs★★ (p. 140) ; musée des Azulejos★★ (p. 146) ; musée de l'Orient★★ (p. 161) ; musée de la Marine★★ (p. 168) ; musée Berardo★★ (art contemporain) (p. 169) ; musée des Carrosses★★ (p. 171) ; Centre d'art moderne★★ (p. 177).
Les églises et monastères	Église et cloître du monastère des Hiéronymites★★★ à Belém (p. 166) ; cathédrale★★ (p. 142).
Les palais et châteaux	Palais des marquis de Fronteira★★★ (p. 178) ; palais de Queluz★★ (p. 180) ; château São Jorge★ (p. 137).
Les points de vue	Belvédères de São Pedro de Alcântara★ (p. 152), de Santa Luzia★ (p. 140), da Senhora do Monte★★ (p. 144) ; Alto de Santa Catarina★★ (p. 151) ; Cristo Rei★★ (p. 182).
Les parcs et jardins	Jardin d'Estrela★★ (p. 157) ; jardin d'Ajuda★ (p. 173) ; Jardin zoologique★★ (p. 180).
Les plages	Praia do Guincho★ (p. 216) ; Praia de Carcavelos (p. 214) ; Costa da Caparica (p. 183).

Lisbonne en famille

SITES À VOIR EN FAMILLE	
Animaux	Océanorium★★ (p. 165) ; Jardin zoologique★★ (p. 180).
Culture	Musée de la Marine★★ (p. 168) ; musée des Carrosses★★ (p. 171) ; musée des Marionnettes (p. 159) ; les trams du musée da Carris (p. 163) ; la frégate *D. Fernando II e Glória* à Cacilhas (p. 183).
Au vert	Jardin d'Estrela★★ (p. 157) ; parc de Monsanto★ (p. 179).
Et aussi	Planétarium Calouste-Gulbenkian (p. 169) ; téléphérique du Parc des Nations (p. 163) ; les souterrains du Réservoir patriarcal (p. 153).

Programme

SI VOUS DISPOSEZ DE 4 JOURS À LISBONNE	
Jour 1	Première approche de l'Alfama★★ (p. 137) par le tram n° 28 ; balade à pied et déj. dans la Baixa★★ (p. 133) ; apr.-midi culturel avec le musée Calouste-Gulbenkian★★★ (p. 175) et le Centre d'art moderne★★ (p. 177) ; dîner dans un restaurant chic du Chiado ou du Bairro Alto (p. 194).
Jour 2	Matinée à Belém★★ (p. 166) : monastère des Hiéronymites★★★, tour de Belém★★★, musée des Carrosses★★ ; l'apr.-midi, flânerie dans le Chiado★ (p. 148) et le Bairro Alto★ (p. 151) où vous vous attarderez pour une soirée fado (p. 203).
Jour 3	Escapade aux parcs de Sintra★★★ (p. 207) ; retour à Lisbonne en milieu d'apr.-midi pour visiter le musée d'Art ancien★★★ (p. 158) ; dîner dans les quartiers ouest (p. 195).
Jour 4	Le Parc des Nations (p. 162) et un déjeuner au D'Bacalhau (p. 196) ; musée de l'Azulejo★★ (p. 146) ; les belvédères de Graça (p. 144) ; le soir, tourada (p. 203) ou soirée branchée sur les quais (p. 201).

L'ombre de Joseph Ier à cheval plane sur la praça do Comércio.
R. Mattes / hemis.fr

1 ★★ Le centre pombalin : la Baixa Plan III (p. 135)

Circuit 1 tracé en vert sur le Plan III (p. 135) – Comptez 2h.
Cette partie de la ville, complètement dévastée par le tremblement de terre et le raz-de-marée de 1755, fut reconstruite selon les plans du marquis de Pombal : architecture fonctionnelle, immeubles néoclassiques et plan en damier.

Praça dos Restauradores Plan III EX

M° Restauradores.
La place doit son nom aux hommes qui, en 1640, se révoltèrent contre la domination espagnole et proclamèrent l'indépendance du Portugal. Au centre, un obélisque commémore l'événement. L'ouest de la place est occupé par le **Palácio Foz**, construit à la fin du 18e s. par l'architecte italien Franceso Savario. Ce bâtiment à la belle façade saumon abrite l'**office de tourisme** de Lisbonne et du Portugal *(voir p. 122)*.
La place s'ouvre sur l'**avenida da Liberdade**, qui mène au parc Eduardo VII *(voir p. 174)*.
À gauche du palais Foz, l'**Éden Teatro**, conçu par l'architecte Cassiano Branco et inauguré en 1937, conserve une partie de sa façade mi-Art déco mi-futuriste et ses escaliers desservant les différents niveaux de la salle. Il abrite désormais un appart-hôtel luxueux.
À l'est de la place, prenez la travessa do São Antão, puis tournez à droite.
Rua das Portas de Santo Antão – Cette rue piétonne très animée en soirée accueille salles de spectacle (le Coliseu dos Recreios au n° 96), cafés et commerces traditionnels. Au n° 58, l'ancien palais Alverca (fin 17e s.) abrite la **Casa do Alentejo**, qui s'ouvre sur un insolite patio mauresque richement orné. Consacré à la promotion de l'Alentejo, le lieu sert d'amicale aux habitants de cette région vivant désormais à Lisbonne, et comprend un restaurant *(voir « Restauration », p. 193)*.
Revenez vers le sud de la praça dos Restauradores.

LISBONNE TOUT EN NUANCES

L'hiver, sous la pluie, Lisbonne peut parfois se révéler grisâtre et embrumée. Mais la lumière d'été y est si intense que la ville a adopté des tons pastel roses et ocre pour colorer ses façades. Certains quartiers anciens, au charme provincial, diffusent une légère impression de décadence, avec leurs palais décrépits et leurs bars sans enseigne. Il y règne une atmosphère urbaine indolente, entre torpeur et douceur de vivre, qui correspond bien à la *saudade*, cet état d'âme mélancolique que seuls les Portugais ont nommé. À l'image de ses vieux tramways grinçants, Lisbonne sait encore prendre son temps. Son climat est doux, avec une petite brise océanique qui rend supportables les plus fortes chaleurs estivales.

Estação do Rossio – Célèbre pour sa **façade★** néomanuéline (19e s.), cette gare, qui dessert notamment Sintra et Leiria, arbore de grandes portes en forme de fer à cheval *(voir aussi illustration, p. 89).*

Tournez à gauche pour atteindre la praça Dom Pedro IV.

★ Autour du Rossio Plan III EY

Mº Rossio.

La **praça de Dom Pedro IV**, ou Rossio, grand-place très animée de la Baixa, existe depuis le 13e s. et fut le témoin de nombreux autodafés sous l'Inquisition. Avant le séisme de 1755, elle abritait plusieurs bâtiments principaux de la ville. Sa configuration actuelle est l'œuvre du marquis de Pombal.

En son centre se dresse la statue en bronze (1870) du roi Dom Pedro IV, premier souverain du Brésil, ainsi que deux fontaines baroques. Admirez la mosaïque bicolore et ondulée qui couvre la partie centrale de la place. Cette dernière est bordée sur trois côtés d'immeubles des 18e et 19e s., occupés au rez-de-chaussée par des cafés, dont le fameux « Nicola » *(voir « Boire un verre », p. 198)* à la façade Art déco, et de petits commerces ayant conservé leur décoration du début du 20e s. Jetez un coup d'œil au débit de tabac près de Nicola, décoré d'azulejos signés Rafael Bordalo Pinheiro ou, à l'angle du largo de S. Domingos et à côté d'une chapellerie fondée au 19e s., au minuscule estaminet où l'on boit la fameuse liqueur de cerise *ginjinha*.

Teatro Nacional Dona Maria II – De style néoclassique, il ferme la place au nord. Bâti vers 1840 sur l'emplacement de l'ancien palais de l'Inquisition, il présente une façade à péristyle et fronton surmontée de la statue de Gil Vicente, célèbre auteur dramatique portugais du 16e s.

Au sud du Rossio, empruntez à gauche la rua da Betesega.

Praça da Figueira – De plan carré, avec en son centre une statue équestre de Jean Ier (1971), elle est bordée d'immeubles classiques. Elle s'étend à l'endroit où s'élevait le magnifique Hospital de Todos los Santos, vaste édifice achevé sous Manuel Ier et détruit en 1755. La terrasse arrière du célèbre café-pâtisserie Suiça *(voir « Petite pause », p. 197)*, dont la façade principale donne également sur le Rossio, est un lieu idéal pour admirer le château et s'imprégner de l'ambiance du quartier.

En allant vers le Tage, les rues de la Baixa, sagement alignées, forment une sorte d'échiquier entre le Rossio et le fleuve. En partie piétonnes, elles sont bordées de magasins. La **rua Augusta**, large et élégante rue pavée, relie le Rossio au centre de la praça do Comércio, en bordure immédiate du Tage.

Museu do Design e da Moda (MUDE) - *R. Augusta, 24 - ✆ 218 88 61 17 - www.mude.pt - tlj sf lun. 10h-18h - gratuit.* Ses architectes, Ricardo Carvalho et Joana

Vilhena, ont opté pour un décor de ciment brut afin de mettre en valeur les créations de haute couture ou de mobilier griffé qui ont marqué les dernières décennies. On retrouve ce cadre original sur les 3 étages d'expositions temporaires. Ne manquez pas, au sous-sol, l'extraordinaire **salle des coffres★** de l'ancien siège de la Banco Nacional Ultramarino, avec ses innombrables casiers.

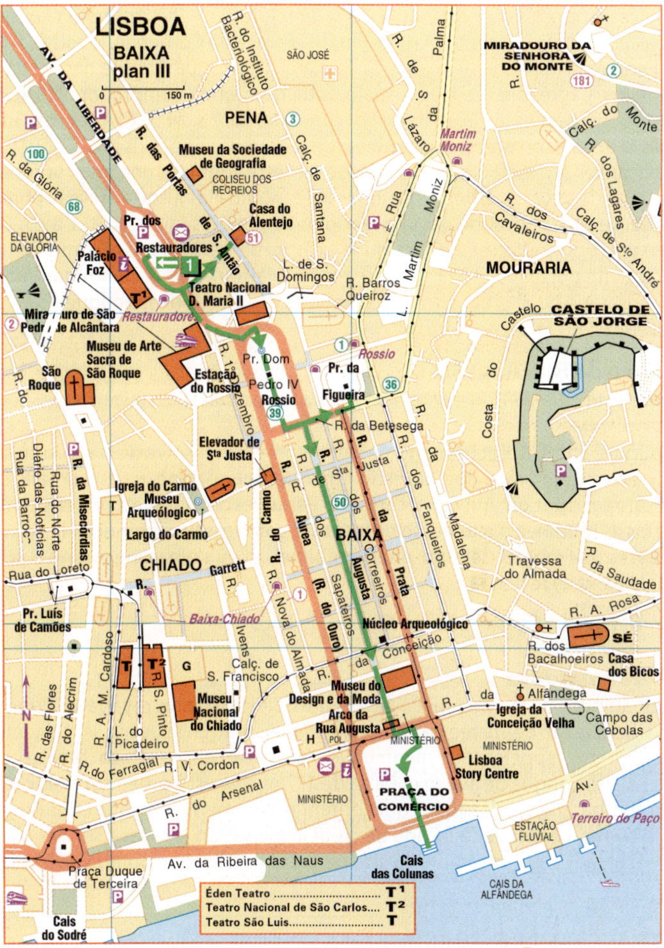

SE LOGER

Albergaria Senhora do Monte................ (2)
Hotel Duas Nações................................ (50)
Lavra Guest House................................ (3)
Lisboa Tejo.. (36)
Metropole.. (39)
Pensão Pérola da Baixa........................ (68)
Pensão Praça da Figueira....................... (1)
Residência Roma.................................... (100)

SE RESTAURER

Casa do Alentejo...................................... (51)
Via Graça.. (181)
A Palmeira.. (1)
The Decadente.. (2)

De part et d'autre de la rua Augusta, les **rua Áurea** (rue de l'Or ; aujourd'hui la rue des banquiers, des bijoutiers et des orfèvres) et **rua da Prata** (rue de l'Argent) rappellent par leur nom qu'elles étaient, aux 15e et 16e s., le centre du commerce des métaux précieux. Les autres rues parallèles portent des noms de corporations comme les rua dos Douradores (orfèvres), dos Correeiros (selliers) ou dos Sapateiros (cordonniers).

Faites une halte dans la rua dos Correeiros.

Núcleo Arqueológico – Plan III FY - *R. dos Correeiros, 9 - ☏ 211 13 10 04 - visite guidée en français et en anglais (1h) tlj sf dim. 10h-12h, 14h-17h - gratuit - réserv. la veille, sur place ou par tél.* À deux pas de la praça do Comércio, le sous-sol de la Fundação Millennium (ex-Banco Comercial Português) abrite des vestiges romains. L'agréable espace muséologique permet de comprendre l'histoire de la Baixa depuis le début de son occupation, au 7e s. av. J.-C. À l'entrée, une salle d'exposition présente des objets de différentes époques mis au jour lors des fouilles archéologiques. Le dallage en verre vous fera découvrir la superposition de structures, depuis les immeubles pombalins jusqu'au niveau phréatique. Le site fut occupé par une fabrique de poteries (du 5e au 3e s. av. J.-C.), une nécropole (2e s. av. J.-C.) et, du 1er au 5e s., par un important complexe lié à l'activité portuaire et à la pêche (bacs de salaison). Remarquez notamment la mosaïque du 3e s. et un four à céramique de la période islamique.

Revenez dans la rua Augusta.

★ Arco da Rua Augusta Plan III FZ

R. Augusta - 10h-20h (dernière entrée 19h) - 2,50 € ; 8 € billet combiné avec le Lisboa Story Centre.

Inauguré en 1873, il achève triomphalement la perspective de la rua Augusta et ouvre sur la praça do Comércio. Un ascenseur donne accès à la salle de l'Horloge, dont on voit le mécanisme. Par un escalier, on atteint ensuite la terrasse, dominée par la statue de la Gloire, entourée du Génie et de la Valeur, œuvres du Français Célestin-Anatole Calmels, d'où s'offre une **vue**★★ à 360° sur la Baixa et le fleuve.

★★ Praça do Comércio (ou Terreiro do Paço) Plan III FZ et ABC d'architecture p. 89

M° Terreiro do Paço.

Tout au bord de la « mer de Paille » se dressait ici le palais royal, avant que le séisme et le raz-de-marée de 1755 ne l'engloutissent. En souvenir, les Lisboètes continuent d'appeler cette magnifique place le **terreiro do Paço** (l'esplanade du Palais). Longue de 192 m et large de 177 m, elle est bordée sur trois côtés par des bâtiments classiques qui abritent notamment la Bourse et plusieurs ministères. Les étages à façade de crépi jaune safran reposent sur des galeries à arcades, et l'ensemble illustre parfaitement le style pombalin, à la fois

TRAVERSER L'ESTUAIRE

Lorsqu'on traverse le Tage sur l'un des ferries réguliers (les *cacilheiros*), l'arrivée en bateau à la **praça do Comércio** donne l'impression de pénétrer au cœur de la ville. Tôt le matin, de nombreux Portugais résidant dans les banlieues-dortoirs de Cacilhas, Barreiro, Seixal ou Almada (la « côte du sommeil »), et travaillant à Lisbonne, débarquent au centre-ville par bateau, pour repartir en fin d'après-midi. Pour les touristes, la traversée constitue une agréable promenade, et la vue sur Lisbonne et ses collines depuis l'autre rive est inégalable *(voir « Arriver/partir », p. 185).*

austère et élégant. Au centre de la place, dans l'axe de l'arc de triomphe, se dresse la statue équestre du roi Joseph Ier, œuvre de Machado de Castro (1755). Cette place a occupé un rôle central à plusieurs reprises dans l'histoire du pays. C'est là que furent assassinés, le 1er février 1908, le roi Charles Ier et le prince héritier Louis Philippe. Elle accueille désormais restaurants et cafés, ainsi que le **Lisboa Story Centre** *(www.lisboastorycentre.pt - 10h-20h - dernière entrée 19h - 7 €, 8 € billet combiné avec l'Arco da Rua Augusta)*. Celui-ci retrace l'histoire de la ville à travers une succession de scènes sonorisées et d'outils multimédias ; un film évoque le drame de 1755.

Dans le **café Martinho da Arcada** *(angle rua da Prata et praça do Comércio)*, où Fernando Pessoa avait ses habitudes, se trouve encore la table sur laquelle ce dernier écrivit l'une de ses œuvres les plus célèbres, *Mensagem*.

Au sud, comme happée par les eaux, la place débouche sur le fleuve. Au **cais das Colunas★**, un escalier de marbre, encadré de deux colonnes patinées par la marée, glisse doucement dans l'eau du Tage, dans des tonalités vénitiennes.

Pour enchaîner sur la visite du Chiado (promenade 4 - voir p. 148), remontez la rua Aurea et tournez à gauche vers l'Elevador de Santa Justa.

Pour rejoindre Cacilhas (voir p. 182), sur la rive opposée, il vous faut suivre l'avenida da Ribeira das Naus pour gagner la gare fluviale de Cais do Sodré, qui se trouve à 600 m de la praça do Comércio, en dir. de Belém.

De Cais do Sodré, vous pouvez aussi enchaîner sur la balade 7 le long du Tage (voir p. 161).

2 ★★ L'Alfama Plan IV (p. 138-139)

Circuit 2 tracé en vert sur le Plan IV (p. 138-139) – Comptez env. une demi-journée. L'Alfama se découvre à pied, en flânant à travers le dédale de ruelles.

Délimité au nord par le château, au nord-est par la colline de Graça et au nord-ouest par le quartier populaire de la Mouraria, l'Alfama s'étage sur le flanc sud d'une colline qui descend vers le Tage. C'est le quartier le plus connu et le plus ancien de la ville (il a été relativement épargné par le tremblement de terre de 1755), et l'un des symboles de Lisbonne. Avec son labyrinthe de ruelles médiévales, ponctué de venelles, de cours et d'impasses, coupé d'escaliers et d'arcs, il forme un bric-à-brac poétique, où la vie s'épanche dans la rue.

Bon à savoir – Avant de vous perdre dans l'Alfama, montez jusqu'au château São Jorge pour bénéficier d'une vue d'ensemble et saisir la topographie de cette ville vallonnée. Ou, si vous êtes bien en jambes et souhaitez enchaîner la visite de la Baixa et celle de l'Alfama, commencez ce circuit par la cathédrale (Sé) et remontez vers le château en suivant la ligne du tram n° 28E.

★ Castelo de São Jorge Plan IV PQ1-2

Bus n° 737, trams nos 12E ou 28E - ☎ 218 80 06 20 - http://castelodesaojorge.pt - mars-oct. : 9h-21h ; nov.-fév. : 9h-18h - 7,50 € billet comprenant l'entrée à la Torre de Ulises et au Núcleo Museológico.

Berceau de la cité, le **château St-Georges** occupe une position stratégique remarquable sur une butte. Bâti par les Wisigoths au 5e s., agrandi par les Maures au 9e s., il fut modifié sous le règne d'Alphonse Henriques. Aujourd'hui, il est aménagé en un plaisant jardin fleuri et ombragé.

Après avoir franchi l'enceinte extérieure qui abrite le quartier médiéval, on atteint l'ancienne place d'armes d'où s'offre une **vue★★★** magnifique sur la « mer de Paille », les agglomérations de la rive gauche et le pont du 25-Avril, la ville basse et le parc de Monsanto. Le glacis représente une agréable promenade. Le château compte dix tours reliées par de puissantes murailles crénelées. On

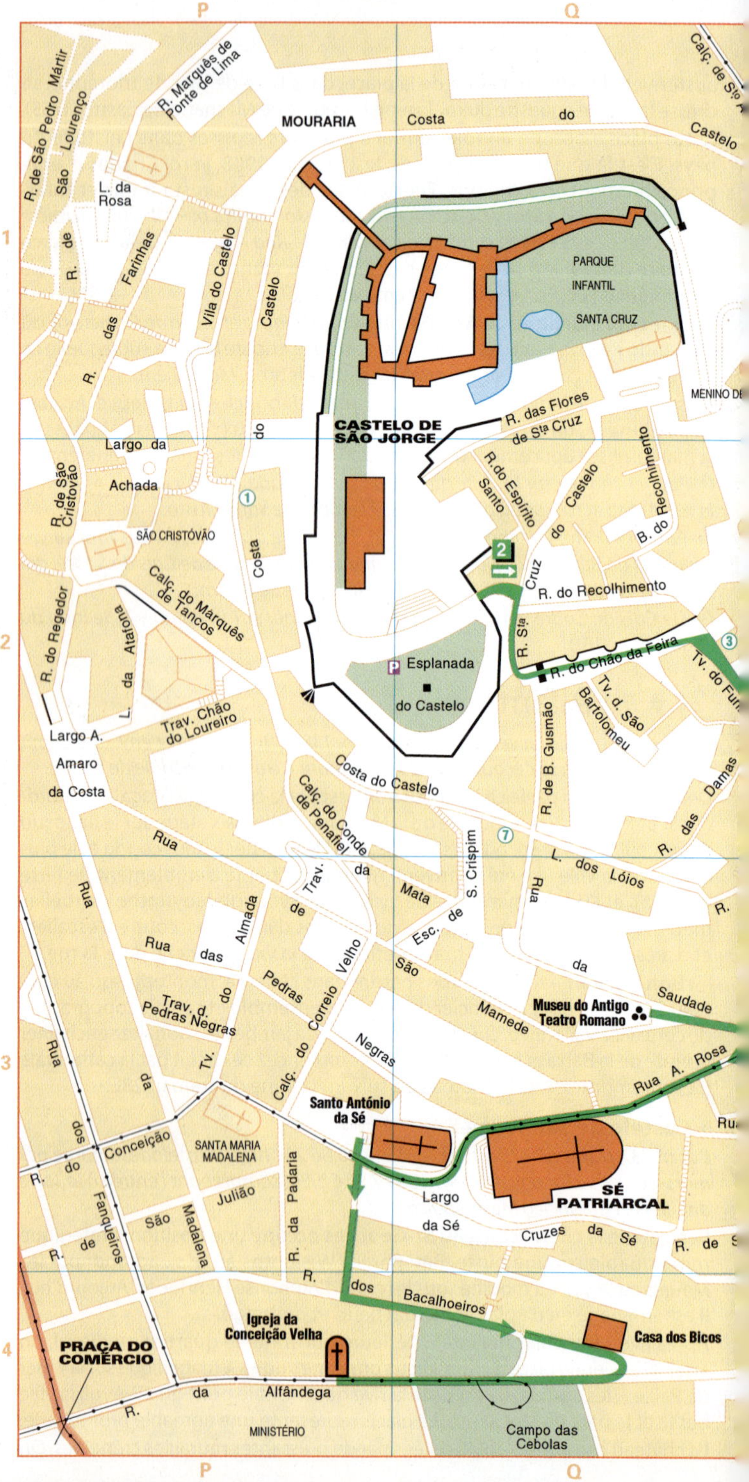
P
Q
1
2
3
4
MOURARIA
Costa do Castelo
R. Marquês de Ponte de Lima
R. de São Pedro Mártir
São Lourenço
L. da Rosa
R. de
R. das Farinhas
Vila do Castelo
Costa do Castelo
PARQUE INFANTIL
SANTA CRUZ
MENINO DE
CASTELO DE SÃO JORGE
R. das Flores de Sta Cruz
R. do Espírito Santo
Castelo
B. do Recolhimento
R. do Recolhimento
R. Sta Cruz
Largo da Achada
R. de São Cristóvão
SÃO CRISTÓVÃO
Calç. do Marquês de Tancos
R. do Regedor
L. da Atafona
Esplanada do Castelo
R. do Chão da Feira
Tv. do Fu
Tv. d. São Bartolomeu
Largo A. Amaro da Costa
Trav. Chão do Loureiro
Costa do Castelo
Calç. do Conde de Penafiel
R. de B. Gusmão
R. das Damas
L. dos Lóios
Rua
Rua da Mata
Trav. de
S. Crispim
Esc. de São Mamede
Rua
Rua das Almada
Velho
da Saudade
Pedras
Trav. d. Pedras Negras
Tv. do
Negras
Calç. do Correio
Museu do Antigo Teatro Romano
Rua A. Rosa
Rua dos Fanqueiros
da Conceição
SANTA MARIA MADALENA
Santo António da Sé
SÉ PATRIARCAL
R. de São Julião
Madalena
R. da Padaria
Largo da Sé
Cruzes da Sé
R. de
R. dos Bacalhoeiros
Casa dos Bicos
Igreja da Conceição Velha
PRAÇA DO COMÉRCIO
R. da Alfândega
MINISTÉRIO
Campo das Cebolas

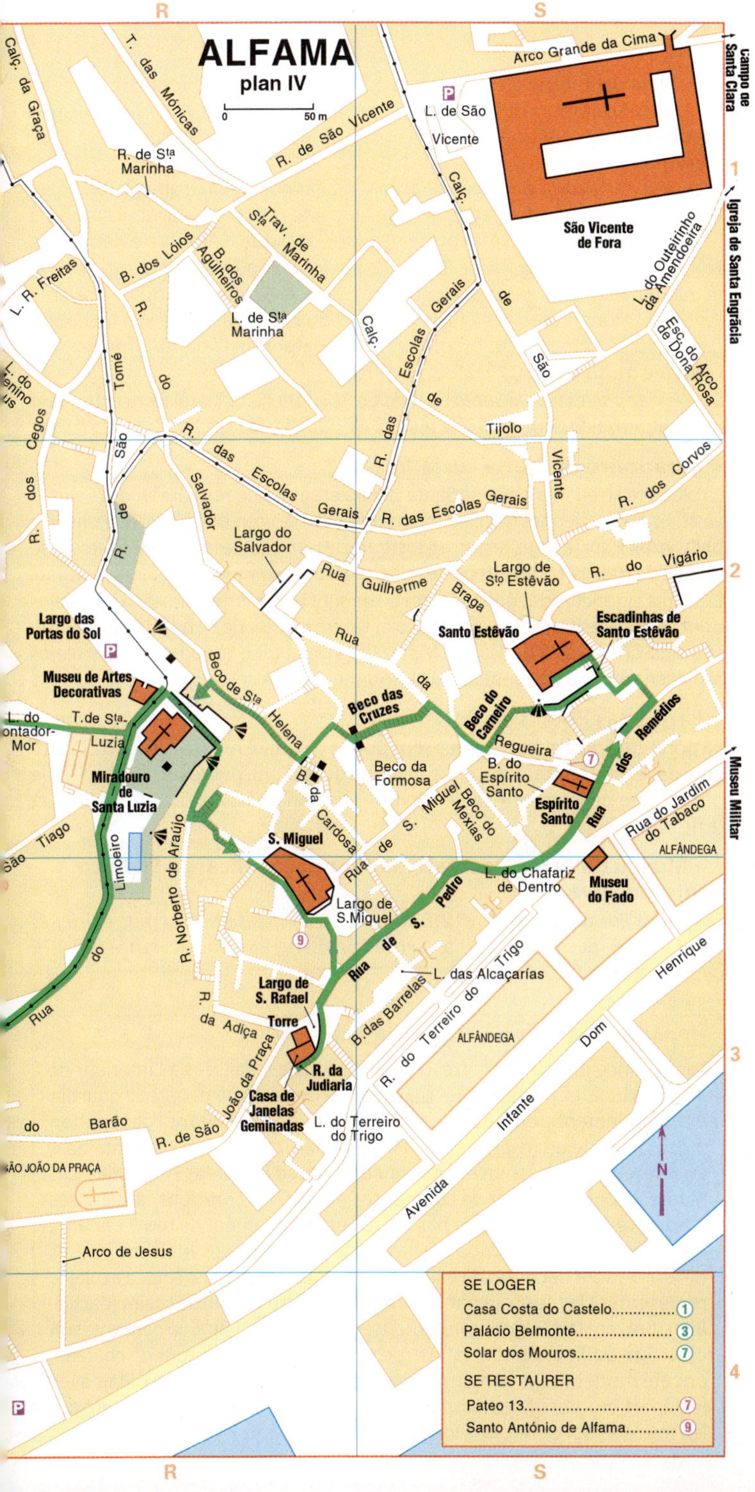
ALFAMA
plan IV
0
50 m
R
S
1
2
3
4
Campo de Santa Clara
Igreja de Santa Engrácia
Museu Militar
Arco Grande da Cima
São Vicente de Fora
L. de São Vicente
Calç. de São Vicente
R. de São Vicente
T. das Mónicas
Calç. da Graça
R. de Sta Marinha
Trav. de Sta Marinha
L. de Sta Marinha
B. dos Lóios
B. dos Aguilheiros
L. R. Freitas
L. do Menino Deus
R. dos Cegos
R. do Tomé
R. de São Tomé
Calç. das Escolas Gerais
R. das Escolas Gerais
Tijolo
L. do Outeirinho da Amendoeira
Esc. do Arco de Dona Rosa
R. dos Corvos
R. do Vigário
Salvador
Largo do Salvador
Rua Guilherme Braga
Largo de Sto Estêvão
Santo Estêvão
Escadinhas de Santo Estêvão
Largo das Portas do Sol
Museu de Artes Decorativas
Beco de Sta Helena
Rua da Regueira
Beco das Cruzes
Beco do Carneiro
Rua dos Remédios
L. do Contador-Mor
T.de Sta Luzia
Miradouro de Santa Luzia
Beco da Formosa
B. do Espírito Santo
Espírito Santo
B. da Cardosa
Rua de S. Miguel
Beco do Mexias
Rua do Jardim do Tabaco
ALFÂNDEGA
São Tiago
Limoeiro
R. Norberto de Araújo
S. Miguel
Largo de S.Miguel
L. do Chafariz de Dentro
Museu do Fado
Rua de S. Pedro
L. das Alcaçarías
B. das Barrelas
R. do Terreiro do Trigo
Largo de S. Rafael
Torre
R. da Judiaria
Casa de Janelas Geminadas
L. do Terreiro do Trigo
R. da Adiça
João da Praça
R. de São João da Praça
Rua do Barão
SÃO JOÃO DA PRAÇA
Arco de Jesus
Avenida Infante Dom Henrique
N
SE LOGER
Casa Costa do Castelo............... 1
Palácio Belmonte....................... 3
Solar dos Mouros....................... 7
SE RESTAURER
Pateo 13.................................. 7
Santo António de Alfama............ 9

franchit la barbacane d'entrée ; des escaliers mènent au chemin de ronde et au sommet des tours qui sont autant de belvédères sur la ville. Dans la **Torre de Ulises**, un périscope permet d'observer les quartiers de Lisbonne, avec leurs monuments *(en principe 10h-17h - session ttes les 30mn - billet inclus avec le château St-Georges)*. Percée dans la muraille nord, remarquez la porte où **Martim Moniz** s'illustra par un acte de bravoure : au prix de sa vie, il empêcha les Maures de refermer cette porte pendant l'attaque d'Alphonse Henriques.

Núcleo Museológico – *Paço Real - mêmes horaires que le château St-Georges (fermeture 30mn av.) - billet inclus avec le château St-Georges.* Le musée présente les objets trouvés lors des fouilles au nord du *castelo* et sur le site archéologique, où ont été mis au jour des vestiges datant de l'âge du bronze et de l'époque musulmane (11e-12e s.).

Descendez par les rua de Santa Cruz do Castelo, rua do Chão da Feira et travessa do Funil, largo do Contador-Mor puis, sur la gauche, la travessa de Santa Luzia.

★ Miradouro de Santa Luzia Plan IV R2

La placette attenante à l'église Santa Luzia a été aménagée en **belvédère** sur les vestiges des anciennes fortifications maures. De là, vous bénéficierez d'une très belle **vue**★★ sur le Tage, le port et, juste au-dessous, sur les toits de l'Alfama et le dédale de ruelles dominées par les clochers de São Miguel et de Santo Estêvão. Les murs extérieurs de l'**église Santa Luzia** sont tapissés de panneaux d'azulejos dont l'un figure la praça do Comércio et l'autre la prise de Lisbonne par les croisés, ainsi que la mort de Martim Moniz dans le château São Jorge. Des azulejos représentant une vue générale de Lisbonne recouvrent le mur sud de la place.

★ Largo das Portas do Sol Plan IV R2

La porte du Soleil était l'une des sept portes de la cité maure. Située de l'autre côté de l'église Santa Luzia, cette place dispose d'une petite terrasse agréable offrant une belle **vue**★★ sur les maisons de l'Alfama, São Vicente de Fora et le fleuve.

★★ Museu de Artes Decorativas - Fundação Ricardo Espírito Santo da Silva Plan IV R2

Largo das Portas do Sol, 2 - ✆ 218 88 19 91 - www.fress.pt - tlj sf mar. et j. fériés 10h-17h - 4 € - possibilité de visite guidée (sur réserv.) - 8 € pour le musée (1h), 15 € avec les ateliers (de 2 à 3h).

ALFAMA D'HIER ET D'AUJOURD'HUI

La présence romaine est attestée par les fouilles réalisées à l'intérieur de la cathédrale, et par les ruines du **théâtre romain** *(voir p. 142)*. Le quartier était également peuplé à l'époque des Wisigoths. Durant l'occupation musulmane, le quartier s'appelait al-Alhaman, c'est-à-dire « la fontaine », en référence à une source d'eau chaude située largo das Alcaçarias. Les Maures y construisirent des demeures nobles, les chrétiens, des églises – nombre d'entre elles n'ont pas résisté au tremblement de terre. L'Alfama devint alors un quartier de marins et de pêcheurs. Les maisons parfois délabrées sont décorées de balcons en fer forgé et de panneaux d'azulejos représentant le plus souvent la Vierge entre saint Antoine et saint Martial. Bien qu'ayant fait l'objet de nombreuses rénovations, l'Alfama conserve son caractère traditionnel. Les infrastructures, notamment autour du château, ont été modernisées dans le respect de la physionomie du lieu. Mais avec le départ progressif des habitants, l'âme de ce quartier très fréquenté par les touristes survivra-t-elle longtemps ?

Vue sur les toits de l'Alfama, avec le Panthéon en arrière-plan.
M. Borgese / hemis.fr

1

L'ancien palais des comtes Azurara (17e s.) et les merveilleuses collections d'arts décoratifs qu'il abrite furent légués à la ville de Lisbonne par le banquier Ricardo Espírito Santo da Silva en 1953. Le musée évoque la vie quotidienne du Lisbonne commerçant et bourgeois aux 17e et 18e s. à travers une succession de petites salles décorées d'azulejos et de fresques, sur trois niveaux. Le mobilier portugais et indo-portugais y est particulièrement bien représenté. Également : des collections d'argenterie, de porcelaines chinoises et plusieurs tapisseries des 16e et 18e s. Le niveau 3 dispose d'une salle d'expositions temporaires et d'une cafétéria avec un patio accueillant.

Du largo das Portas do Sol, descendez par les escaliers de la rua Norberto de Araújo, qui s'appuient sur la muraille maure. Continuez tout droit puis prenez sur la gauche l'escalier qui descend vers le beco da Corvinha.

Igreja de São Miguel Plan IV R2-3

Cette église à l'origine romane, reconstruite après le tremblement de terre de 1755, possède de belles boiseries baroques.

En sortant de l'église, prenez à droite.

Largo de São Rafael Plan IV R3

Du côté ouest de cette placette entourée de maisons du 17e s., remarquez les vestiges d'une **tour**. Elle faisait partie de la muraille maure qui protégea la Lisbonne chrétienne jusqu'au 14e s., lorsque le roi Ferdinand fit construire une nouvelle enceinte.

Empruntez la petite rue en descente.

Rua da Judiaria Plan IV R3

Dans cette ruelle qui porte le nom du quartier juif, levez les yeux sur la **maison à fenêtres géminées** (Casa de Janelas Geminadas, 16e s.) au-dessus des contreforts de l'ancienne muraille maure.

Faites demi-tour et suivez la rua de São Pedro, une ruelle bordée de tavernes à fado, jusqu'au largo do Chafariz de Dentro.

Museu do Fado Plan IV S2-3
Largo do Chafariz de Dentro, 1 - ✆ 218 82 34 70 - www.museudofado.pt - tlj sf lun. 10h-18h (dernière entrée 17h30) - 5 € (audioguide en français inclus).
Ce musée donne à voir et à écouter le fado grâce à des supports audiovisuels, des dioramas et une riche collection d'objets, dont la guitare portugaise à douze cordes de laquelle dérive la guitare classique. Vous trouverez sur place des CD à acheter.

Rua dos Remédios Plan IV S2
Remarquez au début de la rue, du côté gauche, le portail manuélin de l'**église Espírito Santo**. Plus loin, le n° 2 de la calçadinha de Santo Estêvão présente un portail de la même époque.
Après le n° 41, empruntez les escaliers sur la gauche.

★ **Escadinhas de Santo Estêvão** Plan IV S2
Ces « petits escaliers » *(escadinhas)* sont composés d'une série de volées diversement orientées, qui forment un cadre très pittoresque. En passant derrière l'église Santo Estêvão, observez le mur à encorbellement et le panneau d'azulejos. Montez l'escalier qui longe l'église : le sommet offre une belle **vue★** sur les toits de la ville, le port et le Tage.
Descendez par ce même escalier et tournez immédiatement à droite dans le beco do Carneiro.

Beco do Carneiro Plan IV S2
Rue très étroite, aux escaliers en pente raide. En regardant en arrière, on jouit d'une belle perspective sur la façade de l'église Santo Estêvão.
Remontez la rua da Regueira puis prenez à gauche.

Beco das Cruzes Plan IV S2
À l'angle de la rua da Regueira et du beco das Cruzes s'élève une maison du 18e s. Au-dessus d'une porte en encorbellement, un panneau d'azulejos représente la Vierge de la Conception ; de là, on bénéficie d'un intéressant point de vue sur la ruelle en escalier.
Remontez au largo das Portas do Sol par le beco de Santa Helena (en haut du beco das Cruzes se trouve un lavoir public) et rejoignez le miradouro de Santa Luzia. De là, redescendez en suivant l'itinéraire du tramway 28E (rua do Limoeiro), puis empruntez à droite la rua da Saudade.

Museu do Teatro Romano Plan IV Q3
Pátio do Aljube, 5 - tram n° 18E - ✆ 218 82 03 20 - www.museuteatroromano.pt - tlj sf lun. 10h-13h, 14h-18h - gratuit.
Ce site archéologique (1er s. av. J.-C.), étagé sur plusieurs niveaux de part et d'autre de la rua de São Mamede, a été très agréablement mis en valeur. Le théâtre (ruines), unique sur le territoire portugais, pouvait accueillir entre 3 000 et 5 000 spectateurs. De la terrasse, **vue★** plongeante sur l'estuaire.
Reprenez l'itinéraire du tramway n° 28E (rua A. Rosa).

★★ **Sé Patriarcal** (Cathédrale) Plan IV Q3
Largo de Santo António da Sé - ✆ 218 87 66 28 - 9h-19h (dim. et lun. 17h) - gratuit.
À l'image de celles de Porto, Coimbra ou Évora, la cathédrale de Lisbonne a joué le rôle de forteresse, comme en témoignent ses deux tours de façade et ses créneaux. Elle fut construite dans le style roman à la fin du 12e s., peu après la conquête de la ville par Alphonse Henriques aidé des croisés. Les architectes seraient les maîtres français Robert et Bernard, qui ont également construit la

cathédrale de Coimbra. Mais la Sé fut de nombreuses fois remaniée, notamment suite aux tremblements de terre (celui de 1755 provoqua l'effondrement du chœur et de la lanterne qui surmontait la croisée du transept). Une habile restauration a rendu son allure romane à la façade et à la nef, mais l'on y verra aussi des éléments gothiques et des remaniements des 17e et 18e s.

À l'**intérieur**, la nef principale est couverte par une voûte en plein cintre et bordée par un élégant triforium. L'ensemble est d'un style roman très sobre. Le chœur, sous une voûte à nervures soutenue par des trompes, fut reconstruit au 18e s. Fermant une chapelle proche de l'entrée de l'église, remarquez l'admirable **grille★** romane en fer forgé des fonts baptismaux.

Cloître et déambulatoire – *Accès par le collatéral droit - tlj sf dim. 10h-19h - 2,50 €; 4 € billet combiné avec le trésor.* Dans le déambulatoire de style gothique (remanié au 14e s.), pourvu de belles fenêtres lancéolées, l'une des chapelles rayonnantes abrite les **tombeaux gothiques★** (14e s.) de Lopo Fernandes Pacheco, compagnon d'armes du roi Alphonse IV, et de son épouse. Une autre contient une jolie crèche en terre cuite de Machado de Castro. Assez endommagé, le cloître proprement dit relève du style gothique cistercien (fin du 13e s.) et renferme des vestiges lapidaires. La galerie inférieure est soutenue par de puissants contreforts alternant avec des arcades gothiques surmontées par des oculi en étoile. Vous y verrez l'ancienne salle capitulaire ainsi que des vestiges romains et islamiques, mis au jour lors des campagnes de fouilles successives.

★ **Trésor** – *Accès à droite, près de l'entrée de l'église - tlj sf dim. 10h-19h - 2,50 €; 4 € billet combiné avec le cloître.* Un escalier mène aux salles où sont exposés de magnifiques ornements sacerdotaux, ainsi que des reliquaires et des pièces d'orfèvrerie sacrée. Dans l'élégante salle capitulaire du 18e s., l'**ostensoir** du roi Joseph Ier est serti de 4 120 pierres précieuses.

En sortant de la cathédrale, descendez droit devant vous sur quelques dizaines de mètres.

Près de la cathédrale se dresse l'**église Santo António da Sé**, construite en 1812 sur l'emplacement supposé de la maison natale de saint Antoine de Padoue (1195-1231), que les Lisboètes nomment « saint Antoine de Lisbonne » *(voir encadré)*. À gauche de l'église, le petit **Museu Antoniano** *(tlj sf lun. 10h-13h, 14h-18h - gratuit)*, modernisé, est entièrement consacré à ce saint populaire. Figures naïves, peintures ou panneaux d'azulejos.

Redescendez en dir. du Tage et tournez à gauche dans la rua dos Bacalhoeiros.

SAINT ANTOINE, LE PATRON DE LISBONNE

Fernando de Bulhões, plus connu sous le nom de saint Antoine de Padoue, n'était pas italien mais bel et bien portugais. Il naquit à Lisbonne en 1195, s'engagea dans l'ordre des Franciscains, voyagea au Maroc, vécut en France et en Italie du Nord où ses prêches humanistes lui valurent un succès considérable. Il possédait, dit-on, le don d'ubiquité et, comme le Christ, il aurait multiplié des poissons à Rimini. Selon la légende, le jour de sa mort, survenue en Italie en 1231, les cloches de Lisbonne se mirent à sonner toutes seules. Dès l'année suivante, il fut canonisé. Saint Antoine favorise notamment les mariages et le bonheur conjugal. Son invocation permet aussi de retrouver les objets perdus. Chaque année, le **13 juin**, jour férié à Lisbonne, les Lisboètes continuent de célébrer avec ferveur le protecteur de la ville. Partout fleurissent de petits autels à l'effigie du saint. La fête bat son plein : procession, défilés de groupes folkloriques, fanfares, feux d'artifice, sardinades et bals populaires.

Casa dos Bicos (Maison aux Pointes) Plan IV Q4
R. dos Bacalhoeiros.
Cette maison, qui doit son nom à sa façade hérissée de pierres taillées en pointe de diamant, faisait partie d'un palais du 16e s., ancienne propriété du fils d'Afonso de Albuquerque, vice-roi des Indes. Lors du tremblement de terre de 1755, elle a perdu son premier étage, reconstruit en 1982 à l'occasion de l'exposition du Conseil de l'Europe sur le Portugal et les Grandes Découvertes.
L'édifice abrite la **Fundação José Saramago** (*✆ 218 80 20 40 - www.josesaramago.org - mar.-sam. 10h-18h - dernière entrée 17h30 - 3 €*), destinée à entretenir la mémoire du prix Nobel de littérature (1998). Des objets ayant appartenu à l'écrivain sont présentés au 1er étage. Les cendres de Saramago ont été dispersées devant la maison, au pied de l'olivier provenant de son village natal d'Azinhaga, près de Santarém.
Revenez vers l'ouest par la rua da Alfândega.

Igreja da Conceição Velha Plan IV P4
R. da Alfândega.
La **façade sud★** du transept, seul vestige de l'église primitive qui s'est écroulée lors du tremblement de terre, est un bel exemple de style manuélin ; les sculptures du tympan représentent Notre-Dame-de-la-Miséricorde abritant sous son manteau le pape Léon X, le roi Manuel, la reine Éléonore, etc.
Vous pouvez terminer la visite du quartier en empruntant, en contrebas de la colline de l'Alfama, les rues parallèles aux docks, qui remontent le Tage vers la gare Santa Apolónia.

3 Graça et Santa Apolónia Plans I (p. 129) et II (p. 131)

Circuit 3 tracé en vert sur le Plan II (p. 131) – Comptez env. 2h.
Au-dessus de l'Alfama, sur une colline aux ruelles pentues, le quartier résidentiel et populaire de Graça, moins touristique que son voisin, présente d'excellents points de vue sur la ville. On peut y voir quelques villas et **cités ouvrières** du 19e s. (notamment la Vila Bertha, située rua do Sol). Le quartier de Santa Apolónia, derrière la gare ferroviaire internationale, abrite plusieurs musées intéressants.

★★ Miradouro da Senhora do Monte Plan II G1
Accessible par le tram n° 28E puis la rua da Senhora do Monte.
Un des plus spectaculaires belvédères de Lisbonne, avec une **vue★★★** étendue sur le château São Jorge, le quartier de la Mouraria et la ville basse. La chapelle près du belvédère date de 1796, mais elle fut fondée en 1147, année de la reconquête de Lisbonne.
Redescendez vers le couvent Nossa Senhora da Graça par la calçada do Monte puis, plus loin sur la droite, tournez dans le largo da Graça.

Igreja e Convento de Nossa Senhora da Graça Plan II G2
Largo da Graça - tram n° 28E - lun.-vend. 9h30-12h30, 15h30-18h, sam. 9h30-12h30, 15h30-20h, dim. 9h30-12h30, 17h-20h.
Cet imposant ensemble sur la colline de Graça domine la ville. Sa fondation remonte au 13e s., mais il a été reconstruit plusieurs fois, en particulier au 16e s. et après le tremblement de terre de 1755. À côté du portail du couvent s'élève le clocher, bâti en 1738. L'intérieur de style rococo est revêtu de beaux azulejos des 17e et 18e s.

Miradouro da Graça – Devant l'église, un belvédère où s'est installé un petit café en terrasse offre une **vue★★** étendue sur Lisbonne : à l'est, le château, à l'ouest, le pont et le fleuve.
Mouraria – En contrebas, sur le flanc nord du château São Jorge, s'étend le petit quartier populaire aux ruelles étroites de la Mouraria. C'est là qu'en 1147 les Maures vaincus furent autorisés à s'établir, hors des murailles. La **rua da Mouraria** est piétonne.
À moins de faire un crochet par la Mouraria, descendez la rua do Voz do Operário, qu'emprunte le tramway n° 28E, jusqu'au monastère São Vicente de Fora.

Igreja de São Vicente de Fora Plan II H2

Largo de São Vicente - accessible par le tramway n° 28E.
Érigée par l'architecte italien Philippe Terzi de 1582 à 1627, l'église se trouvait autrefois « hors les murs » *(fora)*, c'est-à-dire à l'extérieur des remparts de la ville. Modèle de l'architecture religieuse portugaise, cet édifice jésuite inspirera jusqu'au 18e s. les églises de toutes les villes de l'Empire, du Brésil à Macao. L'intérieur, que coiffe une jolie voûte à caissons, se distingue par la rigueur de ses lignes.
Le **couvent** *(tlj sf lun. 10h-18h - dernière entrée 17h30 - 5 €)* s'ouvre à droite de l'église. Dans la conciergerie *(portaria)*, au plafond peint par Vicente Bacarelli (18e s.), un grand panneau d'azulejos représente la prise de Lisbonne aux Maures, où l'on reconnaît le château St-Georges et la cathédrale.
Dans sa première partie, le **cloître des Augustins** est coiffé d'une terrasse supérieure aux murs couverts d'**azulejos★** du 18e s. évoquant les fables de La Fontaine. Il se prolonge au-delà de la sacristie en marbre polychrome et donne accès à l'ancien réfectoire des moines, transformé après le règne de Jean IV en panthéon de la dynastie des Bragance.

★ Campo de Santa Clara Plan II H2

Cette place agréable, encadrée d'élégantes façades, s'étend entre les églises São Vicente de Fora et Santa Engrácia. Tous les mardis et samedis s'y déroule la **Feira da Ladra** (Foire de la voleuse), pittoresque **marché aux puces** où l'on peut trouver, au milieu des articles de brocante et des vêtements, quelques belles céramiques anciennes.
Son côté nord est occupé par le **palais Lavradio** (18e s.), qui abrite le tribunal militaire. Au centre, le petit **jardim Boto Machado** offre une halte parmi ses essences exotiques et un beau point de vue sur la « mer de Paille » en contrebas.

★ Igreja de Santa Engrácia - Panteão Nacional Plan II H2

Campo de Santa Clara - ✆ 218 85 48 20 - tlj sf lun. et j. fériés 10h-17h (dernière entrée 16h40) - 3 €, gratuit dim. 10h-14h.
L'expression « comme les travaux de Santa Engrácia » est passée dans le langage populaire pour désigner une entreprise jamais menée à terme. En effet, cette église, commencée au 17e s., n'a jamais été achevée. En forme de croix grecque, elle a été couronnée d'un dôme qui complète harmonieusement sa façade baroque, et inaugurée en 1966.
Devenue **Panthéon national**, elle abrite en son centre les cénotaphes des grands hommes portugais : Camões, Henri le Navigateur, Pedro Álvares Cabral, Vasco de Gama, Afonso de Albuquerque et Nuno Álvares Pereira. En 2001, l'illustre chanteuse de fado Amália Rodrigues fut la première femme transférée au Panthéon national. Le dôme offre une très belle vue sur le Tage.

Museu Militar Plan II H2
Largo do Museu da Artilharia - ✆ 218 10 02 15 - www.exercito.pt - mar.-sam. 10h-17h, w.-end 10h-12h30, 13h30-17h - fermé j. fériés - 3 €, gratuit dim. 10h-12h.
Au bord du Tage, l'ancien arsenal du 18e s. a conservé de remarquables boiseries ainsi que des azulejos et des plafonds représentant, pour la plupart, des scènes de batailles. Des maquettes, des tableaux et surtout de nombreuses armes du 16e s. à la fin du 19e s., fabriquées au Portugal ou provenant de l'étranger, évoquent le passé militaire du pays.

★ **Museu da Água da EPAL** Plan I D2-3
R. do Alviela, 12 - ✆ 218 10 02 15 - www.epal.pt - bus n° 712 au départ du Museu Militar ou n° 735 au départ de la praça do Comércio - mar.-sam. 10h-12h30, 13h30-17h30 - fermé j. fériés - 2 €; 6 € billet combiné pour les 4 sites de l'EPAL, gratuit 22 mars, 18 mai, 1er et 5 juin, 1er oct.
Ce musée met en lumière l'histoire de la distribution de l'eau à Lisbonne *(voir encadré)* et plus particulièrement le projet des Águas Livres (eaux libres), conçu par l'ingénieur Manuel da Maia. Il occupe l'ancienne **station de pompage à vapeur des Barbadinhos**, intéressant exemple d'architecture industrielle (dernier quart du 19e s.) qui allie la brique, le bois, la fonte et le cuivre autour de quatre puissantes machines à vapeur, dont l'une est mise en fonctionnement pour les visiteurs.
Pour une découverte complète de l'ancien réseau d'approvisionnement en eau, voir également la Mãe d'Água das Amoreiras (p. 156), le Reservatório da Patriarcal (p. 153) et l'aqueduto des Águas Livres (p. 179).

★★ **Museu Nacional do Azulejo** Plan I D2
R. da Madre de Deus, 4 - ✆ 218 10 03 40 - www.museudoazulejo.pt - bus nos 794, 742 ou 718 (arrêt Igreja de Madre Deus) - tlj sf lun. et j. fériés 10h-18h (dernière entrée 17h30) - 5 €, gratuit dim. 10h-14h.
Malgré sa localisation un peu éloignée, au nord-est de la gare de Santa Apolónia, ce charmant musée mérite absolument une visite. Installé dans les bâtiments du **couvent Madre de Deus**, fondé au 16e s. et en grande partie reconstruit après le tremblement de terre (admirez le beau portail manuélin de la façade de l'église, côté rue), il présente la grande aventure des azulejos, des carreaux hispano-mauresques du 15e s. aux réalisations contemporaines. Au rez-de-chaussée, dans les galeries disposées autour du grand cloître, de beaux exemples d'azulejos importés de Séville aux 15e et 16e s., qui furent supplantés par le style majolique italien et repris par les premiers ateliers portugais. Remarquez en particulier le retable de Nossa Senhora da Vida (1580) qui représente la Nativité.

HISTOIRE D'EAU
Les tentatives d'acheminement vers Lisbonne des eaux des sources qui jaillissent au pied de la serra de Sintra avaient commencé dès 1571. Il fallut attendre 1731 que le roi Jean V donne son autorisation pour que l'aqueduc fût érigé (1732-1748). Ses eaux se déversaient dans le réservoir de la Mãe d'Água das Amoreiras (1752-1834), d'où elles étaient distribuées vers les fontaines et canalisations de la ville. En 1880 fut installée la troisième structure de ce réseau, la station de pompage des Barbadinhos, où se trouve aujourd'hui le Museu da Água. Ce système approvisionna la ville en eau jusqu'en 1967.

L'ancien couvent Madre de Deus abrite le musée de l'Azulejo.
J. Frumm/hemis.fr

On quitte le cloître pour pénétrer dans l'église par un chœur inférieur *(coro baixo)* dont les murs sont ornés d'azulejos sévillans du 16e s.

L'**église**★★ (18e s.) éblouit par la profusion de bois doré, en particulier sur la chaire baroque. La nef est couverte d'une voûte à caissons dont les panneaux illustrent des scènes de la vie de la Vierge. Sur les murs, des tableaux évoquent à gauche la vie de sainte Claire et à droite celle de saint François. La partie basse est garnie de carreaux de faïence hollandais du 18e s.

Avant de monter à l'étage supérieur, on passe par le ravissant petit **cloître manuélin**, qui a conservé ses azulejos polychromes d'origine (16e-17e s.). Au 1er étage sont exposés de magnifiques panneaux représentant des animaux, des batailles et des scènes de la vie quotidienne. La somptuosité et l'exubérance de la chapelle consacrée à saint Antoine et, surtout, de la **salle capitulaire**★ surplombant la nef sont impressionnantes. Parmi la riche décoration, notez en particulier, au plafond, des caissons peints à encadrement qui sertissent des tableaux des 16e et 17e s. Les portraits du roi Jean III et de son épouse Catherine d'Autriche seraient de Cristóvão Lopes. Les murs sont couverts de peintures illustrant la vie du Christ.

Les salles de l'étage supérieur du cloître, qui accueillent parfois des expositions temporaires, montrent la continuité de l'art de l'azulejo à travers des réalisations contemporaines, dont celles qui décorent certaines stations du métro de Lisbonne, œuvres d'artistes de premier plan comme Júlio Pomar et Maria Helena Vieira da Silva *(voir p. 76 et 82)*.

Au 2e étage est exposée la **vue panoramique de Lisbonne** avant le tremblement de terre – belle composition en bleu et blanc, de 23 m de longueur, constituée de près de 1 300 azulejos.

Bon à savoir – Le restaurant-café du musée, avec son patio décoré d'azulejos « alléchants » (jambons, lapins et autres victuailles), offre un cadre rafraîchissant.

Pour en savoir plus sur les azulejos, lire le chapitre « Art et architecture », p. 79.

4 ★ Le Chiado Plan V (p. 149)

Circuit 4 tracé en vert sur le Plan V (p. 149) – Comptez env. 2h.
Le Chiado ne désigne pas seulement le largo do Chiado, mais toute une zone piétonne dont les rues principales sont les rues do Carmo et Garrett qui relient le Rossio à la praça Luís de Camões.
Dans la nuit du 25 août 1988, un gigantesque **incendie** a ravagé ce cœur du vieux Lisbonne. Visibles du haut de l'Elevador de Santa Justa, les quatre blocs d'immeubles incendiés abritaient notamment des grands magasins et des boutiques anciennes : le magasin Grandella, le magasin O Chiado, le salon de thé Ferrari, etc. Plus de 2 000 personnes furent alors privées de travail. La mairie nomma aussitôt après le drame le célèbre architecte portugais **Álvaro Siza** pour reconstruire le quartier. Celui-ci a proposé un projet résolument classique, avec sauvegarde et reconstitution des bâtiments, en ouvrant d'agréables patios entre les immeubles, qui sont désormais occupés par des boutiques de vêtements chics. Au bout de la rua Garrett, l'Armazens do Chiado est un centre commercial qui abrite notamment la plus grande Fnac de la péninsule Ibérique. Le quartier a conservé ses librairies et certaines boutiques anciennes.
De la praça do Comércio, prenez la rua Aurea qui mène à l'ascenseur de Santa Justa.

★★ Elevador de Santa Justa Plan V VY

7h-21h45 (23h en été) - 2,50 € AS; 5 € AR avec accès au mirador - accès avec les cartes de transport 7 Colinas ou Viva Viagem rechargeables (voir « Transports », p. 186).
Cet **ascenseur** a été construit en 1901 par Raúl Mesnier de Ponsard, ingénieur portugais d'origine française, influencé par Gustave Eiffel. On peut faire une pause au café situé sur la plate-forme supérieure *(8h30-20h30 - 1,50 €)*, à 32 m au-dessus de la rue, pour profiter de la belle **vue★** sur le Rossio et la Baixa.
En sortant de l'ascenseur, continuez tout droit jusqu'au largo do Carmo.

★ Museu Arqueológico da Igreja do Carmo Plan V VY

Largo do Carmo - tram n° 28E, bus n° 758 - ✆ 213 47 86 29 - www.museu-arqueologicodocarmo.pt - tlj sf dim. et j. fériés 10h-17h (juin-sept. 18h) - 3,50 €.
Cette **église carmélite**, bâtie à la fin du 14e s. par le connétable Nuno Álvares Pereira, apparaît comme une carcasse fantomatique à ciel ouvert, la voûte de la nef ayant été détruite par le séisme de 1755. Le lieu sert de cadre aux **collections du musée d'Archéologie** qui comprennent des poteries de l'âge du bronze, des bas-reliefs en marbre, des azulejos hispano-arabes et des tombeaux romans et gothiques (gisant de Fernão Sanches, fils illégitime du roi Denis Ier, et de Nuno Álvares Pereira).
L'église donne sur l'une des plus charmantes places de Lisbonne, le **largo do Carmo**, bordé de tilleuls centenaires et de jacarandas, dont les terrasses de cafés invitent à faire une pause *(voir « Restauration », Leitaria Académica, p. 194).*
En sortant du musée, prenez à gauche la calçada do Sacramento.

★ Rua Garrett Plan V VY

Tout comme la **rua do Carmo** qui la relie au pied de l'Elevador de Santa Justa, cette élégante rue commerçante rassemble des boutiques aux devantures anciennes, des librairies renommées, des pâtisseries et des cafés dont le fameux **A Brasileira** *(voir « Boire un verre », p. 199)* que fréquentait régulièrement le poète Fernando Pessoa. Depuis le centenaire de sa naissance en 1988, Pessoa est revenu s'installer à l'une des tables de la terrasse, pensif dans son habit de bronze.
De la rua Garrett, tournez à gauche dans la rua Serpa Pinto.

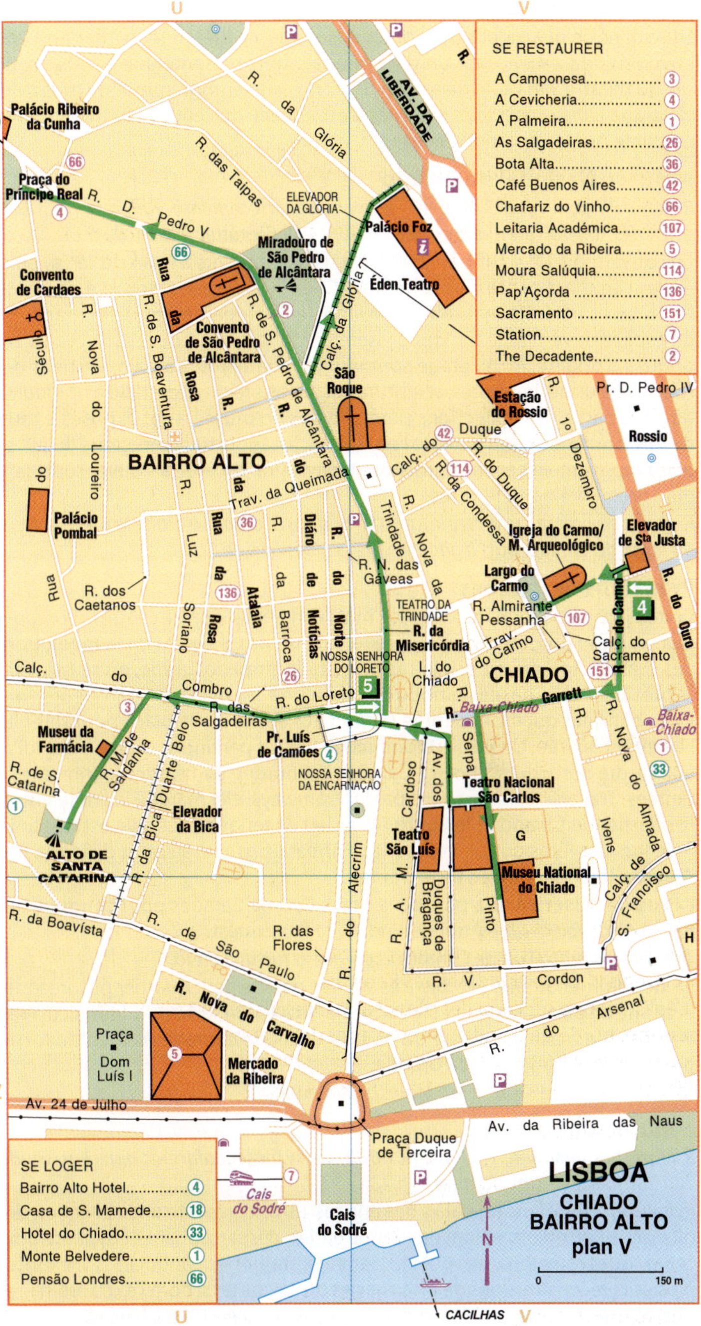
SE RESTAURER
A Camponesa 3
A Cevicheria 4
A Palmeira 1
As Salgadeiras 26
Bota Alta 36
Café Buenos Aires 42
Chafariz do Vinho 66
Leitaria Académica 107
Mercado da Ribeira 5
Moura Salúquia 114
Pap'Açorda 136
Sacramento 151
Station 7
The Decadente 2
SE LOGER
Bairro Alto Hotel 4
Casa de S. Mamede 18
Hotel do Chiado 33
Monte Belvedere 1
Pensão Londres 66
LISBOA
CHIADO
BAIRRO ALTO
plan V
0
150 m
N
U
V
X
Y
Z
Palácio Ribeiro da Cunha
Praça do Príncipe Real
R. D. Pedro V
Convento de Cardaes
R. da Glória
R. das Taipas
ELEVADOR DA GLÓRIA
Palácio Foz
Éden Teatro
Miradouro de São Pedro de Alcântara
Convento de São Pedro de Alcântara
AV. DA LIBERDADE
Calç. da Glória
São Roque
Estação do Rossio
Pr. D. Pedro IV
Rossio
R. do Século
R. Nova do Loureiro
R. de S. Boaventura
Rua da Rosa
R. de S. Pedro de Alcântara
BAIRRO ALTO
Trav. da Queimada
Calç. do Duque
R. do Duque
R. da Condessa
R. 1o Dezembro
Palácio Pombal
R. da Atalaia
R. da Barroca
R. do Diário de Notícias
R. do Norte
R. N. das Gáveas
R. Trindade
R. Nova da Trindade
Igreja do Carmo/ M. Arqueológico
Elevador de Sta Justa
Largo do Carmo
R. Almirante Pessanha
TEATRO DA TRINDADE
R. da Misericórdia
NOSSA SENHORA DO LORETO
Trav. do Carmo
Calç. do Sacramento
R. do Carmo
R. do Ouro
R. dos Caetanos
R. Luz Soriano
Rua da Rosa
Calç. do Combro
R. das Salgadeiras
R. do Loreto
L. do Chiado
CHIADO
R. Garrett
Baixa-Chiado
Museu da Farmácia
R. M. de Saldanha
R. de S. Catarina
Pr. Luís de Camões
NOSSA SENHORA DA ENCARNAÇÃO
R. Serpa Pinto
Av. dos Aliados
Teatro Nacional São Carlos
R. Nova do Almada
R. Ivens
Elevador da Bica
R. da Bica Duarte Belo
ALTO DE SANTA CATARINA
R. do Alecrim
R. A. M. Cardoso
Teatro São Luís
R. Duques de Bragança
Museu National do Chiado
Calç. de S. Francisco
G
H
R. da Boavista
R. de São Paulo
R. das Flores
R. V. Cordon
R. do Arsenal
R. Nova do Carvalho
Praça Dom Luís I
Mercado da Ribeira
Av. 24 de Julho
Av. da Ribeira das Naus
Praça Duque de Terceira
Cais do Sodré
CACILHAS

1

Teatro Nacional de São Carlos Plan V VY

R. Serpa Pinto, 9 - ✆ 213 25 30 45 - 10h30-18h30 (w.-end 16h30) - 3,50 €.

Situé dans un quartier calme dominant le Tage, ce théâtre, construit en 1793 en moins de six mois dans un style néoclassique, présente une façade inspirée du théâtre San Carlo de Naples. Il propose une programmation musicale classique *(voir « Spectacles », p. 202)*. C'est en face de l'entrée du théâtre que naquit le poète Fernando Pessoa.

★ Museu Nacional do Chiado Plan V ZV

R. Serpa Pinto, 4 - ✆ 213 43 21 48 - www.museuartecontemporanea.pt - tlj sf lun. et j. fériés 10h-18h (dernière entrée 17h30) - 4,50 €, gratuit 1er dim. du mois.

Ce couvent du 13e s. fut transformé en usine à biscuits à la fin du 19e s., puis en **musée d'art contemporain** (**MNAC**) en 1911. Après l'incendie de 1988, l'architecte français Jean-Michel Wilmotte l'a élégamment réaménagé en un espace ouvert, relié par des passerelles qui laissent à nu les structures en briques d'origine. Au 1er étage sont visibles quatre fours à pain, vestiges de l'ancienne usine. Peintures, sculptures et dessins réalisés de 1850 à nos jours, qui font partie des collections permanentes du musée, sont exposés à tour de rôle pour mettre en lumière l'œuvre d'artistes portugais majeurs du 20e s. et les mouvements avant-gardistes du pays. Une **cafétéria** s'ouvre sur le jardin agrémenté de sculptures.

Revenez en arrière, traversez le largo São Carlos et prenez à droite la rue montant au largo do Chiado, puis à gauche vers la place Luís de Camões.

Praça Luís de Camões Plan V U-VY

Cette place recouverte de pavés aux motifs originaux, dont le centre est occupé par la statue du grand poète épique, fut l'un des théâtres de la révolution des Œillets. Après avoir pris la caserne située largo do Carmo, où se trouvait le président du Conseil, la population escorta les militaires dans leurs voitures blindées qui montaient le Chiado et s'arrêta sur la place pour fêter la liberté recouvrée. Un peu endommagée par un parking souterrain qui lui a fait perdre ses arbres, la place Camões est bordée de façades joliment restaurées. Traversée en tous sens par les tramways, elle marque la limite entre le quartier du Chiado et le Bairro Alto. Lieu de rendez-vous, elle est très animée lors des fêtes populaires. Le Tage apparaît au sud, au bout de la **rua do Alecrim** (du Romarin) en forte pente.

La **rua da Misericórdia** part de la praça Luís de Camões pour conduire au Bairro Alto *(voir ci-après)* qui s'étend sur le flanc ouest.

Traversez la praça Luís de Camões et prenez la rua do Loreto.

La vie communautaire semble très soudée dans le petit quartier pittoresque et animé de **Bica**. Le curieux **Elevador da Bica★**, une sorte de minifuniculaire, improbable machine pleine de poésie, escalade courageusement la forte pente de la calçada da Bica Grande.

Tournez à gauche dans la rua Marechal Saldanha.

★ Museu da Farmácia Plan V UY

R. Marechal Saldanha, 1 - ✆ 213 40 06 80 - www.museudafarmacia.pt - lun.-vend. 10h-18h, dernier sam. du mois 14h-18h - 5 €.

Installé en 1996 dans un palais des années 1870, il présente une collection de plus de 14000 objets venant du monde entier : des sarcophages égyptiens aux céramiques romaines, des pots toscans aux statuettes congolaises. Il expose plusieurs reconstitutions de pharmacies du 15e au 19e s. dont l'extraordinaire pharmacie chinoise du 19e s. qui fonctionna jusqu'en 1996 à Macao.

Continuez jusqu'au bout de la rua Marechal Saldanha.

L'une des reconstitutions du Museu da Farmácia.
Museu da farmácia.

★★ Alto de Santa Catarina Plan V UY

R. de Santa Catarina.

Ce belvédère modernisé découvre un panorama exceptionnel sur le Tage, les docks et le pont du 25-Avril. La vue est particulièrement belle en fin d'après-midi, au coucher du soleil. Ici se dresse la **statue d'Adamastor**, le monstre marin des *Lusiades* de Camões *(voir p. 59)*, géant mythique qui terrorisait les navigateurs du 15e s. D'après la légende, Adamastor fut vaincu par le navigateur Bartolomeu Dias, le premier à dépasser le « cap des Tempêtes », rebaptisé cap de Bonne-Espérance par le roi Jean II, qui signifiait ainsi son espoir d'arriver aux Indes.

5 ★ Le Bairro Alto et alentour Plan V (p. 149)

Circuit 5 tracé en vert sur le Plan V (p. 149) – Comptez env. 2h. Le « quartier haut », en partie fermé à la circulation automobile, est encadré à l'est par la rua da Misericórdia, à l'ouest par la rua do Século et au sud par la calçada do Combro.

La naissance de ce quartier, au 16e s., est liée à la présence des jésuites. Le Bairro Alto fut d'abord un quartier aristocratique, au tracé rectiligne et aux ruelles pentues (moins cependant que celles de l'Alfama), mais ses palais ont été détruits par le tremblement de terre de 1755. Longtemps habité par une population modeste, il est devenu un épicentre de la *movida* portugaise. Dans les années 1980, de jeunes créateurs (stylistes, artistes peintres, designers) ont mis le quartier à la mode en s'y installant, ouvrant boutiques et ateliers autour des **rues commerçantes** les plus animées, les rua do Norte, rua do Diário de Notícias, rua da Atalaia et rua da Rosa. Les noctambules en ont vite fait un de leurs lieux favoris : bars branchés et clubs jouxtent désormais de petites échoppes traditionnelles, de vieilles tavernes et des restaurants branchés, ainsi que des maisons de fado réputées. Les bâtiments, souvent construits de bric et de broc, et parfois insalubres, sont peu à peu rénovés. Si la nuit est

à la fête, dans la journée, le quartier est plutôt assoupi. C'est en circulant au hasard des ruelles que l'on profite le mieux du Bairro Alto.
De la praça Luís de Camões, remontez la rua da Misericórdia.

★ Igreja de São Roque Plan V UV

Largo de Trindade Coelho - bus nº 758, tram nº 28E - ✆ 213 23 54 21 - lun. 14h-19h, mar.-dim. 10h-19h, jeu. 10h-18h (avr.-sept. 20h).

Elle fut bâtie à la fin du 16e s. par l'architecte italien Philippe Terzi, à qui l'on doit également l'église São Vicente de Fora *(voir p. 145)*; la façade d'origine n'a pas résisté au tremblement de terre de 1755.

L'**intérieur★** frappe par l'élégance de sa décoration. Le plafond de la nef, en bois peint, est l'œuvre d'artistes influencés par l'art italien; les sujets représentent des scènes de l'Apocalypse. Dans la 3e chapelle de droite, remarquez des **azulejos** du 16e s. et une peinture sur bois de Gaspar Vaz (16e s.) figurant la vision de saint Roch.

★★ Capela de São João Baptista – *4e chapelle à gauche.* Chef-d'œuvre d'art baroque italien, elle fut édifiée d'après les plans de Salvi et Vanvitelli entre 1742 et 1750 à Rome, où elle reçut la bénédiction du pape. Quelque 130 artistes participèrent à sa construction; démontée, transportée à Lisbonne par trois caravelles sur ordre du roi Jean V, elle fut rebâtie vers 1750 dans l'église São Roque. Tout y est d'une grande richesse : colonnes en lapis-lazuli, devant d'autel en améthyste, marches en porphyre, anges en marbre blanc de Carrare et en ivoire, pilastres en albâtre; revêtement du sol et tableaux des murs en mosaïques de couleur; frises, chapiteaux et plafonds rehaussés d'or, d'argent et de bronze.

Admirez aussi la 1re chapelle de gauche, décorée de tableaux attribués à l'école de Zurbarán (Nativité et Adoration des Mages), ainsi que la **sacristie** *(accès par le bras gauche du transept)* avec plafond à caissons (17e s.) et des tableaux représentant des scènes de la vie de saint François, par Vieira Lusitano et André Gonçalves.

★ Museu de Arte Sacra de São Roque Plan V VX

Largo de Trindade Coelho - Mº Baixa-Chiado, bus nº 758 ou tram nº 28E - ✆ 213 23 54 21 - www.museudesaoroque.com - avr.-sept. : lun. 14h-19h, mar.-dim. 10h-19h (jeu. 20h); oct.-mars : lun. 14h-18h, mar.-dim. 10h-18h - possibilité de visite guidée en français (1h) jeu. et dim. à 16h30, vend. à 10h et 15h - 2,50 €, gratuit dim. 10h-14h.

Attenant à l'église São Roque, ce musée d'art sacré expose quelques tableaux portugais du 16e s. et une partie du trésor de la chapelle São João Baptista *(voir ci-avant)*. Mobilier et pièces d'orfèvrerie d'artistes italiens du 18e s. sont remarquables par la richesse de leur décoration baroque, tout comme les reliquaires du Japon (16e s.) incrustés de nacre. Le musée abrite également une intéressante collection d'**ornements sacerdotaux★** en soie et en tissu lamé brodé d'or.

Reprenez à gauche la rua de São Pedro de Alcântara jusqu'au largo da Oliveirinha.

★ Miradouro de São Pedro de Alcântara Plan V UX

En haut de l'Elevador da Glória.

À la pointe nord-est du Bairro Alto, un agréable jardin aménagé forme un balcon au-dessus de la ville basse, offrant ainsi une **perspective★★** très étendue sur la Baixa, le Tage et la colline du château São Jorge en face *(table d'orientation)*. La vue est splendide en soirée, lorsque le château est éclairé par le soleil couchant; c'est le moment de profiter d'agréables kiosques-buvettes et de leur terrasse.

Traversez la rua de São Pedro de Alcântara.

Convento de São Pedro de Alcântara Plan V UX

R. Luísa Todi, 1 - ✆ 213 24 39 30 - avr.-sept. : lun. 14h-19h, mar.-dim. 10h-19h (jeu. 20h) ; oct.-mars : lun. 14h-18h, mar.-dim. 10h-18h - fermé j. fériés - accès gratuit à l'église et à la chapelle - possibilité de visite guidée du coro alto *et de la sacristie en français vend. à 11h30 - 2,50 €.*

Fondé à la fin du 17e s., ce couvent franciscain domine le belvédère. Il fut entièrement détruit en 1755, à l'exception de la très italianisante **chapelle★** située à l'entrée, décorée de marbres polychromes et dédiée à Veríssimo de Lencastre, cardinal et grand inquisiteur du Portugal. Les parois de la nef de l'église sont ornées d'un cycle d'azulejos illustrant la vie de saint Pierre d'Alcântara (1499-1562), réformateur de l'ordre franciscain. Resplendissante d'ors et ornée de peintures monumentales, la nef forme un ensemble très homogène de la fin du 18e s.

Pour gagner la praça dos Restauradores, descendez par la calçada da Glória (funiculaire).

Pour enchaîner sur la promenade 6, dans les quartiers ouest (voir ci-dessous), continuez par la rua D. Pedro V en dir. du Mº Rato.

6 Estrela et les quartiers ouest Plan VI (p. 155)

Circuit 6 tracé en vert sur le Plan VI (p. 155) – suite du circuit 5 (Bairro Alto) – Comptez une bonne demi-journée.

À l'ouest du Bairro Alto s'étendent les quartiers de Madragoa et d'Estrela, moins connus des touristes. Il fait bon flâner au hasard de ces *bairros* vallonnés, pleins de charme, de recoins et de surprises dont les immeubles hétéroclites sont peu à peu rénovés. La première communauté cap-verdienne s'était établie dans le quartier de Madragoa, au pied de São Bento, autour du largo do Conde Barão et de la **rua Poço dos Negros** (le « puits des Nègres » qui servit de fosse commune aux esclaves des 16e et 17e s.), mais ses membres partent désormais vivre en banlieue.

Praça do Príncipe Real Plan VI E

Mº Rato ou bus nº 758.

Le petit quartier élégant qui s'étend autour de cette agréable place et de la rua da Escola Politécnica a longtemps regroupé de nombreux antiquaires, désormais supplantés par des créateurs, des boutiques de mode ou de décoration. L'endroit est également un centre de la vie nocturne gay à Lisbonne. Sur la place se tient tous les samedis matin un **marché biologique**.

★ **Jardim do Príncipe Real** (jardim França Borges) – Près de l'entrée, un majestueux cèdre du Liban, qui daterait d'avant le tremblement de terre de 1755, déploie d'immenses tentacules végétaux (soutenus par un ingénieux système de tonnelles) de plus de 25 m d'envergure. Cet arbre tutélaire diffuse en été une ombre bienfaitrice couvrant une partie de la place, qui devient ainsi un lieu de rendez-vous et de palabre. C'est là que se déroule une belle scène du film du réalisateur portugais João César Monteiro, *Vai E Vem (Va-et-Vient)*, ramassée en un seul plan-séquence. Buvette avec terrasse.

Palácio Ribeiro da Cunha – Du côté nord de la place *(nº 26)*, cet imposant palais de style néomanuélin fut construit en 1857 par une femme d'affaires qui fit fortune au Brésil. Il abrite le *concept store* Embaixada *(voir « Achats », p. 200)*, l'occasion de découvrir le merveilleux intérieur néomauresque de l'édifice.

Reservatório da Patriarcal – *Au centre du jardim do Príncipe Real - ✆ 218 10 02 15 - tlj sf dim. et lun. 10h-17h30 - 2 € ; 6 € billet combiné pour les 4 sites de l'EPAL, gratuit 22 mars, 18 mai, 1er et 5 juin, 1er oct.* La petite structure souterraine édifiée entre 1860 et 1864 alimenta la ville en eau jusque dans les années 1940. Elle mérite surtout une visite lors de l'ouverture des souterrains *(visite guidée merc. et sam. à 11h et 15h - 1 €)* qui conduisent jusqu'au mirador de São Pedro de Alcântara *(voir p. 152)*.

Descendez la rua do Secúlo, au sud de la place.

Convento dos Cardaes Plan VI E

R. do Secúlo, 123 - ✆ 213 42 75 25 - www.conventodoscardaes.com - avr.-sept. : tlj sf dim. et j. fériés 14h30-17h30 ; oct.-mars : sam. 14h30-17h30 - horaires susceptibles de modifications - 4 €.

Épargné par le séisme de 1755, cet ancien couvent carmélite n'a guère changé depuis sa fondation, en 1681. L'**église★**, avec ses azulejos s'accordant aux ors des *talhas douradas* (boiseries sculptées et dorées), est une véritable splendeur. La visite permet également de découvrir les petits patios et le réfectoire du couvent, qui accueille désormais des personnes déficientes mentales, ainsi qu'une collection d'objets d'art sacré. Elle s'achève à la boutique, où sont vendus confitures et autres produits biologiques.

Continuez dans la rua do Secúlo.

Palácio Pombal - Carpe Diem Arte e Pesquisa Plan VI E

R. do Século, 79 - ✆ 211 97 71 02 - www.carpediemartepesquisa.com - merc.-sam. 13h-19h - fermé j. fériés - gratuit.

Le palais construit par le grand-père du marquis de Pombal abrite un centre d'art contemporain pluridisciplinaire. L'intérieur, de style rococo, est à découvrir à la faveur d'une exposition temporaire. De l'escalier d'apparat aux pièces du palais, ce n'est que succession de plafonds stuqués, de fresques et de panneaux d'azulejos « dans leur jus » : un cadre exceptionnel pour les installations et les créations d'avant-garde !

Revenez praça do Príncipe Real et prenez la rua da Escola Politécnica, qui monte vers le Jardin botanique.

★ Jardim Botânico Plan VI E

R. da Escola Politécnica 58 - M° Rato ou bus n° 758 - ✆ 213 92 18 00 - www.jb.ul.pt - 9h-18h (20h en été) - 2 €.

Ce vénérable jardin qui s'étend à flanc de coteau à proximité de l'avenida da Liberdade dépend de l'Académie des sciences. Fondé en 1873 dans un but scientifique, il est l'un des plus réputés d'Europe pour sa flore subtropicale. Havre de paix dans un quartier animé, idéal pour pique-niquer, il offre de belles promenades le long de l'allée principale bordée de majestueux palmiers.

Au bout de la rua da Escola Politécnica, traversez le largo do Rato et remontez la rua C.B. da Pocha Cabral.

Jardim das Amoreiras Plan VI E

La placette ombragée où se dressent les arcs de l'aqueduc des Eaux-Libres doit son nom aux mûriers *(amoreiras)* que l'on entretenait ici pour l'élevage des vers à soie destinés à l'ancienne fabrique de soieries, dont les installations abritent désormais la fondation Arpad Szenes-Vieira da Silva. Aujourd'hui, ce nom désigne tout le quartier situé au nord du Rato. Celui-ci est dominé par les **tours des Amoreiras**, conçues par l'architecte Tomás Taveira et achevées en 1983. Longtemps décriés, ces trois édifices postmodernes habillés de verre et de plaques de marbre, dans les tons roses, gris et bleus, sont aménagés en bureaux, en appartements de luxe et en un immense centre commercial, l'Amoreiras Shopping Center *(voir « Achats », p. 200)*.

1

SE LOGER	
As Janelas Verdes	9
Brasilia	10
Casa de S. Mamede	18
Monte Belvedere	1
Residencial Maná	104
York House	133

SE RESTAURER	
Armazém da Cachaça	24
Casa da Comida	57
Comida de Santo	75
Os Tibetanos	87
Pão de Canela	120
Picanha	140

Mãe d'Água das Amoreiras Plan VI E

Praça das Amoreiras - Mº Rato ou bus nº 758 - ☎ 213 25 16 44 - www.epal.pt - mar.-sam. 10h-17h30 - fermé j. fériés - 2 €; 6 € billet combiné pour les 4 sites de l'EPAL, gratuit 22 mars, 18 mai, 1er et 5 juin, 1er oct.

Ce bâtiment achevé en 1746 abrite un réservoir qui recueille les eaux amenées par l'aqueduc *(voir p. 179 et « Museu da Água da EPAL », p. 146)*. À l'intérieur se trouvent une cascade et l'**arche des Eaux★** *(Arca da Água)*, d'une profondeur de 7 m et d'une capacité de 5 500 m. Au sommet de l'édifice, la terrasse dévoile une **vue★** panoramique sur la ville. À côté, la maison de registre contrôlait les niveaux de l'eau, qui partait vers les fontaines de la ville.

Traversez la placette.

★ Fundação Arpad Szenes-Vieira da Silva Plan VI E

Praça das Amoreiras, 56/58 - Mº Rato - ☎ 213 84 14 90 - www.asvs.pt - tlj sf lun., mar. et j. fériés 10h-18h - 5 €, gratuit le 1er dim. du mois.

Ce bel édifice du 18e s. a été réaménagé avec sobriété et élégance par l'architecte Sommer Ribeiro. Le musée présente une riche collection d'œuvres de **Maria Helena Vieira da Silva** (1908-1992), qui vécut une grande partie de sa vie à Paris, et de son mari, l'artiste hongrois Arpad Szenes. Régulièrement, des expositions temporaires sont consacrées à des artistes qui étaient liés aux deux peintres.

Redescendez vers le largo do Rato que vous prendrez à droite, puis tournez à gauche dans la **rua de São Bento**, *qui concentre les* **boutiques d'antiquaires★**.

Casa-Museu Amália Rodrigues Plan VI E

R. de São Bento, 193 - ☎ 213 97 18 96 - www.amaliarodrigues.pt - tlj sf lun. et j. fériés 10h-13h, 14h-18h (dernière entrée 20mn av. fermeture) - 5 €.

Deux ans après la mort de la reine du fado Amália Rodrigues (1920-1999) et quelques jours après le transfert de sa dépouille au Panthéon national, la maison où elle vécut la majeure partie de sa vie fut transformée en musée, selon sa propre volonté. La disposition des objets a peu changé, et la maison paraît encore habitée par la diva, avec ses tableaux, portraits, instruments de musique, médailles et décorations, robes de scène, bijoux, etc. Dans la salle à manger, la table est mise et semble prête à accueillir des invités.

Descendez la rua São Bento.

La fondation Arpad Szenes-Vieira da Silva.
Pierre Guibert / FASVS / ADAGP, Paris 2016

Palácio da Assembleia da República Plan VI E

Praça de São Bento - ✆ 213 91 96 25 - visite guidée (1h30, sur réserv.) le dernier sam. du mois à 15h et 16h - gratuit.

En bas de la rue, dans l'ancien et massif couvent bénédictin de São Bento est installé le Parlement portugais avec, au-dessus, la résidence du Premier ministre. Jetez un coup d'œil au grand escalier de façade et aux arches ornées des statues des Vertus. À l'intérieur, la salle des Pas-Perdus est décorée de nombreuses sculptures.

Prenez à droite la calçada da Estrela.

★ **Basilica da Estrela** Plan VI E

Praça da Estrela - tram n°s 28E ou 25E - 8h45-20h.

Faisant face au jardin, ce blanc sanctuaire un peu solennel fut bâti à la toute fin du 18e s., selon les vœux de la très conservatrice reine Maria, à une époque où le style baroque était largement dépassé. La croisée du transept est surmontée d'une belle **coupole★** que coiffe un lanternon. À l'intérieur, dans une pièce à droite du maître-autel, figure une imposante **crèche** sculptée par Machado de Castro, aux personnages de terre cuite évoluant dans une structure de liège et de papier mâché *(tlj sf dim. 10h-11h30, 15h-17h - 1,50 €)*. Belle **vue** depuis la terrasse panoramique *(tlj sf dim. matin. 9h30-11h45, 14h-18h45 - 4 €)*.

★★ **Jardim da Estrela** Plan VI E

www.jardimdaestrela.com - 7h-coucher du soleil.

Ce jardin de quartier créé en pleine époque romantique est l'un des plus paisibles et agréables de Lisbonne, avec ses nombreuses essences exotiques, ses animaux en liberté (oies, cygnes, canards, etc.), ses fontaines et ses grottes artificielles. Le jardin dispose en outre d'aires de jeux pour les enfants, d'une petite bibliothèque et d'une buvette ombragée, au bord du bassin.

Sortez par l'entrée nord et prenez à gauche la rua de São Jorge.

Cemitério dos Ingleses Plan VI E

R. de São Jorge, 6 - lun., merc., jeu et dim. 10h30-13h - gratuit.

Né au début du 18e s., il abrite les sépultures d'Anglais ayant résidé au Portugal. Avec ses grands cyprès, ses tombes moussues ou recouvertes de buis, ce cimetière plein de poésie est une oasis de tranquillité inattendue au cœur de la ville. Le poète Henry Fielding (1707-1754) y repose.

Prenez la rua da Estrela, puis tournez à gauche dans la rua Coelho da Rocha.

★ **Casa Fernando Pessoa** Plan VI E

R. Coelho da Rocha, 16/18 - bus n°s 709, 720, 738, tram n°s 28E ou 25E - ✆ 213 91 32 70 - http://casafernandopessoa.pt - tlj sf dim. et j. fériés 10h-18h (dernière entrée 17h30) - 3 €.

Les admirateurs du poète, écrivain et merveilleux fabulateur **Fernando Pessoa** ne manqueront pas de visiter cette maison, située dans le quartier résidentiel **Campo de Ourique**. C'est dans l'une de ses chambres que le plus mythique des Lisboètes vécut les quinze dernières années de sa vie (1920-1935). Le lieu, aéré et composé de beaux volumes, a été totalement réaménagé dans un style moderne et fonctionnel. Les œuvres, les archives et d'émouvants objets ayant appartenu à l'écrivain (lunettes, carte d'identité, livres personnels, machine à écrire, etc.) y sont rassemblés. Lieu de recherche dédié à l'œuvre de Pessoa, cette maison dispose aussi d'une librairie remarquable consacrée à la poésie portugaise et étrangère, et d'un petit lieu d'exposition accueillant peintures, sculptures, installations vidéo ou performances. Les couloirs sont tapissés des poèmes et horoscopes des différents hétéronymes de l'auteur, qui était aussi

un spécialiste en sciences occultes! Agréable cour avec restaurant en terrasse.
Pour rejoindre le quartier de Lapa, revenez sur vos pas jusqu'à la rua Domingos Sequeira et prenez le tram n° 25E ou le bus n° 713 devant le jardim da Estrela.
Calme, chic et romantique, avec ses massifs de bougainvilliers débordant des murets, le **quartier de Lapa**, qui s'étend entre le Tage et Estrela, est lui aussi très vallonné. Il abrite de nombreuses ambassades, de vieilles résidences de l'aristocratie aux façades ornées d'azulejos, et quelques luxueux hôtels.

★★★ Museu Nacional de Arte Antiga Plan VI F

R. das Janelas Verdes, 9 - de Cais do Sodré, prenez les trams n°s 15E et 18E ou les bus n°s 732, 727, 713 ou 714 - ✆ 213 91 28 00 - www.museudearteantiga.pt - mar. 14h-18h, merc.-dim. 10h-18h - fermé j. fériés - 5 €, gratuit le 1er dim. du mois – Comptez au moins 2h.
Au sud du quartier de Lapa, dominant les docks et le Tage, le musée d'Art ancien occupe le palais des comtes d'Alvor (17e s.), qui devint par la suite propriété du marquis de Pombal, et une annexe moderne construite en 1940. Ses remarquables collections proviennent en partie de la confiscation des biens des couvents, lors de la suppression des ordres religieux en 1833. Elles réunissent des peintures, sculptures, arts décoratifs du 12e s. au début du 19e s., tous liés à l'histoire du Portugal : artistes portugais, peintres européens ayant vécu au Portugal, objets provenant des anciennes colonies portugaises.
Rez-de-chaussée – Il présente une riche collection de peintures européennes de la Renaissance au 19e s. L'une des pièces majeures est la fascinante **Tentation de saint Antoine**★★★ de Jérôme Bosch, œuvre de maturité où grouillent dans un décor infernal des êtres hybrides et oniriques mêlés à des représentations de faune, de flore et de figures humaines. Également : une ravissante Vierge à l'Enfant de Hans Memling, un saint Jérôme par Dürer, *La Vierge, l'Enfant et les Saints* par Hans Holbein le Vieux, et de nombreuses œuvres de Quentin Metsys. Une salle expose des portraits des **douze apôtres**★ dont sept de Zurbarán. Au même niveau sont également présentés les arts décoratifs et, de l'autre côté de la librairie, une collection de **mobilier** ; certaines pièces datent de l'époque des Grandes Découvertes.
1er étage – Un ensemble de précieux **paravents japonais**★★ illustrent l'arrivée des Portugais sur l'île de Tanegashima en 1543 (*voir « Les Grandes Découvertes », p. 94*). Les Japonais appelaient les Portugais les *Nambanajin* (Barbares du Sud), et cet art est qualifié d'art *namban*. Chaque paravent, constitué de six panneaux articulés, est un magnifique document sur la vision des Japonais fascinés par les longs nez des Portugais, leurs grosses moustaches, leurs pantalons bouffants et la peau noire de certains marins. Les deux paravents attribués à Kano Domi illustrent le débarquement des marchandises et le cortège des Portugais apportant des cadeaux dans les rues de Nagasaki. Les deux autres, attribués à Kano Naizen, évoquent le départ de Goa et l'arrivée au Japon ; l'auteur japonais, ignorant tout de l'Inde, y a représenté une architecture chinoise.

12 Moines cisterciens d'Alcobaça
13 Pêcheurs et pilotes

Fleuron de la riche collection d'orfèvrerie et d'argenterie du musée, l'**ostensoir du monastère de Belém** (1506), attribué à Gil Vicente, aurait été exécuté avec l'or rapporté des Indes par Vasco de Gama.

2e étage – Parmi les pièces maîtresses du musée, les panneaux du polyptyque de l'**Adoration de saint Vincent★★★**, peint entre 1460 et 1470 par Nuno Gonçalves, ont été découverts en 1882 dans les combles du monastère São Vicente de Fora. Ils constituent un précieux document sur la société portugaise de l'époque. On y reconnaît, autour de saint Vincent, patron du Portugal, différents groupes sociaux : princes, prélats, chevaliers, moines et marins. L'exécution est remarquable par le flamboiement des couleurs et le réalisme des expressions. Sa facture évoque l'art de la tapisserie du 15e s.

Au 2e étage également, la collection de **primitifs portugais★★** donne un aperçu très complet de l'évolution d'une école de peinture encore très marquée, au début du 16e s., par l'influence flamande (Francisco Henriques et Frei Carlos). La génération suivante, celle de Cristóvão de Figueiredo et de Garcia Fernandes, se montrera sensible au maniérisme italien.

Bon à savoir – La cafétéria du musée s'ouvre sur les jardins et la très belle **terrasse★★** surplombant le Tage ; restaurant installé dans un agréable patio.

Remontez la rua das Janelas Verdes puis la rua Santos-o-Velho sur 500 m.

Museu da Marioneta Plan VI F

Convento das Bernardas - r. da Esperança, 146 - bus nos 713, 714, 727, tram n° 25E - 213 94 28 10 - www.museudamarioneta.pt - tlj sf lun. et j. fériés 10h-13h, 14h-18h (dernière entrée 30mn av. fermeture) - 5 € (enf. 3 €), gratuit dim. 10h-14h.

Installé dans un couvent cistercien, il expose des marionnettes traditionnelles réalisées par la compagnie de São Lourenço et quelques modèles anciens.

Plus à l'ouest s'étend le quartier d'Alcântara, coincé entre les docks réaménagés et les échangeurs routiers à hauteur du pont du 25-Avril.

1

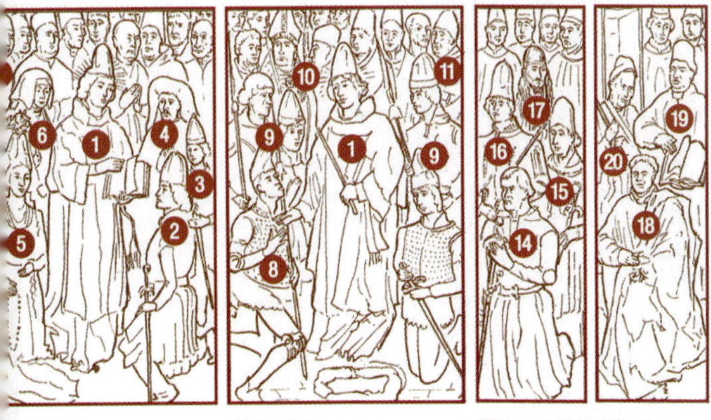

Saint Vincent
Le roi Alphonse V
Le prince Jean, futur Jean II
L'infant Henri le Navigateur
La reine Isabelle
Isabelle d'Aragon, sa mère
Nuno Gonçalves

1 Saint Vincent
8 Le prince Ferdinand
9 Chevaliers
10 L'archevêque de Lisbonne entouré de deux chanoines
11 Le chroniqueur Gomes Eanes de Azurara

14 Fernando, 2e duc de Bragance
15 Fernando, son fils aîné
16 João, son fils cadet
17 Chevalier maure
18 Ecclésiastique présentant l'os du crâne de Saint Vincent
19 Juif
20 Mendiant devant le cercueil du Saint

Le polyptyque de l'Adoration de saint Vincent.

Entre fleuve et Océan : la mer de Paille

Sa baie fluviale de 11 km de largeur fait de Lisbonne le plus beau port naturel du Portugal. Le Tage, surnommé « mer de Paille » pour ses reflets dorés au coucher du soleil, forme une sorte de vaste lac intérieur, dont la ville contrôle la sortie vers l'Océan.

LISBONNE, VILLE PORTUAIRE

Son port fait de Lisbonne l'une des principales escales maritimes d'Europe. Son trafic (plus de 10 millions de tonnes par an) consiste surtout en marchandises lourdes et en conteneurs ; c'est aussi un port d'exportation de produits agricoles (vin et liège).

De nombreux paquebots font escale à Lisbonne, devenu le premier port atlantique européen. Les ports de voyageurs, avec un trafic annuel de 500 000 passagers, sont situés à Rocha do Conde de Óbidos, Alcântara et Santa Apolónia (croisières). Les promenades sur le Tage permettent d'admirer la ville et d'avoir un bon aperçu du trafic portuaire *(voir « Arriver/partir », p. 185)*. Les gabares, barques légères de type vénitien à grande voile triangulaire blanche, ont quasiment disparu. En été, des **excursions en bateau** sont proposées le long de la côte *(voir « Visite », p. 188)*.

LES PONTS DE LISBONNE

★ **Ponte 25 de Abril** – Avant son inauguration en 1966, aucun pont ne franchissait le Tage en aval de Vila Franca de Xira. Après la révolution des Œillets de 1974, le pont Salazar fut vite rebaptisé pont du 25-Avril. D'une longueur totale de 2 278 m, le pont, dont le tablier est suspendu 70 m au-dessus des eaux, est supporté par deux pylônes, d'une hauteur de 190 m. En 1999, une voie ferrée fixée sous le tablier routier a été inaugurée. Cet axe ferroviaire relie sept gares de banlieue entre Entrecampos et Fogueteiro sur 21 km. Prendre le pont dans le sens sud-nord permet de bénéficier d'une **vue**★★ panoramique sur la ville, de Belém jusqu'au château São Jorge.

★★ **Ponte Vasco-de-Gama** – Destiné à alléger le trafic du pont du 25-Avril, le majestueux pont routier Vasco-de-Gama fut construit entre 1995 et 1998. Long de 18 km, il franchit le Tage entre Sacavém et Montijo, créant une liaison directe entre le nord et le sud du pays en évitant le centre de Lisbonne. Les deux tiers du parcours ascendant et descendant s'effectuent au-dessus de l'eau, qui reste visible en permanence. Dans sa partie la plus basse, en regardant les rives au loin, on a l'illusion de rouler sur l'Océan. Ce bel ouvrage d'architecture est constitué de plusieurs travées qui s'appuient sur des piliers pouvant atteindre 150 m de hauteur, enterrés jusqu'à 95 m de profondeur. La hauteur du tablier varie de 14 à 30 m pour permettre la navigation.

LES BERGES DU FLEUVE

À la toute fin du 20ᵉ s., la capitale redécouvre sa rive en amont, avec l'aménagement du site jouxtant l'Exposition universelle de 1998 (le Parc des Nations autour des **Docas dos Olivais** ; *voir p. 164*) et la construction du majestueux **pont Vasco-de-Gama**. Plus haut vers le nord, en direction de Vila Franca de Xira, s'étend une longue zone industrielle. Cependant, les principaux quartiers industriels sont situés sur la rive sud du Tage, du côté de Barreiro.

7 Le long du Tage Plans I (p. 128-129), II (p. 130-131) et VII (p. 162)

Cité océanique située sur un « finistère » aux confins de l'Europe, la capitale de la province de l'Estrémadure (qui signifie « extrémité ») a le regard tourné vers le large. À l'image de sa rivale Porto, la vie quotidienne est pourtant d'abord rythmée par le fleuve. La vieille ville est lovée sur la rive droite du fleuve, à 15 km de l'Atlantique.

EN AVAL DU TAGE

Circuit 7 tracé en vert sur les Plans I (p. 128-129) et II (p. 130-131) – Comptez une journée.

À l'ouest de la praça do Comércio Plan I BC3 et plan II F3

Comptez une demi-journée avec la visite des musées.

La ville basse s'ouvre directement sur le fleuve à la **praça do Comércio** *(voir p. 136)*. De là, la ribeira das Naus récemment réhabilitée offre une agréable promenade pour rallier la gare de **Cais do Sodré**, avec son entrée de style Art déco et ses entrepôts transformés en bars et restaurants. Au-delà de Cais do Sodré, économisez vos forces et rejoignez le Museu do Oriente en bus *(nos 728, 732 ou 760)* ou en tramway *(15E ou 18E)*.

1

Docas – Entre Cais do Sodré et le pont du 25-Avril s'alignent les docks de Santos, puis ceux d'**Alcântara** et de **Santo Amaro**. Ces derniers sont devenus un lieu à la mode : les entrepôts, restaurés et aménagés, abritent désormais des bars et restaurants avec terrasses, quelques boutiques, des discothèques et des équipements culturels.

★★ Museu do Oriente Plan I B3

Av. Brasilia, Doca de Alcântara Norte - accès par les trams nos 15E ou 18E, les bus nos 728, 732, 760 ou la ligne de train de Cascais, station Alcântara Mar - ☏ 213 58 52 00 - www.museudooriente.pt - tlj sf lun. 10h-18h (vend. 22h) - 6 €, gratuit vend. 18h-22h - possibilité de visite guidée 7 € (vend. soir 3 €).

Bon à savoir – Vous pourrez traverser la voie ferrée à la gare d'Alcantâra Mar ou par le pont de l'avenida Infante Santo.

Inauguré en 2008 dans les **docks d'Alcântara**, ce vaste espace culturel de la Fundação Oriente est installé dans les anciens entrepôts frigorifiques destinés au stockage de la morue. Le musée de l'Orient, consacré aux **arts asiatiques,** témoigne des contacts anciens et prolongés des Portugais avec les confins du monde de l'époque. Sur deux étages sont présentés céramiques et porcelaines chinoises, mobilier indo-portugais, textiles, peintures, argenterie, etc., rapportés des Indes, de Chine et du Japon principalement. Un bel ensemble de laques birmanes, des coffrets de Ceylan en ivoire ouvragé, des statuettes votives du Timor dressent une carte impressionnante des périples portugais en Extrême-Orient.

La collection **Kwok On** présente un important fonds d'arts populaires liés à la musique, au théâtre et aux fêtes traditionnelles (instruments, marionnettes et masques du théâtre d'ombre notamment). Expositions temporaires, centre de documentation, auditorium et restaurant.

Empruntez le souterrain investi par les artistes de street art qui va vers la gare d'Alcântara, puis la rua da Cozinha Económica. Prenez à gauche la rua Rodrigues de Faria.

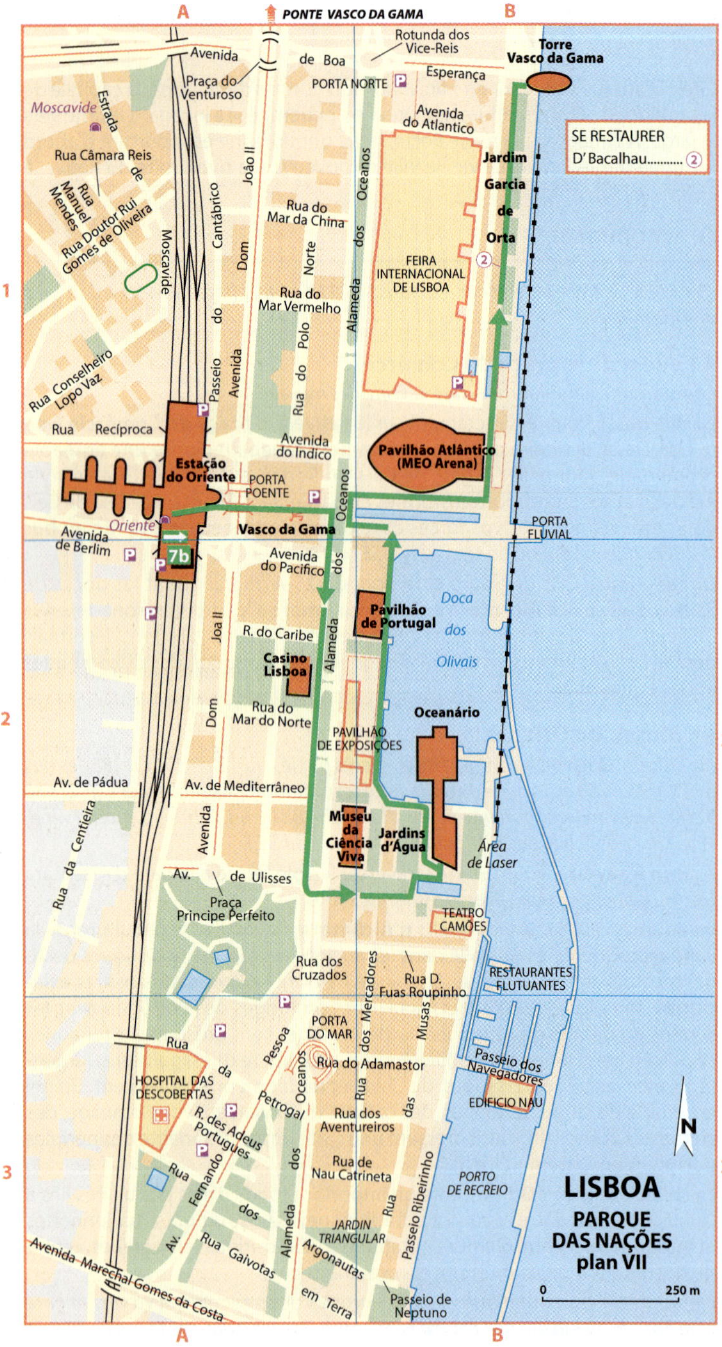
PONTE VASCO DA GAMA
A
B
1
2
3
Rotunda dos Vice-Reis
Torre Vasco da Gama
Avenida de Boa Esperança
Praça do Venturoso
PORTA NORTE
Avenida do Atlantico
Moscavide
Estrada de Moscavide
Rua Câmara Reis
Rua Manuel Mendes
Rua Doutor Rui Gomes de Oliveira
SE RESTAURER
D' Bacalhau........... 2
Jardim Garcia de Orta
Dom João II
Passeio do Cantábrico
Rua do Mar da China
Alameda dos Oceanos
FEIRA INTERNACIONAL DE LISBOA
Rua do Mar Vermelho
Rua do Polo Norte
Rua Conselheiro Lopo Vaz
Rua Recíproca
Avenida do Indico
Pavilhão Atlântico (MEO Arena)
Estação do Oriente
PORTA POENTE
Oriente
Avenida de Berlim
Vasco da Gama
PORTA FLUVIAL
7b
Avenida do Pacifico
Pavilhão de Portugal
Doca dos Olivais
R. do Caribe
Casino Lisboa
Oceanário
Rua do Mar do Norte
PAVILHÃO DE EXPOSIÇÕES
Av. de Pádua
Av. de Mediterrâneo
Museu da Ciência Viva
Jardins d'Água
Área de Laser
Rua da Centieira
Av. de Ulisses
Praça Principe Perfeito
TEATRO CAMÕES
Rua dos Cruzados
Rua D. Fuas Roupinho
RESTAURANTES FLUTUANTES
PORTA DO MAR
Rua dos Mercadores
Rua das Musas
Rua da Pessoa
Rua da Petrogal
Rua do Adamastor
Passeio dos Navegadores
HOSPITAL DAS DESCOBERTAS
EDIFICIO NAU
R. des Adeus Portugues
Rua dos Aventureiros
N
Rua de Nau Catrineta
PORTO DE RECREIO
Av. Fernando Pessoa
Rua dos Argonautas
Rua Gaivotas em Terra
JARDIM TRIANGULAR
Passeio Ribeirinho
Alameda dos Oceanos
Avenida Marechal Gomes da Costa
Passeio de Neptuno
LISBOA
PARQUE DAS NAÇÕES
plan VII
0
250 m

LX Factory Plan I B3
R. Rodrigues de Faria, 103 - tram n° 15E, bus nos 714, 727, 732 et 742 - ✆ 213 14 33 99 - www.lxfactory.com.
Cette ancienne imprimerie et manufacture textile du 19e s. réhabilitée attire aujourd'hui artistes, stylistes, designers et auto-entrepreneurs. Des restaurants au décor sophistiqué achèvent de faire de l'endroit l'un des pôles de la vie nocturne lisboète. Petit marché aux puces *(dim. 11h-18h).*
En sortant, prenez à gauche pour rallier la rua 1° de Maio. Le Museu da Carris se trouve sous le Ponte 25 de Abril.

Museu da Carris Plan I B3
R. 1° de Maio, 101/103 - tram n° 15E, bus nos 714, 727, 732 et 742 - ✆ 213 61 30 87 - http://museu.carris.pt - tlj sf dim. 10h-18h (dernière entrée 17h30) - 3 €.
À deux pas de la LX Factory, l'intéressant musée de Carris, la compagnie des transports urbains de Lisbonne, fait aussi office de hangar à tramways. De la carriole à cheval aux engins contemporains, retour sur un siècle et demi d'histoire des transports en commun. Une partie de la visite se fait à bord d'un vieux tram électrique.
Derrière le hangar, le **Village Underground** *(www.vulisboa.com)* est un espace de *coworking* doté d'un café, le tout construit avec des containers empilés et des bus à impériale.
Reprendre la rue principale, dir. Belém, sur env. 200 m.

1

★ **Casa Macau - Centro Científico e Cultural** Plan I B3
R. da Junqueira, 30 - tram n° 15E, bus nos 714, 727, 732 ou 751 - ✆ 213 61 75 70 - www.cccm.pt - tlj sf lun. et j. fériés 10h-18h - 3 €, gratuit 1er dim. du mois.
Ce centre a été inauguré en 1999, au moment de la rétrocession de Macao à la Chine. Dès la seconde moitié du 16e s., Macao fut une enclave portugaise en Chine, un trait d'union entre les civilisations d'Occident et d'Asie orientale.
Au rez-de-chaussée, le musée retrace de façon vivante et dynamique l'histoire étonnante du contact entre les Portugais et ce port chinois. Admirez la présentation des modèles de navires, notamment le fameux *Nau do Trato*, un navire de charge de longue distance employé dans le commerce entre Macao et le Japon.
Le 1er étage expose un nombre impressionnant de très belles **céramiques★★**, terres cuites, grès et porcelaines chinoises réunis par le collectionneur António Sagape. Remarquez aussi la panoplie d'objets utilisés par les fumeurs d'opium, ainsi que les étonnantes œuvres d'art chinoises adaptées aux canons occidentaux : laques, éventails, peintures, plats et objets en ivoire. Également une importante collection de monnaies chinoises, de la préhistoire à nos jours. Petite boutique et cafétéria.
De là, vous rejoindrez le quartier de Belém (voir p. 166) en 20mn à pied.

★★ **EN AMONT DU TAGE : PARQUE DAS NAÇÕES** Plan I D1 et plan VII

Circuit 7 bis tracé en vert sur le Plan VII (p. 162) – Comptez une demi-journée. M° Oriente - www.portaldasnacoes.pt.
Téléphérique – *✆ 218 95 61 43 - juin-sept. : 10h30-20h ; mars-mai et oct. : 11h-19h ; nov.-fév. : 11h-18h - 3,95 € AS ; 5,90 € AR.* Il longe les quais du Parc des Nations sur plus d'un kilomètre, juste au-dessus du fleuve : une façon originale et agréable de contempler le parc sans se fatiguer ou d'admirer le pont Vasco-da-Gama et le coucher du soleil sur la « mer de Paille ».
Malgré des prix assez élevés, le Parc des Nations est devenu un espace de

promenade et de divertissement, avec ses attractions et lieux de spectacle, ses bars et restaurants, ses jardins et sa vaste zone piétonne. Le site s'ouvre largement sur le fleuve et accorde une place privilégiée aux espaces verts et aux jardins. Une vingtaine d'œuvres d'artistes contemporains portugais et étrangers parsèment le parc. De nombreux pavements décoratifs égaient les sols, tels ceux de Fernando Conduto devant le Rossio dos Olivais, ou de Pedro Proença à côté de l'Oceanário.

En soirée, le parc reste animé, surtout l'été : concerts en plein air, notamment sur les scènes du **quai des Olivais** ou au pavillon de l'Atlantique, présence de nombreux bars et restaurants, parmi lesquels, près du jardim Garcia da Orta, le Peter Café Sport, cousin du célèbre café du même nom situé aux Açores.

Casino Lisboa – *Alameda dos Oceanos - ✆ 218 92 90 00 - www.casino-lisboa.pt - dim.-jeu. 15h-3h, vend., sam. et veilles de fêtes 16h-4h - fermé 25 déc.* Aménagé sur trois niveaux dans l'ancien pavillon du Futur, il offre plusieurs restaurants, des cafés lounge et un bar panoramique. Son Auditório dos Oceanos (600 places) accueille divers spectacles.

UN AMÉNAGEMENT CONTEMPORAIN

Transformé en parc de loisirs du 21e s., le site de l'Exposition universelle de 1998 s'étend sur 60 ha au nord-est de la ville, sur les berges du Tage aux abords du doca dos Olivais. Il s'insère dans une opération urbanistique de vaste envergure : le réaménagement de la partie orientale de la ville et la revitalisation des berges du Tage. Sur une zone industrielle jadis polluée, une véritable ville nouvelle est sortie de terre en quelques années. Se développant sur 340 ha et 5 km de rives, elle comprend des immeubles résidentiels, des bureaux, des commerces, un port de plaisance et des jardins. Elle bénéficie d'équipements ultramodernes et utilise des moyens de transport non polluants (électriques notamment). Cette ville futuriste, dont l'aménagement devrait se poursuivre jusque vers 2020, est desservie par le **pont Vasco-de-Gama** et par l'**Estação do Oriente★** (gare d'Orient). Cette grande gare multimodale (trains, métro et gare routière), œuvre de l'architecte espagnol Santiago Calatrava, est recouverte d'une structure arborescente de verre et d'acier évoquant une succession de vagues. Dans le **centre commercial Vasco-de-Gama** qui la jouxte, les verrières sur lesquelles coule de l'eau fraîche font office de climatisation et diffusent une agréable lumière aquatique, ondulante *(voir « Achats », p. 200)*.

L'Estação do Oriente, œuvre de l'architecte espagnol Santiago Calatrava.
M. Abreu / John Warburton-Lee / Photononstop / ADAGP, Paris 2016

★★ Oceanário de Lisboa Plan VII B2

Esplanada Dom Carlos I - ✆ 218 91 70 02 - www.oceanario.pt - 10h-19h (20h en été) - dernière entrée 1h av. fermeture - fermé 1er janv. et 25 déc. matin - 13 € (–12 ans 9 €) – Comptez 2h.

Vedette incontestée de l'Exposition universelle de 1998, le plus grand aquarium d'Europe (au moment de son inauguration), conçu par l'architecte américain Peter Chermayeff, tient à la fois du musée et du parc océanographique. Il abrite près de 8 000 organismes marins, animaux et plantes confondus. Les cinq bassins principaux restituent les écosystèmes biogéographiques des océans Arctique, Indien, Pacifique et Atlantique. Plongée directe dans la variété et la richesse des univers marins : dès l'entrée, la vue, mais aussi l'ouïe et l'odorat sont sollicités. Vous ne contemplez pas un aquarium, ce sont la mer et les poissons qui évoluent autour de vous dans un formidable ballet aquatique. Dans l'énorme bassin central de 7 000 m^3 d'eau de mer (soit quatre piscines olympiques !), cohabitent en bonne harmonie les raies impressionnantes, les inquiétants requins, les grands bancs de maquereaux ou de chinchards, etc. Le parcours, tantôt émergé, tantôt immergé, permet d'assister au plongeon des manchots de l'Antarctique et de suivre leurs évolutions terrestres ou sous-marines ; dans la zone pacifique tempérée, les loutres de mer se prélassent telles des starlettes ; les récifs coralliens des eaux tropicales produisent une explosion de couleurs…

Ce gigantesque laboratoire d'étude de la faune des mers du globe est aussi une institution vouée à la protection du monde aquatique. Au 2e étage de l'Edifício do Mar, un parcours aquatique propose des expositions temporaires d'envergure.

1

★ Jardins d'Água Plan VII B2

Dans cet espace ludique placé sous le thème de l'eau, des passerelles de bois font circuler les visiteurs sur un bassin, parmi les bambous et divers appareillages servant à recueillir l'eau – noria, vis sans fin, hydrolienne –, pour la plus grande joie des enfants. Les jardins se prolongent tout au long de l'Alameda dos Océanos avec des sculptures coniques recouvertes de céramiques aux couleurs vives et ruisselant d'eau.

Les pavillons Plan VII AB1-2

Les grands pavillons de l'Exposition universelle, représentatifs de l'architecture contemporaine, ont désormais des contenus et des fonctions différents.

Museu da Ciência Viva (Plan VII AB2) – *Alameda dos Oceanos - ✆ 218 91 71 00 - www.pavconhecimento.pt - mar.-vend. 10h-18h, w.-end et j. fériés 11h-19h - fermé 1er janv., 24, 25 et 31 déc. - 8 €.* Installé dans l'ancien **Pavilhão**

do Conhecimento (pavillon de la Connaissance), ce musée interactif des sciences et des nouvelles technologies présente des expositions thématiques et temporaires, toujours orientées « jeune public ».
Pavilhão do Portugal (Plan VII B2) – Avec sa dalle de béton incurvée, il fut conçu par le célèbre architecte portugais Álvaro Siza et sert (très) ponctuellement d'espace d'exposition, en attendant sa réaffectation.
Pavilhão Atlântico (ou MEO Arena) (Plan VII B1) – *Rossio dos Olivais - ✆ 218 91 84 09 - http://arena.meo.pt.* Impressionnant bâtiment en forme de carène renversée, le **pavillon de l'Atlantique** peut recevoir jusqu'à 20 000 spectateurs et accueille des épreuves sportives, des concerts, des expositions et des congrès.

★ Jardim Garcia de Orta Plan VII B1

Ce plaisant jardin porte le nom d'un médecin du 16e s. qui étudia et classa les plantes asiatiques. Sa végétation est originaire des régions visitées par les Portugais à l'époque des Grandes Découvertes.

Torre Vasco de Gama Plan VII B1

Tout au nord du parc, la tour était à l'origine un belvédère offrant des vues panoramiques sur l'ensemble du site et du quartier, ainsi que sur l'estuaire du Tage. Elle accueille un hôtel de luxe, le Myriad.

8 ★★ Belém Plan VIII (ci-contre)

Circuit 8 tracé en vert sur le Plan VIII (ci-contre) – Comptez une journée. Tram n° 15E (Praça do Comércio), bus nos 728, 714 et 751.
Un parfum de grand large flotte encore sur Belém : embarquement pour le rêve et l'imaginaire d'outre-mer. « Bethléem » (en portugais) fut le port d'attache des vaisseaux portugais qui, dès le 15e s., se lancèrent sur les mers inconnues, à la découverte de terres à conquérir et à convertir, et à la recherche de nouvelles richesses. Les chefs-d'œuvre du monastère des Hiéronymites et de la tour de Belém, matrice de l'art manuélin, marquent l'apogée de l'histoire portugaise. Mais ce quartier historiquement tourné vers les horizons lointains est aussi résolument ancré dans le 21e s. grâce notamment au CCB, un vaste centre culturel, en partie dédié à l'art contemporain.

★★★ Mosteiro dos Jerónimos (Monastère des Hiéronymites)

Praça do Império - ✆ 213 62 00 34 - www.mosteirojeronimos.pt.
L'ensemble architectural a été inscrit au **Patrimoine mondial de l'Unesco**. Sur l'emplacement d'un ermitage fondé par Henri le Navigateur, le roi Manuel entreprit en 1502 de bâtir ce magnifique monastère destiné aux **hiéronymites** (moines de l'ordre de St-Jérôme), et considéré aujourd'hui comme la pièce maîtresse de l'art manuélin. Cet art glorifiait les Grandes Découvertes : Vasco de Gama rentrait des Indes et ses caravelles avaient accosté dans le port de Restelo, près de Belém. Bénéficiant de l'afflux de richesses à Lisbonne, les architectes purent se lancer dans une œuvre de grande envergure. Le Français Boytac adopta le style gothique, mais, après 1517, ses successeurs le modifièrent et y ajoutèrent l'appareil ornemental caractéristique du style manuélin où se mêlent diverses influences. João de Castilho, d'origine espagnole, donna à la décoration une tournure plateresque ; le Français Nicolas Chanterene développa les thèmes de la Renaissance ; Diogo de Torralva et Jérôme de Rouen (fin 16e s.) apportèrent une note de classicisme.
La beauté du bâtiment tient aussi à la qualité de sa pierre douce et claire, qui se laisse ciseler. Admirez notamment la richesse et la profusion des moulures : motifs marins (chaînes d'ancre, méduses, algues chevelues, coquillages, coraux,

cordages, etc.), fleurs de pavot, artichauts, têtes de Nègres et têtes de navigateurs, feuilles, grappes, ananas, sphères armillaires, grotesques Renaissance, etc. Seuls les bâtiments ajoutés au 19e s. à l'ouest du clocher affectent quelque peu l'harmonie architecturale de cet ensemble.

★★★ **Igreja de Santa Maria** – *Lun.-sam. 10h30-18h30, dim. 13h30-18h30 - gratuit.* Le **portail latéral sud**, œuvre de Boytac et de João de Castilho, présente un foisonnement de gâbles, de pinacles et de niches abritant des statues. Il est couronné par un dais surmonté de la croix des chevaliers du Christ. Le trumeau est orné de la statue d'Henri le Navigateur et le tympan décoré de deux bas-reliefs illustrant la vie de saint Jérôme. De part et d'autre du portail, admirez les fenêtres décorées de riches moulures.

Le **portail ouest**, sous le porche (construit au 19e s.) qui mène au cloître, fut réalisé par Nicolas Chanterene. Il est orné de très belles statues, notamment celles du roi Manuel et de sa seconde épouse, Marie d'Aragon, présentés par leurs patrons. Au-dessus du portail, on reconnaît les scènes de l'Annonciation, de la Nativité et de l'Adoration des Mages.

L'**intérieur** surprend par la hardiesse de la **voûte**★★ en étoile, soutenue par des gerbes d'ogives jaillissant des piliers octogonaux et se ramifiant à l'infini ; elle a d'ailleurs résisté au tremblement de terre de 1755 en dépit de la légèreté de ses piliers. La nef centrale et les collatéraux, de même hauteur, forment une église-halle. La décoration des piliers, ainsi que la magnifique voûte surmontant la croisée du transept, est due à João de Castilho. Les bras du transept, de style baroque, érigés par Jérôme de Rouen, fils de Jean de Rouen, renferment plusieurs tombeaux d'infants. Dans le chœur, reconstruit

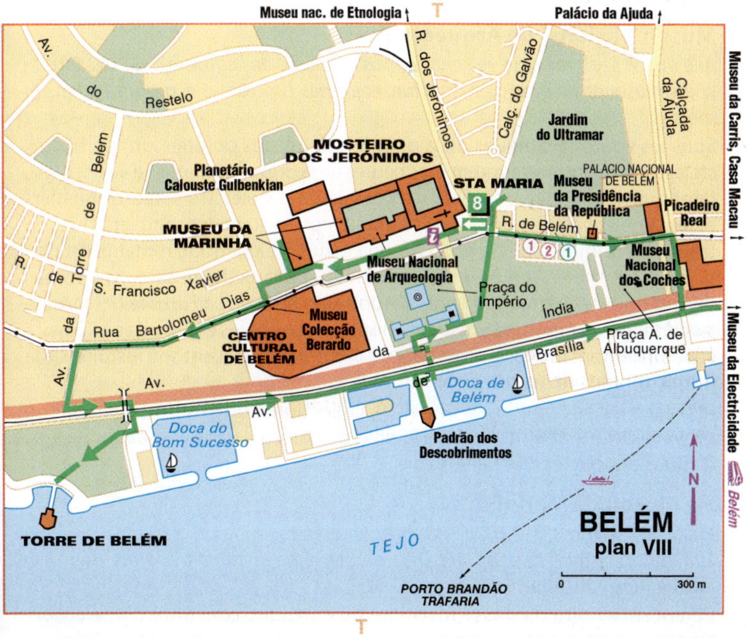

SE LOGER	SE RESTAURER
Residencial Setubalense ①	Enoteca de Belém ①
	O Caseiro ②

à l'époque classique, on voit un tabernacle en argent du 17e s. ainsi que les tombeaux des rois Manuel Ier et Jean III et de leurs épouses. Sous la tribune du *coro alto*, à l'entrée de l'église, se trouvent les tombeaux néomanuélins de Vasco da Gama et de Camões, dont le gisant est couronné de lauriers.

La **sacristie** *(au fond du collatéral gauche - 1 €)* illustre un cycle de peintures du début du 16e s. représentant la vie de saint Jérôme, au-dessus du somptueux chapier de bois (16e s. également) où l'on remisait les vêtements liturgiques. La **voûte★**, superbe, est soutenue par un pilier central s'évasant en une corolle de nervures qui forment des ondulations reprises jusqu'aux trompes d'angle.

★★★ **Cloître** – *Tlj sf lun. 10h-17h30 (mai-sept. 8h30) - dernière entrée 1h av. fermeture - 10 €; 12 € billet combiné avec la tour de Belém et 16 € avec, en plus, le musée d'Archéologie, gratuit 1er dim. du mois.* Ce chef-d'œuvre de l'art manuélin est d'une richesse sculpturale éblouissante. La pierre revêt en fin d'après-midi une chaude teinte dorée. Quadrilatère de 55 m de côté, le cloître comprend deux étages. L'étage inférieur, œuvre de Boytac, est percé de larges arcades dont les remplages prennent appui sur de fines colonnettes. Leur décoration s'inspire du gothique finissant et de la Renaissance. L'étage supérieur a été érigé par João de Castilho dans un style moins exubérant.

La **salle capitulaire** conserve le tombeau de l'écrivain Alexandre Herculano. Juste à côté se dresse la modeste tombe de Fernando Pessoa. Le réfectoire des moines, donnant sur la galerie ouest, est couvert de voûtes à liernes et tiercerons *(voir illustration p. 85)*.

Un escalier mène au *coro alto* de l'église, découvrant une autre perspective sur les voûtes. Les élégantes stalles Renaissance en érable sont l'œuvre de Diogo de Carça.

Museu Nacional de Arqueologia

Aile du 19e s. du monastère - entrée sous le porche de l'église - ✆ 213 62 00 00 - www.museuarqueologia.pt - tlj sf lun. et j. fériés 10h-18h - 5 €, gratuit 1er dim. du mois.

Sous les voûtes gothiques de la grande galerie, des poteries, armes, bijoux, stèles, etc., évoquent les premières heures de la présence humaine au Portugal. L'époque mégalithique est illustrée par quelques stèles, trois statues-menhirs et les curieux *berrões* (sculptures en granit représentant des sangliers) que l'on trouve en nombre dans le nord-est du Portugal. La période romaine est particulièrement bien représentée; outre les panneaux de mosaïques à scènes mythologiques, remarquez une statuette en bronze, *La Fortune* (1er s.), et le sarcophage en marbre d'une petite fille (3e s.). Les salles consacrées à l'Égypte sont également intéressantes : plus de 500 objets retracent son histoire, de la préhistoire à l'ère gréco-romaine.

★ **Trésor** – Il se compose d'une riche collection d'orfèvrerie préhistorique provenant de différents lieux de fouilles du Portugal : magnifiques bracelets, torques et boucles d'oreilles en or.

★★ Museu da Marinha

Praça do Império - ✆ 213 97 73 88 - http://museu.marinha.pt - mai-sept. : tlj sf lun. 10h-18h; oct.-avr. : tlj sf lun. 10h-17h (dernière entrée 30mn av. fermeture) - 5 €, gratuit dim. 10h-14h et le 20 mai.

Ce conservatoire du passé maritime du Portugal, constitué d'une collection exceptionnelle de **maquettes★★★** d'embarcations de différentes époques, est installé de part et d'autre de l'esplanade du **planétarium Calouste-Gulbenkian**, dans deux bâtiments distincts : l'aile ouest du monastère des Hiéronymites et le pavillon des Galiotes, moderne.

Bâtiment principal – Le hall d'entrée est occupé par des statues géantes en grès de personnages historiques, dont Henri le Navigateur. Au rez-de-chaussée, dans l'immense salle en équerre consacrée aux découvertes et à la marine militaire du 15e au 18e s., des cartes anciennes et des maquettes très fidèles de vaisseaux (*Príncipe da Beira*, 18e s.), nefs, caravelles et frégates voisinent avec des figures de proue et des instruments de navigation, dont des astrolabes du 15e s. La marine de guerre des 19e et 20e s. est aussi représentée (modèles réduits de canonnières, frégates et corvettes, sous-marins modernes). La marine de pêche des différentes régions du Portugal (collection Henrique Seixas) montre la diversité des bateaux qui opéraient naguère dans les estuaires ou le long du littoral. Dans la dernière salle, on a reconstitué le luxueux appartement royal du yacht *Amélia* (fin 19e s.).

La sortie donne sur le pavillon des Galiotes.

Pavilhão das Galeotas (Pavillon des Galiotes) – Il abrite un ensemble de magnifiques galiotes d'apparat. L'embarcation la plus remarquable par sa décoration, due à l'ornemaniste français Pillement, est le brigantin royal construit en 1778 pour les noces du futur roi Jean VI. On y découvre également le *Santa Cruz*, hydravion dans lequel Sacadura Cabral et Gago Coutinho réalisèrent la première traversée de l'Atlantique sud en juin 1922.

AVENIDA MARGINAL

Importante artère de circulation et voie rapide très meurtrière, celle que les Lisboètes appellent « avenue Marginale » (avenue des Berges) longe le Tage de Lisbonne à Estoril. Jusqu'à Belém, elle emprunte les noms successifs d'avenida 24 de Julho, avenida da Índia, puis avenida de Brasília. Au-delà de Belém, l'urbanisation a grignoté la rive jusqu'à Cascais.

1

Planetário Calouste-Gulbenkian

Praça do Império - ✆ 213 62 00 02 - http://planetario.marinha.pt - mar.-vend. et dim. 9h30-12h, 13h45-16h, sam. 13h45-16h30 - 5 € (enf. et 1er dim. du mois 2,50 €).

Vision du ciel étoilé du Portugal, voyage imaginaire à travers les planètes, visite de la Lune, passage par la région polaire avec projections diverses, éclipses de Lune et de Soleil figurent parmi les documents audiovisuels proposés par le planétarium.

★ Centro Cultural de Belém (CCB)

Praça do Império - tram n° 15E, bus nos 728, 714, 727, 729 ou 751 - ✆ 213 61 24 00 - www.ccb.pt - lun.-vend. 8h-20h, w.-end et j. fériés 10h-18h.

En face de l'exubérant monastère des Hiéronymites et construit dans le même calcaire brut, cet immense bâtiment, conçu en 1993 par les architectes Vittorio Gregotti et Manuel Salgado, tranche par son caractère massif et ses lignes sobres. Il joue un rôle de premier plan dans la vie culturelle de Lisbonne. L'ensemble (97 000 m^2 !) comprend un centre de congrès, deux salles de spectacle à la programmation variée (musique, théâtre et danse), d'agréables jardins, ainsi que plusieurs bars, des boutiques, un restaurant et une cafétéria dont la terrasse donne sur le Tage, et surtout le prestigieux musée Berardo.

★★ **Museu-Colecção Berardo** - *✆ 213 61 28 78 - www.museuberardo.pt - tlj sf lun. 10h-19h - gratuit.* Ce musée installé depuis 2007 au cœur du centre culturel présente par rotation une partie de la richissime collection du milliardaire madérien Joe Berardo. Cette collection exceptionnelle d'**art moderne et contemporain** est représentative des principaux mouvements européens et américains du 20e s. et du 21e s. naissant, grâce à des acquisitions permanentes. À l'entrée, on est accueilli par *Néctar* (2006), une œuvre de Joanna Vasconcelos inspirée du *Porte-bouteilles* géant de Marcel Duchamp. Puis, un parcours historique et thématique (abstraction, figuration, surréalisme, Pop Art, hyperréalisme, art minimal, art conceptuel) permet de découvrir des œuvres de Picasso, Dalí *(Téléphone blanc aphrodisiaque)*, Max Ernst, Mondrian, Francis Bacon *(Œdipe et le Sphinx)*, René Magritte, Henry Moore, Man Ray, Jackson Pollock, Andy Warhol *(Ten Foot Flowers)*, Keith Haring… Le site accueille également des expositions temporaires d'arts plastiques, d'architecture et de photos, modernes et contemporaines.

Garagem Sul - *✆ 213 61 26 50 - tlj sf lun. 10h-18h (dernière entrée 30mn av. fermeture) - 4 €.* Par un escalier qui ressemble en effet à une entrée de garage, on pénètre dans cet espace d'expositions temporaires, inauguré en 2013 et exclusivement dédié à l'architecture contemporaine.

Prenez la rua Bartolomeu Dias, puis à gauche l'avenida da Torre de Belém pour traverser la voie ferrée.

★★★ Torre de Belém

Av. de Brasília - tram n° 15E, bus nos 714, 727, 728, 729 ou 751 - ✆ 213 62 00 34 - www.torrebelem.pt - mai-sept. : tlj sf lun. 10h-18h30 ; oct.-avr. : tlj sf lun. 10h-17h30 (dernière entrée 30mn av. fermeture) - 6 € ; 12 € billet combiné avec le cloître des Hiéronymites, gratuit 1er dim. du mois.

Inscrit au patrimoine mondial de l'Unesco en même temps que le monastère des Hiéronymites, ce lieu de ralliement symbolique, forteresse-joyau dressée tel un émissaire en partance, résume les épopées maritimes portugaises. L'élégante tour manuéline fut bâtie entre 1515 et 1519 au milieu du Tage pour défendre son embouchure et le monastère des Hiéronymites. Rapidement obsolète quant à sa fonction militaire défensive, elle servit aussi d'arsenal, de prison, de point de paiement des taxes des navires ou encore de résidence de la capitainerie du port. En raison du déplacement du cours du fleuve au moment du tremblement de terre de 1755, elle se trouve à présent au bord d'une plage.

Il s'agit d'un véritable bijou architectural : la construction romano-gothique est ornée de loggias rappelant Venise, et de dômes qui évoquent le Maroc où avait voyagé son architecte, Francisco de Arruda. À la tour carrée, aménagée pour l'artillerie, est accolée une plate-forme dont les créneaux, décorés d'écussons, portent la croix de l'ordre du Christ. En dépit de cette grande diversité de styles, la tour présente une belle harmonie d'ensemble. Sur la terrasse qui devance le donjon se dresse, face à la mer, une élégante statue de Notre-Dame-du-Bon-Succès. La tour compte cinq étages et se termine par une terrasse. Au rez-de-chaussée, on frémit en voyant dans le sol les ouvertures par lesquelles les prisonniers étaient jetés dans des fosses inondées par la marée. Au 3e étage, d'élégants balcons à fenêtres géminées et une magnifique loggia Renaissance, que surmontent les armes du roi Manuel et deux sphères armillaires, viennent adoucir la sévérité originelle de l'ensemble.

Padrão dos Descobrimentos (Monument des Découvertes)

Av. de Brasília - tram n° 15E, bus nos 714, 727, 728, 729 ou 751 - ✆ 213 03 19 50 - www.padraodosdescobrimentos.pt - mai-sept. : 10h-19h ; oct.-avr. : tlj sf lun. 10h-18h (dernière entrée 30mn av. fermeture) - fermé 1er janv., 1er Mai et 25 déc. - 4 €.

Haut de 52 m, ce monument à l'esthétique néoréaliste caractéristique des années Salazar fut élevé en 1940 et achevé en 1960 à l'occasion du 500e anniversaire de la mort d'Henri le Navigateur. Œuvre du sculpteur Leopoldo de Almeida, il représente l'immense proue d'un navire sur laquelle l'infant

L'élégante tour de Belém, de style manuélin.
J. Arnold / hemis.fr

1

ouvre la voie à une foule de personnages : parmi eux, on reconnaît, sur le flanc droit, le roi Manuel portant une sphère armillaire, Camões tenant un exemplaire des *Lusiades* et le peintre Nuno Gonçalves. À l'intérieur sont présentées des expositions liées aux Grandes Découvertes et plusieurs films. L'un d'entre eux, très intéressant, fait vivre les personnages du fameux paravent japonais de Kano Naizen exposé au musée d'Art antique.

Du sommet du monument *(accès par ascenseur)*, une **vue** s'offre sur le Tage, les monuments de Belém et les quartiers ouest de la ville. De cette hauteur, on peut aussi admirer le dessin de la mosaïque en marbre qui se trouve au pied du monument : une rose des vents de 50 m de diamètre qui rayonne autour d'une mappemonde.

Dépassez le bassin de plaisance (doca de Belém) et longez le Tage en amont.

Museu da Electricidade

Av. de Brasília - ✆ 210 02 81 30 - www.edp.pt - mar.-sam. 10h-18h - dernière entrée 30mn av. fermeture - gratuit.

Le bel édifice de brique (début du 20e s.), ancienne centrale électrique alimentant la ville reconvertie en musée de l'Électricité, a conservé l'ensemble de son équipement : condensateurs, générateurs à turbines et autre impressionnant secteur des chaudières. Des expériences sont proposées aux plus jeunes, ainsi qu'une explication des différentes manières de produire de l'électricité, en particulier grâce aux barrages, très nombreux au Portugal.

Empruntez la passerelle qui enjambe la voie rapide.

★★ Museu Nacional dos Coches (Musée des Carrosses)

Av. da Índia, 136 - ✆ 210 73 23 19 - www.museudoscoches.pt - tlj sf lun. et j. fériés 10h-18h (dernière entrée 45mn av. fermeture) - 6 € ; 8 € billet jumelé avec le Picadeiro Real (voir ci-après), gratuit 1er dim. du mois.

Inauguré en 2015 dans un bâtiment d'une blancheur immaculée, le « **Novo Museo dos Coches** » abrite un **ensemble exceptionnel**★★ d'équipages du 16e au 20e s.

Dans la première galerie est exposée une berline rapportée par Philippe II d'Espagne à la fin du 16e s., plus ancienne pièce du musée. Suit un éblouissant ensemble de carrosses d'apparat des 17e s. et 18e s., peints et décorés avec un luxe inouï. La palme de l'ostentatoire revient incontestablement aux trois **carrosses★★**, construits à Rome en 1716 pour l'ambassade du marquis de Fontes, ambassadeur extraordinaire du Portugal auprès du pape Clément XI. Véritables chefs-d'œuvre du baroque italien, ils représentent sous forme d'allégories les découvertes et les conquêtes des Portugais.

La galerie parallèle abrite surtout des voitures plus modestes – berlines, chaises à porteur, voitures de promenade pour enfant et « véhicules utilitaires ». Remarquez les traces de balles sur le landau dit « du régicide », dans lequel Charles Ier et son fils aîné furent assassinés en 1908.

Picadeiro Real

Praça Afonso de Albuquerque (à l'angle de la calçada de Ajuda) - ✆ 213 61 08 50 - mêmes horaires que le Museu dos Coches (dernière entrée 30mn av. fermeture) - 4 €.

De l'autre côté de la place, l'ancien manège du palais royal de Belém présente d'autres carrosses d'apparat du 18e s., de style baroque ou rocaille, pour la plupart réalisés à l'occasion d'événements particuliers, tels des mariages princiers.

Suivez la rua de Belém vers l'ouest.

Museu da Presidência da República

Palácio de Belém - praça Afonso de Albuquerque - ✆ 213 61 46 60 - www.museu.presidencia.pt - tlj sf lun. 10h-18h (palais : sam. 10h30-16h30) - fermé j. fériés et w.-end 13h-14h - musée seul : 2,50 € (gratuit dim. 10h-13h), musée et palais (visite guidée 1h du palais et des jardins le sam. 10h30-16h30) : 5 €.

Installé dans un patio à côté du palais de Belém, ce musée moderne et multimédia met en lumière l'histoire du Portugal depuis la proclamation de la république en 1910.

À travers une belle galerie de portraits, il présente les présidents du pays et l'évolution de leurs fonctions. Un grand nombre de cadeaux offerts aux chefs d'État portugais ainsi que des objets leur ayant appartenu sont également exposés. Film *(en portugais)* évoquant l'histoire du pays.

Jardim do Ultramar (Jardin d'Outre-Mer)

Largo dos Jerónimos - ✆ 213 60 96 60 - www2.iict.pt/jbt - mai-août : 10h-20h ; avr. et sept. 10h-19h ; fév., mars et oct. : 10h-18h ; nov.-janv. 10h-17h - 2 €.

Derrière la fameuse pâtisserie de Belém *(voir « Petite pause », p. 198)*, ce jardin de l'Institut d'investigation scientifique tropical fut créé au début du 20e s. pour étudier la flore des anciennes colonies portugaises. Il réunit sur 7 ha palmiers, eucalyptus, ginkgos biloba de Corée, ainsi que de nombreuses essences exotiques de Madère, du Brésil, de l'Angola et du Mozambique, dont certaines sont en voie de disparition. Une odeur entêtante de jasmin y règne au printemps.

Le tram n° 15E et les nombreux bus passant dans la rua de Belém vous ramèneront à la praça do Comercio en 20mn. À noter que le n° 714 fait halte devant la Casa Macau (voir p. 163) et le Museu de Arte antiga (voir p. 158).

Pour prolonger la balade vers le quartier d'Ajuda (voir ci-après), remontez la calçada de Ajuda qui part derrière le musée des Carrosses.

9 ★ Ajuda Plan I A3 (p. 128)

Circuit 9 tracé en vert sur le Plan I (p. 128) – Comptez de 2 à 3h.

Si vous disposez d'un peu de temps, visitez ce quartier populaire situé sur les hauteurs de Belém, entre le parc Monsanto et le Tage : il est l'un des plus authentiques de Lisbonne et demeure méconnu des touristes. À l'est du largo da Ajuda, autour de la **rua do Guarda Jóias** et de la **rua do Cruzeiro**, subsistent des îlots villageois à l'habitat disparate, où la vie familiale et communautaire est centrée sur une cour ou une ruelle. Ces *páteos* étaient à l'origine des petits quartiers solidaires d'artisans ou d'ouvriers. Remarquez notamment le **páteo Alfacinha** *(r. do Guardo Jóias, 44)*. L'ambiance est généralement à la fête en fin de semaine.

★ Palácio da Ajuda Plan I A3

Largo da Ajuda, en haut de la calçada da Ajuda - tram n° 18E, bus nos 729 ou 742 - ✆ 213 63 70 95 - www.palacioajuda.pt - tlj sf merc. et j. fériés 10h-18h (dernière entrée 30mn av. fermeture) - 5 €, gratuit 1er dim. du mois.

Cet ancien palais royal (18e-19e s.), construit après le tremblement de terre mais resté inachevé, fut la résidence des monarques portugais Louis et Maria Pia à partir de 1862. Il abrite de nos jours certains services du ministère de la Culture. Il présente sur deux niveaux une succession de salles aux plafonds peints, décorées d'une profusion de mobilier, tapisseries, statues (Machado de Castro), peintures (Domingos Sequeira, Vieira Portuense) et objets décoratifs du 19e s., constituant l'un des ensembles romantiques les plus complets d'Europe. Remarquez le plafond du jardin d'hiver, couvert d'agate. La surprenante salle de Saxe est entièrement décorée de personnages et meubles en porcelaine de Saxe. La chambre et la salle à manger de la reine, emplies d'objets personnels, exhalent une atmosphère intimiste.

Les salles du 1er étage sont plus vastes et solennelles (salles du trône, des Ambassadeurs, salle de bal éclairée par trois lustres en cristal). L'atelier de peinture du roi Louis, avec ses meubles en bois doré et sa décoration néo-gothique, est inattendu dans cet ensemble.

★ Jardim Botânico da Ajuda Plan I A3

Entrées sur calçada da Ajuda et sur calçada do Galvão - tram n° 18E, bus nos 727, 729 ou 732 - ✆ 213 62 25 03 - www.jardimbotanicodajuda.com - 9h-18h (20h en été) - 2 €.

En haut de la calçada da Ajuda, ce jardin botanique composé d'essences exotiques rapportées par les navigateurs fut créé en 1768 à l'initiative du roi José Ier. Un passage donne accès au romantique **jardin des Dames** du 18e s., agrémenté de cascades et de bassins, autrefois lieu de promenade des dames de la Cour.

Pour rejoindre le musée d'Ethnologie, prenez la rua do jardim Botânico qui longe le jardin au sud, puis la rua Gonçalves Zarco et tournez à droite à hauteur du stade.

Museu Nacional de Etnologia Plan I A3

Av. Ilha da Madeira - Restelo - bus nos 714, 728 ou 732 - ✆ 213 04 11 60 - http://mnetnologia.wordpress.com - mar. 14h-18h, merc.-dim. 10h-18h - 3 € - possibilité de visite guidée (en portugais et en anglais) mar., jeu. et sam. à 14h30 et 15h30 - même tarif.

Pour visiter ce musée situé dans le quartier de Restelo, essayez de venir au moment des visites guidées, seule manière de découvrir ses réserves qui traitent, pour la première, de la société rurale et traditionnelle portugaise, et pour la seconde de l'artisanat amérindien.

Plus modeste, la salle des collections permanentes montre en alternance des objets d'art et d'artisanat en provenance de l'ancien Empire portugais (Angola, Mozambique, Amazonie brésilienne, etc.) : textiles, vannerie, masques, poterie…

10 Les quartiers modernes du nord Plan I (p. 128-129)

Circuit 10 tracé en vert sur le Plan I (p. 128-129) – Comptez une bonne demi-journée avec les visites des musées.

Au nord de la Baixa s'étendent des quartiers modernes et résidentiels, quadrillés de larges avenues. Une importante activité économique anime cette zone (bureaux, sièges d'entreprises), et la circulation aussi y est dense. S'il n'est guère passionnant de s'y promener, ne manquez pas la magnifique fondation Gulbenkian, que vous pourrez rejoindre à pied depuis la ville basse, en remontant l'avenida da Liberdade puis en traversant le parc Eduardo VII.

AUTOUR DE L'AVENIDA DA LIBERDADE Plan I C2-3

★ Avenida da Liberdade Plan I C2-3

Longue de 1 300 m et large de 90 m, cette avenue, la plus majestueuse de Lisbonne, est un axe central donnant accès aux quartiers modernes et affairés du nord. Son esplanade centrale ombragée, agrémentée de petits jardins, se prête à la promenade. Les trottoirs sont couverts de mosaïques de calcaire et de basalte. De chaque côté, les immeubles de la fin du 19e s. et les constructions plus récentes sont aménagés en hôtels, agences de voyages, compagnies d'assurances, boutiques de luxe, etc.

L'avenida da Liberdade est limitée au nord par la **praça do Marquês de Pombal**, surnommée « Rotunda » par les Lisboètes, centre névralgique de Lisbonne où convergent les grandes avenues. Au milieu de cette place circulaire, bordée de grands hôtels, un monument est érigé à la gloire du marquis de Pombal. Les inscriptions sur le piédestal évoquent les principales réalisations de ce fameux ministre, à la posture toute monarchique.

Casa-Museu Medeiros e Almeida Plans I C3 et VI E

R. Rosa Araújo, 41 - M° Marquês de Pombal, bus nos 706, 709, 720, 727, 738, 774 - ☎ 213 54 78 92 - www.casa-museumedeirosealmeida.pt - lun.-vend. 13h-17h30, sam. 10h-17h30 - fermé j. fériés - 5 €, gratuit sam. 10h-13h - possibilité de visite guidée en français (sur réserv.) - 6 €.

Ce petit manoir (1896) abrite l'importante collection d'**arts décoratifs** constituée par l'homme d'affaires António de Medeiros e Almeida. Des vingt-cinq salles d'exposition, trois sont consacrées à l'argenterie, aux porcelaines chinoises et à l'**horlogerie**. Les autres pièces sont richement ornées de mobilier français ou indo-portugais, peintures, tapisseries, azulejos, etc. La fondation organise aussi des expositions temporaires.

Si vous êtes dans le quartier, faites un tour à la **cinémathèque** portugaise *(r. Barata Salgueiro, la parallèle à la rue du musée ; voir p. 203).*

★ Parque Eduardo VII Plan I C2

M° Parque ou Marquês de Pombal.

Cet élégant parc à la française couronne l'avenida da Liberdade, offrant une magnifique **perspective★** sur la ville basse et le Tage qu'encadrent les collines du château São Jorge et du Bairro Alto.

Dans l'angle nord-ouest se trouvent trois serres *(☎ 213 88 22 78 - http://estufafria.cm-lisboa.pt - mars-sept. dernier dim. du mois 10h-19h ; oct.-fév. dernier dim. du mois 9h-17h - fermé j. fériés - 3,10 €)* où s'épanouissent d'innombrables plantes exotiques, au bord de bassins poissonneux et de fraîches cascades. Dans la **serre froide★★** *(estufa fria)*, très agréable en été, la brise circule à travers une toiture japonaise en lattes de bois. Plus petite, la **serre chaude** *(estufa quente)* présente des plantes semi-tropicales dans leur climat ambiant, et la troisième serre renferme des cactées géantes.

Le parc Eduardo VII offre une belle perspective sur la ville basse et le Tage.
M. Borgese / hemis.fr

Casa-Museu Anastácio Gonçalves Plan I C2

Avenida 5 de Outubro, 6/8 - M° Saldanha ou Picoas, bus n°s 720, 727, 738 - ✆ 213 54 09 23 - http://blogdacmag.blogspot.com - tlj sf lun. et j. fériés 10h-18h - possibilité de visite guidée en français (réserv. conseillée) - 3 €, gratuit 1er dim. du mois.

Installé dans deux villas ayant appartenu au peintre José Malhoa, et plus tard au Dr Anastácio Gonçalves, grand amateur d'art et ami de Gulbenkian *(voir encadré p. 176)*, le musée accueille des expositions temporaires consacrées aux peintres portugais du début du 20e s., et une collection permanente constituée de porcelaines de Chine anciennes, de mobilier, de textiles et de joaillerie.

FONDATION CALOUSTE-GULBENKIAN Plan I C2

Avenida da Berna, 45 - M° São Sebastião ou Praça da Espanha.

Créée en 1956, cette institution privée distribue de nombreuses bourses à de jeunes artistes, finance des recherches scientifiques et organise des expositions, des spectacles de danse et des concerts de grande qualité *(programme sur place ou sur www.musica.gulbenkian.pt)*. Elle possède deux délégations, à Londres et à Paris.

Entourée de beaux jardins paysagers, la fondation comprend le musée Gulbenkian, le Centre d'art moderne, quatre amphithéâtres polyvalents dont un en plein air, une zone de congrès, deux grandes galeries d'expositions et une bibliothèque d'art (170 000 volumes).

★★★ **Museu Calouste-Gulbenkian** Plan I C2

✆ 217 82 30 00 - www.museu.gulbenkian.pt - tlj sf mar. et j. fériés 10h-18h (dernière entrée 30mn av. fermeture) - 5 € (audioguide en français 4 €) ; 8 € billet combiné avec le Centre d'art moderne José de Azeredo Perdigão.

Ce musée, aux vastes salles aérées donnant sur des jardins, a été conçu pour recevoir les collections de Gulbenkian, constituées de pièces de grande valeur et particulièrement riches en arts d'Orient et d'Europe. Le niveau inférieur présente des expositions temporaires d'art contemporain.

Art antique – La collection comprend des objets égyptiens (coupe d'albâtre vieille de 2 700 ans, statuette en pierre du juge Bes, barque solaire en bronze et masque de momie en argent doré de la XXXe dynastie), gréco-romains (superbe cratère attique du 5e s. av. J.-C., bijoux, tête de femme attribuée à Phidias, objets romains en verre irisé, magnifique collection de monnaies en or et en argent) et mésopotamiens (stèle assyrienne du 9e s. av. J.-C., urne parthe).
Art oriental – Céramiques et tapis sont les fleurons de la vaste section orientale. En majorité persans, les fastueux tapis des 16e et 17e s., en laine ou en soie, voisinent avec de chatoyants velours de Brousse (Turquie) datant de la même période. Les céramiques (du 12e au 18e s.), les costumes en soie et les lampes de mosquée d'Alep évoquent par leur raffinement l'univers des miniatures persanes. Admirez aussi les recueils poétiques exposés par roulement, les corans et les manuscrits arméniens.
Art d'Extrême-Orient – La Chine est représentée par de magnifiques porcelaines (bol taoïste du 14e s., vase aux Cent Oiseaux du 17e s., sceptre et support de coiffeuse en porcelaine blanche) et des « pierres dures » (coupe en néphrite verte du 18e s.), et le Japon par des estampes et des laques des 18e et 19e s.
Art européen – Cette section s'ouvre sur l'**art sacré médiéval**, avec des pièces en ivoire d'une extrême délicatesse, des manuscrits enluminés et des livres d'heures.
La visite se poursuit avec la **peinture et la sculpture des 15e, 16e et 17e s.**, l'un des premiers tableaux acquis par Gulbenkian étant la *Présentation au Temple* de l'Allemand **Stephan Lochner**. Les Flamands et les Hollandais sont à l'honneur avec des toiles maîtresses et remarquables telles le *Saint Joseph* de **Van der Weyden**, *L'Annonciation* de **Thierry Bouts**, la *Figure de vieillard* de **Rembrandt** ou le *Portrait d'Hélène Fourment* par **Rubens**. De l'école italienne, on retiendra un ravissant *Portrait d'une jeune femme* attribué à **Ghirlandaio**.
Les salles suivantes sont consacrées **aux arts décoratifs** et à la **peinture française du 18e s.** : meubles (luxueuses réalisations de Cressent, Jacob, Œben, Riesener, Garnier, Carlin), tapisseries, dont la très belle série *Jeux d'enfants* exécutée à Ferrare d'après des cartons attribués à Jules Romain, et orfèvrerie (chefs-d'œuvre d'argenterie de table créés par A. Durand et F.-T. Germain).
L'école française du 18e s., célèbre pour ses portraits et ses évocations de fêtes, est ici illustrée par **Hubert Robert** *(Scènes dans les jardins de Versailles)*, **Maurice Quentin de La Tour** (*Portrait de Melle Sallé* et *Portrait de Duval de l'Épinoy*) et **Nicolas de Largillière** *(Portrait de M. et Mme Thomas Germain)*. Parmi les sculptures, admirez l'altière *Diane* en marbre blanc de Houdon.
La peinture du 18e s. est aussi représentée par des œuvres anglaises de **Gainsborough** *(Portrait de Mrs Lowndes-Stone)*, **Romney** *(Portrait de Miss Constable)*, **Turner** *(Quillebœuf à l'embouchure de la Seine)* et **Thomas Lawrence**. Une salle consacrée à Guardi illustre la vie et les fêtes à Venise.
Le 19e s. français est évoqué par les nombreuses toiles de **Corot** *(Le Pont de Mantes,*

« MONSIEUR 5 % »
Arménien né à Istanbul, **Calouste Gulbenkian** (1869-1955) était surnommé ainsi en raison du pourcentage qui représentait sa part des bénéfices de l'Irak Petroleum Company. Richissime, philanthrope et grand amateur d'art, il devint Lisboète à partir de 1942. Il réunit une collection remarquable et éclectique et fit don au Portugal de son immense fortune qui servit à créer la fondation Calouste-Gulbenkian.

La Saulaie), **Henri Fantin-Latour** *(La Lecture)*, les impressionnistes **Manet** *(Le Garçon aux cerises, Le Souffleur de bulles)*, **Monet** *(Les Bateaux)*, **Degas** *(Autoportrait)*, **Renoir** *(Portrait de Mme Claude Monet)*, ainsi qu'un bel ensemble de bronzes *(Le Printemps)* et de marbres *(Les Bénédictions)* de **Rodin**.

La dernière salle présente une extraordinaire collection de pièces Art nouveau du décorateur français **René Lalique** (1860-1945), ami personnel de Gulbenkian.

★★ Centro de Arte Moderna José de Azeredo Perdigão Plan I C2

R. Dr Nicolau de Bettencourt - ✆ 217 82 34 74 - www.cam.gulbenkian.pt - tlj sf mar. et j. fériés 10h-17h45 - 5 €; 8 € billet combiné avec le musée Calouste-Gulbenkian, gratuit dim.

Les fenêtres s'ouvrent sur le jardin, et la végétation semble incorporée aux volumes de ce bâtiment dessiné en 1983 par l'architecte Leslie Martin. Le centre détient une importante collection d'art moderne (depuis 1910) et contemporain portugais, avec notamment des œuvres des peintres Amadeo de Souza-Cardoso, Eduardo Viana, José de Almada Negreiros, Maria Helena Vieira da Silva et Júlio Pomar. L'espace, relativement restreint, impose un roulement dans la présentation des toiles. Cinq salles sont dédiées aux œuvres de vidéastes. Les **jardins** sont agrémentés de sculptures, dont *Femme allongée* de **Henry Moore**.

1

LES QUARTIERS D'AFFAIRES : CAMPO PEQUENO ET CAMPO GRANDE Plan I C1-2

Praça de Touros Plan I C2

Av. da República, Mº Campo Pequeno.

Les **arènes** du Campo Pequeno, habillées de brique rouge, furent bâties au début des années 1890 dans un style néomauresque (dômes à bulbes, arcs outrepassés et croissants de lune). Elles accueillent toujours des *touradas* *(voir p. 203)*. Face aux arènes, la **bibliothèque municipale** est installée dans le palais Galveias du 16e s.

Museu da Cidade (Musée de la Ville) Plan I C1

Campo Grande, 245 - Mº Campo Grande - ✆ 217 51 32 00 - www.museudacidade.pt - tlj sf lun. et j. fériés 10h-13h, 14h-18h - 2,76 €.

En haut du jardim do Campo Grande, au voisinage fâcheux d'un échangeur autoroutier, le musée de la Ville occupe le palais Pimenta, élégant édifice construit au 18e s. sous le règne fastueux de Jean V. L'histoire de Lisbonne y est évoquée par des vestiges romains, wisigothiques, arabes et médiévaux. De nombreux blasons arborent l'emblème de la ville, la caravelle (transportant le corps de saint Vincent) guidée par les corbeaux. Une maquette reconstitue Lisbonne au début du 18e s., avant le tremblement de terre, et des azulejos figurent le Terreiro do Paço avant la disparition du palais royal. La cuisine est ornée d'azulejos rustiques. Au 1er étage sont exposées des faïences et des gravures représentant Lisbonne.

Museu Rafael Bordalo Pinheiro Plan I C1

Campo Grande, 382 - Mº Campo Grande, bus nº 701 - ✆ 218 17 06 67 - http://museubordalopinheiro.cm-lisboa.pt - tlj sf lun. et j. fériés 10h-18h - 1,50 €, gratuit dim. 10h-14h.

Située de l'autre côté du Campo Grande, cette maison rassemble des dessins, des caricatures et surtout des **faïences★** de Rafael Bordalo Pinheiro (1846-1905), artiste prolifique qui, avec son frère, fut très présent dans la vie artistique de la fin du 19ᵉ s. On lui doit entre autres le grand succès de la fabrique de faïence de Caldas da Rainha *(voir p. 260)* où il réalisa des azulejos Art nouveau.

★ Jardim Botânico da Quinta de Monteiro-Mor Plan I B1

Au Mº Lumiar, prenez l'estrada do Torre, puis à droite la rua do Lumiar. Tournez à gauche, et franchissez le large boulevard vers la gauche - ✆ 217 56 76 20 - mar. 14h-18h, merc.-dim. 10h-18h - 3 €; 6 € billet combiné avec les musées du Costume et du Théâtre.

En contrebas du palais que longe la estrada do Lumiar, bordée de part et d'autre de belles propriétés, ce vaste jardin séduit par la variété des espèces exotiques, ses bassins et son côté sauvage accentué par les reliefs. Un jardin de sculptures accueille les créations de quatre artistes contemporains. C'est un lieu agréable pour pique-niquer. Dans le jardin, deux palais ont été aménagés pour abriter l'un le musée du Costume, l'autre le musée du Théâtre.

★ **Museu Nacional do Traje** – *Largo Júlio de Castilho - ✆ 217 56 76 20 - www.museudotraje.pt - mar. 14h-18h, merc.-dim. 10h-18h - fermé j. fériés - 3 €; 6 € billet combiné avec le Jardin botanique et le musée du Théâtre, gratuit 1ᵉʳ dim. du mois.* L'élégant palais des marquis de Angeja renferme plus de 7 000 costumes. Les collections, merveilleusement présentées, font revivre une époque, une ville, une profession… Près du musée, un pavillon sert de cadre à un agréable restaurant.

Museu Nacional do Teatro – *En sortant du musée du Costume, prenez à droite la rua do Alqueidão - ✆ 217 56 74 10 - www.museudoteatroedanca.pt - tlj sf lun. et j. fériés 10h-18h - 3 €; 6 € billet combiné avec le Jardin botanique et le musée du Costume, gratuit 1ᵉʳ dim. du mois.* Dans le palais de Monteiro-Mor sont exposés des costumes de scène, maquettes de décor, photos et documents ayant trait au théâtre et aux arts du spectacle, du 18ᵉ s. à nos jours. Expositions temporaires. Bibliothèque spécialisée.

11 Autour du parc de Monsanto Plan I (p. 128)

Circuit 11 tracé en vert sur le Plan I (p. 128) – Comptez une demi-journée.

★★★ Palácio dos Marqueses de Fronteira Plan I B2

Largo São Domingos de Benfica, 1 - au Mº Jardim Zoológico, longez le zoo à gauche de l'entrée, prenez l'estrada de Benfica, puis la rua das Furnas (1ʳᵉ à gauche) et la passerelle sur la voie ferrée (15-20mn à pied) - ✆ 217 78 20 23 - www.fronteira-alorna.pt - visite guidée (45mn) juin-sept. : tlj sf dim. à 10h30, 11h, 11h30 et 2h; oct.-mai : tlj sf dim. à 11h et 12h - 7,50 € - visite libre du jardin : tlj sf dim. 10h-17h (sam. 13h) - 3 €.

Ce palais, situé en lisière nord du parc de Monsanto *(voir ci-après)* près de Benfica, fut construit à la demande de João de Mascarenhas, premier marquis de Fronteira, vers 1670. L'ancien pavillon de chasse en pleine nature, désormais cerné par l'urbanisation, est toujours habité par le 12ᵉ marquis de Fronteira.

Bien qu'influencé par la Renaissance italienne, c'est l'un des plus beaux exemples d'architecture aristocratique portugaise. Il se distingue par la qualité exceptionnelle et la diversité de style de ses panneaux d'**azulejos**★★★ du 17ᵉ s. À l'intérieur du palais, ceux de la salle des Batailles évoquent en détail les grands épisodes de la guerre de Restauration où s'illustra le premier marquis de Fronteira; la salle à manger est ornée de carreaux de Delft (17ᵉ s.), les premiers à avoir été importés.

Terrasses et jardins forment un labyrinthe enchanté. Pas un pan de mur, pas un banc, pas un bassin qui ne soit couvert de ces petits carreaux de faïence

Azulejos et Renaissance italienne dans les jardins du palais des marquis de Fronteira.
Ph. Renault/hemis.fr

1

vernie, jusque dans les grottes profondes incrustées de coquillages et de porcelaines de Chine. Ces azulejos dessinent des tableaux rustiques avec la représentation des saisons et des travaux des champs, ou des scènes grandioses et solennelles comme les douze cavaliers de la galerie des Rois *(sur la terrasse en surplomb)* se reflétant dans les eaux du bassin. Astres, divinités naïves ou figures du zodiaque sont aussi représentés, ainsi qu'un surprenant bestiaire plein d'humour où des singes enseignent la musique à des chats empotés.

★ Parque Florestal de Monsanto Plan I AB2-3

Accueil Monsanto Estrada do Barcal - Monte das Perdizes - ✆ 218 17 02 00 - accès libre - bus nos 711, 724, 729 et 770.

Poumon vert de Lisbonne, ce parc de 900 ha, très boisé (pins et chênes) et accidenté, se visite surtout en voiture. Il est sillonné de routes révélant des **vues★** panoramiques sur Lisbonne, en particulier depuis le belvédère de Monsanto. Plusieurs parcs font le bonheur des plus petits dans ce lieu.

Parque Alvito – *Zone sud du parc, accès par Alcântara, bus n° 724 - ✆ 213 63 59 40 - avr.-sept. : 9h-20h ; oct.-mars : 9h-18h - fermé 1er Mai.* Aires de jeux pour enfants de 3 à 14 ans et deux piscines, dont une ouverte au public de juil. à sept.

Parque dos Índios (ou Parque Recreativo do Alto da Serafina) – *Alto da Serafina, bus n° 724 - ✆ 217 74 30 21 - avr.-sept. : 9h-20h ; oct.-mars : 9h-18h.* Conçu pour les enfants de 4 à 12 ans, c'est l'un des plus fréquentés de Lisbonne.

★ Aqueduto das Águas Livres Plan I B2

Calçada da Quintinha, 6 (quartier de Campolide) - de Praça Marquês de Pombal, prenez le bus n° 702 en dir. de Serafina et descendez à C. Mestres - ✆ 218 10 02 15 - www.epal.pt - mar.-sam. 10h-17h30 - fermé 30 nov.-1er mars - 2 € ; 6 € billet combiné pour les 4 sites de l'EPAL, gratuit 22 mars, 18 mai, 1er et 5 juin, 1er oct.

Commencé en 1732 et achevé seulement 100 ans plus tard, en 1834, l'aqueduc des Eaux-Libres mesure plus de 58 km avec ses ramifications : 35 arches enjambent la vallée d'Alcântara, la plus grande atteignant 65 m de hauteur pour 29 m de largeur. On peut en sillonner une portion dans le quartier de

Campolide, au-dessus des Amoreiras. Vous ne pourrez manquez ce colossal ouvrage d'art, sur votre gauche quand vous prendrez le train pour Sintra ou Queluz.

★★ Jardim Zoológico Plan I B2

Estrada de Benfica, 158 - M° Jardim Zoológico. Pour une vision générale, un téléphérique effectue le tour du parc (20mn) ; un petit train passe par les principaux endroits (15mn) - ✆ 217 23 29 00 - www.zoo.pt - avr.-sept. : 10h-20h (dernière entrée 18h45) ; oct.-mars : 10h-18h (dernière entrée 17h15) - 19 € (3-11 ans 13,50 €).

Ce site est à la fois un très beau jardin, un zoo et un parc de loisirs. Il est aménagé sur les 26 ha du Parque das Laranjeiras, qui incluait le palais rose des comtes de Farrobo, visible à droite de l'entrée. La partie inférieure du parc est plantée d'une belle roseraie et de fleurs de diverses origines. Elle accueille aussi les enclos abritant près de 200 espèces d'animaux, d'origine européenne ou exotique. La vedette du zoo est un éléphant qui sonne une cloche avec sa trompe quand on lui donne une pièce. Les hôtes les plus rares sont un couple d'okapis et un autre de rhinocéros blancs d'Afrique du Sud. À heures fixes, des animations mettent en scène perroquets, reptiles ou pélicans. Le **delphinarium**, très coloré, se visite uniquement durant les spectacles. Expositions temporaires. Aires de pique-nique *(aldeia das merendas)* et restaurant-grill.

Museu das Crianças (musée des Enfants) – *Près de l'entrée principale - ✆ 217 26 80 82 - www.museudascriancas.eu - w.-end et j. fériés 10h-13h30, 14h30-18h - 4,50 €.* Établi dans le jardin zoologique, il propose des jeux pédagogiques interactifs pour enfants de 4 à 13 ans.

★ Museu da Música Plan I B2

M° Alto dos Moinhos - ✆ 217 71 09 90 - www.museudamusica.imc-ip.pt - tlj sf dim. et j. fériés 10h-18h - 3 €.

Situé à l'intérieur de la station de métro Alto dos Moinhos, ce musée, équipé de bornes interactives, expose une importante collection d'instruments et de publications sur la musique du 16e au 20e s., dont un ensemble de clavecins baroques et de nombreux instruments à cordes et à vent. Des concerts y sont également organisés.

À proximité de Lisbonne Carte de région

★★ PALÁCIO NACIONAL DE QUELUZ A2

5 km au nord-ouest de Lisbonne - trains ttes les 20mn au dép. des gares du Rossio et Oriente (dir. Sintra - descendre à Queluz-Belas puis bus n° 25 ou 15mn à pied par un jardin public) - ✆ 219 23 73 00 - www.parquesdesintra.pt - du 23 mars au 25 oct. : 9h-19h ; du 26 oct. au 22 mars : 9h-17h - 10 € (8 € à partir de 15h30) ; jardin seult : 5 € - possibilité de visite guidée (sur RV) - 5 € en sus.

Le Palais national de Queluz plonge le visiteur au cœur du 18e s. Dans ses jardins à la française ornés de bassins et de statues, sur lesquels donnent des façades rococo de couleurs pastel et percées de nombreuses ouvertures, on s'attendrait à assister à l'une de ces fêtes galantes peintes par Watteau. Bien qu'inspiré par le château de Versailles, ses proportions le rendent relativement intime.

Palais

On parcourt une suite de salons décorés de meubles et objets rappelant que Queluz est aussi un **musée des Arts décoratifs**.

La **salle du trône★**, somptueuse, évoque la galerie des Glaces de Versailles

Dans les jardins du Palácio Nacional de Queluz.
M. Howard / 4Corners / Sime / Photononstop

avec ses fausses portes garnies de miroirs; des cariatides supportent le plafond à calotte représentant des allégories, d'où pendent de magnifiques lustres en cristal de Venise. Admirez aussi les plafonds de la **salle de musique** et des chambres des princesses. La **salle des Azulejos** doit son nom aux splendides azulejos polychromes du 18e s. évoquant des paysages de Chine et du Brésil. La **salle des Ambassadeurs**, décorée de marbre et de glaces, possède un plafond peint où figurent un concert de musique à la cour du roi Joseph et divers motifs mythologiques. Après avoir traversé la salle des Goûters, garnie de bois doré et de tableaux du 18e s. évoquant des pique-niques royaux, on pénètre dans la **salle de Don-Quichotte** dans laquelle huit colonnes soutiennent un plafond circulaire; des peintures illustrent des scènes de la vie du héros de Cervantès. Plus loin, le boudoir de la Reine affiche un discret style rocaille français.

DU PAVILLON DE CHASSE AU PALAIS ROYAL

À la fin du 16e s., le marquis de Castelo Rodrigo possédait ici un pavillon de chasse. Après la Restauration et l'accession au trône du roi Jean IV, le domaine fut confisqué et devint en 1654 la résidence des infants. Pierre (1717-1786), fils de Jean V et futur Pierre III, décida d'y bâtir un palais. De 1747 à 1758, l'architecte portugais Mateus Vicente, formé à l'école de Mafra, construisit la façade d'apparat ainsi que l'aile où plus tard fut installée la salle du trône. En 1758, alors que Mateus Vicente était occupé à la reconstruction de Lisbonne après le tremblement de terre, les travaux reprirent, menés par l'architecte français Jean-Baptiste Robillon, élève de Gabriel; celui-ci modifia et aménagea la salle du trône, la salle de musique, puis éleva le pavillon ouest qui porte son nom. Enfin, le pavillon Dona-Maria fut édifié entre 1786 et 1792. Bien que l'ensemble soit de style rocaille, on notera les différences de style entre ces trois périodes.

VICTIME DE LA RÉVOLUTION...

Conçu pour les festivités, le palais de Queluz n'a pas connu que des réjouissances. La reine **Marie Ire** y vécut des jours difficiles. D'une piété proche de la superstition, elle considéra la mort, en 1786, de son oncle et époux Pierre III comme un avertissement des malheurs qui allaient accabler sa famille et son peuple. La disparition en 1788, en moins de deux mois, de deux de ses enfants, le prince héritier Joseph, décédé à l'âge de 27 ans, et l'infante Marie-Anne, épouse d'un infant d'Espagne, ne fit que confirmer ses pressentiments. Peu après, elle perdit son confesseur, ce qui accrut la mélancolie où elle était plongée. Enfin, elle fut si troublée par les premiers événements de la Révolution française que, fin 1791, elle manifesta des signes de démence. Son second fils, Jean, gouverna dès lors en son nom, prit la qualité de régent en 1799 et, lors de l'invasion du Portugal par les troupes françaises, l'emmena au Brésil où elle mourut, souveraine en titre, en 1816.

Jardins

Conçus par Robillon dans le style de Le Nôtre, ils sont égayés de buis taillés, de cyprès, de statues et de massifs de fleurs qui s'ordonnent autour de pièces d'eau. Du bassin des Néréides, jolie vue sur le bassin de Neptune et la façade de cérémonie refaite par Robillon dans le style de Gabriel. En contrebas, un parc, aménagé dans le goût italien, séduit par ses étangs, ses cascades, ses tonnelles de verdure, ses murs tapissés de bougainvilliers. Le **Grand Canal** est bordé de murs recouverts d'azulejos du 18e s. représentant des ports fluviaux et maritimes. La rivière Jamor qui y coule est souvent réduite à un filet d'eau. Autrefois, la famille royale s'y promenait en barque. Admirez la façade du pavillon Robillon, précédée du magnifique **escalier des Lions★**, et la colonnade qui le prolonge.

Bon à savoir – En saison, des **spectacles équestres** se déroulent dans les jardins *(voir « Spectacles », p. 202)*.

ALMADA A3

Au sud de Lisbonne. 3,5 km à partir du péage sud du pont du 25-Avril. À la sortie n° 1 de l'autoroute, prenez à gauche en dir. d'Almada. Accès par le bus n° 753.

De l'autre côté de l'estuaire, la commune d'Almada est fréquentée par les Lisboètes pour ses nombreux restaurants spécialisés dans les poissons et les fruits de mer.

★★ Cristo Rei

Suivez la signalisation et laissez votre voiture au parking - accès par un ascenseur (plus 74 marches) - ✆ 212 75 10 00 - www.cristorei.pt - 9h30-18h (18h45 été et w.-end) - 5 €.

La statue géante du Christ Roi, réplique réduite du Christ Rédempteur de Rio de Janeiro, fut érigée en 1959 pour remercier Dieu d'avoir épargné le Portugal pendant la Seconde Guerre mondiale. Du piédestal qui, à 85 m du sol et à 113 m au-dessus du Tage, supporte la statue haute de 28 m, le **panorama★★** se révèle sur l'estuaire du Tage, les quartiers anciens de Lisbonne et, vers le sud, sur la plaine jusqu'à Setúbal.

Cacilhas

Accès en ferry (ttes les 15mn) au départ de Cais do Sodré, à 600 m de la praça do Comércio.

Du débarcadère de Cacilhas, longez les quais *(cais do Ginjal)* sur la droite *(vers l'ouest, en aval du fleuve)* sur 1 km jusqu'aux restaurants. Un peu plus loin au pied de la falaise, l'Elevador Panorâmico da Boca do Vento *(1 €)* permet d'accéder au **Castelo de Almada** et à la **Casa da Cerca** *(r. da Cerca, 2 - ✆ 212 72 49 50 - mar.-vend. 10h-18h, w.-end. 13h-18h - gratuit)*, une demeure du 18e s. qui accueille des expositions d'art contemporain. Une belle terrasse surplombe le Tage.

Fragata D. Fernando II e Glória – *À l'embarcadère de Cacilhas - ✆ 212 74 62 95 - http://dfernando.marinha.pt - tlj sf lun. 10h-17h (mai-sept. 18h) - 4 €, gratuit 1er dim. du mois.* Dernier vaisseau de la marine à voile portugaise, cette frégate construite à Goa (Indes portugaises) en 1845 a été transformée en musée.

COSTA DA CAPARICA A3

14 km au sud-ouest - Quittez Lisbonne par le pont du 25-Avril, puis empruntez l'IC 20 à partir de la sortie n° 1 de l'autoroute A 2. Attention aux embouteillages le week-end ! Autocar direct de la praça de Espanha (compagnie TST ; bus n° 53). En bateau, départ de la gare maritime Cais do Sodré à destination de Cacilhas, puis autobus n° 124 jusqu'à Costa da Caparica.

Cette station balnéaire sans grand charme, sur l'autre rive du Tage, est la plus proche de Lisbonne. Bénéficiant de vastes plages, moins polluées que celles de la rive nord, Costa da Caparica reste l'un des endroits préférés des Lisboètes pour passer le week-end. La station ne cesse de s'agrandir et de s'étendre parallèlement à l'Océan et aux dunes qui l'en protègent. On peut encore y voir quelques barques de pêche à la proue ornée d'une étoile ou d'un œil peint mais elles se font rares.

Bon à savoir – En saison, un **petit train** *(Transpraia - 9h-20h - 4 € AR)* dessert, sur 11 km, les plages successives.

Belvédère dos Capuchos – *3 km à l'est de Costa da Caparica par la voie rapide, puis une route s'en détachant à droite (suivre la signalisation). Devant le couvent des Capucins* (Capuchos), *tournez à droite dans le chemin pavé menant au belvédère, sur la falaise.* Vue intéressante sur la station, les falaises à gauche du belvédère, l'estuaire du Tage et la côte nord jusqu'à Cascais.

Le Cristo Rei, réplique réduite du Christ Rédempteur de Rio de Janeiro, par le sculpteur Francisco Franco de Sousa.
J. Arnold / hemis.fr

1

NOS ADRESSES À LISBONNE

INFORMATIONS UTILES

Les offices de tourisme sont répertoriés en début de chapitre.

Poste *(correios)*
Bureau principal – Plan III EX - *Praça dos Restauradores - ✆ 213 26 13 70 - lun.-vend. 8h-20h, w.-end 9h-18h.*

Internet
Des bornes d'accès **wifi** sont disponibles un peu partout dans Lisbonne, notamment à l'aéroport, dans les centres commerciaux, la plupart des hôtels, cafés et restaurants.

Santé - Sécurité
Bon à savoir – Une certaine vigilance est recommandée, surtout la nuit, dans les quartiers de Penha de França, de Campolide et de Campo Grande. Les pickpockets sont particulièrement nombreux dans les tramways nos 15E et 28E.
Assistance aux touristes – *✆ 808 78 12 12.*
Urgences – *✆ 112.*
Centre hospitalier São Francisco Xavier – Plan I A3 - *Estrada Forte A Duque - ✆ 210 43 10 00.*
Police – Plan III EX - *Comisaría turismo - Praça dos Restauradores (Palácio Foz) - ✆ 213 42 16 23.*

Représentations diplomatiques
Ambassade de France – Plan I B3 - *R. de Santos-o-Velho, 5 - 1249-079 Lisboa - ✆ 213 93 91 00 - www.ambafrance-pt.org.*
Ambassade/Consulat de Belgique – Plan I C2 - *Praça do Marquês de Pombal, 14/6° - 1269-024 Lisboa - ✆ 213 17 05 10 - www.diplomatie.be/lisbonfr.*
Ambassade du Canada – Plan I C2 - *Av. da Liberdade, 196/200/3° - 1269-121 Lisboa - ✆ 213 16 46 00 - www.portugal.gc.ca.*
Ambassade du Luxembourg – Plan I B3 - *R. das Janelas Verdes, 43 - 1200- 690 Lisboa - ✆ 213 93 19 40 - http://lisbonne.mae.lu.*
Ambassade de Suisse – Plan VI E - *Travessa do Jardim, 17 - 1350-185 Lisboa - ✆ 213 94 40 90 - ww.eda.admin.ch/lisbon.*

ARRIVER/PARTIR

Aéroport
Aeroporto de Lisboa – Plan I C1 - *✆ 218 41 37 00 - www.ana.pt.* À env. 6 km au nord du Rossio (centre).
Pour gagner le centre-ville :
Aérobus – *Ttes les 30/40mn de 7h à 23h30* - nombreux arrêts, notamment avenida da Liberdade, Rossio, Restauradores, praça do Comércio, Cais do Sodré (ligne 1) ; la ligne 2 dessert le centre financier via Sete Rios et Praça de Espanha. Les billets *(3,50 €)* s'achètent à bord.
Bus – À condition que vous n'ayez pas de gros bagages : n° 208 pour Cais do Sodré *(ttes les 30mn de 7h45 à 22h30)*, n° 705 pour la gare do Oriente, n° 744 pour Marquês do Pombal, n° 208 pour Cais do Sodré et Oriente (service de nuit). Les billet *(1,80 €)* s'achètent à bord.
Métro – La ligne rouge relie l'aéroport au centre-ville en 30 à 40mn.
Taxi – La course de l'aéroport au centre-ville coûte env. 15 € *(+ surtaxe bagages : 1,60 €).*

Gares ferroviaires
Chemins de fer Portugais *(comboios de Portugal) – ✆ 707 21 02 20 - www.cp.pt.*
Estação de Santa Apolónia – Plan I C3 - Lignes internationales et nord du pays.

Estação do Oriente – Plan I D1 - Superbe gare multimodale (autobus, métro, train) qui dessert le Nord. Reliée au chemin de fer de Santa Apolónia et Sintra. Liaisons avec l'Algarve et l'Alentejo.
Estação de Entrecampos – Plan I C2 - Liaisons avec les quartiers sud de Lisbonne, au-delà de l'estuaire. Trains pour Faro et l'Algarve.
Estação do Cais do Sodré – Plan I C3 - Train ttes les 20mn env. pour Estoril et Cascais. Dernier train à 1h30 *(30mn de trajet)*.
Estação do Rossio – Plan I C3 - Banlieue nord-ouest dont Sintra et palais de Queluz. Trains pour Sintra ttes les 30mn en moyenne jusqu'à 1h *(env. 35mn de trajet)*.

Gares fluviales (bacs et ferries)

Les **cacilheiros**, qui desservent les villes de la rive opposée du Tage, peuvent être l'occasion d'une agréable promenade sur le fleuve. En journée, dép. env. ttes les 15mn. Billets en vente aux guichets des gares fluviales *(1,20 € pour Cacilhas avec Transtejo)*. Lignes, horaires et tarifs sur www.transtejo.pt.
Estação Fluvial do Terreiro do Paço – Plan I B3 - Dessert Barreiro et les quartiers au sud de l'estuaire. Départs des croisières sur le Tage *(voir « Visite », p. 188)*.
Estação do Cais do Sodré – Plan I C3 - Dessert Cacilhas (Almada) et Seixal, Montijo.
Estação de Belém – Plan I A3 - Dessert Porto Brandão et Trafaria.

TRANSPORTS

Dans cette ville compacte, aux rues étroites, la densité de circulation et la difficulté de stationnement vous inciteront à vous déplacer à pied ou à utiliser les transports en commun.

À pied

La meilleure façon de découvrir le centre historique : Baixa mais surtout Chiado, Bairro Alto et Alfama. Une bonne condition physique est préférable pour ces derniers, fort pentus. La montée depuis la Baixa jusqu'à la colline du Bairro Alto peut se faire par l'ascenseur de Santa Justa ou le funiculaire de Glória.

En voiture

Plus encombrant que pratique, surtout en journée. La **Baixa** dispose de parkings souterrains (praça dos Restauradores, Rossio, praça do Comércio, galerie commerçante Armazéns do Chiado), de même que certains quartiers nord, mais le stationnement est pratiquement impossible dans le dense maillage de ruelles de l'**Alfama** et du **Bairro Alto** (deux quartiers partiellement interdits aux voitures). Seuls les grands hôtels modernes disposent d'un parking.
Location de voitures – La plupart des compagnies sont représentées à l'aéroport *(voir « Sur place de A à Z », p. 33)*.

Location de vélos

Bike Iberia – Plan III EZ - *Largo Campo Santo (dans la r. do Arsenal) - ✆ 213 47 03 47 - www.bikeiberia.com ou www.lisbonhub.com*. Comptez env. 8 €/2h, 15 €/j (tarifs dégressifs pour plusieurs jours).
SlowFast Cycles - Plan I B3 - *Doca de Santo Amaro – ✆ 218 25 02 66 - http://slowfastcycles.com*. Pour la balade sur les berges jusqu'à Belém ou praça de Comercio.

Taxis

Nombreux et moins onéreux que dans la plupart des autres villes d'Europe, ils constituent une bonne option dans Lisbonne. La majorité d'entre eux sont **beiges**. Compteur en ville, barème kilométrique en dehors. **Teletáxi** – ✆ *218 11 11 00.* **Rádio Táxis de Lisboa** – ✆ *219 36 21 13.*

Transports en commun

Voir plan du réseau p. 187.

Dans cette ville au relief accidenté, ils se révèlent un moyen de locomotion pratique et parfois ludique : tramways, funiculaires et ascenseurs, ces deux derniers appelés *elevadores*. Le métro d'une part et les bus, tramways et funiculaires d'autre part sont gérés par des compagnies différentes. **Transportes de Lisboa** – ✆ *213 50 01 15 - www. transporteslisboa.pt.* Rens. sur les bus, trams et funiculaires (en anglais).

Bon à savoir – Le plan du réseau *(rede carris)* des transports est disponible à l'office de tourisme et sur www. transporteslisboa.pt, rubrique *« Carris », « Percursos »* et *« Mapas »*.

Tarifs – Le système d'achat des billets à l'unité est assez onéreux. Vous aurez tout intérêt à acheter un pass, valable 24h ou 48h pour un nombre illimité de trajets sur l'ensemble des réseaux (bus, métro, tram et ferry). *Voir plus loin, « Titres de transport ».*

Horaires – Bus et tramways fonctionnent en règle générale de 6h à 0h/0h30, avec une fréquence de 10 à 15mn jusqu'à 21h30. Un service de nuit *(rede noturna)* est assuré de 0h30 à 5h30. Le dernier bus n° 736 (Cais do Sodré, Baixa, av. da Liberdade, etc.) part à 0h. Les funiculaires s'arrêtent vers 21h (22h et 23h en été pour ceux de Gloria et Santa Justa). Le métro fonctionne de 6h30 à 1h du matin.

Titres de transport – Valables dans le métro, les bus, les trams et les funiculaires, dans le train pour Sintra ou Belém et pour traverser le Tage, les cartes magnétiques 7 Colinas ou Viva Viagem (mêmes prestations ; 0,50 €) sont en vente dans les stations de métro, à la poste et dans certains kiosques, et sont rechargeables. Vous pourrez opter soit pour le forfait 24h *(6 €)*, soit pour le mode « zapping », un porte-monnaie électronique rechargeable à volonté *(de 2 à 15 € ; 20 € maximum ; cartes de crédit et espèces acceptées)*.

Avec l'option zapping, un trajet vous coûtera 1,25 € (au lieu de 1,40 € dans le métro ; 1,80 € à bord d'un bus et 2,85 € à bord d'un tramway). Les tarifs sont dégressifs en fonction du montant chargé sur la carte. Si vous souhaitez passer du mode zapping au mode forfait, il suffit d'avoir épuisé son crédit.

Bon à savoir – Pour un séjour de quelques jours à Lisbonne, et si vous avez l'intention de faire beaucoup de visites, la Lisboa Card peut être la formule la plus intéressante *(voir p. 122)*.

Handicapés – Bus, tramways et certaines stations de métro ne sont pas aménagés pour les personnes à mobilité réduite. Un service de porte à porte est assuré en minibus pour le prix des transports en commun. Réservez au moins 2 jours à l'avance : ✆ *213 61 31 41 (9h-22h).*

Elevadores (funiculaires et ascenseurs)

Elevador da Bica : r. de S. Paulo/ largo do Calhariz ; Elevador da Glória : Restauradores/São Pedro de Alcântara ; Elevador do Lavra : largo da Anunciação/r. da Câmara Pestana ; Elevador de Santa Justa : r. de Santa Justa (point de vue).

Téléphérique du Parc des Nations – *Voir p. 163.*

Autocarro (bus)

Quelques lignes intéressantes : n° 714 (Praça da Figueira/ Outurela) ; n° 781 (Prior Velho/

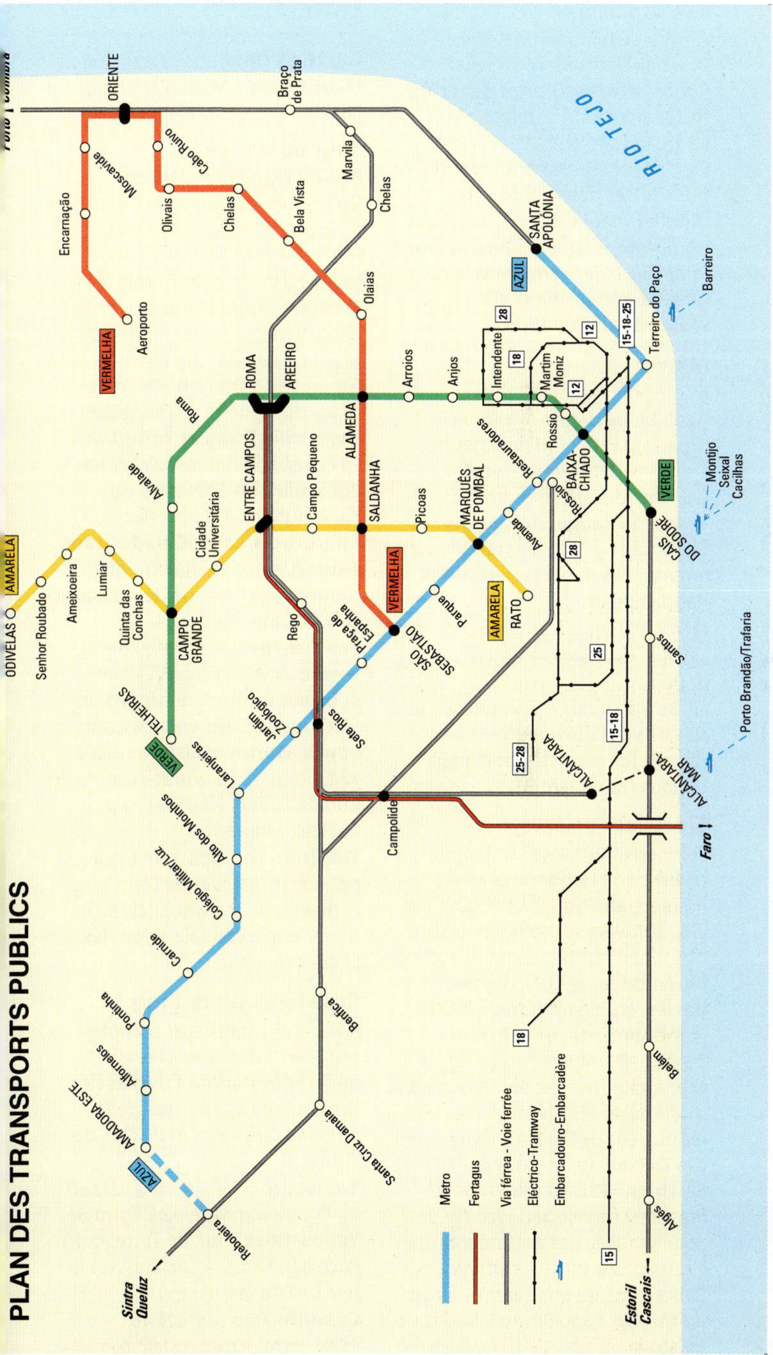
PLAN DES TRANSPORTS PUBLICS
Metro
Fertagus
Via férrea - Voie ferrée
Eléctrico-Tramway
Embarcadouro-Embarcadère
ODIVELAS
AMARELA
Senhor Roubado
Ameixoeira
Lumiar
Quinta das Conchas
CAMPO GRANDE
TELHEIRAS
VERDE
Cidade Universitária
ENTRE CAMPOS
Campo Pequeno
SALDANHA
Picoas
MARQUÊS DE POMBAL
Avenida
RATO
Parque
SÃO SEBASTIÃO
Praça de Espanha
Jardim Zoológico
Sete Rios
Laranjeiras
Alto dos Moinhos
Colégio Militar/Luz
Carnide
Pontinha
Alfornelos
AMADORA ESTE
AZUL
Reboleira
Sintra
Queluz
Santa Cruz Damaia
Benfica
Campolide
Rego
ROMA
AREEIRO
Roma
Alvalade
ALAMEDA
VERMELHA
Arroios
Anjos
Intendente
Martim Moniz
Rossio
Restauradores
BAIXA-CHIADO
CAIS DO SODRÉ
Olaias
Bela Vista
Chelas
Olivais
Cabo Ruivo
Moscavide
Encarnação
Aeroporto
ORIENTE
Braço de Prata
Marvila
Chelas
SANTA APOLÓNIA
Terreiro do Paço
RIO TEJO
Barreiro
Montijo
Seixal
Cacilhas
Porto Brandão/Trafaria
Santos
ALCÂNTARA
ALCÂNTARA-MAR
Faro
Belém
Algés
Estoril
Cascais
12
15
18
25
28
15-18
15-18-25
25-28

Cais do Sodré) ; n° 783 (Portela/Amoreiras) ; n° 746 (Marquês Pombal/Damaia) ; n° 758 (Cais do Sodré/Sete Rios/Portas Benfica) ; n° 728 (Restelo/Portelas ; elle longe le Tage entre Belém et le Parc des Nations). Le réseau de bus est très dense et tous les quartiers sont desservis par de nombreuses lignes. Plan du réseau *(mapa de rede Carris)* dans les offices de tourisme et sur *www.transporteslisboa.pt.*

Métro

Il comprend quatre lignes : Azul (bleue ; Santa Apolónia/Amadora Este), Amarela (jaune ; Odivelas/Rato), Verde (verte ; Cais do Sodré/Telheiras) et Vermelha (rouge ; Aeroporto/São Sebastião). Certaines stations sont aménagées pour les personnes handicapées.
www.transporteslisboa.pt.
Un plan du réseau se trouve p. 187.

Bon à savoir – Certaines stations ont été décorées d'**azulejos** d'artistes portugais connus *(voir p. 82).*

Eléctricos (tramways)

Les vieux tramways sont un des charmes de Lisbonne et une manière agréable de découvrir la ville à travers ses collines. Ils sont peu à peu remplacés par d'autres, plus modernes. Deux lignes desservent de nombreux musées et monuments : **n° 15E** (Praça da Figueira/Algés) : praça do Comércio – musée des Carrosses – monastère des Hiéronymites et les musées de Belém – monument des Découvertes – tour de Belém ; **n° 28E** (Martim Moniz/Prazeres) : église São Vicente de Fora – musée des Arts décoratifs – château São Jorge – cathédrale – Baixa – musée du Chiado – largo do Chiado – São Bento – basilique d'Estrela.

VISITE

Carte et pass

Lisboa Card – *Voir « S'informer », p. 122.*

Tour de la ville

Bus ou tramway – Yellow Bus - *Praça do Comércio* Plan III FZ *et praça da Figueira* Plan III EFY - *213 47 80 30 - www.yellowbustours.com.* Différentes formules : **Tagus Tour** *(1h40 ; 16 €)* départ en bus panoramique de la praça da Figueira vers le nord, puis Amoreiras, Estrela, Belém et retour praça da Figueira en longeant le Tage ; **Hills Tramcar Tour** *(1h25 ; 18 €)* départ en tramway ancien de la praça do Comércio vers Baixa, Alfama, Chiado, Bairro Alto, Estrela, Lapa ; **Chiado Tram Tour** *(20mn ; 6 €)* également en tramway, de Príncipe Real au largo Luis de Camões.

Eco Tuk Tours - *914 92 54 50 - www.ecotuktours.com.* Circuits et balades à bord de triporteurs électriques. Différents parcours dont le **Oldtown Lisboa** *(1h30 ; 12 €)* : départ de la praça do Comércio vers Alfama, Graça, Castelo, Mouraria.

Tuk-Tuk – Les triporteurs, qui ont envahi les rues de Lisbonne, connaissent un franc succès. Ils sillonnent la capitale selon des circuits de visite définis.

Croisières sur le Tage

D'avr. à oct., plusieurs compagnies proposent des croisières au départ des stations fluviales de Terreiro do Paço *(en face de la praça do Comércio)* et de Cais do Sodré.

Transtejo – Plan III FZ - *213 50 01 15 - www.transtejo.pt.* Formule **Yellow Boat Tour**, de Terreiro do Paço à Belém, via Cacilhas, sur la rive sud de l'estuaire *(1h30 ; 17 €).*

Cruzeiro Tejo – *213 46 15 86 - http://cruzeirostejo.com.*

Différentes formules à bord de bateaux à moteur ou à voile *(à partir de 17 €; 1h30)*.

Hippotrip – Plan I B3 - *✆ 211 92 20 30 - www.hippotrip.com.* Balades en bus amphibie au départ des docks de Santo Amaro *(15/25 €)*.

HÉBERGEMENT

Baixa (Plan III, p. 135)

PREMIER PRIX

Pensão Pérola da Baixa – Plan III EX - *R. da Glória, 10/2e - M° Restauradores - ✆ 213 46 28 75 - www.pensaoperoladabaixa.com - ⊭ - 10 ch. 40/50 €.* Une pension centrale très simple pour petits budgets, en contrebas du Bairro Alto, quartier de prédilection des noctambules. La rue, quant à elle, est calme et l'on y trouve plusieurs *casas de pasto* économiques et savoureuses. Wifi.

BUDGET MOYEN

Pensão Praça da Figueira – Plan III EY - *Travessa Nova de São Domingos, 9/2e - M° Rossio - ✆ 213 42 43 23 - www.pensaopracadafigueira.com - 31 ch. 51/70 € ☕.* Cette sympathique pension, centrale et rénovée, est installée aux 2e et 3e étages (sans ascenseur) d'un bel immeuble ancien. Préférez les chambres avec *casa de banho completa* (salle de bains et toilettes). Petit-déjeuner copieux et variés. Un excellent rapport qualité-prix.

Lavra Guest House – Plan III EX - *Calçada de Santana, 198 A - M° Restauradores - ✆ 218 82 00 00 - www.lavra.pt - 24 ch. 65/70 € - ☕ 5 €.* Sur la colline de Pena ignorée des touristes – et pour cause : ça grimpe dur –, au sommet de l'Elevador de Lavra qui dessert la rue piétonne des Portas de Santo Antão, cette maison du 17e s. dotée de patio et terrasse, réconcilie avec goût meubles anciens et design contemporain. Demandez une chambre avec vue au dernier étage. Wifi à la réception.

Residência Roma – Plan III EX - *Travessa da Glória, 22 A - M° Restauradores - ✆ 213 46 05 57 - www.residencialromalisboa.com - 27 ch. (et 12 appt.) env. 70 € ☕.* Avec cette adresse proche de l'avenida da Liberdade, vous aurez tous les avantages du centre-ville sans en subir le bruit. Ses chambres sont particulièrement spacieuses et lumineuses. Location de petits appartements bien conçus avec kitchenette *(80 €)*. Wifi à la réception.

Hotel Duas Nações – Plan III EY - *R. da Vitória, 41 - M° Baixa-Chiado ou Rossio - ✆ 213 46 07 10 - www.duasnacoes.com - 20 ch. 80/90 € ☕.* Cette pension située dans une rue piétonne près de la praça do Comércio occupe un bel édifice reconnaissable aux multiples drapeaux qui ornent sa façade. Les chambres du 3e étage possèdent un petit balcon. Agréable salle de petit-déjeuner ornée de panneaux d'azulejos. Wifi payant.

POUR SE FAIRE PLAISIR

Lisboa Tejo – Plan III FY - *R. dos Condes de Monsanto, 2 - M° Rossio - ✆ 218 86 61 82 - http://lisboatejohotel.com - 58 ch. 90/125 € ☕.* Proche de la praça da Figueira, cet hôtel entièrement rénové par des designers portugais met à disposition des chambres confortables et joliment décorées. Malgré le double vitrage, celles sur rue sont un peu bruyantes. Salle de petit-déjeuner agréable. Wifi à la réception.

Metropole – Plan III EY - *Praça Dom Pedro IV, 30 - M° Rossio - ✆ 213 21 90 30 - www.almeidahotels.com - 36 ch.*

123/160 € ☕. Très bien situé sur la place animée, il propose des chambres classiques et confortables dans un bel immeuble du début du 20e s. Intérieur agréable et spacieux. Vues splendides sur le château São Jorge depuis le salon et les chambres donnant sur la colonne. Wifi au 1er étage.

Alfama (Plan IV, p. 138-139)

POUR SE FAIRE PLAISIR

Casa Costa do Castelo – Plan IV P2 - *R. Costa do Castelo 54 - 4e étage sans ascenseur - M° Rossio ou Martim-Moniz puis tram nos 12 ou 28, arrêt Castelo - ☎ 218 82 26 78 - www.c-c-castelo.com - 5 ch. - 90 € ☕ - 2 nuits mini et seult sur réserv.* Au-dessous de l'esplanade du château, une maison du début du 20e s. entourée d'un jardin en terrasses planté de vignes, d'orangers et de citronniers. Les propriétaires louent quatre chambres ainsi qu'une suite, le tout parfaitement équipé, lumineux et joliment décoré (parquets, fauteuils à bascule et kilims). Un copieux petit-déjeuner est servi dans le jardin d'hiver. Belle vue depuis les chambres.

UNE FOLIE

Solar dos Mouros – Plan IV Q2 - *R. do Milagre de Santo António, 6 - M° Rossio ou Baixa-Chiado - ☎ 218 85 49 40 - www.solardosmouros.com - 13 ch. 150/180 € ☕.* On remarque de loin cette maison tout en hauteur, couleur saumon, édifiée sur une tour de l'ancienne muraille arabe. Elle appartient au peintre Luís Lemos, qui a accroché un peu partout ses toiles abstraites et des tableaux de sa collection privée, parmi lesquels des œuvres de Delaunay, Buren et Jenkins. Chambres ultraspacieuses, avec vue sur le château ou sur le Tage, décorées de statues, masques africains, meubles design, livres rares et lampes de collection. Toutes sont équipées d'une chaîne hi-fi, d'un minibar et d'un coffre individuel. Petit jardin zen en bas de l'hôtel.

Palácio Belmonte – Plan IV Q2 - *Páteo Dom Fradique, 14 - ☎ 218 81 66 00 - http://palaciobelmonte.com - 🏊 - 10 suites à partir de 400 € ☕.* Perché sur la colline du château, ce palais du 17e s., qui laisse affleurer sous ses arcades des pans de l'ancienne muraille de la citadelle, a été restauré par un couple franco-portugais avec le concours des Monuments historiques de Lisbonne. Suites sublimes, mêlant antiquités et mobilier contemporain, terrasses privatives donnant sur un panorama à couper le souffle, et piscine de marbre noir. Wifi.

Graça (Plan II, p. 130-131)

UNE FOLIE

Albergaria Senhora do Monte – Plan II G1 - *Calçada do Monte, 39 - M° Anjos - ☎ 218 86 60 02 - www.albergariasenhoradomonte.com - 28 ch. 140 € ☕.* Presque toutes les chambres de cet hôtel moderne, situé dans le quartier résidentiel de Graça, jouissent d'un point de vue imprenable sur la ville, les trois meilleures d'entre elles comportant une terrasse (prix plus élevé). On y accède par le tramway n° 28 ou bien en taxi, l'établissement étant assez excentré. Si vous n'y résidez pas, vous pourrez toutefois apprécier la vue depuis le bar du dernier étage. Wifi.

Chiado (Plan V, p. 149)

UNE FOLIE

Hotel do Chiado – Plan V VY - *R. Nova do Almada, 114 - M° Baixa-Chiado - ☎ 213 25 61 18 - www.hoteldochiado.pt -*

P - *40 ch. 200/280 €* ☕. Installé à côté de la galerie commerçante Armazéns do Chiado, cet hôtel conçu par le célèbre architecte Álvaro Siza a été entièrement relooké en 2013 dans un style minimaliste. Il présente tout le confort moderne et des chambres avec des vues magnifiques sur le Tage, le château et la ville. Bar-terrasse panoramique. Wifi.

Bairro Alto (Plan V, p. 149)

BUDGET MOYEN

Pensão Londres – Plan V UX - *R. D. Pedro V, 53 - M° Restauradores puis Elevador da Glória - ✆ 213 46 22 03 - www.pensaolondres.com.pt - 35 ch. 65/80 €* ☕. Cette pension occupe 4 étages (ascenseur) d'un bel immeuble à la lisière du Bairro Alto. Certaines chambres ont des plafonds d'origine et des vues sur le château São Jorge ainsi que le ponte 25 de Abril. Évitez les quelques chambres sans fenêtre extérieure. Un établissement bien situé et soigné. Wifi.

POUR SE FAIRE PLAISIR

☺ **Monte Belvedere** – Plan V UY - *R. Santa Catarina, 17 - M° Baixa-Chiado - ✆ 914 17 69 69 - http://shiadu.com - 13 ch. 100/120 €* ☕. Délicieuse adresse qui combine le chic d'un *boutique hotel* et le souci du détail d'une maison d'hôtes. L'hôtel se présente comme un cocon arty, où meubles de belle facture sont égayés de couleurs bien trouvées. Sa situation en hauteur, dans le pittoresque quartier de Santa Catarina, ouvre sur une vue fabuleuse – le Tage avec le ponte 25 de Abril –, dont on a tout loisir de profiter sur le toit-terrasse au petit-déjeuner ou au dîner. L'accueil remarquable fait que l'on se sent comme chez des amis, même si tout cela a un prix… imbattable compte tenu des prestations.

UNE FOLIE

Bairro Alto Hotel – Plan V UY - *Praça Luís de Camões, 2 - M° Baixa-Chiado - ✆ 213 40 82 88 - www.bairroaltohotel.com - 55 ch. à partir de 370 €* ☕. Situé sur la jolie place Luís de Camões, cet hôtel luxueux occupe l'ancien Grand Hôtel de l'Europe, où séjournait Sarah Bernhardt. Ses superbes chambres sont à la fois très confortables et décorées avec raffinement. Au 6e étage, terrasse donnant sur les toits de Lisbonne. Salle de fitness, wifi payant.

Quartiers ouest (Plan VI, p. 155)

PREMIER PRIX

Residencial Maná – Plan VI F - *Calçada do Marquês de Abrantes, 97 - M° Cais do Sodré - ✆ 213 39 31 96 - pensaomana@sapo.pt - 17 ch. 35/50 €*. Dans un quartier calme, près du musée d'Art ancien et de l'animation nocturne de Santos, une belle maison rénovée. Les chambres, dont plusieurs se présentent comme de petites suites (équipées de réfrigérateurs), ont du cachet. Préférez celles qui donnent sur le petit jardin ou sur le Tage. Wifi et service de laverie.

POUR SE FAIRE PLAISIR

Casa de S. Mamede – Plan VI E - *R. da Escola Politécnica, 159 - M° Rato - ✆ 213 96 31 66 - www.casadesaomamede.pt - 26 ch. 90/100 €* ☕. Cet hôtel de charme installé dans une maison du 18e s. ressemble à une demeure de famille avec ses azulejos et son mobilier d'époque. C'est dire s'il est à sa place dans ce quartier des antiquaires proche de Príncipe Real et du jardin botanique ! Une adresse rare pour ce prix. Wifi.

York House – Plan VI F - *R. das Janelas Verdes, 32 - M° Santos - ✆ 213 96 24 35 - www.yorkhouselisboa.com - 32 ch.*

1

125/135 € - 12 € - 35 €. Derrière un mur rose, un bref escalier puis une cour envahie de végétation autour de laquelle se répartissent les chambres. Implanté dans un ancien couvent carmélite du 17e s., l'hôtel dégage un léger parfum de recueillement mystique, une atmosphère sereine de retraite campagnarde. Le restaurant sert une cuisine savoureuse et dresse ses tables dans le jardin aux beaux jours.

UNE FOLIE

As Janelas Verdes – Plan VI F - *R. das Janelas Verdes, 47 - M° Santos - 213 96 81 43 - www.heritage.pt - 29 ch. 160/220 € - 10 €.* Près du musée d'Art antique, cette belle maison du 18e s. a été transformée en hôtel accueillant et confortable, décoré de touches personnelles. Les chambres sont un peu étroites et celles donnant sur la rue, très passante, sont à éviter si l'on craint le bruit. À l'arrière, petit jardin dans un patio où l'on prend le petit-déjeuner en été. Wifi.

Belém (Plan VIII, p. 167)

BUDGET MOYEN

Residencial Setubalense – Plan VIII - *R. de Belém, 28 - 213 63 66 39 - www.setubalense.pt - 30 ch. 50/60 €.* Pour les visiteurs qui préfèrent résider dans le quartier de Belém, cette pension située près du célèbre monastère des Hiéronymites est une bonne solution. Occupant un bel immeuble à la façade rose, elle propose des chambres simples et bien tenues. Wifi.

Quartiers modernes du nord (Plans II p. 130-131 et VI p. 155)

BUDGET MOYEN

Brasília – Plan VI E - *R. Alexandre Herculano, 29 - M° Marquês do Pombal - 231 52 79 23 - - 7 ch. 60 €.* À deux pas de l'avenida da Liberdade et de la place Marquês do Pombal, une petite pension dans un appartement à l'atmosphère feutrée, au 2e étage avec ascenseur, proposant des chambres simples avec ou sans cabine de douche, meublées à l'ancienne et toutes très cosy. Du charme et un excellent rapport qualité-prix. Wifi.

UNE FOLIE

NH Liberdade – Plan II E1 - *Av. da Liberdade, 180 B - M° Avenida - 213 51 40 60 - www.nh-hotels.com - P - 83 ch. 190/210 €.* Les amateurs de raffinement et d'horizon dégagé ne manqueront pas de s'arrêter à cet hôtel ultramoderne installé sur la principale avenue de Lisbonne dans le petit centre commercial Tivoli Forum. Sur le toit, piscine et terrasse panoramique avec vue imprenable sur toute la ville et le Tage. Chambres spacieuses décorées dans un esprit minimaliste. Chic et design.

Britânia – Plan II E1 - *R. Rodrigues Sampaio, 17 - M° Avenida - 213 15 50 16 - www.hotel-britania.com - 32 ch. 200/240 €.* Grâce à une rénovation réussie qui lui a rendu son élégante physionomie des années 1940, cet hôtel de renom, conçu par Cassiano Branco (architecte de l'Éden Teatro, praça dos Restauradores), est à la fois charmant et confortable. Ses chambres spacieuses et calmes, décorées avec goût, sa localisation pratique et son atmosphère « rétro » font du Britânia une heureuse trouvaille. Wifi.

RESTAURATION

Lisbonne regorge d'un nombre incalculable de **tasquinhas**, ces gargotes très fréquentées où les Lisboètes ont leurs habitudes : café et pâtisserie au comptoir avant d'aller travailler, déjeuner rapide (plat du jour, beignets, etc.). Une option économique pour le petit-déjeuner ou le déjeuner.

Baixa (Plan III, p. 135)

PREMIER PRIX

A Palmeira – Plan III EY - *R. do Crucifixo, 69/71 - M° Baixa-Chiado - ✆ 213 42 83 72 ou 256 38 21 15 - tlj sf w.-end et j. fériés 11h45-15h, 19h-22h - 15/20 €.* Un restaurant traditionnel fréquenté à midi par les employés du coin, qui viennent déguster des plats simples dans une salle voûtée et tapissée d'azulejos. Attention cependant : le volume sonore important et la fumée de cigarettes sont à craindre, malgré les gros ventilateurs. Service efficace.

BUDGET MOYEN

Casa do Alentejo – Plan III EX - *R. das Portas de Santo Antão, 58 - M° Restauradores - ✆ 213 40 51 40 - 12h-15h, 19h-22h30 - 20/25 €.* Dans ce lieu atypique *(voir p. 133)*, un escalier dessert les salons et le restaurant, dont les murs sont tapissés d'azulejos évoquant les travaux des champs dans l'Alentejo. La cuisine, copieuse et rustique, comprend des plats du jour et des classiques tels que le porc aux palourdes ou les *migas* (beignets de pain au saindoux). Le dimanche après-midi, bal et concert.

Alfama (Plan IV, p. 138-139)

PREMIER PRIX

Pateo 13 – Plan IV S2 - *Calçadinha de Santo Estêvão, 13 - M° Santa Apólonia - ✆ 218 88 23 25 - tlj sf lun. 12h-14h30, 19h30-23h - env. 15 €.* Dans le dédale de ruelles de l'Alfama, une jolie placette occupée par un restaurant typique et très couleur locale. On s'attable ici en toute simplicité pour commander des grillades de poisson ou de viande. Ambiance animée et conviviale assurée.

POUR SE FAIRE PLAISIR

Santo António de Alfama – Plan IV R3 - *Beco de São Miguel, 7 - M° Santa Apólonia - ✆ 218 88 13 28 - www.siteantonio.com - 12h30-2h - réserv. conseillée - 30/40 €.* Un restaurant fréquenté par les « bobos » de la ville. Aux murs, des centaines de photos en noir et blanc de comédiens et de musiciens. Trois salles réparties sur trois niveaux dans une ambiance de bistrot élégant. Ravissante terrasse sous une tonnelle de vigne et de guirlandes au pied de l'église São Miguel.

Graça (Plan II, p. 130-131)

POUR SE FAIRE PLAISIR

Via Graça – Plan II G1 - *R. Damasceno Monteiro, 9 B - M° Martim-Moniz - ✆ 218 87 08 30 - www.restauranteviagraca.com - tlj sf sam. et dim. midi 12h30-15h, 19h30-23h - 40/50 €.* Situé en contrebas du belvédère de Nossa Senhora do Monte, ce restaurant raffiné au décor contemporain révèle de magnifiques vues sur le château São Jorge et le centre-ville. Cuisine traditionnelle portugaise. Une bonne adresse pour une soirée intime.

Santa Apolónia (Plan II, p. 130-131)

PREMIER PRIX

Deli Delux – Plan II H2 - *Av. Infante Dom Henrique, Armazém B, Loja 8 - M° Santa Apolónia - ✆ 218 86 20 70 - www.delidelux.pt - lun.-vend. 12h-22h (0h en été), w.-end 10h-22h (0h en été) - 18/20 €.* Cette épicerie fine, où l'on déniche de bons produits italiens, français et portugais, se prolonge par une terrasse à fleur d'eau, intime

1

et ensoleillée, parfaite pour échapper au tumulte de la ville. Petite restauration de qualité, simple et servie à toute heure : *carpaccio* de tomates, œufs brouillés aux asperges, fondant au chocolat… Une adresse très prisée le w.-end à l'heure du brunch *(moins de 15 €)*.

Chiado (Plan V, p. 149)

PREMIER PRIX

Moura Salúquia – Plan V VY - *R. do Duque, 33 - M° Baixa-Chiado - 213 42 98 19 - tlj sf sam. soir et dim. midi 12h-15h, 19h-1h - 15/18 €.* Il suffit de s'éloigner de quelques pas des escaliers pour trouver cette gargote de poche, bien moins touristique que ses voisines. Grillades et spécialités de l'Alentejo à des prix défiant toute concurrence.

Leitaria Académica – Plan V VY - *Largo do Carmo, 1 - M° Baixa-Chiado - 213 46 90 92 - 8h-0h - 15/20 €.* Une agréable terrasse sur la place de l'église do Carmo, une petite salle ancienne aux plafonds moulurés, une cuisine portugaise simple et un accueil sympathique : voici une adresse parfaite pour déjeuner.

BUDGET MOYEN

The Decadente – Plan V UX - *R. São Pedro de Alcântara, 81 - M° Restauradores - 213 46 13 81 - http://thedecadente.pt - 12h-15h, 20h-23h (vend. 0h), sam. 12h30-0h, dim. 12h-23h - réserv. conseillée - 20/25 €.* Le restaurant est celui d'un nouveau genre d'auberge de jeunesse design et tendance, qui fleurit dans les capitales branchées. On y sert une cuisine 100 % terroir portugais modernisé par une touche contemporaine, le tout bien réussi pour un prix raisonnable. La clientèle s'attable dans l'ambiance d'un salle de bistrot, où le carrelage d'origine a été conservé à certains endroits. La courette intérieure est plus simple.

Café Buenos Aires – Plan V VX - *Escadinhas do Duque, 31 B - M° Rossio - 213 42 07 39 - 18h-1h - 25/35 €.* Au coucher du soleil, la petite terrasse installée dans les escaliers menant du Rossio au Bairro Alto offre une belle vue sur le château. Au menu, des spécialités d'Argentine, dont la fameuse viande de bœuf, des salades et des tartines.

POUR SE FAIRE PLAISIR

Sacramento – Plan V VY - *Calçada do Sacramento, 40/46 - M° Baixa-Chiado - 213 42 05 72 - www.sacramentodochiado.com - 12h-15h, 19h-0h (en soirée seult le w.-end) - 30/40 €.* Installé dans l'ancienne annexe de la Confeitaria Nacional, il comprend trois agréables espaces sur différents niveaux : un restaurant, un salon de thé-cafétaria et un bar *(19h-2h)*. Cuisine portugaise et méridionale, *petiscos* (tapas).

Bairro Alto (Plan V, p. 149)

BUDGET MOYEN

A Cevicheria – Plan V UX - *R. D. Pedro V, 129 - M° Baixa-Chiado - 218 03 88 15 - 12h30-0h - 20/30 €.* Il faut arriver tôt pour avoir la chance de découvrir les saveurs inédites du chef Kiko Martins, installé sous l'immense poulpe qui sert de lustre décoratif. Sains, iodés et raffinés, les plats sont un hymne au ceviche sud-américain revu et corrigé en tartare moderne et autre marinade fusion. La faune branchée de Príncipe Real ne s'y est pas trompée, qui vient aussi pour la carte des cocktails.

A Camponesa – Plan V UY - *R. Marechal de Saldanha, 25 - M° Baixa-Chiado - 213 46 47 91 - tlj sf sam. midi et dim. 12h30-15h, 19h30-23h - 22/25 €.* Dans un décor minimaliste, la carte décline une cuisine portugaise simple et savoureuse d'un bon rapport qualité-prix. Accueil avenant.

Bota Alta – Plan V UY - *Travessa da Queimada, 35/37 - M° Baixa-Chiado - ✆ 213 42 79 59 - tlj sf dim. 12h-14h30, 19h-23h - réserv. conseillée - 25/30 €.* Ce restaurant typique à la décoration un peu chargée s'est spécialisé dans la morue. Il offre par ailleurs un bon choix de vins. On y parle français.

Chafariz do Vinho – Plan V UX - *R. da Mãe d'Água - M° Avenida - ✆ 213 42 20 79 - www.chafarizdovinho.com - tlj sf lun. 18h-2h - 25/30 €.* Dans les escaliers qui descendent de la praça Príncipe Real à la praça da Alegria, l'immense citerne en pierre de taille d'une ancienne fontaine a été reconvertie en un superbe bar à vins qui propose la dégustation au verre d'une quinzaine de crus portugais et de portos.

POUR SE FAIRE PLAISIR

As Salgadeiras – Plan V UY - *R. das Salgadeiras, 18 - M° Baixa-Chiado - ✆ 213 42 11 57 - www.as-salgadeiras.com - réservation conseillée - tlj sf lun. 19h-0h - 30/40 €.* Sélection de vins soignée, service attentionné et mets portugais délicats (tartare de poulpe, splendide soupe de poisson, morue particulièrement bien préparée) : aucune fausse note pour cet élégant restaurant situé au cœur du Bairro Alto. Idéal pour un dîner romantique.

Pap'Açorda – Plan V UY - *R. da Atalaia, 57 - M° Baixa-Chiado - ✆ 213 46 48 11 - tlj sf dim. et lun. 20h-22h30 - réserv. conseillée - 30/40 €.* Un must du Bairro Alto : une très bonne cuisine, dont la fameuse *açorda* (marmite de fruits de mer) bien sûr, dans un décor design théâtral animé par les célébrités de Lisbonne.

Quartiers ouest (Plan VI, p. 155)

PREMIER PRIX

Pão de Canela – Plan VI E - *Praça das Flores, 25/29 - M° Rato - ✆ 213 97 22 20 - www.canela.pt - 8h-21h30 - 15/20 €.* Petit-déjeuner ou brunch *(15 €)* en terrasse, déjeuner léger ou goûter dans un décor de bois clair, le tout à base de cocktails de fruits, de feuilletés ou de quiches : un restaurant-salon de thé idéalement situé à l'ombre de la praça das Flores, à la lisière entre Bairro Alto et Estrela.

BUDGET MOYEN

Os Tibetanos – Plan VI E - *R. do Salitre, 117 - M° Avenida - ✆ 213 14 20 38 - www.tibetanos.com - ⌧ - tlj sf dim. 12h-14h30, 19h30-22h30, sam. 13h-15h30, 20h-23h - réserv. conseillée - 18/25 €.* Dans la rue en pente bordant l'arrière du Jardin botanique, ce restaurant propose une cuisine végétarienne d'inspiration tibétaine. L'endroit accueille également une école de bouddhisme tibétain et une boutique-librairie.

Picanha – Plan VI F - *R. das Janelas Verdes, 96 - M° Santos - ✆ 213 97 54 01 - tlj sf midi w.-end et j. fériés 12h30-15h, 20h-23h - 20/25 €.* À deux pas du musée d'Art ancien, une table brésilienne pour carnivores au bel appétit ! Ici on vient pour la délicieuse *pincanha*, une pièce de bœuf découpée dans la partie haute de la cuisse et servie avec du riz et des haricots noirs.

Armazém da Cachaça – Plan VI F - *R. São João da Mata, 88/90 - M° Santos - ✆ 213 96 52 64 - tlj sf dim. 20h-0h - 25/30 €.* Non loin de l'ambassade de France, un brésilien installé dans l'ancienne et superbe boutique d'un marchand de céréales dont il a conservé les grandes devantures en bois. *Picanha* (viande de bœuf grillée servie en fines lamelles),

1

travers de porc au miel, plats mélangeant les saveurs tropicales, mangues, coco… Le propriétaire, qui fait la promotion de la *cachaça* artisanale, élabore avec cet alcool des cocktails aux fruits tropicaux à se damner.

Comida de Santo – Plan VI E - *Calçada Engenheiro Miguel Pais, 39 - M° Rato - ✆ 213 96 33 39 - www.comidadesanto.pt - tlj sf mar. 12h30-15h30, 19h30-1h - 25/30 €.* À côté de la place Príncipe Real, une bonne table brésilienne. Au menu, la cuisine régionale du nord-est du Brésil sans oublier l'incontournable *feijoada* nationale. Plats particulièrement copieux et savoureux. Une clientèle d'habitués dans un cadre simple et convivial.

UNE FOLIE

Casa da Comida – Plan VI E - *Travessa das Amoreiras, 1 - M° Rato - ✆ 213 86 08 89 - www.casadacomida.pt - tlj sf dim. 19h-0h - 45/60 €.* Ce restaurant soigné et élégamment aménagé dans une cour verdoyante avec une fontaine couverte d'azulejos sert une cuisine raffinée et inventive. Une des meilleures tables de la ville.

Le long du Tage

(Plans I p. 128-129 et V p. 149)

PREMIER PRIX

☺ **Mercado da Ribeira** – Plan V UZ - *Av. 24 de Julho - M° Cais do Sodré - 10h-0h (jeu.-sam. 2h) - 12/18 €.* Réhabilitée en 2014 par le magazine *Time out*, la halle du 19e s. accueille des stands de cuisine portugaise et internationale, que l'on déguste autour de grandes tables communes. L'occasion de goûter les plats des chefs à la mode (Alexandre Silva, Marlene Vieira, etc.), à prix mini. Également des bars et des commerces de bouche.

BUDGET MOYEN

1300 Taberna – Plan I B3 - *R. Rodrigues Faria, 103 (dans la LX Factory, voir p. 163) - ✆ 213 64 91 70 - www.1300taberna.com - mar.-sam. 12h30-15h, 20h-0h - 18/30 €.* Cuisine inventive et originale à savourer dans une immense salle au décor mi-brocante mi-industriel. Bon accueil et savoureux menu à 18 € à midi.

Station – Plan V UZ - *Cais do Gás, Armazém A, Porta 7 - M° Cais do Sodré - ✆ 210 11 65 46 - www.station-club.com - mar.-jeu. 12h30-1h, vend.-sam. 12h30-4h, dim. 12h30-19h30 - 20/30 €.* Au bord du Tage, dans un des entrepôts de Cais do Sodré, la table mêle produits portugais et recettes asiatiques, en témoigne ce délicieux pavé de cabillaud au curry. Club à l'étage ouvert le vend. et sam. soir.

Parc des Nations (Plan VII, p. 162)

BUDGET MOYEN

D'Bacalhau – Plan VII B1 - *R. da Pimenta 45 - entre le pavillon de l'Atlantique et la tour Vasco-de-Gama - M° Oriente - ✆ 218 94 12 96/7 - www.restaurantebacalhau.com - 12h-16h, 19h-23h - 20/30 €.* Ce restaurant de poisson et de fruits de mer propose, comme son nom l'indique, un large choix de plats à base de morue. Agréable terrasse.

Belém (Plan VIII, p. 167)

BUDGET MOYEN

O Caseiro – Plan VIII - *R. de Belém, 35 - ✆ 213 63 88 03 - tlj sf dim. 12h-15h, 19h-22h - 20/25 €.* Décor hétéroclite dans lequel sont suspendus calebasses et paniers d'osier à côté de billets de banque de toutes nationalités. Cuisine portugaise typique.

Enoteca de Belém – Plan VIII - *Travessa Marta Pinto, 10 - ✆ 213 63*

15 11 - www.travessadaermida.com - tlj sf lun. 13h-23h - 20/35 €. On y sert une cuisine portugaise modernisée et raffinée à déguster dans un cadre qui ne cherche pas à être typique. L'endroit est idéal pour faire connaissance avec les vins portugais, grâce notamment aux conseils avisés du personnel.

Campo Pequeno

(Plan I, p. 128-129)

POUR SE FAIRE PLAISIR

O Funil – Plan I C2 - *Av. Elias Garcia, 82 A - M° Campo Pequeno - ✆ 217 96 60 07 - www.ofunil.pt - tlj sf dim. et j. fériés 12h-15h, 19h30-23h - env. 35 €.* La morue façon « Funil » compte parmi les spécialités de cette table élégante et incontournable de Lisbonne. Bonne carte des vins.

PETITE PAUSE

Pique nique – Le Jardin botanique Plan I C2-3, le parque Eduardo VII Plan I C2 et le jardin da Estrela Plan I B3 sont autant d'endroits agréables pour un déjeuner sur l'herbe. Des espaces sont ménagés au parc floral de Monsanto Plan I AB2. Prévoyez votre panier en allant au préalable au Mercado da Ribeira *(voir p. 196)* ou au Mercado de Campo de Ourique Plan I B3.

Baixa

Confeitaria Nacional – Plan III EY - *Praça da Figueira, 18 B - M° Rossio - ✆ 213 42 44 70 - www.confeitarianacional.com - 8h-20h.* Temple de la gourmandise depuis 1829, cette adresse vaut le détour autant pour ses pâtisseries que pour son décor d'époque. Restaurant et snack au 1er.

Pastelaria Suiça – Plan III EY - *Praça Dom Pedro IV, 100 - M° Rossio - ✆ 213 21 40 90 - www.casasuica.pt - 7h-21h.* L'un des endroits les plus fréquentés de la Baixa et un bon point de rencontre. Terrasses côté Rossio et côté praça da Figueira, d'où l'on peut admirer le château São Jorge. Petits en-cas, excellents jus de fruits et pâtisseries.

Quiosque da Ribeira da Naus – Plan III EZ - *Av. Ribeira das Naus - M° Cais do Sodré - ✆ 917 42 70 13 - 10h-2h.* Avec ses tables disposées au bord de l'eau, ce kiosque est plébiscité à la belle saison. D'autant qu'on peut aussi y prendre le soleil sur des transats tout en sirotant une sangria bien fraîche ou un cocktail… Sandwichs *(3,80/6 €)*, pizzas *(9/12 €)* ou croissants *(2/3,50 €)*.

Alfama

Pois, Café – Plan IV R3 - *R. São João da Praça, 93/95 - M° Terreiro do Paço - ✆ 218 86 24 97 - www.poiscafe.com - lun. 12h-23h, mar.-dim. 10h-23h.* Un café décontracté où l'on se sent comme à la maison, avec sa décoration dépareillée, ses livres et magazines à disposition, le wifi, le service souriant… Au menu : gâteaux et thés glacés maison, petite restauration.

Chiado

☺ **Gelados Santini** – Plan V VY - *R. do Carmo, 9 - M° Baixa-Chiado - ✆ 213 46 84 31 - www.santini.pt - 11h-0h.* Pas la peine d'attendre la belle saison pour se rendre chez l'un des meilleurs glaciers portugais, qui a pris ses quartiers dans le Chiado. Les glaces et sorbets conjuguent onctuosité et saveur. Préparés avec des fruits de saison, ils sont confectionnés à l'ancienne, sans ajout de colorant ni de conservateur. Maison mère à Cascais, et autres magasins à Estoril et Carcavelos.

Bairro Alto

Panificação Padaria S. Roque – Plan V UX - *R. Conceição Glória, 49/53 - M° Restauradores -*

℘ 213 22 43 56 - 7h-19h (w.-end 12h30). Superbe boulangerie-pâtisserie au décor néobaroque dans laquelle vous pourrez déguster un bon café, savourer des douceurs et bien sûr acheter votre pain.

Doce Real – Plan V UX - *R. D. Pedro V, 119/121 - Mº Restauradores - ℘ 213 46 59 23 - lun.-vend. 7h-19h, sam. 8h-13h.* Ce sympathique et minuscule café situé en bordure du Bairro Alto, entre Príncipe Real et la rua da Rosa, offre juste assez d'espace pour prendre au comptoir un *galão* et une pâtisserie. Possibilité de déjeuner sur le pouce (plats cuisinés, beignets de morue ou de crevettes, etc.).

Quartiers modernes du nord

Versailles – Plan I C2 - *Av. da República, 15/A - Mº Saldanha - ℘ 213 54 63 40 - 7h30-22h.* Ce café des années 1920 a conservé un magnifique décor Belle Époque. Derrière le long comptoir vitré s'élève une véritable montagne de tentations sucrées.

Belém

☺ Antiga Confeitaria de Belém - Fábrica dos Pastéis de Belém – Plan VIII - *R. de Belém, 84 - ℘ 213 63 74 23 - www.pasteisdebelem.pt - 8h-23h (0h en été).* Les petits gâteaux de Belém, appelés *pastéis de nata*, attirent en nombre les Lisboètes et les touristes gourmands. C'est ici que ces petits flans sont fabriqués (la recette originale est jalousement gardée) dans les anciens fours qui leur donnent ce goût tant apprécié. Vous pouvez en emporter par boîtes de six ou bien les déguster chauds sur place dans une des salles décorées d'azulejos. Une institution à Lisbonne.

BOIRE UN VERRE

Baixa

☺ Café Nicola – Plan III EY - *Praça Dom Pedro IV, 25 - Mº Rossio ou Restauradores - ℘ 213 46 05 79 - 8h-0h.* C'est ici que la première Portugaise osa mettre fin à l'exclusivité masculine dans les cafés ! Historiquement lié à bien

Le mythique café A Brasileira.
B. Gardel / hemis.fr

d'autres événements, ce café est un incontournable de Lisbonne. Très touristique, évidemment.

A Ginjinha – Plan III EX - *Largo de São Domingos, 8 - M° Rossio ou Restauradores - 9h-22h.* Après vos pérégrinations dans la Baixa, à l'heure de l'apéritif, allez boire une *ginjinha* (eau-de-vie de cerise) au comptoir ou sur le trottoir ! C'est ici que le fameux breuvage fut mis au point en 1840.

Chiado

A Brasileira – Plan V VY - *R. Garrett, 120 - M° Baixa-Chiado - ✆ 213 46 95 41 - 8h-2h.* Ce café mythique de Lisbonne est un lieu de rencontre des artistes, stylistes de mode et des touristes qui se prennent en photo avec Pessoa, attablé à la terrasse dans son habit de bronze. À l'intérieur, atmosphère feutrée (boiseries sombres, plafonds peints).

ACHATS

Baixa

Manuel Tavares – Plan III EY - *R. da Betesega, 1 A/B - M° Rossio - ✆ 213 42 42 09 - www.manueltavares.com - tlj sf dim. 9h30-19h30.* Cette boutique située à deux pas de la praça D. Pedro IV fournit depuis 1860 les Lisboètes en produits régionaux de qualité : *enchido, salpição, morcelas da Guarda* et autres saucisses, saucissons ou boudins. Grand choix de portos.

Mercado da Ribeira – Plan V UZ - *Av. 24 de Julho - M° Cais do Sodré - 10h-0h (jeu.-sam. 2h).* Réhabilité en 2014 par le magazine *Time out*, le Mercado da Ribeira associe un marché traditionnel, des stands de cuisine et des antennes de commerces lisboètes : Manteigaria Silva (charcuterie), A Vida Portuguesa (artisanat), Garrafeira Nacional (caviste), etc.

Viniportugal – Plan III FZ - *Praça do Comércio - M° Terreiro do Paço - ✆ 213 42 06 90 - www.viniportugal.pt - mar.-sam. 11h-19h.* Sous les arcades de la praça do Comércio, à côté du Lisboa Welcome Center, cet espace d'exposition propose des dégustations *(mar.-sam. 11h-13h, 14h-19h)* et un vaste choix de vins portugais. Également des vinaigres et des huiles d'olive.

Alfama

Fabula Urbis – Plan IV Q3 - *R. de Augusto Rosa, 27 - M° Terreiro do Paço - ✆ 218 88 50 32 - www.fabula-urbis.pt - 10h30-13h30, 15h-20h.* Toute petite librairie installée derrière la cathédrale. Bon rayon de livres d'auteurs lusophones ou sur le Portugal.

Graça

Feira da Ladra – Plan II H2 - *Campo Santa Clara - M° Santa Apolónia - mar. 7h-13h, sam. 7h-18h.* Marché aux puces de Lisbonne. « Feira da Ladra » signifie littéralement « foire de la voleuse ». Bric-à-brac de vêtements, d'argenterie, de meubles, de livres anciens, etc.

Mouraria

A Vida Portuguesa – Plan II G1 - *Largo do Intendente Pina Manique, 2 - M° Intendente - ✆ 211 97 45 12 - www.avidaportuguesa.com - 10h30-19h30.* Dans le cadre rétro-chic d'une ancienne fabrique d'azulejos, cette vaste boutique propose, sur 500 m², une très belle sélection d'objets *made in Portugal* : cosmétique, décoration, textiles, épicerie fine, etc. Autre boutique, plus petite, dans le Chiado *(r. Anchieta, 11).*

Chiado

Livraria Ferin – Plan V VY - *R. Nova do Almada, 70/74 - M° Baixa-Chiado - ✆ 213 42 44 22 - www.ferin.pt - tlj sf dim. 10h-20h.*

Beau choix de livres en français dans cette librairie ouverte depuis 1840 : romans, essais et littérature portugaise traduite.

Fábrica Sant'anna – Plan V VZ - *R. do Alecrim, 95 - M° Cais do Sodré ou Baixa-Chiado - ✆ 213 42 25 37 - www.fabrica-santanna.com - tlj sf dim. 9h30-19h.* Cette fabrique d'azulejos fondée en 1741 vend un large choix de carreaux à tous les prix. Visite des ateliers pour assister aux procédés de fabrication hérités du 18e s. *(calçada da Boa-Hora, 96 - ✆ 213 63 82 92 - réserv. conseillée à la boutique - tlj sf w.-end 9h30-12h30, 15h30-18h).*

Vista Alegre – Plan V VY - *Largo do Chiado, 20/23 - M° Baixa-Chiado - ✆ 213 46 14 01 - http://vistaalegre.com - tlj sf dim. 10h-20h.* Boutique de la manufacture Vista Alegre qui fabrique depuis 1824 de la porcelaine. Une enseigne incontournable du savoir-faire portugais et de l'histoire des arts de la table au Portugal.

Bairro Alto

☺ **Embaixada** – Plan V UX - *Praça do Príncipe Real, 26 - M° Restauradores - ✆ 965 30 91 54 - www.embaixadalx.pt - 12h-20h.* Pour une virée shopping dans un cadre unique ! Ce magnifique palais néomauresque du 19e s. a été converti en galerie commerçante chic. Autour d'un patio occupé par un restaurant, les enfilades de pièces accueillent vêtements, chaussures, bijoux, objets de décoration de créateurs portugais.

Quartiers ouest

Amoreiras Shopping Center – Plan VI E - *Av. Eng. Duarte Pacheco - M° Amoreiras - www.amoreiras.com - 10h-23h.* 400 boutiques, un supermarché, une galerie d'art, des restaurants et sept salles de cinéma.

Quartiers modernes du nord

El Corte Inglês – Plan I C2 - *Av. António Augusto de Aguiar, 31 - M° São Sebastião - ✆ 707 20 00 51 - www.elcorteingles.pt - 10h-22h (vend.-sam. 23h30, dim. 20h).* Grand magasin où l'on trouve de tout, à commencer par un vaste choix d'épicerie fine et d'alléchantes pâtisseries conventuelles !

Parc des Nations

Vasco da Gama – Plan VII A1 - *Parque das Nações - M° Oriente - www.centrovascodagama.pt - 9h-0h.* Un centre commercial ludique, avec une décoration sur le thème de l'eau. Nombreuses boutiques, restaurants, aires de loisirs, salles de cinéma et terrasse panoramique.

EN SOIRÉE

Alfama

Café da Garagem – Plan IV Q1 - *R. Costa do Castelo, 75 - ✆ 968 01 52 51 - www.teatrodagaragem.com - lun. 18h-0h, mar.-dim. 15h-0h (vend.-sam. 2h).* Dans une atmosphère « arty » chaleureuse, un café-bar-restaurant avec une vue exceptionnelle sur la ville derrière d'immenses baies vitrées qui rappellent un atelier d'artiste. Le lieu accueille des expositions, des concerts et un théâtre. Accès Internet.

Chapitô – Plan IV Q1 - *R. Costa do Castelo, 7 - ✆ 218 87 50 77 - www.chapito.org - 12h-2h.* Accroché à la colline du château, ce lieu unique pour sa vue sur Lisbonne et le Tage accueille une école des arts de la scène, un bar et deux restaurants ! Le premier, en plein air, est idéal pour déguster quelques *petiscos* (tapas) au coucher du soleil, lorsque le pont 25 de Abril scintille. L'autre, à l'étage, propose des plats plus élaborés, et un panorama exceptionnel. Enfin, le Bartô permet de prolonger la soirée, avec des concerts et des événements culturels réguliers.

Santa Apolónia

Clube Ferroviario – Plan I D3 - *R. de Santa Apolónia, 59 - M° Santa Apolónia - ✆ 925 34 60 81 - www.clubeferroviarioblog.com - mar.-jeu. 18h-2h, vend. 18h-4h, sam. 16h-4h, dim. 16h-0h.* Un lieu à la programmation diversifiée, à la fois club, bar et salle de concert. Son toit-terrasse avec vue sur le Tage est un spot idéal au coucher du soleil.

Lux Frágil – Plan II H2 - *Av. Infante D. Henrique, Armazém A (cais da Pedra) - Docas - M° Santa Apolónia - www.luxfragil.com - tlj sf dim. et lun. 22h-6h.* Créée par l'ancien propriétaire du légendaire Frágil, cette discothèque compte parmi les endroits les plus branchés de Lisbonne. Installée dans un ancien entrepôt *(armazém)* face à la gare de Santa Apolónia, la terrasse donne sur le Tage. Seul « hic », les tarifs d'entrée, jusqu'à 10 fois plus élevés (240 €!) pour les non-Portugais.

Chiado

Café No Chiado – Plan V VY - *Largo do Picadeiro, 10/12 - M° Baixa-Chiado - ✆ 213 46 05 01 - www.cafenochiado.com - 10h-2h.* Près du teatro S. Carlos, l'agréable terrasse invite à prendre un verre. Vous pourrez aussi déguster la meilleure mousse de mangue de Lisbonne, faite maison s'il vous plaît.

☺ **O Purista Barbière** – Plan V VY - *R. Nova da Trindade, 16C - M° Baixa-Chiado - ✆ 916 44 27 44 - tlj sf lun. 15h-21h (jeu. 2h, vend.-sam. 3h).* Excellent spot pour commencer la soirée sur fond de musique électro dans le cadre d'un appartement étonnamment décoré. Assis dans le recoin tamisé d'une alcôve ou bien accoudé à la bibliothèque, posé sur un fauteuil club ou captivé par une partie de billard : les possibilités ne manquent pas pour faire durer la soirée. Le must ? S'offrir un rasage avec le barbier du bar ou bien une coupe de cheveux à 23h en sirotant un verre.

Bairro Alto

☺ **Pavilhão Chinês** – Plan V UX - *R. Dom Pedro V, 89 - M° Restauradores - ✆ 213 42 47 29 - lun.-sam. 18h-2h, dim. 21h-2h.* Ancienne épicerie transformée depuis 1986 en bar, dont les murs sont couverts de vitrines exposant une abondante collection d'objets en tout genre : soldats de plomb, gravures contemporaines, céramiques humoristiques, maquettes d'avions de guerre. Vous pourrez également faire une partie de billard dans la salle du fond.

Pensao Amor – Plan V UZ - *R. do Alecrim, 19 - M° Cais do Sodré - ✆ 213 14 33 99 - www.pensaoamor.pt - 12h-3h (jeu.-sam. 4h).* Dans le décor baroque d'une ancienne maison close, on sirote un cocktail maison, lové dans un fauteuil en velours. Gravures, tentures et éclairage tamisé rappellent l'histoire sulfureuse du lieu. Un incontournable !

SPECTACLES

Publications – *L'Agenda Cultural Lisboa*, mensuel gratuit publié par la mairie de Lisbonne, fournit le calendrier de tous les événements culturels de la capitale (en portugais). Dans les principaux bureaux de tourisme, hôtels et kiosques ou sur Internet : www.agendalx.pt.

Autre mensuel bilingue (espagnol/anglais), *Follow me Lisboa* répertorie les événements culturels en cours, liste les sites culturels de Lisbonne et les adresses d'hébergement et de restauration. À disposition

dans les lieux touristiques et en ligne sur www.visitlisboa.com/Publicacoes.aspx.
En kiosque, l'hebdomadaire *Time Out (2 €; en portugais)*, donne un aperçu très complet des manifestations culturelles et signale les adresses les plus courues du moment.
ABEP – Plan III EX - *Praça dos Restauradores - M° Restauradores - ✆ 213 47 58 24.* Ce kiosque vend les billets pour différents spectacles : théâtre, sports, concerts, etc.

Baixa

Coliseu dos Recreios – Plan III EX - *R. das Portas de Santo Antão, 96 - M° Restauradores - ✆ 213 24 05 80 - www.coliseulisboa.com.* Cette immense salle accueille opéras, concerts et spectacles en tout genre.

Chiado

Teatro Nacional de São Carlos – Plan V VY - *R. de Serpa Pinto, 9 - M° Baixa-Chiado - ✆ 213 25 30 45 - www.tnsc.pt.* Opéras et concerts de musique classique.

Bairro Alto

Teatro Municipal São Luíz – Plan V VY - *R. António Maria Cardoso, 38 - M° Baixa-Chiado - ✆ 213 25 76 40 - www.teatrosaoluiz.pt.* Concerts et fado, spectacles de danse et performances.

Estrela

The Lisbon Players – Plan VI E - *R. da Estrela, 10 - M° Rato - ✆ 213 96 19 46 - www.lisbonplayers.com.pt.* Auteurs-interprètes amateurs qui jouent des pièces de théâtre, des opéras, etc., en anglais et invitent les spectateurs à y participer.

Parc des Nations

CNB-Teatro Camões – Plan VII B2 - *Passeio do Neptuno - M° Cabo Ruivo - ✆ 218 92 34 77 - www.cnb.pt.* La Companhia nacional de Bailado alterne ballets classiques et danse contemporaine.

Belém

Centro Cultural de Belém – Plan VIII - *Pr. do Império - ✆ 213 61 24 00 - www.ccb.pt.* Le CCB présente les meilleurs spectacles, concerts et expositions temporaires du pays. Programme mensuel disponible un peu partout *(voir aussi p. 169).*

Campo Pequeno

Culturgest – **Caixa Geral de Depósitos** – Plan I C2 - *R. do Arco do Cego - M° Campo Pequeno - ✆ 217 90 51 55 - www.culturgest.pt - billetterie lun.-vend. 11h-19h, w.-end 14h-20h.* Cet énorme édifice de style néoclassique, siège de la caisse des dépôts, abrite un espace culturel doté de deux auditoriums et de deux salles d'expositions. Programmation musicale de qualité, expositions d'artistes contemporains internationaux : voir *l'Agenda Cultural LX.*

Quartiers nord

Grande Auditório Gulbenkian – Plan I C2 - *Av. de Berna, 45 A (près du musée) - M° Praça de Espanha - ✆ 217 82 37 00 - www.musica.gulbenkian.pt.*

Queluz

Escola Portuguesa de Arte Equestre – Carte de région - *L. Palácio National de Queluz - ✆ 214 35 89 15 - www.cavalonet.com - mai-juil. et sept.-oct. : merc. à 11h.* Cette école qui perpétue la grande tradition de l'art équestre portugais, avec en particulier des pur-sang de race lusitanienne, a été fondée au 18e s. par le roi Jean V *(voir encadré p. 113 et p. 182).*

ÉCOUTER DU FADO

Alfama

A Baiuca – Plan IV S2 - *R. de São Miguel, 91 - M° Terreiro do Paço - ✆ 218 86 72 84 - tlj sf mar. et merc. 20h-0h.* Petit restaurant chaleureux pour écouter du *fado vario* (fado vagabond).

Mesa de Frades – Plan IV S2 - *R. dos Remédios, 139 A - M° Terreiro do Paço - ✆ 917 02 94 36 - tlj sf dim. 19h-2h.* Fado à partir de 23h dans une ancienne chapelle aux murs ornés d'antiques azulejos. Cuisine brésilienne ou portugaise. Prix élevés.

Parreirinha de Alfama – Plan IV S2 - *Beco do Espírito Santo, 1 - M° Terreiro do Paço - ✆ 218 86 82 09 - www.parreirinhadealfama.com - tlj sf lun. 20h-1h.* Fado de qualité dans un minuscule restaurant appartenant à l'une des dernières grandes divas du genre, Argentina Santos (née en 1926). Cuisine rustique.

Bairro Alto

Adega do Machado – Plan V UY - *R. do Norte, 91 - M° Baixa-Chiado - ✆ 213 42 22 82 - www.adegamachado.pt - 20h-2h.* Bon spectacle folklorique en début de soirée, suivi de fado de Lisbonne ou de Coimbra, dans cette maison fondée en 1937.

O Faia – Plan V UY - *R. da Barroca, 54/56 - ✆ 213 42 67 42 - www.ofaia.com - tlj sf dim. 20h-2h.* Un cadre chaleureux, avec panneaux d'azulejos sur le thème du fado, pour dîner en écoutant un vrai fado de Lisbonne.

Graça

Tasca do Jaime – Plan II G1 - *R. da Graça, 91 - ✆ 218 88 15 60 - 9h-21h.* Petit bar à l'ambiance familiale pour écouter de l'authentique fado *(w.-end et j. fériés 16h-20h)* en sirotant une bière ou en picorant des *petiscos* pas chers.

ASSISTER À UNE TOURADA

Praça de Touros do Campo Pequeno – Plan I C2 - *Av. da República - M° Campo Pequeno ou Entre Campos - ✆ 217 99 84 56 - www.campopequeno.com - mai-oct. : jeu. à partir de 21h - billets sur place ou au kiosque ABEP (voir p. 202) le jour même ou à l'avance.* Les arènes *(voir p. 177)*, qui comprennent des cafés et des restaurants, accueillent aussi des concerts toute l'année.

CINÉMATHÈQUE

Cinemateca Portuguesa – Plan VI E - *R. Barata Salgueiro, 39 - M° Rato ou Avenida - ✆ 213 59 62 00 - www.cinemateca.pt - séances tlj sf dim. 15h30-22h - 3,20 €.* Un cinéma convivial pour amateurs et cinéphiles avertis. Programmation variée, internationale (en version originale) et de qualité, films portugais d'avant-garde. Le bâtiment abrite aussi, autour d'un superbe patio mauresque, un petit **musée du Cinéma** *(gratuit)* où vous pourrez admirer d'incroyables « lanternes magiques », des expositions temporaires, une bibliothèque et une librairie. Possibilité de grignoter quelques plats rapides et des gâteaux de toutes sortes sur une magnifique terrasse.

AGENDA

Fête des saints populaires – *12-29 juin.* Défilés. Les 13 (St-Antoine), 24 (St-Jean) et 29 (St-Pierre) du mois marquent les temps forts des festivités.

Festas de Lisboa – *De fin mai à fin juin.* Sous le signe de la sardine sous toutes ses formes et de toutes les couleurs se succèdent concerts, cortèges et parades.

Festival des Océans – *1re quinz. d'août.* Manifestations culturelles.

Sintra

★★★

377 249 habitants – District de Lisbonne

À une demi-heure seulement de Lisbonne, Sintra constitue une escapade idéale, à l'écart de l'agitation de la capitale. Avec ses jardins luxuriants et sa flore tropicale, ses palais de contes de fées, ses manoirs cossus et ses « quintas » élégantes dissimulées dans l'épaisse forêt qui escalade les hauteurs aux portes de la petite ville, elle semble tout droit sortie du chapeau d'un magicien… En 1995, l'ensemble de la montagne a été classé par l'Unesco au Patrimoine mondial de l'humanité. Ce havre de paix au climat toujours frais fut pendant six siècles la résidence préférée des souverains et des élites aristocratiques ou bourgeoises. Au 19e s., certains artistes et écrivains romantiques, dont l'Anglais Lord Byron, y élurent domicile – et la richesse de ce lieu chargé d'histoire attire toujours, à juste titre, beaucoup de monde. Particulièrement enchanteresse au printemps et à l'automne, Sintra demeure le lieu de villégiature des grandes familles lisboètes qui y possèdent de ravissantes demeures ou d'élégants palais.

NOS ADRESSES PAGE 212
Hébergement, restauration, achats, activités, etc.

S'INFORMER

Posto de Turismo – A1 - *Praça da República, 23 - ✆ 210 23 11 57 - www.sintra romantica.net - 9h30-18h (19h en août)* - Antenne à la gare ferroviaire B1. Location de vélos électriques *(28 €/j).*

Entidade Regional de Turismo da Região de Lisboa – *www.ertlisboa.pt.* Informations sur l'ensemble de la région de Lisbonne, d'Ericeira à la péninsule de Setúbal.

Bon à savoir – Réduction de 5 % minimum sur les entrées des différents sites si vous achetez les billets en ligne sur www.parquesdesintra.pt, ainsi que d'autres réductions consenties aux 6-17 ans et aux + 65 ans.

SE REPÉRER

Carte de région A2 p. 118 – Plan de Sintra p. 206 – Carte de la serra de Sintra p. 208. 25 km au nord-ouest de Lisbonne. Sintra se divise en trois quartiers : la vieille ville (Vila Velha), qui s'étend autour du Palais national, la ville moderne (Estefânia) et l'ancien village de São Pedro.

Voir aussi la rubrique « Arriver/partir » dans « Nos adresses ».

À NE PAS MANQUER

Le Palais national de Sintra ; le domaine de Regaleira ; le parc et le Palais national de Pena.

ORGANISER SON TEMPS

Sintra attire un monde considérable, surtout en été : évitez de vous y rendre le week-end. Comptez la journée entière pour visiter la ville et découvrir la montagne de Sintra.

AVEC LES ENFANTS

Le tramway qui relie Sintra à Praia das Maçãs.

Le Palais national de Pena, juché au sommet de la forêt de Sintra.
R. Mattes/hemis.fr

1

Se promener Plan de ville

Circuit au départ de la praça da República – Comptez une demi-journée.
Très fréquentée, surtout le week-end, Sintra a vu s'installer dans la vieille ville des antiquaires, des magasins d'artisanat, des restaurants et des salons de thé où l'on peut déguster la spécialité de la ville, de délicieuses tartelettes appelées *queijadas*.

★★ Palácio Nacional A1

Praça da República - ☎ 219 23 73 00 - http://pnsintra.imc-ip.pt - 1er avr.-24 oct. : 9h30-19h ; 25 oct.-31 mars : 9h-18h (dernière entrée 30mn av. fermeture) - fermé durant les cérémonies officielles - 10 € (8,50 € de fin oct. à fin fév.).

Le Palais national doit sa structure hétéroclite aux différentes adjonctions faites au cours des temps. Le bâtiment central a été érigé par le roi Jean Ier à la fin du 14e s. tandis que les ailes sont l'œuvre du roi Manuel Ier (début 16e s.). Outre les deux hautes cheminées coniques qui dominent le palais, les fenêtres géminées mauresques *(ajimeces)* et manuélines sont les éléments les plus marquants de l'extérieur.

L'intérieur se distingue par sa remarquable décoration d'**azulejos**★★ des 15e et 16e s. ; les plus beaux agrémentent la salle à manger (ou salle des Arabes), la chapelle et la salle des Sirènes.

La salle de lecture, ou **salle des Pies**, possède un plafond peint (17e s.) décoré de pies tenant dans leur bec une rose avec les mots *« por bem »* (pour le bien). Ces derniers furent prononcés par Jean Ier, surpris par la reine en train d'embrasser une dame d'honneur ; pour mettre fin aux commérages, il fit peindre sur le plafond autant de pies qu'il y avait de dames à la Cour.

La **salle des Armoiries**, de forme carrée, est quant à elle surmontée d'un **plafond**★★ en coupole reposant sur des trompes d'angle et constitué de caissons peints représentant les blasons de 72 familles nobles portugaises du début du 16e s. ; le blason manquant est celui de la famille Coelho qui conspira contre Jean II.

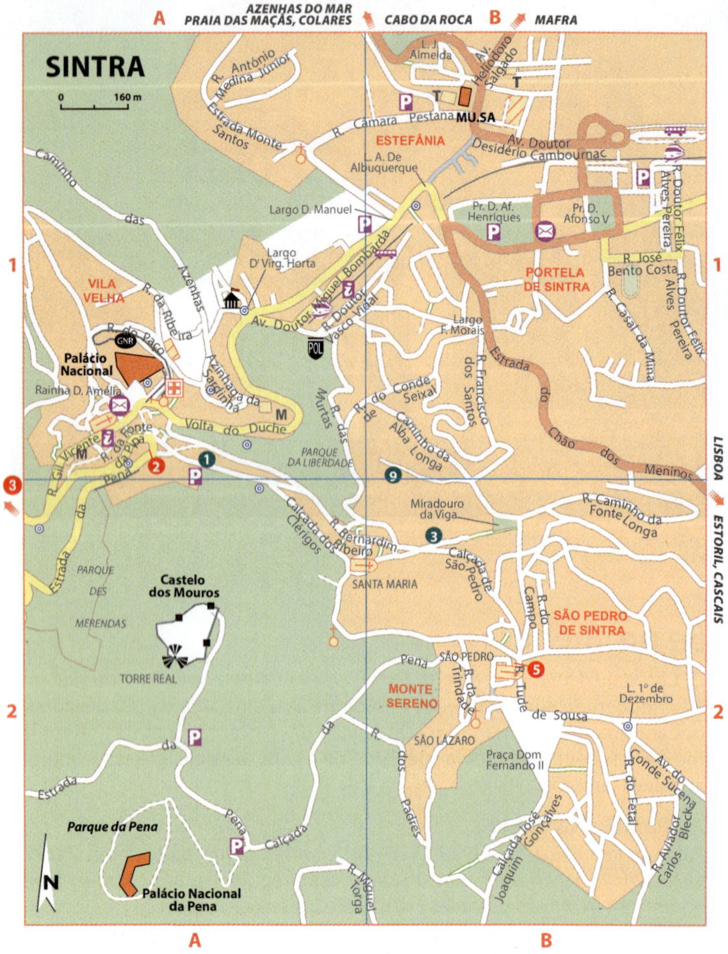

SE LOGER		SE RESTAURER	
Sintra Boutique Hotel	1	Adraga	3
Sintra Jardim	3	Tacho Real	2
Quinta das Murtas	9	Tasca Mourisca	5

Museu das Artes de Sintra (MU.SA) B1

Av. Heliodoro Salgado - ☏ 965 23 36 92 - mar.-vend. 10h-18h, w.-end 12h-18h - fermé j. fériés - 1 €.

Logeant dans l'édifice néoclassique de l'ancien casino de Sintra, il présente une collection d'œuvres d'artistes modernes locaux. Expositions temporaires.

★★ Quinta da Regaleira (Domaine de Regaleira) A2, en dir.

R. Barbosa do Bocage - sur la route de Seteais, à 800 m du centre-ville - ☏ 219 10 66 50 - www.regaleira.pt - avr.-sept. : 10h-20h (dernière entrée 19h) ; fév., mars, oct. : 10h-18h30 ; nov.-janv. : 10h-17h30 (dernière entrée 30mn av. fermeture) - 6 € (visite guidée sur RV - 10 €).

Sur le site d'une ancienne *quinta* de la fin du 17e s., **Carvalho Monteiro** (1848-1920), riche homme d'affaires, adepte d'ésotérisme et de franc-maçonnerie, fit édifier au début du 20e s. cet ensemble fascinant de constructions dans un surprenant mélange de styles, notamment gothique, Renaissance et manuélin. Le palais de la *quinta* est inspiré de celui de Buçaco *(voir p. 442)* et a été conçu par le même architecte italien, Luigi Manini.
Enchâssée dans la végétation exubérante de la serra de Sintra et composée de jardins agrémentés de statues, de terrasses et de petits pavillons, la *quinta* offre un parcours ésotérique initiatique et un symbolisme complexe lié aux Templiers, à l'alchimie, au christianisme, à la mythologie portugaise et gréco-romaine, etc.
Le **Palier des Dieux** (Patamar dos Deuses) est occupé par des statues de la mythologie gréco-romaine et des éléments alchimiques. Dans la **chapelle de la Ste-Trinité** (Capela da Santíssima Trindade), le symbole maçonnique du delta rayonnant, avec l'œil de Dieu sur la croix des Templiers, représente le grand architecte de l'univers. La **grotte de Léda** (Gruta de Leda) abrite une statue de femme tenant dans une main une colombe et, posé à ses côtés, un cygne. La **tour da Regaleira** symbolise la lumière et la connaissance. L'étonnant **Puits initiatique** (Poço Iniciático), de 27 m de profondeur, à travers un parcours de neuf paliers, évoque l'idée de la mort et de la renaissance.
Bon à savoir – La *quinta* dispose d'un restaurant et d'une cafétéria avec terrasse.

1

Circuit conseillé Plan de ville et carte de la serra de Sintra

Circuit en boucle d'env. 40 km tracé en rouge sur la carte de la serra de Sintra (p. 208) – Comptez une petite journée avec la visite des parcs et châteaux. Billets réduits pour les principaux sites du circuit : voir p. 204.
La **serra de Sintra★★** est un bloc de granit qui forme une barrière montagneuse (point culminant à la Cruz Alta : 529 m) où se concentrent les pluies venues de l'Océan. Ce microclimat contraste nettement avec celui des alentours. L'humidité et l'imperméabilité de la roche sont à l'origine de la végétation touffue qui couvre l'ensemble du massif et masque en grande partie les pitons granitiques dégagés par l'érosion. La flore y est très variée : chênes, cèdres, arbres tropicaux et subtropicaux, fougères arborescentes, camélias, etc. La grande richesse de l'écosystème, mais aussi l'important magnétisme naturel que le lieu dégage (le massif recèle d'énormes masses de fer) et le brumeux voile de romantisme qui en émane font de cette forêt un lieu exceptionnel. La beauté du site a ainsi maintes fois été célébrée par les poètes, en particulier par Gil Vicente, Camões *(Les Lusiades)*, Southey et Byron *(Childe Harold)*.

DE CHÂTEAUX EN PALAIS SUR LES HAUTEURS DE SINTRA

5 km par la N 247-3 – Env. 3h. Bus n° 434. À l'office de tourisme, prenez la dir. de Pena.
Après avoir longé, à droite, l'Estalagem dos Cavaleiros, où Byron écrivit le canevas de *Childe Harold*, la route de Pena monte en lacet entre les murs de belles propriétés.
À l'intersection, tournez à gauche.

★ Castelo dos Mouros (Château des Maures) A2

Estrada da Pena – 20mn à pied AR du parking - 219 23 73 00 - 1er avr.-24 oct. : 9h30-20h ; 25 oct.-31 mars : 10h-18h (dernière entrée 1h av. fermeture) - 8 € (6,50 € du 25 oct. au 31 mars) - possibilité de visite guidée sur RV - 5 € en sus.

Édifié sur une butte rocheuse au 8ᵉ ou 9ᵉ s., le **château des Maures** ne comporte plus qu'une enceinte crénelée épousant les escarpements du sommet et jalonnée par quatre tours carrées, ainsi que les ruines d'une chapelle romane. De la Tour royale, que l'on atteint par une série d'escaliers, jolie **vue aérienne**★ sur Sintra et son palais, la côte atlantique et le château perché de Pena.

▶ *Poursuivez sur la calçada da Pena jusqu'à l'entrée du parc, donnant accès au palais.*

★★ Parque da Pena A2

▶ *Estrada da Pena - ☏ 219 23 73 00 - 1ᵉʳ avr.- 24 oct. : 9h30-20h ; 25 oct.-31 mars : 10h-18h (dernière entrée 1h av. fermeture) - service de minibus à l'intérieur du parc (2 €) - 7,50 € (6,50 € de fin oct. à fin fév.) - possibilité de visite guidée sur RV 5 € - en sus – Comptez au moins 2h.*

Au sud de Sintra, ce parc enchanteur ceinturé d'un grand mur couvre une superficie de 200 ha sur les pentes granitiques de la serra de Sintra. Planté d'essences rares, tant nordiques que tropicales, il est agrémenté d'un grand nombre de pièces d'eau et de fontaines. Explorez-le à pied, vous tomberez sous le charme et pourrez aussi découvrir de nombreuses marques ésotériques : tables de pierre octogonales, vestiges de fours alchimiques, etc.

D'importants travaux de rénovation ont rendu son cachet romantique et restitué son surprenant décor de liège au **chalet de la comtesse d'Edla** (*1ᵉʳ avr.- 24 oct. : 9h30-19h ; 25 oct.-31 mars : 10h-18h - dernière entrée 45mn av. fermeture - 9,50 €, 8,50 € du 25 oct. au 31 mars)* construit au 19ᵉ s. par le roi Fernando II pour son épouse. Parsemé de lacs et de canaux, le jardin du chalet est planté d'azalées, de camélias et de rhododendrons.

Si vous manquez de temps, contentez-vous de parcourir les petites routes qui sillonnent le parc et de monter à ses deux points culminants : celui portant le palais de Pena et celui de la Cruz Alta (529 m).

★★ Palácio Nacional da Pena A2

Estrada da Pena - ✆ 219 23 73 00 - 1er avr.- 24 oct. : 9h45-19h ; 25 oct.-31 mars : 10h-18h (dernière entrée 1h av. fermeture) - 14 € parc et terrasses inclus (11,50 € de fin oct. à fin fév.) - possibilité de visite guidée sur RV - 5 € en sus.

Perché sur l'un des points culminants de la *serra*, cette fantaisie romantique fut construite au milieu du 19e s. par le roi Ferdinand II sur le site d'un ancien couvent de hiéronymites datant du 16e s. L'extravagance du palais évoque certains châteaux de Louis II de Bavière bien qu'il les ait précédés de trente ans. C'est un pastiche où les styles « néo » se côtoient avec plus ou moins de bonheur : maure, gothique, manuélin, Renaissance, baroque. Les couleurs vives de ses murs accentuent son originalité.

Une rampe passant sous une porte mauresque mène devant la cour du palais, sur laquelle s'ouvre un passage que surmonte l'impressionnant arc de Triton. À l'intérieur, les vestiges du couvent, le cloître manuélin et la chapelle, dont vous remarquerez l'autel en albâtre dû à Nicolas Chanterene, sont décorés d'azulejos. Ils forment un curieux contraste avec les autres pièces : salles de réception, salons, chambres meublées dans le goût du 19e s. avec profusion de tentures, de tapisseries, de meubles lourds, de sofas, de poufs, de miroirs et de décorations en stuc.

Les terrasses offrent de belles **vues★★** sur toute la région, de la côte atlantique au Tage ; du massif proche se détachent la Cruz Alta et la statue de l'architecte du palais, le baron Eschwege, campé sur un rocher en chevalier médiéval.

★★ Cruz Alta

À l'intérieur du parc, une route pédestre permet d'accéder au pied de la croix.

Ce sommet, surmonté d'une croix, révèle un immense **panorama** sur l'ensemble du massif (excepté Sintra) et la plaine environnante, jusqu'à Lisbonne au sud *(derrière le palais da Pena).*

Poursuivez sur la calçada da Pena qui redescend vers le quartier de São Pedro, d'où vous regagnerez le centre historique.

« O REI-ARTISTA », L'ARTISTE ROI

Neveu du roi des Belges Léopold Ier, le prince **Ferdinand de Saxe-Cobourg et Gotha** (1816-1885) avait épousé en 1836 la reine Marie II, veuve du duc Auguste de Beauharnais-Leuchtenberg, un petit-fils de l'impératrice Joséphine. À la naissance en 1837 du prince héritier Pierre, il reçut le titre honoraire de roi Ferdinand II de Portugal. Intelligent et diplomate, moderne et relativement libéral, il sera régent du Portugal de 1853 à 1855 et pressenti en 1870 pour le trône d'Espagne. D'une vaste culture et d'une rare sensibilité artistique, il s'adonne à la gravure à l'eau-forte, à la céramique et à l'aquarelle. Président de l'Académie royale des sciences et des beaux-arts, protecteur de l'université de Coimbra, c'est en 1838 qu'il achète le couvent en ruine de Nossa Senhora da Pena, autour duquel il entreprend de faire édifier un palais conforme à sa sensibilité philosophique. Grand maître de la Rose-Croix, il fait de son château une alchimie de symboles où, en compagnie de sa seconde épouse, Elisa Hensler, une cantatrice d'origine suisse, il recevra les plus grands artistes de l'époque. Le musicien Richard Strauss dira de la Pena, dont il fut l'hôte : « Ce parc est la plus belle chose que j'ai vue au monde ; ceci est le véritable jardin de Klingsor, et, là-haut, c'est le château du St-Graal… »

À TRAVERS LA SERRA DE SINTRA JUSQU'À L'OCÉAN

Circuit d'env. 30 km par la N 247-3 à l'aller et la N 375 au retour – Comptez env. 3h. Du palais de Pena, revenez à l'intersection pour suivre la signalisation « Convento » (N 247-3).

★ Convento dos Capuchos (Couvent des Capucins)

9 km du centre historique – ✆ 219 23 73 00 - 1er avr.-24 oct. : 9h30-20h ; 25 oct.-31 mars : 10h-18h (dernière entrée 1h av. fermeture) - 7 € (5 € de fin oct. à fin fév.) - possibilité de visite guidée sur RV - 5 € en sus.

Le **couvent des Capucins** fut aménagé au 16e s. sur un escarpement rocheux au pied du pico do Monge (490 m), l'un des points culminants de la serra. Les cellules, minuscules et sommaires, creusées dans le roc et tapissées de liège, illustrent l'humble quotidien des moines de l'ordre de St-François.

Prenez, face à la route menant au couvent, celle qui conduit à la Peninha, à travers un paysage jalonné d'énormes rochers. À l'intersection (200 m du belvédère), tournez à gauche.

Peninha

Sur ce sommet (486 m) se dresse une petite **chapelle**. De la terrasse, **vue★★** panoramique avec, au premier plan, l'immense plage de Guincho.

Pour gagner le **Cabo da Roca★** *(voir p. 216) prenez à gauche, puis la dir. de Cascais et enfin celle d'Azoia.*

En laissant à gauche la route pour Cabo da Roca, poursuivez dans la N 247 jusqu'à Colares.

Colares

Cette jolie localité, avec ses maisons basses et ses *quintas* perdues dans la verdure, est réputée pour ses vins de table veloutés, légers et parfumés.

D'ici on peut se rendre à **Azenhas do Mar★** *(6 km au nord)* en passant par la station balnéaire de **Praia das Maçãs** (belle plage de sable fin). L'arrivée à Azenhas do Mar offre un joli coup d'œil sur le **site★** de ce bourg étagé sur une falaise déchiquetée. Dans une crique au creux de la falaise, une petite plage recouverte à marée haute a été aménagée en piscine d'eau de mer.

De Colares, regagnez Sintra par la N 375. Avant la sortie de la ville, prenez la dir. du parc de Monserrate. Cette route étroite et accidentée s'élève au milieu d'une végétation exubérante en ménageant des vues magnifiques sur la serra.

★ Parque e Palácio de Monserrate

Estrada de Monserrate (accessible par le bus no 435) – ✆ 219 23 73 00 - parc : 1er avr.-24 oct. : 9h30-20h ; 25 oct.-31 mars : 10h-18h ; palais : 1er avr.-24 oct. :

LA CONVENTION DE SINTRA

La première invasion du Portugal par l'armée française est à l'origine de soulèvements qui éclatent un peu partout dans le pays ; Junot se heurte aux troupes anglaises récemment débarquées. Il doit signer la paix. Au terme de la convention de Sintra (30 août 1808), les Français obtiennent de regagner leur pays en embarquant sur des navires anglais avec armes et bagages. Ces conditions avantageuses navrent les combattants portugais ; aussi, depuis lors, la demeure de l'ambassadeur de Hollande où fut signé le traité porte-t-elle le nom de « Seteais » (sept soupirs). Ce palais du 18e s. accueille aujourd'hui un luxueux hôtel.

Le Puits initiatique de la Quinta da Regaleira descend à 27 m de profondeur.
J. Heintz / hemis.fr

1

9h30-19h ; 25 oct.-31 mars : 10h-17h (dernière entrée 1h av. fermeture du parc et 30 à 45mn pour le palais) - 8 € billet combiné parc et palais (6,50 € de fin oct. à fin fév.) - possibilité de visite guidée sur RV - 5 € en sus (1h30).

Le **parc★** à l'anglaise dégringolant la pente est planté de nombreuses essences (cèdres, arbousiers, bambous, fougères arborescentes) s'épanouissant autour de cascades et de bassins. Il est agrémenté de fausses ruines et autres fabriques chères à l'âge romantique. Le fantasque **palais★** néo-oriental a été construit au milieu du 19e s. par un richissime Anglais, sir Francis Hook. Il remplace un édifice antérieur de style néogothique où séjourna le très excentrique écrivain William Beckford. L'intérieur, restauré avec infiniment de minutie, comprend un fascinant escalier orné de stucs. Un corridor digne d'un conte de fées conduit à la salle de musique en forme de rotonde, où sont régulièrement organisés des concerts. Un escalier descend vers la cuisine, dont l'allure on ne peut plus occidentale tranche avec l'atmosphère orientalisante du palais.

En arrivant à Sintra, remarquez, à gauche, la **Quinta de Penha Verde** (16e s.) dont l'arc enjambe la route. C'est également l'ancien palais d'un vice-roi des Indes portugaises. Vous apercevez ensuite, à gauche, l'entrée monumentale (19e s.) du Palácio de Seteais *(voir encadré p. 210)*. Rendez-vous en fin de journée dans le parc du palais : au centre de l'arche qui relie les deux bâtiments, se dessinent deux magnifiques vues : d'un côté sur Sintra, de l'autre sur le Palácio de Pena éclairé par le soleil couchant.

NOS ADRESSES À SINTRA

Les offices de tourisme sont répertoriés en début de chapitre.

ARRIVER/PARTIR

Train – Moyen de transport le plus pratique et le plus rapide entre la capitale et Sintra, qui permet d'éviter les embouteillages en été ou le week-end. De la **gare du Rossio** à Lisbonne, train ttes les 10mn env. *(35mn ; 4,30 € AR)*.

VISITE

Bus – De la **gare de Sintra**, trois lignes permettent de rejoindre les principaux lieux de visite : le n° 434 *(centre, château des Maures, palais de Pena ; possibilité de descendre et remonter à tout moment ; 5 €)*, le n° 433 *(centre, quartier de São Pedro ; 1 € AS)* et le n° 435 *(centre, Quinta da Regaleira et Monserrate ; 2,75 €)*. Tous font un arrêt sur la place près du Palais national. Horaires et parcours à l'office de tourisme et sur www.scotturb.com.

Tramway – *Dép. près du musée d'Art moderne - circule de mi-juin à fin sept., vend.-dim. ttes les h de 9h à 18h - 2 €.* Cette ligne centenaire relie Sintra à Praia das Maças via Colares.

Tuk tuk – Turisloa - *219 24 38 81 - www.turislua.pt.* Différentes formules pour découvrir les curiosités de Sintra et sa serra à bord de triporteurs Vespa, sans se fatiguer *(à partir de 20 €)*.

HÉBERGEMENT

BUDGET MOYEN

Quinta das Murtas – B1 - *R. Eduardo Van Zeller, 4 - 219 24 02 46 - www.quintadasmurtas.com - P - 14 ch. 72/83 € - fermé janv.-fév.* Cette jolie maison rose décorée de miroirs vénitiens et de meubles anciens propose des chambres spacieuses et agréables. Un cadre romantique où règne une atmosphère paisible. Dispose également d'appartements.

Sintra Jardim – B2 - *Travessa dos Avelares, 12 (quinta Visconde de Tojal) - São Pedro - 219 23 07 38 - residencialsintra.blogspot.pt - P - 15 ch. 80/90 €.* Cette grande bâtisse du 19e s., légèrement en retrait du centre-ville, conserve une certaine élégance. Les chambres, avec leurs vastes salles de bains, et l'espace réservé aux petits-déjeuners s'ouvrent sur l'abondante végétation du jardin qu'agrémente une piscine. Un bon rapport qualité-prix.

UNE FOLIE

Sintra Boutique Hotel – A1 - *R. Visconde de Monserrate, 48 - 219 24 41 77 - www.sbhboutiquehotel.com - 18 ch. 130/170 €.* Cet établissement récent, construit à taille humaine, offre des chambres modernes au décor personnalisé, le tout couronné par un bon accueil. Légèrement à l'écart du centre historique sans être excentré, il dispose d'une très bonne situation.

RESTAURATION

PREMIER PRIX

Tasca Mourisca – B2 - *Calçada de S. Pedro, 28 - 919 95 25 29 - tlj sf lun. 12h-15h30, 9h-22h30 - 12/15 €.* Le petit restaurant borde la rue principale de l'ancien village de São Pedro, devenu un quartier de Sintra. Murs jaunes, chaises en paille, décor de sarments de vigne : la maison a gardé un air de campagne et propose une cuisine simple et savoureuse.

BUDGET MOYEN

Adraga – A2, en dir. - *Praia da Adraga (10 km à l'ouest via Colares) - ✆ 219 28 00 28 - www.restaurantedaadraga.com - 12h30-22h30 - 25/30 €.* Ce restaurant est magnifiquement établi au bord de la plage d'Adraga, que l'on a tout le loisir de contempler en terrasse ou dans la salle panoramique. Le menu, « assorti » au paysage marin, propose d'excellents poissons.

Tacho Real – A1 - *R. da Ferraria, 4 - ✆ 219 23 52 77 - tlj sf merc. 12h-15h, 19h30-22h - 25/35 €.* Une institution à Sintra. Cadre plaisant et très distingué, beaux azulejos vert bouteille. Spécialités : tourte au gibier, truite aux amandes, entrecôte au roquefort et lotte sur lit de palourdes. Jolie petite terrasse.

PETITE PAUSE

Pique-nique – Une aire est aménagée à 10mn du chalet d'Edla, près des écuries *(voir p. 208)*. Prévoyez votre panier pique-nique au préalable.

☺ **Piriquita Dois** – A1 - *R. das Padarias, 18 - ✆ 219 23 06 26 - 9h-21h.* Dans un cadre simple, cette pâtisserie-salon de thé établie près de la maison mère séduira les gourmands. Tout est dans l'assiette : attablez-vous en terrasse et dégustez les *queijadas* et les *pastéis* sans oublier les fameux *travesseiros*, spécialité maison à la pâte feuilletée aérienne et fondante.

Fábrica das Verdadeiras queijadas da Sapa – A1 - *Volta do Duche, 12 - ✆ 219 23 04 93 - tlj sf lun. 9h-18h.* Les *queijadas*, croustillantes tartelettes à base de jaune d'œuf, de sucre, de fromage blanc et de cannelle, sont la spécialité de cette enseigne familiale, fondée en 1890.

ACHATS

Bar do Binho – A1 - *Praça da República, 2 - ✆ 219 23 04 44 - 10h-19h.* Amateurs de porto et de vins portugais, faites une halte dans cette boutique tenue par un œnologue averti. Il vous fournira de précieux conseils. Quelques grands crus, des portos de 50 ans d'âge et des vins plus accessibles.

Binhoteca – A1 - *R. das Padarias, 16 - ✆ 219 24 08 49 - 10h-23h.* Dans une jolie cave, un endroit idéal pour découvrir les crus portugais. En rayon, une centaine de vins et un petit choix de délicieux fromages.

ACTIVITÉS

Randonnée – Vous trouverez sur le site de l'office de tourisme des informations sur les 5 circuits pédestres *(env. 4 km chacun)* traversant la serra de Sintra. Promenades dans la serra da Pena, jusqu'au château des Maures et au palais de Seteais.

Walk Hike Portugal – *✆ 919 24 10 94 - www.portugalwalkhike.com - sur réserv. uniquement.* Organise différentes randonnées à thèmes dans la *serra* et jusqu'au littoral *(à partir de 75 €, jusqu'à 6 pers. ; randonnée de 6h).*

AGENDA

Feira de Sintra – *Largo de São Pedro - 2e et 4e dim. du mois.* Ce grand marché installé sur une très belle place vend les mêmes articles qu'ailleurs ainsi que des plantes et des animaux. Autour, vous trouverez des échoppes d'artisanat et des antiquaires.

Festival de Sintra – *De déb. mai à déb. juin.* Concerts de musique classique dans le cadre prestigieux des palais, *quintas* et parcs de Sintra, ainsi qu'à Queluz.

Grande Foire de São Pedro – *28-29 juin.*

La Riviera, d'Estoril au Cabo da Roca

★

Estoril : 23 248 habitants - Cascais : 40 898 habitants – District de Lisbonne

À la sortie de la capitale, la route s'engage à l'ouest le long de la Riviera, un riant chapelet de criques rocheuses et de plages blondes bordées de stations balnéaires. Égrenées sur les versants des collines, de pittoresques villas rappellent que la région fut le refuge privilégié de nombreuses têtes couronnées. Au-delà, la côte se fait plus sauvage, alternant dunes désertes et falaises abruptes battues par les vagues, jusqu'à la pointe la plus occidentale du continent européen, le Cabo da Roca.

NOS ADRESSES PAGE 217
Hébergement, restauration, achats, activités, etc.

S'INFORMER

Turismo do Estoril – *Av. Clotilde – Edifício do Centro de Congressos do Estoril 3ºC (près du casino) - Estoril - ☏ 214 66 81 67 - www.visitcascais.com - lun.-vend. 10h-13h, 14h-18h.*
Posto de Turismo – *Largo da Cidade de Vitória - Cascais - ☏ 214 66 62 30 - www.visitcascais.com ou www.cm-cascais.pt - été : 8h-20h ; hiver : 9h-16h.*

SE REPÉRER

Carte de région A2 p. 118. Estoril se trouve 23 km à l'ouest de Lisbonne, Cascais à 30 km (et 16 km au sud de Sintra) et Cabo da Roca à 45 km.

Voir aussi la rubrique « Arriver/partir » dans « Nos adresses ».

À NE PAS MANQUER

Les plages ; une halte au Cabo da Roca, le point le plus occidental de l'Europe.

ORGANISER SON TEMPS

Comptez la journée pour découvrir la Riviera. Partez tôt pour faire le trajet soleil dans le dos (c'est là que vous aurez la meilleure lumière) et évitez si vous le pouvez la foule des week-ends, surtout en été.

Circuit conseillé Carte de région

Circuit d'env. 95 km AR (au départ de Lisbonne) tracé en vert sur la carte de région p. 118 – Comptez une journée.

À partir d'Oeiras s'étirent des plages de plus en plus sauvages à mesure que l'on approche du Cabo da Roca. Elles sont souvent bondées en été ; la température de l'eau oscille alors entre 18 et 20 °C. **Praia de Carcavelos** est la plus proche de Lisbonne. Très prisée des surfers et bodysurfers, elle est souvent surpeuplée. Un peu plus à l'ouest, la petite **Praia de Parede**, dans une jolie crique entourée de rochers, se prête aux bains de soleil.

Sortez de Lisbonne par l'av. Marginale (N 6 côtière), qui longe le Tage et débouche sur l'Océan. Suivez la route en corniche menant à Estoril puis à Cascais.

★ Estoril A2

23 km à l'ouest de Lisbonne.

Cette station balnéaire et hivernale bénéficie d'un ciel lumineux et d'un climat doux (12 °C de moyenne en hiver). Naguère modeste village connu pour les

La plage de Cascais.
Kaos02/Sime/Photononstop

1

vertus curatives de ses eaux thermales, rendez-vous des millionnaires et des rois en exil, Estoril est devenu une banlieue résidentielle de Lisbonne. Plaque tournante de l'espionnage et de la diplomatie secrète pendant la Seconde Guerre mondiale, la ville a conservé l'atmosphère cosmopolite et sophistiquée de cette époque. Le site est agréable avec ses plages de sable fin et la vue sur la baie de Cascais, son parc aux essences tropicales et exotiques, ses somptueuses villas, ses avenues bien tracées et bordées de palmiers. Des distractions (golf, le plus grand casino d'Europe), des compétitions sportives (courses automobiles, régates, concours hippiques) et des festivités (Fêtes de la mer en juillet) attirent une élégante clientèle internationale.

Praia de Tamariz – *À hauteur de la gare*. La plage d'Estoril conviendra aux adeptes du bronzage urbain. Baignade surveillée. En été, piscine d'eau de mer pour les enfants.

Une **promenade** part de la plage de Tamariz et suit le bord de mer jusqu'à Cascais *(env. 20mn)*.

Poursuivez vers l'ouest par la route de corniche.

★ Cascais A2

3 km au sud-ouest d'Estoril.

La vocation touristique de Cascais commença en 1870 lorsque, pour la première fois, la Cour vint y passer l'été, entraînant à sa suite une tradition d'élégance et tout un monde d'architectes. Le palais royal (ou *cidadela*) édifié sur le promontoire qui protège la baie au sud-ouest est actuellement réservé au chef de l'État. Cascais est donc à la fois un port de pêche traditionnel et une station chic où demeurent de nombreux Lisboètes. Son centre est parcouru de rues piétonnes bordées d'agréables boutiques et de restaurants.

Casa das Histórias Paula Rego – *Av. da República, 300 - ✆ 214 82 69 70 - www.casadashistoriaspaularego.com - 10h-18h (19h en été) - 3 €.* L'artiste peintre Paula Rego a conçu cette « maison des histoires », l'architecte Eduardo Souto de Moura l'a réalisée. Ses deux structures pyramidales roses, qui contrastent étrangement avec les façades cossues de la ville, abritent des œuvres de Paula Rego et des expositions temporaires d'artistes contemporains.

Museu Condes de Castro Guimarães – *Av. Rei Humberto II de Itália (parque Marechal Carmona) - ✆ 214 81 53 08 - www.cm-cascais.pt/mccg/- tlj sf lun. 10h-13h, 14h-17h - 3 €.* Sur la route du bord de mer, cette ancienne demeure comtale du 19e s., à patio central, rassemble de belles collections : meubles portugais et indo-portugais, azulejos du 17e s., orfèvrerie et céramique portugaises des 18e et 19e s., bronzes, tapis, vases de Chine du 18e s., livres précieux (dont une *Crónica de D. Afonso Henriques* du 16e s.) et un curieux orgue-armoire de 1753. Dans le parc, fontaine monumentale couverte d'azulejos.

Forte de Nossa Senhora da Luz – Dominant la baie et le port de plaisance, le fort (fin du 15e s.) accueille une luxueuse *pousada*, plusieurs restaurants chics ainsi que des ateliers d'artistes. Le **palais royal** (Palácio da Cidadela - *entrée av. D. Carlos - visite guidée merc.-vend. 14h-18h, w.-end 14h-20h - 4 €*), résidence d'été des rois après 1870 et des présidents de la République jusqu'à la dictature, possède sa chapelle, plusieurs salles d'apparat et un salon arabe.

Praias da Reina et da Conceição – Les deux plages de Cascais sont séparées par un escarpement rocheux où trône l'hôtel Albatros. Toutes deux sont très jolies, mais souvent envahies de monde. Elles bénéficient d'eaux calmes et claires. Baignade surveillée.

▶ *Rejoignez la route côtière N 247-7. En sortant de Cascais, on dépasse, à gauche, l'ancien palais royal, puis, à droite, le parc municipal.*

★ Boca do Inferno A2

▶ *À la sortie ouest de Cascais.*

Dans un virage à droite, une maison, un café et quelques pins à gauche marquent l'emplacement de ce **gouffre★** dans lequel la mer se précipite en mugissant.

La route se poursuit en bordure de l'Océan, ménageant de beaux aperçus sur cette côte sauvage. À partir du cap Raso (fortin), où la route bifurque en direction de la serra de Sintra, le sable fait son apparition entre les pointes rocheuses, frappées par une mer houleuse.

★ Praia do Guincho A2

▶ *9 km au nord-ouest de Cascais.*

De grandes dunes et un fortin bordent cette immense plage – la plus belle et la plus sauvage de la Riviera – exposée aux vents d'ouest, tandis qu'à l'horizon s'allonge l'imposant promontoire du Cabo da Roca. Ses vagues puissantes, dignes d'Hawaii ou d'Omazaki, au Japon, et ses vents réguliers en ont fait la plage de prédilection des véliplanchistes, des surfeurs et des kitesurfers ; elle accueille des épreuves du Championnat d'Europe de planche à voile.

★ Cabo da Roca A2

▶ *11 km au nord de Praia do Guincho.*

Cette falaise « où la terre finit et la mer commence » (Camões) constitue la pointe la plus occidentale du continent européen. La serra de Sintra se termine ici par une falaise abrupte dominant l'Océan de près de 140 m. Son nom signifie le « cap du rocher », et l'on y voit la côte se découpant au nord en de multiples indentations.

Bon à savoir – Vous pourrez acheter auprès de l'office de tourisme local un certificat attestant de votre passage par le point le plus occidental de l'Europe.

NOS ADRESSES SUR LA RIVIERA

Les offices de tourisme sont répertoriés en début de chapitre.

ARRIVER/PARTIR

Bon à savoir – Valable 24h dans les trains et les bus, le billet Cascais-Lisboa-Sintra de la Scotturb *(10 €)* permet d'effectuer l'itinéraire dans la journée au départ de Lisbonne, au pas de course !

Train – Les gares d'Estoril et de Cascais sont situées près des centres-villes. De la gare de Cais do Sodré, à Lisbonne, liaison ttes les 10mn, de 5h30 à 1h30 *(de 30 à 40mn de trajet)*.

Bus – Les arrêts de bus se trouvent devant la gare d'Estoril et devant le centre commercial Vila Cascais. Pour se rendre à **Sintra**, de Cascais, prendre les bus n°s 403 ou 417 ; d'Estoril, le bus n° 418. De **Cascais**, le bus n° 403 passe par Cabo da Roca *(env. ttes les h ; 45mn de trajet)*. Le bus n° 405 dessert la Praia do Guincho.

HÉBERGEMENT

À Estoril

BUDGET MOYEN

Hotel Smart – *R. Maestro Lacerda, 6 - ✆ 214 68 21 64 - www.hotel-smart.net* - P - *26 ch. 70/80 €* . À 8mn à pied du centre-ville, dans un quartier résidentiel paisible. Cette élégante villa jaune, bordée d'un petit jardin avec piscine, présente un intérieur clair et propre. Chambres plaisantes et lumineuses. Un bon choix. Wifi.

UNE FOLIE

Palácio Estoril – *R. do Parque - ✆ 214 64 80 00 - www.palacioestorilhotel.com* - - *161 ch. 220/340 €* . Ce luxueux palace des années 1930 voit encore défiler les célébrités. Si vous n'y logez pas, allez au moins y prendre un verre : pendant la Seconde Guerre mondiale, c'était un véritable nid d'espions ! L'hôtel a d'ailleurs servi de décor à un James Bond : *Au service secret de Sa Majesté*.

À Cascais

BUDGET MOYEN

Alquimia Guest House – *R. Eng. José Ulrich, 13 - ✆ 964 04 77 74 - www.alquimiaguesthouse.com - 5 ch. 75/90 €* . Dans un quartier résidentiel, la maison d'hôtes dispose de chambres agréables, toutes différentes et décorées avec goût dans un style moderne. Bon prennent soin de servir le petit-déjeuner dans le jardin.

POUR SE FAIRE PLAISIR

Casa da Pergola – *Av. Valbom, 13 - ✆ 214 84 00 40 - www.pergolahouse.pt - 10 ch. 120/164 €* . Noyé dans un jardin fleuri, ce ravissant manoir de style méditerranéen, orné de frises et d'azulejos, appartient à la même famille depuis plus d'un siècle. L'intérieur tient de la gentille bonbonnière, avec escalier en marbre, salon nanti de meubles d'époque et chambres décorées de bas-reliefs en stuc. Service attentif. Vélos à disposition, wifi.

UNE FOLIE

Farol Design Hotel – *Av. Rei Humberto de Itália, 7 (à côté du phare) - ✆ 214 82 34 90 - www.farol.com.pt* - - *33 ch. 310/465 €* - ✕ *28 €*. Cette villa du début du 20e s. a été agrandie d'une aile moderne à la déco *flashy* : canapés et fauteuils rouge vif, miroirs baroques. Sept chambres ont été aménagées par de grands noms de la mode (Ana Salazar, Fátima Lopes, José Antonio Tenente, etc.)

1

et quelques-unes ouvrent leurs baies vitrées sur l'Océan. Restaurant assez snob. Les prix sont plus abordables hors saison.

RESTAURATION

À Cascais

BUDGET MOYEN

O Pereira – *Travessa Bela Vista, 42 (au-dessus du jardin Visconde da Luz) - ✆ 214 83 12 15 - http://restaurantepereira.pai.pt - tlj sf jeu. 12h-15h30, 19h30-23h - 18/25 €.* On ne vient pas dans cette grande salle jaune qui ne désemplit pas pour son décor (on se sent même un peu loin de la mer, pourtant proche), mais pour sa cuisine généreuse (viandes et poissons) et l'excellent rapport qualité-prix. Dans l'entrée, des coupures de presse vantent les talents de la chef, originaire du Nord.

Dom Pedro I – *Beco dos Inválidos, 32 - ✆ 214 83 37 34 - www.dompedrocascais.com - tlj sf dim. 12h-14h30, 19h-21h30 (23h en été) - 18/25 €.* Cachée dans une ruelle en escalier, derrière la place de la Mairie, une petite terrasse sur laquelle une poignée de tables se disputent un parasol ; à l'intérieur, une salle décorée d'azulejos. Des plats simples (porc à l'alentejane, poissons grillés), bons et pas chers, et un service très sympathique.

POUR SE FAIRE PLAISIR

Beira Mar – *R. das Flores, 6 - ✆ 214 82 73 80 - www.restaurantebeiramar.pt - tlj sf mar. 12h-15h30, 19h-23h - 30/45 €.* Le dernier restaurant de la rua das Flores, où les terrasses se succèdent. Une valeur sûre pour déguster un grand choix de poissons frais. On s'attable en terrasse sous d'amples parasols clairs ou dans la jolie salle rustique entre boiseries et azulejos. Service impeccable.

Sur la route du Guincho

POUR SE FAIRE PLAISIR

Furnas do Guincho – *Estrada do Guincho - ✆ 214 86 92 43 - www.furnasdoguincho.pt - P - 12h30-16h, 19h30-23h - 30/50 €.* Un grand restaurant de poisson, très fréquenté le soir et le week-end. Cadre sobre et de bon aloi. Spécialités de paellas aux fruits de mer.

UNE FOLIE

Fortaleza do Guincho (Hotel e Restaurante do Guincho) – *Estrada do Guincho - ✆ 214 87 04 91 - www.guinchotel.pt - P - 90/110 € - 12h30-15h, 19h30-22h30 - réserv. impérative.* Un Relais & Châteaux de haut vol, posé sur un éperon rocheux face à la mer. Au piano, le chef Vincent Farges accommode à merveille le homard rôti, la daurade marinée, le rouget aux légumes confits et le bar en croûte de sel. Menu dégustation : 90 €.

PETITE PAUSE

À Cascais

Gelados Santini – *Av. Valbom 28 - ✆ 214 83 37 09 - www.santini.pt - 11h-0h - fermé oct.-avr.* Depuis plus de cinquante ans, la maison Santini régale en glaces et sorbets la bonne société d'Estoril et de Cascais. Jadis installés sur la plage de Tamariz, ces artisans italiens avaient les honneurs des altesses royales Umberto d'Italie ou Juan Carlos d'Espagne, dont on voit les photos sur les murs. Glaces et sorbets aux fruits de saison sont faits à l'ancienne, sans colorant ni conservateur. Un pur délice ! Autres kiosques sur la Riviera à São João de Estoril *(r. Nova de Estação, 5 - 11h-20h)* et Carcavelos *(estrada da Torre - 11h-0h)*.

House of Wonders – *R. da Misericórdia, 53 - ✆ 911 70 24 28 - 10h-23h.* Très gai et chaleureux, ce lieu atypique a été imaginé par une Néerlandaise, autour d'objets marins de récupération. La cantine propose des snacks végétariens (quiches, salades) à base de produits biologiques pour certains, mais l'on pourra se contenter d'un jus de fruits ou d'un verre de vin en terrasse, et profiter ainsi du coucher de soleil…

À Estoril

Pastelaria Garrett – *Av. Nice, 54 - ☏ 214 68 03 65 - http://pastelariagarrettestoril.pt - tlj sf mar. 8h-19h - fermé 1ère quinz. d'août.* Incontournable, ce salon de thé des années 1930 a fait peau neuve, mais sa terrasse, aux lignes désormais très contemporaines, n'a pas fait fuir pour autant les mamies très dignes qui viennent y déguster des gâteaux.

BOIRE UN VERRE

À Cascais

Bar do Guincho – *Praia do Guincho - ☏ 214 87 16 83 - www.bardoguincho.pt - tlj sf lun. 9h-2h.* Le jour, c'est le QG des surfers et véliplanchistes de la plage ; la nuit, en fin de semaine, c'est la piste des soirées karaoké, où l'on se trémousse, du sel dans les cheveux et du sable entre les doigts de pied.

ACHATS

Artisanat

Grande foire d'artisanat en juil.-août à Estoril, tous les soirs de 18h à 0h (w.-end 17h-0h), à côté du casino. 1 € (2,50 € vend.-dim.).

EN SOIRÉE

Casino d'Estoril – *☏ 214 66 77 00 - www.casino-estoril.pt - 15h-3h.* Organise des expositions, des concerts de fado et des spectacles musicaux en fin de semaine.

ACTIVITÉS

Golf

La Riviera est une destination de choix, où les golfeurs trouveront des greens superbes mais pas à la portée de toutes les bourses.

Golf do Estoril – *Av. da República, 273 - Cascais - ☏ 214 68 01 76 - www.palacioestorilhotel.com - 50/95 €.* Green mythique où se déroulent des compétitions internationales.

Nautisme

Clube Naval de Cascais – *Espanada Dom Luís Filipe - Cascais - ☏ 214 83 01 25 - www.cncascais.com.* École de voile, location de dériveurs et de bateaux à moteur.

Surf - Planche à voile

Plusieurs clubs louent du matériel et dispensent des cours :

Angels Surf School – *Praia de Carcavelos, ☏ 962 68 11 13 - www.angelsurfschool.com* ;

Moana Surf School – *Praia do Guincho - ☏ 964 44 94 36 - www.moanasurfschool.com.*

Vélo

Avec ses nombreuses pistes cyclables, Cascais et le proche littoral jusqu'à Praia do Guincho se prêtent bien aux balades à vélo. Il faudra cependant composer avec le vent, qui souffle fort en bord de mer !

Portugal Rent Bike – *R. Alexandre Herculano, 11 Loja 8 - ☏ 934 43 23 04 - www.portugalrentbike.com - 9h30-18h.* Location de tous types de vélos *(de 4 €/h à 8 €/j).*

AGENDA

Estoril Jazz – *De fin mai à déb. juin au casino d'Estoril - www.projazz.pt.*

Foire des artisans – *Juil.-août.* Ils viennent de tout le pays présenter à Estoril leurs spécialités.

Cool Jazz Fest – *En juil. à Oeiras - www.edpcooljazz.com.*

Palais et couvent de Mafra

Palácio e convento de Mafra

★

11 276 habitants – District de Lisbonne

Cette imposante et froide bâtisse labyrinthique est le plus vaste palais-monastère de la péninsule Ibérique. On l'a souvent comparé à celui de l'Escurial en Espagne pour ses dimensions, sa proximité avec la capitale, son origine votive, et son rôle palatial et religieux. Seule la décoration baroque, où le marbre domine, en adoucit l'austérité. Mafra illustre la mégalomanie du roi Jean V « le Magnanime », le « Roi-Soleil portugais », et témoigne de la profonde imbrication qui existait au 18e s. entre le pouvoir royal et l'Église. On arrive dans un univers tout différent quand on atteint, juché au sommet de sa falaise, le petit port de pêche d'Ericeira. Ses chapelles de marins, son dédale de ruelles, ses maisons chaulées de blanc et ourlées de bleu ont conservé une émouvante authenticité.

NOS ADRESSES PAGE 223
Hébergement, restauration, achats, activités, etc.

S'INFORMER

Posto de Turismo – *Av. das Forças Armadas, 28 - www.cm-mafra.pt - ☎ 261 81 71 70 - 10h-13h, 14h-18h.*

SE REPÉRER

Carte de région A2 p. 118. À env. 40 km de Lisbonne.

À NE PAS MANQUER

La basilique ; la bibliothèque du palais.

ORGANISER SON TEMPS

Visitez le palais-monastère le matin (comptez 1h30), puis déjeunez à Ericeira au bord de l'eau.

Découvrir ABC d'architecture p. 86

☎ 261 81 75 50 - www.palaciomafra.pt - basilique : 9h30-13h, 14h-17h30 ; palais-couvent : tlj sf mar. 9h-18h (dernière entrée 17h) - 6 €, gratuit 1er dim. du mois.

L'ensemble architectural se développe de part et d'autre de la basilique. Sa façade, longue de 220 m, est flanquée à ses extrémités de pavillons d'angle, coiffés de dômes bulbeux qui leur donnent un air germanique.

★★ Basilique

Construite en marbre comme les pavillons d'angle, la façade de la basilique se détache de l'ensemble par sa blancheur et sa décoration baroque. Entre ses tours hautes de 68 m s'alignent deux rangées de colonnes. Des niches abritent, à l'étage supérieur, les statues en marbre de Carrare de saint Dominique et de saint François ; à l'étage inférieur, celles de sainte Claire et de sainte Élisabeth de Hongrie. Le péristyle est orné de six statues dont la plus remarquable est celle de saint Bruno.

L'**intérieur** de l'église frappe par l'élégance de ses proportions et la variété de ses revêtements de marbre. La voûte en plein cintre s'appuie sur les pilastres cannelés qui séparent les chapelles latérales. À la croisée du transept, autour de laquelle pas moins de six orgues sont disposés, quatre arcs finement travaillés soutiennent une magnifique **coupole★** en marbre rose et blanc, haute de 70 m.

Dans chaque chapelle se trouvent des statues et un retable de marbre blanc en bas-relief ciselé par les sculpteurs de l'école de Mafra. Les retables en jaspe et en marbre des chapelles du transept, le fronton du chœur, sont également des œuvres de cette école ; observez celui de la chapelle collatérale de gauche, consacré à la Vierge et l'Enfant Jésus. On notera aussi la présence de nombreuses torchères en bronze et de six beaux orgues datant de 1807.
Au fond du chœur à droite, on accède par un couloir à la sacristie et à la salle des fontaines d'ablutions *(lavabos - accès accompagné)*, décorés de marbres aux nuances variées.

Palais et couvent

Accès par la 3e porte à gauche de la basilique. Le palais atteint l'apogée de sa splendeur au début du 19e s. sous Jean VI. Mais en 1807, ce dernier fuit les troupes napoléoniennes au Brésil, emportant avec lui une partie des objets et meubles qui décoraient Mafra. Depuis, les pièces ont été remeublées.
Après avoir traversé le cloître nord que jouxtent le cimetière et sa chapelle, on accède à l'étage où l'on visite la pharmacie, l'infirmerie des moines et la cuisine ainsi qu'un musée dédié à l'art sacré *(fermé 13h-14h)*. Au 2e niveau, l'étage noble, on visite les appartements royaux en enfilade, qui fascinent par leurs dimensions. Les pavillons de la Reine et du Roi se situent aux deux extrémités, distants de 232 m. Au passage, on admirera la grandiose et harmonieuse **salle de la Bénédiction**, donnant sur la basilique. C'est de cette galerie, ornée de colonnes et de moulures revêtues de marbre de la région de Sintra, que la famille royale assistait à la messe. Le buste représentant Jean V est l'œuvre d'Alessandro Giusti. On remarquera aussi la salle de chasse décorée de trophées et les cellules des moines.
Sur le côté opposé à la façade, la très belle **bibliothèque★** occupe une galerie longue de 83,60 m au magnifique pavage de marbre rose, gris et blanc. Les murs sont couverts d'étagères en bois de style rocaille qui rassemblent près de 40 000 ouvrages reliés en cuir et datant du 14e au 19e s.

1

L'ACCOMPLISSEMENT D'UN VŒU

En 1711, le roi **Jean V**, encore sans enfant après trois ans de mariage, fait le vœu de construire un monastère si Dieu lui accorde un héritier. Le 4 décembre suivant naît une fille, Barbara, qui deviendra reine d'Espagne. Fidèle à sa promesse, Jean V lance les travaux en 1717 et les confie à l'architecte allemand **Friedrich Ludwig**. À l'origine, le monastère n'était prévu que pour accueillir treize moines. Mais l'or du Brésil, coulant à flots sur le Royaume de Portugal, autorise des projets plus grandioses. Il est finalement dimensionné pour héberger 300 moines et toute la famille royale. Des artistes romains en conçoivent les plans et la décoration. Les meilleurs matériaux sont commandés : pin de Leiria, marbre de Pero Pinheiro, chaux de Santarém, carillons de Hollande et de Belgique, objets de culte de France, bois précieux du Brésil, noyer, statues et marbre d'Italie. Le roi fait également appel à des architectes italiens et portugais. On retrouve ainsi diverses influences européennes dans l'ensemble architectural de Mafra. Sur le chantier, 50 000 ouvriers travaillent pendant 13 ans à la construction de ce bâtiment gigantesque, qui comprend une basilique, un palais, un couvent et compte 1 200 pièces, 4 700 portes et fenêtres et 156 escaliers ! Un parc de 20 km de périmètre prolonge la bâtisse à l'est. Un roman de **José Saramago** *(voir p. 62)*, *Mémorial du couvent*, évoque ces travaux à la fois titanesques et inutiles, puisque la bâtisse ne servira quasiment jamais.

L'ÉCOLE DE MAFRA

La présence de nombreux artistes étrangers à Mafra au 18ᵉ s. crée une émulation dans le pays. Jean V décide d'y fonder une école de sculpture ; son premier directeur est l'Italien Alessandro Giusti (1715-1799). Parmi les professeurs figurent José de Almeida, Jean Antoine de Padoue, à qui l'on doit les principales statues de la cathédrale d'Évora, et surtout Joaquim **Machado de Castro** (1731-1822), qui réalisera plus tard la statue équestre de José Iᵉʳ à Lisbonne. Dans la basilique, les nombreuses statues de marbre et plusieurs retables en jaspe ou en marbre, souvent traités en bas-relief, proviennent des ateliers de l'école.

Vieille ville

En vous promenant dans le vieux bourg, jetez un coup d'œil à l'**église Santo André**. Construit à la fin du 13ᵉ s., l'édifice présente trois nefs voûtées en croisée d'ogives et une abside pentagonale. À l'entrée se trouvent deux beaux sépulcres gothiques de Diogo de Sousa et de sa femme. Pedro Hispano, futur pape Jean XXI (13ᵉ s.), aurait été curé ici. *Visite sur demande préalable auprès de la Casa da Cultura au 261 81 44 16.*

À proximité Carte de région

Tapada Nacional de Mafra (Parc national de Mafra) A2

Entrée du parc (portão do codeçal) à 6 km au nord de Mafra, sur la N 9-2 - 261 81 42 40 - www.tapadademafra.pt - 9h-17h (19h au printemps et en été).

Cette ancienne réserve de chasse, créée en 1747 par Jean V, a été transformée en **parc animalier** de plus de 800 ha, où l'on peut observer librement un grand nombre d'espèces : daims, cerfs, sangliers, renards, blaireaux, oiseaux de proie, amphibiens et reptiles. Il compte également un musée des Transports par traction animale, un musée des Ajoncs et propose des activités nature *(voir « Activités », ci-contre).*

★ Ericeira A2

11 km à l'ouest par la N 116.

Junta de Turismo – *R. Dʳ Eduardo Burnay, 46 - à l'angle de la praça República - 261 86 31 22 - www.cm-mafra.pt - 10h-18h (22h en été).*

Perché sur une falaise face à l'Atlantique, ce village, devenu une station balnéaire très fréquentée, a conservé son quartier ancien autour de l'église, son dédale de ruelles et son pittoresque port de pêche. De là, le 5 octobre 1910, le roi Manuel II s'embarqua pour l'exil, alors que la république avait été proclamée la veille à Lisbonne.

Port – Au pied de la falaise cuirassée d'un revêtement de maçonnerie, dont le sommet forme le parapet des rues en corniche, une plage abritée et protégée par une jetée au nord fait office de port. De la place (largo das Ribas) qui la domine, les passants observent la mise au sec des bateaux de pêche et le déchargement des poissons et des poulpes. Une plage familiale s'étire à côté de la petite ville.

Quartier de l'église – De vieilles ruelles pavées, bordées de charmantes maisons basses, blanches et ourlées de bleu, se déploient autour de l'**église paroissiale** (Igreja Matriz) dont l'intérieur renferme un plafond à caissons et des azulejos à bordure polychrome.

NOS ADRESSES À MAFRA ET À ERICEIRA

Les offices de tourisme sont répertoriés en début de chapitre.

HÉBERGEMENT

À Ericeira

BUDGET MOYEN

Pedro O Pescador – *R. Dr Edouardo Burnay, 22 - 261 86 40 32 - www.hotelpedropescador.com - 25 ch. 70/75 €* . Dans la rue piétonne, un joli petit hôtel à la façade bleu azur, accueillant et propret. Chambres confortables, belles salles de bains. Bar-terrasse dans la cour. Souvent complet : réservez.

RESTAURATION

À Mafra

PREMIER PRIX

O Brasão – *Travessa Manuel Esteves, 7 - 261 81 56 87 - 12h-23h - env. 15 €.* À 100 m en face du palais. À la carte : *francesinha*, riz de lotte et poissons frais.

Toca da Raposa – *R. 1° de Dezembro, 16 - 261 81 51 22 - - tlj sf vend. et sam. soir 12h-15h, 19h-22h - env. 20 €.* À 100 m du palais, une autre table convenable. Plats du jour pour 10-12 € : brochettes de porc, escalopes de veau, riz de canard.

À Ericeira

BUDGET MOYEN

Mar à Vista – *R. de Santo António, 16 - 261 86 29 28 - - tlj sf merc. 12h-22h - 25/30 €.* Une *marisqueira* traditionnelle, dans une petite salle décorée de nasses et de filets. Bonnes *cataplanas*.

Toca do Caboz – *R. Fonte do Cabo, 71 (dans une ruelle, derrière la praça do Mercado) - 261 86 22 48 - - 12h-15h30, 19h-22h30 - env. 30 €.* Terrasse conviviale. Succulent riz de lotte aux coquillages.

POUR SE FAIRE PLAISIR

Canastra – *R. Capitão João Lopes, 8 A - 261 86 53 67 - - 12h-23h - env. 35 €.* Poissons et crustacés apportés chaque jour par les pêcheurs peu avant le déjeuner : à savourer sur la terrasse, au bord de la corniche qui surplombe la mer. À l'arrière, deux petites salles dans une maison de pêcheurs.

EN SOIRÉE

À Ericeira

Ouriço – *R. Capitão João Lopes, 9 - 927 37 88 82 - tlj à partir de 23h en été, vend. et sam. seult en hiver.* L'une des plus anciennes discothèques du pays. Située sur la corniche, elle reste le rendez-vous favori des nuits d'Ericeira.

ACTIVITÉS

Tapada Nacional de Mafra – *Voir « À proximité », ci-contre.* Outre plusieurs parcours à pied ou à vélo *(3 €/h)*, les promenades à cheval *(20 €)*, en charrette *(10 €)* ou en véhicule électrique *(fév.-nov. : w.-end et j. fériés à 11h, 12h30, 14h et 15h30 - 15 €)*, la Tapada Nacional de Mafra propose des forfaits activités à la journée (tir à l'arc, atelier d'entraînement de rapaces) et organise des circuits à thèmes.

Serra da Arrábida

★

Setúbal : 120 791 habitants – District de Setúbal

Sur la route conduisant en Alentejo et en Algarve, Setúbal, ville industrielle et portuaire, s'adosse aux derniers contreforts de la serra da Arrábida, qui ourle le sud de la péninsule sur 6 km de largeur et 35 km de longueur du cap Espichel à Palmela, plongeant dans les eaux turquoise de la bien nommée « Costa Azul ». Le Parc naturel da Arrábida s'étend sur 10 800 ha entre Sesimbra et Setúbal. Cette petite chaîne montagneuse attire les foules en quête de nature, Lisboètes en tête. Le versant sud de la serra tombe dans l'Océan en un abrupt de 500 m. Son rivage échancré, le blanc ou l'ocre des falaises calcaires, le bleu de l'Atlantique, le maquis où dominent pins et cyprès lui donnent des airs de littoral méditerranéen. Plusieurs criques abritent des plages. Le versant nord, aux reliefs adoucis, est tapissé de vignes (leur moscatel, un vin sucré, fait la fierté de Setúbal), de vergers, d'oliviers ou de broussailles et de pins témoins de la végétation primitive. Les villages y sont riches et les « quintas » nombreuses. Enfin, de l'autre côté de l'estuaire du Sado, s'étendent des rizières et des marais où nichent quantité de flamants roses et de cigognes.

NOS ADRESSES PAGE 232
Hébergement, restauration, achats, activités, etc.

S'INFORMER

Casa da Baía - Centro de Promoção Turistica – A2, en dir. - *Av. Luísa Todi, 486 - Setúbal - ✆ 265 54 50 10 - www.visitsetubal.pt - dim.-merc. 9h-20h (22h de déb. mai à mi-sept.), jeu.-sam. 9h-0h.* Vente de vins et de fromages. Exposition des résultats de fouilles.

Região de Turismo - Ask me Arrábida – B2 - *Travessa Frei Gaspar, 10 - ✆ 265 53 91 20 - www.mun-setubal.pt - 10h-13h, 14h-18h (19h avr.-sept.).* Informations sur Setúbal, sa région et la serra da Arrábida. Vente de produits régionaux.

SE REPÉRER

Carte de région AB3 p. 118 – Plan de Setúbal p. 226 – Carte de la serra da Arrábida p. 229. Jouxtant la serra da Arrábida, Setúbal se trouve 50 km au sud-ouest de Lisbonne par l'autoroute (A 2 puis A 12) et 100 km à l'ouest d'Évora.

Voir aussi la rubrique « Arriver/partir » dans « Nos adresses ».

À NE PAS MANQUER

À Setúbal, l'église de Jésus, le château de São Filipe et les primitifs de la galerie de peinture du musée. Dans la serra da Arrábida, le port de Sesimbra, la route de la corniche et le cap Espichel.

ORGANISER SON TEMPS

Prévoyez deux grosses journées : la première pour visiter Setúbal, le château de São Filipe et prendre le bac pour la péninsule de Tróia, la suivante pour découvrir la serra, visiter une *quinta* et profiter d'un bain de mer.

AVEC LES ENFANTS

La plage de Sesimbra, une rencontre avec les dauphins.

L'anse de Portinho, au pied de la serra da Arrábida.
J. Arnold / hemis.fr

1

★ Setúbal Plan de ville

Circuit au départ du largo da República tracé en vert sur le plan (p. 226) – Comptez une journée.

Au centre de la ville, entre l'avenida Luísa Todi (du nom de la cantatrice), la praça Almirante Reis et l'église Santa Maria, vous découvrirez un agréable quartier ancien dont les ruelles étroites et en partie piétonnes contrastent avec les larges avenues de la ville moderne. Prenez le temps d'apprécier son vin muscat et sa confiture d'oranges.

★★ Igreja de Jesus A1

R. Acácio Barradas - tlj sf dim. et lun. 9h-12h30, 14h-18h.

Construite en marbre d'Arrábida, cette œuvre de Boytac est considérée comme la première expression de l'art manuélin (1491). Son portail flamboyant – à portes géminées avec arcs en accolade, qu'encadrent des colonnes baguées – et ses trois voûtes de même hauteur qui en font une église-halle caractérisent le style gothique tardif. Les **piliers torsadés** qui soutiennent les voûtes et les nervures torses de la voûte du chœur inaugurent l'art décoratif manuélin.

Les murs de la nef et du chœur sont en partie revêtus d'azulejos du 17e s.

★ **Museu de Setúbal** – *Convento de Jésus - ✆ 265 53 78 90 - mar.-vend. 11h-14h, 15h-18h, sam. 11h-13h, 14h-18h, dim. 14h-18h - 1,15 €.* Sa **galerie de peinture du 15e s.** (Galeria de Pintura Quinhentista) abrite une importante collection de primitifs portugais (15e-16e s.). Tous ces **tableaux★** seraient l'œuvre d'un auteur inconnu désigné comme le « maître du retable de Setúbal ». Malgré la forte influence de l'art flamand (attitudes figées, réalisme des détails), la chaleur des teintes et le traitement des visages, qui sont empreints de vérité et de mysticisme, sont typiquement portugais : remarquez l'expression de la Vierge et des saints devant la Crucifixion et saint François recevant les stigmates. Dans les galeries inférieures, azulejos du 15e au 18e s.

Mercado (Marché) A2
Av. Luísa Todi - tlj sf lun. 7h-14h. Difficile de manquer cette grande halle installée dans un volumineux bâtiment rose. Faites-y un tour, pour son ambiance mais aussi pour admirer les panneaux d'azulejos de l'entrée et de la poissonnerie.

Igreja de São Julião A1
Praça do Bocage. Son portail latéral nord trilobé est de style manuélin ; les deux colonnes torses qui l'encadrent se terminent en pinacle en formant des cordelières. À l'intérieur, jolis azulejos du 18e s. représentant la vie de saint Julien.

Região de Turismo (Office de tourisme) B2
Travessa Frei Gaspar, 10 - 10h-13h, 14h-18h (19h avr.-sept.).
Les lignes épurées et modernes de l'architecture et du mobilier répondent à celles des vestiges romains du sous-sol, visibles à travers les vitres du sol. Il s'agit des anciennes cuves d'une **fabrique de garum**, sauce à base de poissons, qui fut en activité du 1er au 6e s.

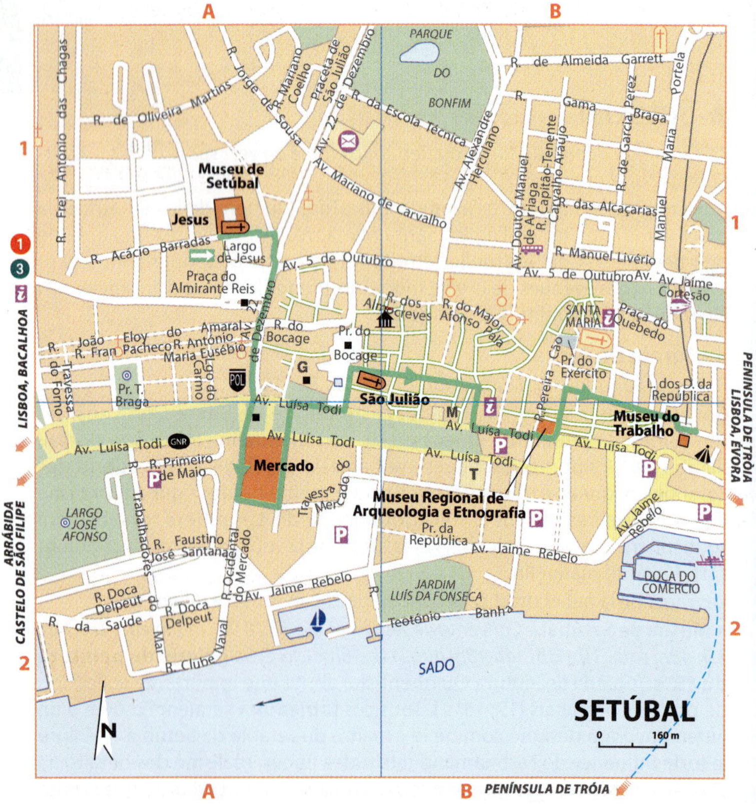

SE LOGER	SE RESTAURER
Há Mar ao Luar ... 3	Solar do Marquês de Setúbal ... 1

UN PORT ANIMÉ

Après Lisbonne et Leixões, Setúbal est le troisième port du Portugal. Il comprend un port de pêche (sardines), un port de plaisance, et un port de commerce en relation avec les grandes cités maritimes d'Espagne et d'Europe du Nord. La ville s'est développée autour d'activités diverses : cimenteries, exploitation des marais salants sur les rives du fleuve, usines d'automobiles et de camions, industrie chimique, conserveries de poisson et commerce de produits agricoles régionaux.

Museu Regional de Arqueologia e Etnografia B2

Av. Luísa Todi, 162 - ✆ 265 23 93 65 - http://museu-maeds.org - tlj sf dim. et lun. 9h-12h30, 14h-17h-30 - fermé le sam. en août - gratuit.

Le musée expose des objets préhistoriques (idole taillée dans un os, vase en céramique de l'âge du bronze) et luso-romains (monnaies), des collections d'art et d'artisanat populaires, des costumes, des outils agraires, des modèles réduits de bateaux, ainsi que de nombreux panneaux ou motifs décoratifs réalisés en liège.

Museu do Trabalho Michel Giacometti (Musée du Travail) B2

Largo dos Defensores da República - ✆ 265 53 78 80 - hiver : mar.-vend. 9h30-18h, w.-end 14h-18h ; été : mar.-vend. 9h30-18h, sam.15h-18h - 1,50 €.

Une ancienne conserverie de poisson offre ses superbes volumes à ce musée consacré au travail et aux traditions populaires. Outils et documents d'époque, ainsi que diverses reconstitutions, vous plongent au cœur de métiers pour la plupart disparus, comme ce garçon à bicyclette, chargé de prévenir les ouvrières de la conserverie de l'arrivée du poisson.

1

À proximité Carte de la serra da Arrábida

★ Castelo de São Filipe

À l'ouest de la ville (30mn à pied du centre), par l'avenida Luísa Todi - suivez la signalisation pour la pousada *- 9h-21h - gratuit.*

Dominant la ville, cette forteresse est en partie occupée par l'une des plus belles *pousadas* du Portugal *(voir « Hébergement », p. 232)*. Elle fut construite en 1590 à l'initiative du roi Philippe II d'Espagne pour contenir l'hostilité des habitants de Setúbal, opposés à la domination espagnole, et empêcher les Anglais de s'installer à Tróia ; elle est dotée de glacis et de bastions à redans à la Vauban.

Franchissez un passage voûté et admirez dans la chapelle les azulejos du 18e s., œuvre du célèbre Policarpo de Oliveira Bernardes, qui évoquent la vie de saint Philippe.

Du haut des remparts, **panorama★** très étendu : à l'est sur le port et les chantiers navals, la baie du Sado et la presqu'île de Tróia ; au nord-ouest sur le château de Palmela ; à l'ouest et au sud sur la serra da Arrábida.

Península de Tróia

Par ferry ou catamaran – *20mn de traversée au départ de Setúbal - ✆ 265 23 51 01 - www.atlanticferries.pt - dép. au port de commerce (3,75 €/pers., 6,20 €/pers. en catamaran, 13,95 € avec voiture) - ttes les h de 6h20 à 1h au départ de Setúbal.*

Par la route – *98 km jusqu'à Tróia - contournez l'embouchure du rio Sado par la N 10, la N 5, la N 253 et la N 253-1.*

Cette immense langue de sable (17 km), bordée de dunes et boisée de pins, barre l'estuaire du Sado. Ses côtes nord et ouest, objet d'un vaste aménagement touristique, concentrent hôtels et immeubles qui défigurent le paysage. Au-delà s'ouvre la réserve naturelle de l'estuaire : plus de 14 500 ha de marais salants, rizières et pinèdes où nichent une centaine d'espèces d'oiseaux (flamants roses, hérons, cigognes...). La lagune accueille aussi une trentaine de **dauphins** *(voir « Activités », p. 233).*

Ruinas romanas de Cetóbriga – *4 km à pied de l'embarcadère ou 2,5 km par un chemin sablonneux, mais praticable en voiture, à partir de la N 253-1 - juin-août : tlj sf dim. et lun. 10h-13h, 15h-18h30 ; reste de l'année : sam. 10h-13h, 15h-17h30 - 5 € - possibilité de visite guidée le 1er sam. du mois à 15h (tous les sam. à 15h en juin et sept., les merc. et sam. à 10h30 en juil. et août) - 7,50 €.* Dans un site agréable au bord de la lagune, quelques vestiges de la cité romaine de Cœtobriga, détruite par un raz-de-marée au début du 5e s., ont été mis au jour. On peut y voir un ensemble de salaison des poissons, une sépulture, les ruines d'un temple orné de fresques et des thermes. Dans le cadre des visites guidées, on peut découvrir en outre la basilique paléochrétienne.

Praia da Comporta – *17 km au sud de Tróia par la N 253-1 - grand parking payant.* Cernée de dunes, entourée d'une pinède et préservée des promoteurs (le domaine appartient à la réserve naturelle de l'estuaire du Sado), cette vaste plage a tout pour séduire, à commencer par le spectacle qu'offrent les kyte-surfeurs.

Circuit conseillé Carte de la serra da Arrábida et carte de région

Circuit au départ de Setúbal à travers la serra de Arrábida d'env. 160 km tracé en violet sur la carte ci-contre – Comptez env. une demi-journée. Quittez Setúbal au nord par la N 252 et prenez, avant l'autoroute, la N 379 à gauche.

★ Palmela Carte de la serra da Arrábida

8 km au nord de Setúbal.

Posto de Turismo – *Castelo de Palmela - 212 33 21 22 - 9h30-12h30, 14h30-17h30.*

Ce pittoresque bourg blanc s'étage sur le versant nord de la serra da Arrábida, au pied d'une butte coiffée d'un château impressionnant.

★ **Castelo** – *Suivez la signalisation « pousada » et laissez la voiture sur le terre-plein extérieur - 9h30-20h (église tlj sf lun. 10h-12h30, 14h30-18h) - gratuit.* Le château, en partie aménagé en *pousada*, domine la campagne environnante. Ce piton rocheux, site stratégique situé à mi-chemin entre les embouchures du Tage et du Sado, fut à l'origine occupé par les Maures ; il subsiste de cette époque une deuxième ligne de fortifications assez rudimentaires. Les chrétiens le prirent au 12e s. et en firent au 14e s. le siège de l'ordre de St-Jacques. À la fin du 17e s. fut érigé un ensemble de défense inspiré du système de Vauban. Lors

LA FIN ET LES MOYENS

En 1484, un an après l'exécution du duc de Bragance, le roi **Jean II** apprend l'existence d'un nouveau complot destiné à le renverser au profit du duc de Viseu, frère de la reine. En août, revenant d'Alcácer do Sal à Setúbal, il déjoue une embuscade qui lui était tendue sur le Sado. Aussitôt arrivé à Setúbal, il convoque le duc de Viseu, le reçoit dans sa chambre où il le poignarde. L'évêque d'Évora, **Dom Garcia de Meneses**, instigateur du complot, est emprisonné au château de Palmela, dans une citerne située sous le donjon. Il y meurt quelques jours après, probablement empoisonné.

de la visite, en prenant à gauche, on passe près des vestiges d'une ancienne mosquée transformée en église (Santa Maria), qui fut détruite lors du tremblement de terre de 1755. On atteint enfin le donjon et la place d'armes qui datent de la fin du 14e s.; le sous-sol est occupé par la citerne qui fut fatale à l'évêque d'Évora *(voir encadré p. 228)*.

Du haut du donjon *(64 marches)*, très jolie **vue★** : à l'ouest sur la serra da Arrábida; au sud sur un alignement de moulins à vent, Setúbal, la presqu'île de Tróia et l'Atlantique; à l'est sur la plaine de l'Alentejo; au nord sur les toits de Palmela et, dans le lointain, Lisbonne et la serra de Sintra, par temps clair.

L'extrémité ouest du château est occupée par l'**église Santiago** et son **couvent** édifiés au 15e s. par les chevaliers de St-Jacques qui s'étaient installés dans le château en 1186. L'église est une construction d'une grande simplicité aux belles proportions; la voûte romane en berceau se prolonge par un chœur gothique. Les murs sont tapissés d'azulejos du 16e s. dans le chœur, et du 18e s. dans la nef. Remarquez, sur le sol, le blason sculpté de l'ordre des chevaliers de St-Jacques et, dans un enfeu manuélin du bas-côté gauche, le tombeau de Georges de Lancastre, fils naturel du roi Jean II et dernier maître de l'ordre.

Igreja de São Pedro – *Dans la partie haute de la ville, au pied du château - tlj sf dim. et lun. 9h30-18h (20h en été).* Cette église du 18e s. renferme des **azulejos★** illustrant des scènes de la vie de saint Pierre; remarquez dans le bas-côté droit la pêche miraculeuse, le Christ marchant sur les eaux et la crucifixion de saint Pierre.

Continuez la N 379 puis, à Vendas, prenez à gauche la N 10 en dir. de Setúbal.

★ **Quinta da Bacalhoa** (Domaine de Bacalhoa) Carte de la serra da Arrábida

Estrada Nacional 10 - À la sortie de Vendas, à gauche de la route, en face de la gare routière (Rodoviária Nacional) - ☏ 212 19 80 67 - www.bacalhoa.com - tlj sf w.-end 9h-18h (vend. 12h30) - possibilité de visite guidée (1h, sur réserv. pour 2 pers. mini) à 10h30, 11h30, 14h30, 15h30 et 16h30 - 6 €.

Cette résidence seigneuriale de la fin du 15e s., réaménagée au début du siècle suivant par le fils d'Afonso de Albuquerque, vice-roi des Indes, présente des éléments architecturaux de style à la fois Renaissance et mauresque, et une riche décoration d'**azulejos★**. Dans le **manoir**, une élégante loggia donnant sur les jardins est ornée de panneaux d'azulejos polychromes représentant des allégories de grands fleuves : le Douro, le Nil, le Danube, l'Euphrate, etc. La *quinta* produit son vin à partir des vignes qui occupent une partie des splendides **jardins**. L'un d'eux est inspiré d'aménagements français du 16e s. : les buis taillés alternent avec les fontaines à figures mythologiques. Le jardin potager, où s'épanouissent mandariniers, noyers, cinéraires, bambous, se termine par un joli pavillon de repos se mirant dans l'eau d'un bassin : à l'intérieur, les murs sont revêtus d'azulejos espagnols à dessins géométriques, mais on remarquera surtout le panneau d'influence florentine représentant **Suzanne et les vieillards★** (1565), connu comme le plus ancien panneau figuratif du Portugal. On achève la visite en longeant une galerie du 15e s. décorée de bustes.

Tournant le dos à Setúbal, la N 10 conduit à Vila Nogueira de Azeitão, à travers vergers et vignobles.

Vila Nogueira de Azeitão Carte de la serra da Arrábida

12 km à l'ouest de Palmela.

Ce riche bourg agricole, entouré de belles *quintas*, est réputé pour son fromage de brebis et son *moscatel* (muscat). En témoigne la **Casa-Museu da José Maria da Fonseca** *(✆ 212 19 89 40 - www.jmf.pt - musée 10h-12h, 14h30-16h30, 17h30 avr.-oct. ; boutique 10h-17h30, 19h avr.-oct. - gratuit avec dégustation - possibilité de visite guidée des chais)*, qui retrace l'histoire d'une maison de production de vin réputée depuis 1834.

Prenez la N 379 ; à Zambujal de Cima, tournez dans la N 377 en dir. d'Alfarim.

Praia do Meco Carte de région A3

Env. 20 km au sud-ouest de Vila Nogueira de Azeitão.

L'une des plus grandes plages du Portugal, avec ses dunes et son sable fin qui s'étend comme à l'infini. À ne pas manquer au coucher du soleil ou pour la baignade, même si les vagues sont parfois intimidantes.

Rebroussez chemin vers Alfarim. Au 1er rond-point, prenez à droite dans la rua do Meco, qui se prolonge en estrada da Ponte Concelho. Au carrefour, prenez à gauche la rua da Escola, puis encore à gauche en suivant le panneau « Cabo Espichel ». Au bout de l'avenida das Forças Armadas, vous retrouverez la N 379, que vous prendrez à droite.

★ Cabo Espichel Carte de région A3

Env. 15 km au sud-ouest de Praia do Meco.

Formant la pointe sud de la serra da Arrábida, le cap Espichel est un véritable « finistère » violemment balayé par le vent. L'atmosphère des lieux est saisissante dans cette sorte de bout du monde désolé. Une place immense vide est entourée de bâtiments à arcades, à l'abandon pour la plupart, érigés au 18e s. par des pèlerins. Au fond se dresse le sanctuaire de style classique (17e s.) de **Notre-Dame-du-Cap** (Nossa Senhora do Cabo - *ouv. irrégulière*), qui présente un intérieur baroque décoré de nombreux bois dorés. Depuis le 13e s., c'est un lieu de pèlerinage fréquenté.

Contournez le sanctuaire et avancez jusqu'au parapet sur le bord de la falaise.

La falaise domine l'Océan en un à-pic de plus de 100 m. À 50 m vers l'ouest, en contrebas d'une chapelle ornée d'azulejos, s'étend une petite **crique**.

Revenez par la N 379 jusqu'à Santana, et prenez à droite la N 378.

Sesimbra Carte de la serra da Arrábida

29 km à l'ouest de Setúbal.

Niché dans une anse au pied du versant sud de la serra da Arrábida, le petit port de pêche est devenu une station balnéaire très fréquentée. Sa plage aux eaux limpides est particulièrement appréciée des Lisboètes (il y a foule en fin de semaine !). C'est un paradis pour la pêche sportive à l'espadon, et la pêche traditionnelle reste la principale activité de la ville. Des constructions modernes entourent le centre qui conserve ses rues escarpées, parfois coupées de marches, dévalant vers la plage.

À mi-pente, l'**église paroissiale** se distingue par sa chaire (17e s.) en marbre rose de la région et son arc triomphal aux motifs de style manuélin ; dans le chœur, du 18e s., se dresse un retable en bois doré.

Plage – Très animée le week-end et l'été, elle est, le reste du temps, surtout fréquentée par les pêcheurs qui viennent y démêler leurs lignes et leurs filets de part et d'autre du **fortin de Santiago**. Proche de la route, elle est bordée de restaurants spécialisés dans le poisson grillé et les fruits de mer.

★ **Port** – *1 km à l'ouest.* Il est adossé au pied de la falaise, à l'écart de l'agglomération. Son importante flottille de chalutiers, dont les proues sont décorées d'un œil ou d'une étoile, rapporte, matin et soir, des sardines, daurades, congres, poissons-épées, crustacés… qui sont vendus en partie à la criée.

Château – *6 km au nord-ouest par une route en forte montée.* Il occupe, au sommet d'une échine pelée, à plus de 200 m au-dessus de la mer, une position défensive stratégique que le premier roi de Portugal, Alphonse Henriques, réussit à enlever aux Maures dès 1165. De ses murailles crénelées qui enserrent le cimetière, belle **vue★** sur Sesimbra et son port.

À Santana, reprenez la N 379. 2,5 km avant Vila Nogueira de Azeitão, tournez à droite dans la N 379-1 en dir. d'Arrábida.

Après avoir traversé des paysages d'oliviers et de vignes, la route s'élève au milieu d'une végétation très dense. L'Océan apparaît en contrebas.

Suivez ensuite la signalisation pour Portinho.

★ **Portinho da Arrábida** Carte de la serra da Arrábida

14 km au sud-ouest de Setúbal.

Au pied de la serra, l'anse de Portinho forme une courbe harmonieuse ourlée d'une magnifique plage de sable blanc bien abritée, très fréquentée le week-end. Un majestueux rocher émerge des eaux transparentes.

À l'entrée du village, le **fort de Santa Maria da Arrábida**, construit au 17e s. pour protéger la côte et le couvent proche des incursions pirates mauresques, abrite un petit **Musée océanographique** (Museu Oceanográfico - *212 18 97 91 - mar.-vend. 10h-16h, sam. 15h-18h - 2 €)* où sont exposées des éponges et différentes espèces marines.

Reprenez la N 379-1 en laissant sur la droite la route de la corniche inférieure.

★★ **Estrada de Escarpa** (Route de la corniche) Carte de la serra da Arrábida

Suivant en partie la crête de la serra, cette route dévoile des vues sur les deux versants. On aperçoit d'abord à gauche le mont Formosinho (501 m), point culminant de la serra, et sur la droite le site de Portinho et l'estuaire du Sado. En contrebas, juchés à flanc de falaise entre les deux routes de corniche, s'élèvent le **couvent d'Arrábida**, fondé par les franciscains en 1542, et plusieurs chapelles rondes dispersées dans la montagne. Un abaissement de la ligne de crête permet plusieurs échappées sur l'intérieur du pays, tandis que la presqu'île de Tróia se dessine sur l'Océan. La descente finale, qui passe à proximité d'une cimenterie et de sa cité ouvrière, fait apparaître Setúbal au fond de son golfe.

NOS ADRESSES À SETÚBAL ET DANS LA SERRA

Les offices de tourisme sont répertoriés en début de chapitre.

ARRIVER/PARTIR

À Setúbal

Train – Estação Praça do Quebedo B1 - *Au nord de la vieille ville.* Env. 10 liaisons/j *(1h de trajet)* avec Lisbonne.

Bus – Gare routière B1 - *Av. 5 de Outubro, 40 (au nord de la vieille ville) - ✆ 265 00 97 05 - www. tsuldotejo.pt.* Bus ttes les 30mn *(nos 561 et 562)* pour Lisbonne *(stations praça da Espanha ou Oriente ; 1h de trajet).* Une douzaine de bus/j *(n° 230)* pour Sesimbra.

HÉBERGEMENT

À Setúbal

BUDGET MOYEN

Há Mar ao Luar – A1, en dir. - *Alto São Filipe - ✆ 265 22 09 01 - www. hamaraoluar.com - - 4 ch. 75/125 € - séjour mini de 2 nuits le w.-end et de 5 nuits de juin à sept.* Cette maison d'hôtes sur la colline propose 2 appartements décorés avec beaucoup de goût, équipés chacun d'une kitchenette et d'un salon-TV. De la terrasse donnant sur le jardin, vue superbe sur la mer. Mais le vrai « plus » de l'endroit, c'est l'antique moulin couleur abricot à la séduisante déco marine. Salon et salle à manger-cuisine au rez-de-chaussée, chambre ronde avec salle de bains à l'étage : parfait pour roucouler en amoureux.

À Comporta (estuaire du Sado)

UNE FOLIE

Cabanas no Rio – *Sítio da Carrasqueira - ✆ 934 41 83 16 - www.cabanasnorio.com - 1 ch. 200 €* . Deux cabanes du dernier chic au milieu de nulle part, l'une abritant la cuisine et un salon ensablé, l'autre la chambre à coucher. Que dire sinon que l'endroit est idéal pour se ressourcer loin du monde, écouter le vent et observer les oiseaux. En bois recyclé, les cabanes offrent tout le confort, y compris une connexion wifi ! Kayak amarré au ponton pour la balade.

À Palmela

BUDGET MOYEN

Residêncial Varandazul – *R. Hermenegildo Capelo, 3 - ✆ 212 33 14 51 - www.varandazul. pt - 17 ch. 55 €* . Au bas de la vieille ville, un petit hôtel bleu aux chambres impeccables. Évitez celles qui donnent côté rue. Restaurant sur le trottoir d'en face : bonne table à prix corrects.

RESTAURATION

À Setúbal

PREMIER PRIX

Solar do Marquês de Setúbal – A2, en dir. - *Largo António Joaquim Correia, 29/31 - ✆ 265 40 93 22 - http://solardomarques.wix.com/ solardomarques - 12h-1h - 15/20 €.* Sur une jolie placette, l'occasion de déguster de bons poissons ou de goûter à la spécialité locale, le *choco frito* (poulpe frit), à l'écart des adresses touristiques et coûteuses de l'avenida Luísa Todi et du port.

À Comporta (estuaire du Sado)

BUDGET MOYEN

Museu do Arroz – *Au sud de la péninsule de Tróia : accès par la route, ou par le ferry puis 17 km au départ de Tróia (voir p. 227) - ✆ 265 49 75 55 - www. restaurantemuseudoarroz.*

com - tlj sf lun. 11h-16h, 19h30-23h - 30/35 €. Avant le village, cette usine de traitement du riz a été transformée en restaurant spécialisé dans le riz local! En entrée : *bolinhos de arroz*, boulettes de riz frit avec de la viande et des poivrons. Puis croquettes de morue à la menthe et *arroz cabidela* (riz au sang de poulet). Et pour finir, un riz au lait!

À Sesimbra

PREMIER PRIX

Casa Isaías – *R. Coronel Barreto, 2 - ✆ 914 57 43 73 - tlj sf dim. - 12/15 €.* Une petite *casa de pasto* populaire tenue par un barbu débonnaire. Le poisson, tout juste pêché, est exposé sur le comptoir : bar, sole, daurade, espadon. Une fois choisi et pesé, en avant la grillade!

BUDGET MOYEN

Padaria – *R. da Paz, 5 - ✆ 212 28 03 81 - 19h-23h - 25/30 €.* Ce bar-restaurant doté d'une terrasse et installé dans une ancienne boulangerie propose une carte inventive : magret de canard sauce miel-citron, filet de lotte en croûte d'olive sur légumes confits… Excellents desserts.

PETITE PAUSE

Pique-nique – Après vous être ravitaillé au marché, vous trouverez des bancs sur l'**avenida Luísa Todi** A2. Si vous optez pour la serra de Arrábida, veillez à ne laisser aucune trace de votre passage.

ACTIVITÉS

Sado Arrábida – *✆ 265 49 04 06 - www.sadoarrabida.pt.* Au départ du port de Setúbal ou de Tróia, vous aurez le choix entre l'observation des dauphins *(30 €)* ou une croisière œnologique *(25/35 €).*

Tróia Cruze – B1, en dir. - *R. das Barrocas, 34 - ✆ 265 22 84 82 ou 962 40 59 33 - www.troiacruze.com.* Embarquez à la rencontre des dauphins *(une quinzaine de circuits maritimes)* à bord d'un *galeão do sal*, bateau à voile en bois qui transportait jadis le sel jusqu'à Lisbonne.

Vertigem Azul – *✆ 265 23 80 00 - www.vertigemazul.com.* Cette entreprise locale propose des croisières en catamaran au large des côtes de la serra da Arrábida, selon différentes formules dont l'observation de dauphins *(tte l'année ; 3h ; 35 €)* ou d'oiseaux dans l'estuaire du Sado *(3h ; oct.-mars ; 30 €).*

AGENDA

À Setúbal

Feira de Santiago – *Dernière sem. de juil. et 1re sem. d'août.* Gastronomie, folklore et *touradas*.

Festival de Nossa Senhora de Tróia – *1er w.-end d'août.* Procession navale.

À Palmela

Festa das Vindimas – *1re sem. de sept.* Vendanges en costumes traditionnels, bénédiction des raisins, lâchers de taureaux, feux d'artifice, etc.

À Sesimbra

Festa do « Senhor das Chagas » – *3-5 mai, avec procession le 4 mai.* Fête des pêcheurs datant du 16e s.

L'Ouest et la vallée du Tage 2

Carte Michelin National 733

A Praia, l'immense plage de Nazaré.

J. A. Moreno/age fotostock

IOANNES. 2º
ALFONSº. 5º

Grand angle sur l'Ouest et la vallée du Tage

Quelques-uns des monuments majeurs du pays, tant d'un point de vue historique qu'architectural, se concentrent dans la région. Magnifié par un bord de mer sauvage, le pays sait aussi recevoir, comme l'atteste son art de vivre authentique où la gastronomie généreuse tient toute sa place…

TERRE DE JOYAUX

En Estrémadure, à l'extrémité des terres reconquises au Moyen Âge sur les musulmans, il est donné à voir trois des plus beaux ensembles religieux du Portugal : le **monastère d'Alcobaça**, œuvre monumentale de l'ordre de Cîteaux, le **monastère de Batalha**, expression majeure du gothique flamboyant en terre portugaise et de l'art manuélin ; plus loin à l'intérieur des terres, le fier **couvent de Tomar**, à jamais attaché à l'ordre du Christ, ordre militaire qui fut l'acteur essentiel des Grandes Découvertes. À cela s'ajoutent la jolie cité médiévale d'Óbidos, le château d'Almourol, poétiquement planté dans les eaux du Tage, ou encore la grande ville de **Santarém**, parfois surnommée la « capitale du gothique portugais ».

GRANDEUR NATURE

L'un des autres attraits de la région tient à son littoral, où s'étendent de vastes **plages de sable fin** fréquentées par les familles comme celle de Nazaré, de São Martinho do Porto ou celles qui bordent l'**interminable pinède** de Leiria. Les amateurs de curiosités naturelles ou de paysages ne seront pas en reste : côte escarpée battue par le vent et les flots au cap Carvoeiro, avec au large l'île de Berlenga, qui vous séduira pour ses criques et sa fascinante grotte bleue. Dans l'intérieur des terres se déploient les **paysages arides** et presque lunaires de la serra de Aire e Candeeiros, où vécurent les bergers de Fátima, puis les **grands espaces** plats du Ribatejo, peuplés de chevaux et de taureaux de combat.

TERROIR ET ARTISANAT

Les plaisirs ludiques ne manquent pas. Aux poissons, **langoustes** et autres fruits de mer succèdent, en s'éloignant du littoral, les délices sucrés de Tomar ou les **viandes fondantes** qu'on arrosera de crus du Ribatejo, entre Santarém et Abrantes. Côté traditions, la région conserve des **fêtes hautes en couleur** comme celle des *tabuleiros* à Tomar, l'une des plus importantes du pays. L'**artisanat** est vivant et varié : dentelles de Peniche, céramiques de Caldas da Rainha, verres de Marinha Grande, couvertures tissées de Mira de Aire… Et lors d'un passage sur les rives du Tage, pas question de manquer une *tourada* au milieu d'amateurs 100 % portugais !

Le monastère d'Alcobaça.

J. Arnold / hemis.fr

L'OUEST ET LA VALLÉE DU TAGE
0
20 km
N
A
B
1
2
3
AVEIRO
ALMADA BARREIRO
SETÚBAL
OCEANO
ATLÂNTICO
Pinhal de Leiria
Leiria
BATALHA
LEIRIA
Nazaré
Museu de Faianças Raul da Bernarda
Porto de M
Alvados
ALCOBAÇA
São Martinho do Porto
Parque Natural das Serras de Aire e Candeeiros
Berlenga
Aldeia dos Pescadores
Foz do Arelho
Praia do Rei Cortiço
Papoa
Baleal
Remédios
Lagoa de Óbidos
Caldas da Rainha
Cabo Carvoeiro
Peniche
Consolação
Óbidos
LISBOA
Cartax
205
Mte Gordo
Vila Franca de Xira
Alverca do Ribatejo
P. N.
Peninha
Sintra-Cascais
LISBOA
RIO
TEJO
A 8 - IC 1
A 19
N 8
IC 2
N 360
A 15 - IP 6
IP 6
N 1 - IC 2
N 366
N 1
A 1 - IP 1
N 247
N 9
N 3
A 10 - IC 2
A 21
A 9
N 10
A 1 - IP 1
A 16
A 13 - IC 11
A 12 - IP 1
N 9
A 5

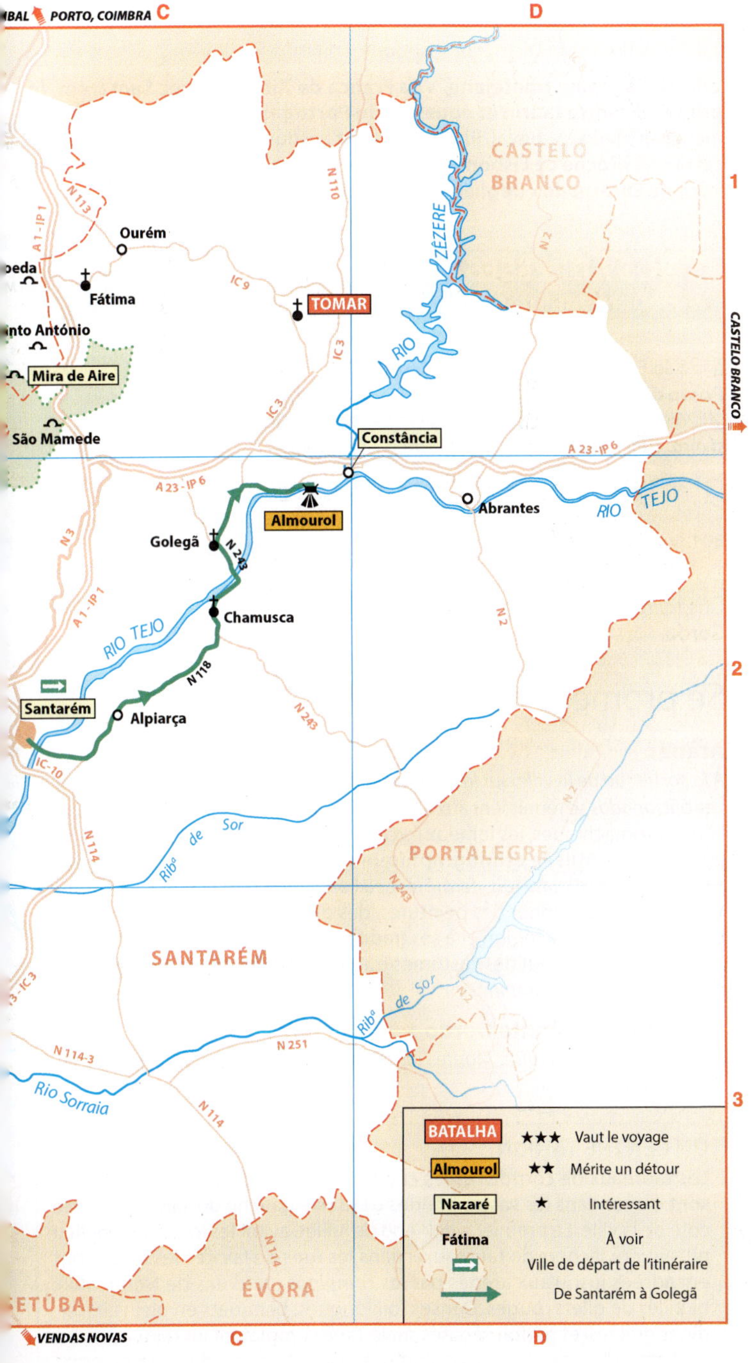

BAL
PORTO, COIMBRA
C
D
CASTELO
BRANCO
1
2
3
N 110
N 113
A1 - IP1
Ourém
Fátima
IC 9
TOMAR
ZÊZERE
RIO
IC 3
N 2
nto António
Mira de Aire
São Mamede
CASTELO BRANCO
Constância
A 23 - IP 6
Almourol
Abrantes
RIO
TEJO
Golegã
N 243
N 3
Chamusca
RIO TEJO
N 118
Santarém
Alpiarça
N 243
IC-10
Ribª de Sor
N 114
PORTALEGRE
N 2
SANTARÉM
IC3
N 114-3
N 251
Rio Sorraia
N 114
ÉVORA
SETÚBAL
VENDAS NOVAS
BATALHA
★★★ Vaut le voyage
Almourol
★★ Mérite un détour
Nazaré
★ Intéressant
Fátima
À voir
Ville de départ de l'itinéraire
De Santarém à Golegã

Vila Franca de Xira

136 510 habitants – District de Lisbonne

Ville de la plaine ribatejane, Vila Franca de Xira est, avec Santarém, le principal centre taurin et équestre du Portugal. On y pratique la tauromachie à pied et à cheval. Plutôt morne et entourée de zones industrielles, cette cité proche de Lisbonne s'anime en juillet, durant la fête taurine du « Colete Encarnado » (le gilet rouge), et en octobre lors de la foire annuelle.

NOS ADRESSES PAGE 241
Hébergement, restauration, achats, activités, etc.

S'INFORMER

Posto de Turismo – *R. Alves Redol, 7 - ✆ 263 28 56 05 - www.cm-vfxira.pt - tlj sf dim. 10h-12h30, 14h-18h (sam. 13h).*

SE REPÉRER

Carte de région B3 p. 238-239. 37 km au nord de Lisbonne.

À NE PAS MANQUER

Une *tourada* ; le belvédère de Monte Gordo.

ORGANISER SON TEMPS

Une demi-journée suffit. Venez l'après-midi pour assister à une *tourada*.

AVEC LES ENFANTS

Les centres équestres de Lezíria Grande et Morgado Lusitano.

Se promener

Arènes

À la sortie sud de la ville, sur la route de Lisbonne (N 1).

Les *aficionados* se réunissent aux arènes « Palha Blanco » pour admirer les cavaliers tauromachiques, les fameux *forcados*. Construites en 1901, elles abritent également le **Musée ethnographique** (*✆ 263 27 30 57 - tlj sf lun., w.-end et j. fériés 10h-12h30, 14h-18h - fermé les deux premières semaines d'août - gratuit*). Vous pourrez y admirer des peintures, des dessins, des photos et des sculptures ayant trait à la région et à ses traditions – l'art tauromachique, la pêche sur le Tage – et surtout des costumes traditionnels des 18e et 19e s. (pêcheurs, paysans, éleveurs, *campinos*).

Miradouro de Monte Gordo

3 km au nord par la route Monte Gordo passant sous l'autoroute, puis par une route en forte montée.

UN CENTRE TAURIN

Les taureaux de corridas et les chevaux lusitaniens *(voir encadré p. 113)* sont élevés dans les vastes prairies de la rive gauche du Tage, de l'autre côté de la ville. Le premier week-end de juillet, avant les *touradas*, ont lieu plusieurs « lâchers de taureaux » dans les rues de la cité : les bêtes sont encadrées jusqu'aux arènes par les *campinos* (gardiens de troupeaux), habillés de gilets rouges. Danses folkloriques, banquets en plein air (sardines grillées) et parfois régates sur le Tage complètent les réjouissances.

Du belvédère aménagé entre deux moulins, au sommet de la colline, on découvre un vaste **panorama** : à l'ouest et au nord, sur les autres collines couvertes de bois et de vignobles, d'où émergent des *quintas* ; à l'est, sur la plaine ribatejane que rejoint le pont de Vila Franca jeté sur le Tage ; au sud, sur les deux premières îles de l'estuaire du fleuve.

À proximité Carte de région

La route nationale reliant Vila Franca de Xira à Lisbonne, très engorgée, est bordée de zones industrielles sans intérêt.

Alverca do Ribatejo B3

8 km au sud-ouest de Vila Franca de Xira par la N 1, puis suivez la signalisation.
Museu do Ar (musée de l'Air) – *Sur l'aérodrome militaire (derrière la gare ferroviaire) - ✆ 219 58 27 82 - tlj sf lun. 10h-17h (18h en été) - 3 €.* Il évoque le passé aérien du pays à travers photos, documents d'archives et, surtout, d'authentiques avions anciens et des répliques comme celles du *Blériot XI*, du *Demoiselle XX* (1908) de Santos-Dumont ou de l'hydravion *Santa Cruz* (1920) qui fut le premier à effectuer la traversée de l'Atlantique sud.

NOS ADRESSES À VILA FRANCA DE XIRA

2

INFORMATIONS UTILES

Les offices de tourisme sont répertoriés en début de chapitre.

RESTAURATION

PREMIER PRIX

Refugio del Rei – *R. Alves Redol, 11 - ✆ 263 27 23 08 - tlj sf dim. 12h-15h, 19h30-22h - 15/18 €.* Près de la mairie, un restaurant typique et sans prétention pour déguster, dans une grande salle aux tables couvertes de nappes à carreaux, de copieuses grillades. Ambiance familiale et service rapide.

ACTIVITÉS

Touradas
Vente des billets dans l'arène de « Palha Blanco » une semaine avant la *tourada*. Début des courses variable *(de 17h à 22h)*.

Centres équestres
Centro Equestre da Lezíria Grande – *À la sortie de Vila Franca (3 km du centre), sur la N 1 en dir. de Carregado - ✆ 263 28 51 60 - www.celg.pt - fermé lun.* Ce centre a été créé par Luís Valença, qui enseigne l'art équestre portugais à des cavaliers du monde entier. Les noms des chevaux les plus célèbres sont inscrits sur des azulejos au-dessus de leurs box. Agréable restaurant ouvert à midi.
Centro Equestre Morgado Lusitano – *Quinta da Portela - À Alverca do Ribatejo - Cabeço da Rosa (sur la N 10 dir. Lisbonne, prendre à droite la N 116) - ✆ 219 93 65 20 - www.morgadolusitano.pt - fermé lun.* Comme le précédent, ce centre élève des chevaux lusitaniens et entraîne des cavaliers. Formules de 3 et 7 j avec hébergement.

AGENDA

Fête du « Colete Encarnado » ou « gilet rouge » – *1er w.-end de juil.*

Santarém

★

62 162 habitants – District de Santarém

Injustement méconnue, la capitale provinciale du Ribatejo veille sur la plaine du haut de son promontoire stratégique. Cet important centre agricole occupe une colline de la rive droite du Tage. Centre taurin et équestre réputé, capitale de la tauromachie portugaise, avec Vila Franca de Xira, la ville s'anime lors des grandes « feiras » et des « touradas ». Ses ruelles animées cachent de nombreuses églises aux intérieurs insoupçonnés et toute la région jusqu'à Golegã porte la plus grande attention à ses élevages de chevaux et de taureaux. Proche de Lisbonne, elle constitue ainsi une belle excursion d'une journée.

NOS ADRESSES PAGE 247
Hébergement, restauration, achats, activités, etc.

S'INFORMER

Posto de Turismo – A1-2 - *R. Capelo Ivens, 63 - ✆ 243 30 44 37 - www.cm-santarem.pt - lun.-vend. 10h-14h, 15h-19h, w.-end et j. fériés 9h-13h, 14h-18h.*

SE REPÉRER

Carte de région C2 p. 238-239 – Plan de Santarém ci-contre. 78 km au nord-est de Lisbonne.

À NE PAS MANQUER

Une *tourada* ; la vieille ville.

ORGANISER SON TEMPS

Visitez Santarém l'après-midi pour pouvoir assister à une *tourada*. Pour le circuit, comptez une demi-journée en incluant les visites.

Se promener Plan de ville

Circuit tracé en vert sur le plan (ci-contre) – Comptez env. 3h.

Le centre historique, avec ses nombreux monuments gothiques et ses ruelles commerçantes, offre une agréable promenade, que l'on prolongera au nord de la praça Sá da Bandeira.

SAINTE IRÈNE

Religieuse dans un couvent situé près de Tomar, elle fut assassinée en 653 par le moine Remigo dont elle avait repoussé les avances. Son corps, jeté dans le Tage, vint échouer devant l'ancienne cité de Scalabis. Le roi des Wisigoths, converti au catholicisme, donna à la ville le nom de sainte Irène ou Santarém.

★★ VIEILLE VILLE AB1

★ Igreja do Seminário A1

Praça Sá da Bandeira.

La façade baroque (fin 18e s.) de cet ancien collège jésuite est caractérisée par la superposition de plusieurs étages, soulignés par des corniches et percés de fenêtres et de niches. Celles-ci abritent les statues de saints de la Compagnie de Jésus (Ignace, François Xavier, François de Borgia, Stanislas), dont le symbole (chrisme) est placé au-dessus de la porte principale. Le fronton curviligne est flanqué de lourdes volutes et de pyramides. L'**intérieur**

SE RESTAURER	Taberna do Quinzena 5

reste austère malgré les incrustations de marbre qui décorent pilastres et autel. La nef unique, typique de l'architecture jésuite, est couverte d'un plafond peint représentant, au centre, l'Immaculée Conception et, dans les angles, les activités des jésuites sur les continents évangélisés.

Dans le vestibule de l'ancien couvent *(entrée à droite de l'église)*, on verra le départ de la frise d'azulejos (18e s.) qui parcourt les couloirs de l'édifice.

★ Igreja de Marvila B2

Praça Visconde Serrado Pílar.

Cette église fut fondée au 12e s. par le roi Alphonse Henriques après la conquête de Santarém sur les Maures, en 1147. Remaniée au 16e s., elle arbore un élégant portail manuélin.

L'intérieur est tapissé d'azulejos. Les plus intéressants, datant de 1620 et de 1635, sont des azulejos dits *tapete* (tapis), aux motifs végétaux polychromes. Remarquez les éléments manuélins des trois chapelles et l'autel baroque en bois doré.

★ Igreja de São João de Alporão - Museu de Arte e Arqueologia B1-2

L. Zeferino Sarmento - ✆ 243 30 44 68 - www.museu-santarem.org - tlj sf lun. et mar. 9h-12h30, 14h-17h30 - fermé pour travaux - gratuit

Cette église romano-gothique abrite des collections archéologiques ; les pièces présentées changent régulièrement, dans le cadre d'expositions thématiques. À gauche de l'entrée, le beau **cénotaphe** de Duarte de Meneses, comte de Viana, de style gothique flamboyant, a été édifié au 15e s. par sa femme pour accueillir une dent, seul reste de la dépouille de son mari tué par les Maures en Afrique. À gauche de l'entrée, joli balcon de pierre ciselé par Mateus Fernandes.

Torre das Cabaças (Tour des Calebasses) B1

Face à l'église São João de Alporão - mêmes horaires que ci-dessus - gratuit.

Du sommet de cette tour, vestige de l'ancienne muraille médiévale, belle **vue** sur l'ensemble de la ville. Sa cloche rythmait autrefois la vie de la cité. À l'intérieur a été aménagé un musée du Temps.

Jardim das Portas do Sol (Jardin des Portes du Soleil) B2

Au bout de l'av. 5 de Outubro. La muraille percée de la porte du Soleil a donné son nom à ce paisible jardin, qui dispose d'un kiosque et d'une agréable buvette. Il dévoile une **vue★★** splendide sur la plaine et le Tage, qui dessine en contrebas une large boucle.

★ Igreja da Graça B2

Largo Pedro Álvares Cabral - tlj sf lun., mar. et j. fériés 9h-12h30, 14h-17h30.

Cette église gothique, édifiée en 1380, exhibe une belle façade flamboyante percée d'une jolie rose, finement ciselée dans un seul bloc de pierre. Une restauration a rendu la pureté de ses lignes à la magnifique **nef** principale. L'église abrite plusieurs tombeaux, dont celui de Dom Pedro de Meneses (15e s.), premier gouverneur de Ceuta, dans le bras droit du transept. Reposant sur huit lions, le tombeau, qui porte les gisants du comte et de sa femme, est ouvragé de feuillages et de blasons. Sur le sol de l'absidiole de droite se trouve la plaque funéraire du navigateur Pedro Álvares Cabral, qui découvrit le Brésil en 1500. Dans la chapelle du collatéral droit, un panneau d'azulejos du 18e s. représente saint Jean-Baptiste entre sainte Rita et saint François.

À côté de l'église, la **Casa do Brasil** *(✆ 243 30 92 50 - tlj sf lun. et mar. 9h-12h30, 14h-17h30)* est un petit centre culturel et d'expositions dédié au Brésil.

Igreja do Santíssimo Milagre B2

R. Braamcamp Freire. Cette église, lieu d'une grande dévotion, fut fondée au 14e s., puis remaniée à plusieurs reprises. Elle contient dans un tabernacle l'hostie qui, en 1247, se serait transformée en sang du Christ.

Igreja da Misericórdia A2

R. 1o de Dezembro - horaires variables (rens. à l'office de tourisme). Cette église du 16e s., reconstruite après le tremblement de terre de 1755, présente une façade baroque. L'intérieur arbore une élégante voûte nervurée soutenue par des colonnes toscanes attribuées à Miguel de Arruda.

Revenez vers la praça Sá da Bandeira pour gagner la partie nord de la ville.

ROYALE RÉSIDENCE

La position stratégique de la ville lui valut d'être, dès l'époque musulmane, le théâtre de nombreuses luttes. Reprise aux Maures en 1147 par Alphonse Ier Henriques, elle devint plus tard la résidence de plusieurs rois qui appréciaient son site et sa proximité avec Lisbonne.

Santarém est un centre équestre et taurin réputé.
Hidalgo & Lopesino / age fotostock

AU NORD DE LA VIEILLE VILLE

2

Igreja de Santa Clara AB1

Av. Sacadura Cabral - tlj sf lun., mar. et j. fériés 9h-12h30, 14h30-17h30.
Cette vaste église gothique faisait partie d'un couvent bâti au 13e s. L'absence de portail en façade accentue l'impression de nudité produite par l'extérieur de l'église. À l'intérieur, la nef centrale, étroite et longue de 72 m, s'achève par une jolie rosace qui surmonte le second tombeau (17e s.) de Dona Leonor, fondatrice du couvent. On voit également le premier tombeau (14e s.) de celle-ci : sur ses faces figurent des moines franciscains et des clarisses ; au pied, saint François recevant les stigmates ; au chevet, l'Annonciation. Admirez les fresques du 17e s.

★ Miradouro de São Bento B1

Il déroule un vaste **panorama**★ sur la plaine, que le Tage recouvre l'hiver de ses eaux fertilisantes, et sur Santarém, dont on distingue les principaux monuments.

Fonte das Figueiras B1

Le porche de cette fontaine du 13e s., adossé à une muraille, est couronné de merlons pyramidaux.

★ Mercado A1

Ses murs sont recouverts d'azulejos datant du début du 20e s.

Capela Nossa Senhora do Monte A1

Horaires variables (rens. à l'office de tourisme). Au centre d'une place en forme de fer à cheval, cette façade du 16e s. est bordée sur deux côtés d'une galerie à arcades dont les chapiteaux sont ornés de feuillages et de têtes d'angelots. Au chevet, statue de la Vierge du 16e s.

À proximité Carte de région

Cartaxo B2

13 km au sud de Santarém. Sortez de Santarém en suivant la N 3.
Museu Rural e do Vinho (Musée rural et du Vin) – *✆ 243 70 12 57 - www.cm-cartaxo.pt - tlj sf lun. 10h30-12h30, 15h30-17h30 - 2,50 €.* Cet intéressant musée occupe une *quinta* du 19e s. Il accueille une grande quantité d'instruments et d'outils qui permettent de suivre l'évolution des techniques de vinification. Une partie est consacrée au *campino* (gardien), aux chevaux et aux taureaux du Ribatejo. Pour clore agréablement la visite, dégustez les fameux vins du Cartaxo dans la petite taverne de la *quinta*.

Circuit conseillé Carte de région

Circuit de 72 km AR tracé en vert sur la carte de région (p. 238-239) – Comptez une demi-journée. Cet itinéraire longe le Tage et la plaine fertile du Ribatejo. Quittez Santarém vers l'ouest par la N 368, puis prenez à gauche la N 118.

DE SANTARÉM À GOLEGÃ C2

Alpiarça C2

11 km à l'est de Santarém.
À la lisière de cette bourgade agricole située en contrebas de Santarém, sur l'autre rive du Tage, s'élève un manoir.
★ **Casa dos Patudos** – *R. José Relvas - ✆ 243 55 83 21 - http://casadospatudos.blogspot.pt - visite guidée (1h30) avr.-sept. : tlj sf lun. et j. fériés 10h-12h30, 14h-17h30 (18h30 en été) - dernière entrée 30mn av. fermeture - 2,50 €.* Cette demeure, construite entre 1905 et 1909 par l'architecte portugais Raúl Lino, appartenait à José Relvas (1858-1929), homme d'État et grand amateur d'art, qui y avait réuni une remarquable collection. À sa mort, le manoir devint un musée, qui abrite, en particulier au 1er étage, un magnifique ensemble de **tapisseries★** du 17e au 19e s. : plus de 40 tapis d'Arraiolos (dont un, unique, brodé de soie, datant de 1762), tapis de soie indo-portugais, couvre-lits de Castelo Branco, tapisseries d'Aubusson. À découvrir également : une riche collection de **faïences et porcelaines★** portugaises, françaises, allemandes et orientales, dont une partie constitue le plaisant décor de la salle à manger. Dans la **galerie des primitifs**, d'intéressantes peintures luso-flamandes du 16e s. et une belle œuvre italienne représentant la Vierge à l'Enfant. Plusieurs salles illustrent l'art portugais au 19e s. : nombreuses peintures (toiles de Josefa de Óbidos, de Silva Porto, portraits de la famille de José Relvas par Malhoa, etc.) et sculptures de Soares dos Reis, Teixeira Lopes et Machado de Castro. Une salle est tapissée d'azulejos (18e s.) illustrant la vie de saint François d'Assise.
Continuez la N 118 sur 17,5 km.

Chamusca C2

17 km au nord-est d'Alpiarça.
Étirée en longueur, cette séduisante ville aux maisons basses ornées de frises et de fleurs est un centre tauromachique renommé dont les arènes sont les plus anciennes du Ribatejo. Sur la hauteur, près du belvédère, la petite **chapelle Nossa Senhora do Pranto★** est entièrement tapissée de magnifiques azulejos des 17e et 18e s. *(demandez la clef à la gardienne).*
Reprenez la N 118 pendant 3,5 km, puis tournez à gauche dans la N 243.

Golegã C2

8 km au nord de Chamusca.

Situé sur la rive droite du Tage, Golegã, entouré de terres fertiles et verdoyantes, est un centre d'élevage de chevaux et de taureaux. La ville s'anime lors de sa grande foire annuelle consacrée au cheval, la **Feira Nacional do Cavalo**, qui se déroule autour de la St-Martin, pendant la première quinzaine de novembre. La saison tauromachique s'étend de Pâques à octobre. Golegã s'est aussi doté d'un complexe équestre moderne.

★★ **Portail de l'église paroissiale** – Ce magnifique ouvrage du 16e s. a été attribué à Boytac, l'architecte du monastère des Hiéronymites de Belém. Dans le chœur de l'église, remarquez les panneaux d'azulejos du 18e s.

Equuspolis – *R. D. João IV - ✆ 249 97 90 00 - www.cm-golega.pt - tlj sf dim., lun. et j. fériés 9h30-12h30, 14h-18h - dernière entrée 17h - 2,15 €.* Ce vaste espace lumineux abrite un musée dédié à l'œuvre du peintre Martins Correia et une galerie d'expositions temporaires. Il propose aussi des films en 3D baptisés « Equus Virual », consacrés au monde du cheval.

Dans les environs de la ville, la **Réserve naturelle do Paúl do Boquilobo**, vaste zone humide de près de 530 ha, inondée pendant une bonne partie de l'année, accueille une grande variété de plantes aquatiques, de cannaies et différentes espèces d'oiseaux, en particulier la plus importante colonie de hérons de la péninsule Ibérique.

De là, si vous avez le temps, vous pouvez rejoindre le château d'Almourol (voir p. 290) ; sinon, retournez à Santarém.

2

NOS ADRESSES À SANTARÉM

INFORMATIONS UTILES

Les offices de tourisme sont répertoriés en début de chapitre.

RESTAURATION

BUDGET MOYEN

Taberna do Quinzena – A2 - *R. Pedro de Santarém, 93/95 - ✆ 243 32 28 04 - 10h-22h - réserv. conseillée - 18/25 €.* Près des arènes, un repaire d'*aficionados* : les murs des trois salles sont couverts d'affiches des anciennes *touradas*, de photos de cavaliers et de dessins à la gloire de la course de taureaux. Grandes tables où l'on déguste grillades et cuisine régionale. L'enseigne possède non loin une petite sœur, « Taberna do Quinzena 2 » *(cerca da Mecheira, 20).*

PETITE PAUSE

Pique-nique – Allez faire vos emplettes dans le joli marché, puis traversez la rue pour rejoindre le jardin voisin, un bon endroit pour pique-niquer.

ACTIVITÉS

Touradas – En saison *(juin-août)*, vente des billets dans l'arène *(praça de Touros)* le jour même de 10h à 17h. Début des courses variable *(de 17h à 22h).*

AGENDA

Grande foire agricole – *1re quinz. de juin.*

Festival de gastronomie et d'artisanat – *2e quinz. d'oct.*

Foire nationale du cheval et de la São Martinho – *1re quinz. de nov.* Depuis le 17e s. à Golegã.

Óbidos

★★

11 689 habitants – District de Leiria

À l'abri d'une massive muraille crénelée, les maisons patinées d'Óbidos se serrent les unes contre les autres, formant un lacis de ruelles aux pavés irréguliers. Leurs façades blanchies à la chaux, aux arêtes peintes en jaune ou en bleu, dissimulent des patios luxuriants d'où s'échappent rosiers et bougainvilliers faussement indisciplinés. Apanage des reines depuis qu'Isabelle d'Aragon la reçut du roi Denis en cadeau de noces, en 1282, la cité ne semble avoir subi ni les outrages du temps ni ceux de la modernité. Le tour des remparts à pied constitue une promenade agréable et offre de belles perspectives sur cette cité compacte et bien restaurée, qui a su conserver son cachet médiéval malgré l'affluence touristique. Óbidos surveillait autrefois le littoral atlantique ; le comblement d'un ancien golfe marin et l'envasement de la rivière Arelho, en donnant naissance à une jolie lagune, l'a isolée du rivage dont elle se trouve aujourd'hui éloignée de 17 km.

NOS ADRESSES PAGE 251
Hébergement, restauration, achats, activités, etc.

S'INFORMER

Posto de Turismo – *En haut du village, en dehors de la muraille, près du grand parking - ✆ 262 95 92 31 - www.obidos.pt - mai-sept. : 9h30-19h30 ; oct.-avr. : lun.-vend. 9h30-18h, w.-end et j. fériés 9h30-12h30, 13h30-17h30.* Plan sommaire de la ville. Accès Internet gratuit.

SE REPÉRER

Carte de région B2 p. 238-239.
Au centre de la province d'Estremadura, Óbidos se trouve 89 km au nord de Lisbonne, 6 km au sud de Caldas da Rainha et 27 km à l'ouest de Peniche.

Voir aussi la rubrique « Arriver/partir » dans « Nos adresses ».

SE GARER

Truffée d'impasses et de sens uniques, la vieille ville se visite à pied. Laissez la voiture à l'extérieur des remparts (grand parking payant en haut de la muraille).

À NE PAS MANQUER

Le tour des remparts.

ORGANISER SON TEMPS

La ville est très touristique : essayez d'arriver le plus tôt possible pour la découvrir avant l'arrivée des groupes venus en car. Prévoyez une demi-journée pour visiter Óbidos et, après le déjeuner, vous promener autour de la lagune.

AVEC LES ENFANTS

Se baigner à Foz do Arelho.

Se promener

Circuit dans la vieille ville au départ du haut de la muraille – Comptez 1h30.
Les ravissantes maisons blanches blotties les unes contre les autres forment le cœur de la cité médiévale, très photogénique. Le dédale des rues creuse les sillons d'un parcours enchanteur, qui se terminera en prenant de la hauteur, sur le chemin de ronde.

Vue de la ville d'Obidos.
Ph. Renault / hemis.fr

★★ **CITÉ MÉDIÉVALE**

★ Rua Direita

Étroite, la rue principale d'Óbidos est occupée en son centre par un caniveau dallé. Elle est bordée de maisons blanches, fleuries de géraniums et de bougainvilliers, où se sont installés des magasins d'artisanat, des restaurants et des galeries d'art. Elle traverse la localité pour relier le château et la **Porta da Vila**, double porte en chicane dont l'intérieur est revêtu d'azulejos du 18e s.

Musée municipal – *262 95 50 10 - tlj sf lun. 10h-13h, 14h-18h - gratuit.* Installé dans une jolie maison du 18e s., où résida le peintre portugais Eduardo Malta, ce musée comprend une centaine d'œuvres datant du 14e au 18e s. Il présente notamment une statue de saint Sébastien du 15e ou 16e s. et une pietà polychrome du 17e s. Une salle est également consacrée à deux peintres portugais du 16e s., Diogo Teixeira et Belchior de Matos. Malheureusement, le musée n'expose plus qu'une seule peinture de **Josefa de Óbidos**.

★ Praça Santa Maria

Cette jolie place en contrebas de la rue principale est entourée d'un marché couvert et de vieilles maisons.

Pilori – Surmontant une fontaine, le pilori du 15e s. porte les armes de la reine Leonor sur lesquelles figure un **filet** évoquant la noyade de son fils dans le Tage, à Santarém, en 1491. Le corps de l'infant fut ramené dans le filet d'un pêcheur à sa mère, épouse de Jean II, qui vint chercher l'apaisement à Óbidos.

JOSEFA DE ÓBIDOS

Née à Séville en 1634, Josefa de Ayala, plus connue sous le nom de Josefa de Óbidos, s'installe très jeune dans cette ville où elle demeure jusqu'à sa mort (1684). Ses peintures, aux tons indécis et au dessin estompé, sont empreintes d'une féminité ingénue qui confine parfois à la naïveté. Ses savoureuses natures mortes, aux riches couleurs, sont particulièrement appréciées.

L'APANAGE DES REINES
Sitôt repris aux Maures en 1148 par Alphonse Henriques, Óbidos connut la fièvre de la reconstruction. Ses murailles consolidées, ses tours rebâties, ses maisons remises en état, la cité présentait déjà sa physionomie attrayante lorsque le roi Denis s'y rendit en 1282, accompagné de sa jeune épouse, Isabelle d'Aragon. Lors de la promesse de mariage, l'année précédente, celle-ci avait reçu Óbidos en présent et, jusqu'en 1833, les reines du Portugal l'eurent en apanage.

Église Santa Maria – *9h30-12h30, 14h30-17h (avr.-sept. 19h).* En 1444, le jeune roi Alphonse V y épousa sa cousine Isabelle âgée de 8 ans. L'**intérieur★** présente des murs complètement recouverts d'azulejos bleus du 17e s. à grands motifs végétaux. Dans le chœur, on distingue dans un enfeu à gauche un **tombeau★** Renaissance, surmonté d'une pietà qu'accompagnent les saintes femmes, et Nicodème venant ensevelir le corps du Christ ; cette œuvre remarquable est attribuée à l'atelier de Nicolas Chanterene. Le retable du maître-autel est orné de tableaux de João da Costa.
Poursuivez jusqu'à l'extrémité de la rue principale pour atteindre les remparts. Suivez la signalisation pour la pousada.

★★ Remparts
Accès près de la Porta da Vila ou à proximité du château.
D'origine maure, ils ont été partiellement reconstruits aux 12e, 13e et 16e s. La partie nord, la plus élevée, est occupée par le donjon et les hautes tours du château. Le tour par le chemin de ronde révèle des **vues★★** très agréables sur la cité fortifiée, ses maisons blanches rehaussées de bleu ou de jaune, ainsi que sur les environs.
Château – Transformé en palais au 16e s., il présente une façade percée de fenêtres géminées manuélines à colonnes torses et un portail manuélin surmonté de deux sphères armillaires. Il abrite une *pousada*.
Voir aussi illustration, p. 87.

À proximité Carte de région
À la sortie de la ville, vous pourrez voir l'**aqueduc** datant du 16e s.

Santuário do Senhor da Pedra B1
Situé hors des remparts, 1 km au nord de la ville, en bordure de l'ancienne route nationale. ✆ 262 95 99 45 - 9h30-12h30, 14h30-17h (avr.-sept. 19h).
C'est une construction baroque de plan hexagonal, édifiée de 1740 à 1747. Dans une vitrine au-dessus de l'autel se dresse une croix de pierre primitive datant du 2e ou 3e s. avec une étrange représentation d'un petit personnage les bras en croix. Autour de la nef, des niches abritent plusieurs statues baroques d'apôtres.
Le carrosse qui se trouve dans le sanctuaire servait à transporter la statue de la Vierge de l'église Santa Maria d'Óbidos à l'église Nossa Senhora de Nazaré lors de la fête du 8 septembre.

Lagoa de Óbidos A2
17 km. Prenez la dir. de Peniche et, à Amoreira (ne pas entrer dans le village), tournez à droite vers le nord-ouest par la N 14 (dir. Lagoa de Óbidos) – Comptez env. 1h.
La route donne accès à l'extrémité sud de la **lagune**, qu'elle contourne parmi

les pins et les eucalyptus. On atteint ensuite un village de pêcheurs devenu une petite station balnéaire, **Aldeia dos Pescadores**, situé juste en retrait du chenal qui fait communiquer les eaux douces de la lagune et l'Océan. Agréable promenade à pied jusqu'aux plages atlantiques.

En face du chenal, on distingue **Foz do Arelho** *(possibilité de traverser la passe à pied ou à la nage, mais attention au courant parfois très fort selon les marées)*, jolie station balnéaire familiale, bien que très fréquentée l'été, placée entre le calme de la lagune et les embruns de l'Océan.

En restant côté sud débute la très longue plage de sable de **Rei Cortiço** qui se prolonge jusqu'à la plage non moins rectiligne de **Baleal**, à l'est de Peniche.

NOS ADRESSES À ÓBIDOS

INFORMATIONS UTILES

Les offices de tourisme sont répertoriés en début de chapitre.

ARRIVER/PARTIR

Bus – Arrêt au pied de la muraille, en bas des escaliers. Bus pour Nazaré, Peniche, Caldas da Rainha. Liaisons avec Lisbonne et Leiria.

HÉBERGEMENT

BUDGET MOYEN

Casa de S. Thiago do Castelo – *Largo de S. Tiago - ✆ 262 95 95 87 - www.casas-sthiago.com - P - 6 ch. 65/80 €* ☕. Sur la place du château, une petite grille surmontée d'une tonnelle donne accès à cette charmante maison d'hôte du 18e s. décorée de meubles anciens. Accueil adorable. L'été, le petit-déjeuner est servi dans un ravissant patio avec vue sur les remparts.

Casa de Campo São Rafael – *Estrada Nacional 8 - Casal do Zambujeiro - ✆ 262 95 05 82 - www.casasaorafael.com - 🏊 - 10 ch. et appart. 80/85 €* ☕. À 2 km du village, cette maison d'hôte du 19e s. rénovée propose des chambres confortables, calmes et lumineuses – ce qui est plutôt rare si l'on souhaite résider au cœur du village. Piscine bienvenue, vue sur Óbidos et accueil prévenant.

POUR SE FAIRE PLAISIR

Estalagem do Convento – *R. Dom João d'Ornelas - ✆ 262 95 92 14 - ✕ - 28 ch. 90 €* ☕. Luxueuse auberge joliment installée dans un ancien couvent. Cadre rustique, chambres spacieuses et plaisantes.

UNE FOLIE

Estalagem Casa das Senhoras Rainhas – *R. Padre Nunes Tavares, 6 - ✆ 262 95 53 60 - 10 ch. 140/175 € ☕ - ✕ 35 €*. Cette maison ancienne nichée au pied des remparts a été rénovée pour accueillir un hôtel où simplicité rime avec élégance. Les chambres sont agrémentées d'une terrasse sur le jardin et, malgré l'absence de vue, la qualité du service et l'esprit « déco » en font une adresse de charme. Salons-bars.

Pousada Castelo – *Paço Real - ✆ 210 40 76 30 - www.pestana.com - 9 ch. À partir de 220 € ☕ - ✕ 30 €*. L'ancien château d'Óbidos abrite une confortable *pousada* décorée avec élégance dans un style ancien. Un havre de paix.

RESTAURATION

BUDGET MOYEN

Petrarum Domus Bar – *R. Direita - ✆ 262 95 96 20 - www.petrarumdomus.com - 10h-2h - 20/30 €*. Poutres et pierres apparentes, mezzanine en deux parties reliées par une passerelle en métal, fauteuils en cuir patiné, meules en pierre pour toutes les tables et lumière tamisée : voilà un bar à vins où vous aurez plaisir à savourer quelques crus régionaux, la Celta, la spécialité du bar, ou des assiettes de fromage et de charcuterie.

Alcaide – *R. Direita, 60 - ✆ 262 95 92 20 - www.restaurantealcaide.com - tlj sf merc. 12h30-15h, 19h30-22h - fermé 15-30 mars et 15-30 nov. - 22/35 €.* Dans la rue principale du village, une adresse qui propose une cuisine savoureuse et soignée, comme en témoignent cet espadon grillé ou les palourdes à l'ail et à la coriandre… Réservez une table près de la fenêtre pour profiter pleinement de la vue sur la vallée.

POUR SE FAIRE PLAISIR

A Ilustre Casa de Ramiro – *R. Porta do Vale - ✆ 262 95 91 94 - tlj sf jeu. 12h30-15h, 19h30-22h30 - fermé janv. - 35/40 €.* Une cuisine traditionnelle soignée servie dans une ancienne maison rustique, elle-même située à l'extérieur des remparts.

PETITE PAUSE

Pastelaria D. Alfonso – *R. Direita, 113 - ✆ 262 95 99 55 - 8h-18h (20h en été).* Un pressoir monté sur un tronc d'arbre colossal signale un bar à vins, mais la vitrine alléchante vous dit qu'il s'agit d'une pâtisserie : l'enseigne combine les deux. Ici, les verres de *ginjinha* côtoient les tasses à café et les assiettes de gâteaux pour le plus grand plaisir des habitués.

ACTIVITÉS

Golf de Praia d'El Rey – *N 114 dir. Peniche - ✆ 262 09 95 87 - www.praia-del-rey.com.* À 25 km d'Óbidos, luxueux complexe touristique avec, entre dunes et pinèdes, un golf classé parmi les 10 meilleurs d'Europe.

AGENDA

Romaria do Senhor dos Passos – *Pendant la Semaine sainte.*

Feira de Santa Cruz – *3 mai.* Fête de la Ste-Croix.

Festival de musique baroque – *En mai.*

Festival international du chocolat - *De mi-avr. à déb. mai.*

La Pousada Castelo, à Óbidos.
J. A. Moreno Castellano / imageBROKER / age fotostock

Peniche

27 630 habitants – District de Leiria

Second port de pêche du Portugal, Peniche reçoit chaque fois le retour de ses pêcheurs comme une fête, sous les acclamations des mouettes rieuses. À peine débarquée, la récolte d'anguilles, de langoustes, de sardines et de thons prend le chemin des étals du marché couvert. Les humbles maisons de la ville se blottissent à l'entrée de la presqu'île, abritée des vents et protégée par une puissante forteresse. Peniche est aussi un centre de construction navale et de conserveries de poisson. Précédé d'un isthme étroit et sableux, où s'étendent des marais salants, il se trouve à l'entrée d'une presqu'île longue de 3 km : au bout, les rochers du cap Carvoeiro forment des orgues naturelles et son phare fait un clin d'œil à l'île de Berlenga, perle rouge de l'archipel granitique, teintée de mille fleurs et refuge des mouettes, des cormorans et des chouettes.

NOS ADRESSES PAGE 256
Hébergement, restauration, achats, activités, etc.

S'INFORMER
Posto de Turismo – *R. Alexandre Herculano (dans le jardin public) - ✆ 262 78 95 71 - www.cm-peniche.pt - 9h-13h, 14h-17h.*

SE REPÉRER
Carte de région A2 p. 238-239. 97 km au nord de Lisbonne et 78 km à l'ouest de Santarém.
Voir aussi la rubrique « Arriver/partir » dans « Nos adresses ».

SE GARER
Campo da República, en face de la forteresse ou, mieux, à l'extérieur de la muraille, près de la caserne des pompiers.

À NE PAS MANQUER
L'île de Berlenga.

ORGANISER SON TEMPS
Se rendre à l'île de Berlenga plutôt le matin puis déjeuner à Peniche.

AVEC LES ENFANTS
Faire le tour de l'île à vélo par la route côtière.

2

Se promener

Circuit au départ de la citadelle – Comptez de 2 à 3h pour visiter la ville et faire le tour de la presqu'île.
L'itinéraire se déroule dans une ambiance océanique, que ce soit dans le port toujours en activité de Peniche ou bien le long des côtes escarpées ouvrant sur de vertigineux panoramas.

LA VILLE

Des restes de remparts et une puissante citadelle rappellent l'ancien rôle militaire de la cité.

Fortaleza (Citadelle)
✆ 262 78 01 16 - tlj sf lun. 9h-12h30, 14h-17h30, w.-end 10h-12h30, 14h-17h30 - 1,60 €.
Cette ancienne forteresse du 16e s., transformée au 17e s. en citadelle à la

Vauban, garde fière allure avec sa cuirasse de hauts murs et de bastions aux arêtes vives, surmontés d'échauguettes. Elle domine à la fois le port à l'est et la mer au sud. Sous la dictature de Salazar, elle servit de geôle pour les prisonniers politiques, puis de cité d'urgence pour des réfugiés d'Angola.
À l'intérieur, le petit **Musée municipal** relate, entre autres, l'histoire de la ville.

Porto

Le port occupe, au sud-est de la ville, une anse presque fermée par deux digues. L'esplanade *(largo da Ribeira)* qui le borde, au pied de la citadelle, devient à chaque **retour de pêche★** le théâtre d'un spectacle haut en couleur, sous l'incessant ballet aérien des mouettes qui suivent les flottilles et s'agitent au moment du déchargement des sardiniers, thoniers ou langoustiers.

Igreja de São Pedro

Derrière l'avenida do Mar - ouv. 1h avant la messe.
Le chœur de cette église (17e s.) a été revêtu au 18e s. de boiseries dorées où sont encastrées quatre grandes toiles du 16e s., dues à Pedro Peixoto et illustrant la vie de saint Pierre.

Igreja da Misericórdia

Entre l'église São Pedro et l'office de tourisme - horaires variables, rens. à l'office de tourisme.
Le plafond à caissons de cette église du 17e s. est couvert de peintures des grands maîtres de l'époque, parmi lesquels Baltazar Gomes Figueira (père de Josefa de Óbidos) et Pedro Peixoto. Dans la nef, transformée en musée d'art sacré *(1 €)*, on peut notamment admirer cinq toiles de Josefa de Óbidos *(voir encadré p. 249)*.

LES PLAGES

Au nord de la presqu'île s'étend la longue et belle plage de **Baleal**, où l'on peut notamment pratiquer le surf, et, au sud, celle de **Consolação**.

★ CABO CARVOEIRO

À 2 km.
La presqu'île, longue de 3 km, dont les côtes sont émaillées de rochers formant des piles tabulaires feuilletées, est souvent battue par les vents. La route côtière *(4 km)* permet d'en faire le tour en voiture, à pied ou à vélo.
Sortez par le nord de la ville et suivez à gauche la N 114.

LA DENTELLE DE PENICHE

Depuis le 16e s., les femmes de Peniche s'adonnent l'hiver à l'art de la dentelle au fuseau *(rendas de bilros)*. Cette activité a connu son apogée à la fin du 19e s. : elle était alors répandue dans la plupart des foyers du port. De nos jours, l'association Rendibilros s'attache à préserver la tradition. De remarquables réalisations, dont certaines ont été primées lors de concours internationaux, sont exposées au Musée municipal, situé dans le fort. On peut acquérir des ouvrages de dentelle en ville *(av. do Mar)*.

Le fort de São João Baptista, sur l'île de Berlenga.
O. Forir/MICHELIN

Papoa

Prenez un chemin à droite après une école et un château d'eau, et, 500 m plus loin, laissez la voiture – Comptez 30mn à pied.

2

Cette petite presqu'île greffée en ergot sur le cap Carvoeiro conserve dans sa partie la plus large un moulin et les ruines du fort qui constituait le pendant nord de la citadelle de Peniche. On y accède par des passerelles qui permettent d'atteindre un promontoire d'où l'on domine de hautes falaises et les rocs qui s'en détachent en mer, dont le rocher isolé baptisé « Vaisseau des Corbeaux » (Nau dos Corvos).

Bien que l'horizon soit souvent embrumé, le monument élevé au point culminant permet d'apprécier le **panorama★** qui s'ouvre à l'est sur la pointe du Baleal, son île et la côte au-delà, échancrée par la lagune d'Óbidos ; au nord-ouest sur l'île de Berlenga ; à l'ouest sur les falaises jusqu'à Remédios ; au sud sur Peniche.

Revenez à la N 114.

La route suit en corniche une côte escarpée dont les multiples anfractuosités sont très prisées des pêcheurs à la ligne.

Plusieurs belvédères ménagent des vues plongeantes sur les falaises ; celui situé dans l'axe de la chapelle de Remédios permet de découvrir une étrange concentration de piles rocheuses tabulaires.

Capela de Nossa Senhora dos Remédios

Dans le village tout blanc de Remédios s'élève, au fond d'une courette plantée d'araucarias, cette chapelle au petit clocher hexagonal, dont l'intérieur est revêtu de beaux **azulejos★** du 18e s. attribués à l'atelier d'António de Oliveira Bernardes. On reconnaît à droite la Nativité et la Visitation, à gauche la Présentation au Temple ; le plafond est décoré d'une Assomption.

Après Remédios, la végétation se raréfie pour faire place à un paysage de landes où s'élève le **phare**. La **vue★** est impressionnante sur l'Océan, le « Vaisseau des Corbeaux » (Nau dos Corvos) où s'ébattent mouettes et cormorans et, au large, sur la silhouette trapue de l'île de Berlenga.

À proximité Carte de région

★★ ILHA DA BERLENGA A2

De mi-mai à mi-sept. : traversées (de 20 à 40mn) quotidiennes depuis le port de Peniche (voir « Arriver/partir », ci-dessous).

L'île de Berlenga dresse sa masse de granit rougeâtre 12 km au large de Peniche. C'est la seule île accessible et la plus importante de l'archipel, composé aussi des îlots Estelas, Forcadas et Farilhões. Avec 1 500 m de longueur et 800 m de largeur maximale, Berlenga s'élève 85 m au-dessus de l'Océan. Ses côtes déchiquetées (indentations, pointes et grottes marines) offrent un refuge idéal aux nombreux oiseaux marins qui viennent nicher dans cette réserve naturelle protégée. L'île est aussi un centre réputé de plongée sous-marine et de pêche sportive. L'accostage du bateau arrivant de Peniche a lieu au pied d'une ancienne forteresse (1676) transformée en auberge *(voir « Restauration », ci-contre).*

★★★ Tour en barque

De mai à mi-sept. Leur organisation se fait depuis l'île de Berlenga. Comptez une journée (voir « Activités », ci-après).

Il permet d'explorer les îlots, les récifs, les arches et les grottes marines découpées dans la falaise rougeâtre. Les sites les plus impressionnants sont, au sud de l'auberge, le **Furado Grande** (« Grande Percée »), tunnel marin de 70 m qui débouche sur le **Cova do Sonho** (« le Repaire du Songe »), une petite crique dominée par de hautes murailles de granit rouge, et, sous la forteresse, la **Gruta Azul** (« grotte Bleue »), une grotte marine dont l'étrange couleur émeraude est due à la réfraction de la lumière dans l'eau.

★★ Tour à pied

Comptez 1h30.

De l'auberge, un escalier conduit au phare. À mi-hauteur, admirez en arrière le **site★** de l'ancienne forteresse. Sur le plateau, un sentier *(à gauche)* mène à l'ouest vers la Côte Sauvage ; du haut des rochers, la **vue★** s'étend sur l'Océan écumant et les îlots de l'archipel.

Revenez près du phare et descendez par un chemin pavé vers une petite anse dotée d'une plage, où s'alignent quelques maisons de pêcheurs ; à mi-pente s'ouvre, à gauche, une sorte de calanque dans laquelle la mer s'engouffre bruyamment par mauvais temps.

NOS ADRESSES À PENICHE

INFORMATIONS UTILES

Les offices de tourisme sont répertoriés en début de chapitre.

ARRIVER/PARTIR

Bateau

Viamar – *Largo Jacob R. Pereira, 2 - 262 78 56 46 - www.viamar-berlenga.com.* Assure les liaisons entre Peniche et Berlenga *(AR 20 €).* Deux traversées/j en juil.-août *(à 9h30 et 11h30, retour à 16h30 et 18h30)* ; une seule le reste de l'année *(à 10h, retour à 16h30).*

HÉBERGEMENT

BUDGET MOYEN

Residencial Popular – *Largo da Ribeira, 40 - 262 78 21 37 - www.opopular.pt - P - 11 ch. 55 €.* À deux pas de la forteresse et du quai d'embarquement pour l'île de Berlenga, ce bel et sobre édifice carré dispose d'attrayantes chambres au confort moderne, meublées en pin et colorées de tons jaunes. Belle terrasse surplombant le port.

À Atouguia da Baleia

POUR SE FAIRE PLAISIR

Casa do Castelo – *N 114 (dir. Óbidos) - ✆ 262 75 06 47 - www. casacastelo.com - - 7 ch. 90 €* . Dissimulée par un majestueux dragonnier, cette maison du 17e s., adossée au dernier pan de muraille d'un ancien château, soigne ses hôtes : les chambres (à l'étage ou en face de la piscine cachée par la verdure) sont meublées d'antiquités et quelques beaux livres sont déposés sur une commode ou sur la table de chevet. Petit-déjeuner dans le jardin en été.

RESTAURATION

BUDGET MOYEN

Estelas – *R. Arq. Paulino Montez, 19 - ✆ 262 78 24 35 - www. restauranteestelas.pt - 12h-16h, 19h-23h - 25/35 €.* À l'entrée, les poissons et les fruits de mer, de premier choix, sont exposés sur les étals et les langoustes patientent dans leurs viviers ; dans la salle à manger, les nombreuses médailles gagnées couvrent les murs bleus. Aucun doute, ce restaurant ravit toujours ses clients. Cuisson parfaite et assaisonnements excellents, service impeccable.

Sur l'île de Berlenga

BUDGET MOYEN

Pavilhão Mar e Sol – *Au-dessus du pont d'embarquement - ✆ 262 75 03 31 - mai-sept. : 12h-16h, 20-22h - 25/30 €.* Pour profiter de la terrasse surplombant la magnifique crique aux eaux cristallines.

ACTIVITÉS

Vélo

Peniche Surf Camp – *Av. do Mar, 162 - ✆ 962 33 62 95 - www. penichesurfcamp.com.* Cette école de surf loue des vélos pour faire le tour de l'île.

Croisières

AERO (Associaçao de Operadores MaritiMo Turistica do Oeste Penichense) – *Port de Peniche et débarcadère de Berlenga - ✆ 926 85 20 46 - associacaopescadesportiva@gmail. com.* Croisières sur la côte, pêche sportive et plongée sous-marine.

Plongée

Haliotis – *Près de l'hôtel Praia Norte - av. Monsenhor Manuel Bastos - ✆ 262 78 11 60 - www. haliotis.pt.* Cette équipe de professionnels propose des sorties de plongée en mer dans la réserve marine de l'île de Berlenga et au large de Farilhões.

AGENDA

Fête de la « Senhora da Boa Viagem » – *1er w.-end d'août.*

Caldas da Rainha

51 645 habitants – District de Leiria

Les sources d'eaux chaudes et sulfurées de cette station thermale sont de réputation ancienne et ont donné leur nom à la ville, littéralement les « Bains de la Reine ». Connu aussi pour ses faïences et céramiques aux motifs variés, Caldas da Rainha est un centre agricole aux marchés très fréquentés. Cette ville au charme désuet ne connaît pas l'agitation touristique de ses voisins Óbidos ou Nazaré. Pourtant, il fait bon se promener dans les rues entourant la praça da República aux belles façades un peu décaties, qui laissent entrevoir son prestige passé.

NOS ADRESSES PAGE 260
Hébergement, restauration, achats, activités, etc.

S'INFORMER

Posto de Turismo – *R. Engo Duarte Pacheco - ✆ 262 24 00 00 - lun.-vend. 10h-18h, w.-end. 10h-13h, 14h-18h (15h-19h en mai-sept.).*

SE REPÉRER

Carte de région B2 p. 238-239. 35 km à l'est de Peniche et 7 km au nord d'Óbidos.

À NE PAS MANQUER

L'église Nossa Sehnora do Pópulo.

ORGANISER SON TEMPS

Si vous séjournez à Óbidos, Peniche ou Nazaré, Caldas peut faire l'objet d'une excursion : prévoyez une demi-journée au moins pour visiter la ville et pique-niquer dans le parc Dom Carlos.

Se promener

Circuit au départ du Parque Dom Carlos I, au sud du centre-ville – Comptez 3h avec les visites.

★ Parque Dom Carlos I

Redessiné à la fin du 19e s. pour servir de lieu de promenade aux patients de l'hôpital thermal, ce parc est agrémenté de saules pleureurs, palmiers, fleurs, pelouses, statues et pièces d'eau, qui lui confèrent charme et fraîcheur. Les principaux monuments se trouvent à proximité.

LES BAINS DE LA REINE

En 1484, la **reine Leonor**, femme de Jean II, se rend à Batalha à l'anniversaire des obsèques de son beau-père Alphonse V. En chemin, elle aperçoit au bord de la route des paysans qui se baignent dans des mares dégageant des vapeurs malodorantes. Intriguée, elle se renseigne et apprend que cette eau guérit les rhumatismes. Elle décide alors de s'y baigner, puis reprend la route vers Batalha. Au bout de 6 km, la reine commence à ressentir les effets bénéfiques de ces eaux sulfureuses et n'hésite pas à interrompre son voyage pour poursuivre sa cure. Le village où elle a fait demi-tour portera désormais le nom de Tornada (« Retour de Voyage »). En 1485, sa générosité de cœur la pousse à vendre ses bijoux et ses dentelles pour financer la fondation d'un hôpital dont elle prend la direction ; elle fait ensuite aménager un vaste parc et construire une église.

Portrait de la reine portugaise Leonor.
De Agostini / G. Nima / De Agostini Editore / age fotostock

2

Museu José Malhoa

Parque D. Carlos I - ✆ 262 83 19 84 - tlj sf lun. 10h-18h (19h mars-sept.) - 3 €, gratuit 1er dim. du mois.

Situé dans le parc, il expose une collection de peintures, sculptures et céramiques des 19e et 20e s. On remarquera les œuvres de José Malhoa (1855-1933), peintre de scènes populaires dont les plus connues sont *Les Promesses* et *L'Ultime Interrogatoire du marquis de Pombal*. Son art est caractérisé par l'utilisation intense de la lumière et des couleurs, et par le réalisme des thèmes. Un autre peintre, Columbano (1857-1929), surnommé le « mage de la pénombre », a laissé de bons portraits dont une *Tête de garçon* (Cabeça de Rapaz).

Igreja de Nossa Senhora do Pópulo

À côté de l'hôpital thermal - tlj sf dim. 10h-12h30, 14h-17h.

Bâtie à la fin du 15e s. par Mateus Fernandes, l'architecte du monastère de Batalha, cette église est couronnée d'un élégant clocher dont les fenêtres gothiques sont décorées dans le style manuélin. À l'intérieur, les murs sont entièrement recouverts d'azulejos du 17e s. et de magnifiques azulejos mauresques en relief du 16e s. tapissent les devants d'autels. Au-dessus de l'arc triomphal, de style manuélin, **triptyque★** de la Crucifixion attribué à Cristóvão de Figueiredo (début 16e s.).

Museu do Hospital e das Caldas (Musée de l'Hôpital et des Bains)

R. Rodrigo Berquó - ✆ 262 83 03 00 - www.museudohospital.wordpress.com - mar.-sam. et j. fériés 10h-12h30, 14h-17h, dim. 9h-12h - 3 €.

Ce musée est installé dans l'ancien palais où résidait la famille royale lorsqu'elle se déplaçait dans cette ville. Il présente des collections de peintures, de sculptures, des azulejos, des éléments baroques en bois doré, du mobilier et des ornements sacerdotaux du 16e au 18e s.

Museu da Cerâmica

R. Dr Ilídio Amado - ☏ 262 84 02 80 - http://museudaceramica.blogspot.com - tlj sf lun. 10h-18h (19h en été) - 3 €, gratuit 1er dim. du mois.

L'ancien palais romantique du vicomte de Sacavém, décoré d'azulejos de différentes époques et entouré d'un jardin agréablement fleuri, détient une intéressante collection de céramiques, principalement de Caldas da Rainha. On y remarque en particulier les œuvres exubérantes du céramiste et caricaturiste Rafael Bordalo Pinheiro (plats, brocs, pichets, vases, etc.), décorées de motifs floraux, végétaux et animaliers.

Fábrica de Faianças Rafael Bordalo Pinheiro

Derrière le parc Dom Carlos I - ☏ 262 83 93 80 - www.bordallopinheiro.com - lun.-sam. 10h-19h, dim. 14h-19h - restaurant (voir ci-dessous).

Cette fabrique de faïence, fondée en 1884, est encore en activité. Dans la boutique attenante, vous pourrez acheter quelques modèles de faïences d'inspiration ancienne encore fabriquées avec les moules d'origine, ou des articles plus récents, mais de la même veine.

NOS ADRESSES À CALDAS DA RAINHA

INFORMATIONS UTILES

Les offices de tourisme sont répertoriés en début de chapitre.

HÉBERGEMENT

PREMIER PRIX

Residencial Dom Carlos – *R. de Camões, 39 - ☏ 262 83 25 51 - www.domcarlosportugal.com - 18 ch. 39/49 €* . Face à l'entrée du parc Dom Carlos, ce bâtiment tout simple répartit ses chambres sur trois étages. Demandez celles avec balconnet sur la rue, les plus spacieuses et les plus agréables.

RESTAURATION

PREMIER PRIX

Pachá – *R. Alexandre Herculano, 6 - ☏ 262 83 50 89 - - tlj sf dim. 8h30-22h, sam. 8h30-15h30 - env. 15 €.* Cette petite salle au mobilier moderne est prise d'assaut par la jeunesse de Caldas. Soupes et plats du jour, salades, omelettes et bon pain à l'ancienne.

BUDGET MOYEN

O São Rafael – *R. Rafael Bordalo Pinheiro, 53 - ☏ 262 83 93 80 - tlj sf lun. - env. 25 €.* Ce restaurant, situé dans l'enceinte de la fabrique de faïences *(voir ci-dessus)*, conjugue art et bonne table : vous y apprécierez une cuisine régionale, au milieu de vitrines exposant des répliques d'œuvres du céramiste Rafael Bordalo Pinheiro.

PETITE PAUSE

Pique-nique – Le parque Dom Carlos I, ombragé et doté de nombreux bancs, se prête parfaitement au pique-nique. À proximité immédiate *(notamment largo Conde Fontalva ou r. de Camões)*, vous trouverez de bonnes pâtisseries de spécialités régionales pour vous ravitailler.

Pastelaria Machado – *R. de Camões, 47 (à côté de l'hôtel Dom Carlos) ☏ 262 83 22 55.* Dans cet établissement rétro et fréquenté, situé devant l'entrée du parc, vous pourrez déguster de fameux *cavacas* (choux au sucre glace) et *trouxas de ovos* (crêpes roulées aux œufs).

ACHATS

Pour acquérir des faïences de la région, voir ci-dessus, « Fabrique des Faïences Rafael Bordalo Pinheiro ».

Nazaré

★

15 068 habitants – District de Leiria

Un promontoire avancé sur la mer déroulant une longue perspective sur la côte d'Estremadura, une plage étalant en contrebas sa courbe ample à perte de vue, et une immense pinède à l'arrière : Nazaré bénéficie d'un site exceptionnel. Et le monde qui afflue dans cette station balnéaire est à la mesure de ce cadre enchanteur ! Dès l'arrivée aux abords de la ville, de plus en plus étendue, les loueurs de chambres attendent de pied ferme le touriste de passage… La pêche traditionnelle que l'on pratiquait ici subsiste surtout à titre de folklore. Nazaré mérite sans conteste une visite, mais il est préférable d'éviter la haute saison et les week-ends. Au nord de la ville, les routes traversent la plus vaste forêt du pays et les plages forment des escales paradisiaques, oubliées par la foule.

NOS ADRESSES PAGE 265
Hébergement, restauration, achats, activités, etc.

S'INFORMER

Posto de Turismo – A, en dir. - *Av. Manuel Remígio (la rue qui longe la plage dans le prolongement de l'av. da República) - ☎ 262 56 11 94 - www.cm-nazare.pt - juil.-août : 9h-21h ; avr.-juin et sept. : 9h30-12h30, 14h30-18h30 ; oct.-mars : 9h30-13h, 14h30-18h.*

SE REPÉRER

Carte de région B1 p. 238-239 – Plan I (agglomération) p. 262 – Plan II (centre) p. 263. La petite ville de Nazaré se trouve sur l'Atlantique, 100 km au nord de Lisbonne par l'A 8, 37 km au sud-ouest de Leiria, 13 km au nord-ouest d'Alcobaça.

À NE PAS MANQUER

Le quartier de Sítio.

ORGANISER SON TEMPS

Prévoyez une journée pour prendre un bain de mer, explorer le Sítio et boire un verre dans le quartier des pêcheurs.

AVEC LES ENFANTS

La plage de São Martinho do Porto.

2

Se promener Plans de ville

La ville se compose de trois quartiers : a Praia (la Plage), le plus important, qui borde la… plage, o Sítio (le Site), construit au sommet de la falaise, et Pederneira, bourg dominant la baie.

A PRAIA Plan I A1-2

La ville basse au tracé géométrique borde la longue plage de sable fin. De nombreux hôtels et magasins de souvenirs s'y concentrent, ainsi que quelques bons restaurants de poisson.

Bairro dos Pescadores (Quartier des Pêcheurs) Plan I A1

Il s'étend entre la praça Manuel de Arriaga et l'avenida Vieira Guimarães. De chaque côté de ses ruelles, perpendiculaires au rivage, s'alignent de petites maisons blanchies à la chaux. Un marché s'y tient le vendredi.

Porto Plan I A2

Situé au sud de la plage, le port fourmille de bateaux de pêche. Une partie des poissons (sole, merlan, loup, raie, maquereau et surtout sardine) est vendue au marché. Les pêcheurs font aussi sécher sur des claies du poisson destiné à la vente ou à leur consommation.

O SÍTIO Plan I A1

Accès en voiture ou à pied par un escalier, mais le funiculaire offre des perspectives intéressantes sur la ville basse et l'Océan - 7h30-20h30 (0h juin-sept.) - 1,20 €.

Miradouro Plan I A1

Aménagé sur le rebord de la falaise, 110 m au-dessus de la mer, le belvédère offre une belle **vue★** sur la ville basse et la plage.

Ermida da Memória Plan I A1

Horaires aléatoires (9h-18h en principe) - gratuit.

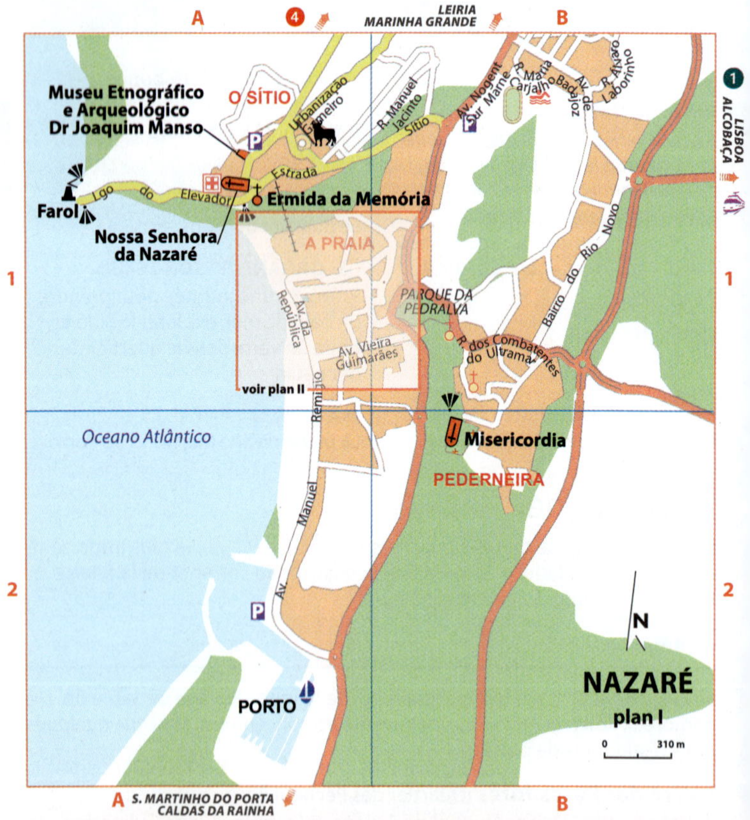

SE LOGER	SE RESTAURER
Quinta do Campo 1	Brisa do Mar 4

Située près du belvédère, cette minuscule chapelle commémore le miracle qui sauva la vie du seigneur Fuas Roupinho. Un matin brumeux de septembre 1182, celui-ci poursuivait à cheval un cerf qui tomba soudain dans le vide, du haut de la falaise. Alors que le cheval entraîné par son élan prenait le même chemin, Dom Fuas Roupinho implora Notre-Dame-de-Nazareth, et l'animal fit volte-face, sauvant ainsi son cavalier.
Côté mer, les azulejos de la façade évoquent le saut du cheval, ceux de la crypte, le miracle de l'intervention mariale. Dans l'escalier menant à la crypte, une niche conserve l'empreinte qu'aurait laissée le cheval sur la paroi rocheuse.

Igreja de Nossa Senhora da Nazaré Plan I A1
Sur la grand-place où se déroule en septembre la fête annuelle dédiée à sa patronne, cette imposante église de la fin du 17e s. présente une façade à avant-corps formant galerie et un porche baroque qui s'ouvre au sommet d'un perron semi-circulaire. L'intérieur est décoré d'une profusion d'azulejos ; ceux du transept évoquent des scènes bibliques (Jonas, Joseph vendu par ses frères).

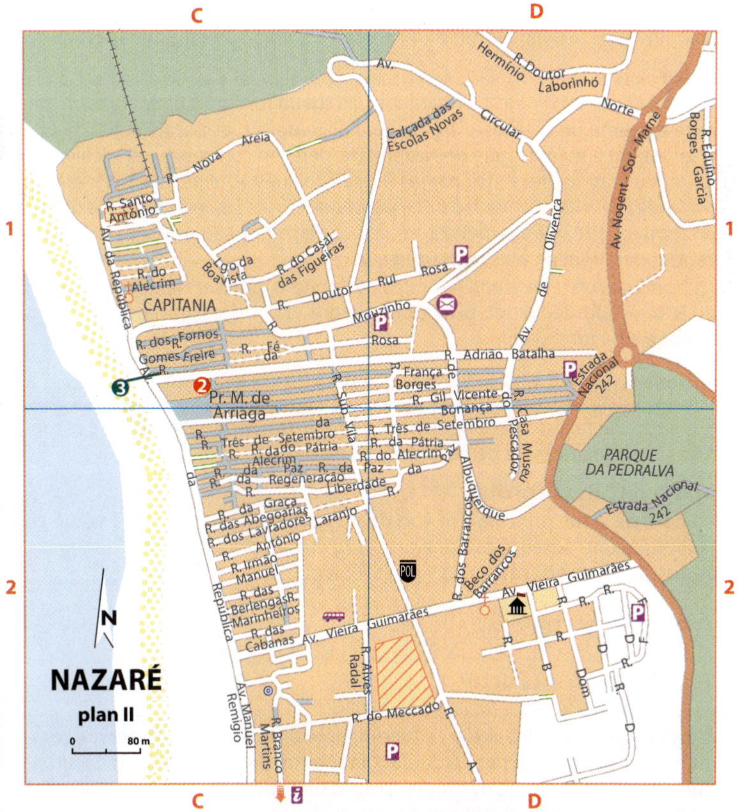

SE LOGER	SE RESTAURER
Residencial Ribamar........................ 3	A Tasquinha................................ 2

LA VILLE DES PÊCHEURS

Nazaré était fort célèbre pour les costumes et les traditions de ses pêcheurs. Ceux-ci, vêtus d'une chemise et d'un pantalon à carreaux, coiffés d'un long bonnet de laine tombant sur l'épaule, remontaient leurs barques sur la plage à l'aide de bœufs et de rondins sous l'œil attentif de leurs épouses. Le costume noir traditionnel des femmes tranchait avec les ourlets de leurs sept jupons de couleurs différentes. Aujourd'hui, le quartier des pêcheurs a bien changé, ces costumes ne sont plus guère portés et les bateaux de pêche mouillent dans le nouveau port construit en 1983. Toutefois, hors saison, Nazaré retrouve une atmosphère authentique.

Museu Etnográfico e Arqueológico Dr Joaquim Manso Plan I A1

R. Dom Fuas Roupinho - ✆ 262 56 28 01 - http://mdjm-nazare.blogspot.com - tlj sf lun. 10h-13h, 14h-18h (sans interruption en juin-août et lors des expositions temporaires) - 2 €, gratuit 1er dim. du mois.

Un peu en retrait derrière l'église, ce petit musée régional, sans prétention mais intéressant, traite essentiellement de l'histoire et de l'ethnographie maritimes de Nazaré : embarcations traditionnelles (dans le jardin) et maquettes de bateaux, photographies anciennes et peintures, costumes traditionnels, arts et techniques de la pêche traditionnelle *(salle annexe)*, bibliothèque spécialisée.

Farol Plan I A1

800 m à l'ouest de l'église. Le phare est bâti sur un fortin occupant le promontoire extrême de la falaise. À gauche, belle vue sur les parois tailladées de la falaise du Sítio et la baie de Nazaré. Derrière, en contrebas, un escalier de fer mène à un rocher battu par les flots déchaînés. *Attention, le site n'est pas protégé et peut être glissant, à éviter absolument avec les enfants.* Sur la droite, un sentier *(15mn AR)* permet d'accéder à la plage nord (Praia do Norte) où les vagues déferlent en puissants rouleaux.

Bon à savoir – L'estrada Atlântica qui longe la côte vers le nord au départ du Sítio est bordée d'une piste pour piétons et cyclistes, qui court à travers la lande et la forêt de pins.

PEDERNEIRA Plan I B2

Situé sur une falaise à l'est de A Praia, à bonne distance de la mer et des touristes, Pederneira est le berceau de Nazaré.

Igreja da Misericórdia Plan I B2

Au bout de la rue principale *(r. Abel da Silva)*, cette église du 16e s. à voûte en bois abrite une curieuse colonnade le long du mur droit. Du parvis de l'église, intéressant **belvédère★** sur la ville et le Sítio.

À proximité Carte de région

São Martinho do Porto B1

15 km au sud. Quittez Nazaré par la N 242.

Cette station balnéaire est située au nord d'un lac d'eau de mer qui communique avec l'Océan par un goulet percé entre de hautes falaises. Sa situation abritée en fait l'une des seules plages sûres pour les enfants, et on peut y pratiquer de nombreux sports nautiques.

Suivez la dir. O Facho.

Un belvédère dévoile une belle **vue★** sur la barre et une partie de l'anse.

NOS ADRESSES À NAZARÉ

INFORMATIONS UTILES

Les offices de tourisme sont répertoriés en début de chapitre.

HÉBERGEMENT

POUR SE FAIRE PLAISIR

Residencial Ribamar – Plan II C1 - *R. Gomes Freire, 9 - ✆ 262 55 11 58 - ✕ - www.ribamarnazare.net - 25 ch. 90 €* ☕. En bord de plage, ce bel édifice blanc rehaussé de jaune conserve son intérieur suranné parfaitement tenu. Le vieil escalier mène à des chambres parquetées toutes différentes. Celles situées en façade donnent directement sur la mer.

À Valado dos Frades

BUDGET MOYEN

Granga do Vallado - Quinta do Campo – *Valado dos Frades (4 km de Nazaré en dir. d'Alcobaça) - ✆ 912 54 41 51 - 15 ch. 65 €* ☕. La dernière des dix granges édifiées par les moines cisterciens du monastère d'Alcobaça dispose ses grandes bâtisses jaunes autour d'une cour carrée gazonnée, avec la mer pour horizon. La résidence, reconstruite au 19e s., garde son cachet d'antan : épées et armoiries dans l'entrée, bibliothèque, tableaux. Chambres au mobilier ancien et aux plafonds moulurés. Appartements à louer *(60/75 €)*. Terrain de tennis.

RESTAURATION

PREMIER PRIX

A Tasquinha – Plan II C1 - *R. Adrião Batalha, 54 - ✆ 262 55 19 45 - tlj sf lun. en hiver 12h-15h 18h30-22h30 - réserv. impérative - 15/20 €*. Touristes de passage et inconditionnels attendent patiemment dans la rue : ce petit restaurant qui ne désemplit jamais sert une bonne cuisine familiale (poissons et fruits de mer) sur de grandes tables rustiques.

À Praia das Paredes da Vitória

PREMIER PRIX

Brisa do Mar – *8 km au nord de Nazaré, accès au départ du Sítio par l'estrada Atlântica - ✆ 244 24 11 35 - http://brisadomar.pt - 8h-2h - 15/20 €*. Pas de vue sur la mer, mais de délicieux plats garnis (poissons) à des prix très abordables. Plage à 50 m pour la promenade digestive.

PETITE PAUSE

Pique-nique – Le belvédère proche de la Misericórdia à Pederneira Plan I B2 est un endroit merveilleux pour pique-niquer. Faites vos emplettes au préalable dans le bairro dos Pescadores.

Gelatomania – Plan II C2 - *Av. Manuel Remigio, 3 - ✆ 910 28 04 00 - jusqu'à 2h en été*. Énormes glaces aux fruits et crêpes tout aussi délicieuses à déguster face à l'Océan.

EN SOIRÉE

Casa O Santo – Plan I A1 - *Travessa do Elevador - fermé lun. en basse saison*. À l'heure de l'apéritif, la petite terrasse est prise d'assaut. Plat de coques avec un verre de vin ou un pichet de bière.

AGENDA

Nombreuses manifestations en saison : programme à l'office de tourisme et sur www.cm-nazare.pt.

Romaria da Nossa Senhora – *8 sept. et le w.-end qui suit.* Pèlerinage, *touradas* et spectacle folklorique.

Alcobaça

★★★

15 068 habitants – District de Leiria

Au centre de la province d'Estremadura, la petite ville se dresse au confluent de l'Alcoa et de la Baça qui lui donnèrent son nom. Monumental, le monastère de Santa Maria, inscrit au Patrimoine mondial de l'Unesco, déploie sa longue façade sur une immense esplanade fleurie, construite à sa mesure. Son église réunit pour l'éternité Inés de Castro et Pierre Ier, dont l'amour légendaire a inspiré les plus grands écrivains. Derrière le grand parvis, la place de la République, aux dimensions bien plus modestes, prend des airs champêtres avec ses deux ponts enjambant les paisibles rivières Alcoa et Baça. Vergers et vignobles s'épanouissent dans les fertiles campagnes alentour, longtemps entretenues par les moines cisterciens de l'abbaye, agriculteurs réputés. Le soir venu, on y sirote en terrasse une liqueur de cerise griotte réputée, la « ginjinha ».

NOS ADRESSES PAGE 270
Hébergement, restauration, achats, activités, etc.

S'INFORMER

Posto de Turismo – *R. 16 de Outubro, 7 - ✆ 262 58 23 77 - www. cm- alcobaca.pt ou www. turismodocentro.pt - 9h-13h, 14h-18h.*

SE REPÉRER

Carte de région B1 p. 238-239 – Plan du monastère Santa Maria p. 268.
98 km au nord de Lisbonne.

Voir aussi la rubrique « Arriver/ partir » dans « Nos adresses ».

À NE PAS MANQUER

Le monastère de Santa Maria.

ORGANISER SON TEMPS

Visitez le monastère l'après-midi, lorsque la façade est éclairée par le soleil.

Découvrir

★★★ MONASTÈRE DE SANTA MARIA

✆ 262 50 51 20 - www.mosteiroalcobaca.pt - avr.-sept. : 9h-19h ; oct.-mars : tlj sf fériés 9h-18h (dernière entrée 30mn av. fermeture) - 6 €, gratuit 1er dim. du mois - 15 € billet combiné avec les monastères de Batalha et le couvent du Christ de Tomar.

Le monastère, d'une longueur de près de 220 m, est formé de trois corps : l'église, dont la façade s'élève à 43 m, les ailes nord et sud qui accueillaient respectivement les appartements du roi et de la Cour, et les logements de l'abbé et des moines. Vus de l'extérieur, les bâtiments du 18e s. ne laissent guère soupçonner les splendeurs de l'architecture cistercienne qu'ils recèlent.

De la façade originale, altérée par des remaniements, ne subsistent que le portail et la rose. La façade a été reconstruite aux 17e et 18e s. dans le style baroque. Les statues qui l'ornent représentent de bas en haut saint Benoît et saint Bernard, puis les quatre vertus cardinales et, dans une niche, Notre-Dame d'Alcobaça.

★★★ Église

Classée au Patrimoine mondial de l'Unesco, c'est la plus vaste du Portugal et une des plus hautes églises de style cistercien. Sa restauration lui a fait retrouver toute sa noblesse et son dépouillement. Admirez l'ampleur de la **nef★**, dont la voûte sur croisée d'ogives repose, par l'intermédiaire de doubleaux, sur de puissants piliers renforcés de colonnes engagées. En arrêtant ces dernières à 3 m au-dessus du sol, l'architecte a su augmenter considérablement la place disponible pour les convers. Presque aussi hauts que la nef, les collatéraux surprennent par leur verticalité.

Le transept

Il abrite les tombeaux (14e s.) d'Inés et de Pierre Ier. De style gothique flamboyant, ces monuments ont été sculptés dans un calcaire tendre. Ils furent gravement endommagés en 1811 par les soldats français du général comte Drouet d'Erlon.

★★ **Tombeau d'Inés de Castro** – *Dans le bras gauche du transept.* Soutenu par six anges, le gisant repose sur le tombeau dont les quatre faces sont surmontées d'une frise d'armoiries du Portugal et de la famille de Castro. Sur les côtés sont évoquées des scènes de la vie du Christ; le chevet du tombeau porte une Crucifixion dont vous remarquerez la Vierge de douleur au pied de la Croix. Un intéressant Jugement dernier orne la face située aux pieds du gisant : en bas à gauche, les morts soulèvent les pierres tombales pour se rendre au Jugement; en bas à droite, les damnés sont précipités dans la gueule d'un monstre symbolisant l'Enfer.

★★ **Tombeau de Pierre Ier** – *Dans le bras droit du transept.* Au-dessous d'un gisant sévère, le tombeau évoque sur ses faces latérales la vie de saint Barthélemy, patron du roi. Le chevet est occupé par une magnifique rosace représentant la Roue de la Fortune ou, selon certains archéologues, des scènes de la vie d'Inés et Pierre, thème qui se poursuivrait dans la frise supérieure du tombeau; la face opposée au chevet relate les derniers instants du souverain.

LA REINE MORTE

Inés de Castro, qui avait accompagné au Portugal l'infante Constance de Castille, est exilée par Alphonse IV. Le monarque trouve ainsi le moyen de l'éloigner de son fils, Pierre, époux de Constance, qui n'avait pas su résister à la beauté de la dame d'honneur. En 1345, à la mort de l'infante, la belle Inés rejoint son amant à Coimbra et s'installe au monastère de Santa Clara. La présence d'Inés et de ses enfants irrite Alphonse IV qui, soucieux de préserver son royaume des prétentions castillanes, ne s'oppose pas à l'assassinat de la jeune femme le 7 janvier 1355. Lorsque Pierre succède à son père, deux ans plus tard, il révèle qu'il était uni à Inés par les liens d'un mariage secret. En 1361, il fait exhumer le cadavre d'Inés; la légende rapporte qu'il le vêt d'un manteau pourpre, le ceint de la couronne et contraint les nobles du royaume à baiser la main décomposée de la « reine morte ». Un cortège nocturne accompagne enfin sa dépouille dans l'église du monastère d'Alcobaça. L'histoire s'est transformée en un grand mythe romantique et symbole de l'amour fou. Après António Ferreira dans sa tragédie *Castro* et Camões qui puisa dans cette aventure dramatique quelques épisodes des *Lusiades*, Henry de Montherlant en fit en 1942 le sujet de sa pièce de théâtre *La Reine morte*.

Dans une chapelle du transept droit, un groupe abîmé en terre cuite, dit **Transit de saint Bernard**, a été réalisé par des moines au 17e s.; il figure la mort du saint.

Le chœur

Reproduisant celui de l'église de Clairvaux, il est entouré d'un vaste déambulatoire sur lequel s'ouvrent neuf chapelles ornées de statues de bois polychrome réalisées aux 17e et 18e s. et deux belles **portes manuélines** du 16e s. L'une d'elles donne accès à la **sacristie** *(2 €)*, reconstruite après le séisme de 1755.

★★ BÂTIMENTS ABBATIAUX

★★ **Claustro do Silêncio** (Cloître du Silence) – Édifié au début du 14e s. par le roi Denis, il séduit par la simplicité de ses lignes; entre des contreforts, de fines colonnettes jumelées soutiennent avec élégance trois arcs surmontés d'une rose. La galerie supérieure a été ajoutée au 16e s. par Diogo et João de Castilho.

Salle capitulaire – *Sur la galerie est du cloître.* Les archivoltes reposent sur de gracieuses colonnettes; les nervures de la voûte s'épanouissent à partir de piliers centraux.

Salle des moines – Un escalier y conduit. Cette vaste salle gothique frappe par ses dimensions : plus de 60 m de longueur. Les voûtes de ses trois nefs s'appuient sur deux rangées de colonnes à chapiteaux.

Cuisine – Reconstruite au 18e s., la cuisine monumentale, haute de 18 m, aux parois et plafonds revêtus de céramique blanche, surprend par ses énormes cheminées; elle a été aménagée au-dessus d'un bras de l'Alcoa.

Réfectoire – C'est une grande salle voûtée d'ogives. Construit dans l'épaisseur du mur, un escalier surmonté d'une belle colonnade mène à la chaire du lecteur; en face de la porte d'entrée, le **lavabo**, agrémenté d'une fontaine du 17e s., fait saillie dans l'enclos du cloître.

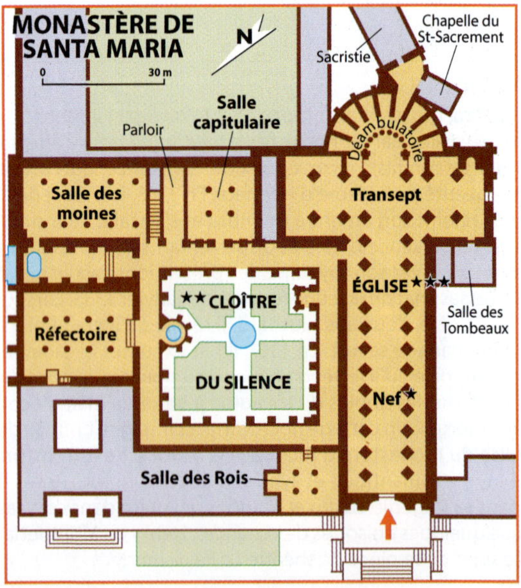

UNE FONDATION CISTERCIENNE

La légende veut qu'au début de la Reconquête, en 1147, Alphonse Henriques, le premier roi de Portugal, ait fait le vœu de fonder un monastère à cet endroit s'il parvenait à prendre Santarém. On sait que quelques années plus tard, en avril 1153, le roi fit don à Bernard de Clairvaux des terres d'Alcobaça, où vinrent s'installer des cisterciens de Clairvaux. À cette époque, les terres à défricher étaient souvent confiées à des ordres monastiques qui se donnaient pour mission de les entretenir. La construction commença en 1178, mais les premiers bâtiments furent détruits par les Maures. Les travaux reprirent au début du 13e s. et l'église fut terminée en 1253. Alcobaça devint la plus puissante abbaye du royaume, et son abbé, l'un des personnages les plus influents du pays.

Salle des Rois (Sala dos Reis) – 18e s. Une frise d'azulejos illustre la fondation du monastère, et des statues réalisées par les moines représentent les rois portugais jusqu'à Joseph Ier. Belle Vierge à l'Enfant gothique.

Bon à savoir – Vous trouverez de jolies faïences locales, décorées de bleu sur fond blanc, sur la vaste place devant le monastère.

À proximité Carte de région

Museu Nacional do Vinho B1

1 km sur la N 8 (vers Leiria), à gauche - ✆ 968 49 78 32 - visite guidée : tlj sf lun. à 10h, 11h, 12h, 14h, 15h, 16h et 17h - 2,50 €.

Installé dans d'anciens chais datant de 1875, le **musée du Vin** possède la plus importante collection de matériel viticole du pays. Il rassemble notamment des centaines de bouteilles (vieux portos et madères), des cuves à vin, des pressoirs, des alambics et d'énormes jarres de fermentation du 19e s.

Museu de Faianças Raul da Bernarda B1

Ponte D. Elias (en dir. de Nazaré) - ✆ 262 59 06 10 - lun.-vend. 10h-13h, 15h-19h, sam. 10h-13h, 14h-19h, dim. 10h-12h30, 13h30-19h - gratuit.

Ce petit musée est consacré aux fameuses faïences Raul da Bernarda. À travers une centaine de pièces, on découvre l'histoire de cette entreprise familiale, fondée en 1875 par José dos Reis, et on suit l'évolution de la céramique dans la région. Remarquez les faïences des années 1950 toutes serties d'or. À la boutique, productions actuelles.

NOS ADRESSES À ALCOBAÇA

INFORMATIONS UTILES

Les offices de tourisme sont répertoriés en début de chapitre.

ARRIVER/PARTIR

Gare routière – *Av. Manuel da Silva Carolino.* Env. 7 bus/j pour Lisbonne, 4/j pour Caldas da Rainha et 1/j pour Nazaré.

Train – La gare de Valado dos Frates est à 5 km d'Alcobaça, vers Nazaré. 6 trains/j pour Caldas da Rainha et Leiria.

HÉBERGEMENT

PREMIER PRIX

Pensão Corações Unidos – *R. Frei António Brandão (dir. Caldas da Rainha) - ☎ 262 58 21 42 - 20 ch. 40 € - menu à 12 €.* À quelques pas du monastère et des tombes d'Inés et de Pierre Ier, l'hôtel « Cœurs Unis » accueille ses hôtes dans une belle entrée au parquet polychrome et décorées de tableaux anciens. À l'étage, les chambres simples s'ordonnent autour d'un patio blanc et ont conservé leurs anciens volets intérieurs. Dans le restaurant du rez-de-chaussée, bonne cuisine régionale maison.

POUR SE FAIRE PLAISIR

Challet Fonte Nova – *R. da Fonte Nova (à 300 m de l'esplanade, dir. Caldas da Rainha) - ☎ 262 59 83 00 - www.challetfontenova.pt - P - 9 ch. 100/125 €.* Une vaste maison aux toits ouvragés évoquant un chalet. Confort feutré à l'intérieur : parquet luisant, tapis persans et divans aux tissus imprimés. Bar et salle de billard. Quatre chambres spacieuses occupent une annexe moderne tout aussi soignée, dotée de baies vitrées.

RESTAURATION

PREMIER PRIX

Trindade – *Praça D. Afonso Henriques, 22 - ☎ 262 58 23 97 - 9h-0h (2h en été) - 12/18 €.* Une grande terrasse à l'ombre de vieux platanes, face à une aile du monastère. Calamars et crevettes grillés, poulet en marmite, *açorda* (panade) de fruits de mer relevée à la moutarde. Au dessert, délicieuses pâtisseries maison.

António Padeiro – *R. Dom Maur Cocheril, 27 - ☎ 262 58 22 95 - www.antoniopadeiro.com - 12h-15h30, 19h-22h - 18/20 €.* Dans une petite rue à l'arrière de l'esplanade du monastère, le restaurant propose une cuisine régionale de qualité, déclinée autour du poulet (spécialités de *frango na púcara*), de pot-au-feu *(cozido)*, de très bonnes charcuteries et de délicieux desserts.

PETITE PAUSE

Alcoa – *Praça 25 de Abril, 44 - ☎ 262 59 74 74 - www.pastelaria-alcoa.com - 8h-19h30.* Sur l'esplanade du monastère, une pâtisserie à ne pas manquer pour goûter à l'une des renversantes douceurs conventuelles d'Alcobaça : *cornúcopias* (en forme de cornets, primées en 2013), *castanhas de ovos* (bouchées à base de jaunes d'œuf et de sucre) et autres *delícias de amêndoa*.

ACHATS

Céramiques d'Alcobaça – Plusieurs boutiques autour de l'esplanade. Le plus grand choix est offert par le magasin situé à l'angle de la rua Frei António Brandão et de la rua Dr Francisco Zagalo, qui grimpe à droite en regardant le monastère.

Le portail ouest du monastère de Batalha, une dentelle de pierre.
Starfoto/Mauritius/Photononstop

Monastère de Batalha

Mosteiro da Batalha

★★★

District de Leiria

Au creux d'un vallon verdoyant, sur un site hélas gâché par la proximité d'une grande route, se dresse un chef-d'œuvre d'art gothique et manuélin, le monastère de la « Bataille » (Batalha). Dédié à la Vierge, il célèbre une victoire miraculeuse des Portugais (14e s.) contre les Espagnols pourtant bien plus nombreux. Dans une profusion de pinacles, d'arcs-boutants et de clochetons, dans un jaillissement de gâbles, de contreforts et de colonnettes, ce monument qui fait office de panthéon royal symbolise l'indépendance nationale. Comme le monastère d'Alcobaça tout proche, il est inscrit au Patrimoine mondial de l'Unesco. Au sud de la ville, délaissées par les foules, les richesses naturelles du Parc des serras de Aire et Candeeiros forment une escale dépaysante, au milieu de dépressions arides creusées de vastes grottes.

NOS ADRESSES PAGE 276
Hébergement, restauration, achats, activités, etc.

S'INFORMER

Posto de Turismo – *Praça Mouzinho de Albuquerque (près du monastère) - 244 76 51 80 - www.turismodocentro.pt - mai-sept. : 10h-13h, 15h-19h (sans interruption en août) ; oct.-avr. : 10h-13h, 14h-18h.*

SE REPÉRER

Carte de région B1 p. 238-239 – Plan du monastère de Batalha p. 272.

Sur la route nationale IC 2 qui relie Lisbonne (118 km) à Porto. 13 km au sud de Leiria et 21 km au nord-est d'Alcobaça.
Voir aussi la rubrique « Arriver/ partir » dans « Nos adresses ».

À NE PAS MANQUER
La salle capitulaire et les Chapelles inachevées. Aux alentours : le Parc naturel des serras de Aire et Candeeiros et les grottes de Mira de Aire.

ORGANISER SON TEMPS
Comptez 2h pour le monastère et le minuscule centre-ville de Batalha (venez dès l'ouverture pour éviter les groupes) et de 3 à 4h pour explorer les grottes du Parc naturel des serras de Aire et Candeeiros.

Découvrir

EXTÉRIEUR

Dépourvu de clocher, ainsi que le voulait la règle des dominicains, le monastère présente une multitude de pinacles, d'arcs-boutants, de balustrades ajourées, que soulignent des fenêtres gothiques et flamboyantes ; l'ensemble, construit en calcaire fin, a pris avec le temps une jolie teinte ocre.
L'architecture complexe du **chevet** de l'église résulte de l'adjonction, à l'abside primitive, d'une rotonde octogonale au-dessus de laquelle se dressent les piliers inachevés qui devaient supporter la voûte. Attenante au collatéral droit, la **chapelle du fondateur** est surmontée d'une lanterne octogonale épaulée par des arcs-boutants. La **façade principale** de l'église est divisée en trois par des pilastres et des contreforts. La partie centrale est percée dans sa portion supérieure d'une belle fenêtre flamboyante ; le **portail**, richement sculpté, arbore des statues (refaites) représentant, au tympan, le Christ en majesté entouré des évangélistes ; sur les côtés, les douze apôtres ; sur les voussures, des anges, des prophètes, des rois et des saints. L'église se trouvait jadis en

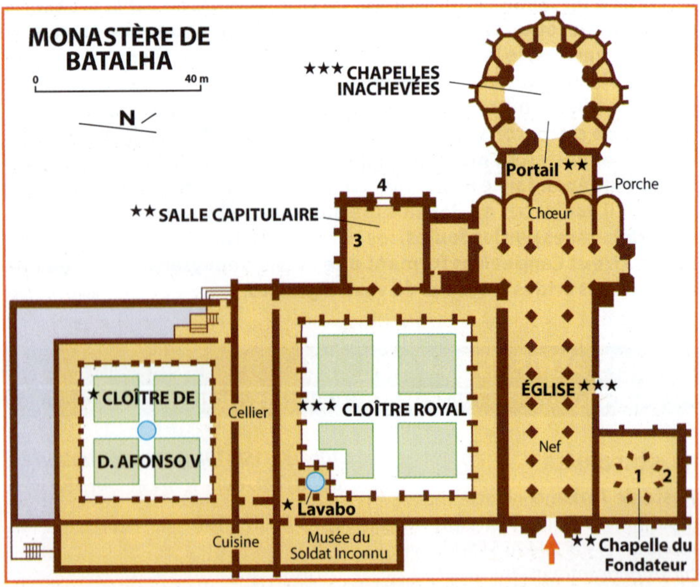

L'ÉDIFICATION DU MONASTÈRE

Commencés par l'architecte portugais Afonso Domingues, les travaux sont repris par maître Huguet qui, de 1402 à 1438, érige la chapelle du fondateur où reposent Jean Ier, sa femme Philippa de Lancastre et leurs fils, dans un style gothique flamboyant. Il décède avant de terminer le mausolée octogonal du roi Édouard Ier (les Chapelles inachevées). Sous le règne d'Alphonse V (1438-1481), l'architecte portugais Fernão de Évora édifie le cloître dit d'Alphonse V dans un style très sobre. C'est Mateus Fernandes le Vieux, l'un des maîtres de l'art manuélin, qui réalise ensuite les remplages des arcades du cloître royal, en collaboration avec le célèbre Boytac, et poursuit l'édification des chapelles de l'octogone. Mais le roi Jean III (1521-1557) délaisse la construction de Batalha au profit du monastère des Hiéronymites à Lisbonne, par conséquent les chapelles de l'octogone resteront inachevées.

contrebas par rapport au terre-plein extérieur, ce qui conférait au portail des proportions plus harmonieuses.

INTÉRIEUR

✆ 244 76 54 97 - www.mosteirobatalha.pt - tlj sf fériés 9h-18h (18h30 avr.-sept.) - dernière entrée 30mn av. fermeture - 6 €, gratuit 1er dim. du mois - 15 € billet combiné avec le monastère d'Alcobaça et le couvent du Christ de Tomar. Billetterie à l'intérieur de l'église.

2

★★★ Église ABC d'architecture p. 85

Très vaste, elle frappe par sa sobriété et l'élan de ses voûtes. Le chœur est agrémenté de **vitraux★** datant de l'époque manuéline (16e s.) et illustrant des scènes de la vie de la Vierge et du Christ.

★★ **Capela do Fundador** (Chapelle du Fondateur) – Cette salle carrée, de 20 m de côté, éclairée de fenêtres flamboyantes, est surmontée d'une lanterne octogonale coiffée d'une coupole étoilée. Des arcs en tiers-point festonnés relient les puissants piliers qui soutiennent la lanterne.

Au centre se trouvent les tombeaux du roi Jean Ier et de sa femme Philippa de Lancastre, dont les gisants sont couverts de deux dais délicatement ciselés (1). Sur les côtés sud et ouest, des enfeus contiennent les tombeaux des infants dont celui d'Henri le Navigateur, rehaussé d'un dais (2).

★★★ Claustro Real (Cloître royal)

L'alliance des styles gothique et manuélin s'exprime dans ce cloître de façon heureuse. La simplicité du gothique originel n'a pas été altérée par les apports manuélins ; la balustrade à fleurs de lys et les pinacles fleuris ont contribué à créer une certaine harmonie grâce aux remplages manuélins des arcades, sculptés dans le marbre et ajourés comme des broderies. Les colonnettes qui soutiennent les remplages sont ornées de torsades, de perles et d'écailles.

★★ Sala do Capítulo (Salle capitulaire)

Cette salle renferme la tombe du Soldat inconnu (3), qui contient en réalité les corps de deux soldats portugais, l'un mort en France, l'autre en Afrique, pendant la Grande Guerre.

La **voûte★★★** est d'une hardiesse exceptionnelle ; après deux tentatives

LA BATAILLE D'ALJUBARROTA

Le 14 août 1385, sur le plateau d'Aljubarrota, 15 km au sud de Batalha, s'opposent deux prétendants au trône de Portugal : le roi de Castille et le fils naturel de Pierre Ier, Jean, grand maître de l'ordre d'Avis *(aux alentours d'Estremoz, voir p. 321)*, sacré roi sept jours plus tôt. Les forces en présence sont très inégales : à l'armée organisée et dotée de seize canons des Castillans, le connétable **Nuno Álvares Pereira** ne peut opposer qu'un carré de chevaliers et de piétaille. En cas de défaite, le pays passera sous domination espagnole. Jean d'Avis promet d'élever une superbe église en l'honneur de la Vierge si elle lui accorde la victoire. Après avoir résisté victorieusement à son ennemi, Nuno Álvares le poursuit en Castille même. Le Portugal a gagné son indépendance pour deux siècles. Trois ans plus tard, le monastère Ste-Marie-de-la-Victoire commence à s'élever ; il prendra le nom de Batalha.

malheureuses, l'architecte maître Huguet réussit à lancer une voûte carrée de près de 20 m de côté sans appuis intermédiaires ; ce travail présentait de tels dangers qu'il fut achevé, raconte-t-on, par des condamnés à mort, et qu'Huguet, après que l'on eut retiré les derniers échafaudages, resta seul toute une nuit sous son audacieux ouvrage.
La fenêtre qui éclaire la salle est décorée d'un joli **vitrail**★ (4) du début du 16e s. représentant des scènes de la Passion.

★ Lavabo (Fontaine)

Situé à l'angle nord-ouest du cloître, il est constitué d'une fontaine avec un bassin à margelle festonnée que surmontent deux vasques. La lumière, filtrant à travers les dentelles de pierre des remplages, donne à l'ensemble une jolie teinte dorée. De là, la vue est très belle sur l'église dominée par le clocher du transept nord.
L'ancien réfectoire, couvert d'une superbe voûte gothique, est aménagé en **musée du Soldat inconnu**.

★ Claustro D. Afonso V

Belle construction gothique. Sur les clefs de voûte de ce cloître figurent les blasons d'Édouard Ier et d'Alphonse V.
Sortez de l'église et gagnez le flanc gauche du chevet.

★★★ Capelas Imperfeitas (Chapelles inachevées)

Édouard Ier avait rêvé d'un vaste panthéon pour lui et ses descendants. Il est le seul à reposer aujourd'hui, à ciel ouvert, dans les Chapelles inachevées. Plus tard, le roi Manuel fit ajouter par Mateus Fernandes un gigantesque porche de transition gothique-Renaissance qui relie le chevet de l'église au portail de l'octogone ; ce **portail**★★, à l'origine gothique, a été orné au 16e s. de décorations manuélines d'une rare exubérance ; il s'ouvre sous un arc polylobé, renforcé, du côté de l'église, par un arc infléchi. Admirez la découpe des festons et la délicate décoration des voussures et des colonnes.
Donnant sur la rotonde octogonale, sept chapelles rayonnantes sont séparées par les fameux piliers restés inachevés ; ces piliers sont couverts de motifs ciselés dans la pierre, ce qui contraste avec la sobriété du balcon Renaissance ajouté à la partie supérieure par le roi Jean III en 1533.

À proximité Carte de région

★ PARQUE NATURAL DAS SERRAS DE AIRE E CANDEEIROS BC1-2

8 km au sud de Batalha et 8 km à l'ouest de Fátima, entre Batalha et Rio Maior.
Ce parc naturel recouvre 39 000 ha des serras d'Aire et de Candeeiros. Formés de massifs calcaires, de grottes et de forêts, ces paysages parfois arides se prêtent à de belles promenades. Les routes y serpentent, bordées de rares eucalyptus, au flanc de croupes blanches piquetées d'oliviers et toutes zébrées de murets de pierres sèches. Les localités les plus importantes sont **Porto de Mós**, que signale de loin son château à la toiture verte, juché sur une butte, et **Mira de Aire**, réputé pour ses produits d'artisanat.

Grutas da Moeda C1

Env. 13 km de Batalha (8 km de Fátima). De Batalha, prenez la N 356 vers l'est jusqu'à São Mamede et tournez à droite à l'entrée du village - ☏ 244 70 38 38 - www.grutasmoeda.com - visite guidée (25mn) juil.-sept. : 9h-19h ; avr.-juin : 9h-18h ; oct.-mars : 9h-17h - 6 € (2 € en sus pour le centre d'interprétation).
Ce sont les grottes les plus récemment prospectées, en 1971. Selon une légende, des bandits y auraient précipité le corps d'un voyageur et sa bourse avec lui, dans leur hâte excessive – d'où leur nom de **« grottes de la Monnaie »** (Grutas da Moeda). Parmi neuf « salles » de teintes variées, celle dite « du Berger » montre une cascade et d'étonnantes concrétions calcaires multicolores.

★ Grutas de Mira de Aire C1

22 km de Batalha (15 km de Fátima). Dans le bourg, à gauche de la N 243 venant de Porto de Mós - ☏ 244 44 03 22 - www.grutasmiradaire.com - visite guidée (40mn) juil.-août : 9h30-20h ; juin et sept. : 9h30-19h ; avr.-mai : 9h30-18h ; oct.-mars : 9h30-17h30 (dernière entrée 30mn av. fermeture) - 6,50 €.
Ces grottes, dites **« des Vieux Moulins »** (Grutas dos Moinhos Velhos), sont les plus vastes du pays. Découvertes en 1947, elles sont reliées par des tunnels artificiels totalisant plus de 4 km de longueur *(600 m se visitent)*, avec une dénivellation de 110 m. Leur parcours, en spirale descendante, compte 683 marches.
Les deux plus grandes cavités sont le « Grand Salon » (60 m de hauteur, 45 m de largeur praticable) et la « Salle rouge ». La teinte rougeâtre des parois, due à l'oxyde de fer, l'opalescence des concrétions aux formes évocatrices (les « joyaux » de la chapelle des Perles, la méduse, le martien, l'orgue, etc.) et le ruissellement des eaux souterraines créent une ambiance fascinante. Dans l'immense galerie terminale, le « Grande Lago » (Grand Lac) collecte les eaux des ruisseaux et du « Rio Negro » (Rivière noire) dont la crue, plusieurs jours par an, inonde la partie inférieure des grottes. Le retour à l'air libre s'effectue par un ascenseur.

Grutas de Alvados B1

17 km de Batalha (25 km de Fátima). Accès par la N 361, entre Alvados et serra de Santo António - ☏ 244 44 07 87 - www.grutasalvados.com - visite guidée (35mn) juin-août : 10h-18h30 ; sept.-juin : tlj sf lun. 10h-17h - 5,80 €, 9 € billet combiné avec les grottes de Santo António.
Découvertes en 1964, au flanc nord-ouest de la colline de Pedra do Altar, ces grottes présentent un parcours de 450 m à travers une dizaine de salles – reliées artificiellement par de longs tunnels –, formant chacune une vasque d'eau limpide et des concrétions. Admirez la teinte dorée de leurs parois,

les stalactites et stalagmites réunies en piliers, les fissures zigzagantes au sol. Dans la plus grande salle, haute de 42 m, chutaient les animaux égarés (ossements visibles).

Grutas de Santo António C1

6,5 km au sud-est d'Alvados. Accès par la N 361, au nord de serra de Santo António - ✆ 249 84 18 76 - www.grutassantoantonio.com - visite guidée (35mn) juin-août : 10h-18h30 ; sept.-juin : tlj sf lun. 10h-17h - 5,80 €, 9 € billet combiné avec les grottes d'Alvados.

Mises au jour en 1955, près du sommet (583 m) de la colline de Pedra do Altar, les grottes de Santo António ont bénéficié d'importants aménagements, dont un tunnel d'accès de 40 m. La salle principale, d'une surface de 4000 m², atteint 43 m de hauteur. Les grottes sont agrémentées de délicates concrétions roses, et, pour l'une des salles secondaires, d'un petit lac. Les stalagmites, qui forment une véritable forêt, évoquent, pour certaines, des statues.

NOS ADRESSES À BATALHA

INFORMATIONS UTILES

Les offices de tourisme sont répertoriés en début de chapitre.

ARRIVER/PARTIR

Bus – Arrêt à côté de l'Ecomarché, à quelques minutes à pied du couvent. Env. 10 bus/j pour Leiria, 7 pour Nazaré et Alcobaça, 3 pour Tomar et 5 pour Lisbonne. Détail des horaires affiché à l'office de tourisme.

HÉBERGEMENT

BUDGET MOYEN

Casa do Outeiro – *Largo Carvalho do Outeiro, 4 - ✆ 244 76 58 06 - www.casadoouteiro.com - 15 ch. 65/70 €.* Situé dans une rue calme, cet hôtel entièrement rénové propose des chambres gaies et d'un grand confort, dont certaines bénéficient d'une vue exceptionnelle sur le monastère. Salle du petit-déjeuner lumineuse donnant sur la piscine. Wifi.

À Porto de Mós

BUDGET MOYEN

Quinta do Rio Alcaide – *N 362 - 1 km dir. Mira de Aire, prenez à gauche après le pont et suivez le panneau « Agro turismo » - ✆ 968 43 41 15 - www.quintarioalcaide.com - 10 ch. env. 70 €.* Une maison au milieu d'un vallon arboré, à l'intérieur du Parc naturel proposant des chambres rustiques avec pierres apparentes, des studios et des mini-appartements, parfaits pour un séjour en famille. La propriété loue aussi un moulin restauré, perché sur une colline. Bananiers et orangers entourent la piscine. Pas de petit-déjeuner en haute saison.

RESTAURATION

PREMIER PRIX

Dom Duarte – *Praça D. João I, 5 - ✆ 244 76 63 26 - 12h-15h30, 18h-21h30 - env. 15 €.* Donnant sur la vaste place du monastère, cet établissement, aménagé au 1er étage d'une boulangerie, est idéal pour apprécier un tournedos aux champignons et à la crème onctueuse *(tornedo a chefe)* ou un faux-filet grillé.

Vue sur la ville de Leiria.
dinozaver / iStock

Leiria

127 468 habitants – District de Leiria

Dominée par une colline où se dresse un château médiéval, Leiria est une ville dynamique, à la confluence de deux rivières, la Liz et la Lena. C'est aussi un carrefour routier relié au sanctuaire de Fátima et aux magnifiques ensembles architecturaux de Batalha, Alcobaça ou Tomar. Elle constitue donc un lieu de passage ou de séjour privilégié pour l'estivant, le pèlerin ou l'amateur d'art. Un détour vers l'Océan conduit à la grande pinède : sur le chemin des plages s'égrènent les manufactures réputées de verre et de cristal de Marinha Grande, créées sous l'impulsion de l'énergique marquis de Pombal.

NOS ADRESSES PAGE 279
Hébergement, restauration, achats, activités, etc.

S'INFORMER

Posto de Turismo – *Jardim Luís de Camões - ✆ 244 84 87 71 - www.rt-leiria fatima.pt ou www.turismodocentro.pt. - juin-sept. et Pâques : lun.-vend. 9h-19h, w.-end et j. fériés 9h-13h, 14h-18h ; oct.-mai : lun.-vend. 9h-13h, 14h-18h, w.-end et j. fériés 9h-13h30, 14h-17h30.* Accès Internet gratuit.

SE REPÉRER

Carte de région B1 p. 238-239.

Leiria se trouve à mi-chemin entre Lisbonne (71 km au sud) et Coimbra (71 km au nord-est) par l'E 80.

À NE PAS MANQUER

Le château.

ORGANISER SON TEMPS

Prévoyez une journée pour visiter le château de Leiria et faire une promenade dans la pinède.

AVEC LES ENFANTS

Emmenez-les faire une balade dans la pinède de Leiria.

Se promener

Le quartier populaire qui s'étend au-dessous du château offre une promenade agréable dans ses ruelles.

★ Castelo

Sur une hauteur à l'ouest de la ville - ✆ 244 81 39 82 - tlj sf lun. 10h-18h - 2,10 €.
Dans un **site★** remarquable, déjà habité à l'époque romaine, le premier roi de Portugal, Afonso Henriques, fit édifier en 1135 un château fort destiné à défendre la frontière sud de son royaume, Santarém et Lisbonne étant alors sous domination maure. Après la libération de ces deux villes en 1147, le château perdit de son importance et tomba en ruine. Au 14e s., le roi Denis, entreprenant l'aménagement puis l'extension de la pinède de Leiria, le fit rebâtir pour y résider avec sa femme, la reine Isabelle d'Aragon.
Modifiés au 16e s., les bâtiments actuels ont été restaurés. Après avoir franchi la première enceinte du château par une porte flanquée de deux tours carrées crénelées, on pénètre dans une agréable cour fleurie et ombragée.
Un escalier à gauche conduit au cœur du château : le palais royal se trouve sur la gauche, le donjon en face et les vestiges de la chapelle Nossa Senhora da Pena (15e s.) sur la droite ; celle-ci conserve un élégant chœur gothique lancéolé et une arcade décorée de motifs manuélins.
Dans la tour (13e s.) se tient une exposition permanente consacrée au Moyen Âge. Elle présente également des pièces archéologiques trouvées sur place.
Palais royal – Un escalier mène à la vaste salle rectangulaire dotée d'une galerie d'arcades en tiers-point reposant sur des colonnettes doubles ; de cette galerie, autrefois balcon royal, **vue** plongeante sur Leiria.

À proximité Carte de région

Pinhal de Leiria (Pinède de Leiria) B1

▷ *10 km à l'ouest de la ville par l'IC 9, en dir. de Marinha Grande.*
L'exploitation de cette immense pinède, qui s'étend vers le nord jusqu'à la plage de Pedrogão, a permis l'essor d'une activité prospère liée au travail du bois et du papier. Certains des premiers incunables portugais ont été publiés à Leiria au 15e s. Carte des sentiers de randonnée disponible à l'office du tourisme de Marinha Grande *(✆ 244 56 66 44)*.

ARTISANAT ET FOLKLORE

La région de Leiria a conservé ses traditions d'art populaire et de folklore. Les poteries vernissées et multicolores de Cruz da Légua et de Milagres, les verres décorés de Marinha Grande, les ornements d'osier et les couvertures tissées de Mira de Aire comptent parmi les produits artisanaux les plus réputés du district de Leiria. Ici, les manifestations folkloriques ont gardé toute leur spontanéité. Le folklore de la région de Leiria se rattache à celui du Ribatejo, province voisine ; le costume féminin, discret, se compose d'un petit chapeau de velours noir garni de quelques plumes, d'un fichu de couleur, d'une petite blouse claire ornée de dentelles, d'une jupe assez courte et de souliers à talons larges et plats ; seuls quelques colliers en or et boucles d'oreilles le différencient du costume ribatejan. La foire-exposition de Leiria *(voir « Agenda », ci-contre)* offre l'occasion d'assister à des spectacles de danse folklorique.

NOS ADRESSES À LEIRIA

INFORMATIONS UTILES

Les offices de tourisme sont répertoriés en début de chapitre.

HÉBERGEMENT

PREMIER PRIX

Hotel Leiriense – *R. Afonso de Albuquerque, 8 (près de la cathédrale) - ✆ 244 82 30 54 - www.hotelleiriense.com - P - 23 ch. 40 €* . Voici un établissement moderne et confortable à prix doux, situé au cœur de la vieille ville. Chambres petites mais calmes.

BUDGET MOYEN

Eurosol Leiria e Jardim – *R. Dom José Alves Correia da Silva - ✆ 244 84 98 49 - www.eurosol.pt - P ✕ - 135 ch. 82 €* . Le complexe, formé de deux bâtiments construits l'un à côté de l'autre, est situé en lisière du centre. Fréquenté par des hommes d'affaires et lors des séminaires, il dispose de chambres modernes et confortables, quoiqu'un peu impersonnelles. Une adresse de dépannage.

RESTAURATION

BUDGET MOYEN

Malagueta Afrodisíaca – *R. Gago Coutinho, 17 (derrière la praça Rodrigues Lobo, dans une rue étroite) - ✆ 244 83 16 07 - 19h-0h - 20/27 €.* Parquet blanc, triptyque abstrait aux couleurs vives, tables éclairées de bougies : le « Piment aphrodisiaque » affiche une déco intimiste. Cuisine aux influences variées : crevettes au riz, aux oignons et aux épinards, poisson au curry accompagné de crevettes et de raisin, agneau épicé au lait de coco. Jus de fruits frais, thés et infusions aphrodisiaques.

Tromba Rija – *R. Professores Portela, 22 (au nord de Leiria, dir. Mazzares, 1re rue à gauche après le pont) - ✆ 244 85 22 77 - www.trombarija.com - tlj sf dim. soir, lun. et j. fériés 13h-15h, 20h-22h - 25/35 €.* Un établissement très apprécié des Portugais, au milieu d'un quartier résidentiel anonyme. La formule à volonté propose la plupart des spécialités du pays et comprend le vin et le café *(29,50/32,50 €).* Les buffets, sans cesse renouvelés, sont couverts de mets savoureux : ne manquez pas les charcuteries, la morue grillée et les fromages. Belle corbeille de fruits secs servie avec le dessert. Le service, très affairé, reste soigné et disponible.

PETITE PAUSE

Pique-nique – Le jardim Luís de Camões et les berges ombragées du rio Lis, très appréciées des habitants pour la promenade, constituent autant d'endroits pour pique-niquer. Autre possibilité : la pinède de Leiria.

AGENDA

Fête de la ville – *le 22 mai.* Avec processions, danses, etc.

Fátima

7 756 habitants – District de Santarém

En ce lieu jadis isolé, en 1917, la Vierge serait apparue à trois enfants à plusieurs reprises, le 13 de chaque mois, de mai à octobre. Devenu le plus grand sanctuaire catholique du pays et l'un des plus importants au monde, il se dresse au lieu-dit Cova da Iria (alt. 346 m) parmi les collines verdoyantes. Des milliers de fidèles s'y rassemblent en de grands pèlerinages, en particulier à ces mêmes dates. Fátima constitue aujourd'hui un ensemble hétéroclite qui mêle lieux saints, boutiques de souvenirs, couvents et résidences hôtelières. De bien plus ancienne mémoire, les tours du château d'Ourém veillent sur la région depuis plus de 500 ans.

NOS ADRESSES PAGE 282
Hébergement, restauration, achats, activités, etc.

S'INFORMER

Posto de Turismo – *Av. José Alves Correia da Silva - 249 53 11 39 - 6 juin-13 sept. et Pâques : tlj sf lun., mar. et 1er dim. du mois 9h-13h, 14h-18h ; 14 sept.-5 juin : tlj sf dim. et lun. 9h-13h, 14h-18h.*

SE REPÉRER

Carte de région C1 p. 238-239. 31 km au sud-est de Leiria.

ORGANISER SON TEMPS

Prévoyez une demi-journée pour visiter Fátima et Ourém. Attention, pendant les pèlerinages, tous les hôtels de la région affichent complet.

Découvrir

Fátima présente surtout un intérêt les jours de **grands pèlerinages**, où l'on peut assister à une procession aux flambeaux, une vigile nocturne, la messe solennelle sur l'esplanade, la bénédiction des malades et, pour clore le pèlerinage, la procession des « adieux » à la Vierge. La ferveur qui anime la foule des pèlerins en prière, venus du monde entier, parcourant à genoux l'esplanade jusqu'à la chapelle des Apparitions, ne laisse personne indifférent. Au sud de l'esplanade, l'**église da Santissima Trindade**, consacrée en octobre 2007, peut accueillir 9 000 fidèles.

Basílica

Fermant l'immense esplanade (540 m x 160 m) qui peut rassembler plus de 300 000 pèlerins, la basilique néobaroque est prolongée de part et d'autre

LES APPARITIONS

Le 13 mai 1917, trois jeunes bergers, **Francisco**, **Jacinta** (frère et sœur) et **Lúcia** (leur cousine), gardent leur troupeau sur une colline, à Cova da Iria, lorsque soudain le ciel s'illumine ; la Vierge leur apparaît dans les branches d'un chêne et s'adresse à eux. Son message, répété avec insistance lors des apparitions suivantes, est un appel à la paix ; il prend à cette époque une résonance particulière : l'Europe est en guerre depuis près de trois ans et le Portugal combat dans les rangs alliés. Le 13 octobre 1917, près de 70 000 personnes voient soudain la pluie cesser et le soleil briller et tournoyer dans le ciel comme une boule de feu. En 1930, après une longue enquête, l'évêque de Leiria donne l'autorisation de célébrer le culte de Notre-Dame-de-Fátima. Le 13 mai 2000, année du jubilé, le pape Jean-Paul II, particulièrement sensible à ce lieu de pèlerinage, a béatifié les deux enfants, Francisco et Jacinta.

par un péristyle en arc de cercle (abritant un chemin de croix en mosaïque) et dominée par une tour haute de 65 m. L'intérieur renferme les tombeaux de Francisco, mort en 1919, et de Jacinta, morte en 1920; l'aînée, Lúcia, s'est éteinte en 2005. Elle était carmélite à Coimbra.

Capela das Aparições (Chapelle des Apparitions)
Sur l'esplanade, un chêne vert, entouré d'une grille, remplace celui près duquel la Vierge apparut. À l'intérieur de la chapelle trône la statue de Notre-Dame-de-Fátima.

Museu de Cera
R. Jacinta Marto (à 100 m du sanctuaire) - ✆ 249 53 93 00 - www.mucefa.pt - avr.-oct. : 9h30-18h30; nov.-mars : 10h-17h - 7,50 €. Ce musée de Cire relate, à travers une trentaine de « tableaux », l'histoire des apparitions.
À côté du sanctuaire, le **Museu Interativo** *(av. Dom José Alves Correia da Silva, 123 - ✆ 249 40 68 81 - www.omilagredefatima.com - avr.-oct. : 9h30-19h; nov.-mars : 9h30-18h30 - 7,50 €)* présente l'histoire des apparitions par le biais des nouvelles technologies.

À proximité Carte de région

Ourém C1
7 km au nord-est de Fátima.
Environ 2 km au sud de la ville moderne d'Ourém, la vieille cité fortifiée, isolée sur une butte, est dominée par les vestiges d'un château. L'endroit est propice à la promenade. Le blason du comte Dom Afonso orne la **fontaine gothique** à l'entrée du village.
Laissez la voiture à l'entrée de la cité et prenez à gauche une rue montant vers le château.
Château – *✆ 249 54 43 15 - tlj sf lun. et mar. matin 10h-13h, 14h-18h - gratuit.* Ourém connut une période de faste au 15e s. lorsque le quatrième comte d'Ourém, Dom Afonso, fils du premier duc de Bragance *(voir encadré p. 592)* et neveu du

L'église da Santissima Trindade, à Fátima.
M. Thornton / Design Pics RM / age fotostock

2

connétable Nuno Álvares Pereira, fit aménager le château en palais et édifier plusieurs monuments. Plus de 2000 personnes vivaient alors à l'intérieur de l'enceinte. Deux tours en éperon apparaissent de chaque côté du chemin; remarquez les curieux mâchicoulis en brique qui couronnent les murailles du château.
Passez sous le porche de la tour de droite.
Un sentier permet de découvrir un ancien souterrain. Des escaliers mènent à une tour carrée donnant accès à un château triangulaire qui daterait du 12e s.; citerne souterraine arabe (9e s.) dans la cour.
Faites le tour du chemin de ronde pour apercevoir : à l'ouest, le clocher de la basilique de Fátima, au nord-ouest le bourg de Pinhel, au nord-est Vila Nova de Ourém et, au loin, la serra da Lousã.
Un sentier mène au village et à la collégiale.
Collégiale – En entrant par le bras droit du transept, une porte s'ouvre aussitôt à droite sur un escalier donnant accès à une crypte à six colonnes monolithes; elle abrite le **tombeau** du comte Dom Afonso, en calcaire blanc d'un gothique très fleuri; le gisant est attribué au sculpteur Diogo Pires le Vieux.

NOS ADRESSES À FÁTIMA ET À OURÉM

INFORMATIONS UTILES

Les offices de tourisme sont répertoriés en début de chapitre.

HÉBERGEMENT

À Ourém

POUR SE FAIRE PLAISIR

Quinta da Alcaidaria-Mór – *N 113, dir. Tomar - 249 54 22 31 - www.quintaalcaidaria-mor.pt - - 4 ch. et 4 appart. 115 €* . Une allée de cyprès conduit au manoir blanc, précédé d'une chapelle et agrémenté d'un jardin de bosquets. Chambres spacieuses, dont certaines avec une terrasse surplombant la campagne alentour. Petit-déjeuner en compagnie des autres convives et dîner sur demande.

UNE FOLIE

Pousada de Ourém – *Château d'Ourém - 249 54 09 30 - www.pestana.com - - 30 ch. 125/156 €* . Isolée sur le promontoire du château, la *pousada* occupe une partie du bourg médiéval aux murs blancs et aux tuiles patinées. Passé le portail baroque, grands couloirs dépouillés fleuris de bouquets contemporains et chambres décorées de bois clair. La petite piscine, à l'arrière de l'église, présente un beau panorama.

RESTAURATION

À Fátima

POUR SE FAIRE PLAISIR

Restaurante Tia Alice – *R. do Adro, 152 (ancien village, dir. Ourém) - 249 53 17 37 - tlj sf dim. soir et lun. 12h-15h, 19h30-21h30 - fermé juil. - env. 35 €.* Face à l'église paroissiale du vieux village de Fátima complètement assoupi, « Tante Alice » s'est parée d'une touche de design au milieu des pierres apparentes et de la roche affleurante : lumière tamisée et tableaux contemporains. Originale *açorda* de morue et desserts soignés.

AGENDA

Premier grand pèlerinage annuel – *12 mai* : procession des Cierges à 21h30; *13 mai* : messe internationale. Ces manifestations se répètent les 12 et 13 de chaque mois jusqu'en octobre.

Tomar

★★★

40 862 habitants – District de Santarém

Dans un vallon riant, sur les rives du Nabão, la ville de Tomar s'étend au pied d'une colline boisée que coiffe un château fort du 12e s. construit par l'ordre des Templiers. Le château abrite le couvent du Christ, un joyau classé au Patrimoine mondial de l'Unesco. Figurant parmi les plus grands monuments manuélins du pays avec les monastères des Hiéronymites (Lisbonne) et de Batalha, il est aussi l'emblème de l'histoire portugaise et le symbole de l'Occident chrétien. La vieille ville, avec son damier de ruelles médiévales aux maisons basses, mérite également une visite. La rue Serpa Pinto, l'artère principale, arbore des façades aux azulejos colorés et conduit à la majestueuse place de la République.

NOS ADRESSES PAGE 286
Hébergement, restauration, achats, activités, etc.

S'INFORMER
Posto de Turismo – *Av. Dr Cândido Madureira - ✆ 249 32 98 23 - www.cm-tomar.pt - été : 10h-13h, 14h30-18h ; hiver : 9h30-13h, 14h30-18h.*

SE REPÉRER
Carte de région C1 p. 238-239 – Plan du couvent du Christ p. 284. 133 km au nord de Lisbonne, facilement accessible par l'A 1, l'IP 6 et la N 110.

SE GARER
Laissez la voiture sur le parking devant les murailles.

À NE PAS MANQUER
Le couvent du Christ.

ORGANISER SON TEMPS
Visitez le couvent dès l'ouverture pour éviter les groupes. Comptez 1h pour le couvent et 30mn pour la ville.

AVEC LES ENFANTS
L'aire de loisirs de Castelo de Bode.

DES TEMPLIERS AUX CHEVALIERS DU CHRIST
Au début du 12e s., en pleine Reconquête, la frontière entre les chrétiens et les Maures passait à Tomar. Gualdim Pais, maître de l'ordre des Pauvres Chevaliers de Jésus-Christ (ordre du Temple) – qui avait été créé à Jérusalem en 1119 –, y édifie en 1160 un couvent-forteresse qui devient la maison mère de l'ordre au Portugal. En 1314, à la demande du roi français Philippe le Bel, le pape Clément V ordonne la dissolution de l'ordre du Temple. Au Portugal, le roi Denis crée alors, en 1319, un nouvel ordre, celui du Christ, qui récupère les biens de l'ordre du Temple, les moines-chevaliers étant pour la plupart d'anciens templiers. Le siège de ce nouvel ordre s'établit d'abord à Castro Marim, en Algarve, puis à Tomar en 1356. La période de gloire des chevaliers du Christ se situe au début du 15e s., alors que l'infant Henri le Navigateur en est le grand maître (1418 à 1460). L'immense fortune de l'ordre lui permet de financer les Grandes Découvertes, et son emblème, la croix carrée de couleur rouge, orne les voiles des caravelles. Les Portugais découvrent les côtes africaines, contournent le cap de Bonne-Espérance pour atteindre les Indes. La richesse de la décoration manuéline de Tomar découle de ce fructueux commerce outre-mer.

Découvrir

★★★ CONVENTO DE CRISTO

✆ 249 32 40 90 - www.conventocristo.pt - juin-sept. : tlj sf fériés 9h-18h30 ; oct.-mai : tlj sf fériés 9h-17h30 (dernière entrée 30mn av. fermeture) - 6 €, gratuit 1er dim. du mois - 15 € billet combiné avec les monastères d'Alcobaça et de Batalha. Pendant l'été, divers spectacles sont organisés au sein du couvent (rens. à l'office de tourisme).

Au sommet de la butte qui domine la ville, les murailles du 12e s. renferment les bâtiments du **couvent du Christ**, dont la construction s'est étalée du 12e au 17e s. Il constitue un véritable catalogue de l'architecture portugaise où se mêlent les styles roman, gothique, manuélin et Renaissance.

★ Igreja

Le portail, qui évoque le style plateresque de Salamanque, a été réalisé par l'Espagnol João de Castilho, successeur de Diogo de Arruda. L'ancienne église des templiers forme à présent le chevet. Le roi Manuel Ier y accola une nef qui communique avec la rotonde par un grand arc triomphal dû à Diogo de Arruda.

★★ Charola dos Templários (Rotonde des Templiers)

Bâtie au 12e s. sur le modèle du Saint-Sépulcre de Jérusalem, cette rotonde se présente comme une construction octogonale à deux étages soutenue par huit piliers ; un déambulatoire à voûte annulaire sépare cet octogone du polygone extérieur à seize côtés ; les peintures qui ornent l'octogone sont l'œuvre d'artistes portugais du 16e s. ; quelques statues en bois polychrome datent de la même époque.

Nef – Construite entre 1510 et 1515 par l'architecte Diogo de Arruda, elle se distingue par l'exubérance de sa décoration manuéline.

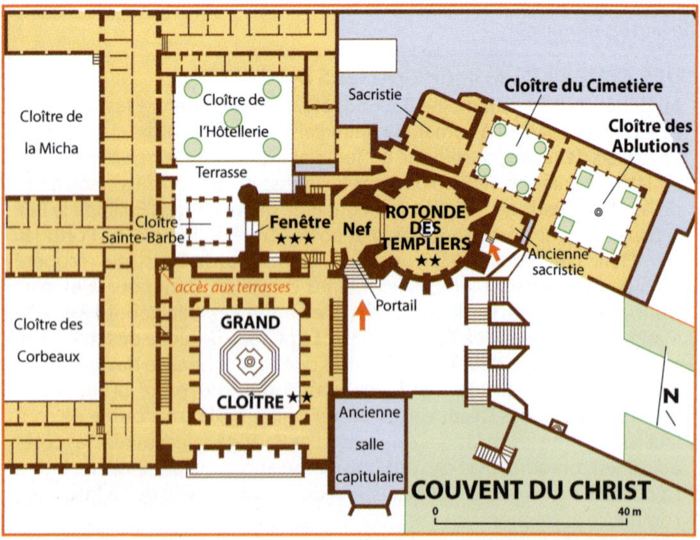

★ Bâtiments conventuels

Ils sont répartis autour de plusieurs cloîtres.

★★ **Claustro Principal** (Grand Cloître) – Il fut érigé pour l'essentiel de 1557 à 1566 par Diogo de Torralva, fervent admirateur de l'architecte italien Palladio. Il est aussi appelé « cloître des Philippe » en souvenir de Philippe II qui y ceignit la couronne du Portugal en 1581. Ce cloître Renaissance comprend deux étages qui sont agrémentés de colonnes toscanes au rez-de-chaussée et ioniques à l'étage supérieur. Son dépouillement et sa sévérité contrastent avec la décoration manuéline de la nef qu'il masque en partie, à l'exception de deux fenêtres encore visibles. La première se voit à droite en entrant dans le Grand Cloître. Mais pour découvrir la plus célèbre, il faut descendre dans le cloître Ste-Barbe (Claustro de Santa Bárbara).

Du Grand Cloître, un escalier en colimaçon aménagé dans l'angle mène aux terrasses qui révèlent des vues intéressantes sur l'ensemble du couvent.

★★★ **Fenêtre** – Conçue par l'architecte Diogo de Arruda et sculptée de 1510 à 1513, c'est la plus étonnante réalisation de décoration manuéline au Portugal. À partir des racines d'un chêne-liège, soutenues par le buste d'un capitaine, la décoration grimpe le long de deux mâts en de multiples torsades. Dans la profusion des détails végétaux et marins, on reconnaît des coraux ①, des cordes ②, du liège ③ (pour la construction des bateaux), des algues ④, des câbles ⑤ et des chaînes ⑥. L'ensemble est couronné des emblèmes du roi Manuel Ier (blason et sphère armillaire) et de la croix de l'ordre du Christ, que l'on retrouve sur la balustrade qui ceint la nef. La fenêtre est amarrée par des câbles à deux tourelles de facture analogue, entourées l'une d'une chaîne représentant l'ordre de la Toison d'or, l'autre d'une boucle de ceinture, insigne de l'ordre de la Jarretière.

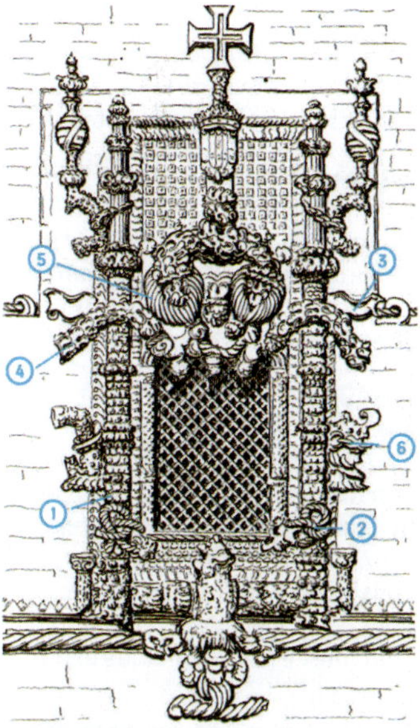

Fenêtre du couvent du Christ de Tomar.

Les cloîtres gothiques – Le **cloître du Cimetière** (Claustro do Cemitério), aux chapiteaux à décoration végétale, et le **cloître des Ablutions** (Claustro das Lavagens), situés à l'est de la rotonde, ont été édifiés au 15e s. sous la direction de l'infant Henri le Navigateur.

Se promener

Le quadrillage de ruelles du centre de Tomar, s'organisant près de la place où s'élève l'église St-Jean Baptiste, invite à une promenade agréable. Partout, vous verrez des pavés gravés de la croix des Chevaliers du Christ.

LA FÊTE DES TABULEIROS

Tous les quatre ans se perpétuent à Tomar les cérémonies qu'organisaient jadis les fraternités du St-Esprit, fondées au 14e s. par la reine sainte Isabelle, femme du roi Denis, pour distribuer du pain, du vin et de la viande aux pauvres de la ville. À cette occasion, des jeunes filles vêtues de blanc défilent dans les rues en portant sur la tête un *tabuleiro* (plateau). Celui-ci, de la même hauteur que celle qui le porte, est constitué de 30 pains empilés sur des roseaux fixés à un panier d'osier, l'ensemble étant orné de feuillages, de fleurs en papier et d'épis de blé. La fête dure quatre jours *(la prochaine aura lieu en 2019)* et comprend des réjouissances profanes, des danses folkloriques et des feux d'artifice.

Capela de Nossa Senhora da Conceição

En descendant la route menant au couvent - ouv. aléatoire.

Cette belle œuvre de la Renaissance, dont l'intérieur est très lumineux, séduit par sa sobriété et ses chapiteaux délicatement sculptés.

Igreja de São João Baptista

Praça da República - 10h-12h, 14h-18h (19h en été).

Édifice gothique de la fin du 15e s., flanqué d'un campanile manuélin. Il s'ouvre par un joli **portail★** flamboyant d'une grande finesse dû – comme la chaire flamboyante à gauche de la nef – à un artiste français anonyme. Dans le collatéral gauche, *Cène* peinte par Gregório Lopes (16e s.).

Sinagoga

R. Joaquim Jacinto, 73 - 10h-12h, 14h-18h (19h en été) - gratuit - visite guidée sur RV auprès du service de muséologie au 249 32 98 14.

Construite entre 1430 et 1460, cette synagogue, la plus ancienne du pays et de plan quadrangulaire, ne fut utilisée coamme lieu de culte que jusqu'en 1497, date de l'édit d'expulsion des Juifs par le roi Manuel. On remarquera, dans la salle de culte aux voûtes reposant sur des piliers, les cruches d'argile dont la résonance servait à amplifier les chants sacrés. Dans la synagogue, le petit musée luso-hébraïque expose des objets religieux datant des 14e et 15e s.

NOS ADRESSES À TOMAR

INFORMATIONS UTILES

Les offices de tourisme sont répertoriés en début de chapitre.

Internet – Biblioteca Municipal - *gratuit.*

VISITE

Route de la Vigne et du Vin – Cette route, qui borde le Tage à travers les plaines du Ribatejo, est composée de plusieurs circuits. Elle offre une occasion idéale pour découvrir les *quintas* des environs de Tomar et d'Abrantes, visiter les caves et déguster les vins locaux. Rens. dans les offices de tourisme.

HÉBERGEMENT

BUDGET MOYEN

Hotel Sinagoga – *R. Gil Avô, 31 - ☎ 249 32 30 83 - www.hotelsinagogatomar.com - 20 ch. 55 €* ☕. Dans une de ces ruelles intemporelles et paisibles de Tomar, un édifice rénové au confort irréprochable. Au-dessus du salon d'entrée rempli de divans, l'ascenseur dessert des chambres bien équipées.

Pensão Residencial Cavaleiros de Cristo – *R. Alexandre Herculano, 7 - ✆ 249 32 12 03 - 16 ch. 55 €* ☕. Dans une petite rue tranquille, un établissement dont les chambres bien tenues sont décorées avec soin. Minibar et frigo dans toutes les chambres. Bon rapport qualité-prix. Wifi.

Quinta da Anunciada Velha – *3 km dir. Torres Novas : à l'office de tourisme, prenez à gauche vers le couvent puis allez tout droit - ✆ 249 34 52 18 - www.anunciadavelha.pt - - 4 ch. 65/90 €* ☕. Une ferme du 19e s. entourée de vignes au charme campagnard : salon mansardé envahi de lithographies collectionnées par la propriétaire, chambres colorées au mobilier peint et salle des petits-déjeuners face à la vigne. Possibilité de dîner. Également deux appartements et un studio *(90/120 €)* à louer.

RESTAURATION

PREMIER PRIX

Restaurante Beira-Rio – *R. Alexandre Herculano, 1/3 - ✆ 249 31 28 06 - tlj sf mar. 12h-15h, 19h-22h - 12/18 €.* Situé dans une rue parallèle à rua Serpa Pinto, le restaurant est posé en face d'un îlot verdoyant où un moulin fait tourner sa roue sans fin. L'adresse est fréquentée par les gens du coin, qui apprécient la cuisine traditionnelle, simple et copieuse.

PETITE PAUSE

Pique-nique – Profitez de la fraîcheur et du cadre enchanteur des rives du Nabão, du côté de l'hôtel Estalagem Santa Iria, pour goûter aux pâtisseries d'Estrelas de Tomar *(voir ci-dessous)*, juste à côté.

Estrelas de Tomar – *R. Serpa Pinto, 12 - ✆ 249 31 32 75 - http://estrelasdetomar.pai.pt - tlj sf mar. 8h-20h.* Difficile de faire son choix devant la très longue vitrine garnie de pâtisseries régionales, la capitale du Ribatejo étant réputée dans tout le pays pour la qualité et l'inventivité de ses douceurs. Au bout, le salon, toujours animé et un peu en contrebas du trottoir, est percé d'une grande baie face au cours d'eau.

Café Paraíso – *R. Serpa Pinto, 127 - ✆ 249 31 29 97 - 8h-2h (lun. à partir de 20h).* Ouvert en 1911, le « Paradis » rassemble les habitants en journée et fait le bonheur de la jeunesse en soirée. Marbre omniprésent (sol, piliers, tables) et grande baie vitrée pour observer la foule. Vieille caisse enregistreuse à l'entrée et belle machine à café chromée sur le comptoir. Un lieu qui a une âme et sur lequel le temps n'a pas de prise.

ACTIVITÉS

Barrage de Castelo de Bode – *13 km au sud-est de Tomar.* Activités nautiques, aire de loisirs et de pique-nique.

AGENDA

Fête des tabuleiros – *Début juillet, tous les quatre ans : la prochaine aura lieu en 2019.*

2

Abrantes

39 362 habitants – District de Santarém

Au nord-est de la province du Ribatejo, Abrantes se dresse stratégiquement sur une colline dominant la rive droite du Tage. Première cité importante sur la descente du Tage, elle observe pacifiquement les alentours : son château, perché au sommet, arbore un frêle donjon au milieu d'une cour arborée. Au sud du fleuve, la route forestière de Tramagal réserve de belles perspectives sur cette ville blanche aux maisons soulignées de jaune. On y déguste la « palha de Abrantes », une pâtisserie aux œufs dont les filaments rappellent des cheveux dorés. À quelques kilomètres de là, Constância déroule ses ruelles en escalier qui dégringolent sur la confluence avec le Zêzere. L'ancienne cité portuaire aujourd'hui endormie vénère le grand poète Camões qui s'exila ici quelque temps, et cultive méticuleusement les essences botaniques chantées par l'écrivain. Le fleuve garde son trésor encore un peu plus bas, dans un site préservé et baigné de silence : le château d'Almourol, cerné par les eaux du Tage, exalte le romantisme chevaleresque.

NOS ADRESSES PAGE 291
Hébergement, restauration, achats, activités, etc.

S'INFORMER

Welcome Center – *Esplanada 1º de Maio - Edifício do Mercado Diário - 3e étage - ☎ 241 33 01 00 - http://turismo.cm-abrantes.pt - lun.-vend. 10h-18h, w.-end. et j. fériés 10h-13h, 14h-18h.*

SE REPÉRER

Carte de région D2 p. 238-239.
Accessible par l'IP 6. 75 km au nord-est de Santarém et 139 km au nord-est de Lisbonne.

À NE PAS MANQUER

Le château d'Almourol ; Constância.

ORGANISER SON TEMPS

Prévoyez une journée pour visiter Abrantes et ses environs, et pique-niquer sur les berges du Tage à Constância.

Se promener

En grimpant à l'assaut des ruelles fleuries qui mènent aux anciennes fortifications restaurées, vous découvrirez à l'arrivée un donjon belvédère idéal pour vous octroyer une pause et reprendre votre souffle en profitant de la vue.

Castelo

Tlj sf lun. et j. fériés 9h-18h - gratuit.

Bâti au début du 14e s. sous le règne de Denis Ier pour protéger la route de Lisbonne, il fut parfaitement inefficace contre les invasions françaises. Le 24 novembre 1807, la ville s'ouvrit sans résistance aux troupes de Junot, qui reçut par la suite de Napoléon Ier le titre de duc d'Abrantes. Quelques jours plus tard, les Français s'installaient à Lisbonne, abandonnée par la famille royale.

Dans la cour, le donjon est aménagé en **belvédère** : la vue s'étend sur la moyenne vallée du Tage, jusqu'au confluent du Zêzere en aval ; au sud, des villages piquettent de leurs taches blanches une campagne couverte d'oliviers ; au nord se dressent la serra do Moradal et les contreforts de la serra da Estrela.

Le château d'Abrantes.
www.cm-abrantes.pt

Igreja de Santa Maria

✆ 241 37 17 24 - tlj sf lun. et j. fériés 9h-13h, 14h-18h - gratuit.

Reconstruite au 15e s., cette église abrite un petit **musée** présentant une sculpture de la Trinité (16e s.) en pierre polychrome, une belle statue de Vierge à l'Enfant du 15e s. et les tombeaux des comtes d'Abrantes des 15e et 16e s. À noter également, sur l'un des murs, des azulejos hispano-mauresques du 16e s., assez rares au Portugal. Le musée organise des expositions d'art sacré.

Igreja e hospital da Misericórdia

Visite guidée sur réserv. à l'office de tourisme ou à la Santa Casa da Misericórdia, dans la rue qui monte à droite.

Dans cette église datant de 1584 sont conservées six magnifiques peintures sur bois (16e s.). Attribuées à Gregório Lopes, elles évoquent la vie du Christ. Remarquez également le très bel autel en bois doré du 18e s. et un orgue en forme de meuble, de la même époque.

Dans l'ancien hôpital, la salle dite « do Définitório », ornée de beaux panneaux d'azulejos du 18e s. et surmontée d'un plafond à caissons de bois, contient sept tableaux représentant les sept œuvres de la Miséricorde. Admirez le mobilier, en particulier une *burra* (littéralement « une ânesse ») du 16e s., coffre en fer extrêmement lourd doté d'un incroyable système de fermeture et de dispositifs de fixation au sol, qui servait à transporter les objets précieux dans les navires des Grandes Découvertes. Au centre de la pièce, où se déroulaient les réunions des organes sociaux de la Santa Casa, a été disposée une curieuse table ronde pourvue de tiroirs, en bois du Brésil.

Igreja de São João Baptista

À gauche de l'église de la Miséricorde.

Elle a été fondée en 1300 par la reine sainte Isabelle et reconstruite à la fin du 16e s. À l'intérieur, sous de superbes plafonds en bois, admirez les autels Renaissance en bois doré.

À proximité Carte de région

★ Constância C2

12 km à l'ouest d'Abrantes.

Petite ville bucolique et paisible, à la confluence du Tage et du Zêzere, Constância, vieille de plus de 2 000 ans et qui fut jadis un important port fluvial, est aujourd'hui une belle endormie. Les maisons blanches s'étagent sur la verte colline, les ruelles pavées et abondamment fleuries sont entrecoupées de petits escaliers et d'arches. Les berges du Zêzere et du Tage, bordées de saules touffus, et la plage sont une invitation au repos, à la promenade ou au pique-nique. Le lundi de Pâques s'y déroule une fête des bateliers (ou du Bon-Voyage), au cours de laquelle tous les bateaux sont réunis sur la berge pour y être bénis. Un petit Musée fluvial et des Arts maritimes a été inauguré en 1998.

CAMÕES À CONSTÂNCIA

L'illustre poète **Luís de Camões** séjourna à Constância lors de son exil au Ribatejo, vers 1546-1547. Sa maison, la **Casa-Memória de Camões** *(r. do Tejo)* a été restaurée. À côté de sa statue, le **jardim Horto Camoniano**, agrémenté d'un petit amphithéâtre, réunit quelques-unes des essences végétales chantées par le poète.

★ **Praça Alexandre Herculano** – Cette charmante place, avec son pilori du 18e s. (reconstruit en 1821) et ses façades blanches et ocre, constitue le centre historique du village.

À côté, l'église da Misericórdia, du 17e s., est ornée d'azulejos polychromes de la même époque.

Igreja Matriz – Édifiée au 17e s. au sommet du village, l'église paroissiale a été très endommagée par les troupes de Napoléon qui, en raison des crues du Zêzere, furent contraintes de faire halte à Constância lors de leur marche sur Lisbonne. Au plafond, une peinture de José Malhoa réalisée en 1890 représente Notre-Dame-de-Bon-Voyage bénissant l'union des deux fleuves.

★★ Castelo de Almourol C2

4 km à l'ouest de Constância. Laissez votre voiture sur le quai, juste en face du château - ✆ 249 71 52 03 - www.cm-vnbarquinha.pt - tlj sf lun. 10h-13h, 14h30-17h30 (19h mars-oct.) - 2,20 € - possibilité de se rendre au château en barque (rens. auprès de l'office du tourisme de Vila Nova da Barquinha) - 2,20 €.

Ce petit château de conte de fées, hérissé de tours et de créneaux, se dresse au milieu du Tage sur un îlot rocheux couvert d'arbres et de cactus. Il fut érigé en 1171 par Gualdim Pais, maître de l'ordre des Templiers, sur le site d'un château romain. Cette forteresse, habitée jusqu'en 1600, fit partie de la ligne de défense du Tage pendant la période de la Reconquête, selon la stratégie du premier roi de Portugal, Don Afonso Henriques. Son cadre romantique a inspiré nombre de légendes et récits chevaleresques. L'endroit serait ainsi hanté par une princesse amoureuse de son esclave maure.

De l'embarcadère, belle vue d'ensemble sur le château et son **site★★**. La double enceinte flanquée de dix tours rondes est dominée par un donjon carré dont la plate-forme *(accès par 85 marches puis une porte basse : attention à la tête !)* offre un superbe **panorama★** sur le fleuve et ses rives.

NOS ADRESSES À ABRANTES ET CONSTÂNCIA

INFORMATIONS UTILES

Les offices de tourisme sont répertoriés en début de chapitre.

HÉBERGEMENT

À Constância

BUDGET MOYEN

Quinta de Santa Bárbara – *au nord-est par la N 3 en dir. de Tramagal, puis indications - 249 73 92 14 - www.quinta-santabarbara.com - 8 ch. - - 72,50 € - env. 15/25 €.* Dans la campagne, une superbe *quinta*, dont l'origine remonte au 15e s., ayant appartenu à un ami de Camões. Chambres avec meubles anciens, objets de collection disséminés, délicieux jardin et, pour finir, un dîner sous des voûtes en pierre : un vrai lieu !

RESTAURATION

À Abrantes

BUDGET MOYEN

Santa Isabel – *R. Santa Isabel, 12 - 967 89 39 70 - http///restaurantesantaisabel.com - tlj sf dim. 12h-15h, 19h-22h - 20/25 €.* Établissement chaleureux pour découvrir la cuisine du Ribetejo et sa succulente charcuterie. Le tout accompagné d'un excellent vin rouge de la région. Bon accueil.

PETITE PAUSE

À Abrantes

Gelados Liz – *R. Dom Miguel de Almeida, 58 - 241 36 28 04 - horaires irréguliers.* Ce glacier en activité depuis quarante ans utilise des ingrédients 100 % naturels pour ses glaces, servies en portions généreuses. Il confectionne également de délicieux croissants.

AGENDA

À Abrantes

Fête de la ville – *Déb. juin.* 5 j de concerts et concours sportifs, et foire gastronomique au château.

À Constância

Fête de Camões – *10 juin.* À la date anniversaire de la mort du poète, expo-vente des fleurs et des fruits évoqués dans ses œuvres.

La « palha », spécialité d'Abrantes.
www.cm-abrantes.pt

L'Alentejo 3

Carte Michelin National 733

Les façades blanches de la rua Direita, dans la cité médiévale de Monsaraz.

S. Frances/hemis.fr

Grand angle sur l'Alentejo

La plus vaste région du pays est à découvrir au **printemps**, quand les fleurs sauvages colorent les paysages de vagues de jaune, de violet et de rouge. Habitée depuis la nuit des temps et riche en souvenirs préhistoriques, l'Alentejo est une terre à blé depuis l'époque romaine. Dans cette plaine vide d'hommes où les températures dépassent facilement 35 °C l'été, villes et villages étincelants de blancheur apparaissent comme autant d'oasis. Les maisons trapues, percées de rares ouvertures et flanquées de grosses cheminées, se blottissent les unes contre les autres le long de rues rectilignes.

AU PAYS DES VILLES ET DES VILLAGES BLANCS

Évora, seule cité un tant soi peu importante, se signale par son ambitieuse cathédrale, par ses places ornées de fontaines Renaissance, et par son université à l'origine de la jeunesse de sa population. De Mértola à Estremoz, en passant par Moura, Beja ou Arraiolos, connue pour ses tapis de laine, chaque localité ou presque est **dominée par un château**. Plus à l'est, une ligne de défense allant de la citadelle en nid d'aigle de **Marvão** au village fortifié de **Monsaraz**, *via* la place forte d'Elvas inscrite au Patrimoine de l'humanité, rappelle que l'Alentejo fut longtemps l'axe de pénétration privilégié de l'envahisseur castillan.

DES SAVEURS ENTRE TERRE ET MER

La gastronomie alentejane, empreinte de simplicité, fleure bon le terroir. Le **fromage de Serpa** est réputé dans tout le pays, de même que les **vins rouges** gorgés de soleil de Borba et de Redondo, ou les grillades de cochon *pata negra*, élevé en plein air. La région est le berceau du *porco a alentejana*, ou **porc aux palourdes**, devenu l'un des plats emblématiques du pays.

DES PAYSAGES SOUS LE SIGNE DE LA DIVERSITÉ

Ici, la grandeur n'est pas à chercher du côté des monuments, toujours d'une certaine humilité à l'exception du **palais ducal de Vila Viçosa**, berceau de la dynastie de Bragance, mais du côté des paysages naturels. Le **barrage d'Alqueva** a donné naissance à la plus grande retenue d'eau d'Europe, une étonnante mer intérieure sur laquelle il est possible de naviguer. D'une beauté à couper le souffle, des **plages** serties de falaises ou de dunes s'égrènent le long d'une côte préservée par son statut de parc naturel. Si l'impétuosité de l'Océan rend souvent la baignade délicate, le littoral est un paradis pour les surfeurs, les amoureux de la nature, et pour tous les adeptes du farniente **à l'écart des foules**.

Paysage de l'Alentejo, au printemps.

R. G. Young / Getty Images

L'ALENTEJO
0
25 km
ÉVORA ★★★ Vaut le voyage
Marvão ★★ Mérite un détour
Évoramonte ★ Intéressant
Portalegre À voir
Ville de départ du circuit
Côte de l'Alentejo
Autour de Beja
CIRCUIT DES MÉGALITHES
Voir la carte détaillée du circuit
CÁCERES
MADRID
BELMONTE
PORTO
ESPAÑA
RIO TAJO
RIO TEJO
Rio Sever
Castelo de Vide
Marvão
São Mamede
1025
SERRA DE SÃO MAMEDE
Flor da Rosa
Crato
Portalegre
Alter do Chão
Ribª de Seda
Ribª de Sor
Ribª de Sousel
Rio Caia
Elvas
GUADIANA
RIO
Vila Viçosa
Alandroal
Borba
Estremoz
Évoramonte
Avis
Arraiolos
ÉVORA
Anta do
Escoural
CIRCUIT DES
Montemor-o-Novo
PORTALEGRE
ÉVORA
SANTARÉM
Rio Sorraia
LISBOA
N 246
N 245
N 369
N 373
N 254
IP 2
N 4
N 119
N 244
N 370
N 114
N 2
N 253
N 10
A6-IP7
A23-IP6
A13-IP1
A2-IP7
A12-IP1
A5
1
2
3
A
B
C

3
4
A
B
C
SEVILLA
PADERNE
LAGOS
E S P A Ñ A
Monsaraz
EX 107
EX 112
N 385
N 386
N 256
N 433
IP 8
IP 2
N 258
N 255
N 122
N 123
N 265
N 2
N 5
A 2 - IP 1
IC 27
IC 33
IC 4
N 263
N 266
N 120
N 393
Rio Ardila
Rio Guadiana
Moura
Barragem de Alqueva
Minas de São Domingos
Embalse del Chanza
Serpa
Parque Natural do Vale do Guadiana
Mértola
Beja
BEJA
Vila romana de São Cucufate
Alvito
Viana do Alentejo
Ribª de Odivelas
Castro Verde
Rio Mira
Rio Sado
Alcácer do Sal
Ruínas romanas de Miróbriga
Santiago do Cacém
SETÚBAL
FARO
Sines
Porto Côvo
Ilha do Pessegueiro
Praia de Malhão
Vila Nova de Milfontes
Praia das Furnas
Odemira
Almograve
Cabo Sardão
Entrada da Barca
Zambujeira do Mar
P. N. do Sudoeste Alentejano et Costa Vicentina
4
DE SETÚBAL
O C E A N O
A T L Â N T I C O

Évora

★★★

57 073 habitants – District d'Évora

Corsetée de ses remparts médiévaux, la capitale de l'Alentejo semble avoir tissé sa toile autour d'une acropole antique, perchée sur une butte dominant de vastes étendues d'oliviers et de champs de blé. Difficile de rester insensible au charme de cette cité indolente et pleine de grâce, l'une des plus belles du Portugal et d'ailleurs classée au Patrimoine mondial de l'Unesco. Ville-musée certes, mais sans l'allure guindée de bien d'autres, elle a su préserver les différents apports de son riche passé – temple romain, patios mauresques, palais Renaissance, églises gothiques, cloîtres et couvents – dont l'abondance exprime la ferveur religieuse qui l'animait jadis. Vivant à l'aise au milieu de ces trésors d'architecture ancienne, Évora, paisible et conviviale, distille les sortilèges d'une cité d'Orient. Pas une ruelle qui ne dissimule, ici ou là, une maison chaulée de blanc, un palais aux arcades mauresques et aux fenêtres géminées, un jardin croulant sous les grappes de géraniums, un patio dallé envahi par les senteurs de jasmin.

NOS ADRESSES PAGE 311
Hébergement, restauration, achats, activités, etc.

S'INFORMER

Posto de Turismo – B2 - *Praça do Giraldo, 73 - ✆ 266 77 70 71 - www2.cm-evora.pt/guiaturistico - été : 9h-19h ; hiver : lun.-vend. 9h-18h, w.-end. 10h-14h, 15h-18h.*

SE REPÉRER

Carte de région B2 p. 296-297 – Plan d'Évora p. 302-303 – Circuit des mégalithes p. 310. Évora est située env. 140 km à l'est de Lisbonne, 99 km à l'est de Sétubal, 80 km au nord de Beja, 102 km au sud-ouest de Portalegre.

Voir aussi la rubrique « Arriver/partir » dans « Nos adresses ».

SE GARER

Laissez la voiture à l'extérieur de la ville ; la plupart des parkings y sont gratuits.

À NE PAS MANQUER

L'université d'Évora ; le temple romain et la cathédrale ; une longue promenade dans les ruelles du vieux centre ; le château d'Évoramonte.

ORGANISER SON TEMPS

On peut faire le tour des principaux monuments en une petite journée.

AVEC LES ENFANTS

Les fresques du jardin des Casas Pintadas ; le circuit des mégalithes ; l'Oficina da Terra, près d'Arraiolos.

Se promener Plan de ville

Vous flânerez avec plaisir dans le lacis de ruelles sinueuses, étroites et voûtées, dont les noms composent un véritable florilège de poésie : impasse du Mal-Rasé, rue du Tailleur-de-la-Comtesse, place des Nourrices-du-Cardinal…

L'église Santo Antão sur la place do Giraldo.
R. Jáuregui / age fotostock

VIEILLE VILLE

Circuit tracé en vert sur le plan de ville (p. 302-303), au départ de la praça do Giraldo, au cœur de la vieille ville – Comptez une journée.

3

Praça do Giraldo B2

Centre animé de la ville, cette vaste place, dont un côté est bordé d'arcades, est encadrée au sud par l'édifice de la Banque du Portugal, au nord par l'église Santo Antão. Elle est ornée d'une fontaine en marbre du 18e s. d'Afonso Álvares, qui a pris la place d'un ancien arc de triomphe romain.

Passez à droite de l'église Santo Antão et prenez à droite la rua Nova.

« Caixa de Água » da rua Nova B2

Angle rua Nova et travessa de Sertorio.

Cette « **boîte à eau** » a été construite en 1536 dans le style Renaissance par l'architecte de l'aqueduc, Francisco de Arruda. Décorée de colonnes toscanes, elle servait à distribuer l'eau de l'aqueduc qui s'y terminait.

Revenez praça do Giraldo et prenez à gauche la rua 5 de Outubro.

Rua 5 de Outubro BC2

L'étroite rue piétonne montant vers la cathédrale est bordée de nombreuses boutiques d'artisanat (liège) et de maisons aux balcons en fer forgé. Au n° 28, remarquez la **niche** décorée d'azulejos, bâtie pour rendre grâce au Seigneur des Tremblements de Terre d'avoir épargné Évora lors du séisme de 1755, responsable de la destruction de Lisbonne.

Continuez dans la rua 5 de Outubro.

★★ Sé (Cathédrale) C2

Largo Marquês de Marialva - ☎ 266 75 93 30 - église : 9h-12h30, 14h-17h (sans interruption en été) ; musée et tour : tlj sf lun. 9h-11h30, 14h-16h - entrée église seule : 1,50 € ; plusieurs formules de billet combiné : église et cloître : 2,50 € ; église,

Les riches heures d'Évora

Florissante à l'époque romaine et tombée en décadence sous le règne des Wisigoths, Évora est conquise en 715 par les musulmans. S'ensuivent un peu plus de quatre siècles de domination arabe, durant lesquels la cité devient une importante place agricole et commerciale, groupée autour de son château et de sa mosquée.

GERALDO SEMPAVOR

Au 12e s., les luttes qui opposent les musulmans entre eux favorisent l'action des chrétiens dirigés par Alphonse Henriques. L'un d'eux, Geraldo Sempavor (Gérard sans Peur), réussit à gagner la confiance du roi musulman d'Évora, ce qui lui permet de réaliser un audacieux coup de force : une nuit de septembre 1165, il prend par surprise une tour de guet au nord-ouest de la ville, alerte la garnison musulmane qui se précipite en direction de la tour, puis, ayant rejoint ses compagnons d'armes, s'empare de la ville qui passe alors sous le sceptre du roi Alphonse Henriques.

UN FOYER D'HUMANISME

Dès la fin du 12e s., Évora devient la capitale d'élection des souverains portugais ; elle connaît un éclat exceptionnel aux 15e et 16e s. Un cortège d'artistes et de savants accompagne la Cour : les humanistes Garcia et André de Resende, le chroniqueur Duarte Galvão, le créateur du théâtre portugais Gil Vicente, le sculpteur Nicolas Chanterene, les peintres Cristóvão de Figueiredo et Gregório Lopes. Partout se dressent des palais et des couvents de style manuélin ou Renaissance ; l'art décoratif musulman est remis à l'honneur par quelques architectes et contribue à la création d'un style hybride, le luso-mauresque. Une université jésuite est fondée en 1559 à l'initiative du cardinal mécène Dom Henrique, futur roi Henri Ier. Mais, en 1580, le Portugal est annexé par l'Espagne ; Évora décline. Malgré la révolte de 1637 qui aboutit à la restauration de l'indépendance portugaise, la ville ne retrouve pas son éclat passé. En 1759, le marquis de Pombal chasse les jésuites et supprime l'université, portant ainsi un coup décisif à Évora, qui plonge pour des siècles dans une profonde léthargie.

De nos jours, la ville, capitale de l'Alentejo, demeure un important centre agricole et reste le siège de quelques industries et d'artisanats dérivés de l'agriculture (liège, tapis de laine, peaux, meubles peints). Accueillant 8 000 étudiants, elle a retrouvé sa vocation universitaire, et l'affluence touristique stimule son activité.

UNE VILLE FORTIFIÉE

Des trois enceintes qui protégèrent successivement la ville subsistent d'importants vestiges. Quelques traces de la muraille romaine (1er s.), renforcée par les Wisigoths (7e s.), sont encore visibles entre les palais des ducs de Cadaval et des comtes de Basto (largo dos Colegiais). La muraille médiévale (14e s.) limite la ville au nord et à l'ouest ; pour en avoir une vue intéressante, suivez les avenues qui la longent par le nord, entre les places Portas de Raimundo et Portas de Machede. Les fortifications érigées au 17e s. dans le style de Vauban délimitent le jardin public au sud de la ville.

tour et cloître : 3,50 € ; église et musée : 4 € ; église, cloître, tour et musée : 4,50 € (achat des billets combinés possible jusqu'à 30mn av. fermeture).

Bâtie à la fin du 12e s. et au 13e s. dans le style gothique de transition, la cathédrale présente encore des éléments romans.

Extérieur – Sa façade en granit un peu sévère est flanquée de deux puissantes tours couronnées de flèches coniques érigées au 16e s. ; la flèche de droite est entourée de plusieurs clochetons, semblables à ceux de la tour-lanterne romane de style saintongeais, en forme de pomme de pin, qui surmonte la croisée du transept. Les murs de la nef et des bas-côtés sont découpés en créneaux.

Le portail occidental est orné d'une représentation des apôtres placés sur des consoles, probablement réalisés à la fin du 13e s. par des artistes formés en France.

★ **Intérieur** – La nef centrale, voûtée en berceau brisé et dotée d'un élégant triforium, affiche une belle ampleur. À gauche, un autel baroque abrite une Vierge parturiente (enceinte) du 15e s. en pierre polychrome ; en face, une statue en bois doré (16e s.), attribuée à Olivier de Gand, représente l'ange Gabriel. Une très belle **coupole★** octogonale sur trompes couvre la croisée du transept dont les bras sont éclairés par deux roses gothiques : à gauche, l'étoile du matin ; à droite, la rose mystique. Dans le bras gauche du transept, le portail Renaissance d'une chapelle est décoré d'un marbre sculpté par Nicolas Chanterene. Dans le bras droit se trouve le tombeau de l'humaniste André de Resende (16e s.).

Le chœur a été refait au 18e s. par Friedrich Ludwig, architecte du monastère de Mafra.

Tour – L'ascension des 106 marches sera récompensée par la belle croisée d'ogives de la tour-lanterne et le vaste panorama qui embrasse la vieille ville.

★ **Stalles** – Situées dans la tribune, le *coro alto*, ces stalles en chêne furent sculptées à la Renaissance par des artistes d'Anvers. Elles sont ornées de motifs sacrés et profanes. Remarquez sur les panneaux du bas les scènes de la vie quotidienne des paysans (vendanges, abattage du cochon, tonte des moutons, etc.). En milieu d'après-midi, le lieu est baigné d'une très belle lumière. Le grand orgue Renaissance (1562) est considéré comme le plus ancien d'Europe.

★ **Cloître** – Construit de 1322 à 1340, ce cloître gothique à l'allure massive, accentuée par l'emploi sévère du granit, dégage une certaine grâce qu'elle doit à ses baies rondes à fenestrage rayonnant. Chaque angle est orné d'une statue d'évangéliste. De l'angle sud-ouest se dégage une belle vue sur le clocher roman.

Une chapelle annexe contient le tombeau (14e s.) de l'évêque fondateur, ainsi que les statues (14e s.) de l'ange Gabriel et de la Vierge polychrome, dont le hanchement révèle une influence française. De la terrasse du cloître, accessible par des escaliers dans les angles, **vues** sur Évora.

★ **Musée** – Il comprend des ornements sacerdotaux et une importante collection d'orfèvrerie religieuse dont une magnifique **Vierge ouvrante★★** en ivoire, très finement ciselée, œuvre française du 14e s., et le **reliquaire de la Vraie Croix★** (Santo Lenho), du 17e s., en argent doré et émaux polychromes, décoré de 1 426 pierres précieuses. Dans la même salle sont accrochés plusieurs tableaux de Gregório Lopes, dont une imposante *Descente de Croix*.

La sortie s'effectue après avoir traversé la cafétéria, sur le largo D. Manuel de Portugal, à l'arrière de la cathédrale. Montez les escaliers jusqu'à la place où se dresse le temple romain.

A

B

SE LOGER

Albergaria Solar de Monfalim 1
Monte do Serrado de Baixo.... 9
Moov Évora.................... 2
M'Ar de Ar Muralhas........... 7
Pousada Convento Évora...... 10
Residencial Policarpo.......... 17
Residencial Riviera 19

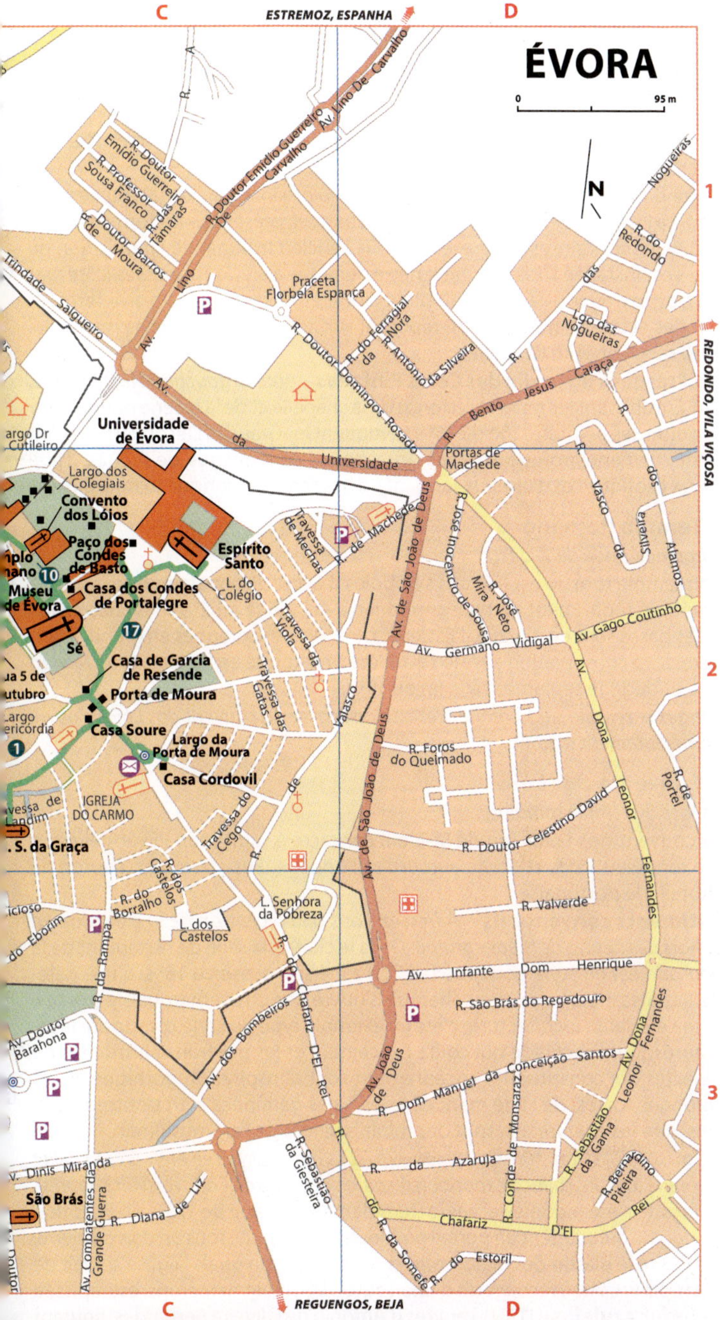

E RESTAURER

otequim da Mouraria 2	O Aqueduto 14	São Luís 19
alho........ 4	O Garfo........ 17	Taska Fina 3
uar de Janeiro 9	Pateo........ 5	1/4 P'rás 9 1

3

Forum Eugenio de Almeida BC2

Largo do Conde de Vila Flor - ✆ 266 74 83 50 - www.fundacaoeugeniodealmeida.pt - ouv. uniquement lors des expositions tlj sf lun. 10h-18h (19h en été) - 4 €, gratuit dim.

La fondation Eugénio de Almeida *(voir plus loin)* a inauguré en 2013 un espace dédié à l'art contemporain portugais et étranger, présenté sous forme d'expositions temporaires sur deux étages. De l'ancien tribunal de l'Inquisition où elle s'est installée subsiste une fenêtre géminée à arcs outrepassés *(côté rue)*, un cloître avec des arcades en plein cintre et des voûtes en ogive fermées par des écussons héraldiques, reposant sur des consoles de style manuélin, ainsi qu'une petite chapelle.

★★ **Fresques du jardin des Casas Pintadas** – *Accès à gauche de la billetterie.* Envahissant les murs et plafonds de la chapelle et de la galerie donnant sur le cloître, les peintures (fin du 16e s.) évoquent les Grandes Découvertes et l'on peut y voir une profusion d'êtres fantastiques, de monstres, de sirènes, d'animaux exotiques et d'oiseaux formant un bestiaire allégorique extraordinaire.

★ Templo Romano C2

Largo do Conde de Vila Flor.

Son temple romain est l'un des symboles d'Évora. Probablement consacré à Diane, ce monument de type corinthien a été édifié au 2e s. : les chapiteaux et les bases sont en marbre d'Estremoz, les fûts des colonnes en granit. Il doit sa relative conservation au fait d'avoir été transformé en forteresse au Moyen Âge et dégagé seulement à la fin du 19e s.

Longez le temple sur la droite. L'entrée de l'église du couvent dos Lóios s'ouvre immédiatement à droite.

★ Convento dos Lóios C2

En face du temple romain.

Le couvent dos Lóios (ou de St-Éloi), consacré à saint Jean l'Évangéliste, a été fondé au 15e s. et abrite aujourd'hui une luxueuse *pousada*, fleuron de l'hôtellerie portugaise.

Bâtiments conventuels – *Adressez-vous à la réception de la* pousada *en dehors des heures de repas - gratuit.* Dans le cloître, la salle de restaurant de la *pousada* est de style gothique tardif. Il a été surhaussé au 16e s. d'une galerie Renaissance. La salle du chapitre s'ouvre par une remarquable **porte★** d'une élégante architecture ; c'est un exemple type du style composite luso-mauresque ; l'accolade qui coiffe l'ensemble et les piédroits surmontés de pinacles qui constituent l'encadrement sont d'inspiration gothique, et les colonnes torses, de style manuélin ; les baies géminées à arcs outrepassés, ainsi que les chapiteaux, sont des réminiscences de l'art musulman.

★ **Église** – *Tlj sf lun. 10h-12h30, 14h-17h (sans interruption en été) - 3 €, 5 € billet combiné avec les salles d'exposition du palais des ducs de Cadaval (voir ci-après).* La façade a été modifiée après le tremblement de terre de 1755, à l'exception du porche qui soutient un portail gothique flamboyant : sous un dais en pierre, se trouve le blason des Melo, comtes d'Olivença, auxquels l'église servait de nécropole. La nef, recouverte d'une voûte à liernes et tiercerons, est tapissée de beaux **azulejos★** (1711), œuvres d'António de Oliveira Bernardes, figurant la vie de saint Laurent Justinien, patriarche de Venise, dont les écrits influencèrent la congrégation dos Lóios. Deux trappes dans le dallage permettent de découvrir, à droite, la profonde citerne de l'ancien château et, à gauche, un ossuaire. Un très joli retable en bois doré se dresse dans le chœur.

Juste à côté de l'église du couvent s'ouvre l'entrée du palais des ducs de Cadaval.

Paço dos Duques de Cadaval (Palais des ducs de Cadaval) BC2

R. Augusto Filipe Simões, 1 - ✆ 266 70 47 14 - tlj sf lun. 10h-12h30, 14h-17h (sans interruption en été) - 2,50 €, 5 € billet combiné avec l'église du couvent dos Lóios ; tour panoramique : 1 €.

Ce palais est séparé du couvent dos Lóios par la cour du restaurant jardim do Paço. Protégé par deux tours crénelées, cet édifice, dont la façade a été refaite au 17e s., fut offert en 1390 par le roi Jean Ier à son conseiller Martim Afonso de Melo, alcade d'Évora. Les rois Jean III et Jean V y résidèrent. L'une des deux tours, qui faisait partie des murailles médiévales de la cité, arbore une forme pentagonale caractéristique. Elle a valu au bâtiment le surnom de « palais des Cinq-Coins » (Palácio das Cinco Quinas).

De la cour, prenez les escaliers qui montent à droite, face à la salle de restaurant. Ils donnent accès à l'intérieur du palais (1er et 2e étages).

On y découvre, sur fond de musique classique, plusieurs pièces décorées de mobilier ancien, de tableaux (17e et 18e s.), de partitions musicales et de malles de voyage, ainsi qu'une ancienne cuisine avec sa vaste cheminée.

En sortant du palais, allez admirer la vue depuis le **Miradouro** (belvédère) situé en face, dans le jardin Diana.

Repassez entre le couvent dos Lóios et le temple romain.

★ **Museu de Évora** C2

Largo do Conde de Vila Flor - ✆ 266 70 26 04 - www.museudevora.pt - tlj sf lun. et j. fériés 9h30-17h30 (dernière entrée 17h) - 3 €, gratuit 1er dim. du mois.

Dans l'ancien palais épiscopal (16e s.), il présente des collections d'art et d'archéologie. On peut notamment y admirer, au rez-de-chaussée, le **cénotaphe**★ (1536-1542) de l'évêque Afonso do Portugal, dernière œuvre connue de Nicolas Chanterene, et le **sarcophage en marbre**★ (1364) de Fernão Gonçalves Cogominho, important personnage du règne d'Alphonse IV.

À l'étage, les peintures sont présentées dans l'ordre chronologique. Remarquez les œuvres de **Francisco Henriques**, peintre officiel du roi Manuel. La salle 2 abrite les treize panneaux de l'ancien **retable**★★ flamand de la cathédrale. L'influence du maniérisme *(salle 3)* est illustrée par **Gregório Lopes**, auteur d'une remarquable *Résurrection*.

Continuez jusqu'à une petite place, au pied du chevet baroque de la cathédrale. À gauche s'élève la Casa dos Condes de Portalegre.

Casa dos Condes de Portalegre C2

Ne se visite pas.

La maison des comtes de Portalegre, charmante demeure gothique et manuéline (16e s.) agrémentée d'un patio qu'entourent un jardin suspendu et un balcon ajouré, sert de siège à une association.

Remontez sur la petite place et prenez le passage à droite : le pateo de São Miguel conduit au Paço dos Condes de Basto.

Paço dos Condes de Basto C2

Páteo São Miguel - ✆ 266 74 83 00 - www.fundacaoeugeniodealmeida.pt - tlj sf w.-end 10h-17h - 1 €.

Le palais des comtes de Basto fut construit au-dessus des anciennes murailles romaines, dont fait partie la tour do Sertório. Ce bel ensemble architectural de style gothique est aujourd'hui le siège de la **fondation Eugénio de Almeida** consacrée au développement de la région. Notez, au bas du pateo São Miguel, à gauche, les fenêtres géminées de style mudéjar. L'édifice accueille des expositions temporaires en lien avec la famille Almeida, occasion de découvrir les belles salles du palais, dont certaines sont peintes à fresque.

Passez la grille menant au largo de São Miguel, puis descendez la rue à gauche jusqu'au largo dos Colegiais.

★ Universidade de Évora C2 et ABC d'architecture p. 88

Largo dos Colegiais - lun.-vend. 9h-19h (20h en été) - gratuit.

L'actuelle université accueille environ 8000 étudiants et occupe l'ancienne université jésuite. Toutes les disciplines y sont enseignées, excepté la médecine et le droit. On visite la cour intérieure, de style Renaissance italienne (16e s.) : les bâtiments s'ordonnent autour du **cloître**★ général des Études, entouré d'une galerie à arcades. Face à l'entrée, le fronton élégant du portique de la salle des Actes est orné de statues figurant l'Université royale et l'Université pontificale. Les salles de classe qui ouvrent sur la galerie *(ne dérangez pas les cours !)* sont agrémentées d'**azulejos**★ (18e s.) illustrant des sujets liés aux différentes disciplines enseignées (physique, histoire, philosophie). Au premier étage, la bibliothèque est ornée d'un joli plafond peint.

Prenez la rua do Conde da Serra da Tourega.

Porta de Moura C2

Sur la droite, à l'angle de la rua São Manços.

Elle faisait partie de l'enceinte médiévale. Dans l'encadrement de la porte se découvre la **Casa Garcia de Resende**, maison du 16e s. où aurait vécu l'humaniste Garcia de Resende ; remarquez, à l'étage, trois fenêtres géminées à décoration manuéline.

En face se tient le largo da Porta de Moura.

Largo da Porta de Moura C2

La place est occupée par une **fontaine**★ Renaissance, constituée d'une colonne surmontée d'une sphère de marbre blanc. Elle est bordée par quelques jolies demeures. Au sud, la **maison Cordovil**, du 16e s., présente une élégante loggia avec arcades géminées, arcs outrepassés à festons et chapiteaux de style musulman ; un toit crénelé surmonté d'une flèche conique couronne l'ensemble. À l'ouest, en contrebas, admirez le **portail** baroque en granit de l'église de l'ancien couvent do Carmo, inspiré de la Porta dos Nós de Vila Viçosa *(p. 316)*. L'est de la place est occupé par le bâtiment moderne du palais de justice.

Retournez aux tours de la porta de Moura et prenez à gauche la rua da Misericórdia.

Casa Soure C2

R. da Misericórdia.

La demeure du 15e s. se dresse à l'angle de la rue, au-dessus d'un mur blanc. Elle faisait partie du palais de l'infant Dom Luís. La façade de style manuélin présente une galerie à arcades que domine une flèche conique.

Continuez rua da Misericórdia. Traversez le largo du même nom, puis, arrivé sur le largo Álvaro Velho, prenez à gauche la travessa do Manoelinho menant au largo da Graça.

Igreja de Nossa Senhora da Graça C2

Ne se visite pas.

Bâtie au 16e s. dans le style de la Renaissance italienne, cette église possède une façade en granit avec portique à colonnes toscanes, pilastres classiques et décoration de macarons. Au sommet, assis au bord de la corniche, quatre géants de pierre, surmontés de globes terrestres, laissent pendre leurs jambes dans le vide. L'ancien couvent, à droite, est occupé par une résidence militaire.

Face à l'église, traversez le largo da Graça qui s'allonge pour former une rue et prenez à gauche la rua da República, puis, à droite, la praça 1º de Maio.

Le temple romain d'Évora.
B. Gardel/hemis.fr

Igreja de São Francisco B3

Praça 1º de Maio - en cours de restauration.

Précédée d'un portique percé d'arcades en plein cintre, en arc brisé et en fer à cheval, cette église du début du 16e s. est couronnée de créneaux et de flèches coniques. Le **portail**, de style manuélin, est surmonté du pélican (aux allures d'aigle), emblème du roi Jean II, ainsi que de la sphère armillaire du roi Manuel.

★ **Intérieur** – Dans le chœur, à l'extrémité d'une large nef voûtée d'ogives, se dressent deux tribunes, l'une Renaissance à droite, l'autre baroque à gauche.

Pour visiter l'ancienne salle du chapitre et la chapelle des Os, sortez de l'église et entrez par la première porte à gauche. Traversez le cloître, décoré d'une belle colonnade.

L'ancienne **salle du chapitre** abrite une balustrade à colonnes de marbre et d'ébène ; des azulejos, représentant des scènes de la Passion, recouvrent les murs.

★ **Capela dos Ossos** – *℘ 266 70 45 21 - pendant les travaux, accès par l'arrière de l'église, rua da República - 9h-12h50, 14h30-17h15 (17h40 en été) - 2 €, photo 1 €.* L'impressionnante chapelle des Os fut construite au 16e s. par un frère franciscain pour inciter ses confrères à la méditation ; les ossements et les crânes de 5 000 personnes tapissent les murs et les piliers. À l'entrée de la chapelle, une inscription met en garde le visiteur : « Nous, os qui sommes ici, attendons les vôtres. »

À droite de la chapelle, en contrebas de la praça 1º de Maio, s'étend le jardin public.

Jardim Público B3

Praça 1º de Maio - de 8h au coucher du soleil.

Une partie du **palais du roi Manuel** (16e s.), malheureusement très remaniée, ainsi que les vestiges d'un autre palais du 16e s. s'y dressent encore. Remarquez les fenêtres géminées à arcs outrepassés, de style luso-mauresque. L'endroit se prête tout particulièrement à une halte pique-nique. Kiosque-terrasse pour prendre un verre aux beaux jours.

HORS LES MURS

Convento dos Remédios A2

Av. S. Sebastião, à hauteur des portas d'Alconchel - ✆ 266 77 70 33 - tlj sf w.-end et lun. 9h30-12h30, 14h-17h30 - gratuit.

Dans ses murs, le **Centro de Interpretação Megalithica Ebora** offre une bonne introduction aux cultures préhistoriques dont on a retrouvé trace dans la région : à visiter avant d'entreprendre le circuit des mégalithes *(voir p. 310)*. Également une présentation de l'Évora romaine.

Ermida de São Brás C3

Av. Dr Barahona - accès possible par la rua da República, en longeant à l'est le jardin public - lun.-vend. 8h-11h, 13h-18h, w.-end durant les offices - gratuit.

Curieuse église fortifiée du 15e s., à contreforts cylindriques coiffés de toits en poivrière ; le chœur, de plan polygonal, est surmonté d'une coupole sur trompes et revêtu d'azulejos vert et blanc de style sévillan.

À proximité Carte de région

★ Évoramonte C2

29 km au nord-est par la N 18 en dir. d'Estremoz - 1,5 km au départ du village moderne en suivant les panneaux « Castelo ». Après avoir longé le pied des remparts (14e-17e s.), franchissez la porte d'entrée.

Ce petit bourg fortifié occupe un **site★** remarquable au sommet d'une haute colline de l'Alentejo. Le calme des lieux n'a d'égal que le charme qui se dégage des coquettes maisons basses, blanches et fleuries, entourant la curieuse forteresse et une église à clocher-peigne.

★ **Castelo** – *✆ 268 95 00 25 - tlj sf lun. et mar. matin 10h-13h, 14h-17h (18h en été) - fermé 2e w.-end du mois - 2 €, gratuit 1er dim. du mois.* Romain puis arabe, cet édifice profondément modifié au 14e s. est resté une bâtisse de style gothique militaire, malgré des remaniements effectués au 16e s. Sa silhouette de donjon médiéval est ceinturée de cordages formant des nœuds au centre des façades. La maison de Bragance, dont la devise était « *Depois de vós, nós* » (« Après vous, nous »), avait adopté les nœuds pour symbole en raison du double sens du mot *nós* (« nous » et « nœuds »).

À l'intérieur, le corps central présente trois étages de vastes salles, dont chacune est couverte de neuf voûtes gothiques qui s'appuient sur de robustes piliers centraux, ceux du rez-de-chaussée étant énormes et torsadés.

Du sommet, **panorama★** sur la campagne tachetée d'oliviers et de villages, blancs et, au nord-est, sur le site d'Estremoz.

Arraiolos B2

22 km au nord-ouest. Quittez Évora par la N 114-4, puis prenez à droite la N 370.

Ce village coquet, perché sur une colline dans la grande plaine de l'Alentejo, est connu pour ses tapis, vendus dans de nombreux magasins de la ville ou à

LA CONVENTION D'ÉVORAMONTE

À Évoramonte fut signée, le 26 mai 1834, la convention qui marqua la fin de la guerre civile ; par celle-ci, Pierre Ier, empereur du Brésil et fils de Jean VI, de tendance libérale, obligeait son frère Miguel, absolutiste, à abdiquer en faveur de sa nièce Marie et à s'exiler. Dans le village, une plaque commémorative désigne la maison où fut signée la convention.

LES TAPIS D'ARRAIOLOS

Dans le village, le travail de la laine aurait été initié par des musulmans venus s'installer dans cette région plus tolérante, après leur expulsion de Lisbonne par Manuel Ier. À partir de 1650 se développe une petite industrie de tapis en laine brodés au point de croix sur une toile de lin ou de chanvre. Utilisés à l'origine comme couvertures de coffre et tentures murales, ces tapis s'inspirent d'abord de modèles indo-perses (nombreuses figurations animales et motifs végétaux). Puis, ils abandonnent progressivement, au cours du 18e s., les motifs orientaux et la polychromie pour un dessin plus populaire, où prédominent le bleu et le jaune.

la coopérative. Du château *(accès libre)* du 14e s., dont l'enceinte a été restaurée, belle vue sur le village, les oliveraies, la retenue du Divor et le **couvent dos Lóios** (16e s.), réaménagé en *pousada* (Nossa Senhora da Assunção). Au pied du château, les rues sont bordées de maisons aux façades blanches rehaussées par le bleu lavande des encadrements des portes et des fenêtres. Sur la place de la mairie, sous laquelle ont été mises au jour des traces d'une activité lainière entre les 13e 15e s., le **Centro Interpretativo do Tapete de Arraiolos** *(✆ 266 49 02 54 - www.tapetedearraiolos.pt - tlj sf lun. 10h-13h, 14h-18h - 2 €)* présente de nombreux tapis d'Arraiolos du 17e s. à nos jours, ainsi que des instruments de travail des artisans tapissiers.

Montemor-o-Novo B2

30 km à l'ouest par la N 114.

Montemor-o-Novo est connue pour être la cité natale de **saint Jean de Dieu** (1495-1550), un moine franciscain d'une charité exemplaire, fondateur de l'ordre des Frères hospitaliers. Le gros bourg agricole s'étale au pied d'une colline que couronnent les ruines d'une cité médiévale fortifiée; les **remparts**, dont l'édification remonte à l'époque romaine, enserrent un ancien couvent dominicain (16e-18e s.) abritant l'**Espaço do Tempo**, centre culturel pluridisciplinaire installé autour du cloître d'époque Jean III. L'**église São Tiago** *(ouv. aléatoire)*, au milieu de l'enceinte, est ornée de fresques des 16e-18e s. représentant notamment un chœur d'anges musiciens.

Viana do Alentejo B3

31 km au sud. Quittez Évora par la N 18 (dir. Beja); à la sortie de la ville, prenez la N 254 à droite.

À l'écart des grands axes routiers, cette cité agricole cache, derrière les murailles de son château, une église intéressante.

Castelo – *Été : tlj sf lun. 10h-13h, 14h-18h; hiver : tlj sf lun. 9h30-13h, 14h-17h30 - 2 €.* Bâtis sur un plan pentagonal, les **remparts** présentent des murailles fortifiées, flanquées à chaque angle d'une tour avec toit en poivrière. Le porche est orné de frustes chapiteaux décorés d'animaux (tortue, lion, etc.). Il donne sur la cour, plantée d'un calvaire gothique à double face (Crucifixion et Vierge à l'Enfant). Surmontée de clochetons coniques et de merlons, l'**église** présente en façade un **portail★** manuélin; une colonnette torse sert de trumeau aux arcs géminés et soutient le tympan décoré de fleurs stylisées et de la croix du Christ. L'intérieur roman, transformé à l'époque manuéline, se distingue par l'ampleur de sa nef; il est décoré d'azulejos du 17e s. à la base des murs. Le chœur est orné d'un joli Christ.

Il est possible de se promener sur le **chemin de ronde** et même d'atteindre la galerie supérieure de l'église.

Santuário de Nossa Senhora de Aires – *2 km à l'extérieur de la ville (fléché) - été : tlj sf lun. 9h-12h, 15h-18h30 ; hiver : tlj sf lun. 9h30-12h30, 14h-17h30 - gratuit.* Imposant édifice rococo du 18e s., le sanctuaire fait l'objet d'un grand pèlerinage en septembre. Les murs des couloirs aménagés autour du maître-autel sont couverts de milliers d'ex-votos et de photos de fidèles ayant demandé la protection de la Vierge.

Circuit conseillé Carte du circuit des mégalithes

Circuit de 75 km tracé en bleu sur la carte du circuit des mégalithes (ci-dessous) – Comptez 3h30.

La région d'Évora est riche en grottes et en mégalithes élevés entre 4000 et 2000 av. J.-C. Le **circuit des mégalithes** emprunte de petites routes et permet de découvrir les beaux paysages de l'Alentejo piquetés de chênes-lièges.

Sortez d'Évora par la N 114 vers Montemor-o-Novo. À 10 km, tournez à gauche vers Guadalupe et suivez la signalisation « Cromeleque e menir dos Almendres ». Après Guadalupe, prenez une route non goudronnée pendant 4 km.

Cromeleque dos Almendres

Dans une clairière parmi les chênes-lièges, 95 monolithes en granit sont disposés selon un plan ovale de 60 m sur 30 m.

Revenez à Guadalupe.

En chemin, près de la coopérative de Água de Lupe, se dresse un menhir haut de 2,50 m.

À Guadalupe, prenez une route de terre vers Valverde, puis suivez la signalisation « Anta do Zambujeiro » sur la route d'Alcáçovas.

Anta do Zambujeiro

Précédé d'un tumulus (galerie d'accès), le dolmen proprement dit forme une vaste chambre funéraire de 6 m de hauteur. De nombreux objets y furent découverts, qui se trouvent aujourd'hui au musée d'Évora.

Revenez à Valverde et poursuivez vers São Brissos. Ne tournez pas vers São Brissos, mais poursuivez la route sur 2 km.

Capela-anta São Brissos

Surprenante chapelle dont le narthex est formé par un dolmen.

Avant d'arriver à Santiago do Escoural, tournez à droite.

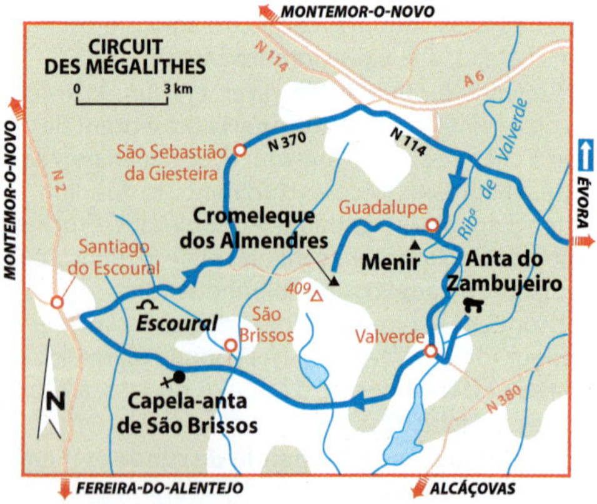

Gruta do Escoural

R. Dr Magalhães de Lima Rocha, 48 - ✆ 266 85 70 00 - été : tlj sf dim. et lun. 9h30-13h, 14h30-18h ; hiver : tlj sf dim. 9h-13h, 14h-17h - 2 € - possibilité de visite guidée sur RV auprès du centre d'interprétation de Santiago do Escoural tlj sf dim., lun. et dernier sam. du mois à 10h30 et 14h30.

Dans cette grotte ont été découvertes des peintures et des gravures rupestres, datées de 18 000 à 13 000 av. J.-C. (Paléolithique supérieur) et représentant des bœufs, des chevaux ou des figures énigmatiques.

▶ *Poursuivez la N 370 jusqu'à la N 114 et tournez à droite pour Évora (48 km).*

NOS ADRESSES À ÉVORA

INFORMATIONS UTILES

Les offices de tourisme sont répertoriés en début de chapitre.

Hôpital – C2-3 - *Largo Senhor da Pobreza - ✆ 266 74 01 00 - www.hevora.min-saude.pt.*

ARRIVER/PARTIR

Gare ferroviaire – C3, en dir. - *1 km au sud de la ville, par l'avenida dos Combatentes de Grande Guerra - ✆ 808 20 82 08 - www.cp.pt.* 4 liaisons/j avec Lisbonne *(1h25)*, Beja et l'Algarve.

Gare routière – A2, en dir. - *Av. São Sebastião (près du cimetière) - ✆ 707 22 33 44 - www.rede-expressos.pt.* Bus de et vers Lisbonne, Beja, Portalegre, Estremoz, etc.

TRANSPORTS

Location de vélos – Move Free - B3 - *R. Horta das Figueiras, 69 - ✆ 266 73 55 00 - www.movefree.pt - mar.-vend.10h-20h, sam. 9h-19h.* Location à la journée ou à la semaine.

VISITE

Reinha Santa Isabel (RSI) – B2 - *R. de Santa Catarina, 12 - ✆ 266 74 78 71 - www.rsi-viagens.com - sur réserv.* Propose plusieurs tours guidés *(3h30 ; 25/30 €)* : tapis et liège, à Arraiolos et Azaruja ; le lac d'Alqueva ; circuit des mégalithes ; Monsaraz et la céramique.

Ebora Megalithica – *✆ 964 80 83 37 - www.eboramegalithica.com - tlj sf dim. 10h-13h, 14h30-17h30.* Circuit des mégalithes commenté *(anglais ou portugais)* par un archéologue *(de 2 à 3h ; 25 €, –16 ans 12,50 €).*

Route des Vins de l'Alentejo – B2 - *Praça Joaquim António de Aguiar, 20/21 - ✆ 266 74 66 09/64 98 - www.vinhosdoalentejo.pt - lun. 14h-19h, mar.-vend. 11h-19h, sam. 10h-13h.* Vente et dégustations gratuites sur place par l'organisme de promotion des vins de l'Alentejo. Organise aussi la visite d'un domaine.

HÉBERGEMENT

PREMIER PRIX

Residencial Policarpo – C2 - *R. da Freiria de Baixo, 16 - ✆ 266 70 24 24 - www.pensaopolicarpo.com - P - 20 ch. 40/60 €.* Reconversion réussie pour cette maison au noble passé qui affiche un petit côté désuet. Si les salles de bains sont parfois un peu vétustes (les chambres du rez-de-chaussée n'en disposent d'ailleurs pas), le petit-déjeuner sur la terrasse demeure un instant délicieux et l'on appréciera l'attrayant mobilier en bois peint. Un bon rapport qualité-prix, notamment pour les chambres à l'étage, avec air conditionné. Wifi à la réception.

BUDGET MOYEN

Moov Évora – B3 - *R. do Raimundo, 99 - ✆ 220 40 70 00 - www.hotelmoov.com - P - 80 ch. 45/66 - ☕ 5 €.* La façade de l'hôtel, qui s'étire en arrondi, évoque les courbes d'anciennes arènes dont on aurait retrouvé traces ici. Le style est ultramoderne, qui se prolonge dans les chambres à la décoration minimaliste. Bien insonorisées et confortables, ces dernières sont toutefois un brin aseptisées. Mais la situation centrale et l'excellent rapport qualité-prix en font une adresse de choix.

Hotel Riviera – B2 - *R. 5 de Outubro, 49 - ✆ 266 73 72 10 - www.riviera-evora.com - 21 ch. 75/90 € ☕.* Murs blancs, plafonds en brique sombre dans certaines chambres, parquet, couvre-lits raffinés et salles de bains en marbre : cet hôtel magnifiquement décoré, très bien situé, allie tradition et modernité. Les chambres à l'arrière sont plus tranquilles. Wifi. Promotions sur Internet.

Albergaria Solar de Monfalim – C2 - *Largo da Misericórdia, 1 - ✆ 266 70 35 29 - www.solarmonfalim.com - 26 ch. 78 € ☕.* Coup de cœur pour ce beau manoir du 16e s. Les chambres sont toutes différentes, mais le confort est celui d'un hôtel moderne allié au charme d'un bâtiment historique. Profitez de sa superbe loggia à colonnades, donnant sur une place tranquille de la ville, ou encore de sa salle de petit-déjeuner, vaste pièce parquetée digne d'un manoir d'antan. Wifi à la réception.

POUR SE FAIRE PLAISIR

Monte do Serrado de Baixo – A1, en dir. - *À 8 km d'Évora - ✆ 266 74 31 34 - http://montedoserradodebaixo.com - 4 ch. 90/100 € ☕.* Le chemin d'accès n'étant pas évident, consultez le plan sur leur site ou téléphonez. Nichée dans un splendide domaine de 7 ha planté d'oliviers et de chênes, cette belle demeure alentejane ourlée de bleu allie confort et simplicité. Un havre de paix idéal pour se ressourcer. Accueil chaleureux et petit-déjeuner gourmand servi au jardin, sous les orangers. Nombreuses activités (canoë, randonnée, VTT).

M'Ar de Ar Muralhas – B2 - *Travessa da Palmeira, 4/6 - ✆ 266 73 93 00 - www.mardearhotels.com - P - 85 ch. 112/132 € ☕ - ✕ 30 €.* Hôtel moderne près des murailles, à l'ouest de la vieille ville. Prestations de grande qualité, chambres décorées avec goût dont certaines, à l'arrière, ont un balcon. Belle piscine et jardin donnant sur les murailles.

UNE FOLIE

Pousada Convento Évora – C2 - *Largo Conde de Vila Flor - ✆ 218 44 20 01 - www.pestana.com - 30 ch. 230 € ☕ - ✕ 35/40 €.* Ce couvent du 16e s. a été transformé en *pousada* d'une extrême élégance. Certains détails et peintures d'origine ont été conservés. Les chambres, aménagées dans d'anciennes cellules monacales, sont restées sobres pour ne pas dénaturer l'authenticité des lieux, tout en étant très confortables. Entourée de palmiers, la piscine est pourvue d'un solarium. Au restaurant, les tables encerclent le patio du cloître, planté d'orangers.

RESTAURATION

PREMIER PRIX

O Garfo – B2 - *R. Santa Catarina, 13/15 - ✆ 266 70 92 56 - tlj sf dim. 12h15-14h30, 19h15-21h30 - 15/20 €.* Cette adresse intime et calme sert une bonne cuisine régionale : soupe du jour, *migas* aux asperges, pot-au-feu à l'alentejane… accompagnés de bons vins. Des dégustations de vins sont organisées par les propriétaires. Service discret.

BUDGET MOYEN

São Luís – B2-3 - *R. do Segeiro, 30/32 - ✆ 266 74 15 85 - tlj sf dim. 12h-15h, 19h-0h - 18/25 €.* Une jolie adresse près de la praça 1° de Maio, dans une maison ancienne. Parti pris de simplicité et d'authenticité avec nappes drapant les tables et objets paysans aux murs. Dans l'assiette, des recettes d'hier à base d'herbes sauvages (soupe aux épinards) et d'excellentes viandes. Portions raisonnables et accueil prévenant.

Pateo – B2 - *R. 5 de Outubro - beco da Espinhosa - ✆ 964 80 83 37 - 11h-2h - 20/25 €.* Le cadre, un patio planté d'arbres, est délicieux… tout comme la cuisine, qui plus est originale. Vous apprécierez les bonnes salades bien présentées, accompagnées d'un excellent vin au verre. Personnel jeune et souriant au service.

Taska Fina – B1 - *R. dos Apóstolos, 10 - ✆ 266 70 70 70 - tlj sf dim. et lun. 12h-15h, 19h-23h - env. 25 €* Cette *tasca* traditionnelle se signale par un gros tonneau posé à l'entrée. Vous serez confronté à un choix embarrassant de *petiscos*, à base de charcuteries et de viandes. Ne passez pas à côté des *migas* exceptionnelles et des délicieux desserts.

☺ **Botequim da Mouraria** – B2 - *R. da Mouraria, 16 A - ✆ 266 74 67 75 - tlj sf w.-end 12h30-15h, 18h30-22h - 25/30 €.* Cette maison peinte en blanc et jaune abrite un minuscule bistrot où l'on s'attable au coude à coude pour déguster les assiettes du jour, juché sur de hauts tabourets. Cuisine simple et savoureuse, concoctée par le patron et servie avec de bons vins. Un endroit authentique, très fréquenté par les habitués. Les places sont donc chères… arrivez tôt ou réservez !

Luar de Janeiro – B1 - *Travessa de Janeiro, 13 - ✆ 266 74 91 14 - www.luardejaneiro.com - tlj sf jeu. 12h-15h, 19h-22h30 - 25/35 €.* Réputé pour être l'un des meilleurs restaurants de la ville en raison de sa qualité constante et de son inventivité. On y savoure une vraie cuisine gastronomique préparée par un passionné, dans un cadre toutefois assez étriqué et sans originalité. Prix honnêtes, menu touristique à 28,50 €.

1/4 P'rás 9 – B2 - *R. Pedro Simoês, 9 A - ✆ 266 70 67 74 - http://restaurante14pras9.pt - tlj sf merc. 12h30-16h, 19h30-0h - 25/35 €.* Un restaurant qui, l'été, a l'heureuse idée de prendre ses quartiers en terrasse et d'investir la ruelle attenante. En salle, quelques jambons pendent derrière le comptoir, et les murs se couvrent de coupures de presse qui flattent la réputation du lieu. Un large choix de plats de viande (à base de porc de l'Alentejo essentiellement), du poisson et une spécialité, l'*açorda* de crevettes. L'atmosphère est agréable et séduisante, et le service attentionné.

O Aqueduto – B1 - *R. do Cano, 13 A - ✆ 266 70 63 73 - tlj sf dim. et lun. 19h-22h30 - 25/35 €.* Son nom vous indique qu'il est proche de l'aqueduc. Ce restaurant typique sert des plats régionaux comme le riz au lièvre, les côtelettes d'agneau ou de porc grillées, le porc frit et les asperges. En apéritif : fromage sec d'Évora et saucissons de l'Alentejo. On mange soit en bas, dans une salle rustique flanquée de jarres à vin de taille impressionnante, soit en haut, dans une salle plus lumineuse, ornée de photos paysannes de l'Alentejo. Clientèle de groupes.

POUR SE FAIRE PLAISIR

Fialho – B2 - *Travessa das Mascarenhas, 16 - ✆ 266 70 30 79 - tlj sf lun. 12h-16h, 19h-23h - 35/45 €.* Excellente cuisine locale (spécialité de mouton) dans un décor régional. Trois salles différentes ; il est plus agréable de s'attabler dans celle de droite, la plus vaste, avec sa décoration rustique et son imposant lustre en ferronnerie. Un classique à Évora.

PETITE PAUSE

Pique-nique – Le **jardim Público** B3 est l'endroit tout indiqué ! Faites vos emplettes au marché, juste à côté.

Gelateria Zoka – BC2 - *R. Miguel Bombarda, 14 - en été : 8h-0h.* Une dizaine de parfums à déguster sur une terrasse informelle.

Mercador do Pão – C2 - *R. Miguel Bombarda, 17 - ✆ 266 70 15 22 - 8h-22h.* À deux pas de la praça do Giraldo, snack sans prétention pour un repas à peu de frais : mini-menus à moins de 4 €, pizzas, hamburgers à moins de 3 €, sandwichs, etc.

☺ **Pastelaria Conventual Pão de Rala** – C3 - *R. do Cicioso, 47 - ✆ 266 70 77 78 - 7h30-19h30.* Comme son nom l'indique, ce salon de thé toujours très fréquenté propose « la » spécialité locale : le *pão de Rala*, un gâteau aux amandes et oranges confites. Mais dans cette région de couvents, il se devait avant tout de perpétuer la tradition des recettes « ecclésiastiques », d'où le nom d'autres pâtisseries que l'on trouve ici : *convento das Chogas, convento Santa Clara* ou *convento Santa Helena Calvário.*

Queen's – C2 - *Largo Álvaro Velho, 5 - ✆ 960 30 11 43 - 9h-20h.* « Doçaria Conventuel » est l'alléchant sous-titre désignant les douceurs conventuelles que l'on peut déguster ici, sur une charmante terrasse.

ACHATS

Marché municipal – B3 - *Praça 1º de Maio - tlj sf lun.* Très animé le matin, il accueille des stands d'artisanat de bonne facture : poteries, assiettes, etc.

EN SOIRÉE

Bar do Teatro – B2 - *Praça Joaquim António de Aguiar - ✆ 962 65 15 85 - 20h-2h.* Dans le bâtiment du théâtre, ce bar au joli plafond peint s'anime plutôt en début de soirée et accueille une clientèle jeune assez aisée.

A Oficina – B2 - *R. da Moeda, 27 - ✆ 266 70 73 12 - mar.-jeu. 20h-2h, vend. et sam. 21h-3h.* Un tout petit bar convivial où se serrer au comptoir, avec une bonne musique pop et funk. Clientèle de tous âges, plutôt « intello ». Wifi.

ACTIVITÉS

Piscine – A2, en dir. - *Env. 2 km à l'ouest de la vieille ville, par l'estrada da Malagueira (entre la route d'Arraiolos et celle de Lisbonne) - ✆ 266 77 71 86 - déb. juin à mi-sept. : dim.-lun. 13h-20h, mar.-sam. 9h-20h - 4,50 €.* Un complexe de 5 piscines idéal pour échapper à la fournaise estivale d'Évora.

À Arraiolos

Oficina da Terra – *Quinta das Canas Verdes - estrada das Hortas 202 - ✆ 266 74 60 49 - www.aldeiadaterra.pt - 10h-17h (18h en été) - 5 € (enf. 3 €).* Un mini-village en terre cuite avec ses maisons et ses personnages naïfs ou caricaturaux. Original.

AGENDA

Festas da Cidade – *2e quinz. de juin.* Grande fête populaire.

Vila Viçosa

★

8 293 habitants – District d'Évora

Adossée au versant d'une colline où poussent orangers et citronniers, Vila Viçosa, une petite ville ombragée (« viçosa ») et fleurie, fut autrefois le fief de la dynastie des ducs de Bragance, qui y possédaient une vaste réserve de chasse, et la résidence de plusieurs rois portugais. Après 1910 et la chute de la monarchie, la vie de la cité s'est recentrée autour de quelques activités artisanales (poterie et fer forgé) et l'exploitation de ses carrières de marbre. Le centre a gardé une certaine animation, tandis que les quartiers de la place du palais ducal et de la vieille ville restent empreints d'une atmosphère de ville-musée, évocatrice de la vie fastueuse des Bragance.

NOS ADRESSES PAGE 318
Hébergement, restauration, achats, activités, etc.

S'INFORMER
Posto de Turismo – *Praça da República - ✆ 268 88 93 17 - www.cm-vilavicosa.pt - 9h-12h30, 14h-17h30.*

SE REPÉRER
Carte de région C2 p. 296-297. 20 km au sud-est d'Estremoz.

À NE PAS MANQUER
La vieille ville et le palais des Ducs.

ORGANISER SON TEMPS
Une demi-journée suffit pour visiter la ville.

AVEC LES ENFANTS
Le musée des Carrosses.

Se promener

Circuit au départ du Terreiro do Paço – Comptez une demi-journée.

★★ TERREIRO DO PAÇO (Place du Palais)

Cette vaste place dominée par le palais des Ducs est occupée, en son centre, par la statue de Jean IV, œuvre en bronze du sculpteur Francisco Franco.

★★ Paço Ducal (Palais des Ducs)

✆ 268 98 06 59 - www.fcbraganca.pt - visite guidée (1h) juil.-août : mar. 14h30-18h, merc.-vend. 10h-13h, 14h30-18h, w.-end 9h30-13h, 14h30-18h ; reste de l'année : se rens. - dernière visite 1h av. fermeture - 6 €.

Las de l'inconfort du château datant du roi Denis, Dom Jaime Ier, 4e duc de Bragance, fit entreprendre en 1501 la construction de ce palais. Il est constitué de deux ailes perpendiculaires dont la principale, en marbre blanc, s'étire sur 110 m de longueur. À 300 m de là, un vaste **parc** (2 000 ha) servait autrefois de réserve de chasse.

L'intérieur du palais a été aménagé en musée. La cage de l'escalier qui conduit au 1er étage est ornée de peintures murales représentant la bataille de Ceuta (15e s.) et le siège d'Azamor (16e s.) par le duc Dom Jaime Ier.

LA COUR DUCALE

Dès le 15e s., Dom Fernando Ier, deuxième duc de Bragance, choisit Vila Viçosa comme résidence de sa Cour. L'exécution du troisième duc, **Dom Fernando II**, anéantit un temps la puissance ducale, et c'est seulement au siècle suivant que la Cour reprend sa vie fastueuse. Dans le palais construit par le 4e duc de Bragance, Dom Jaime Ier, grandes fêtes seigneuriales et mariages princiers se succèdent alors, ainsi que banquets gargantuesques, représentations théâtrales et courses de taureaux. Cette époque dorée prend fin en 1640, lorsque le 8e duc de Bragance accède au trône de Portugal sous le nom de Jean IV.

Aile principale – Des azulejos du 17e s., des tapisseries de Bruxelles et d'Aubusson et des tapis d'Arraiolos la décorent. Les salles sont ornées de plafonds peints à motifs variés : David contre Goliath, les aventures de Persée, les Sept Vertus. On verra aussi les portraits des Bragance signés des peintres portugais (fin 19e s.) Columbano, Malhoa et Sousa Pinto ainsi que, dans la salle des Tudesques, du peintre français Quillard.

La façade ouest donne sur des jardins classiques de buis taillés.

Aile transversale – Elle comprend les appartements du roi Charles Ier (1863-1908), peintre et dessinateur de talent, et ceux de la reine Amélie ; dans la chapelle, un intéressant triptyque du 16e s., attribué à Cristóvão de Figueiredo, illustre des scènes du Calvaire. Le parcours se poursuit par la salle à manger (majoliques italiennes) et la cuisine.

La visite s'achève par le **cloître**, de style manuélin (16e s.), ainsi que les jardins. Elle peut être complétée par l'armurerie *(1h - 3 €)*, la collection des porcelaines chinoises *(30mn - 2,50 €)* et le trésor *(30mn - 2,50 €)*.

Au terme de la visite du palais, une porte donne accès au musée des Carrosses.

★ Museu dos Coches (Musée des Carrosses)

Entrée par la Porta dos Nós - mêmes horaires que le palais des Ducs - 2 € - visite guidée (30mn).

Il fait partie du musée national des Carrosses, dont la collection principale se trouve à Lisbonne *(voir p. 171)*. Il rassemble plus de 70 carrosses, berlines, voitures, etc., du 18e au 20e s., présentés dans quatre bâtiments, dont l'**écurie royale★** bâtie à la demande du roi Joseph Ier en 1752. Cette salle, longue de 70 m, pouvait abriter des centaines de chevaux sous ses voûtes supportées par des piliers de marbre. La variété et l'état des véhicules sont remarquables. Certains d'entre eux sont parfois exposés au Museu dos Coches ou au Picadeiro Real de Belém à Lisbonne *(voir p. 172)*.

★ Porta dos Nós (Porte des Nœuds)

Cette porte que l'on franchit en sortant des jardins est l'un des derniers vestiges de la muraille du 16e s. La **maison de Bragance**, dont la devise était « *Depois de vós, nós* » (« Après vous, nous »), avait choisi les nœuds comme symbole en raison du double sens du mot *nós* (« nous » et « nœuds »).

Revenez sur la place du Palais.

Convento dos Agostinhos

Face au palais - ne se visite pas.

Reconstruite au 17e s. par le futur Jean IV, l'**église**, qui se dresse à l'est de la place du Palais, est la nécropole des ducs de Bragance. Le transept et le chœur abritent, dans des enfeus, les tombeaux des ducs.

Antigo Convento das Chagas (Ancien couvent des Plaies)
À gauche du palais - ouvert uniquement le dim. à 12h (messe).
Fondé par Joana de Mendonça, deuxième femme du duc Dom Jaime Ier, ce couvent est situé au sud de la place du Palais. L'église, aux murs tapissés d'azulejos de 1626, sert de nécropole aux duchesses de Bragance.

LA VIEILLE VILLE

Laissez la voiture à l'extérieur des remparts.
Le château et les remparts, élevés à la fin du 13e s. par le roi Denis, ont été renforcés par des bastions au 17e s. Des murailles crénelées, flanquées de tours, enserrent encore la vieille cité. Ses ruelles sont bordées de maisons blanches dont la partie basse est peinte de couleurs vives. Une petite rue mène à l'**église da Conceição** et au **pilori** du 16e s.

Castelo

✆ 268 98 01 28 - www.fcbraganca.pt - mêmes horaires que le palais ducal - 3 €.
Les parties les plus anciennes datent du 13e s., mais il fut remanié plus tard. Il est entouré de fossés profonds. La visite fait parcourir une petite portion des souterrains de l'édifice primitif. Au rez-de-chaussée a été installé un **musée archéologique** regroupant notamment des vestiges préhistoriques, romains, arabes et médiévaux, ainsi qu'une collection de vases canopes égyptiens.
À l'étage, le surprenant **musée de la Chasse** (Museu da Caça) réunit près de 1 500 pièces léguées par l'ingénieur Manuel de Carvalho, provenant en grande partie d'anciennes colonies portugaises d'Afrique (Angola, Mozambique et Guinée-Bissau). L'ensemble constitue le plus grand musée d'armes africaines au monde. Vous pourrez admirer toutes sortes d'animaux naturalisés, originaires d'Europe et d'Afrique (buffles, antilopes, lynx, crocodiles), des armes européennes et africaines d'époque, dont une collection offerte au roi Dom Carlos par les anciennes colonies, des peaux, des meubles, etc.
Du chemin de ronde du château, jolies vues sur les ruelles de la vieille ville.

3

À proximité Carte de région

Borba C2

6 km au nord-ouest par la N 255 en dir. d'Estremoz.
Borba est réputée pour son marbre, que l'on a utilisé pour la **Fonte das Bicas★** (1781), tenue pour l'une des plus belles du pays, les portes monumentales des chapelles votives disséminées dans la ville ou encore l'étonnante **façade★** en damier noir et blanc de la **Capela do Senhor Jesus dos Aflitos**.
Le bourg est également célèbre pour son vignoble. Vous découvrirez les vins rouges ou blancs à l'**Adega Cooperativa de Borba**, une des plus anciennes coopératives de la région. *Rossio de Cima (sortie nord de la ville dir. Elvas) - ✆ 268 89 16 60 - www.adegaborba.pt - tlj sf w.-end 9h-19h - possibilité de dégustation (sur réserv.) - 3/5 € selon la formule.*

Alandroal C2

8,5 km au sud par la N 255 en dir. de Reguengos.
La petite cité possède aussi sa **Fonte das Bicas** en marbre (17e-18e s.; *en face de l'office de tourisme*). L'enceinte du **château** *(accès libre)* enserre une église, une grande esplanade pavée et, chose inhabituelle, une oliveraie à découvrir du haut du chemin de ronde.

NOS ADRESSES À VILA VIÇOSA

INFORMATIONS UTILES

Les offices de tourisme sont répertoriés en début de chapitre.

HÉBERGEMENT

PREMIER PRIX

Hospedaria D. Carlos – *Praça da República, 25 - 268 98 03 18 - 10 ch. 35/40 €.* Au 1er étage, des chambres carrelées impeccables mais qui manquent de charme. Correct et fonctionnel, accueil sympathique.

À Borba

BUDGET MOYEN

Casa Borba – *R. da Cruz, 5 (face à la poste) - 268 89 45 28 - - 5 ch. 80 €* . En plein centre, une maison d'hôte du 18e s. occupée par la même famille depuis des générations. Passé le hall pavé où trône une calèche, un bel escalier en marbre à double révolution mène aux étages et à la grande galerie dominant le délicieux jardin anglais. Les chambres, équipées de salles de bains à l'ancienne, certaines avec baignoire à pieds, sont décorées de gravures et de *registros*, des images pieuses cerclées de dorures et de fleurs en papier. La chambre de l'Archevêque, avec son lit à baldaquin en bois du Brésil, et la chambre Bleue sont vraiment superbes. Salle à manger avec grande cheminée, salle de billard, terrasse. Petit-déjeuner copieux. Wifi.

RESTAURATION

PREMIER PRIX

Tasca do Necas – *R. Cristovão Pereira, 12 - 969 14 90 29 - - tlj sf dim. 12h30-15h, 19h-21h30 - 12/18 €.* Près de la praça da República, une petite taverne typique précédée d'un bar. On y mange devant d'énormes jarres à vin. Pas de menu, mais des plats du jour régionaux bons et copieux.

Os Cucos – *Mata Municipal - 268 98 08 06 - 12h-15h, 19h-22h - 15/25 €.* Il bénéficie d'une situation très agréable, au beau milieu du jardin public arboré qui s'ouvre derrière l'église San João Evangelista. La salle, climatisée, affiche une présentation soignée. La carte privilégie les classiques de la cuisine régionale, proposée en *doses* et *meia doses*. Bon accueil.

PETITE PAUSE

Pique-nique – Le parc autour du château est agréable et fleuri. Vous achèterez pain et pâtisseries à la boulangerie **Aqui Há Pão** *(av. Bento de Jesus Caraça, 27)*, sur la grande avenue en face de la porte fortifiée.

Estremoz

★

14 328 habitants – District d'Évora

En arrivant par le sud, on découvre la vieille ville, toute blanche, perchée sur la colline où poussent des plants de vigne. Dans une région où abondent les carrières de marbre, Estremoz est une cité plaisante, entourée de remparts à la Vauban et dominée par le donjon d'un château médiéval. Sur la place centrale (le Rossio), vous irez flâner le samedi matin entre les pittoresques étalages de poteries, un artisanat dont Estremoz a fait sa célèbre spécialité depuis le 16e s.

NOS ADRESSES PAGE 322
Hébergement, restauration, achats, activités, etc.

S'INFORMER

Posto de Turismo – *Largo da República, 26 - ✆ 268 33 92 27 - www.visitalentejo.pt - tlj sf lun. 9h-12h30, 14h-17h30.*

SE REPÉRER

Carte de région C2 p. 296-297.

Estremoz se trouve 46 km au nord-est d'Évora et 70 km à l'ouest de Badajoz (Espagne).

À NE PAS MANQUER

Le marché du samedi matin ; le donjon.

ORGANISER SON TEMPS

Il est possible de visiter la ville en deux à trois heures.

AVEC LES ENFANTS

Le Centro Ciência Viva.

3

Se promener

Circuit au départ du Rossio – Comptez env. 1h pour la ville haute et 1h30 pour les musées de la ville basse.

★ VILLE HAUTE

Du Rossio, prenez à droite de l'église pour gagner la praça Luís de Camões. Empruntez, au fond à gauche, la rua da Frandina, derrière le pilori. Après des escaliers, franchissez une porte du 14e s. marquant l'entrée de la ville haute, aux maisons gothiques et manuélines. Poursuivez par la rua da Rainha Santa Isabel, jusqu'au largo D. Dinis.

Torre de Menagem

Largo D. Dinis - accès par la réception de la pousada *- 9h-12h, 14h-17h30 - gratuit.*

Donjon et palais abritent aujourd'hui la *pousada* da Rainha Santa Isabel, l'une des plus fameuses du Portugal *(voir « Hébergement », p. 322)*. Bâti au 13e s., le **donjon**, haut de 30 m, est couronné de merlons pyramidaux et flanqué dans sa partie haute de balcons et de

LE MARBRE D'ESTREMOZ

Les environs de la ville sont un des principaux lieux d'extraction du marbre de l'Alentejo, qui habille de sa blancheur les façades des églises et des maisons urbaines de la région. La production, qui avoisine 500 000 tonnes par an, fait du Portugal le 5e producteur de marbre au monde.

consoles. Au 2e étage, une belle salle octogonale est éclairée par des fenêtres trilobées. Du sommet, vue circulaire sur la ville et l'Alentejo, où pointent, au sud, les hauteurs de la serra de Ossa.
Contournez le donjon sur la gauche, et franchissez une belle grille ancienne.

Capela da Rainha Santa Isabel

Largo D. Dinis - tlj sf lun. 10h-12h, 14h-16h (15h-17h avr.-oct.) - donation - si la chapelle est fermée, demandez la clef à l'église.
Les murs de la chapelle sont recouverts de beaux azulejos représentant des scènes de la **vie de la reine sainte Isabelle d'Aragon**, épouse du roi Denis. Remarquez la scène du miracle des Roses : surprise par le roi alors qu'elle portait du pain aux pauvres, la reine, pour dissiper les soupçons de son mari, dut ouvrir les plis de sa robe où n'apparurent que des roses.

Igreja de Santa Maria

Largo D. Dinis - mêmes horaires que la chapelle ci-dessus.
Cette église de plan carré, qui faisait partie de l'ancienne citadelle, date du 16e s. Les murs des collatéraux conservent une partie de leurs fresques (l'archange Michel au Jugement dernier à gauche ; les apôtres autour de la fenêtre à droite).

Paço da Audiência (Salle d'audience du roi Denis)

Largo D. Dinis - 9h-12h30, 14h-17h30 - gratuit.
Une belle **colonnade gothique★** en marbre caractérise cette salle aux voûtes en étoile, refaites à l'époque manuéline. Sainte Isabelle y mourut en 1336 et le roi Pierre Ier en 1367. La Galeria de Desenho y a été aménagée et accueille des expositions temporaires (poteries, peintures, céramiques, etc.).

Museu Municipal

Largo D. Dinis - ✆ 268 33 92 19 - www.museuestremoz.blogspot.fr - tlj sf lun. 9h-12h30, 14h-17h30 - 1,55 €.
Dans une belle maison en face du donjon, ce musée rassemble des poteries et des santons d'Estremoz, des reconstitutions d'intérieurs traditionnels, etc.
Regagnez le Rossio en rebroussant chemin.

VILLE BASSE

Rossio

La vaste esplanade est bordée d'anciens couvents et d'églises baroques rivalisant d'élégance. Au nord-ouest, le **lago de Gadanha** (1688) porte le nom de la

LES POTERIES ET SANTONS D'ESTREMOZ

Outre les *bilhas*, cruches à col large, et les *barris*, à col étroit, on fabrique ici de nombreuses poteries décoratives destinées à garder l'eau fraîche ou à la servir à table. Les *moringues*, pourvues d'une anse et de deux becs, les *púcaros dos reis* (vases des rois), sont des poteries mates, ornées de motifs géométriques ou de feuillages stylisés, incrustés d'éclats de marbre blanc. On y colle parfois des rameaux de chêne, selon un procédé plus récent. Les *fidalgos* sont de grands vases pansus, vernis, agrémentés de petits bouquets. Estremoz doit également sa réputation à ses figurines naïves de couleurs vives, les *bonecos* : elles représentent des personnages religieux (santons, saints) ou profanes (paysans, personnages satiriques), ou encore des animaux, reproduits d'après des modèles anciens dont le réalisme et le pittoresque ont gardé toute leur saveur.

faux que brandit Saturne au centre du bassin, symbole du caractère éphémère de la vie. Le Rossio donne accès à une autre place, dédiée à Luís de Camões et ornée d'un gracieux **pilori** torsadé de style manuélin.

Centro Ciência Viva

Rossio - ☎ 268 33 42 85 - www.estremoz.cienciaviva.pt - tlj sf lun. 10h-18h - 5,50 € (enf. 2/3,50 €) - accès Internet gratuit.

Il est installé dans l'ancien **couvent des Maltaises★** (Convento das Maltezas), superbe édifice du 16e s., dont le cloître recèle des fresques des 16e-17e s. ainsi qu'une fontaine sphérique. Les expériences et les thèmes présentés de façon très didactique s'adressent aussi bien aux jeunes qu'aux adultes.

Museu Rural do Alentejo

Centre culturel José Lourenço Marquês Crespo - av. de Santo António - du Rossio, prenez à gauche de l'église la rue Victor Cordon et franchissez les portes de Santo António - ☎ 963 00 41 79 - tlj sf dim. et lun. 9h-12h30, 14h-17h30 - 1 €.

Cet intéressant petit musée retrace, sous forme de maquettes, de produits de l'artisanat et de costumes régionaux, les scènes de la vie alentejane d'antan.

Excursion Carte de région

Avis B2

52 km au nord-ouest d'Estremoz par la N 245 et la N 243.

Point saillant dans la traversée monotone de la plaine alentejane, où prédominent chênes-lièges et oliviers, la cité d'Avis domine le confluent des rivières Seda et Avis, noyé par la retenue qui alimente la centrale hydro-électrique de Maranhão *(15 km en aval)*. La N 243, au sud, offre la meilleure **vue★** sur la ville qui a gardé des vestiges de fortifications. Outre les remparts, des tours médiévales et l'église du couvent São Bento témoignent du brillant passé de la cité. Avis fut en effet le berceau d'une dynastie qui régna sur le Portugal à partir de 1385, lorsque Jean, grand maître de l'ordre d'Avis, fut sacré roi sous le nom de **Jean Ier**.

L'ORDRE D'AVIS

C'est à Avis que s'installa, au début du 13e s., l'ordre militaire fondé en 1147 par Alphonse Henriques pour combattre les Maures. Cet ordre de chevalerie, le plus ancien d'Europe, reçut plusieurs désignations et obéit à plusieurs règles avant de devenir l'ordre de St-Benoît d'Avis. Il rayonna dans le bassin du Tage jusqu'en 1789.

Centro Interpretativo da Ordem de Avis – *☎ 242 41 00 93 - juin-sept. : tlj sf lun. et mar. 10h-13h, 15h-19h ; oct.-mai : tlj sf lun. et mar. 9h-13h, 14h-17h - 2,50 €.*

Aménagé dans l'ancien couvent, le centre retrace l'histoire de la dynastie qui s'éteignit à la mort d'Henri Ier, en 1580. Sous de belles salles voûtées aux retombées ornées de motifs figuratifs sont également présentés outils agricoles et objets militaires.

Près de l'Igreja Matriz se dresse un **pilori★** baroque en marbre coiffé d'un oiseau, symbole de la ville d'Avis (du latin *aves* qui signifie « oiseaux »).

3

NOS ADRESSES À ESTREMOZ

INFORMATIONS UTILES

Les offices de tourisme sont répertoriés en début de chapitre.

HÉBERGEMENT

PREMIER PRIX

Residencial O Gadanha – *Largo General Graça, 56 - 268 33 91 10 - www.residencialogadanha.com - P - 12 ch. 40 €*. Une adresse impeccablement tenue dans une maison bourgeoise de la ville basse. Chambres confortables et belles terrasses pour celles du 2e étage.

BUDGET MOYEN

Monte dos Pensamentos – *2 km par la N 4 en dir. de Lisbonne, puis à droite avant la station Galp - 917 06 96 99 - www.montedospensamentos.com - P - 7 ch. 60/90 €*. Une drôle de propriété, toute blanche, de type mauresque, flanquée de tourelles aux chapeaux pointus et bordée d'arcades. Elle est cernée d'un plaisant jardin, et d'une oliveraie. Chambres et suites douillettes, ainsi que 3 appart. Petit-déjeuner copieux, vélos à disposition.

UNE FOLIE

Pousada da Rainha Santa Isabel – *Largo D. Dinis - 268 33 20 75 - www.pestana.com - 33 ch. à partir de 150 €*. Logée dans l'ancienne armurerie royale du château, voici l'une des plus prestigieuses *pousadas* du pays. Un endroit d'exception, tant pour le panorama qui se découvre depuis les chambres côté vallée que pour le mobilier des salons gothiques : poteries chinoises, tableaux, statues et commodes du 17e s. Les chambres arborent tapisseries anciennes, boiseries et lits à baldaquin. Restaurant au décor magnifique, mais à la cuisine banale.

RESTAURATION

PREMIER PRIX

Casa de Pixa Negra – *R. Magalhães de Lima, 16 - 268 32 24 33 - - 12h-15h, 19h-22h - 12/18 €*. Cette adresse d'habitués vous accueillera dans une arrière-salle au décor typique : murs carrelés et jarres à vin sous l'arc des voûtes. Spécialités de morue grillée, beaux choix de vins de la région (borba, monsaraz), et une clientèle 100 % portugaise.

BUDGET MOYEN

Adega do Isáias – *R. do Almeida, 21 - 268 32 23 18 - - tlj sf dim. 12h-15h, 19h-22h - 18/25 €*. Une taverne paysanne authentique, avec ses tresses d'ail qui pendent au plafond. Passé la porte, on gagne une pièce fraîche où les convives font ripaille au coude-à-coude sur de grandes tables collectives, à l'ombre de monumentales jarres à vin. Grillades de porc ou d'agneau, vin au pichet.

São Rosas – *Largo D. Dinis, 11 - 268 33 33 45 - tlj sf lun. 12h-15h, 19h45-22h30 - fermé 1re quinz. de janv. et 1re quinz. de juil. - 25/35 €*. Sans conteste le restaurant le plus raffiné de la ville, situé près de la *pousada*. Cadre élégant et service stylé, vins excellents. Goûtez les travers de porc aux pruneaux, la truite au *chouriço* ou les côtelettes d'agneau rôties au four.

PETITE PAUSE

Pastelaria Aliança – *Rossio, 106 - 268 32 23 733 - 8h30-13h, 15h-20h*. La jolie façade vernissée est une invitation à entrer dans cette minuscule pâtisserie. Vous y goûterez une douceur locale, les *bolos Rainha Santa* (gâteaux aux amandes et aux œufs).

Portalegre et serra de São Mamede

★

Portalegre 24 973 hab. – District de Portalegre

Ancienne place stratégique proche de la frontière espagnole, Portalegre, dominée par les trois tours de son château, fut une cité prospère pendant la Renaissance. En témoigne la riche architecture baroque de la vieille ville, dans laquelle il fait bon se promener. Tournée vers le sud, cette ville dynamique domine les champs, les oliveraies et les horizons vallonnés de la plaine verdoyante du Haut-Alentejo. Elle constitue aussi un point de départ idéal pour une excursion dans la serra de São Mamede, qui se dresse aux portes de la cité. La balade vous conduira à Marvão, fascinant nid d'aigle juché sur la crête d'un piton rocheux, dont les puissants remparts semblent faire corps avec la montagne. La proche Castelo do Vide, également dominée par un château, conserve un centre médiéval fleuri, plein de charme et encore habité, qui s'insinue à l'intérieur des fortifications. Un vrai décor de cinéma !

NOS ADRESSES PAGE 330
Hébergement, restauration, achats, activités, etc.

S'INFORMER

Posto de Turismo de Portalegre – B1 - *R. Guilherme Gomes Fernandes, 22 - ☏ 245 30 74 45 - www.cm-portalegre.pt - 9h30-13h, 14h30-18h.* Infos sur la ville et le Parc naturel de la serra de São Mamede, les randonnées *(5 circuits balisés de 8 à 18 km)* et les gîtes *(casa-abrigos)*.

SE REPÉRER

Carte de région C1 p. 296-297 – Plan de Portalegre p. 325 – Carte de la serra de São Mamede p. 327.
Portalegre se situe 105 km au nord-est d'Évora.

Voir aussi la rubrique « Arriver/partir » dans « Nos adresses ».

SE GARER

Utilisez le parking public (payant), praça da República.

À NE PAS MANQUER

L'animation des soirs d'été sur la praça da República ; à Castelo do Vide, la praça D. Pedro V ; les panoramas depuis le château de Marvão.

ORGANISER SON TEMPS

Comptez une demi-journée pour visiter Portalegre et une journée pour faire le tour de la serra de São Mamede. Prenez un après-midi pour flâner à Castelo do Vide.

AVEC LES ENFANTS

La visite du haras de Alter Real.

Se promener Plan de ville

Circuit tracé en vert sur le plan de ville (voir p. 325), au départ de la praça da República – Comptez une demi-journée.

La vieille ville domine la colline, cerclée de ses remparts et coiffée par les ruines du château inclus dans le tissu urbain. Les quartiers modernes se développent vers le nord-est, reliés au noyau primitif par la rue piétonne 5 de Outubro, que prolonge la rua Luís de Camões.

De la praça da República, prenez au sud la rua Poeta José Régio, face au parking.

Casa-Museu José Régio B2

R. Poeta José Regio - ☏ 245 30 75 35 - tlj sf lun. et j. fériés 9h-13h, 14h-18h - 2,10 €.
La collection d'art religieux et populaire régional rassemblée par José Régio (1901-1969) constitue le fonds essentiel de ce musée, installé dans la maison où vécut le poète; elle comprend un nombre impressionnant de crucifix du 16e au 19e s. et de statuettes naïves de saint Antoine, ainsi que des meubles anciens.

Revenez sur la praça da República et traversez-la vers l'ouest, en dir. de la vieille ville. Franchissez la porte fortifiée et continuez en face, rua 19 de Junho, bordée de belles maisons des 17e et 18e s. Tournez à gauche dans la rua de Elvas.

Antigo Convento de Santa Clara A2

R. de Elvas - sur autorisation tlj sf sam. matin et dim. 9h-13h, 14h-18h - gratuit.
Fondé dans la seconde moitié du 14e s. et attaché au souvenir d'Éléonore Teles, épouse de Ferdinand Ier, l'ancien couvent de Clarisses abritant la bibliothèque municipale conserve son cloître du 16e s.

Reprenez la rua 19 de Junho.

Sé (Cathédrale) A2

Praça do Município (en haut de la rua 19 de Junho) - tlj sf lun. 9h-12h30, 14h30-18h.
La façade de la **cathédrale**, du 18e s., se distingue par les colonnes de marbre de son portail principal, ses balcons en fer forgé et ses pilastres en granit. À l'intérieur (16e s.), dans la deuxième chapelle à droite, beau retable illustrant la vie de la Vierge; dans la sacristie, aux murs revêtus d'azulejos, chapier de bois du 18e s.

Tournez à gauche en sortant de la cathédrale.

Museu Municipal A2

R. José Maria da Rosa - ☏ 245 30 75 25 - visite guidée (45mn) tlj sf lun. et j. fériés 9h-13h, 14h-18h - 2,10 €, gratuit dim. avant 13h.
Dans l'ancien séminaire diocésain, le musée abrite au 1er étage une collection d'art sacré (statues et fragments de retables). Le 2e étage expose des tableaux du 19e s. et la section d'arts décoratifs (tapis, mobilier et céramiques), ainsi qu'un impressionnant ensemble de tabatières.

Poursuivez dans la rua José Maria da Rosa et descendez à droite la rue qui prolonge le largo do Paço. Profitez au passage de la vue sur la campagne environnante depuis le petit belvédère situé juste après la rue sous porche, à gauche.

CAPITALE ACTIVE DU HAUT-ALENTEJO

Les Romains auraient baptisé ce site stratégique du nom de Portus Alacer (« port sec »), désignant ainsi une cité formant un passage de montagne. En 1290, elle fut dotée par le roi Denis d'un château fort dont il ne subsiste que des vestiges. Célèbre au 16e s. grâce à ses tapisseries, la ville devient prospère à la fin du 17e s. lorsque la soierie s'y installe; elle se pare alors de demeures baroques et de manoirs blasonnés qui lui donnent sa physionomie actuelle. À l'industrie textile s'est ajoutée celle du liège, encore florissante aujourd'hui en dépit des difficultés liées à l'émergence de produits de substitution.

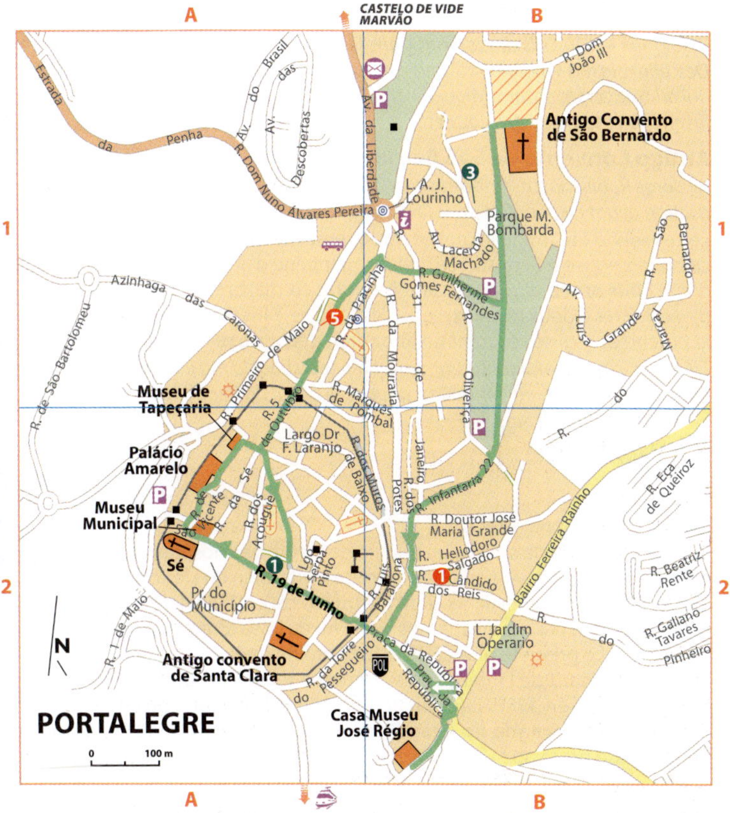

SE LOGER	SE RESTAURER	
Mansão Alto Alentejo 1	O Escondidinho 5	Solar do Forçado 1
Solar das Avencas 3		

Palácio Amarelo (Palais jaune) A2

R. da Figueira - ne se visite pas.

La façade de ce palais, dont tout un pan est malheureusement endommagé, est ornée de remarquables ferronneries d'art du 17e s.

Longez le palais sur la droite par la rua da Figueira.

★ Museu de Tapeçaria Guy Fino A2

R. da Figueira, 9 - ☏ 245 30 75 30 - tlj sf lun. et j. fériés 9h30-13h, 14h30-18h - 2,10 €, gratuit dim. matin - possibilité de visite guidée en français - gratuit.

Installé dans le palais Castelo Branco, le musée de la Tapisserie expose par roulements des pièces contemporaines dont certaines reproduisent des toiles d'artistes portugais célèbres tels que Vieira da Silva, Almada Negreiros ou encore Júlio Pomar.

Outre les métiers à tisser et la découverte de toutes sortes d'objets nécessaires à la fabrication des œuvres, toutes faites main, on appréciera le regard que le musée porte sur un artisanat injustement considéré comme vieillot ou figé dans le temps : les tapisseries de Portalegre sont éclatantes de couleur, de modernité et de fraîcheur.

Rejoignez la rua Luís de Camões dans le prolongement de la rua da Figueira. Descendez la rua 5 de Outubro, puis empruntez la rua Guilherme Gomes Fernandes, qui grimpe vers le parque Miguel Bombarda. Traversez le parc et prenez à gauche jusqu'à la caserne de gendarmerie.

Antigo Convento de Saõ Bernardo B1

Av. Jorge Robinson (caserne de la gendarmerie, GNR) - sur place, demandez l'autorisation avant de pénétrer dans l'enceinte - gratuit.

Le couvent a été fondé au début du 16e s. et occupé par des moniales cisterciennes. L'église fut consacrée une cinquantaine d'années plus tard. Précédé d'une cour ornée d'une fontaine baroque en marbre, l'ensemble possède deux cloîtres à deux niveaux, l'un à l'est, l'autre, plus vaste, à l'ouest. Au 18e s., le porche et l'église reçurent un abondant décor d'azulejos.

Traversez le parque Miguel Bombarda. Prenez au bout la rua Infantaria 22 et rejoignez la rua Garrett, qui retrouve à gauche la praça da República.

À proximité Carte de région

Crato C1

21 km à l'ouest par la N 119.

Dès 1350, Crato fut le siège d'un prieuré de l'ordre des Hospitaliers de St-Jean-de-Jérusalem, qui devint ensuite l'ordre de Malte. Bien que le commandement et la résidence des chevaliers aient été transférés en 1356 dans le monastère-forteresse situé dans le village voisin de Flor da Rosa, Crato conserva son rôle de prieuré. Le prieur le plus célèbre fut Antoine de Portugal, petit-fils du roi Manuel et bâtard de l'infant Louis. Prétendant à la couronne après la mort du roi Henri Ier en 1580, il fut finalement évincé par son cousin Philippe II d'Espagne. La **Varanda do Grão Prior** (16e s.), porche de style Renaissance qui se dresse praça do Município, est le seul vestige du palais du grand prieur.

Flor da Rosa C1

3 km au nord de Crato. Le village est un centre de fabrication de poteries très ancien, dont la spécialité est la *caçoila*, jatte à fond arrondi destinée à la cuisson des aliments.

★ **Mosteiro de Flor da Rosa** – *Lun.-vend. 9h30-12h30, 14h-17h30 ; w.-end 10h-13h, 14h30-18h - 2 €.* Ce monastère-forteresse fut édifié par le prieur Álvaro Gonçalves Pereira, père de Nuno Álvares Pereira qui battit les Castillans à Aljubarrota. Ensemble compact et fortifié, aux murailles achevées par des créneaux, il abrite désormais une magnifique *pousada*. L'ensemble a fait l'objet d'une longue et remarquable restauration. Dans l'**église★**, l'absence de mobilier souligne la simplicité des lignes et la hauteur impressionnante de la nef – un cadre flatteur pour les expositions d'art contemporain qui s'y tiennent. De la tour, vue panoramique sur l'ancien complexe monastique et la campagne environnante. Adjacent à l'église, autour d'un bassin orné d'une grande croix de Malte, le petit **cloître** affiche une architecture robuste mais élégante grâce à ses jolies voûtes de style gothique flamboyant. Il donne sur les anciennes **écuries** où trônent désormais 25 statues de Vierge à l'enfant, chefs-d'œuvre de l'école de Coimbra (16e et 17e s.). Dans le **réfectoire**, une belle voûte s'appuie sur trois colonnes torses : la salle abrite désormais le bar de la *pousada*, où vous pourrez aller prendre un verre en fin de visite.

Alter do Chão C1

34 km au sud-ouest de Portalegre ; 13 km au sud de Crato par la N 245.

La cité se groupe autour d'un **château** (14e s.) qui dresse ses tours crénelées au-dessus de la place centrale, pavée d'une mosaïque de pierres noires et blanches. La forteresse abrite un petit centre d'interprétation *(été : tlj sf lun. 10h-13h, 15h-19h ; hiver : tlj sf lun. 9h-13h, 14h-17h30 - 2 €)*. Du sommet du donjon, haut de 44 m, la **vue** s'étend sur la cité et les oliveraies des environs.

Au nord du château, sur la place, une **fontaine** de marbre du 16ᵉ s. est encadrée de colonnettes dont les chapiteaux classiques soutiennent un bel entablement.

Coudelaria de Alter Real – *3 km à l'ouest d'Alter do Chão (panneaux) - ✆ 245 61 00 60 - www.alterreal.pt - visite guidée uniquement (1h30, réserv. conseillée) tlj sf lun. à 11h et 15h - 7,50 € (enf. 5 €)*. Ce haras a été fondé en 1748, à la fin du règne de Dom João V, pour élever les chevaux destinés au manège royal. De nos jours, il se consacre à l'élevage et à l'amélioration des races de pur-sang lusitanien et *alter* (croisement d'une jument lusitanienne et d'un étalon andalou), ainsi qu'à l'enseignement de l'art équestre portugais. Ce lieu singulier, niché au cœur des beaux paysages de l'Alentejo, vous fera plonger dans une époque révolue. On y découvre les écuries, le manège et diverses dépendances ; un intéressant **musée du Cheval** expose des attelages anciens, des harnais et d'autres objets liés à l'univers équestre, complétés par une présentation historique du haras.

Autre lieu surprenant, la **fauconnerie** *(visite guidée tlj sf lun. et mar. 10h-17h30 - 6,50 €, enf. 4,50 €)* élève des faucons aux yeux couverts et expose un ensemble de chaperons (les coiffes de ces rapaces), dont les plus anciens datent du Moyen Âge.

Circuit conseillé Carte de la serra de São Mamede

Circuit d'env. 60 km tracé en bordeaux sur la carte de la serra de São Mamede ci-dessous – Comptez une journée.

Quittez Portalegre à l'est et suivez la dir. « Serra ». Plus loin, prenez à gauche vers « São Mamede, São Julião, Rabaça » par la N 246-2. Après quelques km, quittez la voie principale puis engagez-vous tout droit, à hauteur d'un léger virage à

3

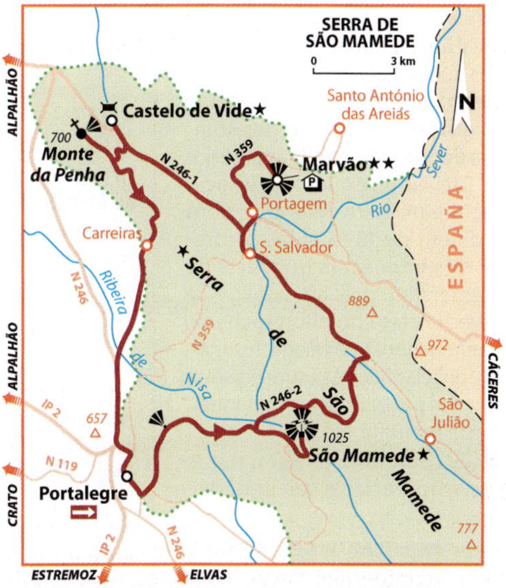

gauche, sur une petite route (non signalée) qui se lance en dir. du sommet de São Mamede. Un peu plus loin, une autre route, à gauche (panneau « São Mamede 1 025 m »), conduit jusqu'au sommet.

★ SERRA DE SÃO MAMEDE

La montagne de la serra de São Mamede forme un triangle de roche dure, ayant résisté à l'érosion. Traditionnellement considérée comme un îlot de verdure dans une région aride et caillouteuse, elle a malheureusement beaucoup souffert des incendies récurrents de ces dernières années. Coiffée de neige en hiver, elle culmine à 1 025 m. Son altitude et la nature imperméable de ses sols entretiennent une humidité favorable à la croissance d'une végétation dense et variée, encore visible par endroits (marronniers, chênes-lièges, saules pleureurs, amandiers, pins, eucalyptus, etc.).

La faune a, elle aussi, la réputation d'être abondante : vautours fauves, aigles de Bonelli et chauves-souris, cerfs et sangliers, loutres et batraciens se disputent ses pentes. Jouissant d'un parc naturel, la région compte en outre de nombreux mégalithes et des peintures rupestres, notamment au sud de la réserve, dans les serras de Cavaleiros et de Louções.

Pico São Mamede

Du sommet occupé par un relais de radio-télévision, **panorama★** au sud sur l'Alentejo, à l'ouest et au nord sur la serra de São Mamede, et à l'est sur un foisonnement de sierras espagnoles.

Revenez sur la route principale et tournez à droite. Laissez la route vers Marvão, qui bifurque tout de suite à gauche, et continuez tout droit. Commence peu après la descente vers la plaine. Au rond-point, suivez la dir. « Porto da Espada », puis « Marvão ».

★★ Marvão

22 km de Portalegre. Comptez 1h30 pour faire le tour du village (mieux vaut éviter les grosses chaleurs). Garez-vous sur le parking situé devant l'enceinte fortifiée.

Posto de Turismo – *Largo da Silveirinha (à l'entrée après la porte fortifiée) - ✆ 245 90 91 31 - www.cm-marvao.pt - 9h-12h30, 14h-17h30.*

Village médiéval fortifié surveillant naguère l'Espagne toute proche, Marvão ne compte plus guère qu'une grosse centaine d'habitants permanents mais jaillit toujours tel un nid d'aigle perché sur l'un des sommets de la serra de São Mamede. D'apparence inexpugnable, il révèle un exemple spectaculaire d'architecture militaire défensive, dont les murailles datent du 13e s. et les contreforts du 17e s. Ces imposants remparts de granit, parfaitement intégrés au paysage, se confondent avec la crête du piton rocheux. Classé Monument national, ce village aux maisons blanches étincelantes, très touristique en saison, présente des panoramas exceptionnels sur la plaine ou la montagne.

La route d'accès contourne le piton par le nord et permet d'apprécier la valeur défensive du site.

Après avoir longé les remparts et jeté un coup d'œil au portail gothique du couvent de Nossa

UN VILLAGE CONVOITÉ

La position stratégique de Marvão lui valut d'être l'enjeu de combats entre libéraux et absolutistes lorsque, en 1833, l'Alentejo devint le théâtre de la guerre civile. Les libéraux s'en emparèrent en décembre et repoussèrent une attaque des troupes de Dom Miguel le mois suivant.

Senhora da Estrela, on entre par la double porte du nord-ouest (Porta de Ródão), flanquée de courtines, d'échauguettes et de mâchicoulis. La place forte est sillonnée de venelles pentues avec passages sous voûtes et maisons aux grilles en fer forgé et aux fenêtres manuélines ; de nombreuses demeures présentent des détails d'architecture des 15e, 16e et 17e s. Une étroite ruelle mène à la place du Pilori. Plusieurs chapelles s'ouvrent par un portail Renaissance. Dans la rua do Espírito Santo qui monte au château, remarquez notamment deux magnifiques **balustrades★** en fer forgé du 17e s.

Igreja Santa Maria – *Au pied du château.* Dans cette église du 13e s. est aménagé le **Musée municipal** *(✆ 245 90 91 32 - 10h-17h - 1,30 €)*, qui retrace l'histoire du site et du village depuis la préhistoire. Remarquez les plaques mégalithiques à motifs anthropomorphes, la collection de statues religieuses de veine populaire et la belle fresque du 14e s. (sainte Madeleine, saint Bartolomé et sainte Marguerite).

En contrebas se trouve un **jardin** très soigné rafraîchi par une fontaine.

★ **Castelo** – *9h-21h - 1,30 €.* Édifié par le roi Denis à la fin du 13e s. à l'extrémité ouest de l'éperon rocheux, il a subi quelques modifications au 17e s. Ce château se compose d'une série d'enceintes que domine un donjon carré. On franchit une première porte fortifiée ; juste après, à droite, se trouve l'entrée de la **citerne★**, souvent envahie de moustiques. Un petit escalier permet d'y descendre ; une fois habitué à l'obscurité ambiante, remarquez les dix arcs de l'escalier qui se reflètent dans l'eau. Une seconde porte fortifiée s'ouvre sur la première cour du château : suivez le chemin de ronde d'où s'offrent de belles **vues★** sur le village tout blanc qui s'étend au pied du château.

Dans la seconde cour, où s'élève le donjon, prenez tout de suite à droite les escaliers qui mènent au chemin de ronde ; suivez-le jusqu'au donjon. Du haut de celui-ci se découvrent d'impressionnantes **vues★★** plongeantes sur les diverses enceintes et, surtout, sur les tours crénelées et les échauguettes construites sur le rebord en à-pic ; un **panorama★★** embrasse à l'est les sierras espagnoles déchiquetées, au nord la région de Castelo Branco et la serra da Estrela et, au sud-ouest, la serra de São Mamede.

Revenez à Portagem et, à la sortie sud du bourg, prenez à droite pour rejoindre la N 246-1 en dir. de Castelo de Vide.

★ Castelo de Vide

20 km au nord de Portalegre et 12 km au nord-ouest de Marvão. Comptez 2h30 pour visiter la ville.

Posto de Turismo – *Praça D. Pedro V - ✆ 245 90 82 27 - www.cm-castelo-vide.pt - été : 9h-19h ; hiver : 9h-13h, 14h-18h.*

Au pied de son château à la pierre sombre, Castelo de Vide, avec ses ruelles pentues et fleuries, ses édifices religieux et sa multitude de vieilles maisons blanches étagées en gradins, séduit par sa quiétude. Conquise aux Maures en 1148, cette cité du nord-est de l'Alentejo fut jadis une importante forteresse frontalière face à l'Espagne. C'est aujourd'hui une petite ville tranquille, où le temps semble parfois suspendu, et qui dégage une atmosphère agréable.

Praça Dom Pedro V – Centre névralgique de la cité, cette place réunit ses principaux édifices, tous de style baroque. D'abord la lumineuse **église Santa Maria** dont le **musée d'Art sacré** *(9h-12h30, 13h30-17h - 2,50 €)* expose dans le *coro alto* et les galeries latérales de superbes statues de bois et de pierre du 14e au 19e s. En face, dans l'angle sud-ouest, l'ancien **hôpital Santo Amaro** ; à l'opposé *(angle sud-est)*, la **Casa da Torre**, une construction du 17e s., reconnaissable à sa petite tourelle d'angle. Au centre, à droite de l'église, se trouve l'hôtel de ville, datant de la fin du 17e s.

Derrière l'église, la rua dos Serralheiros mène à la Fonte da Vila et à la Judiaria.

★ **Judiaria** (Quartier juif) – Une communauté juive s'était établie dans le vieux bourg en dehors des fortifications médiévales. Sur une charmante place se trouve la **Fonte da Vila★**, belle fontaine Renaissance en granit, datant probablement du 16e s.

Au pied du château, les ruelles escarpées et fleuries de l'ancien quartier juif sont bordées de maisons chaulées aux portes gothiques et manuélines. Au croisement de la rue qui monte vers le château et d'une rue transversale, la **synagogue médiévale** *(tlj sf lun. 9h30-13h, 14h-17h30, 18h en été - gratuit)* évoque le passé du quartier, bien que n'y subsiste plus que l'ancien tabernacle.

Castelo – *9h-17h (18h en été) - gratuit.* Passé les fortifications, un escalier au pied d'une tour ronde du 12e s. conduit au **donjon** : d'une salle à coupole gothique avec citerne, on jouit d'une **vue★** pittoresque sur la ville, la chapelle Nossa Senhora da Penha et le village de Marvão. Quelques ruelles typiques du vieux village se nichent derrière les fortifications du château. Leurs maisons sont toujours habitées.

De la N 246-1, 2 km au sud, se détache une petite route.

Monte da Penha

5 km de Castelo de Vide.

La route grimpe parmi les pins et les rochers jusqu'à la chapelle Nossa Senhora da Penha (alt. 700 m) : de là se dévoile un beau **panorama★** sur Castelo de Vide.

Revenez à Portalegre par la ***route★*** *de Carreiras, tracée en corniche, en suivant des versants hélas peu épargnés par les feux de forêt.*

NOS ADRESSES À PORTALEGRE ET DANS LA SERRA DE SÃO MAMEDE

INFORMATIONS UTILES

Les offices de tourisme sont répertoriés en début de chapitre.

ARRIVER/PARTIR

À Portalegre

Gare routière – A1 - *R. Nuno Álvares Pereira, 12 - www.rodalentejo.pt* - 4 à 5 liaisons/j avec Evora, 2 avec Lisbonne, et 2 pour Marvao et Castelo de Vide en sem.

HÉBERGEMENT

À Portalegre

PREMIER PRIX

Mansão Alto Alentejo – A2 - *R. 19 de Junho, 59 - ✆ 245 20 22 90 - www.mansaoaltoalentejo.com.pt - 12 ch. 45 €* ☕. Une adresse au charme et au confort excellents. Son mobilier de style alentejan lui confère un cachet sympathique. Attention, la distribution tarabiscotée des chambres dans l'édifice en condamne certaines à n'avoir qu'une fenêtre intérieure, voire une lucarne. Celles qui donnent sur la rue, avec double vitrage, sont préférables. Wifi.

BUDGET MOYEN

Solar das Avencas – B1 - *Parque Miguel Bombarda, 11 - ✆ 245 20 10 28 - - 5 ch. 75 €* ☕. Belle maison du 18e s. à la façade ornée d'un blason et dont les murs épais garantissent fraîcheur et tranquillité. Si le rez-de-chaussée, décoré d'armes, affiche des allures martiales, l'ambiance est plus pimpante à l'étage, débordant de mobilier ancien, broderies et images pieuses. Chambres particulièrement spacieuses ; l'une d'elles peut être agencée en mini-appartement familial. À l'arrière s'ouvre un jardin minuscule d'où s'échappe un escalier qui dissimule une petite piscine.

À Marvão

POUR SE FAIRE PLAISIR

Dom Dinis – *R. Dr Matos Magalhães, 7 - P ✕ - ✆ 245 90 90 28 - www.ter-domdinis.com - 9 ch. 90 €* ☕. Dans les hauteurs du village, non loin du château, une adresse aménagée dans une vieille maison soigneusement restaurée. Chambres coquettes, sobrement chaulées de blanc, dont une avec terrasse offrant une vue fabuleuse. Salon convivial, doté d'un coin cheminée. Accueil attentif et polyglotte. Wifi.

À São Salvador da Aramenha

BUDGET MOYEN

Quinta do Barrieiro – *9 km au sud de Marvão - ✆ 245 96 43 08 ou 964 05 49 35 (mobile) - www.quintadobarrieiro.com - 🏊 - 7 ch. 70/100 € ☕ - tarifs dégressifs à partir de 2 nuits.* Au cœur de la serra de São Mamede, ravissante maison d'hôte tenue par une artiste, Maria Leal da Costa, dont les toiles et les sculptures animalières décorent les pièces. Chambres équipées de kitchenettes. Également 3 petits appartements à louer.

À Castelo de Vide

BUDGET MOYEN

Casa Amarela – *Praça D. Pedro V, 11 - ✆ 245 90 58 78 - http://casaamarelath.pt - 10 ch. 80/100 €* ☕. Belle maison seigneuriale du 18e s., toute jaune (comme son nom l'indique), arborant une façade ouvragée. Salles de bains en marbre jaune, rideaux et fauteuils jaunes et couvre-lits… presque tous jaunes. Seul le carrelage est rouge et brille comme un sou neuf ! Un établissement de haute tenue, en dépit d'un accueil un peu distant.

RESTAURATION

À Portalegre

PREMIER PRIX

O Escondidinho – A1 - *Travessa das Cruzes, 1/3 - ✆ 245 20 27 28 - tlj sf dim. - 15/25 €.* À mi-hauteur de la rua 5 de Outubro, dans une ruelle en retrait, une jolie taverne « fondée en 1952 ». Au menu, soupe de roussette, panade de morue, *migas* de pommes de terre aux sardines grillées et bons desserts. Notez que le service est parfois un peu lent.

BUDGET MOYEN

☺ **Solar do Forçado** – B2 - *R. Cândido dos Reis, 14 - ✆ 245 33 08 66 - tlj sf sam. midi et dim. 12h30-15h30, 19h-22h30 - 20/25 €.* Ce restaurant à l'ambiance intime décoré de photos de corridas se prête à une dégustation de viande de bœuf, dont la qualité est remarquable. Les spécialités de porc, comme le *pata negra* ou le *lacão assado* (rôti au four), ne sont pas en reste. L'accueil est patient (on prendra le temps de vous expliquer les plats) tout autant que charmant.

À Portagem

À 4 km au sud de Marvão, sur la rivière Sever.

PREMIER PRIX

Mil Homens – *À la sortie du village dir. Ponte Velha - ✆ 245 99 31 22 - P - tlj sf lun. 9h30-0h - 15/18 €.* Dans la vallée, un restaurant à la décoration rustique concoctant une savoureuse et copieuse cuisine familiale à prix doux. Plats classiques (morue grillée, ragoût d'agneau) et régionaux (*migas* aux

3

pommes de terre, porc grillé, etc.). Bons desserts.

BUDGET MOYEN

O Sever – *Sur la rivière, juste après le pont dir. Espagne - ☏ 245 99 33 18 - P - 12h30-16h, 19h30-0h - 18/25 €.* Idéalement situé sur les berges de la Sever, il déploie sa terrasse sous les platanes et les tilleuls à deux pas de la zone de baignade. Spécialités de chevreuil, perdrix et sanglier à la mode alentejane. Propose aussi des chambres très confortables *(62/75 €).*

À Marvão

PREMIER PRIX

Albergaria El Rei Dom Manuel – *Largo do Olivença - ☏ 245 90 91 50 - 12h30-15h, 19h30-22h - 15/20 €.* Le restaurant de cet hôtel assez chic mérite une halte pour sa cuisine de qualité, typique de l'Alentejo. Plats du jour autour de 10 €.

À Castelo de Vide

PREMIER PRIX

A Confraria – *R. de Santa Maria de Baixo, 10 - ☏ 245 90 51 06 - 12h30-22h - 18/20 €.* Déterminé à développer la gastronomie locale, il propose *petiscos*, plats régionaux (riz au lièvre ou au chorizo) et bons crus alentejans. Vente de confitures, épicerie fine, huiles, *xarope* (sirop de fruits)…

BUDGET MOYEN

Dom Pedro V – *Praça D. Pedro V - ☏ 245 90 12 36 - www.dpedrov.com.pt - 12h30-15h, 19h-22h - fermé 2e quinz. de janv. - 25/30 €.* Restaurant traditionnel, dans une salle située en contrebas. Un endroit sans grand apparat, mais apprécié des familles à l'heure du déjeuner. Les prix sont assez raisonnables compte tenu de la qualité de la cuisine.

PETITE PAUSE

À Portalegre

Pique-nique – Le **parque Miguel Bombarda** B1, dans les hauteurs des quartiers modernes, se prête facilement à un pique-nique improvisé. Faites vos emplettes au préalable au Centro Comercial Fontedeira *(av. Movimento das Forças Armadas, 33 - 8h-22h)*, au nord de la ville.

À Castelo de Vide

Sol Nascente – *R. da Olivença, 31 - ☏ 245 90 17 89 - 8h-20h.* Pâtisseries régionales et sandwichs à déguster en terrasse, sous un parasol, à deux pas de la place principale. Goûtez aux *boleimas* (gâteaux aux pommes), la grande spécialité de Castelo de Vide.

EN SOIRÉE

À Portalegre

Café Alentejano – A2 - *R. do Comércio, 96 - ☏ 245 20 12 58 - tlj sf dim. 7h-19h.* Café de style moderniste avec une déco intérieur des années 1970 : bas-relief ornant la longue salle en forme de paquebot, chaises en Skaï rouge, néons…

ACTIVITÉS

À Portagem

Baignade – Dans la rivière Sever, au pied du pont de Portagem *(4 km au sud de Marvão)*, à la base nautique du barrage da Apertadura, ou encore au centre de loisirs de Portagem - *☏ 245 90 90 65 - juin-sept. : tlj sf jeu. 10h-20h.*

Marche – De Portagem, un sentier pédestre de 4 km monte jusqu'à Marvão. Dép. du parking situé devant le vieux pont. Balisage vert. Assez raide.

Pilori du 16e s. sur le largo de Santa Clara, à Elvas.
Jacobo Hernández/age fotostock

Elvas

★

23 087 habitants – District de Portalegre

3

Tout proche de Badajoz (Espagne), Elvas, classée au patrimoine mondial de l'Unesco en 2012, forme une importante place forte entourée de remparts. Occupée par les Maures jusqu'en 1226, elle résista par la suite à maintes attaques espagnoles, mais fut investie en 1580 par les troupes de Philippe II. Gros centre agricole – ses « ameixas » (prunes confites) sont appréciées et son commerce de cotonnades attire de nombreux visiteurs –, la ville dégage un charme certain, notamment dans les ruelles pavées de son vieux quartier populaire.

NOS ADRESSES PAGE 335
Hébergement, restauration, achats, activités, etc.

S'INFORMER

Posto de Turismo – *Praça da República - ✆ 268 62 22 36 - www.cm-elvas.pt - lun.-vend. 9h-18h (19h en été), w.-end 9h-18h - fermé dim. de Pâques, 1er Mai, 25 déc. et 1er janv.* Également un kiosque près de l'aqueduc en saison.

SE REPÉRER

Carte de région C2 p. 296-297. Env. 10 km de la frontière espagnole, 57 km au sud-est de Portalegre, 39 km à l'est d'Estremoz.

À NE PAS MANQUER

L'église des Dominicains ; le tour des remparts.

ORGANISER SON TEMPS

Comptez 2h pour visiter la ville.

Se promener

Circuit dans le cœur historique – Comptez 2h.

★★ Remparts

Faire le tour des remparts *(5 km)* vous permettra de mesurer la puissance du système défensif d'Elvas. Exemple accompli de l'architecture militaire portugaise au 17ᵉ s., ces fortifications, dont les sombres merlons contrastent avec les façades blanches des maisons qu'elles protègent, ont été édifiées selon les techniques de Vauban. Avec leurs portes fortifiées, leurs fossés, leurs courtines, leurs bastions et leurs glacis, elles forment un ensemble défensif remarquable, complété, au sud, par le fort de Santa Luzia (17ᵉ s.) et, au nord, par celui de Graça (18ᵉ s.), perchés sur deux collines.

★ Aqueduto da Amoreira

Au sud-ouest des remparts.

Bâti de 1498 à 1622 sur les plans de Francisco de Arruda, il s'étend sur 7,5 km au sud-ouest de la ville, qu'il alimente encore en eau.

Pénétrez à l'intérieur des remparts par le sud et remontez la rua de Olivença ; passez à gauche sous l'arco do Relógio (16ᵉ s.) qui donne accès à la praça da República.

Praça da República

Limitée au sud par l'ancien hôtel de ville, et au nord par l'ancienne cathédrale, elle forme une mosaïque de pavés de basalte, de marbre et de grès géométriquement ordonnés.

Sé – *Été : 10h-13h, 15h-18h ; hiver : 9h30-12h30, 14h-17h.* D'origine gothique, la **cathédrale** a été réédifiée au 16ᵉ s. dans le style manuélin par Francisco de Arruda, ainsi qu'en témoignent le clocher et les deux portails latéraux. À l'intérieur, où les piliers ont été décorés à l'époque manuéline, se tient le chœur (18ᵉ s.) entièrement plaqué de marbre. Le billet d'entrée au Museu de Arte Sacra *(1 €)* permet d'accéder à la salle des chanoines et à la sacristie.

À droite de la cathédrale, prenez la rue qui monte au largo de Santa Clara.

★ Largo de Santa Clara

C'est une pittoresque placette triangulaire bordée de maisons à grilles en fer forgé et façades écussonnées ; une porte arabe flanquée de deux tours et surmontée d'une loggia constitue un vestige de l'enceinte primitive (10ᵉ s.). Au centre de la place, le pittoresque **pilori★** (16ᵉ s.) en marbre a conservé ses quatre crochets de fer fixés au chapiteau.

Tournez à droite et poursuivez sur 20 m.

★ Igreja das Domínicas – *Au sud du largo de Santa Clara - été : 10h-13h, 15h-18h ; hiver : 9h30-12h30, 14h-17h.* Construite au 16ᵉ s. dans le style Renaissance, c'est un édifice octogonal dont l'intérieur, surmonté d'une coupole s'appuyant sur huit colonnes peintes, est complètement revêtu de beaux **azulejos★** polychromes du 17ᵉ s. La chaire, soutenue par une colonne de marbre, présente un appui en fer forgé du 16ᵉ s.

Passez sous l'arc arabe et remontez la rue qui conduit au largo da Alcáçova. Là, tournez à gauche, puis à droite dans une ruelle étroite qui aboutit au château.

Castelo

☏ 268 62 64 03 - tlj sf lun. 9h-13h, 14h-17h (10h-18h en été) - 2 €.

Il a été bâti par les Maures et consolidé aux 14ᵉ et 16ᵉ s. Le donjon (15ᵉ s.) en occupe l'angle nord-ouest. Du haut des remparts, panorama sur la ville entourée de fortifications et sur les alentours plantés d'oliviers.

Descendez la rua de Martin Mendes pour reprendre la praça da República et tournez à droite dans la rua da Cadeia.

Museu de Arte Contemporânea de Elvas (MACE)

Rua da Cadeia - ✆ 268 63 71 50 - tlj sf lun. et mar. matin 10h-13h, 15h-18h30 - 2 €. Peintures, installations, sculptures, techniques mixtes : la **collection António Cachola** rassemble dans l'ancien Hospital da Misericórdia plusieurs centaines d'œuvres réalisées de 1980 à nos jours par des pointures de la scène artistique portugaise contemporaine telles que Joana Vasconcelos, José Pedro Croft, Pedro Calapez ou encore José Loureiro, entre autres. Belle vue sur la ville depuis la cafétéria, au dernier étage du musée.

NOS ADRESSES À ELVAS

INFORMATIONS UTILES

Les offices de tourisme sont répertoriés en début de chapitre.

VISITE

Petit train touristique – *Réserv. à l'office de tourisme - dép. de la praça da República mai-sept. : tlj sf lun. et mar. à 10h et 15h - 5 € (enf. 2,50 €).* Circuit historique de la ville (1h).

HÉBERGEMENT

POUR SE FAIRE PLAISIR

Quinta de Santo António – *Estrada de Barbacena - à 8 km d'Elvas par la route de Portalegre, puis à gauche vers Barbacena - ✆ 268 63 64 60 - www.qsahotel.com - - 37 ch. 120/130 €.* Une ancienne propriété agricole du 18e s. reconvertie en auberge : les plus belles chambres se trouvent dans la maison ancienne, d'autres occupent deux annexes modernes. Toutes sont bien équipées. Beau parc ouvrant sur les champs d'oliviers, piscine et tennis.

RESTAURATION

PREMIER PRIX

O Lagar – *R. da Vendoria, 7 (à côté de l'hôtel S. João de Deus) - ✆ 268 62 62 47 - tlj sf jeu. 12h-15h, 19h-22h - 15/20 €.* Situé au sud-ouest du centre historique, près de l'entrée principale de la ville, ce restaurant de bonne qualité propose des plats régionaux copieusement servis : lièvre aux haricots blancs, porc aux palourdes…

À Campo Maior

À 19 km au nord d'Elvas par la N 373.

BUDGET MOYEN

O Faisão – *R. 1º de Maio, 19 - ✆ 268 68 61 39 - 12h-15h, 19h-23h - 20/30 €.* Dans la belle salle rustique coiffée de voûtes en brique de cette *cervejeria*, on dégustera de solides plats du jour à base de gibier et des desserts aux prunes. Une institution dans la ville : difficile à trouver mais tout le monde saura vous l'indiquer.

PETITE PAUSE

A Cantarinha – *R. da Cadeia, 41A - ✆ 268 62 42 41 - 7h-0h.* Cette institution d'Elvas est très couleur locale. Toutes les générations s'y retrouvent, alléchées par des pâtisseries plus tentantes les unes que les autres.

AGENDA

Festival médiéval – *1er w.-end de juillet.* Du château au quartier maure, spectacles de rue, fauconnerie, dégustations de produits régionaux.

Monsaraz

★★

977 habitants – District d'Évora

Posté sur la rive droite du fleuve Guadiana, telle une sentinelle surveillant la frontière espagnole, Monsaraz s'étire sur l'échine d'un promontoire rocheux, détachant la silhouette imposante de son château sur l'azur du ciel. Le temps est resté emprisonné entre les murailles de cette cité médiévale aux pavés de guingois et aux maisons aussi blanches que celles d'un village grec. Pas de voitures ni d'enseignes publicitaires, un calme formidable, rien que la lumière bleutée du crépuscule et le souffle du vent qui se faufile le long des murs de schiste, apportant de la campagne alentour des effluves de fleur d'oranger, de menthe et de genêt. Assis sur des bancs, des vieux au visage buriné devisent sous leurs chapeaux noirs, des femmes observent les passants derrière leurs carreaux habillés de dentelles. Monsaraz figure, avec Marvão, parmi les sites les plus remarquables du pays. De ce nid perché, vous pourrez assister au coucher et au lever du soleil sur la campagne environnante et l'immense lac du barrage d'Alqueva. Un spectacle d'une rare beauté.

NOS ADRESSES PAGE 337
Hébergement, restauration, achats, activités, etc.

S'INFORMER

Posto de Turismo – *R. Direita, 24 - 927 59 73 16 - 9h30-12h30, 14h-18h.*

SE REPÉRER

Carte de région C3 p. 296-297.

Monsaraz se trouve 53 km au sud-est d'Évora.

SE GARER

Garez-vous sur le parking situé à l'entrée des remparts (la circulation est interdite à l'intérieur de l'enceinte).

À NE PAS MANQUER

Le panorama grandiose depuis le château.

ORGANISER SON TEMPS

Pour jouir du calme, venez avant 10h.

Se promener

En une heure, vous aurez fait le tour du village. La lumière est particulièrement belle au coucher du soleil.

★ Rua Direita

Elle forme la rue principale du village, qu'elle traverse de part en part. Avec ses vieilles maisons des 16e et 17e s., aux façades blanchies à la chaux, ornées d'armoireries, de portes en ogive, d'escaliers extérieurs et de balcons aux grilles en fer forgé, le temps semble s'y être arrêté. Après avoir perdu son rôle de citadelle, Monsaraz fut en effet délaissé au profit de Reguengos de Monsaraz. Le village a donc pu garder sa physionomie d'autrefois.

Praça Velha

Au milieu de la rua Direita.

La « vieille place » regroupe la plupart des monuments de Monsaraz. Dotée d'un **pilori** (18e s.) en son centre, elle est encadrée par l'ancien tribunal, l'église et l'**hôpital da Misericórdia** (16e s.).

Antigo tribunal – *9h30-12h30, 14h-18h - 1 €.* Il abrite un petit **Museu do Fresco** organisé autour de la fresque du 14e s. représentant la Justice probe et la Justice malhonnête (au double visage) ; au-dessus, un Christ en majesté, les bras levés.

Igreja Matriz – *10h-12h30, 14h-18h - gratuit.* Elle renferme le tombeau en marbre (14e s.) de Tomás Martins, sur lequel sont sculptés les personnages d'un cortège funèbre : moines et chevaliers précédés d'un prêtre ; au pied se déroule une scène de chasse au faucon.

Castelo

Au bout de la rua Direita.

Réédifié par le roi Denis au 13e s., il reçut une seconde enceinte au 17e s., garnie de puissants bastions. Du chemin de ronde, le **panorama** est magnifique sur les paysages de l'Alentejo plantés d'oliviers et de chênes-lièges. L'ancienne cour, entourée de gradins, accueille des *touradas* pour les fêtes de septembre.

À proximité Carte de région

Olival da Pega C3

2,5 km au nord-ouest par l'E.N. 514 (en dir. de Reguengos), puis à droite vers Barrada.

Cette oliveraie, l'une des plus anciennes d'Europe, est menacée : nombre de ses arbres vieux de plusieurs siècles, faute de protection, suscitent la convoitise des hommes, qui en font commerce pour aménager des jardins privés. Au milieu du champ d'oliviers, deux dolmens signalent la présence d'une grande nécropole de la deuxième moitié du 4e millénaire av. J.-C.

NOS ADRESSES À MONSARAZ

INFORMATIONS UTILES

Les offices de tourisme sont répertoriés en début de chapitre.

HÉBERGEMENT

BUDGET MOYEN

Casa Rural Santo Condestável – *R. Direita, 4 - 969 71 32 13 - www.condestavel-monsaraz.com - 5 ch. 60/70 €.* Datant du 17e s. et installée dans l'ancienne paroisse, cette très belle maison d'hôte ressemble à un monument historique parcouru de fresques, d'immenses cheminées et de magnifiques salles de bains en schiste. Suite avec terrasse privative et vue sur la vallée. Wifi.

Estalagem de Monsaraz – *Largo S. Bartolomeu, 5 - 266 55 71 12 - www.estalagemdemonsaraz.com - 18 ch. 60/72 €.* Un établissement au style rustico-régional situé en contrebas des murailles. Les installations sont de qualité, et l'atmosphère des chambres et des parties communes joue sur la convivialité.

Pensão D. Antónia – *R. Direita, 15 - 266 55 71 42 - www.casadantonia-monsaraz.com - 7 ch. 60/75 €.* Ancien chef dans les *pousadas*, le propriétaire de cette maison d'hôte mettra tout son cœur à rendre votre séjour délicieux avec notamment son fameux gâteau maison au miel. Suite avec terrasse et vue panoramique. Patio ombragé.

À Telheiro

BUDGET MOYEN

Casa Saramago – *R. de Reguengos - ✆ 266 55 71 35 - www. casasaramago-monsaraz.com. pt - P - 10 ch. 60 €* . Au pied de Monsaraz, cette ancienne exploitation agricole propose de vastes et belles chambres, avec pierres apparentes et couvre-lits fleuris.

À Barrada

BUDGET MOYEN

Monte Saraz – *Horta dos Revoredos (env. 15 km à l'est, par la N 256) - ✆ 266 55 73 85 - www. montesaraz.com - P - 10 ch. 75/100 €* . Un havre de paix de l'Alentejo pastoral. Plantée au milieu d'un décor d'oliviers et de moutons, cette ferme a été transformée avec beaucoup de goût en maison d'hôte, agencée autour d'une piscine intégrée à l'architecture de pierres apparentes. Chambres avec ou sans service hôtelier, spacieuses et disposant d'un jardinet privatif. Un lieu unique pour se ressourcer.

RESTAURATION

PREMIER PRIX

Lumumba – *R. Direita, 12 - ✆ 266 55 71 21 - - tlj sf lun. 12h-15h, 19h-21h - env. 15 €.* Cuisine et atmosphère simples et familiales pour ce restaurant qui possède une terrasse offrant une vue imprenable sur le Guadiana et la frontière espagnole.

BUDGET MOYEN

Sabores de Monsaraz – *Largo de S. Bartolomeu - ✆ 969 21 78 00 - http://saboresdemonsaraz. com - - tlj sf lun. et mar. midi 12h30-15h30, 19h30-22h30 - 20/25 €.* Située à un jet de pierre de l'Estalagem de Monsaraz, cette salle rustique aux poutres apparentes dispose d'une terrasse avec vue imprenable sur la vallée et les lacs. Cuisine de terroir *(migas, bacalhau)*, médaillons de porc noir, fromages de la ferme.

À Telheiro

BUDGET MOYEN

Sem Fim – *R. das Flores, 6 - ✆ 962 65 37 11 - www.sem-fim. com - tlj sf lun. 11h-2h, dim. 11h-0h - 20/25 €.* Au pied de Monsaraz, un lieu à part, à la déco aussi originale qu'inventive, dans une ancienne huilerie ; une galerie d'art rural prolonge la salle à manger. Idéal pour une longue et belle soirée d'été. Aux commandes, le jeune « capitaine Tiago », qui vous emmènera également en balade sur le lac à bord de son voilier *(2h - 20 € - réserv. au restaurant - tlj à 17h).*

ACHATS

Loja da Mizette – *R. do Celeiro - ✆ 266 55 71 59 - 10h-18h.* Qualité et identité régionale vont de pair dans cette boutique artisanale que dirige Mizette Nielsen. Passionnée par le tissage de la laine, elle perpétue la tradition en réalisant de belles couvertures, des plaids et des châles au camaïeu sobre et naturel.

Art Alentejo Wine & Spirits – *R. de Santiago, 31 - ✆ 939 58 41 71 - tlj sf lun. 10h-13h30, 14h-18h.* La boutique de la coopérative agricole de Reguengos de Monsaraz présente une bonne sélection de vins régionaux et d'huiles d'olive.

Beja

★

35 730 habitants – District de Beja

Sous un ciel éternellement limpide s'étire la Planície Dourada, une immense plaine couleur de miel. Sous un soleil à l'ardeur africaine, ses champs de blé ondulent doucement entre oliveraies, vignes et chênaies, ponctués de paisibles « montes », ces fermes typiques de l'Alentejo. Au cœur du grenier à céréales du Portugal, la capitale du Bas-Alentejo coule des jours indolents à l'ombre de son donjon. Jadis prospère colonie romaine (baptisée Pax Julia), occupée ensuite durant quatre siècles par les Maures, cette cité agricole n'a pourtant pas conservé grand-chose de son histoire. Mais le couvent de la Conception garde le souvenir de la plus célèbre religieuse portugaise…

NOS ADRESSES PAGE 345
Hébergement, restauration, achats, activités, etc.

S'INFORMER

Posto de Turismo – *Dans le château - 284 31 19 13 - www.cm-beja.pt - 9h30-12h30, 14h-18h.*

SE REPÉRER

Carte de région B3 p. 296-297.
Beja est située 78 km au sud d'Évora.

SE GARER

Parking gratuit au château et près du palais de justice.

À NE PAS MANQUER

Le cloître de l'ancien couvent de la Conception; la plaine du Bas-Alentejo; l'église-mosquée de Mértola.

ORGANISER SON TEMPS

Une bonne journée permet de visiter la ville et quelques-uns des sites environnants. Évitez le lundi où tout est fermé.

AVEC LES ENFANTS

Le Musée botanique à Beja et celui de l'Horlogerie à Serpa.

Se promener

Circuit au départ des Portas de Mértola – Comptez env. 3h avec les visites.

★★ Antigo Convento da Conceicão

Largo da Conceição - 284 32 33 51 - www.museuregionaldebeja.pt - tlj sf lun. 9h-12h30, 14h-17h15 - 2 € billet combiné avec l'église Santo Amaro, gratuit dim.

Ce couvent de clarisses, où vécut la célèbre « religieuse portugaise » *(voir encadré p. 340)*, fut fondé en 1459 par Ferdinand, duc de Viseu, père du roi Manuel. L'élégante balustrade gothique qui couronne l'église et le cloître rappelle celle du monastère de Batalha. L'ancien couvent de la Conception abrite aujourd'hui le Musée régional.

Museu da Rainha D. Leonor – L'**église**★ baroque fut décorée aux 17e et 18e s. de bois doré et sculpté à profusion. Sur la droite s'ouvre le **cloître**★ dont les murs sont recouverts d'azulejos. La **salle capitulaire**★ arbore une riche décoration, avec ses murs tapissés de beaux azulejos hispano-mauresques sévillans (16e s.) et sa voûte ornée de motifs floraux du 18e s. Une collection de christs y est présentée. Dans les salles qui la prolongent sont exposés plusieurs tableaux, dont un Ecce homo (« homme de douleur ») du 15e s., des toiles attribuées à Ribera (ou son atelier), ainsi qu'une *Résurrection* aux raccourcis audacieux du maniériste portugais António Nogueira. Au 1er étage est réunie la collection archéologique Fernando Nunes Ribeiro. La fenêtre grillagée par laquelle sœur Mariana, la « religieuse portugaise », pouvait s'entretenir avec Chamilly a été reconstituée.

Prenez à gauche pour rejoindre le Largo São João.

Núcleo Museológico Rua do Sembrano

Largo São João - ✆ 284 31 19 20 - tlj sf lun. 9h30-12h30, 14h-18h - gratuit.

Des travaux d'aménagement urbain réalisés dans la rua do Sembrano ont mis au jour des vestiges remontant à l'âge de fer et des structures datant de l'époque romaine. Des panneaux de verre laissent voir aux visiteurs, sous leurs pieds, ce mille-feuille urbain qu'est Beja, en particulier les restes d'une muraille, des puits et des silos.

Suivez le largo de São João puis prenez à droite la rua Dr Afonso Costa.

Sur la jolie **praça da República** se dressent le pilori et l'hôtel de ville *(Camara Municipal).*

Suivez la rua da Misericórdia, et prenez à droite la rua D. Manuel I jusqu'au château.

Castelo

✆ 284 31 13 13 - 9h30-12h30, 14h-18h - gratuit.

Ce château du 13e s. dispose d'une enceinte crénelée flanquée de tours carrées et dominée à un angle par un haut **donjon★** que couronnent des merlons pyramidaux. Un escalier à vis conduit au 1er étage dont la jolie voûte à nervures étoilées s'appuie sur des trompes d'angle alvéolées, de style musulman. Une galerie sur mâchicoulis court le long de la muraille, offrant un remarquable panorama sur la **plaine à blé du Bas-Alentejo**.

Igreja de Santo Amaro

Derrière le château - tlj sf lun. 9h45-12h30, 14h-17h - 2 € billet combiné avec l'Antigo Convento da Conceicão, gratuit dim.

LA RELIGIEUSE PORTUGAISE

Dans le monde des lettres, Beja est la ville de la religieuse portugaise **Mariana Alcoforado**. Envoyée par ses parents au couvent de la Conception, la jeune fille s'éprend d'un jeune officier de la marine française, le comte de Chamilly, qui part en 1661 faire campagne en Alentejo contre les Espagnols et n'en revient qu'en 1668. En 1669 paraît en France la « traduction » des *Lettres de la religieuse portugaise* : ces cinq messages d'amour où se mêlent passion, souvenir, désespoir, supplication, reproche d'indifférence, enflamment le public et connaissent aussitôt un grand succès. L'authenticité des lettres est cependant rapidement mise en doute. De fait : le véritable auteur, le comte de **Guilleragues**, secrétaire de Louis XIV, occupait un rang trop élevé pour pouvoir publier ces écrits sous son nom. Mais la légende de leur authenticité se maintient jusqu'au milieu du 20e s. En 1972 paraissent *Les Nouvelles Lettres portugaises*. Œuvre conjointe de Maria Isabel Bareno, Maria Teresa Horta et Maria de Fátima Velho da Costa, cette anthologie réunissant poèmes, lettres fictives et correspondance personnelle est interdite au Portugal pour avoir abordé librement le sujet de la sexualité et critiqué le régime en place. Les « Trois Marias » sont jugées et emprisonnées jusqu'à ce que la révolution des Œillets rende à l'expression artistique sa pleine et entière liberté.

L'ancien couvent de la Conception à Beja.
J. A. Moreno/age fotostock

Dans cette petite église d'origine wisigothique – certaines parties datent du 6e s. –, la **section d'art wisigothique** du musée Rainha D. Leonor présente une collection de chapiteaux, de colonnes à motifs géométriques ou végétaux. Admirez les pilastres du 7e s. et la colonne représentant des oiseaux attrapant un serpent.

★ Museu Botânico

Escola Superior Agrária de Beja - R. de Pedro Soares - 1 km à l'ouest du centre historique, près du stade - 284 31 43 00 - www.ipbeja.pt - tlj sf w.-end 9h-12h30, 14h-17h30 - gratuit - possibilité de visite guidée en français ou en anglais (1h, sur réserv. indispensable 24h à l'avance).

Le centre de recherches en ethnobotanique de l'École supérieure d'agriculture gère un petit musée dont les expositions, renouvelées tous les six mois, abordent divers aspects de l'utilisation des graines et des plantes, des fibres et des résines par l'homme. Génie inventif des différentes civilisations, richesses insoupçonnées du règne végétal y sont mis en lumière. Les visites, orchestrées par les chercheurs, sont passionnées et passionnantes et mettent l'accent sur les implications économiques de l'ethnobotanique. Observez la finesse et la délicatesse de la chemise en fibres d'ananas, l'une des pièces maîtresses du musée.

3

À proximité Carte de région

Villa romana de São Cucufate B3

29 km au nord de Beja. Quittez Beja par l'IP 2 et, à Vidigueira, prenez à gauche la N 258 ; 2 km après Vila de Frades, tournez à droite (panneau) - 284 44 16 12 - de déb. mai à mi-sept. : tlj sf lun., mar. matin et j. fériés 10h-12h30, 14h30-18h30 ; reste de l'année : tlj sf lun., mar. matin et j. fériés 10h-13h, 14h-17h30 - 3 €.

Les fouilles ont mis au jour les ruines d'une importante villa romaine du 4e s., résidence d'un grand propriétaire terrien. L'intérêt de l'édifice réside dans sa construction à deux étages en brique et pierre. Le niveau supérieur est soutenu par une galerie voûtée, ce qui est rare dans la péninsule Ibérique. Au sud se trouvent les vestiges d'un temple. Au Moyen Âge, la partie nord de la villa fut transformée en couvent; l'église conserve des fresques.

Alvito B3

20 km à l'ouest de Cucufate par la N 258.

Posto de Turismo – *R. dos Lobos, 13 - ✆ 248 48 08 08 - www.cm-alvito.pt - lun.-vend. 9h30-12h30, 14h-17h30, sam. 10h-12h30, 14h-17h30.*

Nossa Senhora da Conceção (16e s.), ocre et hérissée de merlons, est la sœur jumelle de l'église du château de Viana do Alentejo *(voir p. 309)*. Au pied de l'autel se dessine une fresque du 17e s. : *Les Lamentations des Maries*.

Du côté de l'abside *(r. da Misericórdia)*, l'église da Misericórdia et la **Capela Nossa Senhora das Candeias** forment une façade continue datant d'avant 1520. L'intérieur de la chapelle recèle de splendides fresques de style pré-baroque (Épiphanie et Annonciation). De l'autre côté du bourg, le château, très restauré, présente un aspect original de palais fortifié. Il abrite une *pousada*.

Circuit conseillé Carte de région

Circuit en boucle de 245 km au départ de Béja tracé en violet sur la carte de région (p. 296-297) – Comptez une journée. Ce circuit peut se prolonger dans l'Algarve (voir p. 356-357).

★ AUTOUR DE BEJA BC3-4

Dans la grande plaine autour de Beja, les champs de blé s'étendent à perte de vue et les silos, avec leur haute silhouette, revêtent l'allure de monuments. Dans cette contrée peu peuplée se cachent quelques-unes des plus belles villes blanches de la région : elles se nomment Mértola, Serpa ou encore Moura.

Castro Verde B4

46 km au sud-ouest de Beja par l'IP 2.

Ce bourg agricole doit son nom à un ancien *castro* préhistorique. Castro Verde célèbre, le 3e dimanche d'octobre, une foire agricole et artisanale renommée datant du 17e s., qui attire des milliers de visiteurs.

★ **Basílica Real de Nossa Senhora da Conceição** – *En principe tlj sf lun. et mar. 10h-12h, 14h-18h.* Les murs de cette basilique royale sont entièrement recouverts de magnifiques azulejos. Les panneaux de la partie supérieure de la nef représentent des scènes de la bataille d'Ourique, située à 14 km où, en 1139, Alphonse Henriques mit les Maures en déroute et fut proclamé roi de Portugal.

★ Mértola C4

42 km à l'ouest de Castro Verde par la N123 et la N12.

Posto de Turismo – *R. da Igreja, 31 - ✆ 286 61 01 09 - www.cm-mertola.pt - 9h-13h, 14h-18h - fermé 1er janv., 1er Mai et 25 déc.*

S'étageant en amphithéâtre sur une colline au confluent du Guadiana et de la rivière d'Oeiras, Mértola fut fondée par les Phéniciens. L'ancienne Myrtilis était une importante place commerciale à l'époque pré-romaine et constituait le port le plus septentrional de la grande voie fluviale du Guadiana. La ville, qui a conservé de nombreux vestiges de son passé, est dominée par le donjon et l'enceinte en ruine de son château fort des 12e et 13e s.

★ **Mesquita-Igreja** – *Tlj sf lun. 9h45-12h30, 14h-17h30 (18h en été) - gratuit.* Mértola a conservé de son passé maure une ancienne mosquée *(mesquita)* transformée en église. Il s'agit de l'unique église portugaise où l'on reconnaît encore nettement les spécificités de l'édifice musulman : le plan carré, l'abondance des piliers, la présence, derrière l'autel, de l'ancien *mihrab*, niche d'où l'imam dirigeait les exercices du culte, et l'arc outrepassé des portes qui donnent sur la sacristie. Les voûtes sous croisée d'ogives datent du 13e s.

Bon à savoir – Plusieurs **musées** dispersés dans la localité mettent en lumière son patrimoine et son histoire - *tlj sf dim. et lun. 9h-13h, 14h-17h45 - 2 € chacun, 5 € billet combiné donnant accès à tous les musées.*

Castelo – *9h30-18h*. Construit au 12e s., le château est partiellement en ruine mais son **donjon** restauré a été aménagé en « Núcleo Visigótico » (Centre d'art wisigoth) et présente une petite exposition de vestiges lapidaires du 6e au 9e s. Dans la tour se tient une exposition consacrée aux deux fleuves. En contrebas, les fouilles ont mis au jour des ruines de demeures musulmanes et les vestiges du palais épiscopal élevé avant la conquête arabe.

LE PARC NATUREL

Au nord de Mértola, le Parque Natural do Vale do Guadiana, créé en 1995, couvre 70 000 ha. On peut s'y promener et découvrir plus particulièrement le site de **Pulo do Lobo** (le Saut du Loup), chaos rocheux d'où dévale une cascade. *31 km de Mértola - suivez la N 122 vers Beja sur 3 km, puis prenez à droite dir. Amendoeira da Serra ; de là empruntez la piste de droite.*

Núcleo Romano – Aménagé dans le sous-sol de la mairie, ce centre d'art romain contient les vestiges d'une maison romaine, où sont présentés des objets de cette époque.

Basilica Paleocristã – *Largo do Rossio do Carmo*. Installé dans une ancienne basilique paléochrétienne, ce musée expose des vestiges lapidaires du 5e au 7e s., provenant du cimetière médiéval de Mértola.

Núcleo Islâmico – *R. Dr Antonio José de Almeida*. On y voit des objets de la période musulmane de la ville, parmi lesquels une collection de céramiques : vaisselle, ustensiles et azulejos de type *corda seca*.

Vue sur la ville de Mértola.

J. Arnold / hemis.fr

Núcleo de Arte Sacra – *Largo da Misericórdia.* L'**église da Misericórdia** abrite une collection d'art sacré provenant des églises de la région.

Núcleo de Tecelagem – *R. da Igreja, 35.* Dans cet **atelier de tissage**, les artisans fabriquent et vendent les couvertures de laine traditionnelles.

Mina de São Domingos C4

18 km à l'est de Mértola par la N 265. Dans le village, prenez à droite à hauteur de la poste (en face de l'église), continuez tout droit puis descendez par le chemin de droite - accès libre.

Quelques machines et d'anciens rails témoignent de l'activité de cette ancienne mine de cuivre, qui fonctionna de 1857 à 1967. Hormis pour les amateurs de ruines industrielles, l'endroit ne présente pas un intérêt exceptionnel, mais l'ancien réservoir révèle des teintes saisissantes sous le soleil.

De l'autre côté du village, on peut aller se baigner ou faire du canoë à la **plage** aménagée près du barrage de Tapada Grande *(suivez les panneaux « Praia Fluvial da Tapada Grande »).*

★ Serpa C3

38 km au nord de Mina de São Domingos par la N 265. Laissez votre voiture près de la porte de Beja.

Posto de Turismo – *R. dos Cavalos, 19 - ✆ 284 54 47 27 - www.cm-serpa.pt - 9h-18h (19h en été).*

Serpa « la Blanche » couronne une butte au-dessus des vastes étendues de champs de blé piquetés d'oliviers. La cité a conservé ses remparts qu'emprunte partiellement un **aqueduc**. Au cours de votre étape, n'oubliez pas de goûter au fameux *queijo de Serpa*, un délicieux fromage de brebis.

À l'intérieur des remparts percés par la **porte fortifiée** de Beja, le centre historique constitue un agréable lieu de promenade. Au-dessus de la grand-place, on parvient au **largo dos Santos Próculo e Hilarião**, planté d'oliviers et de cyprès, dominé par l'église Santa Maria. En tournant à droite, on accède au **château** *(9h-12h30, 14h-17h- gratuit)* dont l'entrée évoque une gravure romantique du 19e s. avec sa tour à moitié écroulée formant porche. Il héberge un petit musée archéologique. Du chemin de ronde, vous aurez une excellente vue sur la ville.

Museu Etnográfico – *Largo do Corro - prenez la rua dos Figaldos, à gauche de la mairie - ✆ 284 54 91 30 - 9h-12h30, 14h-17h30 - gratuit.* Ce musée, agréablement présenté, évoque les traditions et les activités artisanales de la région : outils agricoles et instruments destinés au travail de l'osier, à la fabrication de chaussures, à l'extraction de l'huile d'olive, métiers à tisser, etc.

Museu do Relógio (Musée de l'Horlogerie) – *Convento do Mosteirinho - près de la praça da República - ✆ 284 54 31 94 - www.museudorelogio.com - mar.-vend. 14h-17h, w.-end et j. fériés 10h-12h30, 14h-17h - possibilité de visite guidée (30mn) - 2 €.* Cette collection privée rassemble plus de 2 300 montres et horloges provenant des quatre coins du monde. Le carillon des pendules, le cri des coucous suisses et le tic-tac des horloges de grands-mères accompagnent cette visite passionnante.

Capela de Guadalupe – *1,5 km en dir. de Mértola, sur la droite.* Blanche et nue, mauresque par ses coupoles, elle offre de belles vues sur le paysage.

★ Moura C3

29 km au nord-est de Serpa par la N255.

Posto de Turismo – *Construction moderne vitrée dans l'enceinte du château - ✆ 285 25 13 75 - www.mouraturismo.pt - 9h-12h30, 14h-17h30. Vente de vin.*

LA LÉGENDE DE LA MAURESQUE

Moura devrait son nom (Vila de Moura) et ses armes (une jeune fille morte devant une tour) au malheur de Salúquia, fille d'un seigneur maure. Le jour de ses noces, elle attendit en vain son fiancé, seigneur d'un château du voisinage. Ce dernier, tombé dans une embuscade tendue par des chevaliers chrétiens, avait été massacré avec toute son escorte. Les chevaliers chrétiens, revêtus des vêtements de leurs victimes, avaient alors réussi à pénétrer dans la place et à s'en emparer. Salúquia, désespérée, se serait précipitée du haut de la tour.

Moura la Maure, groupée autour des ruines de son **château** *(9h-12h30, 14h-17h30 - gratuit)* du 13e s., est une petite station thermale de l'Alentejo dont les eaux bicarbonatées calciques sont utilisées dans le traitement des rhumatismes. À quelques kilomètres de la ville, la source de **Pisões-Moura** fournit une eau de table (Água do Castelo) très prisée au Portugal.

★ **Igreja de São João Baptista** – *10h-18h.* L'édifice gothique s'ouvre par un **portail**★ manuélin décoré de sphères armillaires et possède un balcon, utilisé autrefois pour dire la messe aux détenus de la prison d'en face. À l'intérieur de l'église, remarquez l'élégante colonne torse en marbre blanc qui supporte la chaire ; le chœur, couvert d'une voûte en réseau, abrite un joli groupe baroque de la Crucifixion ; la chapelle de droite est ornée d'**azulejos**★ (17e s.) représentant les vertus cardinales.

En face se trouvent l'**établissement thermal** et le jardin Dr Santiago surplombant la vallée.

Rua 1° de Dezembro et rua das Mollejas – Ces deux ruelles parallèles situées derrière l'église sont très photogéniques avec leurs maisons blanches et leurs plantes vertes sagement disposées au bas des murs.

La Mouraria – *Au sud du château.* Le nom de ce quartier évoque l'ancienne domination mauresque dont la ville fut libérée en 1233. Bordant les rues étroites, les maisons basses sont parfois ornées de panneaux d'azulejos ou de grosses cheminées.

3

Barragem de Alqueva C3

14 km au nord-est de Moura par la N255.

Inauguré en 2002 et haut d'une centaine de mètres, il forme l'un des plus grands lacs artificiels d'Europe (25 000 ha), qui s'étend jusqu'en Espagne.

Le retour à Beja pourra s'effectuer via Serpa, puis l'IP8 (58 km), ou via Vidigueira par la N258, puis l'IP2 (57 km).

NOS ADRESSES À BEJA ET SES ENVIRONS

INFORMATIONS UTILES

Les offices de tourisme sont répertoriés en début de chapitre.

Location de vélos – L'office du tourisme de Beja met gratuitement des vélos à disposition.

HÉBERGEMENT

PREMIER PRIX

Residencial Rosa do Campo – *R. da Liberdade, 12 - 284 32 35 78 - www.rosadocampo.pt - 8 ch. 38 €* . Une coquette pension rénovée, qui enchantera les inconditionnels de la propreté. Sol lustré, salles de bains modernes, mobilier à l'ancienne, matelas confortables et accueil chaleureux : tout est fait pour que vous passiez un séjour agréable, la propriétaire y veille ! Chambres spacieuses de un à quatre lits. Très central. Propose également des appartements. Wifi.

Hotel Bejense – *R. Capitão João Francisco de Sousa, 57 - ☏ 284 31 15 70 - www.hotelbejense.com - 24 ch. 48 €* . Cette résidence installée dans la zone piétonne et commerçante du centre-ville propose des chambres confortables dont les installations sont récentes. Si la déco (différente pour chaque chambre) est parfois déroutante, le petit-déjeuner copieux et l'accueil attentif nous rappellent à l'agréable atmosphère familiale qui règne ici. De plus, la situation demeure idéale et le rapport qualité-prix, excellent. Wifi.

À Mértola

PREMIER PRIX

Residencial Beira Rio – *R. Dr Afonso Costa, 108 - ☏ 962 68 30 69 ou 913 40 20 33 - www.beirario.pt - P - 24 ch. 30/46 €* *6 €*. Une résidence hôtelière assez chic, dans une grande bâtisse propre et confortable. Demandez une chambre avec terrasse, côté fleuve. L'hôtel Museu, adjacent, propose des chambres plus confortables pour quelques euros supplémentaires. Wifi.

À Serpa

BUDGET MOYEN

Casa da Muralha – *R. das Portas de Beja, 43 - ☏ 284 54 31 50 - www.casadamuralha.com - 4 ch. 75 €* . Une maison d'hôte de caractère (19e s.) avec, pour décor insolite et spectaculaire, l'aqueduc du 17e s. et les remparts de la ville. Les chambres sont agréablement spacieuses, décorées pour certaines de meubles en bois peint. Le merveilleux jardin, planté de palmiers et d'agrumes, donne l'impression d'être à la campagne. Petit-déjeuner délicieux et accueil à l'avenant.

RESTAURATION

PREMIER PRIX

Tem Avondo – *R. Alexandre Herculano, 25A - ☏ 284 32 89 56 - - tlj sf sam. 12h-15h, 18h-22h - 10/15 €*. Une vraie *casa de pasto*, non touristique, avec ses nappes à carreaux et ses murs carrelés dans l'arrière-salle. On y sert une solide cuisine régionale en *doses* et *meia doses*, dans une ambiance conviviale. Large choix de vins alentejans.

BUDGET MOYEN

A Pipa – *R. da Moeda, 8 - ☏ 284 32 70 43 - - tlj sf dim. en août 12h-15h, 19h30-22h30 - 20/25 €*. Non loin de la praça da República, une taverne typique de la région avec ses murs passés à la chaux et son décor rustique. Les voûtes en brique contribuent à l'atmosphère chaleureuse de l'adresse, où l'on sert de bonnes grillades de porc alentejan.

POUR SE FAIRE PLAISIR

Pousada Convento – *Largo D. Nuno Álvares Pereira - ☏ 284 31 35 80 - www.pestana.com - 13h-15h30, 19h30-22h30 - 35/45 €*. À défaut de passer une nuit *(à partir de 125 €)* à la *pousada*, offrez-vous un dîner dans cet ancien couvent. Le restaurant occupe le réfectoire des moines franciscains à la voûte nervurée d'une blancheur absolue. Un lieu élégant où vous dégusterez du porc noir de l'Alentejo aux herbes. On peut également y prendre le petit-déjeuner *(8h-10h30)*.

À Mértola

PREMIER PRIX

Tamuje – *R. Dr Serrão Martins, 36 - ✆ 286 61 11 15 - tlj sf lun. 9h-23h - 10/15 €.* Dans la rue principale qui monte vers le château, une *casa de pasto* qui ne paie pas de mine mais où l'on mange divinement bien. La cuisine familiale traditionnelle est concoctée à base de produits frais et maraîchers, d'excellentes viandes et de poisson.

À Serpa

PREMIER PRIX

Molhó Bico – *R. Quente, 1 - ✆ 284 54 92 64 - tlj sf merc. 12h-2h - 18/20 €.* Pièce voûtée décorée d'énormes jarres à vin ou salle à manger protégée par un toit végétal en roseau : le cadre de cet établissement est pour le moins typique. L'assiette (excellente !) n'est pas en reste, qui fait la part belle aux plats régionaux, en privilégiant le porc noir. Portions généreuses et bon accueil.

À Moura

PREMIER PRIX

O Trilho – *R. 5 de Outubro, 5 - ✆ 285 25 42 61 - www.otrilho.com - tlj sf lun. 12h-15h, 19h-22h - 14/19 €.* À 5mn à pied du château, une salle fraîche aux belles voûtes blanches et à la présentation soignée. La carte, peu étoffée, propose des recettes régionales, pour beaucoup à base de porc. Belle vitrine de desserts maison.

PETITE PAUSE

Luiz da Rocha – *R. Capitão João F. Sousa, 63 - ✆ 284 32 31 79 - www.luizdarocha.com - 8h-23h (dim. 20h).* Le café le plus ancien et le plus fréquenté de Beja. Il a perdu sa décoration historique, mais propose deux spécialités à se damner : les *porquinhos doces* et les *trouxas de ovos*. Ces derniers totalisent 24 jaunes d'œufs pour 1 kg de sucre !

ACTIVITÉS

À Alqueva

Excursions en bateau – *Départ d'Amieira env. 15 km au nord du barrage - www.roteirodoalqueva.com - de 1h à 3h - 13,50/21 €.* Croisières sur le lac artificiel d'Alqueva. Sur place, il est également possible de louer différents types d'embarcations.

ACHATS

À Serpa

D. Luis – *Praça da República, 15 - ✆ 962 80 76 03 - tlj sf dim. et lun. 7h-19h.* L'épicerie idéale pour un pique-nique clés en main ! Ici, on vend le fromage de Serpa, réputé dans tout le pays, ainsi qu'un beau choix de pains et de gâteaux. Propose aussi tout l'éventail des produits du cru pour rapporter quelques souvenirs culinaires.

À Moura

Essências do Alentejo – *R. da República, 5 - tlj sf dim. 9h-13h-15h-19h.* Toute la gastronomie de la région de Moura : fromages, charcuterie, vins, vinaigres, eaux-de-vie, gâteaux et huile d'olive (l'une des meilleures du Portugal).

EN SOIRÉE

Karas Club – *Largo de São João, 17 - ✆ 284 32 00 88 - merc.-sam. 23h-6h.* « Le » bar branché de Beja où se retrouver pour boire un verre ou faire la fête. Soirées animées par des DJ.

AGENDA

À Castro Verde

Foire d'octobre – *3e dim. d'oct.* Agriculture et artisanat. Existe depuis le 17e s.

Littoral alentejan

★

Districts de Beja et Setúbal

En partie protégé par son statut de parc naturel, le sud-ouest du Portugal demeure très sauvage. Battu par les vents et les flots, son littoral se compose de hautes falaises grises au pied desquelles se nichent des plages au décor souvent grandiose, accessibles par de petites routes escarpées. L'eau y est plus froide que dans le sud de l'Algarve et surtout plus agitée, mais les vagues font le bonheur des surfeurs. Les paysages de l'arrière-pays sont très vallonnés, boisés d'eucalyptus et de pins, plantés d'agaves, et les villages blancs ont conservé leur authenticité.

NOS ADRESSES PAGE 352
Hébergement, restauration, achats, activités, etc.

S'INFORMER

Vous trouverez des bureaux d'information touristique à Zambujeira do Mar, Odemira, Vila Nova de Milfontes et Santiago do Cacém.

SE REPÉRER

Carte de région AB3-4 p. 296-297.
Zambujeira do Mar se situe 18 km au nord d'Odeceixe (limite Alentejo-Algarve), 20 km au sud-ouest d'Odemira et 127 km au sud-ouest de Beja. Alcácer do Sal se situe 50 km au sud-est de Sétubal, par la N 10 et l'IP 1, et 95 km au nord-ouest de Beja.

À NE PAS MANQUER

La vue depuis le Cabo Sardão ; une balade à Vila Nova de Milfontes ; une pause baignade à la Praia de Malhão.

ORGANISER SON TEMPS

N'hésitez pas à longer la côte même si le temps n'est pas au beau fixe, car les paysages balayés par le vent sont magnifiques. Prévoyez un pull même s'il fait très beau.

AVEC LES ENFANTS

Une croisière sur le rio Mira à Vila Nova de Milfontes.

Circuit conseillé Carte de région

Circuit de 145 km tracé en vert sur la carte de région (p. 296-297) – Comptez une demi-journée. Ce circuit prolonge celui de la côte vicentine, dans l'Algarve, décrit p. 402 et suivantes.

★ CÔTE DE L'ALENTEJO AB3-4

Dans cette région aux paysages variés, où la nature reste préservée, se succèdent des plages de dunes ou des criques au pied de hautes falaises battues par les vagues blanches d'écume, de petits ports de pêche dans lesquels tanguent des barques colorées, des champs verdoyants où paissent les moutons, de nobles bois de chênes-lièges, des maisons blanches soulignées de bleu, d'anciens châteaux forts qui évoquent des histoires de croisés et de Maures…

Le Cabo Sardão.
J. Arnold / hemis.fr

Zambujeira do Mar A4

18 km au nord d'Odeceixe.

Posto de Turismo – *R. Miramar (à côté des distributeurs bancaires, dans la rue principale) - ☏ 283 96 11 44 - tlj sf dim. et lun. 10h-13h, 14h-18h.*

La localité s'étend sur une falaise au-dessus de plages où affleurent des rochers frappés par les vagues. Elle invite à la promenade sur les falaises et les dunes, pour découvrir des plages souvent désertes, seulement peuplées d'oiseaux marins. L'ancien village de pêcheurs est devenu au fil des années une station balnéaire très appréciée des Lisboètes pour sa relative tranquillité.

PRIORITÉ NATURE

À cheval sur les deux régions du Sud-Ouest portugais, le Parque Natural do Sudoeste Alentejano e Costa Vicentina s'étend sur 74 788 ha, de Burgau dans l'Algarve à Sines dans l'Alentejo. *Lire « Le Parc naturel du Sud-Ouest alentejan et de la côte vicentine », p. 114.*

Entrada da Barca – *3 km au nord de Zambujeira - suivre le fléchage Porto da Pesca.* Abrité par une falaise, sur un beau site sauvage et paisible, ce petit port de pêche, où se balancent quelques barques, semble hors du temps. En haut se tient une poignée de baraques de pêcheurs isolées et des restaurants de poisson frais *(voir « Restauration », p. 353)*.

Une promenade ponctuée de panneaux pédagogiques est aménagée au bord de la route allant de Zambujeira à Entrada da Barca. Arrêtez-vous en chemin pour vous balader dans la lande et profiter de points de vue sur le littoral.

★ Cabo Sardão A4

11 km au nord de Entrada da Barca.

Battu par les vagues, ce promontoire est coiffé d'un phare offrant une **vue** étendue sur la côte et l'Océan.

Odemira A4

20 km à l'est de Cabo Sardão.

Posto de Turismo – *Praça José Maria Lopez Falcão - dans le centre historique - ☏ 283 32 09 00 - www.turismo.cm-odemira.pt - tlj sf w.-end 9h-17h.*

Bureau du Parc – *R. Serpa Pinto, 32 - ☏ 283 32 27 35.*

La localité est connue pour sa **céramique** en terre cuite. Dominée par la colline où se sont installés les premiers habitants autour d'un château depuis longtemps en ruine, Odemira est une petite ville souriante, penchée sur les rives du rio Mira. Sa bibliothèque municipale, sur le site du château, offre de belles **vues** sur le fleuve et les champs environnants.

Bon à savoir – À 4 km d'Odemira, le **barrage** de Santa-Clara-a-Velha, construit sur le rio Mira par l'Estado Novo, a donné naissance à une retenue d'eau de près de 2 000 ha. On peut y pratiquer pêche et canoë.

Almograve A4

18 km au nord-ouest d'Odemira.

Près de la **plage★** encadrée de falaises surgissent des sources d'eau douce.

★ Vila Nova de Milfontes

13 km au nord d'Almograve.

Posto de Turismo – *R. António Mantas - ☏ 283 99 65 99 - www.turismo.cm-odemira.pt - 10h-13h, 14h-18h.*

Situé à l'embouchure du rio Mira et doté de grandes étendues de sable fin côté mer ou côté fleuve, c'est une station balnéaire coquette. En été, ses nombreux bars, restaurants et discothèques en font un pôle très animé.

Castelo de São Clemente – Construit sur une butte rocheuse au-dessus de l'embouchure du fleuve, ce château, conquis aux Maures en 1204, a défendu la ville pendant des siècles. Acheté en ruine par des particuliers en 1939, l'édifice couvert d'un épais manteau de lierre est désormais une propriété privée. Au sud de l'embouchure s'étend la **Praia das Furnas**, grande plage de sable fin accessible par la route en franchissant le pont sur le rio Mira *(bateau l'été au départ de Vila Nova de Milfontes).*

★ Praia de Malhão A4

6 km au nord de Vila Nova de Milfontes. Prenez la dir. de Lisbonne jusqu'à Brunheiras. Tournez à gauche en suivant les panneaux « Parque de Campismo » (camping).

Une piste sablonneuse de 2 km mène, à travers une pinède, à une superbe plage. Cette longue étendue de sable blanc, qui s'insère dans un somptueux décor de dunes et de rochers, est presque déserte.

★ Porto Côvo A3

20 km au nord de Vila Nova de Milfontes.

On entre dans cette charmante petite ville par une pittoresque place carrée flanquée d'une église, entourée de maisons basses traditionnelles toutes de blanc souligné de bleu. Les anciens investissent ses bancs en fin d'après-midi à l'ombre des arbres. De magnifiques plages se succèdent sur le littoral, souvent accessibles par des escaliers taillés dans les falaises. Difficile de s'y baigner cependant : elles conviennent surtout aux surfeurs. La Praia da Samoqueira, jonchée de rochers, intime et peu fréquentée, dégage beaucoup de charme. En face de Porto Côvo, l'**île do Pessegueiro**, séparée de la terre par un chenal, abrite quelques vestiges des différents peuples qui ont habité la région, de même qu'un port conçu au 16e s. mais inachevé. La plage est plébiscitée par les surfeurs. Au nord, on aperçoit les installations industrielles du **port de Sines**.

Santiago do Cacém A3

23 km au nord-est de Sines par l'IP 8 ou 34 km de Porto Côvo par la N 120.

Posto de Turismo – *R. Condes de Avillez- ✆ 269 82 53 82 - www.cm-santiago cacem.pt - été : tlj sf dim. et lun. 10h-13h, 14h-18h ; hiver : tlj sf dim. et lun. 9h-13h, 14h-17h.*

La ville s'agrippe aux pentes d'une colline que coiffe un ancien château édifié par les templiers. La N 120 dévoile, au sud de la ville, une jolie **vue★** sur le site.

Castelo – Deux enceintes crénelées, restaurées, cernent les ruines du château *(ne se visite pas)* ; l'intérieur est occupé par le cimetière, planté de beaux cyprès. Faites le tour des remparts *(accès libre)* pour admirer le panorama qui s'étend jusqu'au cap de Sines.

Museu Municipal – *Praça do Município - ✆ 269 82 73 75 - tlj sf dim. et lun. 10h-12h, 14h-16h30, sam. 12h-18h - gratuit.* Dans l'ancienne prison ont été reconstitués l'intérieur de l'échoppe d'un barbier, celui de la boutique d'un tailleur, d'une salle de classe, ainsi que l'aménagement d'une cuisine, etc., présentant de façon originale les traditions et les costumes de l'Alentejo.

Ruinas romanas de Miróbriga – *1 km. Quittez la ville à l'est, par la N 121 dir. Lisbonne/Beja et, au sommet d'une côte, prenez à droite à hauteur du moulin (suivez le panneau « Ruinas romanas ») - ✆ 269 81 84 60 - tlj sf lun. 9h-12h30, 14h-17h30, dim. 9h-12h, 14h-17h - 3 €, gratuit 1er dim. du mois et j. fériés le matin.* Miróbriga fut probablement un centre urbain relativement important du 1er au 4e s. comme en témoignent les ruines dispersées dans un agréable paysage champêtre planté de cyprès et d'oliviers. Une voie romaine mène aux **thermes** situés en contrebas. On y distingue très bien les canalisations, les différentes piscines et les salles de repos. En remontant, on passe près de l'auberge et l'on accède au **forum** où se trouvaient les édifices administratifs et religieux. Les fouilles ont montré que cette zone était déjà occupée à l'âge du fer (4e s. av. J.-C.) par un temple. À 1 km, on a découvert les structures de l'hippodrome où couraient les fameux chevaux lusitaniens.

Alcácer do Sal B3

51 km au nord de Santiago do Cacém.

Posto de Turismo – *Le bâtiment moderne devant le pont métallique - 911 79 46 85 - www.cm-alcacerdosal.pt - tlj sf dim. 9h-13h, 14h-17h. Exposition-vente de produits locaux.*

Penchée en amphithéâtre au-dessus du rio Sado, Alcácer do Sal fut une importante cité romaine (Salacia), qui avait le droit de frapper sa propre monnaie. Elle devait sa prospérité au commerce du sel et fut par la suite une place forte mauresque. Le tracé de ses ruelles sinueuses et son imposant château rappellent cette époque. La cité fut reconquise par le roi Alphonse II en 1217 avec l'aide des chevaliers de l'ordre de St-Jacques, qui l'agrandirent. Très belle vue sur les rizières et la rivière.

Castelo – Dominant la localité, le château maure conserve ses hauts murs et 31 tours, dont une tour d'angle, au sud. La **pousada** de Dom Afonso I est aménagée autour du cloître de l'ancien couvent. Dans la **crypte archéologique** (*265 61 20 58 - accès sous la* pousada *- juil.-août. : tlj sf lun. 9h30-13h, 15h-18h30 ; sept.-juin : tlj sf lun. 9h-12h30, 14h-17h30 - 1,50 €*) se mêlent des vestiges de diverses époques : fondations de l'âge du fer et structures romaines, autel votif du 2e s. apr. J.-C., puits musulman. L'exposition d'objets trouvés lors des fouilles (céramiques, bronzes, stèles et bustes romains, chapiteaux médiévaux) agrémente la promenade archéologique.

Igreja Matriz Santa Maria do Castelo – Située à l'intérieur des murailles, elle fut fondée par l'ordre de St-Jacques et offre un bel exemple d'art roman tardif (13e s.). Elle renferme des azulejos polychromes du 17e s.

Igreja do Espírito Santo – *Praça do Município - en cours de restauration.* Dans cette église décorée d'un superbe **portail** manuélin, le roi Dom Manuel se serait uni en 1500 à sa seconde épouse, l'infante espagnole Dona Maria.

NOS ADRESSES SUR LE LITTORAL ALENTEJAN

INFORMATIONS UTILES

Les offices de tourisme sont répertoriés à Zambujeira do Mar, Odemira, Vila Nova de Milfontes, Santiago do Cacém et Alcácer do Sal.

HÉBERGEMENT

À Zambujeira do Mar

BUDGET MOYEN

Rosa dos Ventos – *R. Nossa Senhora do Mar - 283 96 13 91 - www.rosadosventoszambujeira.com - 10 ch. 60 € - séjour de 2 nuits mini en haute saison.* Cette grande maison blanche rehaussée d'ocre dispose d'un patio intérieur rafraîchi d'une fontaine. Autour se distribuent des chambres spacieuses et bien équipées.

POUR SE FAIRE PLAISIR

Herdade do Touril – *Entrada da Barca - 937 81 16 27 - www.herdadedotouril.pt - - 10 ch. 90/160 € - séjour mini de 4 nuits en haute saison.* Cette grande maison d'hôte (19e s.), classée Turismo em Espaço Rural et entourée de champs de tournesols, s'apparente à un petit hôtel de charme grâce à son architecture typique des *montes* de l'Alentejo. Décorée dans un sympathique esprit campagnard alliant bottes de foin, statuettes naïves d'animaux, meubles de métiers et canapés à carreaux, elle bénéficie d'une vue dégagée jusqu'à la mer. Vélos à disposition pour explorer la campagne environnante.

Monte do Papa Léguas – *Alpenduradas - ✆ 283 96 14 70 - www.montedopapaleguas.com - P 🏊 - 8 ch. 100/115 € ☕.* Une charmante maison d'hôte proche de la plage et typique de l'Alentejo avec sa façade chaulée de blanc et de bleu vif. Les chambres et les studios sont joliment décorés dans un style rustique et régional. Atmosphère décontractée et grand professionnalisme de la maîtresse de maison, une spécialiste du tourisme vert. Randonnées à cheval sur les sentiers de pêcheurs. Vélos à disposition.

UNE FOLIE

Monte Fonte Nova da Telha – *Sur la route de Zambujeira à Santo Teotonio - ✆ 283 95 91 59 - www.montedaxica.com - 🚫💳 🏊 - 3 ch. 140/190 € ☕ - ouvert avr.-sept.* Au bout d'une longue piste de sable fin bordée d'eucalyptus, une maison d'hôte dont les chambres ouvrent sur le jardin. Effort de décoration dans les chambres et agréable cuisine où l'on prend le petit-déjeuner, mais l'ensemble manque un peu de raffinement pour cette gamme de prix.

À Vila Nova de Milfontes

BUDGET MOYEN

Casa Amarela – *R. D. Castro e Almeida - ✆ 283 99 66 32 ou 934 20 46 10 - www.casaamarelamilfontes.com - 15 ch. 60 € - fermé de janv. à Pâques.* La maison de Ruí, grand voyageur devant l'Éternel, se veut une sorte d'auberge espagnole ouverte à tous les jeunes, qui ont accès au salon, aux cuisines et à la bibliothèque. Les chambres sont décorées de miniatures indiennes et de copies de tableaux célèbres réalisées au Vietnam. L'annexe, très calme, se déploie autour d'une cour où l'on peut jouer au volley-ball. Dortoir pour 6 pers. (env. 15 €/pers.).

Casa da Vila – *R. Sarmento Beires, 19 - ✆ 283 99 68 91 - www.casadavila.com.pt - ✕ - 7 ch. 60 €.* Les chambres sont plutôt grandes et confortables. Très colorées, elles disposent de salles de bains modernes et donnent sur un patio qui sert de terrasse au restaurant-bar à vins attenant. Très bonne situation au cœur de la station pour profiter de la proximité de la plage.

UNE FOLIE

Herdade da Matinha – *13 km au nord-est de Vila Nova ; 1 km avant Cercal, prenez à gauche le chemin non goudronné (repérez-vous au petit bâtiment blanc à votre droite), puis suivez les panneaux « HM » sur 3 km - ✆ 933 73 92 45 - www.herdadedamatinha.com - ✕ P 🏊 - 16 ch. 139 € ☕.* Cette maison d'hôte, isolée dans les collines de chênes-lièges, est cernée d'un jardin où embaument magnolias et orangers. Monica, guide touristique, et son mari Alfredo, artiste peintre et cuisinier émérite, ont restauré avec talent cette ferme alentejane du 19e s. Les chambres arborent des couleurs franches et vives et sont décorées des tableaux d'Alfredo.

RESTAURATION

À Zambujeira do Mar

BUDGET MOYEN

A Barca – *Entrada da Barca - ✆ 283 96 11 86 - 🚫💳 P - tlj sf*

3

lun. 12h-23h - 18/25 €. Cette maisonnette blanche et rouge posée face à la mer marque l'entrée du hameau. Vous y dégusterez de délicieux *petiscos* cuisinés à l'ail, du poulpe presque confit, des grosses crevettes ou des palourdes. Un vrai régal.

O Sacas – *Entrada da Barca - ✆ 283 96 11 51 - tlj sf merc. en hiver 12h30-15h30, 19h-23h - P - 18/25 €.* Ce grand chalet, comme isolé au bout du monde face à la mer, est en fait l'un des restaurants les plus appréciés de la région. Réputé pour ses poissons et ses fruits de mer, il propose aussi un grand choix de plats régionaux.

i Cervejaria – *R. Miramar, 14 - ✆ 283 96 11 13 - www.casasbrancas.pt/rede/i-cervejaria - tlj sf mar. hors saison 12h-23h - fermé déc. - 25/30 €.* Situé dans la rue principale, ce restaurant affiche des tarifs un peu élevés pour cette catégorie, mais qui restent raisonnables compte tenu de l'appétissant comptoir de fruits de mer *(copieux plateau à 42,50 € pour 2 pers.).* Très beau choix de produits.

À Vila Nova de Milfontes

BUDGET MOYEN

Morais – *R. António José Almeida, 1 - ✆ 283 99 68 27 - www.restaurantemorais.pai.pt - ⊭ - 12h-15h, 19h-23h - 18/25 €.* Un restaurant populaire et sans prétention avec sa terrasse posée sur la petite place face au château. On vient y savourer une cuisine de produits locaux qui jongle avec des recettes traditionnelles comme le porc de l'Alentejo, les palourdes, le *bacalhau à bras* (le plat de morue classique), les fruits de mer et les poissons du jour.

Choupana – *Praia do Farol - ✆ 283 99 66 43 - 12h-22h - fermé nov.-mars - 18/25 €.* Invisible de la route, ce restaurant se cache sur la plage du Farol, à l'embouchure du fleuve, au bas d'une volée de marches de bois. Monté sur pilotis comme une grande cabane de pêcheur, il semble littéralement flotter sur la mer à chaque marée haute. Spectacle grand large que l'on apprécie devant un plat de fruits de mer ou de poisson grillé.

Ritual – *R. Barbosa Viana, 4 - près du château - ✆ 283 99 86 48 - www.casasbrancas.pt/rede/ritual - merc.-lun. 12h-23h, mar. 17h-23h - 18/25 €.* Ce restaurant et bar-tapas balance entre présent et passé, combinant une salle à la décoration originale et des plats inventifs avec de classiques *petiscos* et autres hamburgers maison. La clientèle, jeune et cosmopolite, s'attable dehors pour dîner autour de tables et bancs en bois, qui épousent la côte d'une ruelle escarpée.

Tasca do Celso – *R. dos Aviadores, 39 - ✆ 283 99 67 53 - tlj sf lun. 12h30-15h30, 19h-23h - réserv. conseillée en été et le w.-end - 28/35 €.* Dans une ravissante maisonnette bleu et blanc, une salle chaleureuse et conviviale au décor rustique : bar posé sur des tonneaux, meubles anciens régionaux et vaisselle en céramique brune. Outre les *petiscos*, l'ardoise affiche fruits de mer, fromage de Mértola, bœuf grillé et, bien entendu, le porc noir du pays. L'endroit, fort apprécié, est très fréquenté.

À Porto Côvo

BUDGET MOYEN

O Torreão – *Largo Marquês de Pombal, 18 - ✆ 269 90 51 63 - ⊭ - tlj sf jeu. 11h-23h - 18/25 €.* Sur la charmante place carrée du village, on s'installe en terrasse pour profiter de la place piétonnière et déguster une cuisine de la mer : salade de poulpe, morue, brochettes de seiches, etc.

Marquês – *Largo Marquês de Pombal, 10 - ✆ 269 90 50 36 - tlj sf sam. 11h30-2h - 20/25 €.* Assez semblable au précédent, de l'autre côté de la place, il vous accueillera dans une salle décorée d'azulejos aux thèmes marins à moins que vous ne préfériez la terrasse. Cuisine de la mer. À côté, dans le bâtiment jouxtant le restaurant, la même maison propose d'excellentes pâtisseries ainsi que des glaces.

PETITE PAUSE

Pique-nique – Vous trouverez facilement des supérettes dans chaque station balnéaire pour pique-niquer sur la plage ou au milieu des dunes.

À Vila Nova de Milfontes

Gelateria da Pietro – *R. Custódio Brás Pacheco - ✆ 916 69 49 92 - tlj sf merc. 11h-23h.* Le QG des estivants amateurs de bonnes glaces et de crêpes, établi sur l'avenue menant à la station. Les parfums sont en petit nombre mais ô combien alléchants ! D'ailleurs, il y a toujours du monde mais l'accueil reste sympathique et les prix, très corrects.

Pão, Café & Companhia – *R. Custódio Brás Pacheco - ✆ 283 99 71 50 - lun. 10h-15h, 18h-19h, mar. 10h-16h, 19h-21h, merc. 10h-12h, 16h-17h, jeu. 9h-17h, 20h-21h, vend. 9h-13h, sam. 8h-20h, dim. 8h-19h.* Cette boulangerie entretient toujours la flamme des brioches typiques de l'Alentejo : *bolo requeijão* (à base de fromage blanc) ou *folhado de gila* (roulé à la confiture de courge). Testez aussi l'*alcôncuras*, un savoureux gâteau sec au miel et à la cannelle.

ACTIVITÉS

À Porto Côvo

Herdade do Pessegueiro – *Près de Bracial (demandez l'accès aux propriétaires) - ✆ 963 32 08 98 - www.herdadedopessegueiro.com.* Pour une promenade à cheval en bord de mer *(1h ; 30 €)* : un rêve qui devient réalité !

À Vila Nova de Milfontes

Promenade en bateau – *Départ du quai du club nautique - ✆ 968 24 14 69 ou 283 88 00 72 - tlj à 15h, 16h et 17h.* Surprenant sous les cieux de l'Alentejo, un *moliceiro*, une barque colorée venue de la ria d'Aveiro, dans la région des Beiras, appareille au quai du club nautique pour une croisière sur le rio Mira jusqu'à Montalvo *(6 €, enf. 3 €)* ou Santa Maria *(10 €, enf. 5 €).*

EN SOIRÉE

À Zambujeira do Mar

Zambujeira a ses rituels nocturnes. On démarre par l'apéro au **café Fresco**. Les plus jeunes mettent ensuite le cap sur le bar **Espera-m'Entrado,** au décor bariolé et à la musique qui swingue. Le **Clube da Praia**, discothèque à l'ambiance *eighties*, rassemble les noctambules de tous âges.

Café Fresco – *R. da Calçada, 1/7.* La terrasse de ce petit bar jouit d'une belle vue sur la mer. L'endroit est parfait pour prendre un verre le soir.

AGENDA

Meo Sudoeste – *www.meosudoeste.pt - 1re sem. d'août.* Grand festival de musiques rock et techno à Herdade de Casa Branca, près de Zambujeira do Mar.

L'Algarve 4

Carte Michelin National 733

À l'ouest de Faro :

Grand angle sur l'Algarve

L'extrême Sud portugais est idéal pour les vacances. Douceur proverbiale du climat, chaleurs étouffantes rares en dépit d'un soleil garanti, **Océan paisible** à température idoine : tous les ingrédients sont là pour profiter des plages serties de falaises dorées des environs de **Lagos** et d'**Albufeira**, à l'ouest, ou des cordons sablonneux qui s'étendent à perte de vue, au-delà de **Faro**, isolant la mer de la lagune de Formosa.

AU PARADIS DU FARNIENTE

Chaque station propose un large éventail d'activités de loisirs ou sportives : voile, jet-ski, parc aquatique, observation des dauphins, découverte de grottes marines en bateau ou en kayak, partie de pêche, croisière à bord d'une réplique de caravelle… Et chacune possède sa propre identité. À **Tavira**, séduisante avec ses maisons traditionnelles aux toits retroussés, s'oppose la modernité sans complexe de **Praia da Rocha** et le caractère festif et cosmopolite d'Albufeira, au pittoresque un peu surjoué. À Lagos, qui a su conserver un certain cachet, succède **Sagres**, attaché au temps des Grandes Découvertes. La nature reprend ensuite ses droits au **cap Saint-Vincent**, battu par des vagues mugissantes, symbole d'un pays tendu vers le grand large.

JARDINS SECRETS

Une **typicité** dépourvue de factice se rencontre dans l'arrière-pays, mais également sur le littoral, à Aljezur, Burgau, Ferragudo, ou Cacela Velha. Protégés par leur statut de parc naturel, les superbes plages et la **côte vicentine**, plus propices au surf ou au bodyboard qu'à la baignade, la nature verdoyante de la **serra de Monchique** ou encore les horizons de la **vallée du Guadiana** jusqu'à Alcoutim, ont conservé un caractère sauvage qui comblera les amoureux de nature.

INSTANTS MAURES

En Algarve, dont le nom dérive du mot arabe signifiant « ouest », plane le souvenir des anciens **occupants maures**. Le nom d'innombrables localités trahit leur présence longue de plusieurs siècles. Elle transparaît de mille et une autres manières, dans l'urbanisme « cubiste » de la localité d'Olhão comme dans la saveur des **douceurs aux amandes** des pâtisseries de Silves, de Portimão, ou de Faro. Le visage de l'arrière-pays lui-même, verger égayé de champs **d'amandiers et d'orangeraies**, évoque quelque Arabie prospère. L'apparition soudaine de l'altière silhouette rougeoyante de Silves, dominée par le plus grand château d'Algarve, vient définitivement confirmer cette impression.

Les eaux cristallines de Portimão.

J. Arnold / hemis.fr

Faro

★

63 967 habitants – District de Faro

De Faro, la plupart des vacanciers ne voient souvent que l'aéroport, pressés qu'ils sont de rejoindre leur villégiature au plus près des plages. Pourtant, nonchalante mais loin d'être apathique, la principale métropole de l'Algarve mérite que l'on s'y attarde. Ne serait-ce que pour flâner dans les ruelles de la vieille ville, désertes et silencieuses le soir. Ou pour le plaisir de humer l'air marin le long du port de plaisance sans pâtir des décibels techno. Côté littoral, Faro s'ouvre sur la belle réserve naturelle de la Ria Formosa, une lagune limitée par une multitude d'îles qui offrent autant de refuges aux oiseaux migrateurs. Dans l'arrière-pays, vallonné et lumineux, les collines de la serra do Caldeirão voient alterner un maquis aride et des vergers d'amandiers, de figuiers et d'orangers, subtil mélange d'odeurs méditerranéennes et nord-africaines. Leurs villages ancestraux, à mille lieues des stations trépidantes du bord de mer, ont conservé leur rythme de vie paisible et leurs marchés conviviaux débordant de victuailles.

NOS ADRESSES PAGE 369
Hébergement, restauration, achats, activités, etc.

S'INFORMER

Posto de Turismo – A2 - *R. da Misericórdia, 8/12 - ✆ 289 80 36 04 - www.cm-faro.pt ou www.turismodoalgarve.pt - mar.-jeu. 9h30-17h30 (19h en été), vend.-lun. 9h30-13h, 14h-17h30 (19h en été) ; autre bureau à l'aéroport - ✆ 289 81 85 82.*

SE REPÉRER

Carte de région C2 p. 356-357 – Plan de Faro p. 362. Faro, capitale de l'Algarve, se trouve 30 km à l'ouest de Tavira et 39 km à l'est d'Albufeira, par la N 125. Lisbonne se trouve 280 km au nord.

Voir aussi la rubrique « Arriver/partir » dans « Nos adresses ».

SE GARER

Laissez votre voiture au parking largo de São Francisco près des remparts.

À NE PAS MANQUER

La vieille ville de Faro ; l'église São Lourenço à Almancil ; la plage de Falésia ; le village d'Alte.

ORGANISER SON TEMPS

Prévoyez une journée pour visiter Faro et profiter des plages qui se trouvent de l'autre côté de la lagune. En été, si vous souhaitez découvrir l'arrière-pays (excursion d'une journée), partez tôt le matin pour éviter les fortes chaleurs.

AVEC LES ENFANTS

Le centre des Sciences et le musée d'Ethnologie ; la plage de Faro ; une promenade en bateau dans le Parque da Ria Formosa ; l'Aqua Show.

Se promener Plan de ville

Circuit tracé en vert sur le plan de ville (p. 362) – Comptez env. 3h avec les visites.
Faro est une ville Janus. À l'animation régnant dans ses rues piétonnières et autour du bassin de son port, succède le calme de la vieille ville, à l'abri du cercle de ses maisons disposées en remparts.

La vieille ville de Faro borde la lagune.
Jordi Puig/age fotostock

★ VIEILLE VILLE

★ Arco da Vila A2

Franchissez les remparts par la plus belle des **portes** de la muraille alphonsine. Remarquez ses pilastres à l'italienne et, dans une niche, une statue de saint Thomas d'Aquin, en marbre blanc. L'arc est surmonté d'un clocher dont le sommet est occupé par un nid de cigognes.

Sé A2

Largo da Sé - tlj sf dim. 10h-17h (18h en été), sam. 10h-13h - 3 €.

La **cathédrale** de Faro s'élève sur une vaste place plantée d'orangers. De l'église primitive, bâtie sur le site d'une ancienne mosquée en 1251, il ne reste que l'imposante tour-portique de l'entrée et le portail principal. Incendiée par les troupes anglaises en 1596, elle fut reconstruite au 18e s. Elle présente aujourd'hui un mélange de styles : chapelle gothique revêtue d'azulejos du 17e s., chapelles baroque et rococo, retable Renaissance dans le chœur. Observez l'**orgue★** rouge et or orné de motifs chinois datant du 18e s.

À l'étage, le **musée d'Art sacré** présente des vêtements liturgiques. Du sommet de la tour médiévale s'offrent de superbes vues sur la ville et la lagune.

★ Paço Episcopal A2

Largo da Sé (près de la cathédrale) - ouv. uniquement lors des expositions.

Édifié à la fin du 16e s., il accueille aujourd'hui des expositions temporaires consacrées à l'art sacré : une occasion unique de pénétrer dans ce superbe palais. Plusieurs salles, dont la cage d'escalier, sont tapissées de magnifiques azulejos datant de la seconde moitié du 18e s.

Museu Municipal B2

Largo Dom Afonso III, 14 - ✆ 289 87 08 27 - juin-sept. : mar.-vend. 10h-19h, w.-end 11h30-18h ; oct.-mai : mar.-vend. 10h-18h, w.-end 10h30-17h (dernière entrée 1h av. fermeture) - 2 €, gratuit dim. jusqu'à 14h30 (15h30 en été).

Ce musée occupe l'ancien couvent de Nossa Senhora da Assunção, construit au 16e s. Au sein de la **collection archéologique** (Museu Arqueológico Lapidar do Infante Dom Henrique), répartie dans les galeries du très beau cloître Renaissance, remarquez la mosaïque romaine figurant le dieu des Océans (3e s. apr. J.-C.), exhumée à Faro dans une maison de la rua Dom Henrique. À l'étage, une salle d'art sacré renferme une belle collection de peintures (du 16e au 19e s.).
Plusieurs salles accueillent des expositions temporaires et, certains soirs d'été, des concerts (musique classique, jazz, fado, etc.) ou des projections cinématographiques (juillet) sont organisés dans le cloître *(programme sur place)*.

Galerias Municipales AB2

À proximité de la cathédrale, d'anciens édifices militaires ont été transformés en galeries d'art. La **Galeria Trem** expose les œuvres d'artistes contemporains

SE LOGER		SE RESTAURER	
Hôtel Faro	1	A Venda	1
Pensão Bela Vista	3	Casa de Pasto Algarve	4
Pensão Residencial Adelaide	5	Chalavar	7
Pensão Residencial Central	7	Faz Gostos	3
Pousada Palácio do Estói	10	Gigi	12
		Pontinha	20

DU SEL AU TOURISME
Faro vivait jadis de l'exploitation du sel recueilli dans les marais salants de sa lagune, de la pêche (thon, sardine), du travail du liège et du marbre, et d'industries alimentaires (conserveries, traitement des caroubes) et, plus tard, du plastique et du bâtiment. Le tourisme est devenu une activité prépondérante et, grâce à son aéroport international, Faro, porte de l'Algarve, dessert des stations balnéaires fréquentées toute l'année.

portugais et étrangers *(r. do Trem - ✆ 289 80 41 97 - été : tlj sf dim. et lun. 11h30-19h ; hiver : tlj sf dim. et lun. 10h30-18h - gratuit).*
L'ancienne brasserie, **Fábrica da Cerveja** *(r. Nova do Castelo)*, adossée aux remparts sud, paraît à l'abandon, bien qu'elle soit utilisée lors d'expositions temporaires.

FRONT DE MER

La praça Dom Francisco Gomes, dominée en son centre par un **obélisque** haut de 15 m, l'avenida da República et le jardin Manuel Bivar, plantés tous deux de palmiers, participent à l'attrait de ce quartier aux perspectives modernes.

Centro Ciência Viva A2

R. Comandante F. Manuel - ✆ 289 89 09 20 - www.ccvalg.pt - tlj sf lun. et j. fériés 10h-18h (dernière entrée 1h av. fermeture) - 4 €.
Entre les remparts de la vieille ville et le port de plaisance, ce centre dédié à la science et la technologie présente des expositions interactives permettant d'explorer le système solaire ou de naviguer dans un monde virtuel. Exposition permanente sur le Soleil et son influence sur la Terre.

Museu Marítimo A2

R. da Comunidade Lusiada - ✆ 289 89 49 90 - tlj sf w.-end 9h-12h, 14h30-17h - 1 €.
Installé dans la capitainerie du port, le Musée maritime expose notamment des maquettes de bateaux et présente les différents types de pêche (thon, sardine, poulpe, etc.) pratiqués dans la région.

CENTRE-VILLE

Près du port se déploie un quartier piéton animé, où les boutiques de vêtements côtoient les vastes terrasses de restaurants et de cafés. Il est agréable d'y faire du lèche-vitrines, et quelques monuments intéressants se trouvent à proximité.

Museu Etnográfico Regional B2

Praça da Liberdade, 2 - ✆ 289 87 08 93 - tlj sf w.-end 10h-13h30, 14h30-18h - 1,50 €.
Ce musée d'Ethnographie évoque les traditions de la région à travers des photographies, des peintures, des objets usuels, des maquettes (dont celle d'une madrague, gigantesque filet naguère utilisé pour la capture des thons), des reconstitutions (épicerie, intérieur paysan avec cuisine, écurie, four à pain), des mannequins costumés… Des expositions temporaires d'artistes locaux sont régulièrement présentées au rez-de-chaussée.

Igreja de São Pedro AB1

Largo de São Pedro - lun.-vend. 8h30-12h30, 15h-19h, w.-end et j. fériés 9h30-12h30, 16h-18h.

LA CAPITALE DE L'ALGARVE

Faro est déjà une cité importante lorsque sa reconquête sur les Maures par Alphonse III, en 1249, marque la fin de la mainmise arabe sur le Portugal. Aussi le souverain lui accorde-t-il rapidement une charte municipale. Son développement est tel que, dès le 15e s., l'une de ses officines de typographie appartenant à la communauté juive sort les premiers livres imprimés au Portugal : des incunables hébraïques. Mais, en 1596, alors que le pays vit sous la domination espagnole, le comte d'Essex, qui fait campagne contre Cadix, met la ville à sac et l'incendie... Elle se relève de ses ruines lorsque deux tremblements de terre, en 1722 et surtout en 1755, l'anéantissent totalement. Il faut l'énergie de l'évêque Dom Francisco Gomes, le citoyen le plus célèbre de la cité, pour entreprendre une nouvelle fois son relèvement. En 1756, elle est choisie comme capitale de l'Algarve.

L'intérieur de cette église bâtie au 16e s. est décoré d'une frise d'azulejos polychromes du 18e s. La **chapelle des Âmes★** (das Almas), sur le bas-côté droit, est entièrement revêtue de panneaux d'azulejos bleu et blanc. Quant à la chapelle du Très-Saint-Sacrement (Santíssimo Sacramento), elle est couverte de boiseries baroques dorées.

Igreja do Carmo A1

Largo do Carmo - tlj sf dim. 10h-13h, 15h-17h (18h en été), sam. 10h-13h.

La majestueuse église baroque des Carmes a vu sa construction s'étaler sur tout le 18e s. et le début du 19e s. Dans la petite cour s'élève la **chapelle des Ossements** *(entrée par le collatéral sud - 1 €)* dont les parois sont tapissées d'os et de crânes provenant d'un ancien cimetière.

À proximité Carte de région

PARQUE NATURAL DA RIA FORMOSA C2

Constituée d'une lagune fermée par un cordon littoral, la partie à l'est de Faro, appelée « Sotavento » (sous le vent), présente des paysages très variés. Pour préserver ce milieu naturel exceptionnel, toute la côte, d'**Ancão** (près de Quinta do Lago) à **Manta Rota** (près de Cacela Velha), a été classée Parc naturel de la Ria Formosa en 1987. S'étendant sur 18400 ha pour une longueur de 60 km, ce parc comprend des dunes, des lagunes, des canaux et des îles d'un grand intérêt ornithologique. C'est aussi une région riche en mollusques et en crustacés et un lieu très important pour la reproduction des poissons. La poule sultane *(Caimão comum)*, oiseau rare au Portugal, sert d'emblème au parc, où elle se reproduit.

Bon à savoir – Les plages, sur le cordon littoral, sont reliées à la terre ferme par bateau ou par des passerelles construites sur la lagune.

Praia de Faro (ou Ilha de Faro) C2

9 km. Prenez la dir. de l'aéroport. On peut aussi y accéder par le bus n° 16 et par bateau (voir « Arriver/partir », p. 369).

La plage de Faro est un cordon de sable relié au continent par un pont, entre l'Océan et la ria Formosa ; la pointe orientale révèle une jolie **vue★** sur Faro, dont les maisons blanches se reflètent dans la lagune. Le centre nautique y propose diverses activités (canoë, planche à voile, etc.) en été.

Ilha Deserta (ou Ilha da Barreta) C2

Juin-sept. : 4 bateaux/j au départ de la marina de Faro.

Comme son nom l'indique, c'est une île déserte… ou presque. Elle abrite des cabanes de pêcheurs et un restaurant de poisson. Le point le plus méridional du Portugal continental se trouve sur cette île, au **cap de Santa Maria**.

OLHÃO C2

11 km à l'est de Faro.

Olhão est un port de pêche à la sardine et au thon très actif, où s'alignent les conserveries. En dépit de sa pittoresque physionomie de ville mauresque, aux ruelles étroites, aux maisons cubiques blanches, couvertes de terrasses et dotées de cheminées cornières, la « ville cubiste » ne fut fondée qu'au 18e s., par des pêcheurs venus de la ria de Aveiro au nord du pays. Elle devrait son architecture originale aux relations commerciales qu'elle entretint avec l'Afrique du Nord.

Du clocher de l'**église paroissiale**, située dans la rue principale menant au port *(accès par la 1re porte à droite en entrant dans l'église - ouv. pour la messe - donation)*, on découvre un curieux **panorama★** sur l'ensemble d'Olhão. Un grand nombre de maisons sont couvertes de terrasses (*açoteias* et *mirantes*) de différents niveaux reliées les unes aux autres par de petits escaliers. L'ensemble forme un lumineux tableau.

De l'agréable promenade en bordure de la ria que constitue le **jardim Joaquim Lopes**, on accède au port de pêche et à l'immensité plate des cordons littoraux. À proximité du parc, les **halles** sont, le samedi, entourées d'un marché animé.

AU NORD-OUEST DE FARO C2

Prenez la N 125 en dir. d'Albufeira et tournez à droite avant Almancil.

★★ Igreja de São Lourenço C2

15 km à l'ouest de Faro - ✆ 289 39 54 51 - lun. 14h15-17h (18h en été), mar.-sam. 10h-13h, 15h-17h (18h en été) - 2,50 €.

Cet édifice roman, transformé à l'époque baroque, est tapissé d'**azulejos★★** datant de 1730, dus à Bernardo, artiste connu sous le nom de Policarpo de Oliveira Bernardes. Recouvrant les murs et la voûte, ils représentent des scènes de la vie de saint Laurent et son martyre. On reconnaît : de part et d'autre du chœur, la guérison des aveugles et la distribution aux pauvres d'argent produit par la vente des vases sacrés ; dans la nef, à droite, la rencontre entre le saint et le pape, le saint en prison, à gauche, les préparatifs du martyre et saint Laurent, sur son gril, réconforté par un ange. À l'arrière de l'église, un vaste panneau d'azulejos montre saint Laurent présentant son gril sous une coquille baroque.

Suivez la N 125 jusqu'à Almancil et prenez à gauche la route menant aux plages.

Quinta do Lago et Vale do Lobo C2

Ces deux ensembles résidentiels, exemples d'aménagements de grand luxe, comprennent plusieurs terrains de golf, des country-clubs, de grands hôtels et, tout autour, de splendides villas nichées dans une forêt de pins parasols. Leurs plages sont accessibles par des passerelles qui enjambent la lagune.

Vilamoura C2

23 km au nord-ouest de Faro par la N 125 puis la route côtière.

La station balnéaire de Vilamoura et sa voisine **Quarteira**, dont les hautes tours bordent un large boulevard, ont vu se construire le long de leurs plages de vastes complexes touristiques. Une superbe route bordée de palmiers mène à Vilamoura, qui abrite des résidences de luxe et des hôtels, un casino, quatre terrains de golf et une marina pouvant accueillir plusieurs centaines de yachts. Le plus surprenant est de découvrir, au milieu de ces constructions, les ruines d'une cité romaine.

Museu e Estação Arqueológica de Cerro da Vila – *En dir. de Praia de Falésia - 200 m avant le parking Cerro da Vila - ✆ 289 31 21 53 - été : 10h-13h, 16h-21h ; hiver : 9h30-12h30, 14h-18h - 3 €.* Les fouilles ont mis au jour, sous les vestiges wisigothiques et maures, ceux d'une cité romaine comprenant une villa patricienne du 1er s. dotée d'un bain privé et d'une cave, un monument funéraire, des puits, des silos, des étables, un pressoir et, en contrebas, les ruines de thermes publics du 3e s. La mer venait alors jusqu'ici et ces thermes se trouvaient près du port ; ils étaient fréquentés par les marins qui y faisaient escale. Des panneaux de mosaïques, polychromes ou noir et blanc, ornent les sols et bassins (ultérieurement convertis en bacs de salaison et viviers). Le musée présente des vestiges de diverses époques trouvés sur place (pièces de monnaie, céramiques).

★★ **Praia de Falésia** – *Après la marina (dir. Praia de Falésia), au bout de la route, parking payant.* Un chemin aboutit à l'extrémité est de cette magnifique plage. Les falaises qui font sa renommée se trouvent plus loin, vers l'ouest, en direction d'**Albufeira** *(voir aussi p. 384)*. Les plus courageux pourront marcher, sinon rapprochez-vous en voiture.

Igreja Nossa Senhora da Conceição – *Largo da Igreja (dans la vieille ville de Quarteira) - mar., jeu. et sam. 9h30-13h.* L'intérieur, tapissé d'azulejos du 17e s., abrite un retable en bois doré du 18e s.

Circuit conseillé Carte de région

Circuit en boucle d'env. 120 km au départ de Faro tracé en vert foncé sur la carte de région (p. 356-357) – Comptez une journée.

SERRA DO CALDEIRÃO C2

Ce circuit permet de découvrir un aspect peu connu de l'Algarve, entre les collines calcaires du *barrocal* et les monts schisteux de la serra do Caldeirão, à quelques kilomètres seulement de la côte et néanmoins loin de son agitation. Les villages blancs et fleuris gardent leur physionomie traditionnelle et l'artisanat y est encore une activité importante. Ici, les paysages changent au fil des saisons : en janvier-février, ce sont les nuées blanches des amandiers en fleur qui envahissent la serra ; au printemps, elle est constellée du blanc des fleurs des cistes ; en hiver comme en été, les oranges se détachent dans le vert profond des vergers… Et les senteurs : eucalyptus, pins, lavandes sauvages, cistes, valent à elles seules la visite.

Quittez Faro par la N 2. À 10 km, prenez à droite la route d'Estói (vers Tavira).

Ruinas Romanas de Milreu C2

R. de Faro, à 1 km d'Estói - ✆ 289 99 78 23 - www.monumentosdoalgarve.pt - tlj sf lun. et j. fériés 9h30-13h, 14h-17h30 (mai-sept. 18h30) - dernière entrée 30mn av. fermeture - 3 €, gratuit 1er dim. du mois.

Encadrée de tourelles circulaires, la *casa rurale* (15e-19e s.) s'élève sur les ruines d'une *villa rustica* (exploitation agricole) du 2e s. apr. J.-C. Autour des colonnes du péristyle, des soubassements en brique de maisons et de thermes encadrent les zones d'habitation et des bassins, dont plusieurs ont gardé leur revêtement de mosaïque polychrome : remarquez la **mosaïque aux gros**

L'église São Lourenço est tapissée d'azulejos du 18e s.
J. Fuste Raga / Mauritius / Photononstop

poissons qui décore la baignoire du frigidarium des thermes du côté ouest. À proximité s'élèvent les restes d'un édifice religieux du 4e s. où était célébré le culte d'une nymphe.

Revenez sur la N 2 et reprenez vers le nord.

São Brás de Alportel C2

10 km au nord d'Estoi.

D'origine maure, l'ancienne Xanabus est une petite ville tranquille, située sur une hauteur et peuplée de maisons blanches surmontées de leurs cheminées typiques. Premier grand centre d'extraction du liège au Portugal, elle conserve encore quelques industries liées à cette activité et est également un gros producteur de caroubes, d'amandes et de figues.

Museu do Trajo do Algarve - Casa da Cultura António Bentes (Musée du Costume de l'Algarve - Maison de la culture António Bentes) – *R. Dr José Dias Sancho, 61 - ✆ 289 84 01 00 - www.museu-sbras.com - lun.-vend. 10h-13h, 14h-17h, w.-end et j. fériés 14h-17h - 2 €.* Installé dans une belle maison bourgeoise de la fin du 19e s., ce musée présente une collection intéressante de costumes traditionnels des 19e et 20e s., de charrettes et voitures anciennes, d'outils agricoles (en particulier pour travailler le liège) et de sculptures religieuses populaires ; il organise en outre des expositions temporaires.

Jardim da Verbena – *Près de l'office de tourisme 8h-18h, 20h en été - gratuit.* Le site, apaisant, appartenait à l'ancienne résidence des évêques de l'Algarve. La fontaine date du 18e s.

Suivez la N 2 sur 14 km. La route dessine d'innombrables lacets, entre pins et eucalyptus. À Barranco Velho, prenez la N 396 en dir. de Querença.

Querença C2

15 km au nord-ouest de São Brás de Alportel.

Juché sur les versants d'une colline culminant à 276 m, ce village abrite l'**église Nossa Senhora da Assunção**, dont la fondation est attribuée aux templiers. Entièrement reconstruite en 1745, elle conserve toutefois son portail manuélin.

LES AMANDIERS DE L'ALGARVE

Si l'Algarve est célèbre pour la beauté de ses plages, son arrière-pays ne manque pas de charme avec ses vergers plantés de figuiers, d'orangers et d'amandiers. La légende raconte qu'un émir maure avait épousé une princesse scandinave. Celle-ci se languissait loin des neiges nordiques et, pour rendre le sourire à sa jeune épouse, l'émir ordonna la plantation d'un immense champ d'amandiers dans son domaine. Un matin de janvier, la princesse eut la surprise de voir le paysage couvert de myriades de fleurs d'amandiers dont l'éblouissante blancheur, n'ayant rien à envier à celle des flocons de neige, lui causa une grande joie.

À l'intérieur, on peut admirer de beaux bois dorés. *Si l'église est fermée, demandez les clefs à l'office de tourisme situé en face.*

Les maisons d'un blanc éclatant possèdent encore souvent leur four traditionnel. Dans la garrigue poussent les arbousiers, dont les fruits servent à produire la célèbre eau-de-vie de l'Algarve, l'**aguardente de medronho**.

Reprenez la route vers Aldeia da Tôr, village à côté duquel on peut voir un pont romain. Suivez la dir. de Salir.

Salir C2

12 km au nord-ouest de Querença.

De son château en ruine, érigé par les Maures (12e-13e s.), se déroulent de belles vues sur la serra.

Rocha da Pena – Au nord-est du village, sur cette hauteur sauvage et escarpée (479 m), s'élèvent deux murailles datant du Néolithique.

Un sentier pédestre balisé *(env. 5 km)* permet de découvrir la flore et la faune locales, protégées en raison de leur grande richesse : on peut y observer le grand duc, l'aigle de Bonelli et la buse variable, ainsi que le renard, la genette et la mangouste.

Prenez la N 124 vers Alte.

L'église Nossa Senhora da Assunção, à Querença.
Ph. Blanchot / hemis.fr

★ Alte C2

▶ *13 km à l'ouest de Salir.*

Les maisons blanches de ce joli village aux ruelles étroites et sinueuses s'accrochent aux versants d'une hauteur de la serra. En bas du village, deux fontaines ombragées, Fonte Pequena et Fonte Grande, où sont installées des tables en pierre pour les pique-niques, proposent une pause agréable. On y organise des fêtes et des pèlerinages.

Igreja Matriz – *Tlj sf dim. 10h-13h, 14h-17h30.* Fondée avant le 16e s., l'église arbore un beau portail manuélin. À l'intérieur, l'une des chapelles est totalement couverte d'azulejos du 18e s. La chapelle de Notre-Dame-de-Lourdes est ornée d'azulejos polychromes en relief de type sévillan du 16e s.

▶ *Reprenez la N 124. À Benafim Grande, tournez à droite dans une petite route qui conduit à la N 270, que l'on atteint au village de Gilvrazino. Suivez la dir. de Loulé.*

Loulé C2

▶ *25 km au sud-est d'Alte.*

Grand centre horticole et commercial, on y vend les produits des villages de la serra, en particulier dans l'étonnant bâtiment de style néomauresque (19e s.) du marché *(tous les matin sf dim.)*, particulièrement animé le samedi. La cité conserve des pans de muraille d'un château maure.

Museu Municipal de Arqueologia – *Près du château - ✆ 289 40 06 00 - été : tlj sf dim. 10h-18h (sam. 16h30) ; hiver : tlj sf dim. 9h30-17h30 (sam. 16h) - 1,62 €.* Il présente de façon attrayante des pièces archéologiques de la région, jadis habitée par les Romains, et la reconstitution d'une cuisine traditionnelle du 19e s. Le ticket d'entrée donne également accès aux **remparts**.

Ermida de Nossa Senhora da Conceição – *R. Paio Peres Correia - près du château - tj sf dim. 9h-14h, 15h-18h - 0,50 €.* Cette chapelle à la façade modeste abrite un retable baroque (v. 1745) dont les ors s'accordent aux tons bleutés des azulejos (vie de la Vierge) qui couvrent ses murs. Petite collection d'art sacré.

Igreja Matriz – *Au sud du château - entrée par la porte latérale.* Fondée au 13e s. et consacrée à saint Clément, elle a été remaniée au fil des siècles et conserve un portail à arc brisé. L'intérieur, à trois nefs, contient des chapiteaux ornés de motifs végétaux. Remarquez une chapelle manuéline et une autre, Renaissance. Le chœur est surmonté d'une fenêtre géminée.

▶ *Revenez à Faro par la N 125-4 (17 km).*

NOS ADRESSES À FARO ET SES ENVIRONS

INFORMATIONS UTILES

Les offices de tourisme sont répertoriés en début de chapitre.

Santé

Hospital Distrital de Faro – B1, en dir. - *R. Leão Penedo - ✆ 289 89 11 00.*

Location de voitures – La plupart des compagnies sont représentées à l'aéroport. En ville : **ToSee** A1 - *Gare ferroviaire - ✆ 925 69 81 24 - ntosee@gmail.com.* Loue également des vélos.

ARRIVER/PARTIR

Avion

Aéroport international – A1, en dir. - *À 8 km à l'ouest de Faro - ✆ 289 80 08 00.* Bus pour le centre-ville ttes les 20mn env. *(2,20 €).* En taxi, comptez de 12 à 15 €.

Train

Gare ferroviaire – A1 - *Au bout de l'av. da República.* 11 trains/j sur la ligne Vila Real de Santo António (frontière espagnole) et 9 trains/j pour Lagos *via* Albufeira et Portimão.

Bus

Gare routière – A2 - *Av. da República (derrière le Musée maritime) - www.proximo.pt.* Bus nº 16 pour la plage de Faro et l'aéroport.

Bateau

Près de l'Arco da Porta Nova A2, liaisons avec Praia de Faro, Ilha do Farol et Ilha da Culatra *(départ à 8h30/9h-18h30 en été - ttes les 30 à 40mn - seult 2 navettes/j hors saison - 3,60 € AR pour Praia de Faro, 5 € AR pour Ilha do Farol, 6 € AR Ilha da Culatra).* Autres bateaux au départ d'Olhão pour Ilha da Culatra *(7h-19h30 en été - ttes les 2h - 1,70 €)* et Ilha do Farol *(2,15 €).*

HÉBERGEMENT

PREMIER PRIX

Pensão Residencial Central – B2 - *Largo Terreiro do Bispo, 12 - ✆ 289 80 72 91 - fermé 1 sem. en juin - 8 ch. 45,50 €.* Petit hôtel refait à neuf possédant des chambres confortables et lumineuses à prix doux pour la région. Certaines ont un balcon donnant sur la placette, d'autres une terrasse et sont de taille variable. Salles de bains avec baignoire et accueil charmant. Sans doute la meilleure adresse dans cette catégorie. Wifi.

BUDGET MOYEN

Pensão Residencial Adelaide – B1 - *R. Cruz das Mestras, 9 - ✆ 289 80 23 83 - www.adelaidehotel.eu - 19 ch. 80/85 €.* Chambres spacieuses et agréables au mobilier contemporain. Évitez celles qui donnent sur la rue, surtout le w.-end. Service de laverie, wifi.

UNE FOLIE

Hôtel Faro – A2 - *Praça D. Francisco Gomes, 2 - ✆ 289 83 08 30 - www.hotelfaro.pt - P - 90 ch. 130/143 €.* Luminosité et simplicité du design pour ce bel hôtel dressé face au port. Chambres et salles de bains confortables. Petit-déjeuner servi au restaurant du dernier étage dont la magnifique terrasse rappelle le pont d'un bateau. Vue panoramique sur la marina, les îles de la lagune et la vieille ville.

À Olhão

PREMIER PRIX

Pensão Bela Vista – B1, en dir. - *R. Dr Teófilo Braga, 65 - ✆ 289 70 25 38 - 23 ch. 50 €.* Une pension rustique mais convenable pour passer une nuit. Bien située, elle conjugue la proximité du bord de mer et du marché. Demandez à visiter les chambres, certaines étant plus agréables que d'autres.

À Estói

UNE FOLIE

Pousada Palácio do Estói – B1, en dir. - *R. Sao José - ✆ 289 99 01 50 - www.pestana.com - P - 63 ch. à partir de 195 €.* Avec leurs boiseries sombres et leurs salles de bains de marbre, les chambres, spacieuses, marient confort et sobriété. Vous apprécierez l'extravagance des espaces communs de l'ancien palais : salons de thé rococo, couloirs interminables, jardins à l'italienne où chantent les fontaines et miroitent les vitraux. Une étape de charme et de calme.

RESTAURATION

PREMIER PRIX

A Venda – A1 - *R. do Compromisso, 60 - ✆ 289 82 55 00 - tlj sf dim. et lun. 10h-20h (vend.-sam. 23h) - 12/15 €.* La taverne, située à l'écart de l'agitation touristique, arbore un cadre de brocante, avec meubles anciens, vaisselle dépareillée, napperons en dentelle et carrelage de récup'. Tout est fait maison, à l'aide de produits locaux, et préparé sous vos yeux par le jeune chef. Les plats, en petit nombre, sont proposés sous forme de *petiscos* ou, pour les gros appétits, en *doses* et *meia doses*.

Chalavar – A1 - *R. Infante Dom Enrique, 120 - ☏ 289 82 24 55 - ⊠ - tlj sf dim. 12h-15h, 19h-22h - 12/15 €.* Ce restaurant convivial, tenu par un pêcheur, sert des plats simples et copieux à déguster près de la grande cheminée. Les amateurs de sardines et de maquereaux *(carapau)* grillés seront comblés.

Pontinha – B2 - *R. Pé da Cruz, 5 - ☏ 289 82 06 49 - tlj sf dim. 10h30-15h30, 19h-22h30 - 18/20 €.* Derrière la zone piétonne, sur la praça da Liberdade, le restaurant propose un large choix de plats et de spécialités locales comme la *cataplana*, le riz aux fruits de mer et les différentes recettes de morue. Plutôt réservée aux groupes, la salle du 1er étage avec son plafond typique en roseaux et poutres apparentes est la plus agréable. Accueil chaleureux.

POUR SE FAIRE PLAISIR

Faz Gostos – B2 - *R. do Castelo, 13 - ☏ 289 87 84 22 - www.fazgostos.com - tlj sf sam. midi et dim. 12h-15h, 19h-23h - 30/45 €.* Sans conteste l'une des meilleures adresses de la vieille ville. Le confort bourgeois de la salle, souligné par le dressage impeccable des tables, est auréolé d'un service parfait. La carte propose un bel éventail de recettes traditionnelles, servies en portion congrue, laissant ainsi la place à la dégustation d'un menu complet. L'assiette allie le fond et la forme : bien mitonnée, elle est aussi bien présentée.

À Olhão

BUDGET MOYEN

Casa de Pasto Algarve – B1, en dir. - *Praça Patrão Joaquim Lopes, 18/20 - ☏ 289 70 24 70 - tlj sf dim. 12h-15h, 19h-23h - fermé lun. en hiver - 18/25 €.* Sur une placette précédant le front de mer, à hauteur du marché, un restaurant populaire qui rencontre un succès croissant auprès des vacanciers de passage. On y déguste en toute simplicité des filets d'espadon, de la raie ou du riz à la marinière. Préférez la terrasse à la salle, plutôt quelconque.

À Quinta do Lago

UNE FOLIE

Gigi – A1, en dir. - *Praia Quinta do Lago (parking payant) - ☏ 964 04 51 78 - gigirestaurante@gmail.com - mars-nov. : 12h30-16h - réserv. conseillée - env. 50 €.* Une clientèle dorée mais décontractée fréquente, sur fond de musique brésilienne, ce restaurant aux allures de bar de plage. Une passerelle permet d'accéder à cette grande cabane qui précède les dunes et où l'on mange du poisson grillé. C'est le rendez-vous de ce Beverly Hills à la portugaise qu'est Quinta do Lago !

À Loulé

PREMIER PRIX

☺ **Avenida Velha** – *Av. José Costa Mealha, 9/13 - ☏ 289 41 64 74 - tlj sf dim. midi 11h-15h, 18h-0h - 15/18 €.* L'incroyable amoncellement d'objets hétéroclites qui décore les murs en pierre de cet authentique restaurant raconte toute une vie... En l'occurrence, celle du vieux couple très sympathique qui tient l'auberge. On y sert une cuisine régionale simple et généreuse.

PETITE PAUSE

Pique-nique – Faites vos emplettes de fromage et de charcuterie au marché de Loulé *(p. 369)*, puis cap vers Alte *(p. 369)*

4

ou vers le jardim da Verbena, à São Brás de Alportel *(p. 367)*.

Pastelaria Cinderela – B2 - *R. de Portugal, 12A - ✆ 289 82 17 62 - 8h-22h30*. En face du Stay Hotel, la devanture moderne de cette pâtisserie ne paie pas de mine. Mais le choix pléthorique des douceurs fait vite oublier ce défaut. La grande salle permet de se poser tranquillement pour goûter aux excellentes sucreries encore fabriquée artisanalement.

Pastelaria Gardy – B2 - *R. de Santo António, 16 et 33 - ✆ 289 82 40 62 - tlj sf dim*. Le café chic où les élégants de la ville se retrouvent autour d'une pâtisserie.

BOIRE UN VERRE

Columbus – A2 - *Praça D. Francisco Gomes, 13 - ✆ 917 77 62 22 - www.barcolumbus.pt - 11h-4h*. Sous les arcades ou en terrasse devant le jardim Manuel Bivar, un bel endroit pour siroter un cocktail et profiter du spectacle des bateaux amarrés au port.

EN SOIRÉE

O Castelo – B2 - *R. do Castelo, 11 - ✆ 289 82 22 44 - 11h-4h*. Concerts *live* tous les soirs avec une programmation variée, du jazz au fado. Belle salle vitrée et terrasse idéalement située sur les remparts dans la vieille ville.

ACTIVITÉS

Aqua Show – A1, en dir. - *Estrada Nacional 396, à la sortie de Quarteira en dir. de Loulé - ✆ 289 38 93 96 - www.aquashowparkhotel.com - mai : 10h-17h ; juin et sept. : 10h-17h30 ; juil. : 10h-18h30 ; août : 10h-19h - 28 € (enf. 19 €)*. Montagnes russes aquatiques, toboggans, piscine à vagues et spectacles.

Animaris – *✆ 918 77 91 55 - www.ilha-deserta.com - départ à 11h et 15h - 25 €*. Promenades en catamaran dans les eaux du Parc naturel da Ria Formosa avec pause sur l'Ilha Deserta *(retour à 12h45, 14h15, 16h et 17h30)*.

Centro Náutico da Praia de Faro – A1, en dir. *✆ 289 87 08 98 - www.cm-faro.pt - juin-sept. 9h-19h30*. Voile, planche à voile, canoë ; location de matériel.

Lands – A2 - *Départ d'Arco da Porta Nova - ✆ 914 53 95 11 - www.lands.pt*. Ce prestataire en écotourisme propose location et excursion en kayak *(2h - à partir de 35 €)*, observation d'oiseaux *(3h - 140 € pour 4 pers.)* et randonnée *(3h - 120 € pour 4 pers.)* dans la ria de Formosa.

Nombreuses autres excusions en bateau et promenades sur la ria Formosa à l'embarcadère d'Olhão.

Train – *www.cp.pt*. Entre Faro et Vila Real de Santo António *(env. 1h de trajet)*, le train longe la lagune ou la mer et traverse des paysages pittoresques. Passages fréquents *(10 trains/j)* et haltes dans de nombreux villages. Une façon ludique de découvrir la région.

AGENDA

À Olhão

Festa do Marisco – *Autour du 10 août*. Danses et musiques traditionnelles.

À Loulé

Carnaval – *Fév.-mars (dates variables)*. Célèbre dans toute la région. Une légende locale voudrait qu'il soit à l'origine de celui de Rio de Janeiro.

Pèlerinage de Nossa Senhora da Piedade (Mãe Soberana) – *2e dim. suivant Pâques*. La plus importante fête religieuse d'Algarve.

Tavira

★★

26 571 habitants – District de Faro

Au bord d'une rivière paresseuse, Tavira forme une oasis de douceur qui tranche autant avec la frénésie des stations balnéaires de l'Algarve qu'avec les paysages désertiques de l'intérieur. L'éloignement des plages est finalement un atout, épargnant à la ville le bétonnage et les dégâts qui accompagnent le tourisme de masse. Articulée autour de son tracé médiéval, la cité aux 37 églises témoigne d'un patrimoine culturel d'une rare beauté : maisons ornées de moucharabiehs (héritage des Maures), gracieuses toitures à pans retroussés, cheminées typiques de l'Algarve, ponts bas dont le reflet miroite sur l'eau… Les environs, entre garrigue, lagunes et dunes sauvages, sont également un enchantement.

NOS ADRESSES PAGE 375
Hébergement, restauration, achats, activités, etc.

S'INFORMER
Posto de Turismo – *Praça da República, 5 - ✆ 281 32 25 11 - www.cm-tavira.pt - mar.-jeu. 9h30-19h, vend.-lun. 10h-13h, 15h-19h.*

SE REPÉRER
Carte de région D2 p. 356-357. 29 km à l'ouest de la frontière espagnole et 30 km à l'est de Faro, par la N 125.
Voir aussi la rubrique « Arriver/partir » dans « Nos adresses ».

SE GARER
Garez-vous près de la praça da República, sur la rive droite. Plusieurs parkings payants en ville.

À NE PAS MANQUER
La vieille ville ; la Praia do Barril.

ORGANISER SON TEMPS
Prévoyez une matinée pour visiter Tavira, avec pause déjeuner le long de la rivière puis après-midi à la plage de l'Ilha de Tavira ou à Praia do Barril.

AVEC LES ENFANTS
La vue depuis la Camara Obscura ; le centre des Sciences ; le petit train de Praia do Barril.

Se promener

Circuit au départ de la praça da República – Comptez 2h pour la ville.
Tavira bénéficie d'une situation agréable sur l'estuaire du rio Gilão, au pied d'une colline cernée des vestiges des murailles construites par le roi Denis. Naguère grand centre de la pêche au thon, Tavira s'est depuis orientée vers le tourisme.

★ QUARTIER ANCIEN

Suivez l'avenue qui part dans le prolongement du pont romain et prenez l'escalier passant sous l'arc da Misericórdia.

Igreja da Misericórdia

Largo da Misericórdia - accès par la rue jouxtant l'office de tourisme.
Son portail Renaissance cache, à l'intérieur, des murs couverts de panneaux d'azulejos historiés du 18e s. représentant les œuvres de la Miséricorde. Dans le chœur se trouve un retable en bois doré de la même époque.
Prenez à droite en sortant de l'église.

Castelo

Été : 10h-19h ; hiver : lun.-vend. 8h30-17h, w.-end et j. fériés 10h-19h - gratuit.
Il ne reste de ce château que les murailles crénelées enserrant un délicieux jardin méditerranéen. Belle vue sur les toits de Tavira.

Igreja de Santa Maria do Castelo

En face du château - horaires variables.
Construite sur le site d'une ancienne mosquée, cette église a gardé sa façade gothique. Le chœur abrite le tombeau des sept chevaliers de l'ordre de St-Jacques dont l'assassinat par les Maures déclencha la reconquête de la ville. Remarquez la voûte nervurée de la chapelle à gauche de l'entrée et les azulejos du 18e s.

Camera Obscura

Entre l'église et la pousada *- ✆ 281 32 25 27 - http://torredetavira.com - lun.-vend. 10h-16h (17h fév.-sept.), w.-end 10h-13h - fermé 25 déc. et 1er janv. - 3 €.*
L'ancien château d'eau, après transformation et installation de lentilles courbes, offre une vue à 360° sur la ville et son animation.
Descendez la rua calçada da Galeria, entre l'église et la tour de la Camera Obscura.

Palácio da Galeria – Museu Municipal

Calçada da Galeria - ✆ 281 32 05 40 - http://museumunicipaldetavira.cm-tavira.pt - tlj sf dim., lun. et j. fériés 9h30-12h30, 14h-17h30 (15h-18h30 en été) - 3 €.
Ce palais baroque du 18e s. conserve un fonds constitué d'une riche collection d'objets allant de l'âge du fer au 18e s., ainsi que d'œuvres contemporaines. L'ensemble est présenté sous forme d'expositions temporaires. En fin de visite, vous pourrez profiter d'un intéressante vue sur la ville depuis la terrasse.
Rejoignez la praça da República pour traverser le fleuve par le pont romain.

RIVE GAUCHE

Le « **pont romain** », en réalité d'origine musulmane (12e s.), mène à un quartier sympathique, à l'ambiance festive en soirée. Près du quai, dans les ruelles perpendiculaires, les terrasses de restaurants et de bars ont investi la chaussée. De cette rive, vous bénéficierez d'une **vue★** magnifique sur le quartier ancien et ses maisons aux allures de pagodes.
Montez la rua 5 de Outubro jusqu'à la praça Dr Padinha, à droite.

Igreja de São Paulo

Praça Dr Padinha - horaires variables.
À l'intérieur de cette église du 17e s., sept chapelles sont décorées d'impressionnantes boiseries baroques du 18e s. Le sol du transept est couvert de carreaux rouges et de losanges peints.
Montez la rua de São Brás et prenez la première à droite, jusqu'au largo do Carmo.

Igreja do Carmo

Largo do Carmo - horaires variables. Elle fut construite au 18e s. L'intérieur baroque contient un beau retable en bois doré.

Centro Ciência Viva

Convento do Carmo (à côté de l'église) - ✆ 281 32 62 31 - www.cvtavira.pt - été : tlj sf lun. 10h-19h30 ; hiver : tlj sf dim. et lun. 10h-18h - 4 €.
Installé dans un ancien couvent, ce centre « d'initiation aux sciences » axé sur l'eau et l'énergie donne l'occasion de réaliser diverses expériences : observations au microscope, analyse de l'eau en laboratoire, etc. Organise des parcours à pied didactiques vers les salines ou les cascades des environs.
Pour retourner au fleuve et au centre, rebroussez chemin à travers les ruelles.

À proximité Carte de région

Le Parc naturel de la Ria Formosa prend fin à Manta Rota, près de Cacela Velha. La région de Tavira révèle, comme celle de Faro, le paysage d'une lagune séparée de l'Océan par un cordon littoral, où s'étirent de belles plages accessibles en bateau.

Ilha de Tavira D2

2 km à l'ouest de la ville, par la rive droite, jusqu'à l'embarcadère de Quatro Águas, puis accès par bateau : départ ttes les h de 8h à 21h - 1,50 € AR. En été uniquement, départ de l'ancien port de pêche dans le centre-ville (près du grand pont, à 300 m de la praça da República) : ttes les 30mn de 9h à 18h30 - 1,90 €. Un service d'Aqua Taxis (8 pers. maxi) fonctionne de 8h à 21h (plus tard l'été) à partir des deux embarcadères - 966 61 50 71 - 18 €.

La plage de l'île de Tavira est l'une des plus fréquentées de cet endroit de la côte. Dotée de bars, de restaurants et d'un camping, elle attire un grand nombre de jeunes.

★ Praia do Barril D2

5 km à l'ouest de Santa Luzia. À Pedras d'el Rei, franchissez la passerelle et prenez le petit train (10mn), ou marchez le long de la voie ferrée jusqu'à la plage.

Le village de **Pedras d'el Rei** est composé de villas et d'agréables jardins. Après la traversée de la lagune, on atteint le cordon littoral, où se déroule la longue plage de sable blond.

Luz de Tavira D2

6 km à l'ouest de Tavira.

À la sortie du village s'élève une église Renaissance à la toiture cantonnée de pots et au joli portail manuélin.

★ Cacela Velha D2

12 km à l'est de Tavira.

Ce hameau blotti autour des ruines d'une forteresse médiévale et d'une petite église forme un beau **belvédère** au-dessus de la lagune où mouillent les barques de pêche. En été, les restaurants de sa grand-place sont l'endroit idéal où savourer la cuisine traditionnelle locale.

4

NOS ADRESSES À TAVIRA

INFORMATIONS UTILES

Les offices de tourisme sont répertoriés en début de chapitre.

ARRIVER/PARTIR

Gare ferroviaire – *1 km au sud du centre - www.cp.pt.* 15 liaisons/j avec Faro et 11 pour Vila Real.

Gare routière – *Dans un bâtiment moderne au bord du fleuve, à 300 m en amont du pont romain.* 6 bus/j et 2 le w.-end pour Pedras d'el Rei (Praia do Barril).

Location de deux-roues – Les agences pratiquent des prix similaires : à partir de 7 €/j pour un vélo de ville. **Abílio Bikes** – *R. João Vaz C. Real, 23 A - 281 32 34 67 - www.abiliobikes.com.*

VISITE

Fado com História – *R. Damião Augusto de Brito Vasconcelos, 4 - 968 77 46 13 - www.fadocomhistoria.wix.com/fado - tlj sf dim. à 11h15, 12h15, 15h15, 16h15 et 17h15 - 5 € (durée 30mn).* Belle expérience pour découvrir le fado : le *show* commence par une vidéo qui raconte l'origine de cette musique, suivie d'un concert.

HÉBERGEMENT

BUDGET MOYEN

Hotel O Castelo – *R. da Liberdade, 22 - ✆ 281 32 23 94 - 24 ch. 80 €* . À 2mn à pied du pont romain, un agréable *turismo de habitação* au cœur de Tavira, à condition d'éviter les chambres donnant sur la rue. Les pièces sont meublées à l'ancienne. Le bois sombre du mobilier associé aux murs d'un blanc immaculé apporte une atmosphère monacale à l'adresse, qui n'est pas sans charme. Grandes salles de bains. Bon accueil.

POUR SE FAIRE PLAISIR

Residencial Marés – *R. José Pires Padinha, 134/140 - ✆ 281 32 58 15 - www.residencialmares.com - 23 ch. 97/110 €* . Tarifs surévalués en haute saison pour les prestations, mais une situation idéale, devant le port de pêche, avec restaurant de poisson en terrasse. Jolies chambres confortables, certaines avec balcon.

À Conceiçao de Tavira

POUR SE FAIRE PLAISIR

Casa Camaleon – *Cumeada - 6 km à l'est de Tavira (à Conceiçao, prenez à gauche au panneau « turismo rural ») - ✆ 281 37 08 87 - www.casacamaleon.net - P - 3 ch. 100 €* . Une jolie maison bleue tenue par un couple luso-espagnol. Près d'un patio où murmure une fontaine, des chambres à la déco soignée, avec de splendides salles de bains. Grande salle de séjour style ethnique où sont servis les petits-déjeuners. Petit jardin sec à l'arrière et terrasse sur le toit avec vue magnifique. Organise des balades à pied ou à cheval dans la serra. Wifi.

À Santa Catarina

BUDGET MOYEN

Quinta da Arte – *9 km de Tavira dir. São Bras, puis à gauche après Marco - ✆ 281 97 12 96 - www.quintadaarte.com - - 3 maisons pour 2 pers 690 €/sem.* L'étonnant et éblouissant domaine d'un couple d'artistes. Dans la casa das Rochas, perchée sur la colline, une fontaine rocheuse jaillit en plein salon. Dans la casa do Teatro, la salle de bains est en forme de grotte bleue. Le pavilhão de Arte dispose d'une cuisine ouverte sur le jardin. Partout, on peut dormir à la belle étoile sous une moustiquaire. Unique en son genre. Non fumeur.

À Santo Estevão

UNE FOLIE

Quinta da Lua – *Bernardinheiro 1662 X - sur la N 125 dir. Faro, prenez à droite dir. Santo Estevão ; avant le village tournez à gauche, puis prenez à droite - ✆ 281 96 10 70 - www.quintadalua.com.pt - f - 8 ch. 219/229 €* . Dans l'arrière-pays de Tavira, cette maison d'hôte ressemble à un coin de paradis au milieu des orangers. Chaque chambre affiche une décoration sobre et soignée. Le petit-déjeuner se prend au bord de la piscine, sous la pergola. Table d'hôte succulente.

RESTAURATION

PREMIER PRIX

Zeca da Bica – *R. Alm. Cândido dos Reis, 22 - ✆ 281 32 38 43 - - 12h-15h, 19h-22h - 18/20 €.* Dans une rue parallèle aux quais, un petit établissement de quartier servant une cuisine locale. Simple, bon et typique : sa carte ne vous décevra pas, avec, au programme, poulet ou poulpe frit, daurade…

BUDGET MOYEN

Ponto Encontro – *Praça Dr António Padinha, 39 - ✆ 281 32 37 30 - www.rest-pontoencontro.com - tlj sf lun. 12h-15h, 18h30-22h - 20/25 €.* Ce restaurant qui étend sa terrasse sur une place animée de la rive gauche se targue d'être l'un des plus anciens de la ville. Attardez-vous sur les poissons, délicieusement cuisinés, et les desserts. Beau choix de vins. Rançon du succès : prévoyez de l'attente entre les plats.

Aquasul – *R. Dr Carvalho, 11, derrière le restaurant Zeca da Bica - ☏ 281 32 51 66 - ⊠ - tlj sf dim. et lun. 18h30-22h30 - 25/35 €.* Après le pont romain, engagez-vous derrière les quais dans cette jolie ruelle. Une Hollandaise et sa fille tombées amoureuses du restaurant de leurs vacances l'ont repris et cultivent un esprit plein de légèreté et de chaleur à l'image de leur carte : assiettes végétariennes inventives et pizzas. Cuisine du marché à base de produits bio uniquement.

À Cabanas de Tavira

PREMIER PRIX

Sabores da Ria – *Av. Ria Formosa, 12 - face à la lagune - ☏ 281 32 89 76 - tlj sf lun. 12h30-15h, 18h30-22h - 15/25 €.* En terrasse au 1er étage, l'adresse est spécialisée dans les buffets de poisson grillé. À savourer avec vue imprenable sur la Ria.

À Santa Luzia

PREMIER PRIX

O Alcatruz – *R. Capitão Jorge Ribeiro, 46 - ☏ 281 38 10 92 - www.orestaurantealcatruz.com - ⊠ - tlj sf lun. 12h-22h - fermé déc. - 15/25 €.* Dans cette petite maison aux tons bleu et blanc à l'atmosphère familiale, on vient se régaler du poisson du jour au milieu d'une clientèle d'habitués. Une adresse très couleur locale nichée dans une ruelle tranquille, et, chose rare dans la région, une cuisine ouverte sur la salle.

☺ **Baixamar** – *Av. Eng. Duarte Pacheco, 32 - ☏ 281 38 11 84 - tlj sf dim. soir et lun. 12h-14h30, 19h-21h30 - 16/25 €.* Sur le front de mer de ce sympathique village de pêcheurs proclamé capitale du poulpe, l'établissement respecte les traditions : délicieuse soupe de poisson, entrées à base de poulpe, palourdes à l'ail, riz au poulpe et la fameuse *cataplana* de thon.

À Luz de Tavira

PREMIER PRIX

Marisqueira Fialho – *Pinheiro - tournez à gauche en dir. de Torre de Aires, puis à droite, et longez la lagune - ☏ 281 96 12 22 - ⊠ P - tlj sf lun. 12h-15h, 19h-22h - 15/20 €.* Un restaurant sans prétention mais réputé et bondé le w.-end. Installé sous la treille face à la mer, vous dégusterez un poisson grillé sous vos yeux. Les prix défient toute concurrence. Attention à la fumée du gril et à l'orientation du vent…

PETITE PAUSE

Gelateria Delizia – *Mercado da Ribeira - ☏ 965 64 06 88 - www.deliziagelatonatural.com - tlj sf mer. 10h-22h.* Excellentes glaces artisanales et sorbets maison pleins de saveurs.

Muxagata – *Largo Dr José Pires Padinha - ☏ 965 52 53 87 - tlj sf lun. 10h-22h.* L'alternative au précédent, qui propose un vaste choix de glaces artisanales, dont certaines sans sucre et sans gluten.

Pastelaria Anazu – *R. Jacques Pessoa, 11/13 - ☏ 281 38 19 35.* C'est moins pour son charme que pour son animation que vous viendrez prendre un café ou une pâtisserie ici. Située en bordure des quais, son agréable terrasse est le repaire des habitants du quartier.

☺ **Veneza** – *Praça da República, 11 - ☏ 281 37 09 80.* Ce café-pâtisserie propose un bel éventail de spécialités régionales, comme le *Dom Rodrigo* ou les *morgados*, ainsi que des plats et des sandwichs préparés avec des pains différents. Sans compter les excellentes glaces à déguster depuis ce poste d'observation idéal sur la vie locale.

Vallée du Guadiana

★

Vale do Guadiana – Districts de Faro et de Beja

La vallée du Guadiana invite à une promenade bucolique, au rythme des méandres du fleuve. S'y dévoile une autre facette de l'Algarve, plus sereine et traditionnelle, où les habitants préservent leurs coutumes et leur artisanat. Le Guadiana, l'un des plus longs fleuves de la péninsule Ibérique (800 km), prend sa source sur les plateaux arides de la Mancha espagnole, d'où son faible débit. D'autant plus faible que les deux pays n'ont cessé de construire barrages et stations de pompage pour favoriser l'irrigation. Aussi, le fleuve, dont le niveau baisse dangereusement, n'est-il plus navigable au-delà d'Alcoutim.

NOS ADRESSES PAGE 380
Hébergement, restauration, achats, activités, etc.

S'INFORMER

Posto de Turismo de Castro Marim – *R. Dr José Alves (ancien marché) - ✆ 281 53 12 32 - www.cm-castromarim.pt - en été : 9h-13h, 14h-18h.* Vente de produits locaux.

Posto de Turismo de Alcoutim – *R. 1° de Maio - ✆ 281 54 61 79 - www.cm-alcoutim.pt - lun.-vend. 8h30-12h30, 13h30-16h30.*

SE REPÉRER

Carte de région D1-2 p. 356-357.

À NE PAS MANQUER

La promenade en bateau sur le Guadiana et Alcoutim.

ORGANISER SON TEMPS

Partez le matin, avant les fortes chaleurs, et déjeunez à Alcoutim.

AVEC LES ENFANTS

Une croisière sur le Guadiana.

Circuit conseillé Carte de région

Circuit de 42 km au départ de Vila Real de Santo António tracé en rouge sur la carte de région (p. 357) – Comptez une petite demi-journée. Ce circuit peut se prolonger en Alentejo (p. 297). Entre Pomarão (pont routier vers l'Espagne) et Vila Real de Santo António, le fleuve Guadiana marque la frontière entre les deux pays.

Vila Real de Santo António D2

54 km à l'est de Faro et 127 km au sud de Beja (Alentejo).

Cette ville frontalière fut fondée en 1774 par le marquis de Pombal pour faire face à la cité andalouse d'Ayamonte, sur l'autre rive du Guadiana, que l'on aperçoit depuis les jardins qui bordent le fleuve.

Vila Real fut édifiée en cinq mois. Elle illustre parfaitement les théories sur l'urbanisme des Lumières, avec le plan quadrillé de ses rues bordées de maisons blanches aux toits à pans retroussés. Elle fut, au début du 20e s., un important port de pêche et de commerce et un grand centre de conserverie de poisson. On y fabrique aujourd'hui des bateaux

> **CROISIÈRE**
> Découvrir le Guadiana en **bateau** constitue une excellente alternative à la route *(voir « Activités », p. 381).*

Alcoutim regarde sa sœur espagnole Sanlucar.
FOTOSEARCH RM / age fotostock

de plaisance destinés à l'exportation. Reliée à l'Espagne par un bac et, depuis 1992, par un pont, la ville est très fréquentée par les Espagnols.

Praça do Marquês de Pombal – Entourée d'orangers, c'est la place principale du quartier pombalin. Ses pavés noirs et blancs rayonnent autour d'un obélisque. Les rues piétonnes alentour sont bordées de boutiques de cotonnades (nappes, draps, serviettes, etc.).

Prenez la N 122 en dir. de Castro Marim.

Castro Marim D2

4 km au nord de Vila Real.

S'adossant à une hauteur qui domine la basse plaine marécageuse du Guadiana, près de son embouchure dans le golfe de Cadix, Castro Marim jouissait d'une position stratégique face à la ville espagnole d'Ayamonte. La cité existait déjà à l'époque romaine. Elle devint, en 1321, lors de la dissolution de l'ordre des Templiers au Portugal, le siège des chevaliers du Christ, avant son transfert à Tomar en 1334. Les ruines d'un château fort en grès rouge, détruit par le tremblement de terre de 1755, s'élèvent au nord du village, tandis que les vestiges du fort de São Sebastião (17e s.) couronnent une colline au sud.

Castelo – *Accès piéton fléché depuis le bas de la ville - 9h-17h (19h en été) - 1,10 €.* L'espace, ceint par des murailles en partie restaurées, est strié d'enclos pour animaux. Du chemin de ronde de l'ancien château maure du 12e s. s'offre une vue circulaire sur la petite cité et le fort de São Sebastião, les marais salants, le Guadiana, le pont qui relie le Portugal à l'Espagne, Ayamonte, Vila Real de Santo António et la côte au sud.

Bon à savoir – Le **Revelim de Santo António**, zone la plus avancée des fortifications occupée par une petite chapelle et un moulin, prodigue un **panorama★** époustouflant sur les marais salants et l'estuaire du Guadiana.

Reserva Natural do Sapal (marais) **de Castro Marim-Vila Real de Santo António** – *Sapal de Venta Moinhos - 2 km au nord de Castro Marim.* Les marais salants de la région ont été transformés en une réserve de 2 000 ha, créée pour protéger une faune et une flore caractéristiques des zones chaudes et

4

humides. Des sentiers pédestres permettent d'observer flamants roses, avocettes, hirondelles de mer, etc.

Prenez l'IC 27 vers le nord.

Odeleite D1

17 km au nord de Castro Marim.

Ce hameau fondé au 15e s. sur la rivière du même nom s'étend près du barrage d'Odeleite. Ses ruelles étroites dégringolent jusqu'à l'église paroissiale.

Prenez la N 124 en dir. d'Alcoutim, puis la N 122-1 à droite.

Alcoutim D1

21 km au nord-est d'Odeleite.

Le village à flanc de colline sur une rive du Guadiana fait face au *pueblo* andalou de Sanlúcar de Guadiana, de l'autre côté du fleuve. De l'**église São Salvador**, construite au 16e s. au bord de l'eau, on jouit d'une vue d'ensemble sur Sanlúcar.

Castelo – *De la praça da República, prenez la travessa Pedro Nunes. Une route pentue mène au château - ✆ 281 54 05 55 - 8h30-16h30 - 2,50 €.* Construit au 14e s. pour défendre ce village frontalier, remanié au 17e s., le château abrite un **musée archéologique** (Núcleo Arqueológico) qui contient des vestiges des époques néolithique, romaine, wisigothique, islamique et chrétienne. Du chemin de ronde, un beau panorama se déroule sur la serra et le fleuve.

Núcleo de Arte Sacra – *Dans la capela de Santo António, à côté du Posto de Turismo - tlj sf dim. et lun. 8h30-13h, 14h-17h30 - 2,50 €.* Il réunit des pièces provenant de différentes églises de la région.

Capela Nossa Senhora da Conceição – *Sur les hauteurs au sud-ouest du centre historique - ne se visite pas.* Au sommet d'un escalier baroque, cette chapelle gothico-manuéline conserve un portail du 16e s. surmonté d'une cloche.

Reprenez l'IC 27 vers Beja. Après le village de Santa Marta, on entre dans l'Alentejo. Mértola se trouve 20 km plus au nord (voir le circuit décrit p. 342).

NOS ADRESSES DANS LA VALLÉE DU GUADIANA

INFORMATIONS UTILES

Les offices de tourisme sont répertoriés en début de chapitre.

HÉBERGEMENT

À Alcoutim

PREMIER PRIX

Pousada de Juventude – *✆ 281 54 60 04 - http://microsites.juventude.gov.pt - P - 22 ch. 13 €/pers. en dortoir, 35/40 € en ch. privée.* À la sortie du village, de l'autre côté du pont, vous trouverez l'une des plus sympathiques auberges de jeunesse du pays. Autour d'une rotonde à coupole, une série de petits bâtiments blancs lui donnent l'allure d'un village de vacances : 8 chambres doubles avec salles de bains, 4 sans, 8 dortoirs de 4-6 lits et un appartement. Cafétéria, laverie, piscine, ping-pong, billard, location de vélos et de canoës. Wifi à la réception.

RESTAURATION

À Vila Real de Santo António

PREMIER PRIX

Caves do Guadiana – *Av. da República, 90 - ✆ 281 54 44 98 - 9h-23h sf jeu. hors-saison - 15/20 €.* Sa terrasse face au fleuve est appréciée des touristes. Poissons, fruits de mer et viandes.

Casa Pisa II – *R. Jornal do Algarve, 44 - ✆ 281 54 31 57 - tlj sf merc. 12h-15h, 18h30-22h - 15/20 €.* Salle et terrasse dans une rue piétonne, entre la praça Marquès de Pombal et les quais : à un jet de pierre de ces deux zones touristiques, il demeure authentiquement portugais. Deux plats du jour et une carte régionale faisant une part égale aux viandes et aux poissons. Service diligent et souriant.

À Alcoutim

PREMIER PRIX

O Soeiro – *R. do Município, 4 - ✆ 281 54 62 41 - tlj sf w.-end 12h-15h, 19h-23h - 10/15 €.* Cette gargote sans chichis déploie une agréable terrasse en surplomb du Guadiana. La cuisine est aussi simple et efficace que le cadre : poissons et viandes grillés servis sans décorum mais à petit prix.

O Camané – *Praça da República - ✆ 964 10 85 85 - ⊠ - tlj sf mar. 12h-15h30, 19h-22h30 - 10/20 €.* Ce bar-restaurant populaire, sur la place principale d'Alcoutim, propose viandes et poissons en plats du jour et des spécialités de cette région de chasse : perdrix, lièvre, gibier, mais aussi agneau et anguilles. Terrasse.

BOIRE UN VERRE

À Vila Real de Santo António

Naval do Guadiana – *Av. da República - ✆ 281 51 30 38 - 14h-0h.* Au 1er étage du club nautique, un salon déco scaphandre et une petite terrasse où vous serez aux premières loges pour le lever de lune sur Ayamonte, sur l'autre rive.

ACHATS

À Castro Marim

Terras de Sal – *R. Dr Alves Moreira, 15 (près de l'office de tourisme) - ✆ 281 53 14 67 - www.terrasdesal.com - horaires variables.* Dans le local de la coopérative d'Alcoutim où s'affairent les ouvrières, le sel est décliné sous toutes ses formes, (y compris liquide !) et en divers conditionnements (fleur de sel nature et aromatisée aux herbes, gros sel, etc.).

EN SOIRÉE

À Monte Gordo

À 3 km à l'ouest de Vila Real de Santo António.

Casino – *✆ 281 53 08 00 - http://casinomontegordo.solverde.pt - 19h-3h.* Le grand casino de la station balnéaire moderne et sans charme de Monte Gordo.

ACTIVITÉS

À Alcoutim

Fun River – *Au bord du fleuve - ✆ 281 54 01 73 - www.fun-river.com.* Vers Mértola, Vila Real et Foz de Odeleite, plusieurs formules de promenade en bateau à la journée incluant déjeuner et retour en bus.

À Monte Gordo

Baignade – L'une des plus belles plages d'Algarve, offrant toutes les activités balnéaires imaginables, et aussi parmi celles où l'eau est la plus chaude.

Rio Sul Travel – *R. Tristão Vaz Teixeira, 15C - ✆ 281 51 02 00 - www.riosultravel.com.* Promenades sur le Guadiana à bord de bateaux rapides *(1h30 ; 25 €)*, randonnées à pied et excursions en jeep.

À Vila Real de Santo António

Transguadiana – *Porto de Recreio - ✆ 968 20 18 10.* Remontée de la rivière jusqu'à Foz de Odeleite. Départ 10h, retour 17h, 40 € déjeuner inclus *(de 1 à 3 fois/sem. en saison).*

Albufeira

40 657 habitants – District de Faro

Bâti en amphithéâtre face à la mer, ce port de pêche a définitivement tourné la page d'un passé serein pour devenir, à la fin des années 1960, un haut lieu du tourisme balnéaire. Mélange de Mykonos, de Benidorm et d'Ibiza, et peuplée de jeunes étrangers venus là pour « s'éclater », Albufeira (« forteresse de la mer » en arabe), la station balnéaire la plus courue de l'Algarve, se transforme chaque soir en un gigantesque disco-bar. Pour autant, la ville conserve, au moins dans sa partie ancienne, quelques attraits. À l'heure où la foule s'agglutine dans les bars, les ruelles entrelacées du vieux quartier, intactes et désertes, révèlent tout leur charme.

NOS ADRESSES PAGE 384
Hébergement, restauration, achats, activités, etc.

S'INFORMER

Posto de Turismo – *R. 5 de Outubro - 289 58 52 79 - www.cm-albufeira.pt - tlj sf dim. 9h-13h, 14h-18h (sans interruption en été).*

SE REPÉRER

Carte de région B2 p. 356-357. Le port d'Albufeira est situé 4 km au sud de la N 125, à mi-chemin entre Faro et Lagos.

Voir aussi la rubrique « Arriver/partir » dans « Nos adresses ».

À NE PAS MANQUER

Les grottes marines d'Armação de Pêra ; les points de vue sur le site d'Albufeira : à l'est, le sémaphore au-dessus de la plage des Pêcheurs, à l'ouest vers la plage de Galé ; la plage da Falésia.

ORGANISER SON TEMPS

Choisissez la promenade en bateau d'Armação de Pêra tôt le matin et passez l'après-midi sur une plage à l'ouest de la ville.

AVEC LES ENFANTS

Les parcs aquatiques Zoo Marine et Slide & Splash.

Se promener

Comptez 1h30 de visite pour la vieille ville et 30mn pour le bord de mer.

Accrochée au sommet d'une falaise aux tons dorés, la vieille ville forme un bel ensemble de maisons blanches. En contrebas, la plage s'incurve, protégée de la houle à l'ouest par la pointe rocheuse de Baleeira, un curieux bloc calcaire en forme de crosse.

VIEILLE VILLE

Le cœur historique d'Albufeira se découvre à pied, en parcourant des ruelles pavées et voûtées d'arcs maures à lanterne. Les rues convergent vers la place principale : le **largo Eng. Duarte Pacheco**, où se déploient les terrasses de cafés. En été, les rues piétonnes du centre, le long desquelles se succèdent bars et restaurants, sont prises d'assaut par une foule cosmopolite qui, en soirée, investit les nombreuses discothèques des environs.

Museu de Arte Sacra

Largo Miguel Bombarda - tlj sf lun. 10h30-16h30 (et 20h-22h en été) - 2 €.

Installé dans une petite église du 18e s., ce musée vit à l'heure d'Albufeira et ouvre en nocturne pendant l'été. Il abrite de remarquables pièces d'art sacré, dont un panneau d'**azulejos★** *(Résurrection)*. À gauche de la nef, une salle présente des clichés d'Albufeira pris entre 1880 et 1970, et on se surprend à rêver devant les photos de ce paisible village de pêcheurs.

Museu Municipal de Arqueologia

Praça da República - ✆ 289 57 07 12 - merc.-vend. 9h30-17h30 (14h-22h en été), mar. et w.-end 9h30-12h30, 13h30-17h30 - 1 €.
Préhistoire, époque romaine, période wisigothique puis musulmane et fragments lapidaires du 16e s. : Albufeira renoue avec ses plus lointaines racines dans l'ancien palais du Conseil.

PLAGE

Par un tunnel creusé dans la falaise *(à l'extrémité de la rua 5 de Outubro, dans la vieille ville)*, on accède à la plage dite « des Baigneurs ». Au-dessus de la plage, une rue conduit à l'extrémité de la pointe et offre un beau panorama sur la mer et la marina ; vous pourrez y accéder par l'ascenseur panoramique installé derrière l'énorme rocher.
À l'est, la plage est séparée de celle des Pêcheurs (Praia dos Barcos) par une falaise. Elle s'est vu privée de ses barques colorées, si chères aux photographes, depuis la construction de la marina à l'ouest de la ville.

À proximité Carte de région

La côte autour d'Albufeira, appelée « Barlavento » (au vent), doit sa réputation à ses étendues de sable au pied de falaises ocre (jusqu'à Vilamoura) ainsi qu'à ses eaux turquoise et limpides s'engouffrant dans des grottes marines. L'urbanisation lui a malheureusement fait perdre de son charme.

À L'OUEST DE LA VILLE B2

Derrière la jolie plage de **São Rafael★** *(2 km)* et la crique de **Castelo** *(4 km)*, **Praia da Galé** *(7 km)*, une plage de sable bordée de falaises, s'étend sur plusieurs kilomètres.

Armação de Pêra B2

12 km à l'ouest d'Albufeira.
Ce port de pêche est devenu une station balnéaire très urbanisée. Les hautes tours blanches servent de toile de fond à la plage, immense et très sûre.
★★ **Promenade en bateau** – *Jusqu'au cap Carvoeiro, à l'ouest, au départ d'Armação (plage est). Pour louer une embarcation à moteur ou faire une promenade en bateau, adressez-vous aux pêcheurs sur la plage - 10h-16h (17h30 en été - quand la météo le permet) - env. 25 €/pers.* Vous longerez un littoral splendide avant d'atteindre les 18 **grottes marines★★**, considérées comme les plus belles de la côte algarvienne. Toute cette côte est bordée de superbes plages, moins fréquentées.
Poursuivez la route côtière vers l'ouest sur 3 km.

Capela Nossa Senhora da Rocha B2

Située sur un promontoire de la falaise séparant deux belles plages, cette chapelle blanche au clocher pointu possède un portail encadré par deux colonnes supportant des chapiteaux sculptés de facture archaïque ; l'intérieur, revêtu d'azulejos, abrite de charmants ex-voto (navires).
Bon à savoir – À partir de la plage de Senhora da Rocha, il est possible en été de louer des barques pour visiter les grottes.

À L'EST DE LA VILLE BC2

Plusieurs plages, accessibles par la route, se succèdent presque tous les kilomètres : **Oura** *(2 km d'Albufeira)*, **Balaia**, **Maria Luísa**, **Olhos de Água** et, enfin, l'une des plus belles de la côte, **Praia da Falésia★★** *(11 km d'Albufeira - sur la N 125, suivez la dir. « Pine Cliffs » et « Sheraton » pendant 3 km)*. Adossée à une gigantesque muraille de falaises rouges coiffée de pins, elle déroule ses kilomètres de sable blond jusqu'à Vilamoura *(voir p. 365).; forfait 1 jour : 4 €.*

NOS ADRESSES À ALBUFEIRA

INFORMATIONS UTILES

Les offices de tourisme sont répertoriés en début de chapitre.

Location de voitures – La plupart des agences nationales et internationales sont représentées sur l'avenida da Liberdade.

Location de deux-roues – **Almotos** – *Apartamentos Rodrigues, Loja A (près de la plage d'Oura), Praceta Sol Nascente, Areias de São João - 289 54 20 59 - www.almotos.com.*

Vespa Rent – *R. Alexandre Herculano, Areias de São João - 289 54 23 77 - www.vesparent.com.*

ARRIVER/PARTIR

Bus – Gare routière Caliços - *R. da Figueira.* Bus ttes les 30mn de et vers l'avenida da Liberdade *(1,40 €, 4 € forfait à la journée).* Pour les plages des environs, env. 10 bus/j sf w.-end et j. fériés. Horaires à l'office de tourisme.

HÉBERGEMENT

BUDGET MOYEN

Pensão Dianamar – *R. Latino Coelho, 36 - 289 58 78 01 - www.dianamar.com - fermé nov.-fév. - - 14 ch. 60/65 € .* Dans cette rue tranquille qui part de l'église S. Sebastião, une pension tenue par des Suédois. Les chambres du dernier étage donnent sur la baie d'Albufeira. Patio fleuri et belle terrasse solarium sur le toit avec vue panoramique. Une adresse agréable.

Vila Branca – *R. do Ténis, 4 - 289 58 68 04 - http://vilabranca.com.pt - 17 ch. 66/75 € - 5,50 €.* Légèrement excentré à l'ouest du centre-ville, ce petit hôtel moderne et pimpant offre de confortables chambres parquetées. Les plus chères possèdent un balcon avec vue sur la mer. Accueil charmant.

Residencial Frentomar – *R. Latino Coelho, 25 - 289 51 20 05 - www.frentomar.com - fermé nov.-mars - 13 ch. 80 € - 4 €.* On accède à cette adresse postée sur la corniche en prenant la petite rue qui part du chevet de S. Sebastião. La maison dispose de grandes chambres avec vue sur la mer (sauf 2 sur rue), dont la plupart possèdent une terrasse. À la fois proche du centre et au calme.

Residencial Vila Recife – *R. Miguel Bombarda, 12 - 289 58 37 40 - www.grupofbarata.com - fermé nov.-mars - - 92 ch. 87 € .* Vous repérerez cette grande pension de style Belle Époque aux trois églises blanches qui l'entourent. Bien qu'une partie moderne ait été rajoutée, elle a su conserver une certaine allure avec sa grille, son perron et son allée de palmiers. Chambres parfois bruyantes et chaudes, d'un confort inégal. Préférez celles avec vue.

À Alcantarilha

POUR SE FAIRE PLAISIR

Capela das Artes – *Espaço cultural de Alcantarilha, 10 km à l'ouest par la N 125 - ✆ 282 32 02 00 - www.capeladasartes.com - 🏊 🅿 🍴 - 30 ch. env. 100 € ☕ - séjour de 2 nuits mini.* Cette ancienne *quinta* du 15e s. a été reconvertie par un collectionneur d'art en centre culturel et hôtel-restaurant. Les chambres sont superbes, décorées de meubles anciens. Leurs patios ouvrent sur un grand jardin où a été aménagée une piscine. L'ancien pressoir à huile accueille des expositions d'art contemporain. Bon restaurant.

RESTAURATION

PREMIER PRIX

O Zuca – *Travessa do Malpique, 6 - ✆ 289 58 87 68 - tlj sf merc. 12h-15h, 18h-23h - 15/20 €.* Très apprécié des habitants, un des rares restaurants d'Albufeira qui ne soit pas trop touristique, juste derrière le largo Eng. Duarte Pacheco. Plat du jour à emporter. Cuisine simple.

BUDGET MOYEN

Almareado – *R. da Libertade, 37 - ✆ 289 58 61 55 - 11h-23h - 20/25 €.* Dans la « rue des restaurants », tant les établissements jouent au coude-à-coude, l'Almareado est plébiscité pour la fraîcheur de ses poissons, qui en outre sont bien préparés. La salle présente un décor typique, et l'agréable terrasse arbore les couleurs bleue et blanche de la Méditerranée. Service correct.

POUR SE FAIRE PLAISIR

A Ruina – *Cais Herculano - sur la plage des Pescadores - ✆ 289 58 60 20 - www.restaurante-ruina.com - 10h30-23h - fermé janv.-fev. - 35/45 €.* Parmi la cohorte de restaurants touristiques, celui-ci se distingue par sa haute maison de pierre et ses tables disposées sur le sable de la pittoresque plage des Pêcheurs. Le site, enchanteur, se prête à un dîner élégant au soleil couchant (excellents poissons). On paye autant la situation que la qualité de la cuisine.

UNE FOLIE

Dom Carlos – *R. Alves Correia, 100 - ✆ 289 54 12 24 - tlj sf lun. et mar. 19h15-23h - reserv. indispensable - 49 €.* Le chef, irlandais, concocte des plats d'inspiration européenne, hollandaise et française notamment, pour un menu qui varie tous les jours et s'adapte aux arrivages du marché. On dîne dans le cadre intimiste d'une salle toute de bleu ciel peinte.

Vila Joya – *Estrada da Praia da Galé - ✆ 289 59 17 95 - www.vilajoya.com - 12h-15h, 19h-22h - reserv. impérative - 105/175 €.* Dans de superbes jardins face à la mer, l'adresse gourmet grand luxe de l'Algarve, que le chef Dieter Koschina a su propulser parmi les cinquante meilleurs restaurants du monde. Une expérience gastronomique de haute volée, pour une soirée d'exception.

PETITE PAUSE

Pastelaria Riviera – *Hotel Brisa Sol - Cerro Alagoa - ✆ 289 58 77 45 - http://pastelariariviera.pt - 8h-0h.* Pâtisserie incontournable pour s'initier aux spécialités de l'Algarve telles que le fameux *Dom Rodrigo*. Cette adresse qui jouxte l'hôtel Brisa Sol dans la partie haute de la ville attire les gourmands jusqu'au bout de la nuit.

BOIRE UN VERRE

Dans le centre-ville, la **« rue des bars »** (rua Cândido dos Reis) est une évidence qui ne nécessite pas d'autre explication. L'animation est dans la rue, il n'y a qu'à choisir un endroit… ou bien ne pas choisir et passer d'un bar à l'autre !

ACHATS

A Tralha – *R. João de Deus, 1 - ✆ 289 58 78 41 - a.tralha@clix.pt - 10h-13h, 14h-17h (22h en été).* En face de l'office de tourisme, la plus belle boutique de décoration d'Albufeira. Dans de très beaux volumes anciens, elle cultive raffinement et belles matières : artisanat de qualité, mobilier, vaisselle, luminaire, linge de maison (très beaux tissages en lin), bijoux, vins et coin gourmet.

EN SOIRÉE

Situé à Praia da Oura, le **Capítulo V** est un bar-discothèque à la terrasse agréable. À Areias de São João, la route de Santa Eulália concentre un grand nombre de bars, où l'on peut généralement danser, dont l'**Alabastro** et le **Mitto** *(r. Alexandre Herculano, 26)*. Le **Liberto's Bar**, discothèque avec piscine, est prisé des footballeurs et de la jet-set. Sur la plage de Santa Eulália, le **Bar Atlântico** offre une belle vue sur la mer.

Discothèques – Le **Kiss**, à Areias de São João, est l'une des plus anciennes ; ouverte à l'année, elle attire un public varié. Surplombant la plage de Santa Eulália, **Le Club** dispose de plusieurs espaces en plein air. Sans oublier le **Kadoc** *(estrada de Vilamoura)*.

ACTIVITÉS

Algarve Surf Bus – Bus ralliant le spot de surf de Praia do Amado au départ de Falésia ou Albufeira *(juil.-août : départ à 8h/8h30, retour à 17h ; avr.-juin et sept.-oct. : même h de dép., retour à 16h30 - à partir de 25 €, 47 € avec location de matériel)*.

Dolphins Drivers – *Marina de Albufeira - ✆ 913 11 30 94 - www.dolphins.pt.* Découverte des grottes marines en kayak.

Ski Molhado – *Marina de Albufeira - ✆ 289 10 21 17 - www.skimolhado.com.* Location l'été sur la plupart des plages de la côte.

Algar Experience – *Marina de Albufeira - ✆ 967 52 51 27 - www.algarexperience.com.* Nombreuses excursions en bateau à la découverte de la côte *(3h - 26 €, enf. 17 €)*, pêche en mer *(3h - 35 €)*, observation de dauphins *(35 €, enf. 25 €)* ou encore paravoile *(vols de 1h30 en solo 45 €)*.

Autres formules également chez **Algarve Charters** – *✆ 289 31 48 67 - www.algarvecharters.com.*

Touradas – Juin-sept., sur la praça de Touros, en général le merc. vers 22h *(horaires à l'office de tourisme)*. Billets en vente sur place.

Slide & Splash – *Sur la N 125 entre Lagoa et Estombar - ✆ 282 34 08 00 - www.slidesplash.com - juil.-août : 10h-18h/18h30 ; reste de l'année : se rens. - 26 € (enf. 19 €).* Toboggans géants, Jacuzzi, piscines de toutes tailles.

Zoo Marine – *Sur la N 125 (6 km d'Albufeira) - ✆ 289 56 03 00 - www.zoomarine.pt - juil.-août : 10h-18h (19h30 en été) - fermé en nov. et mars - 29 € (enf. 19 €).* Cet immense parc de loisirs consacré à l'Océan comprend un aquarium, des piscines ludiques et des aires de jeux. Spectacles de dauphins, de rapaces et de phoques.

AGENDA

Festa da Ourada – *Mi-août.* Célébration du patron des pêcheurs sur la plage.

Festival international de sculpture sur sable – *25 mai-25 oct. - www.fiesa.org.* Il se tient depuis 2003 à Pêra, sur une thématique différente chaque année.

Portimão et environs

40 657 habitants – District de Faro

À regarder les falaises échancrées de Carvoeiro, les immenses plages dorées de Praia da Rocha ou l'estuaire de la rivière Alvor, on a peine à croire que, face à une nature aussi belle, la civilisation des loisirs ait pu engendrer un tel cauchemar urbain. Si Portimão, un port de pêche spécialisé dans la construction navale et la sardine, est une cité active peu touchée par le tourisme, que dire de Praia da Rocha, à 3 km de là, excroissance balnéaire où s'empilent hôtels monstrueux, restaurants insipides et bars tapageurs. Les environs et l'arrière-pays ont conservé quelques oasis de douceur comme Ferragudo, sur l'autre rive, miraculeusement épargné, ou Silves, l'ancienne capitale du royaume maure, où vivaient jadis princes et poètes. Et l'on peut encore aller, loin des foules, prendre un bain de fraîcheur dans la serra de Monchique à l'exubérante nature.

NOS ADRESSES PAGE 392
Hébergement, restauration, achats, activités, etc.

S'INFORMER

Postos de turismo de Portimão – *Teatro Municipal - Largo 1° de Dezembro (centre historique) - 282 43 01 65 - tlj sf dim. 9h30-18h30, sam. 9h-13h, 14h-18h30; av. Tomás Cabreira (Praia da Rocha) - 282 41 91 32 - mêmes horaires.*

SE REPÉRER

Carte de région B2 p. 356-357.

Portimão est 34 km à l'ouest d'Albufeira par la N 125 et 19 km à l'est de Lagos. Monchique : 25 km au nord de Portimão ; Silves : 16 km au nord-est de Portimão.

Voir aussi la rubrique « Arriver/ partir » dans « Nos adresses ».

À NE PAS MANQUER

Le site marin d'Algar Seco ; Praia da Rocha ; Ferragudo ; le château et la cathédrale de Silves ; Pico da Fóia.

ORGANISER SON TEMPS

Prévoyez une bonne journée pour découvrir les environs de Portimão. Attention, le Pico da Fóia est souvent dans la brume le matin.

AVEC LES ENFANTS

Le musée de Portimão : le Parque da Mina, ancienne mine désaffectée.

4

Se promener

De nombreux vacanciers se rendent directement à la station balnéaire de Praia da Rocha, la plage la plus prisée de la ville *(voir p. 388)*. Si vous faites un tour dans le centre de Portimão, dont les ruelles et la promenade bordant le rio Arade ne sont pas sans charme, jetez un coup d'œil au **largo 1° de Dezembro**. Les bancs du petit square de cette place sont ornés de panneaux d'azulejos (19e s.) illustrant divers épisodes de l'histoire portugaise.

Museu de Portimão

R. Dom Carlos I - 282 40 52 30 - www.museudeportimao.pt - juil.-août : mar. 19h30-23h, merc.-dim. 15h-23h ; sept.-juin : mar. 14h30-18h, merc.-dim. 10h-18h - 3 €.

Dans la première partie du musée, l'histoire de Portimão est retracée depuis la préhistoire, en rappelant l'importance que prit la construction navale. La seconde partie évoque l'ancienne activité des lieux, celle d'une conserverie de sardines : machines à découper et à imprimer les boîtes de conserve, chaîne de fabrication ou encore horloge pointeuse des ouvrières. Une impression de temps suspendu règne dans la salle peuplée de mannequins où les sardines étaient préparées avant leur mise en boîte.

Bon à savoir – Pour bénéficier de la meilleure **vue★** de la ville, surtout à marée haute, rendez-vous sur le pont enjambant l'Arade au fond de la baie, qui permet de rejoindre Ferragudo.

À proximité Carte de région

★ Alvor B2

6 km à l'ouest de Portimão.

Posto de Turismo – *R. Dr Afonso Costa, 51 - 282 45 75 40 - www.turismodoalgarve.pt - tlj sf w.-end 9h-13h, 13h30-16h.*

Bien que touristique, le village, dominant une lagune, reste attachant avec ses ruelles pavées, son port de pêche et sa belle plage *(à l'ouest de la localité)*. Posée sur une éminence qui surplombe la ria et la mer, la grande église blanche do Divino Salvador possède un **portail★** manuélin finement travaillé.

★ Praia da Rocha B2

3 km au sud de Portimão.

Rendue célèbre par un groupe d'écrivains et d'intellectuels anglais qui s'y installèrent entre 1930 et 1950, elle est devenue l'une des stations balnéaires les plus fréquentées d'Algarve, même en hiver. Les raisons ? Son climat, son ensoleillement exceptionnel, sa vaste plage qui se prolonge par une série de **criques★★** aux eaux turquoise s'incurvant entre des falaises ocre et rouge percées de grottes. Mais ne quittez pas l'Océan des yeux : en vous retournant, vous n'auriez pour horizon qu'une interminable barre d'immeubles.

★ **Miradouro** – À l'ouest de la station, près de la crique dos Castelos, un promontoire aménagé offre une vue d'ensemble, d'un côté sur la longue plage en pente douce dominée par les immeubles blancs de la station, de l'autre sur la succession de criques abritées par la falaise.

Forte de Santa Catarina – Ce fort domine l'ouest de l'embouchure de l'Arade et, avec le fort São João de Ferragudo sur la rive opposée, garde l'entrée de la baie de Portimão. Il fut construit en 1621 pour défendre Silves et Portimão des attaques provenant d'Espagne et d'Afrique du Nord.

Falaises dominant la Praia da Rocha.
R. Mattes / hemis.fr

★ Ferragudo B2

Face à Portimão, de l'autre côté du grand pont.

Un monde sépare Praia da Rocha de ce village, situé de l'autre côté de l'estuaire de l'Arade : ici, les filets de pêche sèchent encore sur les quais. En dehors de la place centrale, avec ses bars et ses restaurants, un calme absolu règne dans les ruelles en escalier, couronnées par une église. Et pour cause : nombre des anciennes maisons de pêcheurs sont inhabitées ! Grimpez jusqu'au **fort São João** *(propriété privée)* pour contempler l'estuaire, avec en toile de fond les immeubles de Portimão. En contrebas, au sud du fort, baignez-vous à **Praia Grande**.

Suivez la N 125 vers l'est en dir. de Lagoa, puis gagnez la côte par la N 124-1.

★ Carvoeiro B2

15 km au sud-est de Portimão.

Encaissé dans une étroite échancrure de la falaise, ce village de pêcheurs est devenu une station balnéaire de plus en plus envahie par les constructions modernes. On a fait ici le choix de villas et de complexes résidentiels à taille humaine plutôt que celui de tours, et la localité conserve un certain cachet.

Miradouro Nossa Senhora da Encarnação – Au sommet d'une rampe abrupte, à l'est de la plage *(devant une chapelle et un poste de police)*, une vue en enfilade se déroule sur les falaises du cap Carvoeiro.

★★ **Algar Seco** – *500 m au-delà du belvédère de N. S. da Encarnação, plus 30mn à pied AR. Laissez la voiture au parc de stationnement.*

En contrebas du cap Carvoeiro, un escalier de 134 marches creusé dans les rochers rougeâtres sculptés par la mer en forme de piton, d'arche ou de « meule de gruyère » permet d'atteindre le **site marin** d'Algar Seco. Le cœur du site bat entre les porches béants de plusieurs grottes à demi immergées, sous l'aspect d'un violent tourbillon de courants marins affrontés. Sur la droite *(pancarte « A Boneca »)*, un court tunnel aboutit, sous un piton, à une caverne percée de deux « fenêtres » naturelles qui donnent sur les falaises ouest. Sur la gauche, un sentier mène à un promontoire d'où l'on peut contempler l'entrée d'une profonde grotte sous-marine. L'été, le site est doté d'une agréable buvette.

Bon à savoir – En saison, les grottes marines du cap Carvoeiro s'explorent en bateau ; adressez-vous aux pêcheurs sur la plage de Carvoeiro.

★ Silves B2

16 km au nord-est de Portimão (27 km au sud-est de Monchique ; 25 km au nord-ouest d'Albufeira).

Posto de Turismo – *Sortie ouest de Silves, dir. Monchique par la E.N. 124 - 282 44 22 55 - www.cm-silves.pt - tlj sf dim. et lun. 9h-13h, 14h-18h.*

De l'ancienne Xelb aux nombreuses mosquées, capitale de l'Algarve maure dont la magnificence éclipsait, dit-on, celle de Lisbonne, il ne subsiste qu'un château aux murailles de grès rouge surplombant la ville blanche, étagée sur la colline. Du fait de sa situation à l'intérieur des terres, sur les contreforts de la serra de Monchique, Silves a conservé son authenticité avec ses rues pavées et pentues.

★ **Castelo** – *Accès en voiture seulement possible par l'est de la localité - 282 44 56 24 - 9h-17h30 (19h en été) - 2,80 €, 3,90 € billet combiné avec le Musée archéologique.* Le plus grand château de l'Algarve a été édifié durant l'occupation musulmane. Des fouilles réalisées dans l'enceinte ont permis de mettre au jour une imposante citerne à quatre voûtes ainsi qu'une demeure datant de la période almohade. Le chemin de ronde sur les remparts crénelés magnifiquement restaurés offre de nombreux **points de vue** sur la ville et les environs :

L'Algarve mauresque

En 711, des musulmans dépendant du califat omeyyade de Damas envahissent la péninsule Ibérique. La Reconquête, entreprise en 722 à Covadonga (dans les Asturies) par Pélage, un roi wisigoth, va durer plus de cinq siècles.

LA COUR MAURESQUE

En 712, l'armée du général musulman Musa occupe l'Algarve. La région est partagée en deux provinces *(koras)* : à l'ouest l'Algarve proprement dit, dont Silves est la capitale, et, à l'est, Aljarafe. Quelque temps après la chute de la dynastie omeyyade à Cordoue (1031), Al-Mutamid, fils du roi de Séville Al-Mutadid, est nommé gouverneur de la région d'Algarve. Devenu roi, il prend pour gouverneur son ami **Ibn Ammar** (1031-1084), par ailleurs grande figure de la poésie arabe, qui va tenir à Silves une cour brillante.

SILVES, CAPITALE DE L'ALGARVE CHRÉTIEN

Appelés à la rescousse par Al-Mutamid, les Almoravides prennent le dessus mais sont bientôt supplantés par les Almohades. Ces derniers sont les maîtres incontestés de l'Algarve jusqu'en 1189, date de la prise de Silves par le roi Sanche Ier, qui a demandé l'assistance de croisés allemands et anglais. C'est une première brèche dans la puissance musulmane au Portugal, bien que Silves soit rapidement repris par les Arabes (1191). La ville n'est récupérée par les Portugais que sous le règne de Sanche II, en 1242, grâce aux chevaliers de l'ordre de St-Jacques et à Paio Peres Correia, maître de l'ordre. Une fois la reconquête de l'Algarve menée à son terme, Silves en devient la capitale, tant politique que religieuse. En 1577, le transfert de l'évêché à Faro marque le début de son déclin.

LA DOMINATION MUSULMANE EN QUELQUES DATES

Quelques dates de la reconquête du territoire portugais sur les musulmans sont à retenir :

867 – Porto
1064 – Coimbra
1147 – Lisbonne (la ville est libérée par le premier roi de Portugal, Alphonse Henriques)
1189 – Silves (qui est toutefois repris deux ans plus tard)
1249 – Chute de Faro qui marque la fin de la reconquête du territoire portugais.

À la différence de l'Espagne, il reste peu de vestiges d'architecture islamique au Portugal, à part la mosquée de Mértola *(voir « Autour de Beja », p. 342)*, et des murailles, comme celles de Silves.

Lire également « Avant le Portugal », « L'occupation musulmane », dans notre chapitre « Histoire », p. 90.

au nord-ouest sur la vallée de l'Arade et, derrière, la serra de Monchique; au sud sur les vergers de pêchers et d'amandiers et, au loin, sur le littoral.

★ **Sé** – *Entrée par la porte latérale - en principe 9h-12h30, 14h-17h - 1 €.* La cathédrale a été édifiée à l'emplacement d'une ancienne mosquée avec le grès rouge de la région. La nef et les bas-côtés gothiques (13e s.) frappent par leur simplicité harmonieuse; le transept et le chœur, plus tardifs, sont de style gothique flamboyant. En face du portail de la cathédrale, remarquez une **porte manuéline**.

Museu Municipal de Arqueologia – *R. da Porta de Loulé, 14 - ✆ 282 44 48 32 - 10h-18h (dernière entrée à 17h30) - 2,10 €, 3,90 € billet combiné avec le château.* Le musée d'Archéologie occupe un bâtiment moderne construit le long de la muraille. Ses collections retracent l'histoire de cette région depuis le Paléolithique. Elles présentent notamment des menhirs et des stèles funéraires de l'âge du fer et un puits-citerne des 12e-13e s. La période arabe est particulièrement bien représentée (céramiques, éléments d'architecture).

Cruz de Portugal – *À la sortie est de la ville, sur la N 124, route de São Bartolomeu de Messines.* Ce calvaire qui date probablement du début du 16e s., en calcaire très ouvragé, présente sur une face le Christ en croix et sur l'autre une pietà.

Circuit conseillé Carte de région

Circuit de 30 km tracé en vert clair sur la carte de région (p. 356) – Comptez env. 2h. Quittez Portimão par la N 124, au nord.

SERRA DE MONCHIQUE B1

Dans l'arrière-pays de l'Algarve, la serra de Monchique offre aux estivants de la côte la fraîcheur de ses hauteurs boisées et de beaux points de vue sur la région. Après Porto de Lagos, par la N 266 prise à gauche, commence la montée dans la serra de Monchique.

À 10 km de Portimão, **Caldas de Monchique** est une station thermale dont les sources sont utilisées dans le traitement des rhumatismes et des maladies de peau.

Au-delà de l'embranchement vers Caldas de Monchique, dans un grand virage, à gauche, un belvédère *(table d'orientation)* dévoile une jolie **vue** sur la station thermale située en contrebas et les cultures de maïs en terrasses qui l'entourent, ainsi que, plus au sud, sur le moutonnement des collines s'abaissant vers Portimão.

La route passe entre les versants opposés du Fóia et du Picota, couverts de pins, de chênes-lièges et d'eucalyptus. D'importantes carrières de syénite sont exploitées pour la construction.

« UN JARDIN SUSPENDU »

Bloc volcanique qui surplombe à plus de 900 m les croupes schisteuses environnantes, la serra de Monchique forme une barrière sur laquelle viennent buter les nuages venus de l'Atlantique, qui y entretiennent une humidité d'autant plus élevée que la roche est imperméable. L'humidité et la chaleur combinées favorisent, sur ces riches sols volcaniques, le développement d'une végétation exubérante et variée où se mêlent espèces tropicales et tempérées : eucalyptus, chênes-lièges, châtaigniers, pins, arbousiers, caroubiers, rhododendrons, cultures en terrasses d'orangers et de maïs : Miguel Torga y voyait un véritable « jardin suspendu ».

Monchique B1

25 km au nord de Portimão.

Posto de Turismo – *Largo São Sebastião - ✆ 282 91 11 89 - www.cm-monchique.pt - tlj sf dim. et lun. 9h-13h, 14h-18h.*

Du belvédère aménagé sur l'ancien champ de foire *(près de l'office de tourisme)*, **vue** sur les quartiers étagés face au Monte Picota (alt. 773 m). À droite au fond de la place, une rue grimpe dans le village jusqu'à atteindre une placette *(de nouveau à droite)* où s'élève l'église, percée d'un **portail★** manuélin, dont les colonnes torses se prolongent en une cordelière nouée.

Dans Monchique, prenez à gauche la N 266-3 vers le mont Fóia.

La **route★** gravit les pentes du Fóia, point culminant de la serra. Après quelques kilomètres sous les pins et les eucalyptus, la **vue★** se dégage vers le sud dans un virage à droite (croix et fontaine) ; on distingue, de gauche à droite, le golfe de Portimão, la baie de Lagos, le lac d'Odiáxere et, dans le lointain, la presqu'île de Sagres.

★ Pico da Fóia B1

Alt. 902 m. Le site, qui englobe un radar, des antennes de radio-télévision, un restaurant et une boutique d'artisanat, est parsemé de rochers. Du sommet (obélisque), vous bénéficiez de **vues★** étendues sur les croupes dénudées du nord et les hauteurs boisées de l'ouest.

NOS ADRESSES À PORTIMÃO ET ENVIRONS

INFORMATIONS UTILES

Les offices de tourisme sont répertoriés en début de chapitre.

ARRIVER/PARTIR

À Portimão

Train – **Gare ferroviaire** – *Au nord de la ville, à env. 1 km du pont - www.cp.pt.* 9 liaisons/j avec Faro et Lagos.

HÉBERGEMENT

À Praia da Rocha

UNE FOLIE

Bela Vista – *Av. Tomás Cabreira - ✆ 282 46 02 80 - www.hotelbelavista.net - P - 38 ch. À partir de 264 €* . Sur les falaises, dominant la plage, cette majestueuse villa du début du siècle conserve son décor d'époque : vitraux, canapés en cuir et fauteuils Chesterfield, bois exotiques et magnifiques azulejos qui retracent les aventures de Luís de Camões. Les chambres du haut, avec vue sur la mer, sont paradisiaques.

À Silves

BUDGET MOYEN

Quinta do Rio – *Sitio São Estevão (5 km de Silves, vers Messines) - ✆ 282 44 55 28 - http://quintariocountryinn.home.sapo.pt - 6 ch. 65/70 €* . Une paisible auberge rustique nichée au milieu d'une orangeraie et tenue par un sympathique Italien. Les chambres, d'une reposante sobriété, arborent des toits en roseaux, des chaises en paille et des lits en fer forgé (dont la literie commence à fatiguer !). Bons petits-déjeuners.

À Monchique

BUDGET MOYEN

Abrigo da Montanha – *Corte Pereiro - ✆ 282 91 21 31 - www.abrigodamontanha.com - 17 ch. 75/85 €* . Sur les hauteurs de Monchique *(env. 2 km)*, en allant vers Fóia, un beau chalet décoré de liège aux chambres douillettes bénéficiant d'une vue splendide sur la vallée. Délicieux restaurant avec un coin cheminée (en saison).

À Caldas de Monchique

BUDGET MOYEN

Albergaria do Lageado – *282 91 26 16 - www.albergariadolageado.com - 20 ch. - fermé nov.-mars - 55/60 € - 20/25 €*. Dans la station thermale, une auberge aux installations un peu défraîchies ouvrant sur un jardin plein de fleurs. Malgré son petit air vieillot, l'endroit demeure charmant.

RESTAURATION

À Portimão

PREMIER PRIX

Bacalhoada – *R. Vasco Pires, 1 - 282 40 12 12 - tlj sf mar. 12h-15h, 18h-22h - réserv. impérative - 15/18 €*. Morue et fado constituent le duo gagnant de ce restaurant situé dans la vieille ville, non loin du pont sur l'Arade. Comme son nom l'indique, on y prépare la morue sous toutes ses formes : soupe, brandade, beignets, etc. Les portions sont copieuses et l'ambiance, sympathique. Attention : si vous êtes pressé, il peut y avoir de l'attente entre les plats malgré un service efficace : rançon du succès oblige ! Concerts certains soirs seulement.

À Alvor

BUDGET MOYEN

Ruccula – *R. Poeta João de Deus - 965 83 99 02 - tlj sf dim. 18h-22h - réserv. impérative - 20/25 €*. Le toit-terrasse en angle prend ses aises sur les hauteurs du village. À cette situation privilégiée, il faut ajouter une cuisine sophistiquée et réussie. Un petit miracle s'accomplit pour chaque assiette : le souci du détail ne nuit en rien à la générosité des portions. Les amateurs de bonne viande seront particulièrement à la fête.

À Caldas de Monchique

BUDGET MOYEN

Restaurante 1692 – *Villa Termal - 282 91 09 10 - www.monchiquetermas.com - 12h30-15h, 19h-22h - 20/25 €*. Difficile de résister à l'appel de cette fraîche et grande terrasse installée sous les arbres centenaires, même si la cuisine n'a rien d'extraordinaire. Qu'importe, l'odeur des grils aiguise l'appétit et le plaisir d'un repas pris à l'ombre et au calme suffira à passer un agréable moment.

À Ferragudo

POUR SE FAIRE PLAISIR

Sueste – *R. Infante Santo - 282 46 15 92 - www.restaurantesueste.com - tlj sf lun. 12h-22h30 - 35/45 €*. Au bout du quai, un restaurant dont la terrasse offre une superbe vue sur la rivière. Spécialité de poissons grillés qui se vendent au poids. Service affairé.

À Silves

PREMIER PRIX

O Monchiqueiro – *Mercado municipal - 282 44 24 42 - tlj sf merc. 12h-15h, 19h-22h - 10/15 €*. Sous les arcades du marché, face à la rivière, plusieurs gargotes assez semblables déploient leurs terrasses. Des matrones y font griller le poulet *piri-piri* ou les sardines à la braise.

Ponte Romana – *Horta da Cruz - 282 44 32 75 - P - 12h-22h - 12/15 €*. Sur la rive droite, devant l'ancien pont romain, une grande bâtisse rouge dont la salle, spacieuse, rustique, décorée de vieilles machines à coudre Singer, a les faveurs des populations locales. On vient en famille ou pour des banquets de fête faire honneur à une table simple et copieuse. Poisson, plats du jour. Abrite aussi un hôtel modeste.

BUDGET MOYEN

Marisqueira Rui – *R. Comendador Vilarinho, 27 - ☎ 282 44 26 82 - http://marisqueirarui.pt - tlj sf mar. 12h-23h - 25/30 €.* Dans une rue piétonne, une *marisqueira* bien connue de Silves offre un superbe choix de fruits de mer et autres poissons grillés. Si l'on joue du coude-à-coude dans la salle, mieux vaut s'amarrer sur la terrasse, qui se révèle plus agréable. Service aussi sympathique qu'efficace.

PETITE PAUSE

Pique-nique – Agréable pique-nique au port d'Alvor ou sous les arbres de la promenade bordant l'Arade à Portimão.

À Portimão

☺ **A Casa da Isabel** – *R. Direita, 61 - ☎ 282 48 43 15 - 9h-20h30.* Une pâtisserie à l'ancienne, grande comme un mouchoir de poche, pour goûter à quelques merveilles bien sucrées : *pastel de Louriçal, pastel de coco* et autre *tigelinha de Alvor*. Un pur moment de bonheur.

Casa Inglesa – *Praça Manuel Teixeira Gomes, 2 - ☎ 282 41 62 90 - 8h-20h.* La grande terrasse du café, situé au bout de la promenade longeant l'Arade, promet de trouver à coup sûr une place au soleil. Juste à côté, le marchand de journaux proposant la presse étrangère tombe à pic !

À Alvor

☺ **Confeitaria d'Alvor** – *R. Dr Afonso Costa, 39 - ☎ 912 32 26 20 - tlj sf lun. 8h-20h.* Cette boulangerie-pâtisserie est fréquentée par les habitants, qui viennent y trouver d'excellents gâteaux, de croissants et de pain frais. Bons sandwichs également. Un lieu comme miraculeusement épargné par le tourisme, idéal pour se mêler aux habitants.

À Silves

Pastelaria Dona Rosa – *Largo do Município - ☎ 282 14 80 34 - 9h-20h.* Sous les arcades de la mairie, un salon de thé croquignolet, tapissé d'azulejos anciens et avec des petites tables en fer forgé. Les savoureuses sucreries de Mme Rosa font craquer tout le monde, même les moins gourmands.

☺ **Café Inglês** – *Escadas do Castelo, 11 (au pied du château) - ☎ 282 44 25 85 - www.cafeingles.com.pt - tlj sf lun. 10h-22h.* Un incontournable que ce café installé dans un entrepôt réhabilité avec goût. Parquet, piano dans un coin et vieux poêle au milieu, grand et beau comptoir à l'ancienne… Succulentes pâtisseries maison et quelques plats légers (gaspacho, salades, assiette de jambon fumé et fromages). Concerts (*bossa nova*, jazz et rythmes latinos) les vend. et sam. soir et le dim. à 15h en été. Superbe terrasse sur le toit (en été).

BOIRE UN VERRE

À Monchique

Barlefante – *Travessa das Guerreiras - ☎ 966 49 53 78 - lun.-jeu. 12h-2h, vend.-sam. 13h-4h, dim. 13h-2h.* Le postérieur d'un éléphant bleu indique le chemin : on tombe sur ce bar branché, pour le moins surprenant dans ce village, au bout d'une ruelle bariolée. Il offre ses recoins à des banquettes moelleuses et son bar en fer à cheval pour savourer *caïpirinhas* et *shots* à base d'eau-de-vie d'arbouse ou de miel. Wifi.

ACHATS

À Monchique

Casa dos Arcos – *Estrada Velha - ✆ 282 91 10 71 - 10h-19h ; visite de l'usine - r. Calouste Gulbenkian - lun.-vend. 10h-12h, 14h-17h.* Dans cette petite boutique à l'entrée du village on fabrique depuis cinq générations de jolies chaises romaines de toutes tailles en bois d'aulne. Livraison possible.

Loja do Mel e do Medronho – *Largo 5 de Outubro (en face de la fontaine) - 10h-18h.* Grand choix de produits de la serra, en particulier de miels et de *medronho*, l'eau-de-vie d'arbousier emblématique de Monchique.

À Ferragudo

Atelier Sylvain Bongard – *R. Infante D. Henriques, 62 - ✆ 282 46 13 83 - http://studiobongard.com - tlj sf dim. 10h-18h, sam. 10h-13h.* À l'entrée de Ferragudo, un artiste suisse a installé son atelier. Il y fabrique d'étonnants azulejos à partir de ses peintures. À voir, ne serait-ce que pour le bric-à-brac de l'atelier.

ACTIVITÉS

À Portimão

Caravela Santa Bernarda – *Marina de Portimão - ✆ 282 42 27 91 - www.santa-bernarda.com.* Visite des grottes marines (Carvoeiro et vers Lagos) à bord d'une réplique de caravelle portugaise du 15ᵉ s. *35 € la demi-journée (4-12 ans : 20 €), 70 €/j avec barbecue.*

Seafaris – *Marina de Portimão - ✆ 282 79 87 27 - www.seafaris.net.* Observation de dauphins *(à partir de 25 €).*

À Alvor

De nombreuses excursions découvertes en bateau (voiliers ou bateaux à moteur) de la ria sont proposées au port. Des loueurs de kayaks sont également établis sur les quais en saison.

Alvor Boat Trips – *✆ 966 80 76 21 - www.alvorboattrips.com.* Croisières *(de 1h à 2h30 ; 15/25 €)*, parties de pêche *(de 2h à 4h ; de 25 à 40 €)*, remontée du rio Arade jusqu'à Silves *(une journée avec repas ; 45 €).*

Trigana Boat Trips – *✆ 912 10 57 57.* Croisières le long de la côte en voilier *(à partir de 25 €).*

À Praia da Rocha

Casino - *Hôtel Algarve Casino - Av. Tomás Cabreira - ✆ 282 40 20 00 - http://hotelalgarvecasino.solverde.pt. 16h-3h (4h en été).*

À Monchique

Parque da Mina – *Vale de Boi (3 km de Caldas de Monchique) - ✆ 282 91 16 22 - www.parquedamina.pt - 10h-17h (19h en été) - fermé lun. en nov.-fév. - 10 € (enf. 7 €).* Cet ancien domaine comprend une mine désaffectée, une maison typique du 18ᵉ s. et des jardins plantés d'espèces locales. Les plus petits pourront faire des balades en poney et observer les animaux de la ferme. Assez cher pour les prestations proposées.

AGENDA

Festival de la sardine – *Début août à Portimão.* Dégustations et animations se succèdent 10 jours durant.

Fête médiévale – *Début août à Silves.* Animations de rues, processions en costumes médiévaux et artisanat.

Lagos

★

30 755 habitants – District de Faro

Tapie au creux d'une large baie, Lagos vit dans la nostalgie de sa grandeur passée, comme si elle attendait encore le retour des nefs chargées d'épices, d'or, d'ivoire et d'esclaves qui firent jadis sa prospérité. Malgré l'affluence touristique, l'ancienne capitale de l'Algarve (1576-1756) a gardé une ambiance indolente et décontractée. Sa vie nocturne branchée favorise une joyeuse effervescence. Côté baignade, on a l'embarras du choix : longue plage de sable bordée de dunes à l'est, criques aux eaux cristallines flanquées d'extraordinaires formations rocheuses à l'ouest, vers Ponta da Piedade. Et les nombreuses grottes marines qui creusent la côte sont autant de merveilles naturelles…

NOS ADRESSES PAGE 399
Hébergement, restauration, achats, activités, etc.

S'INFORMER

Posto de Turismo – A1 - *Praça Gil Eanes (antiguo paço do Conceilho) - ✆ 282 76 30 31 - www.cm-lagos.pt ou www.visitalgarve.pt- été : 9h30-19h ; hiver : tlj sf dim. 9h30-13h, 14h-17h30.*

SE REPÉRER

Carte de région B2 p. 356-357 – Plan de Lagos ci-contre. 32 km à l'est de Sagres et 19 km à l'ouest de Portimão. L'arrivée à Lagos en venant du nord (N 120) ou de l'ouest par Vila do Bispo (N 125) offre une belle vue sur la marina.

Voir aussi la rubrique « Arriver/partir » dans « Nos adresses ».

SE GARER

Sur l'avenida dos Descobrimentos ; grand parking près de la praça do Infante.

À NE PAS MANQUER

L'église Santo António ; le site marin de Ponta da Piedade.

ORGANISER SON TEMPS

Visitez Lagos le matin (1h) et faites une halte à l'agréable marché couvert. Après avoir déjeuné dans l'une des ruelles du centre, gagnez le site marin de Ponta da Piedade pour lézarder dans l'une des petites criques.

AVEC LES ENFANTS

Une sortie en kayak sur la plage de Meia Praia.

Se promener Plan de ville ci-contre

Lagos présente un centre historique aux maisons impeccablement blanches, formé d'un lacis de rues piétonnes animées de boutiques et de restaurants, ponctuées de placettes où il fait bon prendre un verre.

Balade dans la vieille ville au départ de la porte donnant sur la praça de Armas.

Muralhas AB1-2

Les remparts furent édifiés entre le 14e et le 16e s. sur des murailles plus anciennes datant de l'époque romaine.

Praça Infante D. Henrique B2

Au centre se dresse la **statue d'Henri le Navigateur**, inaugurée en 1960 pour le 500e anniversaire de sa mort. À droite, la maison à arcades où vous pouvez

SE LOGER	Residencial Solar 6	Fernando's 5
Marina Club 4		Restaurante dos Artistas 9
Marina Rio 8	**SE RESTAURER**	Restaurante O Pescador 12
Pensão Marazul 7	A Forja 2	
Quinta das Barradas 2	Casinha do Petisco 3	

visiter l'**ancien marché aux esclaves** *(Mercado de Escravos - tlj sf dim. 10h-12h30, 14h-17h30 - 1,50 €)* : à la suite des expéditions africaines, au 15e s., fut établi ici le premier marché aux esclaves d'Europe. Le bâtiment actuel a été reconstruit après le tremblement de terre de 1755. Aujourd'hui, des expositions temporaires y sont présentées.

Prenez la rua Henrique Correia da Silva.

Museu Municipal Dr José Formosinho B2

R. General Alberto Silveira - ✆ 282 76 23 01 - tlj sf lun. 10h-12h30, 14h-17h30 - 3 €.
Ce musée présente une intéressante collection archéologique (monnaies, fragments de mosaïques) ainsi qu'une section ethnographique consacrée à l'Algarve (remarquez les cadres en liège) et, en souvenir du passé de Lagos, à l'Afrique. Il expose aussi des vêtements sacerdotaux d'une grande richesse.
Igreja de Santo António – *Entrée par le Museu Municipal.* D'une salle du musée, dans un contraste saisissant, on pénètre dans l'église, dont la **décoration**

UNE VILLE TOURNÉE VERS LE LARGE

Lagos était déjà un port important à l'époque des Grandes Découvertes, et c'est d'ici que partirent la plupart des **expéditions africaines**. Il servit de base navale à l'infant Henri le Navigateur et de port d'attache à Gil Eanes qui, le premier, en 1434, doubla à l'ouest du Sahara le cap Bojador, considéré alors comme la limite du monde habitable. Sous les ordres de l'infant, les expéditions se succédèrent le long des côtes de l'Afrique, permettant de perfectionner la connaissance des courants marins et d'améliorer les techniques de navigation. En 1578, le jeune roi Dom Sebastião y embarqua avec toute son armada vers Ksar el-Kébir *(voir p. 98)*.
En 1693, au large de la baie de Lagos, Tourville réussit à envoyer par le fond 80 bâtiments d'un convoi anglo-hollandais escorté par l'amiral anglais Rooke, vainqueur de la bataille de la Hougue l'année précédente sur le littoral du Cotentin, en Normandie.

baroque★★ est d'une exubérance rare. Admirez, dans le chœur, le plafond en trompe-l'œil, les symboles eucharistiques et les statues en bois doré, ainsi que, dans la tribune, les murs, le plafond et les azulejos blanc et bleu.

Forte da Ponta da Bandeira B2

Cais da Solaria - ✆ 282 76 14 10 - tlj sf lun. 10h-12h30, 14h-17h30 - 3 €.
Construit à la fin du 17e s., le fort s'avance dans la mer et protège un petit port d'où partent aujourd'hui les bateaux d'excursion pour Ponta da Piedade. Il faut franchir le pont-levis pour pénétrer à l'intérieur de la cour. Dans les salles sont présentées des expositions temporaires. La **chapelle** est décorée d'azulejos du 17e s. La terrasse offre de belles **vues** sur la ville et le littoral.
Bon à savoir – Si vous avez un peu de temps devant vous, les ruelles piétonnes entourant la praça de Camões se prêtent à une agréable flânerie, avec leurs terrasses de cafés et de restaurants.

À proximité Carte de région

Praias B2

Pour éviter la foule de **Meia Praia**, la longue plage qui fait face au quartier historique, de l'autre côté du port de Lagos, préférez les petites plages au pied des falaises.
Partez du fort de Ponta da Bandeira, prenez l'avenida dos Descobrimentos en dir. de Sagres et empruntez la première route à gauche.
De là part un sentier qui suit le sommet des falaises, puis des escaliers descendent aux plages.
D'agréables criques s'égrènent au sud de la ville jusqu'à Ponta da Piedade : **Praia do Pinhão**, **Praia de Dona Ana★** *(accessible en voiture)* et **Praia do Camilo**.

★★ Ponta da Piedade B2

3 km. Prenez la dir. des plages et poursuivez sur l'avenida dos Descobrimentos jusqu'au rond-point orné d'une sphère centrale. Tournez à gauche et suivez la dir. de la Praia de D. Ana puis les panneaux « Ponta da Piedade ». Également accessible à pied par le chemin des plages décrit ci-dessus.
Le **site★★** de Ponta da Piedade confère à cette pointe un charme tout particulier : le rouge des falaises sculptées par l'Océan, aux formes tourmentées, et où se nichent des **grottes marines★**, contraste de façon spectaculaire avec le vert d'une eau limpide.

Bon à savoir – Pour visiter les grottes en barque, adressez-vous aux pêcheurs devant le fort de Ponta da Bandeira et sur les plages de Dona Ana ou de Ponta da Piedade *(tarifs affichés)*.

Derrière le phare, la **vue★** s'étend du cap St-Vincent à l'ouest au cap Carvoeiro à l'est. Par une petite route à gauche du phare, on gagne un belvédère d'où vous aurez une vue plongeante sur les rochers et la ravissante Praia de Dona Ana.

Burgau et Salema B1

Quittez Lagos par la N 125 en dir. de Sagres.

La côte sud aux alentours de Lagos est moins fréquentée, et ses petits ports de pêche ont gardé un certain cachet. Le joli village de **Burgau**, à 13 km de Lagos, descend jusqu'à une plage nichée entre deux avancées rocheuses. Dépêchez-vous, les nouvelles constructions gagnent du terrain…

En haut du village, suivez la route de gauche vers l'ouest (parallèle à la mer) au lieu de récupérer la N 125. Cette route passe par Cabanas Velhas et Boca do Rio avant de rejoindre la piste en corniche qui descend sur Salema. Cette zone marque le début du Parc naturel du Sud-Ouest alentejan et de la côte vicentine (voir p. 114).

Si **Salema** ne possède pas le charme de Burgau, elle est en revanche dotée d'une ravissante petite plage.

La N 125 conduit à Vila do Bispo, d'où l'on peut gagner Sagres ou le nord.

Barragem de Bravura A1

16 km au nord de Lagos. Quittez Lagos par la N 125, au nord-est, en dir. de Portimão. Le barrage est indiqué à l'entrée d'Odiáxere.

D'Odiáxere au barrage, la route très étroite serpente dans une vallée irriguée où poussent melons, tomates, maïs et figuiers, avant de grimper sur les contreforts de la serra de Monchique en dévoilant des **vues** étendues sur la chaîne littorale.

Le barrage, de type voûte, ferme la vallée de l'Odiáxere. À l'ouest du barrage, une conduite forcée recueille l'eau qui alimente la centrale hydroélectrique installée en aval, avant d'être utilisée pour irriguer 1 800 ha de champs situés entre Lagos et Portimão.

NOS ADRESSES À LAGOS

INFORMATIONS UTILES

Les offices de tourisme sont répertoriés en début de chapitre.

Location de deux-roues – Plusieurs loueurs dans la rue V. Costa Silva.

ARRIVER/PARTIR

Train – **Gare ferroviaire** – A1, en dir. - *À 1 km du centre - www.cp.pt.* 15 liaisons/j avec Faro.

Bus – **Gare routière** – A1, en dir. - *Av. dos Descobrimentos (face à la marina, au nord du centre historique).* Bus Onda Azul (ligne bleue) pour Meia Praia et Praia de Dona Ana ; passages fréquents.

HÉBERGEMENT

BUDGET MOYEN

Pensão Marazul – A1 - *R. 25 de Abril, 13 - ☎ 282 77 02 30 - www.hotelmarazul.eu - fermé janv. - 18 ch. 60/70 €* ☕. Une adresse agréable que cette pension coquette, toute de bleu et blanc. Certaines chambres donnent sur la bruyante rue principale, et d'autres sur la mer. Les plus agréables ont vue sur le patio intérieur. Petit-déjeuner servi dans une salle lumineuse. Wifi

Residencial Solar – A1, en dir. - *R. António Crisógono dos Santos, 60 - ☎ 282 76 24 77 - www.*

solar-lagos.pt - 28 ch. 75 € - ☕. L'atout de cette adresse réside dans sa situation, à 2mn du centre animé. Les chambres, sans charme, sont simples, propres et pourvues de salles de bains correctes. Préférez celles en étage et dotées d'un balcon, qui ont l'avantage d'être plus lumineuses. Bon accueil. Ne soyez pas étonné que l'on vous demande de payer par avance ; c'est l'usage dans cet établissement. Wifi.

POUR SE FAIRE PLAISIR

Marina Rio – A1, en dir. - *Av. dos Descobrimentos - ✆ 282 78 08 30 - www.marinario.com - P - 36 ch. 125/135 €* ☕. L'hôtel bénéficie d'une situation élégante, face à la marina de Lagos. Les chambres, habillées de meubles au style plutôt commun, demeurent gaies et lumineuses. La présence de petits balcons est appréciable si l'on opte pour la vue sur mer. Réjouissante terrasse-piscine, pensée comme le pont d'un bateau, pour piquer une tête avec vue sur la ville. Bon petit-déjeuner.

UNE FOLIE

Marina Club – A1, en dir. - *Marina de Lagos - ✆ 282 79 06 00 - www.marinaclub.pt - P - 141 studios et suites à partir de 180 €*. Cet établissement possède des studios confortables, dont certains donnant sur la superbe piscine. Également un large choix d'appartements gais et fonctionnels. Salle de fitness.

À Odiáxere

UNE FOLIE

Quinta das Barradas – A1, en dir. - *À la sortie du bourg, en dir. du barrage, à 500 m sur la gauche - ✆ 282 77 02 00 - www.quintadasbarradas.com - 15 ch. env. 140 €*. Une agréable *quinta* du 19e s. entièrement rénovée et convertie en maison d'hôte, pour un séjour à la fois champêtre et raisonnablement proche des plages. Végétation dense et fleurie, bassin biologique et canal menant au barrage.
À 5 km de Lagos, au milieu des vergers.

RESTAURATION

PREMIER PRIX

A Forja – A1 - *R. dos Ferreiros, 17 - ✆ 282 76 85 88 - tlj sf sam. 12h-15h, 18h30-22h - 15/18 €*. En vous éloignant un peu du centre touristique, vous trouverez dans cette ruelle à la pente raide ce petit restaurant populaire servant encore *doses* et *meia doses* selon une carte classique de la région. Comme souvent, optez pour le *prato do dia*, vous ne serez pas déçu.

Casinha do Petisco – A1 - *R. da Oliveira, 51 - ✆ 282 08 42 85 -* - tlj sf dim. *12h-21h - 15/18 €*. Une adresse façon bistrot de quartier spécialisée dans les grillades de viandes et de poisson. Servant des portions copieuses, elle compte plus d'habitués que de touristes.

BUDGET MOYEN

Restaurante O Pescador – A1 - *R. Gil Eanes, 6 - ✆ 282 76 70 28 - 12h-23h - fermé dim. de sept. à mars - 18/25 €*. Dans une petite rue tranquille, une adresse plébiscitée par les habitants de Lagos pour sa cuisine simple et pleine de fraîcheur. Excellente *cataplana* de poisson à savourer en terrasse.

Fernando's – A1 - *R. Portas de Portugal, 95 - ✆ 282 76 02 10 - 12h-15h, 19h30-22h30 - 25/30 €*. Excellente adresse pour les amateurs de viandes, qui trouveront là ce qui se fait de mieux à Lagos, avec des plats bien présentés en prime. Arrivez tôt ou réservez impérativement : la salle, tout en longueur, est petite.

POUR SE FAIRE PLAISIR

Restaurante dos Artistas – A2 - *R. Cândido dos Reis, 68 - ✆ 282 76*

06 59 - www.artistasrestaurant.com - tlj sf dim. 11h-14h, 18h-0h - 40/65 €. Derrière une façade jaune, une excellente table qui cultive raffinement, élégance et créativité. Grand patio-jardin pour dîner aux chandelles sous la fraîcheur des arbres, dans une atmosphère romantique. Un vrai restaurant gastronomique jonglant avec les cuisines du monde, notamment portugaise et thaïe. Très belle carte de vins portugais. Menus à 21,50 € et 26,50 € pour le déjeuner.

PETITE PAUSE

Snack-bar Abrigo – A1 - *Largo Marquês de Pombal, 2 - ✆ 282 76 24 45 - 8h-23h.* Difficile de manquer ce petit bar dont la terrasse investit le sympathique largo Marquês de Pombal : il offre toute l'ombre nécessaire pour grignoter au frais salades, sandwichs et gâteaux en abondance.

Bora Café – A1 - *R. Conselheiro Joaquim Machado, 17 - ✆ 282 76 85 20 - lun.-vend. 8h30-0h, w.-end 10h-21h.* Petit café Internet tout en crépi ocre et moquette-gazon avec décoration en bois brut, raphia et terre cuite. Un esprit nature et gourmand qui se retrouve dans le menu entre jus de fruits frais, quiches aux légumes et gâteaux maison. Internet gratuit pour les clients.

Taquelim Gonçalves – A1 - *R. Portas de Portugal, 29/31 - ✆ 282 76 28 82 - www.taquelimgoncalves.com - 8h-23h.* Ce grand salon de thé qui a pignon sur rue est une institution vieille de plusieurs décennies. Après avoir dévalisé la vitrine de pâtisseries, vous pourrez vous attabler dans la grande salle ou bien en terrasse. Également un bon choix de glaces à l'extérieur.

EN SOIRÉE

Mullens – A2 - *R. Cândido dos Reis, 86 - ✆ 918 48 00 71 - tlj à partir de 14h30.* Humour et convivialité font le succès de cette taverne originale, baignant dans une musique jazzy à la lumière tamisée des bougies. La carte est assortie de commentaires amusants.

ACTIVITÉS

En été, concurrence acharnée sur le quai de la ribeira de Bensafrim AB1 pour proposer aux touristes croisières, découvertes des grottes et observation de dauphins.

Blue Ocean Divers – B1, en dir. - *Motel Âncora (estrada de Porto de Môs) - ✆ 964 66 56 67 - www.blue-ocean-divers.de.* Cette équipe professionnelle propose cours de plongée, sorties en mer et safaris kayak *(à partir de 30 €)*. Cours de windsurf et location de matériel sur la plage de Meia Praia.

Bom Dia – A1, en dir. - *Loja 10 - Marina de Lagos - ✆ 282 08 75 87 - www.bomdia-boattrips.com.* Nombreuses formules à bord d'un voilier : découverte des grottes, observation de dauphins, partie de pêche… à partir de 10 €.

Escola de Windsurf – A1, en dir. - *Meia Praia, Bairro 1° de Maio, 4 - ✆ 282 79 23 15 - www.windsurfpoint.com - demi-journée de windsurf 59 €, harnais et combinaison fournis ; 1h de kayak*

Kayaks Tours – B2 - *Caís da Solaria, Forte Pau da Bandeira - ✆ 969 33 02 14 - www.kayaktours.com.pt.* Location de kayaks pour découvrir les grottes du littoral proche.

Zoo de Lagos – A1, en dir. - *Barão de São João (A22, sortie Sines-Aljezur) - ✆ 282 68 01 00 - www.zoolagos.com - 10h-17h (19h avr.-sept.) 16 € (4-11 ans 12 €).* Env. 350 espèces originaires de tous les continents.

4

Pointe de Sagres ★★★ et côte vicentine ★

District de Faro

À l'extrême sud-ouest de l'Algarve s'étend un territoire rude et sauvage, qui s'avance avec hardiesse sur le dos de l'Océan et s'achève en falaises vertigineuses ceinturées d'écume. Passé Vila do Bispo, l'air se fait vivifiant et la végétation se raréfie, se limitant à une lande rase. La sensation s'impose d'avoir touché un bout du monde livré à la tourmente des éléments. Quelques arpents de solitude battus par un vent brutal, de sombres récifs fouettés par la houle et balayés de courants rageurs… Le cap St-Vincent et Sagres, où Henri le Navigateur et ses savants préparèrent les premières grandes expéditions maritimes, sont des lieux mythiques, où l'on va comme en pèlerinage. Ici, pas besoin de distractions superflues : la musique des vagues et le souffle puissant du vent, les mouettes qui décrivent des lacets au-dessus des falaises, la mer tantôt démontée, tantôt brillante, assurent le spectacle.

NOS ADRESSES PAGE 407
Hébergement, restauration, achats, activités, etc.

S'INFORMER

Posto de Turismo de Sagres – *Av. Comandante Matoso - ✆ 282 62 48 73 - www.cm-viladobispo.pt - tlj sf dim. et lun. 9h30-12h30, 13h30-17h30.*

SE REPÉRER

Carte de région A2 p. 356-357. Sagres se situe 33 km à l'ouest de Lagos (env. 120 km de Faro) et 330 km au sud de Lisbonne.

Voir aussi la rubrique « Arriver/partir » dans « Nos adresses ».

À NE PAS MANQUER

Le cap St-Vincent ; la pointe de Sagres.

ORGANISER SON TEMPS

Comptez une demi-journée pour découvrir la région. La côte est particulièrement ventée et il y fait plus frais que dans l'intérieur des terres : gardez un pull ou un coupe-vent à portée de main.

PRIORITÉ NATURE

À cheval sur les deux régions du Sud-Ouest portugais, le Parque Natural do Sudoeste Alentejano e Costa Vicentina s'étend sur 74 788 ha, de Burgau dans l'Algarve à Sines dans l'Alentejo. *Lire « Le Parc naturel du Sud-Ouest alentejan et de la côte vicentine », p. 114.*

Circuit conseillé Carte de région

Du sud au nord, circuit d'env. 100 km au départ de Vila do Bispo tracé en violet sur la carte de région (p. 356) – Comptez une demi-journée. Pour poursuivre ce circuit vers le nord, le long de la côte alentejane, voir p. 348 et suivantes.

Les falaises de la côte vicentine et la pointe de Sagres.
Doliwa / F1online / age fotostock

Ce circuit est établi au départ de **Vila do Bispo**, village tout blanc où se croisent les routes allant vers le nord, l'Algarve et Sagres. Son **église** baroque *(tlj sf dim. 14h-18h)* possède plusieurs retables rutilants de dorures et des murs revêtus d'azulejos (1715); à gauche du chœur, une porte donne accès à un petit musée d'art sacré (*1 € -* beaux crucifix).

★★★ LA POINTE SUD-OUEST DU PORTUGAL A2

Battu par le vent, ce bout du monde, ce « finistère » tombant à pic dans la mer, à l'extrême sud-ouest de l'Europe, est un endroit chargé d'histoire. C'est ici qu'Henri le Navigateur se retira, au 15e s., face à l'océan Atlantique et à l'immense inconnue que représentait la « mer Océane », pour créer à Sagres une école de navigation qui allait contribuer aux Grandes Découvertes.

Sagres A2

9 km au sud de Vila do Bispo.

Cette localité aux avenues désolées, balayées par les rafales de vent, dégage une atmosphère de fin du monde. Vous vous sentirez gagné par la sensation étrange de parcourir la périphérie d'une ville sans jamais parvenir à en atteindre le centre; d'ailleurs ce dernier se limite à une place si petite, à proximité d'un rond-point, que vous risquez de le manquer. Le port, en contrebas, est encore très actif.

★★★ Ponta de Sagres A2

Elle est en partie occupée par la **forteresse** *(282 62 01 42 - juil.-août : 9h-20h30; mai-juin et sept. : 9h-20h; avr. et oct. : 9h-18h30; nov.-mars : 9h-17h30 - dernière entrée 30mn av. fermeture - 3 €, gratuit 1er dim. du mois)* qui, érigée au 16e s., fut très remaniée au 18e s. Après avoir franchi le portail d'entrée, vous pénétrez dans une vaste cour dont le sol est tapissé des vestiges d'une immense rose des vents de 43 m de diamètre. L'ancienne école des navigateurs et la maison de l'Infant ont été détruites par les corsaires de Francis Drake en 1587. De l'époque d'Henri le Navigateur ne subsiste que la **Torre Cisterna**, édifice crénelé accolé à une construction moderne. L'**Igreja da Graça,** comme le fort lui-même, fut très endommagée par le tremblement de terre de 1755.

La promenade sur le pourtour du promontoire, dominant d'impressionnants escarpements, s'agrémente de **vues★★** sur la baie et le cap St-Vincent à l'ouest, la côte de Lagos à l'est. Deux grottes marines dans lesquelles gronde la mer contribuent à accroître la beauté sauvage du site.

★★★ Cabo de São Vicente A2

5,5 km à l'ouest de Sagres.

Pointe sud-ouest de l'Europe, le cap St-Vincent domine l'Océan de 75 m. De tout temps, il fut considéré comme un lieu sacré : les Romains l'avaient baptisé le *« promontorium sacrum »*. Son nom actuel lui vient d'une légende : le vaisseau contenant le corps de **saint Vincent**, martyrisé à Valence au 4e s., serait venu s'échouer ici. Gardé par deux corbeaux, il y serait resté pendant des siècles avant de reprendre sa route pour Lisbonne, qu'il aurait atteinte en 1173.

Forte de Beliche – *Ne se visite pas.* Reconstruit au 17e s., ce petit fort sur la route du cap St-Vincent coiffe un piton abrupt. Belle **vue** sur la pointe de Sagres.

Farol – *10h-17h (18h en été) - gratuit - petit musée 1,50 €.* L'ancienne forteresse qui occupe la pointe a été transformée en phare, dont le rayon lumineux balaie le large jusqu'à 90 km. Les **vues★★** sont impressionnantes sur les falaises qui s'étirent à l'infini vers le nord et sur la pointe de Sagres à l'est, surtout au coucher du soleil.

Revenez à Vila do Bispo.

L'ASTROLABE ET LE CADRAN : DE NOUVEAUX OUTILS

Après la prise de Ceuta (1415), l'infant se retire à Sagres, fait appel aux astronomes arabes, aux cartographes de Majorque et aux marins les plus réputés de l'époque pour fonder une école de navigateurs. Les résultats des recherches entreprises sont constamment expérimentés et exploités au cours d'expéditions de plus en plus lointaines *(voir encadré p. 398)*. Grâce au perfectionnement de l'astrolabe et du cadran, qui peuvent désormais être utilisés en haute mer, l'infant inaugure l'ère de la navigation astronomique. Les marins, qui n'avaient jusque-là pour guides qu'une carte et une boussole et ne contrôlaient leur position que par l'estimation du chemin parcouru, apprennent à calculer la latitude d'après la hauteur des astres sur l'horizon et à faire le point avec plus de précision. La cartographie bénéficie de ces améliorations. Aux portulans méditerranéens succèdent des cartes de l'Atlantique qui, même quand elles ne font pas état de la latitude, témoignent de la supériorité des Portugais en ce domaine.

★ CÔTE VICENTINE A1-2

Hasardez-vous sur les chemins vicinaux qui embaument le ciste : pour rejoindre les falaises du littoral, vous traverserez des paysages sauvages et déserts alternant entre pâturages irlandais et garrigue.

Une route dessert en peigne les différentes plages de la région.

Torre de Aspa A2

6 km à l'ouest de Vila do Bispo. Prenez la route vers le nord-ouest en dir. de Castelejo. Au bout de 2 km, à hauteur d'une aire de loisirs, tournez à gauche. Continuez la piste pendant 4 km (4x4 conseillé).

De ce belvédère à 156 m d'altitude, vous découvrirez un très beau point de **vue★** sur le cap St-Vincent et Sagres.

Praias de Castelejo, Cordoama e Barriga A1-2

Suivez les indications fléchées.

Ces plages, accessibles en voiture au départ de Vila do Bispo, s'étendent au pied de hautes falaises grises et frappent par leur caractère sauvage.

Carrapateira A1

17 km au nord-est de Torre de Aspa par la N 268.

Très fréquenté par les surfeurs, le village est établi sur une colline. Sur les hauteurs, le **Museu do Mar e da Terra** *(☏ 282 97 00 00 - tlj sf dim. et lun. 10h-13h, 13h30-17h - dernière entrée 30mn av. fermeture - 2,70 €)*, né en 2008 et enrichi par la population, retrace l'identité humaine, écologique et économique de la côte vicentine (objets et outils en relation avec la pêche et l'agriculture). La route faisant le tour de la pointe ménage de belles vues sur la côte escarpée et sur la longue plage de sable de **Bordeira★**, protégée par des dunes. Les amateurs de kite-surf, de surf et de bodyboard se partagent entre cette plage et la **Praia do Amado★** *(au sud de la localité)*, plus réputée encore.

★ Praia da Arrifana A1

20 km au nord de Carrapateira par la N 268 et une route locale à gauche.

Le port de pêche et la plage très fréquentée par les surfeurs se nichent au pied d'une haute falaise. Quelques étendues pavillonnaires aux alentours viennent cependant gâcher le paysage.

L'INVENTION DE LA CARAVELLE

Les exigences des expéditions en mer entraînent les Portugais à réaliser un nouveau type de bateau qui révolutionne la navigation : la **caravelle**. Petit voilier long au faible tirant d'eau, mais pouvant porter un équipage assez important, elle réunit les avantages des bateaux traditionnels sans en avoir les inconvénients. Sa coque large et son haut bordage accroissent sa sécurité. Ses mâts multiples combinent les voiles carrées et les voiles latines triangulaires. Pivotant autour de leur mât, ces dernières assurent à la caravelle, en serrant le vent au maximum, une grande rapidité. Elles sont les seules à permettre la navigation de bouline en présence de vents contraires, qui étaient fréquents au retour des côtes d'Afrique. En outre, l'emploi du gouvernail d'étambot augmente la maniabilité du navire. Apparue au milieu du 15e s., la caravelle sillonnera les mers du globe pendant près d'un siècle.

★ Praia de Monte Clérigo A1

3 km au nord de Praia da Arrifana par une route locale.

Flanquée d'un petit port de pêche, la grande et belle plage est facilement accessible et attire beaucoup de familles. Avec sa poignée de restaurants, l'endroit se prête à la pause.

★ Aljezur A1

7 km à l'est de Praia de Monte Clérigo.

Au pied de cette petite ville coule une rivière… et passe la nationale. Les ruelles, aux maisons blanches soulignées de couleurs gaies, mènent au château en ruine (10e s.), véritable havre de paix dominant la campagne alentour. Plusieurs musées *(mar.-sam. 9h-13h, 14h-18h ; 2 € ; billet combiné)* se découvrent en chemin. Le **Musée municipal** s'intéresse à l'archéologie (outils préhistoriques, céramiques antiques et musulmanes) et à l'ethnographie (outils, métier à tisser et belle charrette peinte). Plus haut, derrière l'église, le **musée d'Art sacré** présente une riche collection de vêtements sacerdotaux et de bannières de procession. Dans une ancienne chapelle, le **Museu Antoniano** abrite diverses représentations de saint Antoine. Enfin, la **Casa-Museu José Cercas** évoque la vie et l'œuvre du peintre (1914-1992), natif d'Aljezur.

Odeceixe A1

20 km au nord d'Aljezur.

En arrivant du sud, on découvre ce village blanc dominé par un moulin dont les maisons dégringolent jusqu'à la ribeira de Seixe, rivière formant la limite entre l'Algarve et l'Alentejo.

Après 4 km, une route atteint l'estuaire de la Seixe où s'étend une très belle **plage★** *(naturiste dans sa partie sud)*. Sa particularité est d'offrir la possibilité d'une baignade en eau de mer ou, pour les enfants, dans l'eau douce de la rivière.

Zambujeira do Mar, dans l'Alentejo, se trouve 18 km plus au nord ; voir le circuit décrit p. 348 et suivantes.

NOS ADRESSES SUR LA CÔTE VICENTINE

INFORMATIONS UTILES

Les offices de tourisme sont répertoriés en début de chapitre.

ARRIVER/PARTIR

Il est indispensable de disposer de son propre véhicule pour visiter la pointe de Sagres et la côte vicentine. Vous trouverez des loueurs de voitures dans toutes les villes de la côte d'Algarve. *Voir par exemple à Faro, p. 369.*

HÉBERGEMENT

À Sagres

Les petits budgets s'orienteront vers les chambres chez l'habitant, nombreuses à Sagres *(demandez à l'office de tourisme)*.

UNE FOLIE

Mareta View – *Praça da República - ✆ 282 62 00 00 - www.maretaview.com - fermé autour du 25 déc. et en janv. - 17 ch. 126/159 €* ☕. Avec sa déco blanche et vert d'eau au design discret, cette adresse apporte une touche de gaieté dans une ville à l'allure un brin austère. Chambres lumineuses avec terrasse côté mer. De la terrasse où l'on prend le petit-déjeuner, des chemins descendent directement sur la plage Mareta. Wifi. Surévalués en été, les tarifs redeviennent abordables en basse saison.

Pousada do Infante – *✆ 282 62 02 40 - www.pestana.com - P - 49 ch. à partir de 195 € - ✕ 30/35 €.* Cet ancien fort juché sur une falaise à quelques encablures du cap St-Vincent vous offre l'occasion unique de passer une nuit au bout du monde. Préférez les chambres qui surplombent l'escarpement où viennent se fracasser les vagues : vous serez plongé dans l'atmosphère épique des Grandes Découvertes. À table, cuisine de bon aloi.

À Carrapateira

BUDGET MOYEN

Pensão das Dunas – *R. da Padaria, 9 - ✆ 282 97 31 18 - www.pensao-das-dunas.pt - 4 ch. 50/70 € et 6 studios 80 € - ☕ 7,50 €.* On tombe sous le charme de cette jolie maison blanche égayée de liserés jaunes et bleus, et de sa grande cour pavée abondamment fleurie. Chambres simples et jolies, avec salles de bains communes et studios avec kitchenette et salle de bains privée. Petit-déjeuner servi autour d'une grande table. Une adresse conviviale, qui affiche souvent complet. Réservez longtemps à l'avance. Wifi.

UNE FOLIE

Monte Velho – *Herdade do Monte Velho - ✆ 282 97 32 07 - www.montevelhoecoretreats.com - 13 ch. 130/180 €* ☕. Un endroit de rêve qui profite à la fois des collines du Parc naturel de la côte vicentine et de la plage toute proche. Contemplatifs, amoureux de la vie au grand air et de chevaux, amateurs de yoga apprécieront cette maison en longueur plantée au milieu de 54 ha de chênes-lièges et de pins, et dont les chambres-suites sont précédées d'un hamac. Décoration intérieure pleine de gaieté.

À Arrifana

POUR SE FAIRE PLAISIR

Quinta do Lago Silencioso – *Monte da Bagagem - ✆ 282 99 85 07 - www.quintadolagosilencioso.com - 4 ch. 90 €* ☕. Les adeptes de séjours en pleine nature feront halte dans cette jolie maison blanche située non loin d'Arrifana, au bord d'un petit lac où l'on peut pêcher et se baigner.

Une simple piste mène à cette adresse estampillée Turismo em Espaço Rural.

RESTAURATION

À Sagres

BUDGET MOYEN

Estrela do Mar – *R. Comandante Matoso (rue principale, près de l'hôtel Memmo Baleeira) - ✆ 282 62 40 65 - 12h-16h, 19h-22h30 - 18/25 €.* Derrière une devanture banale se cache une gargote sympathique, où le poisson est roi. Pas de terrasse mais une salle qui a convoqué tous les attributs du kitsch marin (bleu criard, fresques peintes, coquillages). Ici, c'est à la bonne franquette, et l'on vient pour les produits de la mer, tout juste pêchés.

Mar à Vista – *Praia da Mareta (derrière l'office de tourisme) - ✆ 282 62 42 47 - tlj sf jeu. 10h-22h - 25/35 €.* Juste au-dessus de la plage Mareta, face au panorama borné par le cabo de São Vicente, un restaurant traditionnel de poisson apprécié pour la grande fraîcheur de ses produits et sa carte variée : demandez la pêche du jour.

POUR SE FAIRE PLAISIR

Vila Velha – *R. Patrão António Faustino - ✆ 282 62 47 88 - www. vilavelha-sagres.com - tlj sf lun. 18h30-22h - fermé déc.-janv. - env. 40 €.* Le restaurant chic de Sagres. Une petite maison où il fait bon s'installer au chaud quand les vents soufflent violemment. Une salle au décor rustique mais élégant (cheminées, outils agricoles, lumière tamisée) pour une atmosphère intimiste et chaleureuse. Poisson et plats inspirés de la cuisine internationale.

À Carrapateira

PREMIER PRIX

O Sitio do Rio – *À la sortie nord de Carrapateira en dir. de la Praia da Bordeira - ✆ 282 97 31 19 - tlj sf mar. 12h-22h - 15/20 €.* Ce restaurant prône une alimentation saine dans une ambiance « bar de plage ». Plats originaux comme de belles assiettes végétariennes (riz complet, soja, légumes de saison), du chevreau grillé, du poisson… Et choix de plats légers tels que salades de chèvre frais et pommes de terre en robe des champs. Portions généreuses.

POUR SE FAIRE PLAISIR

Sitio do Forno – *Praia do Amado Carrapateira - ✆ 282 97 39 14 - tlj sf lun. 12h-22h - 30/40 €.* Surplombant la plage do Amado, ce restaurant vous servira en terrasse un régal de poissons grillés et de coquillages. À l'intérieur, la cheminée-gril est en action. Atmosphère conviviale et vue spectaculaire.

À Vila do Bispo

BUDGET MOYEN

☺ **Ribeira do Poço** – *R. Ribeira do Poço, 11 - ✆ 282 63 90 75 - www. ribeiradopoco.com - tlj sf lun. 12h-0h - 25/30 €.* Au cœur du village, dotée d'une terrasse au calme très agréable à la belle saison, le restaurant est réputé pour la qualité de ses plats de poisson et de ses fruits de mer. Vous y goûterez, selon arrivage, les *perceves*, des pouce-pied récoltés au bas des falaises à marée basse par de téméraires pêcheurs.

PETITE PAUSE

À Aljezur

Pont'a Pé – *Largo da Liberdade 12 - ✆ 282 99 81 04 - www. pontape.pt - tlj sf dim. 9h-0h.* Bar-restaurant établi tout près de la passerelle qui enjambe la Cerca. Terrasse tranquille et ombragée pour boire un verre ou se régaler de sardines grillées. Concerts certains soirs.

À Carrapateira

Quiosque do Zé – *Largo do Comércio (la place que borde la route, au bas du village) - ✆ 282 03 35 17 - 8h30-1h.* Petit snack-bar sans prétention pour savourer une bonne salade ou un encas sous un parasol. Service rapide et souriant.

ACTIVITÉS

Excursions en mer

Observation de dauphins et d'oiseaux marins, découverte de la côte et de ses grottes, parties de pêche, promenade en bateau au coucher de soleil et jusqu'au cap St-Vincent : diverses excursions sont proposées au port de Baleeira.

Cape Cruiser – *✆ 919 75 11 75 - www.capecruiser.org.*

Mar Ilimitado – *✆ 916 83 26 25 - www.marilimitado.com.*

SeaXplorer – *✆ 918 94 01 28 - www.seaxplorersagres.com.*

Plongée

Divers Cape – *Port de Baleeira - ✆ 282 62 43 70 - www.diverscape.com.* Sorties et cours de plongée *(à partir de 25 €/2h).*

Randonnées

Via Algarviana – *www.viaalgarviana.org* - Sur 240 km, des sentiers sont réservés aux marcheurs entre Alcoutim et le cap St-Vincent.

Surf

À Sagres

Wavesensations – *R. D. Sebastião - ✆ 282 62 48 56 - www.wavesensations.pt.* École et location de matériel. Packs tout compris avec séjour.

À Carrapateira

Algarve Surf School – *✆ 962 84 67 71 - www.algarvesurfschool.com.* Pour surfer à Praia do Amado.

Sorties nature

Spécialisés dans l'observation des oiseaux ou dans le décryptage de la flore locale, des guides nature vous accompagnent dans le parc naturel de la côte vicentine pour des sorties de 3 à 4h. *Rens. dans les offices de tourisme.*

La Praia do Amado, à Carrapateira, est le paradis des surfeurs.
J. Arnold / hemis.fr

CAMPEÃO DO LAMEIRO

Les Beiras 5

Carte Michelin National 733

Proue colorée d'un *moliceiro.*

Alamer/Iconotec/Photononstop

Grand angle sur les Beiras

La région, dont le nom pourrait se traduire par « bords » s'étend au centre du Portugal entre le Tage et le Douro, et de l'Océan à la frontière avec l'Espagne.

UNE NATURE EN MÉTAMORPHOSE

À la Beira Litoral, dont les plages de sable agrémentent la côte à Figueira da Foz ou bordent la **lagune d'Aveiro**, succèdent des serras sillonnées de charmantes routes bucoliques autour de Lousã ou couvertes de **forêts à Buçaco**. En s'éloignant vers l'est, le relief se relève et frôle les 2000 m d'altitude à la **serra da Estrela**, le « toit du Portugal », au cœur de la Beira Alta, où l'on vient skier l'hiver et randonner à la belle saison. Au-delà de Guarda, les versants couverts d'épineux laissent place à la campagne plate et agricole de la Baira Baixa, qui n'est pas sans rappeler l'Alentejo voisin. De Monsanto à Castelo Melhor, en passant par Sortelha ou Almeida, une ligne de forteresses et de villages fortifiés veille sur l'Espagne, au sein d'un paysage rocailleux seulement planté d'oliviers.

RUINES ROMAINES, CATHÉDRALES ET MAISONS DE PÊCHEURS

Aveiro, Viseu, Guarda, Castelo Branco et bien sûr l'universitaire et attachante **Coimbra**, juchée sur une colline dominant le rio Mondego : chaque ville possède sa cathédrale et son riche musée. Au patrimoine des grandes cités s'ajoute celui, d'une extrême variété, disséminé dans cette région généreuse : **ruines romaines de Conímbriga**, plus important site archéologique du pays, châteaux médiévaux de Montemor-o-Velho et de **Trancoso**, églises baroques et anciennes demeures seigneuriales du 18e s. à découvrir dans de petites localités comme **Lousã** ou Mangualde, maisons bariolées de Costa Nova, entre la ria de Aveiro et la mer…

L'ARTISANAT EN HÉRITAGE

Côté gastronomie, anguilles de la ria d'Aveiro et truites de rivière s'ajoutent au poisson omniprésent sur la côte. Dans l'intérieur des terres, d'**excellents crus** comme le Dão ou le Bairrada accompagnent les deux principaux plats régionaux, le porcelet et le chevreau rôti (*leitão* ou *cabrito assado*), ou les fromages et la charcuterie de la serra da Estrela. L'artisanat, enfin, produit de jolies choses : délicates **céramiques** bleues et blanches de Coimbra, porcelaines de la très réputée manufacture de Vista Alegre, **couvre-lits brodés** hors de prix de Castelo Branco… Il faudra se contenter d'admirer ces derniers au musée, aménagé dans l'ancien palais de l'évêque à l'origine du plus beau jardin baroque du pays.

La Serra da Estrela, le toit du Portugal.

M. Abreu / John Warburton-Lee / Photononstop

LES BEIRAS

A
B
PORTO
De Coimbra à l'Océan
Serra da Lousã
Serra da Boa Viagem et vallée du Mondego
Serra de Lapa
Serra de Caramulo
Route du mont de la Torre
Haute vallée du Zêzere
Versant ouest
Les villages de l'est
MATA DO BUÇACO
Voir la carte détaillée du circuit
Arouca
Torreira
Ria de Aveiro
AVEIRO
Rio Vouga
Aveiro
São Jacinto
Praia da Barra
Costa Nova
Ílhavo
Vista Alegre
Pinoucas
1062
1075
995
Cabeço da Neve
Caramulinho
Mira
Mealhada
Curia
Luso
545
MATA DO BUÇACO
Mata do Buçaco
Varziela
Cantanhede
N 234-1
A 14 - IP 3
Montemor-o-Velho
Ançã
COIMBRA
Buarcos
Figueira da Foz
Coimbra
Foz de Arouce
Lousã
Casal Novo
Candal
Conímbriga
Penela
Serra da Lousã
Castanheira de Pêra
Pombal
IC 8
Figueiró dos Vinhos
Sertã
OCEANO ATLÂNTICO
1
2
3
N
LEIRIA
Parque Natural das Serras de Aire e Candeeiros
N 113
A 23 - IP 6
A 15 - IP 6
2
SANTARÉM
LISBOA
PORTALEGRE
RIO TEJO
Rio Zêzere
LISBOA
LISBOA
VILA FRANCA DE XIRA

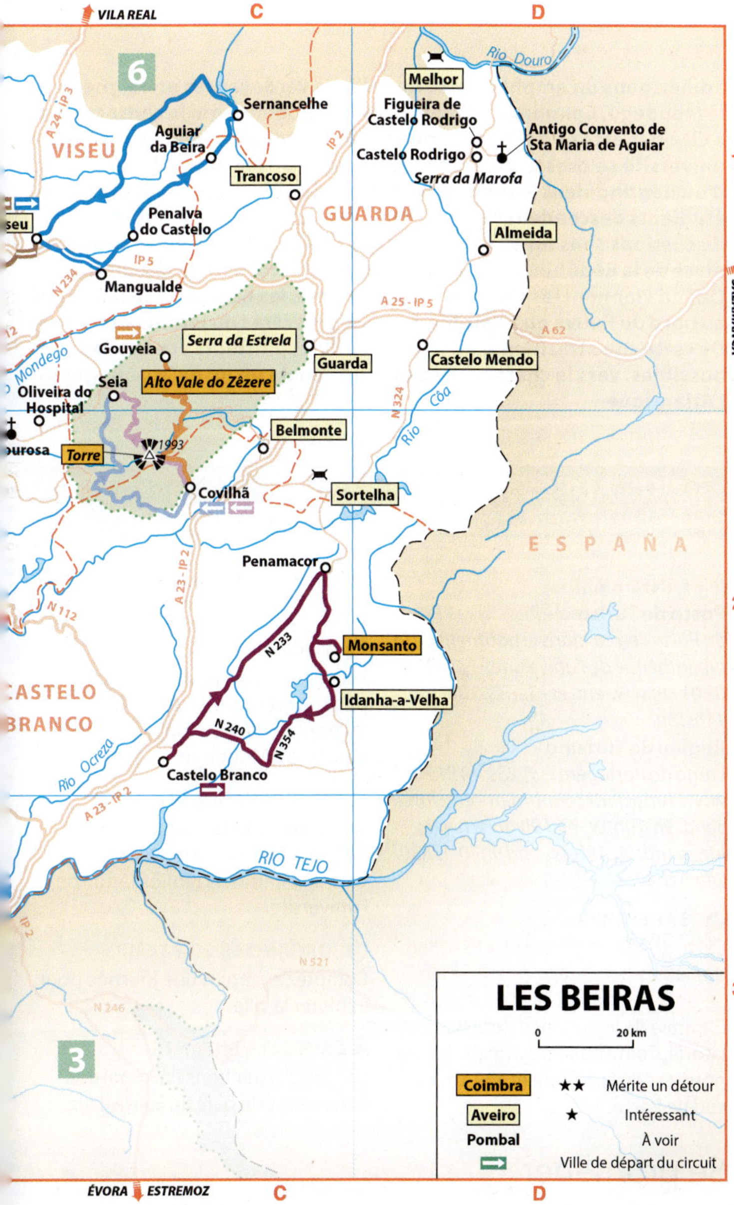
VILA REAL
C
D
6
VISEU
Sernancelhe
Aguiar da Beira
Trancoso
Penalva do Castelo
Mangualde
Melhor
Figueira de Castelo Rodrigo
Castelo Rodrigo
Antigo Convento de Sta Maria de Aguiar
Serra da Marofa
Rio Douro
GUARDA
Almeida
SALAMANCA
Serra da Estrela
Gouveia
Guarda
Castelo Mendo
Seia
Alto Vale do Zêzere
Oliveira do Hospital
Mondego
Belmonte
Torre
1993
Covilhã
Sortelha
Rio Côa
ESPAÑA
Penamacor
Monsanto
Idanha-a-Velha
CASTELO BRANCO
Castelo Branco
Rio Ocreza
RIO TEJO
1
2
3
LES BEIRAS
0
20 km
Coimbra
Mérite un détour
Aveiro
Intéressant
Pombal
À voir
Ville de départ du circuit
ÉVORA
ESTREMOZ

Coimbra

★★

143 052 habitants – District de Coimbra

Édifiée dans un amphithéâtre de collines verdoyantes et baignée par le Mondego, Coimbra a souvent inspiré les poètes, qui la consacrèrent « Cité des arts et des lettres du pays ». Incontournable, la vénérable université se dresse fièrement au sommet de la colline de l'Alcáçova d'où dégringolent les venelles de la vieille ville. En fin de journée, les étudiants descendent vers les belles places du centre et entament des discussions sans fin aux terrasses des cafés. Préférée entre toutes, la place de la République vibre toute la nuit de leur soif de réjouissances. Quand viennent les chaudes journées d'été, les habitants se réfugient au bord du fleuve ou à l'ombre des essences rares du jardin botanique. De cette cité attachante, où il fait bon vivre, plusieurs échappées sont possibles, vers le château médiéval de Penela ou jusqu'aux plages de l'Atlantique.

NOS ADRESSES PAGE 429
Hébergement, restauration, achats, activités, etc.

S'INFORMER

Posto de Turismo – Plan II D2 - *Praça da Porta Férrea (dans le bâtiment de la bibliothèque de l'université) - 939 01 02 01 - tlj sf w.-end et j. fériés. 10h-13h, 14h-18h.*

Região de Turismo – Plan II C2 - *Largo da Portagem - 239 48 81 20 - www.turismodecoimbra.pt - été : lun.-vend. 9h-20h, w.-end 9h-18h ; hiver : lun.-vend. 9h-18h, w.-end 9h30-13h30, 14h-17h30.*

SE REPÉRER

Carte de région B2 p. 414-415 – Plan de Coimbra II (centre) p. 418 – Plan de Coimbra I (agglomération) p. 425.

Capitale de la province de la Beira Litoral, Coimbra se trouve 200 km au nord-est de Lisbonne et 122 km au sud de Porto.

Voir aussi la rubrique « Arriver/partir » dans « Nos adresses ».

SE GARER

Laissez votre véhicule sur le grand parking gratuit, de l'autre côté du pont de Santa Clara, sur la rive gauche du Mondego.

À NE PAS MANQUER

La vue sur Coimbra depuis le pont de Santa Clara ou le belvédère de Vale do Inferno ; la bibliothèque de l'université.

ORGANISER SON TEMPS

Comptez au moins une journée pour explorer la ville.

AVEC LES ENFANTS

Le parc d'attractions Portugal dos Pequenitos ; le parc de Santa Cruz.

Se promener Plans de ville I et II

Bien que Coimbra se soit considérablement étendue ces dernières décennies, on distingue bien, dans le centre, la ville haute (a Alta), quartier universitaire et épiscopal, de la ville basse (a Baixa), où abondent les commerces et les espaces verts.

La cour de la vieille université de Coimbra.
T. Bognar/Photononstop

★ VIEILLE VILLE ET UNIVERSITÉ Plan II

Circuit 1 tracé en vert sur le plan du centre (p. 418) – Comptez 3h à pied, au départ du largo da Portagem.

La vieille ville est située sur la colline de l'Alcáçova ; on y accède par un enchevêtrement de ruelles étroites et pittoresques, parfois entrecoupées d'escaliers au nom significatif comme celui de Quebra-Costas (« brise-côtes »).

Rejoignez la rive droite du Mondego à hauteur du pont de Santa Clara et prenez en face la très commerçante rua Ferreira Borges (belle pharmacie au n° 135).

Museu Municipal Plan II C2

R. Ferreira Borges, 85 - Edifício Chiado - ☏ 239 84 07 54 - tlj sf dim. 10h-18h, sam. 10h-13h, 14h-18h - 1,80 €.

Installé dans un édifice à la belle architecture métallique, le musée municipal présente d'importantes collections réunies par Telo de Morais. Au premier étage, vous découvrirez la peinture portugaise des 19e et 20e s. (romantisme, naturalisme, modernisme, académisme) ; au 2e étage, le mobilier portugais (17e et 18e s.) ainsi que la sculpture religieuse (15e et 16e s.), la peinture religieuse (17e et 18e s.) et le dessin (18e-20e s.). Enfin, le 3e étage est occupé essentiellement par des porcelaines et céramiques chinoises (du 2e s. av. J.-C. au 19e s.), en particulier des 17e et 18e s. (dynasties Ming et Qing). Expositions temporaires au rez-de-chaussée.

Poursuivez dans la rua Ferreira Borges. Avant d'atteindre la Porta de Almedina, descendez les escaliers sur la gauche conduisant praça do Comércio.

Igreja de São Tiago Plan II C1

Praça do Comércio.

Dédiée à saint Jacques, cette petite église romane, dont les portails sont ornés d'intéressants chapiteaux, donne sur la vaste **praça do Comércio**, aux faux airs de place italienne. Elle constitue le centre du quartier commerçant de la ville basse.

Remontez l'escalier bordant l'église et prenez à droite pour trouver la Porta da Almedina.

Porta da Almedina Plan II C2

La porte de la ville au nom arabe (*medina* signifie « ville » en arabe) est surmontée d'une tour et ornée d'une statue de Vierge à l'Enfant entre deux blasons. C'est l'un des derniers vestiges de l'enceinte médiévale.

Passez la porte et tournez tout de suite à gauche dans l'impasse.

Núcleo da Cidade Muralhada Plan II C2

Torre de Almedina - ✆ 239 83 37 71 - tlj sf dim., lun. et j. fériés 10h-13h, 14h-18h - 1,80 €.

Ce musée propose une exposition virtuelle et multimédia sur le centre ancien de la cité, ainsi que des expositions temporaires.

Montez à gauche les marches de l'escalier (escadas) *do Quebra-Costas. À mi-hauteur, prenez à gauche la rua de Sobre Ripas.*

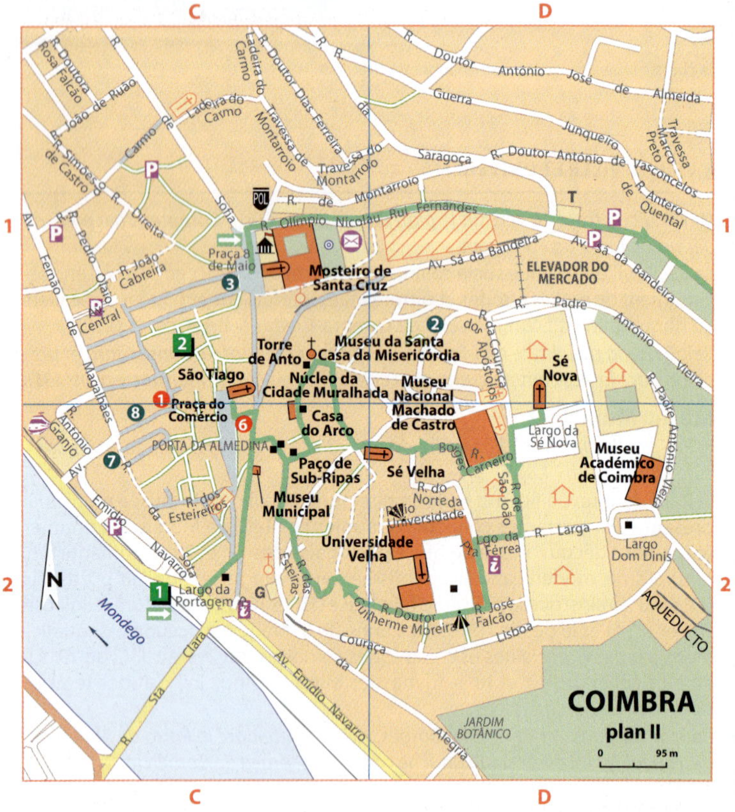

SE LOGER

Casa de Pombal 2
Pensão Santa Cruz 3
Residencial Domus 8
Residencial Vitória 7

SE RESTAURER

Adega Paço do Conde 1
Casa de Pasto (Taberninha) 6

Paço de Sub-Ripas Plan II C2
R. de Sobre Ripas. Cet hôtel particulier fut élevé au début du 16e s. dans le style manuélin, dont témoigne avec faste la porte d'entrée. Il abrite un institut d'archéologie.
Continuez dans la rua de Sobre Ripas, qui passe sous une aile de la Casa do Arco. Passez devant la **tour de Anto** (Torre de Anto ou Torre do Prior do Amael), vestige de l'enceinte médiévale.

★ **Museu da Santa Casa da Misericórdia** Plan II C1
À côté de la tour - ✆ 239 82 34 03 - http://misericordiacoimbra.pt - tlj sf w.-end et j. fériés 10h-12h30, 14h-17h - 2 €.
Le musée, inauguré en 2000 à l'occasion du 500e anniversaire de la Ste-Maison-de-la-Miséricorde (une institution de bienfaisance à caractère religieux), abrite dans les deux premières salles et le couloir des objets relatifs à cette confrérie, des panneaux de faïences Renaissance et 18e s. ainsi que les portraits des bienfaiteurs de l'institution.
★ **Capela da Misericórdia** – La voûte du grand autel (1630) est ornée de symboles religieux mais aussi profanes, relatifs aux Grandes Découvertes (feuillage, masque grimaçant d'Adamastor à gauche, visage du petit griffon à droite). Elle a conservé des chaires maniéristes et des autels du baroque tardif.
★★ **Sacristia** – Cette salle aux murs entièrement revêtus d'azulejos du 17e s. renferme notamment des chandeliers et un ciboire doré baroque.
Claustro – Intimiste et inachevé, ce petit cloître possède des panneaux d'azulejos datant du 16e s.
★ **Torre do Relógio** – La tour de l'Horloge fut construite par la confrérie au milieu du 19e s. pour abriter la grande cloche de l'ancienne chapelle. Au terme de l'ascension de l'escalier s'offre une **vue**★★ splendide sur la ville.
En haut de la rua de Sobre Ripas, tournez à droite dans la rua dos Coutinhos.

★★ **Sé Velha** (Ancienne cathédrale) Plan II CD2
✆ 239 82 52 73 - lun.-sam. 10h-18h, dim. 13h-18h - 2 €.
La construction de la cathédrale de Coimbra, la première du pays, fut décidée par le roi Alphonse Henriques et mise en œuvre entre 1140 et 1175 par deux maîtres d'œuvre français, Bernard et Robert. À cette époque, Coimbra se trouvait à la frontière du monde chrétien et du monde musulman, ce qui explique qu'elle soit fortifiée et couronnée de merlons pyramidaux. On remarque aussi des similitudes avec les églises romanes auvergnates et clunisiennes.
Extérieur – La façade principale, très sobre avec son joli portail à quatre voussures, contraste avec le portail nord, ajouté vers 1530. Celui-ci, attribué à Jean de Rouen et très endommagé, est l'une des premières manifestations de la Renaissance au Portugal.
Du côté du **chevet**, remarquez, intégrée à la tour que défigure fâcheusement un lanternon baroque, une belle galerie à arcades avec chapiteaux à motifs végétaux.
Intérieur – Au-dessus des collatéraux, une large tribune s'ouvre sur la nef par un élégant triforium aux chapiteaux byzantins d'inspiration orientale, comme la lanterne à la croisée du transept.
Le **retable**★ gothique flamboyant du maître-autel en bois doré est dû aux maîtres flamands Olivier de Gand et Jean d'Ypres ; à la base, les quatre évangélistes sont disposés autour de la Nativité et de la Résurrection ; au-dessus, entouré de quatre saints, un bel ensemble célèbre l'Assomption de la Vierge dont on remarquera le gracieux visage ; un calvaire reposant sur un joli baldaquin couronne le sommet du retable.

Un foyer d'art et d'étude

UNE ANCIENNE CAPITALE

Occupée par les Maures vers 711, Coimbra prospéra comme ville pivot et lien commercial entre le Nord chrétien et le Sud musulman. Reconquise en 1064 par le roi Ferdinand Ier de León, elle est propulsée en 1139 au rang de capitale du royaume naissant du Portugal par son premier roi, Alphonse Henriques. De cette époque date la construction de ses principaux édifices religieux (Sé Velha, monastère de Santa Cruz, etc.). Elle perdra le rang de capitale en 1255 au profit de Lisbonne.

DE L'HÉLICON AUX RIVES DU MONDEGO : L'UNIVERSITÉ

« Le [roi Denis] mit en honneur à Coimbra le noble art de Minerve et convia les Muses à quitter l'Hélicon pour fouler les riantes prairies du Mondego. » C'est ainsi que Camões décrit dans *Les Lusiades* la création de l'université de Coimbra. En réalité, c'est à Lisbonne, en 1290, que le roi Denis fonda l'université. Transférée à Coimbra en 1308, elle n'y fut définitivement fixée qu'en 1537 par le roi Jean III qui l'installa dans son propre palais. Faisant appel à des professeurs des universités de Paris, de Salamanque et d'Italie, il fit de la cité l'un des plus importants foyers d'humanisme de l'époque. L'université connut rapidement la concurrence des collèges jésuites et ne retrouva tout son éclat qu'après l'expulsion de la Compagnie de Jésus par Pombal en 1759.

L'ÉCOLE DE SCULPTURE DE COIMBRA

Au début du 16e s., plusieurs sculpteurs français appartenant à un groupe d'artistes protégé par le cardinal-mécène Georges d'Amboise, promoteur en Normandie des « usages et modes d'Italie », viennent exercer leur art à Coimbra. Nicolas Chanterene, Jean de Rouen, Jacques Buxe et Philippe Houdart s'associent aux Portugais João et Diogo de Castilho pour créer, vers 1530, une école de sculpture. Leur art, savant et raffiné, s'inspire de la décoration italienne ; les portails, les chaires, les retables et les bas-reliefs des autels sont délicatement ciselés dans la **pierre d'Ançã**, du calcaire blanc très fin. Ce nouveau style de décoration s'imposera peu à peu dans tout le pays.

LES RÉPUBLIQUES

Créées à la fin du 18e s. par les étudiants désireux de transposer dans leurs communautés les idéaux révolutionnaires français de l'époque (d'où leur nom de « républiques »), elles sont les ancêtres de la « colocation », un moyen pratique et économique de se loger. Elles se composent de 12 à 20 étudiants, souvent originaires de la même région, qui occupent de vastes appartements et gèrent leur budget commun à tour de rôle. Autour de l'université, vous les reconnaîtrez à leurs drapeaux ou aux dessins sur les façades. Fondée en 1933, la **República dos Kágados** *(R. do Correio, 98)* est actuellement la plus ancienne. La plupart portent des noms donnant lieu à un jeu de mots.

ÉCONOMIE

Aujourd'hui, Coimbra est riche de nombreuses activités industrielles et commerçantes. Les principales sont le textile (bonneterie et lainages), l'industrie alimentaire, la tannerie, la faïence et le montage automobile (camions), auxquelles s'ajoute le tourisme.

À droite du chœur, dans la **chapelle du St-Sacrement★** ornée d'azulejos de style mudéjar, belle composition Renaissance, de Tomé Velho, disciple de Jean de Rouen ; en dessous du Christ bénissant entouré de dix apôtres, les quatre évangélistes font face à la Vierge à l'Enfant et à saint Joseph, de part et d'autre du tabernacle. Devant la chapelle, cuve baptismale de style manuélin et Renaissance, réalisée en 1520 par Jean de Rouen.
À gauche du chœur, dans la chapelle de St-Pierre ornée aussi d'azulejos, retable Renaissance (en mauvais état) de Jean de Rouen, évoquant la vie du saint.
Claustro – *Accès par la première porte du bas-côté droit, dans la cathédrale - 1 €.* Construit à la fin du 13e s., l'ensemble témoigne d'un style de transition entre le roman et le gothique ; il a été restauré au 18e s. Des baies rondes au fenestrage varié surmontent les arcatures.
Au sud du cloître, dans la salle du chapitre, tombeau de Dom Sesnando, premier gouverneur chrétien de Coimbra après la reconquête de la ville aux Maures (1064), décédé en 1091.
Longez la Sé Velha sur la gauche et prenez en face la rua Borges Carneiro, qui monte au sommet de la colline de l'Alcáçova.

★★ Museu Nacional Machado de Castro Plan II D2

Largo Dr José Rodrigues - ✆ 239 85 30 70 - www.museumachadocastro.pt - tlj sf lun. et mar. matin 10h-13h, 14h-18h (10h-19h en avr.-sept.) - 6 €, gratuit dim. et j. fériés le matin.
Ce vaste musée, qui a bénéficié d'une rénovation complète pour fêter ses 100 ans d'existence (1911-2011), occupe l'ancien palais épiscopal remanié au 16e s. et porte le nom du sculpteur Machado de Castro, né à Coimbra en 1731. Le porche Renaissance ouvre sur une cour-patio. Sur le côté ouest, une loggia réalisée par Philippe Terzi ménage une charmante vue sur le sommet de l'ancienne cathédrale et la ville basse jusqu'au Mondego.
Sculptures – Ce musée est particulièrement riche en sculptures. Près du hall d'entrée se découvrent quelques arches et colonnes d'un cloître roman du 12e s. Dans les salles de l'aile gauche, les statues du Moyen Âge – petite statue équestre d'un **chevalier médiéval★**, Vierge parturiente (enceinte) (Nossa Senhora do Ó) due à maître Pero – introduisent à celles de l'école de Coimbra exécutées à la Renaissance par les sculpteurs Chanterene (Vierge lisant), Houdart et Jean de Rouen (Mise au tombeau à huit personnages), et par le maître des tombeaux royaux (Vierge de l'Annonciation). Plusieurs statues du 17e s. (pietà en bois polychrome par le frère Cipriano da Cruz) et du 18e s. complètent cet ensemble.
Objets d'art et peintures – Dans les salles de l'étage, où vous remarquerez quelques beaux plafonds en bois, est exposée une riche collection de porcelaines et de céramiques portugaises. La peinture religieuse flamande et portugaise, du 15e au 17e s., est également représentée : retable de Santa Clara, dû à Isembrand, Assomption du 16e s. de Gil Vicente, Ascension et Nativité de Gil et Manuel Vicente (16e s.), tableaux de Josefa de Óbidos. L'orfèvrerie compte des pièces remarquables comme le **calice de Gueda Mendes** (1152) et la **statue-reliquaire de la Vierge et l'Enfant** provenant du trésor de la reine sainte Isabelle.
Cryptoportique – Au sous-sol, impressionnante enfilade de portes en plein cintre : ce cryptoportique constitue la base du forum de la ville romaine d'Æminium, qui se trouvait à l'emplacement de Coimbra.

Sé Nova (Nouvelle cathédrale) Plan II D1-2

Face au musée - ✆ 239 82 31 38 - mar.-sam. 9h-18h30, dim. 10h-12h30 - gratuit.
La « nouvelle » cathédrale a été élevée en 1772 dans l'ancienne église du collège des jésuites des Onze-Mille-Vierges. Édifiée à partir de 1598, sa façade aux tons

LA VIE ESTUDIANTINE AUJOURD'HUI

L'université, qui enseigne les lettres, la médecine et le droit, a toujours bénéficié d'une excellente réputation et attire chaque année 15 000 étudiants. Somnolente en période estivale, la ville retrouve son animation pendant l'année universitaire. Certains étudiants ont conservé des traditions vieilles de quatre siècles, codifiées en latin burlesque. Drapés dans leur vaste cape noire flottante frangée d'autant de coups de ciseaux qu'ils ont de déceptions sentimentales, ils portent un cartable garni de rubans dont la couleur symbolise leur faculté : bleu pour les lettres, jaune pour la médecine, rouge pour le droit *(voir « Agenda », p. 432)*. Volontiers romantiques, ils jouent de la guitare et chantent des fados qui se distinguent de ceux de Lisbonne par le caractère intellectuel ou sentimental de leurs thèmes.

clairs, composée de deux corps superposés, est couronnée de petits frontons à pinacles. Quatre niches dans la partie inférieure abritent des statues des saints de la Compagnie de Jésus. L'intérieur, très vaste, d'une seule nef, est couvert par une voûte en berceau surmontée d'une haute lanterne. Le style baroque prédomine dans les chapelles latérales et le maître-autel, où se distinguent un imposant retable en bois doré et un magnifique trône d'argent. La cuve baptismale, à gauche de l'entrée, est de style manuélin et provient de l'ancienne cathédrale.
En sortant de la Sé Nova, remontez en face la rua de São João. Un peu plus loin à droite, une esplanade donne accès à la Porta Férrea, entrée de la vieille université.

★★ **Universidade Velha** (Vieille université) Plan II D2

✆ 239 24 27 44 - http://visit.uc.pt -14 avr.-15 oct. : 8h30-19h30 ; 16 oct.-13 avr. : 9h-17h30 - billetterie au bout de la galerie à colonnade du palais des Écoles, à droite dans la cour - bibliothèque et palais (salle des Actes, salle de l'Examen privé, chapelle) : 9 € ; tour : 1 € - possibilité de visite guidée - 15 €. Les salles ne sont pas accessibles en période d'examens.

Au sommet de la vieille ville, elle occupe depuis 1540 les bâtiments de l'ancien palais *(paço)* royal du roi Jean III, restaurés et aménagés pour devenir le « Paço dos Estudos ». Le complexe universitaire a été inscrit au patrimoine mondial de l'humanité par l'Unesco en 2013.

Porta Férrea – Donnant accès à la cour de l'université, elle fut élevée au 17e s.

Pátio – La cour est dominée par une tour du 18e s., ornée de quatre horloges. À gauche, elle se termine par une terrasse d'où l'on admire un beau panorama sur le Mondego et les collines environnantes. En face se trouvent la bibliothèque et la chapelle et, sur la droite, l'élégant bâtiment du palais des Écoles.

Paço da Universidade – De style manuélin, le palais des Écoles a été enrichi à la fin du 18e s. d'une galerie à colonnade appelée « Via Latina ». Le corps central est surmonté d'un fronton triangulaire. Un escalier mène à la loge, jadis réservée aux dames, qui donne dans la **salle des Actes** (Sala dos Capelos), où se déroulent les grandes cérémonies d'intronisation du recteur, de soutenance de thèse ou de remise des diplômes. Elle doit son nom au bonnet *(capelo)* qui était remis aux licenciés. Cette vaste salle, autrefois grand salon du palais, est couverte d'un beau plafond peint du 17e s. et ornée de portraits des rois de Portugal. À côté se trouve la **salle de l'Examen privé**, remodelée en 1701 : plafond peint, portraits des anciens recteurs.

Du balcon qui longe l'extérieur du bâtiment à l'arrière belle **vue**★ sur la ville, l'ancienne cathédrale et les quartiers plus modernes proches du Mondego.

★★★ **Biblioteca Joanina** – Édifiée par le roi Jean V en 1724, la bibliothèque Joanine compte trois vastes salles dont le mobilier en bois précieux est

L'une des nombreuses terrasses de café de la vieille ville, ici sur la praça 8 de Maio.
J. A. Moreno/age fotostock

rehaussé d'une somptueuse décoration baroque en bois doré. Des motifs chinois dorés sont peints sur une laque de couleur différente selon la salle : vert, rouge ou or. Les plafonds peints en trompe l'œil sont dus à des artistes italianisants de Lisbonne. L'accès aux rayons supérieurs se fait par des escaliers encastrés dans les piliers. Quelque 30 000 livres et 5 000 manuscrits y sont classés par matière. La visite se poursuit au sous-sol, où sont présentés des livres anciens. Les étudiants frappés de sanction disciplinaire étaient incarcérés dans la prison académique. Quelques éléments de l'ancienne prison médiévale subsistent.

★ **Capela** – On doit à Marcos Pires cette chapelle de style manuélin, au portail élégant. Décorée d'azulejos du 17e s. et d'un plafond peint, elle abrite un beau **buffet d'orgue★★** du 18e s.

AUTOUR DE LA VIEILLE VILLE Plans I et II

Circuit 2 tracé en vert sur les plans du centre et de l'agglomération (p. 418 et 425) – Comptez de 4h à 4h30 à pied.

Itinéraire réservé aux bons marcheurs. Attention, le couvent de Celas est ouvert uniquement l'après-midi.

5

★ Mosteiro de Santa Cruz Plan II C1

Praça 8 de Maio - ☏ 239 82 29 41 - lun.-vend. 9h-17h, sam. 9h-12h30, 14h-17h, dim. 16h-17h30 - offrandes dans la sacristie et le cloître.

Bâti au 16e s. sur les ruines d'un couvent du 12e s. fondé par Alphonse Henriques, le monastère est précédé d'un imposant portail Renaissance, œuvre de Nicolas Chanterene et Diogo de Castilho (1520), qui a malheureusement beaucoup souffert des intempéries et a été défiguré au 18e s.

★ **Église** – Son plafond manuélin est soutenu par des colonnes torsadées et des consoles ; remarquez les clefs autour desquelles s'articule le rayonnement de la voûte. Ses murs sont ornés d'azulejos qui représentent la vie de saint Augustin.

La **chaire★** Renaissance exécutée par Nicolas Chanterene compte parmi les chefs-d'œuvre de la sculpture. De chaque côté du maître-autel, deux enfeus contiennent les tombeaux des deux premiers rois de Portugal, Alphonse Henriques *(à gauche)* et Sanche Ier *(à droite)*; ils sont encadrés et surmontés d'une riche décoration de fleurs, de statues et de médaillons datant de la fin du gothique et du début de la Renaissance.

Par une porte au fond du chœur, à droite, on accède à la **sacristie** où sont conservés quatre tableaux portugais du début du 16e s. De la sacristie, on traverse la **salle capitulaire** à la belle voûte manuéline et aux azulejos du 17e s. pour aboutir au cloître.

★ **Cloître du Silence** – Œuvre de Marcos Pires (1524), c'est un modèle de style manuélin pur et dépouillé; ses galeries sont décorées d'azulejos polychromes illustrant les paraboles de l'Évangile; sur trois bas-reliefs figurent des scènes de la Passion empruntées à des gravures de Dürer.

Tribune – Située à l'entrée de l'église, elle renferme de jolies **stalles★** en bois sculpté et doré (16e s.), exécutées par des Flamands et le Français François Lorete; leur couronnement est composé de sphères armillaires, de croix du Christ et de galions évoquant les voyages de Vasco de Gama.

À la sortie du monastère, tournez à droite dans la sympathique rua Martins Carvalhó (piétonne), dont les boutiques débordent sur la chaussée. En haut, prenez à gauche les escaliers qui descendent vers un bassin puis, à droite, la rua Olímpio Nicolau Rui Fernandes. Longez le marché municipal, puis remontez l'avenida da Sá da Bandeira jusqu'à la praça da República et l'entrée du parc.

Jardim da Sereia ou parque de Santa Cruz Plan I B1-2

Praça da República.

L'entrée dans ce beau jardin romantique, créé au 18e s., se fait entre deux tours surmontées d'arcs au décor végétal de mousse et de troncs d'arbres. Une allée, agrémentée de bancs décorés d'azulejos, conduit à une fontaine ornée de statues et encadrée par un escalier à double volée. Derrière la fontaine, un lac entouré de massifs de buis taillés et d'arbres exotiques offre une halte de fraîcheur et de repos au milieu de l'agitation urbaine.

Sortez au nord du parc et tournez à droite dans l'avenida Lourenço de Almeida Azevedo. En haut de celle-ci, empruntez les escaliers en face, puis prenez à gauche l'avenida Dom Afonso Henriques. Continuez tout droit dans la rua das Parreiras, puis la rua Manso Preto.

Convento de Celas Plan I B1

R. Manso Preto - ☏ 239 70 26 30 - visite guidée sur demande au nº 23 de la rue : tlj sf w.-end à 15h - 1 €.

L'ancien couvent de bernardines du 12e s. fut remanié au 16e s. L'église est voûtée en étoile. La sacristie, à droite du chœur, conserve, d'un **retable★** de Jean de Rouen (16e s.), deux panneaux représentant l'un saint Jean l'Évangéliste, l'autre le partage du manteau de saint Martin. Le cloître, de style roman (13e s.), avec quelques éléments gothiques, arbore de beaux chapiteaux historiés.

Rebroussez chemin jusqu'à l'avenida Dom Afonso Henriques et suivez-la jusqu'au bout. Ensuite, tournez à gauche dans la rua de Santa Teresa, puis dans la première à droite, la rua Marnoco e Sousa.

Penedo da Saudade Plan I B2

R. Marnoco e Sousa.

Ce parc fleuri et boisé à flanc de colline constitue un agréable lieu de promenade révélant des vues sur la vallée du Mondego, l'est de la ville et le stade.

Revenez rua de Santa Teresa et reprenez-la à gauche jusqu'en bas, puis longez à gauche le mur de la prison.

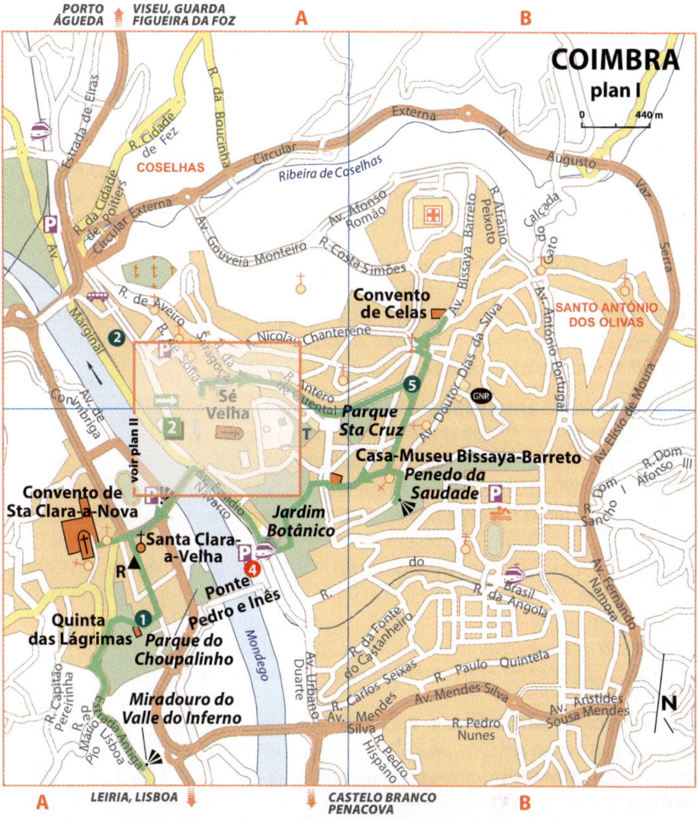

SE LOGER		SE RESTAURER	
Dona Inês	2	A Portuguesa	4
Hotel Quinta das Lágrimas	1		
Residencial Alentejana	5	**Portugal Dos Pequenitos**	R

Casa-Museu Bissaya-Barreto Plan I A2

R. da Infantaria, 23 - ✆ 239 85 38 00 - www.cmbb.pt - visite guidée (30mn-1h) mai-sept. : tlj sf lun. 11h-13h,15h-18h (w.-end 15h-18h) ; oct.-avr. : mar.-vend. 11h-13h, 15h-18h - 2,50 €.

L'ancienne résidence du professeur Bissaya-Barreto (1886-1974), chirurgien, député et ami de Salazar, conserve sa décoration originale. Construite en 1925 dans un style néobaroque, elle est entourée d'un petit jardin romantique orné de statues et d'azulejos. L'intérieur révèle les goûts esthétiques de son ancien propriétaire : salon français du 19e s., azulejos de différentes époques, plafonds peints de fresques, porcelaines de la Compagnie des Indes ou de Saxe, argenterie, marbres italiens, intéressante bibliothèque renfermant des livres des 16e et 17e s., collection de peintures placée sous le thème de la mère et de l'enfant (Vierge à l'Enfant de Josefa de Óbidos), et plusieurs toiles de José Malhoa, Sousa Pinto et António Vitorino.

Face à la Casa Bissaya-Barreto se trouve l'une des entrées du jardin botanique.

Jardim Botânico Plan I A2

Alameda Doutor Júlio Henriques - ✆ 239 85 52 33 - www.uc.pt/jardimbotanico - 9h-17h30 (avr.-sept. 20h) - gratuit.

Créé au 18e s. dans le cadre des réformes de Pombal, ce **jardin botanique** en terrasses présente une grande variété d'arbres rares. C'est aussi le rendez-vous des amoureux !

Ressortez du jardin du côté de l'aqueduc romain et tournez à gauche dans la rua Martim de Freitas, que vous suivrez jusqu'à l'université. Il ne vous reste plus alors qu'à dévaler les ruelles de la vieille ville pour regagner les rives du Mondego.

SUR LA RIVE GAUCHE DU MONDEGO Plan I

Fin du circuit 2 tracé en vert sur le plan de l'agglomération (p. 425). Une fois le pont franchi, prenez en face l'avenida João das Regras. Sur la gauche, une ruelle conduit aux ruines du couvent de Santa Clara-a-Velha.

Convento de Santa Clara-a-Velha Plan I A2

R. das Parreiras - ✆ 239 80 11 60 - tlj sf lun. 10h-17h (19h en été) - dernière entrée 45mn av. fermeture - 5 €, gratuit 1er dim. du mois.

Les sables du Mondego ont peu à peu réduit à l'état de ruine cette belle église gothique qui reçut le corps d'Inés de Castro avant son transfert à Alcobaça *(voir p. 267)*. Les travaux de désensablement entrepris dans les années 1990 ont restitué les fondations du cloître, la nef et le chœur de l'église. Un Centro de Interpretação retrace l'histoire du bâtiment et de son sauvetage ainsi que le quotidien des clarisses qui vécurent dans ces murs du 14e au 17e s.

Reprenez à gauche l'avenida João das Regras. En face, traversez le carrefour et grimpez, à gauche, tout en haut de la calçada de Santa Isabel.

Convento de Santa Clara-a-Nova Plan I A2

✆ 239 44 16 74 - en été : 9h-18h30 (17h les merc., vend. et sam.) ; en hiver : 9h-17h - église : 1 € ; cloître : 2 € ; cloître et chœur inférieur 3 € - possibilité de visite guidée - 10 € en sus.

L'église baroque de ce vaste couvent abrite, dans le chœur, le tombeau en argent (17e s.) de la reine sainte Isabelle, dont on voit la statue en bois sculptée par Teixeira Lopes.

LA FÊTE DE LA REINE SAINTE

Chaque année paire, au début du mois de juillet, la ville fête sa sainte patronne, la reine Isabelle. Le jeudi soir, la statue de la sainte sort du couvent de Santa Clara-a-Nova. Transportée sur un brancard processionnel, elle traverse le pont de Santa Clara, parcourt les rues de la ville jusqu'à l'église de Graça, où elle reste jusqu'au dimanche suivant, et retourne ensuite au couvent. Les rues sont envahies par la foule, et la statue met des heures pour parcourir quelques mètres. Certains font le chemin pieds nus ou agenouillés. Les plus jeunes sont déguisés en angelots, en roi Denis ou en reine Isabelle, pour commémorer le **miracle des Roses** : la reine portant dans son giron du pain destiné aux pauvres, interrogée par le roi sur ce qu'elle transportait, lui aurait répondu : « Ce sont des roses, mon seigneur… » et, ouvrant les pans de sa jupe, aurait laissé échapper quantité de pétales de roses. C'est pourquoi les habitants ont coutume de lancer sur la statue des pétales de roses de leurs fenêtres décorées de couvre-lits et de grands drapeaux colorés. À minuit, un superbe feu d'artifice illumine le Mondego.

Le monastère de Santa Clara-a-Velha, avec Coimbra en arrière-plan.
J. Arnold / hemis.fr

Dans le chœur inférieur, visible du fond de l'église à travers les grilles, on peut distinguer le **tombeau★** primitif de la reine (14e s.), en pierre d'Ançã peinte, exécuté de son vivant. Le gisant, en habit de clarisse, garde les yeux ouverts. La frise qui parcourt le tombeau représente, d'un côté, les clarisses et leur évêque et, de l'autre, le Christ et les apôtres ; au pied, sainte Claire et deux effigies de saintes couronnées ; au chevet, la Crucifixion.
Le **cloître** *(accès à gauche du chœur)*, peu fréquenté, est doté d'un agréable jardin et séduit par son calme et ses larges dimensions.
Redescendez au bas de la calçada de Santa Isabel.

Portugal dos Pequenitos (Portugal des tout-petits) Plan I A2
Praça Rossio de Santa Clara - ✆ 239 80 11 70 - www.portugaldospequenitos.pt - mars-mai et de mi-sept. à mi-oct. : 10h-19h ; de déb. juin à mi-sept. : 9h-20h ; janv.-fév. et de mi-oct. à fin déc. : 10h-17h - 9,50 € (3-13 ans 5,95 €).
Les monuments et les architectures traditionnelles du pays et des anciennes colonies d'outre-mer (Brésil, Angola, Mozambique, Goa, Macao, etc.) sont reproduits à l'échelle des enfants. L'une des maisons est aménagée en **musée de l'Enfant** (Museu da Criança). Pour les adultes, c'est le voyage de Gulliver chez les Lilliputiens.
En sortant du Portugal dos Pequenitos, prenez la première rue à droite, rua António Augusto Gonçalves. La villa des Larmes est située à 700 m sur la droite.

Quinta das Lágrimas (Villa des Larmes) Plan I A2
R. António A. Gonçalves - ✆ 239 80 23 80 - tlj sf lun. 10h-17h (19h en été) - fermé en janv. - 2,50 € - possibilité de visite guidée le sam. (sur réserv. le merc. précédent) - 5 €.
D'après une légende née de quelques vers de Camões, Inés de Castro aurait été assassinée en ces lieux, d'où le nom de « villa des Larmes ». En fait, il s'agit d'un petit parc romantique planté d'espèces exotiques, agrémenté d'une source et d'un bassin : un havre de paix dans la ville. La *quinta* abrite un hôtel de luxe *(voir « Hébergement », p. 430)*.

Miradouro do Vale do Inferno (Belvédère de la vallée de l'Enfer) Plan I A2

1,7 km à partir du carrefour faisant face au Portugal dos Pequenitos, en suivant la rua C. A. de Abreu.

Beau **point de vue★** sur le site de Coimbra et le pont Rainha Isabel.

À proximité Carte de région

Penela B2

30 km au sud de Coimbra par la N 110.

Village commandé par un château fort des 11e et 12e s. ; du donjon, construit à même le rocher, **panorama★** sur le château, le village et la serra da Lousã, à l'est. Au sud du château, dans l'église Santa Eufémia, retable Renaissance de l'école de sculpture de Coimbra (Assomption surmontée d'une Trinité).

Circuit conseillé Carte de région

De Coimbra à l'Océan, circuit d'env. 100 km AR tracé en vert sur la carte de région (p. 414) – Comptez env. 2h. Quittez Coimbra au nord par l'IC 2 sur 4 km, puis suivez la N 111 à l'ouest sur 5 km ; prenez à droite la N 234-1, en dir. de Cantanhede, 19 km plus au nord-ouest.

Entre **Ançã** et **Cantanhede**, on extrait le fameux calcaire blanc connu sous le nom de « pierre d'Ançã ». Aussi facile à travailler que le bois, prenant avec le temps une teinte ocrée, il fut très apprécié par les architectes et les sculpteurs de la région, principalement ceux de l'école de Coimbra.

Cantanhede B1

19 km de Coimbra.

Gros bourg agricole, Cantanhede est un centre de commerce du vin, des céréales et du bois. Son **église paroissiale** abrite plusieurs œuvres (16e s.) attribuées à Jean de Rouen, en particulier, dans la deuxième chapelle à droite, le retable de la Vierge auxiliatrice et, dans la chapelle du St-Sacrement, à droite du chœur, deux tombeaux surmontés de statues.

Varziela B1

4 km de Cantanhede. Prenez la route de Mira et, 2 km plus loin, tournez à gauche (panneau).

La chapelle renferme un **retable★** en pierre d'Ançã attribué à Jean de Rouen. Très minutieusement travaillé, il représente la Vierge auxiliatrice, entourée de deux anges et de dignitaires de l'Église et de la Cour agenouillés.

Praia de Mira B1

7 km au nord-ouest de Cantanhede par les N 234 et 334.

Sur cette portion du littoral s'étend à l'infini une vaste plage de sable, battue par les vagues et bordée de pinèdes dans les rares endroits qui ne sont pas construits. Le week-end et en été, la plage est noire de monde. Des scènes de pêche traditionnelle, telle qu'on la pratiquait autrefois à Nazaré, sont encore parfois visibles. En l'absence de port, les grosses barques de pêche colorées sont installées sur la plage. Pour aller jeter leurs filets au large, les pêcheurs font glisser leur embarcation sur des rondins et la poussent en s'arc-boutant contre la coque. Une fois la barque mise à l'eau, ils bondissent à l'intérieur et rament rapidement pour lui faire franchir le ressac. Au retour, la barque est ramenée sur la plage de nouveau à l'aide de rondins et d'un câble qu'enroule un tracteur ou, comme jadis (mais cela se fait rare), un attelage de bœufs.

NOS ADRESSES À COIMBRA

INFORMATIONS UTILES

Les offices de tourisme sont répertoriés en début de chapitre.

ARRIVER/PARTIR

Train

Estação Velha (Coimbra B) – Plan I A1 - *Estrada Nacional 1.* C'est la gare principale, au nord-ouest de la ville. Liaisons pour Aveiro, Porto, Lisbonne, etc.

Estação Nova (Coimbra A) – Plan II C2 - *Largo das Ameias.* La gare du centre-ville. Trains pour Figueira da Foz. Correspondances régulières pour Coimbra B.

Bus

Gare routière – Plan I A1 - *Av. Fernão de Magalhães - ✆ 707 22 33 44 - www.rede-expressos.pt.* Liaisons pour Lisbonne *(2h15)* et Porto *(1h30)*, entre autres.

VISITE

Vendue dans les offices de tourisme, la **CentroCard** *(5 €; formule duo 7 €; formule famille 9 €)* donne droit à des réductions sur les visites et dans certains hôtels, restaurants et boutiques.

Croisières sur le Montego

O Basófias – *✆ 969 83 06 64 - http://odabarca.com - mai-oct. : tlj sf lun. à 15h, 16h, 17h, 18h et 19h ; nov.-avr. : tlj sf lun. à 15h, 16h et 17h - fermé en janv.* Rendez-vous au Ponte de Santa Clara (Plan II C2) pour une croisière en bateau-mouche sur le Mondego *(durée : 50mn ; 6,50 €)*.

Tour de la ville

Yellow Bus - Plan II C2 - *Largo da Portagem - ✆ 213 58 23 34 - www.yellowbustours.com - 12 € (enf. 6 €).* Visite commentée *(1h)* des principaux sites de la ville en bus panoramique. Départs du largo da Portagem *(horaires variables, rens. à l'office de tourisme)*.

HÉBERGEMENT

PREMIER PRIX

Pensão Santa Cruz – Plan II C1 - *Praça 8 de Maio, 21 (réception au 2e étage) - ✆ 239 82 61 97 - www.pensaosantacruz.com - ⊠ - 14 ch. 25/35 €.* Le principal charme de cette pension très simple aux installations vieillissantes réside dans sa vue imprenable sur la place piétonnière et l'université. Chambres avec ou sans douche, hautes de plafond et raisonnablement spacieuses. Accueil sympathique. N'oubliez pas que la place s'anime le soir… Wifi.

Residencial Domus – Plan II C2 - *R. Adelino Veiga, 62 (réception au 1er étage) - ✆ 239 82 85 84 - www.residencialdomus.com - ▤ - 20 ch. 48 € ☕.* Vous apprécierez l'accueil familial de ce petit hôtel simple et confortable, légèrement en retrait de la rue. Ses chambres au mobilier rustique disposent pour la plupart d'une salle de bains complète. Wifi.

BUDGET MOYEN

Residencial Alentejana – Plan I B1 - *R. Dr Henrique Seco 1 - ✆ 239 82 59 03 - www.residencialalentejana.com - 12 ch. 50/65 € ☕.* À deux pas du beau parc de Santa Cruz. Passez la porte de cette grande maison centenaire et vous tomberez sous le charme de son ambiance feutrée. Rénovées en 2010, les chambres, dont les grands voilages blancs filtrent la lumière, sont meublées d'ancien ; salon aux divans de velours rempli d'objets de famille. Accueil francophone. Wifi.

Casa de Pombal – Plan II D1 - *R. das Flores, 18 - ✆ 239 83 51 75 - www.casapombal.com - 7 ch. 54/65 €* ☕. Une vieille maison haute en couleur sur trois niveaux (attention, escalier raide !), tenue par une Hollandaise. Chambres toutes différentes, dont 4 avec salle de bains. Certaines ont vue sur les toits. Agréable jardinet en été et copieux buffet de petit-déjeuner. Appels gratuits sur les fixes à l'étranger. Accueil personnalisé.

Residencial Vitória – Plan II C2 - *R. da Sota, 9/11 - ✆ 239 82 13 02 - www.hotelvitoria.pt - 20 ch. 59 €* ☕. Cet hôtel affiche dans sa partie rénovée un confort et un standing étonnamment modernes pour cette gamme de prix, qui en font sans doute l'adresse la plus intéressante de Coimbra. Les chambres rénovées donnent sur la rue et disposent de tout le confort, notamment de l'air conditionné. Les autres sont un peu moins chères, mais évidemment moins agréables.

Dona Inês – Plan I A1 - *R. Abel Dias Urbano, 12 - ✆ 239 85 58 00 - www.hotel-dona-ines.pt - P - 122 ch. 70 €* ☕. Ce complexe situé à 10mn à pied du centre-ville peut se révéler utile si tout est complet. Sans charme particulier, il demeure toutefois très confortable. Avantage de leur situation excentrée : les chambres sont au calme, de jour comme de nuit. Spa et parking gratuit bien utile en sous-sol ajoutent au confort et contribuent à son bon rapport qualité-prix.

UNE FOLIE

Hotel Quinta das Lágrimas – Plan I A2 - *Santa Clara (accès par la rua António Augusto Gonçalves) - ✆ 239 80 23 80 - www.quintadaslagrimas.pt - 52 ch. à partir de 170 €* ☕. La « Maison des Larmes » porte pour toujours le deuil d'Inés de Castro, le grand amour du roi Pierre Ier, qui aurait été assassinée, selon Camões, dans les jardins exotiques de la villa. Pour autant, une fois passé le salon d'entrée et son magnifique parquet bichrome, tout sera fait pour rendre votre séjour agréable. Vous aurez le choix entre les chambres classiques de la villa du 18e s., décorées de meubles marquetés, et celles, contemporaines et lumineuses, situées dans l'annexe, en face de la piscine, dessinée par l'architecte lisboète Gonçalo Byrne. Petit terrain de golf (9 trous) et sublime spa (sauna, hammam, gymnase et piscine intérieure).

RESTAURATION

PREMIER PRIX

Adega Paço do Conde – Plan II C1-2 - *R. Paço do Conde, 1 - ✆ 239 82 56 05 - tlj sf dim. 11h-15h30, 19h-21h - fermé fin juin - 10/15 €.* Un restaurant typique de grillades proposant des viandes et des poissons de première qualité. On s'attable dans l'une des deux salles ou dans la cour intérieure (éclairée de néons peu intimes). Service aimable et attentif.

Casa de Pasto (Taberninha) – Plan II C2 - *Praça do Comércio, 77/78 - ✆ 239 84 03 81 - tlj sf dim. 7h-0h - - 10/15 €.* Tout en longueur et sur deux niveaux reliés par un escalier de pierre, ce restaurant sans prétention propose des plats simples : moules, poulpe en salade ou au riz, morue au four et petits légumes, viande de porc de l'Alentejo... Vous pourrez les savourer à l'intérieur ou en terrasse, sur la sympathique praça do Comércio.

BUDGET MOYEN

A Portuguesa – Plan I A2 - *Parque Verde do Mondego - av. da Lousã - ☏ 239 84 21 40 - www.aportuguesa.pt - 12h30-0h - 20/30 €.* Sur le « front de fleuve » qui draine toute la jeunesse de Coimbra, il joue la carte d'une cuisine soignée, servie dans un cadre contemporain chic. Spécialités de crevettes, fruits de mer et poissons grillés. Les enfants apprécieront les grandes pelouses entourant le restaurant.

PETITE PAUSE

Pique-nique – L'endroit idéal, avec ses vastes pelouses, est le **parque do Choupalinho** Plan I A2, sur la rive gauche du Mondego, à la hauteur du pont piétonnier Pedro e Inês (ou plus en amont en allant vers le centre Ciência Viva). Plus central, le **parque de Santa Cruz** Plan I B2 n'est pas non plus à négliger.

Café Santa Cruz – Plan II C1 - *Praça 8 de Maio - ☏ 239 83 36 17 - www.cafesantacruz.com - tlj sf dim. 8h-0h (2h en été).* On se doit de faire une halte dans ce café magnifique, véritable institution de Coimbra. Il fait littéralement partie de l'église Santa Cruz puisqu'il occupe une ancienne chapelle : on prend son café sous de superbes voûtes nervurées, installé dans des sièges en cuir patiné et clouté, tandis qu'un vieux ventilateur brasse tranquillement l'air. Soirées jazz et fado.

Jardim da Manga – Plan II C1 - *R. Olímpio N. Rui Fernandes - ☏ 239 82 91 56 - www.jardimdamanga.net - tlj sf sam. 12h-15h, 19h-21h30.* L'intérêt de cette adresse réside dans son cadre : un jardin et son bassin, situés derrière l'église Santa Cruz. Pour y accéder, contournez la *cámara municipal* ou prenez les escaliers de la rua Martins de Carvalho. Idéal pour prendre un verre en terrasse ou se restaurer très simplement.

Briosa – Plan II C2 - *Largo da Portagem, 5 - ☏ 239 82 16 17 - www.pastelariabriosa.com - 7h-21h.* Stratégiquement placée à l'extrémité de la rua Ferreira Borges, la pâtisserie est agréablement dotée d'une terrasse pour savourer *pastéis de Santa Clara* (bouchées saupoudrées de sucre glace) ou *hóstias conventuais* (hosties fourrées d'un mélange œufs, amandes et confiture de courge), parmi d'autres douceurs à tester.

ACHATS

De nombreux magasins de maroquinerie et de textile, dans les pittoresques rues piétonnes du centre, autour de la **praça do Comércio** (Plan II C2) et de la **rua Ferreira Borges** (Plan II C2), vendent les productions locales. On trouve la célèbre céramique de Coimbra, bleu et blanc ou polychrome, ainsi que l'artisanat de la région, le long des escaliers qui conduisent à la vieille cathédrale.

BOIRE UN VERRE

Très calme en été, la ville s'anime pendant l'année universitaire. En début de soirée, les étudiants se réunissent aux terrasses de la **praça da República** Plan I A2. Ensuite, ils peuvent se retrouver dans l'un des bars entourant la Sé Velha Plan II CD2 (**Piano Negro** ou **Bigorna Bar**), à côté de la praça 8 de Maio Plan II C1 (**Salão Brazil**, *largo do Poço, 3*). Sur la rive gauche, devant l'un des portails latéraux du Portugal dos Pequenitos, on trouve la **Galeria de Santa Clara** Plan I A2, avec son bar et un agréable jardin.

Foyer do TAGV – Plan I A2 - *Praça da República (au début de la rua Sá da Bandeira) - lun.-vend. 10h-1h ; w.-end et j. fériés 12h-1h.* Praça da República, c'est là que bat le cœur nocturne de Coimbra ! Le foyer du théâtre académique Gil Vicente fait salle comble tous les soirs à l'étage, dans un décor « design » de fauteuils en plexiglas blanc, carrelages vert d'eau et immenses baies vitrées donnant sur la praça. Une atmosphère culturelle et décontractée, très recherchée pour boire un verre en soirée. Fréquenté aussi en journée par les étudiants.

Quebra Costas – Plan II C2 - *Escadas do Quebra Costas, 45/49 - ✆ 239 84 11 74 - tlj sf dim. 12h-4h, sam. 14h-4h.* Attablez-vous en haut des escaliers de Quebra Costas en chemin vers la Sé Velha sur la charmante placette qui fait office de terrasse : idéal pour prendre un verre et contempler l'animation d'une rue regroupant certaines adresses « tendance » du centre historique, comme la librairie XM.

EN SOIRÉE

Parque Verde do Mondego
Plan I A2. Ponton avec plusieurs bars et restaurants aménagé au bord du fleuve, juste avant le pont piéton. Beaucoup de ces bars ouverts tard dans la nuit proposent des concerts.

Fado

A Capella – Plan II C1 - *R. Corpo de Deus (largo da Victória) - ✆ 239 83 39 85 - www.acapella.com.pt. Concert de fado tous les soirs à partir de 21h.* Cette ancienne chapelle a été joliment transformée en intime salle de spectacles dédiée au fado. Installés dans le chœur, les musiciens se produisent devant un public attentif, qui vient aussi pour goûter les vins portugais et dîner simplement. Excellente acoustique. À ne pas manquer.

Fado ao Centro – Plan II C2 - *R. Quebra Costas, 7 - ✆ 239 83 70 60 - www.fadoaocentro.com - concerts de fado tous les soirs à 18h.* Les spectacles *(30mn)* sont entrecoupés de films présentant l'histoire du fado. Exposition de photos.

AGENDA

Festa da Rainha Santa – *1er ou 2e w.-end de juil. (années paires). Voir l'encadré « La fête de la Reine Sainte », p. 426.*

Queima das Fitas – *Début mai.* La place de l'ancienne cathédrale est le théâtre d'une grande fête qui marque la fin de l'année scolaire. Les rubans *(voir l'encadré p. 422)* sont brûlés dans de grands chaudrons. Cette cérémonie est suivie d'une sérénade, de bals et, pour clore les festivités, d'un thé dansant.

Ruines de Conímbriga

★

District de Coimbra

Situées sur un éperon triangulaire limité par deux vallées encaissées et ravinées, les ruines de cette cité romaine florissante jusqu'au 5e s. ont conservé des mosaïques comptant parmi les plus belles de la péninsule Ibérique.

SE REPÉRER

Carte de région B2 p. 414-415 – Plan des ruines de Conímbriga p. 434. 14 km au sud de Coimbra (suivez l'IC 3 dir. Lousã et Condeixa-a-Nova).

À NE PAS MANQUER

Les magnifiques mosaïques de la maison aux Jeux d'eau.

ORGANISER SON TEMPS

Comptez de 1 à 2h pour la visite du site et du musée.

AVEC LES ENFANTS

Bien préservé, le site est idéal pour faire comprendre aux enfants ce que fut le quotidien d'une communauté romaine.

Découvrir Plan du site archéologique

239 94 11 77 - www.conimbriga.pt - 10h-19h (dernière entrée 30mn av. fermeture) - 4,50 €, billet combiné avec la visite du musée.

Laissez la voiture devant le musée et prenez le chemin qui se dirige vers l'entrée des ruines. Circuit de visite des ruines tracé sur le plan du site.

Dès l'âge du fer, une cité celte occupait le site. Les ruines que l'on voit actuellement sont celles d'une ville romaine fondée au 1er s. de part et d'autre d'une voie importante reliant Lisbonne à Braga. Au 3e s., après une longue période de prospérité, les habitants durent faire face à la menace des invasions barbares. Ils construisirent un rempart, laissant à l'extérieur des murs une partie de la ville. En dépit de ces mesures, la cité tomba en 468 aux mains des Suèves, et la ville déclina au profit de Coimbra, dont le nom vient de Conímbriga.

En arrivant aux premiers ensembles dégagés, prenez à gauche après le contrôle des billets.

Traversez la **maison au Svastika** (motif en forme de croix gammée) et la **maison des Squelettes**, pavées de belles mosaïques. Vous découvrez ensuite un établissement thermal avec un intéressant exemple de *laconicum* (un genre de sauna).

★ Casa de Cantaber

La demeure, l'une des plus grandes du monde occidental romain, aurait appartenu à un nommé Cantaber, dont la femme et les enfants furent emmenés en captivité lors d'une attaque de la ville en 465 par les Suèves, envahisseurs germaniques. On y reconnaît les thermes privés : le *frigidarium* ① avec ses piscines pour bains froids, le *tepidarium* (bains tièdes) et le *caldarium* ② (bains chauds), installés sur un hypocauste (salle de chauffe) dont vous apercevrez l'emplacement des foyers et le système souterrain de circulation d'air chaud ; quelques tuyauteries en plomb sont encore visibles.

Vous arrivez ensuite devant l'entrée de la maison orientée vers le nord : une colonnade précédait l'atrium ③ ; en passant de l'atrium au péristyle

central ④, remarquez sur le sol une curieuse pierre ⑤ avec une rosace qui permet d'entrevoir l'égout. Autour de l'*impluvium* ⑥, qui se trouve à gauche du péristyle, se distribuent des chambres à coucher. Du *triclinium*, qui était à la fois un salon et une salle à manger, on voit trois bassins ; le plus intéressant ⑦ est bordé de colonnes, dont une a gardé son revêtement primitif de peinture rouge. Prenant appui sur le rempart, un ensemble de trois pièces retient l'attention par son joli bassin décoratif à plates-bandes en forme de croix.
Les vestiges d'une **basilique paléochrétienne** jouxtent la maison de Cantaber, au sud.

Termas Sul

Au sud, ces thermes monumentaux formaient le complexe de bains le plus important de la cité. L'ancienne **palestre** surplombe le rio dos Mouros, très encaissé ici, qui servait de défense naturelle à la cité ; elle a été réaménagée en scène de théâtre à ciel ouvert *(programme des spectacles à la billetterie)*.

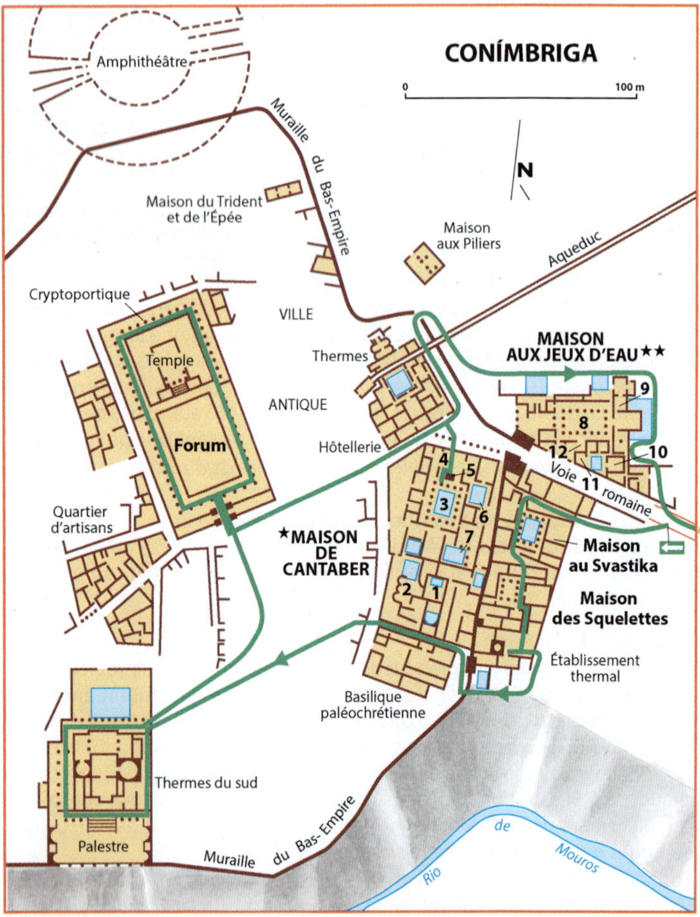

Forum

Tout comme les thermes du sud, il a fait l'objet d'une reconstruction que d'aucuns jugeront un peu trop moderne… Cœur de la ville antique, il s'organise autour d'un sanctuaire voué au culte de l'empereur divinisé. Les fûts des colonnes du portique, reconstituées, permettent de prendre la mesure du bâtiment, dont vous verrez une maquette au musée du site.

Aqueduto

Long de 3,5 km et menant jusqu'à Alcabideque où l'eau était captée, il aboutissait à la tour de distribution près de l'arc (reconstitué) attenant à la muraille. Les petits thermes situés à son extrémité ont eux aussi été réaménagés en scène.

★★ Casa dos Repuchos (Maison aux Jeux d'eau)

Une passerelle a été aménagée au nord pour en faciliter la visite.

La villa appartenait à un certain Rufus. Elle date de la première moitié du 2e s. et fut construite sur l'emplacement d'un édifice du 1er s. On voit très clairement la disposition des pièces à partir des bases des colonnes et du pavement, en grande partie constitué de magnifiques mosaïques. À l'intérieur, on reconnaît l'atrium ou vestibule d'entrée, le péristyle et le *triclinium* ; celui-ci était bordé d'un bassin. Autour de ces pièces se répartissaient les locaux d'habitation et les communs. Leur sol est recouvert de **mosaïques★★** d'une extraordinaire variété.

Dans une pièce à gauche du *triclinium*, une belle composition polychrome ⑨ représente des scènes de chasse, les quatre saisons et un quadrige.

Une autre des pièces ⑩ donnant sur l'*impluvium* présente une scène de chasse au cerf dont vous admirerez l'élégance des attitudes.

Le pavement d'une chambre à coucher (*cubiculum* ⑪) comprend des motifs géométriques et végétaux qui encadrent Silène chevauchant un âne tiré par la longe.

À côté, un salon ⑫ s'ouvrant sur le péristyle est décoré d'une remarquable mosaïque : au centre d'une décoration représentant des échassiers, des dauphins et des dragons de mer, un centaure marin entouré de dauphins brandit un étendard et un poisson. Enfin, dans l'angle sud-ouest du péristyle, remarquez Persée tenant dans sa main droite la tête de Méduse qu'il semble offrir à un monstre marin ⑧.

La maison longe un tronçon de la voie romaine que l'on suit pour rejoindre le musée.

Museu Monográfico

Céramiques, sculptures, épigraphes, mosaïques et petits objets évoquent les conditions socio-économiques dans lesquelles vivaient les habitants de cette ville depuis le début de l'Empire romain jusqu'à la fin du 6e s.

Serra da Lousã

★

Districts de Coimbra et Leiria

Avec ses versants boisés et ses vallées cultivées, entrecoupés de crêtes pelées où la roche dénudée se teinte de reflets violets, la serra da Lousã offre un paysage varié, typique de l'univers contrasté des Beiras, malheureusement victime de nombreux incendies ces dernières années. Groupés dans des hameaux aux maisons basses en schiste, les habitants de la région vivaient, il n'y a pas si longtemps, de médiocres cultures en terrasses et de l'élevage des chèvres et des moutons.

SE REPÉRER

Carte de région B2 p. 414-415. Env. 30 km au sud-est de Coimbra et env. 70 km au nord-est de Leiria.

À NE PAS MANQUER

Les maisons de schiste de Candal ; les maisons patriciennes de Lousã.

Circuit conseillé Carte de région

Circuit de 124 km tracé en rouge sur la carte de région (p. 414) – Comptez env. 3h.
Avec son sommet culminant à 1 202 m à Alto do Trevim, la serra da Lousã est principalement constituée de croupes de schiste et de crêtes de quartz. Se terminant abruptement au nord au-dessus du bassin de Lousã, elle est séparée de la serra de Gardunha, au sud, par la vallée du Zêzere. À l'est, la montagne est dominée par le massif granitique le plus élevé de la serra da Estrela.

Pombal B2

29 km au nord de Leiria par l'IC 2 ou l'A 1.
Le bourg évoque le souvenir du marquis de Pombal (*voir encadré ci-contre*) qui possédait ici une propriété où il finit ses jours, la Casa do Celeiro.
Castelo – *Prenez à droite, à l'angle du palais de justice, la route d'Ansião puis, à hauteur d'une croix, empruntez à droite une route goudronnée, étroite, en forte montée. Laissez la voiture au pied du château. ✆ 236 21 05 56 - tlj sf lun. 10h-13h, 14h-17h (19h en été) - gratuit.* Construit en 1171 par Gualdim Pais, grand maître de l'ordre des Templiers, il a été modifié au 16e s. et restauré en 1940 puis en 2014. Du haut des remparts, que domine un donjon crénelé, **vue** sur Pombal à l'ouest et sur les contreforts de la serra de Lousã à l'est.
À Pombal, prenez l'IC 8 en dir. d'Ansião et Pontão, vers l'est.
Jusqu'à **Pontão**, la route serpente sur des collines calcaires piquetées de quelques oliviers, chênes, pins et eucalyptus.
Quittez l'IC 8 à Pontão et empruntez vers l'est l'ancienne route de Sertã, qui passe par Figueiró dos Vinhos.
Le paysage devient plus accidenté et plus frais, le calcaire cédant la place aux marnes, exploitées dans quelques briqueteries ; le **parcours★**, d'une grande variété, suit en corniche les sinuosités de la montagne ; les vues sur les vallées cultivées ou sur les sommets pelés alternent avec les passages boisés.

Figueiró dos Vinhos B2

Au pied de la serra, cette petite ville est connue pour sa vaisselle en terre cuite. L'**église**, au chœur décoré d'azulejos du 18e s. illustrant la vie de saint Jean-Baptiste, possède une belle Trinité dans la chapelle de droite.

À Figueiró dos Vinhos, prenez la N 236-1 vers le nord, en dir. de Lousã.
La route franchit la serra da Lousã. Le versant sud, d'abord boisé de pins et d'eucalyptus, se dénude à mesure que l'altitude croît.

Castanheira de Pêra B2

Dans la rue principale du bourg, face à une école, joli jardin public planté d'ifs, de buis et de thuyas, taillés avec fantaisie. À voir aussi, un étonnant plan d'eau (**Praia das Rocas**), avec île artificielle, palmier et grandes piscines.
Env. 10 km après Castanheira, dans un virage à droite, un belvédère dévoile une **vue★** étendue sur une petite vallée creusée par un affluent du Zêzere, prolongée au-delà par une ligne de crêtes masquant le bassin du Tage. La **descente★** sur Lousã est ensuite très rapide ; la route en corniche ménage de jolis coups d'œil sur la vallée de l'Arouce.

Candal B2

Dans le vieux village s'étageant dans un site original, on voit encore de belles maisons grises construites en schiste. À la sortie du village, remarquez à gauche, en contrebas, plusieurs bergeries en ruine.

★ Miradouro de Nossa Senhora da Piedade B2

Env. 5 km après Candal, très belle **vue** plongeante sur la vallée de l'Arouce, au fond de laquelle se dressent un petit château médiéval et de minuscules chapelles blanches ; en contre-haut, le village perché de **Casal Novo.**

Lousã B2

Paisible village adossé à la montagne, Lousã, comme **Foz de Arouce** *(6 km plus au nord)*, possède encore, dans le quartier qui entoure son église, un ensemble de maisons patriciennes du 18e s. aux fenêtres armoriées. Vous apprécierez en particulier le Palácio dos Salazires, transformé en hôtel de luxe, et la Capela da Misericórdia, juste en face. L'usine à papier, sur les rives boisées de l'Arouce, fonctionne depuis 1716. Le village accueille en septembre un festival de gastronomie réputé qui s'accompagne d'expos-vente d'artisanat local.
Après la traversée du bassin de Lousã, la route (N 236, puis N 17 à gauche), passant par Foz de Arouce, emprunte les vallées du Ceira, puis du Mondego et gagne Coimbra (voir p. 416).

LE DESPOTISME ÉCLAIRÉ DU GRAND MARQUIS

Né à Lisbonne (1699) dans une famille de petite noblesse, Sebastião de Carvalho e Melo fait ses débuts dans la diplomatie. Envoyé à Londres, il s'intéresse à l'économie florissante de la société anglaise. À la mort de Jean V en 1750, le roi Joseph Ier appelle Carvalho au pouvoir pour relever les finances du pays. Il accomplit une œuvre remarquable, promulguant de nombreux décrets (création de la Banque royale, abolition de l'esclavage des indigènes au Brésil). En 1755, le tremblement de terre de Lisbonne lui fournit une autre occasion de montrer ses capacités : il reconstruit la ville basse sur les bases, révolutionnaires pour l'époque, d'un urbanisme moderne et fonctionnel. Parallèlement, il cherche à consolider l'absolutisme royal en expulsant les trop puissants jésuites (1759) et en affaiblissant la noblesse. En 1759, le ministre devient comte d'Oeiras. Le roi lui donne le titre de **marquis de Pombal** dix ans plus tard. Mais à la mort de Joseph Ier en 1777, Pombal doit faire face à de nombreux ennemis. Condamné en 1781 au bannissement, il se retire sur ses terres, où il meurt l'année suivante.

Figueira da Foz

62 124 habitants – District de Coimbra

Adossée à la petite serra da Boa Viagem qui la protège des vents du nord, Figueira da Foz, ville côtière, s'étale à l'embouchure du Mondego et fait face à un paysage de marais salants. Outre son port de pêche (sardine et morue) et ses chantiers navals, c'est l'une des stations balnéaires les plus fréquentées du Portugal. Dans la courbe très ouverte de sa baie, une immense plage de sable fin et un front de mer défiguré par une urbanisation anarchique attirent chaque année de nombreux estivants. Les distractions y sont autant mondaines (casino, concerts, théâtre) que sportives (natation, régates, football de plage) ou folkloriques (fêtes de la St-Jean).

NOS ADRESSES PAGE 440
Hébergement, restauration, achats, activités, etc.

S'INFORMER

Posto de Turismo – *Av. 25 de Abril (face à la plage) - ✆ 233 42 26 10 - juil.-août : 9h-19h ; reste de l'année : 9h-13h, 14h-18h.* Plan de la ville et wifi.

SE REPÉRER

Carte de région A2 p. 414-415.
Figueira da Foz est située au sud de la Beira Litoral, 43 km à l'ouest de Coimbra et 51 km au nord de Leiria.

Voir aussi la rubrique « Arriver/partir » dans « Nos adresses ».

À NE PAS MANQUER

Le château de Montemor-o-Velho.

AVEC LES ENFANTS

Profitez avec eux de la plage de sable fin.

Visiter

Museu Municipal Dr Santos Rocha

R. Calouste Gulbenkian - ✆ 233 40 28 40 - été : mar.-vend. 9h30-18h, w.-end et j. fériés 14h-19h ; hiver : mar.-vend. 9h30-17h, sam. 14h-19h, fermé j. fériés - 2 €.
Installé dans un édifice moderne, ce musée présente d'intéressantes collections archéologiques (remarquez une stèle gravée d'inscriptions ibériques) et artistiques : peintures, sculptures, arts décoratifs (faïences, mobilier).

Circuit conseillé Carte de région

Circuit de 20 km tracé en violet sur la carte de région (p. 414) – Comptez env. 45mn. Quittez Figueira da Foz vers le nord-ouest par la route côtière.

SERRA DA BOA VIAGEM ET VALLÉE DU MONDEGO AB2

6 km au nord de Figueira da Foz.
On aperçoit **Buarcos**, village de pêcheurs et station balnéaire. Après avoir laissé à gauche une importante cimenterie, la route longe l'Océan et atteint le phare du cap Mondego. Elle se poursuit à travers la forêt de pins, d'acacias et d'eucalyptus qui couvre la serra.

Tournez à droite en dir. du village de Boa Viagem, puis à droite à nouveau vers Figueira da Foz.

La plage de Figueira da Foz.
J. Du Boisberranger / hemis.fr

La route passe sous une véritable voûte de verdure (cèdres, eucalyptus) puis, peu avant Boa Viagem, l'horizon se dégage pour découvrir de jolies vues sur la baie de Figueira da Foz et l'embouchure du Mondego.

Montemor-o-Velho B2

16 km à l'est par l'A 14.

Dans la vallée du Mondego, Montemor-o-Velho est dominé par les ruines d'une citadelle bâtie au 11e s. pour interdire l'accès de Coimbra aux Maures occupant l'Estrémadure.

★ **Castelo** – *À l'entrée du bourg en venant de Figueira da Foz. Franchissez la première enceinte et pénétrez dans la cour du château - ✆ 239 68 03 80 - 10h-17h30 (20h en été) - gratuit.* Du château initial, il reste une double enceinte ovale crénelée, flanquée de nombreuses tours ; l'angle nord est occupé par le donjonet par l'église, qui possède encore des retables en pierre de l'école de Coimbra. Du haut des remparts, large **panorama**★ sur la vallée du Mondego où s'étendent d'immenses rizières, quelques champs de maïs et des peupleraies ; la serra da Lousã se profile à l'horizon, au sud-est.

NOS ADRESSES À FIGUEIRA DA FOZ

INFORMATIONS UTILES

Les offices de tourisme sont répertoriés en début de chapitre.

ARRIVER/PARTIR

Gare routière – *Av. Saraiva de Carvalho.* 2 bus/j pour Coïmbra et 4 bus/j pour Lisbonne avec **Rede Expressos** – *707 22 33 44 - www.rede-expressos.pt.*

HÉBERGEMENT

Bon à savoir – De nombreuses pensions ne sont ouvertes qu'en juil.-août. Les autres augmentent considérablement leurs prix à cette période. En saison, dormez à Coimbra, où l'hébergement est d'un bien meilleur rapport qualité-prix, et venez profiter des plaisirs balnéaires en journée.

BUDGET MOYEN

Residêncial Aliança – *R. Miguel Bombarda, 12 - 233 42 21 97 - www.hotelalianca.net - 22 ch. 45/80 €.* À deux pas du front de mer, à l'angle de la rue piétonne où s'étale la terrasse du bar-restaurant, un confortable établissement à la belle façade verte. Chambres claires et agréables, d'un bon rapport qualité-prix… sauf en août.

RESTAURATION

PREMIER PRIX

Núcleo Sportinguista – *R. Praia da Fonte, 14/17 (derrière le jardin municipal) - 233 43 48 82 - 12h-15h, 19h-22h - env. 15 €.* Pas de vue sur la mer, mais une joyeuse terrasse vitrée qui ne désemplit jamais et du poisson frais (ravitaillement en direct!) grillé, servi tout simplement avec des pommes de terre en robe des champs. Les sardines font l'unanimité dans cette véritable institution populaire. Formule à env. 8,50 € : entrée du jour, un poisson grillé au choix et un fruit.

Olaias – *R. Abade Pedro, dans le Centro de Artes e Espectáculos - 233 42 34 68 - lun.-sam. 9h-22h30, dim. 10h-19h - env. 20 €.* À l'écart des adresses touristiques du front de mer, cette grande salle vitrée donne sur le parc de la ville. À la carte, des spécialités de lotte, du saint-pierre et du riz aux palourdes. Menu à 16,50 €.

PETITE PAUSE

Pique-nique – Faites vos emplettes de produits locaux au joli **Mercado Engenheiro Silva** *(fermé dim. en hiver)*, puis installez-vous dans le jardin public attenant.

BOIRE UN VERRE

Dans la vieille ville, les bars se concentrent dans la zone piétonne, aux alentours du casino. Presque tous ont une terrasse.

Din's – *Près de Buarcos. - http://dinsbar2.wix.com/dins.* Un bar de plage ouvert jusque tard dans la nuit *(4h env.)*, caché dans une « cabane » à rayures jaunes (la plus proche de la route).

ACTIVITÉS

Centre de Artes e Espectáculos – *R. Abade Pedro - 233 40 72 00 - www.cae.pt.* Un vaste centre culturel avec deux auditoriums et un théâtre de plein air (musique, danse, expositions, etc.).

AGENDA

Festas da Cidade – *2 dernières sem. de juin, en particulier à la St-Jean (23-24 juin).* Défilés, feu d'artifice et bain de mer à 5h du matin.

Forêt de Buçaco

Mata do Buçaco

★★

District d'Aveiro

Dominant la paisible station thermale de Luso, le Parc forestier coiffe l'extrémité nord de la serra do Buçaco. Enclos d'une mystérieuse muraille de pierre percée de plusieurs portes monumentales, il forme un sanctuaire végétal dense et ombragé, où se mêlent harmonieusement plus de 700 essences exotiques (ginkgo, camphrier du Japon, arbousier, etc.) et indigènes (chênes, pins et châtaigniers), au pied desquelles mimosas et camélias se mêlent en un sous-bois fleuri et coloré. Ponctuant le labyrinthe des allées, surgissent çà et là une fontaine tarie aux azulejos patinés, une statue mangée par la mousse, un ancien ermitage en ruine, qui tous composent un tableau romantique. Au centre du tableau, dans une vaste clairière, se dresse un palais-hôtel aux allures de château fantasmagorique. L'ensemble forme un lieu à part, frais et reposant, pour une cure de chlorophylle, de silence, d'air pur et d'eau bienfaitrice.

NOS ADRESSES PAGE 445
Hébergement, restauration, achats, activités, etc.

S'INFORMER

Posto de Turismo de Luso – *R. Emídio Navarro, 136 - Almas do Buçaco - ✆ 231 93 91 33 - www.turismodocentro.pt - 9h-13h, 14h-18h.*

SE REPÉRER

Carte de région B1 p. 414-415 – Carte de la forêt de Buçaco p. 443. 25 km au nord de Coimbra, en direction de Mealhada puis de Luso, qui marque le principal accès à la forêt.

Voir aussi la rubrique « Arriver/partir » dans « Nos adresses ».

À NE PAS MANQUER

Une balade à pied dans les allées labyrinthiques du Parc forestier.

ORGANISER SON TEMPS

Prévoyez 1h pour une visite rapide en voiture, une demi-journée si vous choisissez de découvrir le Parc forestier à pied.

AVEC LES ENFANTS

Un pique-nique au cœur de la nature préservée.

Circuits conseillés Carte de la forêt de Buçaco et carte de région

Circuits pédestres et routier tracés sur la carte de la forêt de Buçaco (p. 433). Départ du parking près de l'hôtel (attention, la signalétique dans le parc n'est pas très lisible).

Plusieurs promenades à pied permettent de découvrir la forêt de Buçaco, parsemée d'ermitages construits par les moines au 17e s. On peut aussi y voir un intéressant chemin de croix *(Via Sacra, voir p. 444)*.

De Luso, rejoignez la forêt de Buçaco à pied (10mn) ou en voiture (3 km en dir. de Mortagua) - 8h-18h (mars-sept. 20h) - voitures 5 € (jusqu'à 5 places) ou 7 € (plus de 5 places), gratuit pour marcheurs et cyclistes.

AU CŒUR DE LA FORÊT DE BUÇACO Carte de la forêt de Buçaco

Comptez 1h15 à pied.

★ Palace Hotel

2 km au sud de Luso.

Commandé par le roi Charles et exécuté par l'architecte italien Luigi Manini, ce pavillon de chasse construit dans la forêt entre 1888 et 1907 ressemble à un décor de théâtre. C'est un pastiche de l'art manuélin où l'on retrouve le profil de la tour de Belém et la décoration du cloître des Hiéronymites de Lisbonne. Le tout est flanqué d'une tour surmontée par une sphère armillaire. L'ensemble abrite aujourd'hui un hôtel de luxe *(voir « Hébergement », p. 446)*. À l'intérieur, ses hôtes pourront apprécier la décoration, tout aussi exubérante, et les dimensions de la cage d'escalier, impressionnantes ; ses parois sont recouvertes d'immenses panneaux d'azulejos de Jorge Colaço représentant des épisodes des *Lusiades* de Camões et des scènes de bataille de l'histoire du Portugal.

Convento dos Carmelitas Descalços (Couvent des Carmes-Déchaux)

En contrebas de l'hôtel - 10h-13h, 14h-17h - 2 €.

Du couvent, construit entre 1628 et 1630, subsistent la chapelle, le cloître et plusieurs cellules que les moines avaient tapissées de liège pour lutter contre le froid.

★★ Fonte Fria (Fontaine froide) e Vale dos Fetos (vallée des Fougères)

Ermida da Nossa Senhora da Assunção – C'est l'un des dix ermitages isolés dans la forêt où les moines se retiraient.

UNE FORÊT BIEN PROTÉGÉE

Dès le 6e s., les bénédictins, établis à Lorvão, édifient un ermitage à Buçaco, parmi les chênes et les pins de la forêt primitive. Du 11e s. au début du 17e s., la forêt est jalousement entretenue par les prêtres de la cathédrale de Coimbra qui en ont hérité ; en 1622, le pape Grégoire XV interdit aux femmes de pénétrer dans la forêt sous peine d'excommunication.

En 1628, les carmes déchaux s'installent dans la forêt, construisent un monastère et ferment leur domaine d'une muraille continue. Ils poursuivent l'aménagement de la forêt en procédant à de nouvelles plantations : érables, lauriers-tins, rouvres, cèdres (ou cyprès) du Mexique. En 1643, ils obtiennent du pape Urbain VIII une **bulle** d'excommunication contre quiconque dégraderait les arbres de leur domaine.

Mais les carmes doivent quitter Buçaco après l'abolition des ordres religieux au Portugal (28 mai 1834). La forêt échoit à l'administration royale puis à celle des Eaux et Forêts, qui accentue le rythme des plantations. Au début du 20e s., la forêt devient un lieu de villégiature à la mode, du fait de la fréquentation chic de la station thermale voisine de Luso.

Aujourd'hui, les 105 ha de la forêt de Buçaco comprennent plus de 400 essences indigènes (chênes, châtaigniers, lentisques, etc.), implantées pour certaines avec la forêt primitive des premiers siècles de notre ère, et environ 300 espèces exotiques (ginkgo, araucaria, cèdre, sapin de l'Himalaya, thuya, épicéa d'Orient, palmier, arbousier, séquoia, camphrier du Japon, etc.), introduites par les moines à la fin du Moyen Âge. Entre les arbres, poussent des fougères arborescentes, des hortensias, des mimosas, des camélias, des magnolias, des philarias et même du muguet.

Fonte Fria – La « Fontaine froide » sourd dans une grotte d'où ses eaux se déversent en cascade le long d'un escalier de 144 marches; en bas, dans le bassin de réception entouré d'hortensias et de magnolias, se reflètent de majestueux conifères.
Le sentier bordé de magnifiques fougères arborescentes, de rhododendrons et d'hortensias longe ensuite le cours d'un ruisseau et conduit à un lac au bord duquel se dressent plusieurs thuyas.

Vale dos Fetos – Agrémentée de pins et de séquoias gigantesques, l'**allée des Fougères arborescentes** mène vers la Porta das Lapas.

Porta de Coimbra – Élevée en même temps que le mur d'enceinte au 17e s., elle a reçu une décoration rocaille ; deux plaques de marbre apposées sur sa façade extérieure reproduisent le texte des deux bulles papales. Les arches s'ouvrent sur une jolie terrasse aménagée en belvédère : vue particulièrement agréable au coucher du soleil.

Revenez vers le Palace Hotel par l'avenida do Mosteiro, bordée de superbes cèdres.

★★ VOIE SACRÉE ET CROIX HAUTE Carte de la forêt de Buçaco

Comptez 1h à pied. Partez par l'avenida do Mosteiro sous le couvent, puis tournez à gauche pour suivre la Via Sacra.

★ **Via Sacra** – Le chemin de croix, ou Voie sacrée, construit à la fin du 17e s. dans le style baroque, se compose de chapelles s'égrenant le long du chemin. Dans ces chapelles, les différentes stations de la montée au Calvaire sont représentées par des personnages en terre cuite grandeur nature.

★ **Cruz Alta** – *Alt. 545 m.* De la Croix haute, le **panorama** est immense : à droite, la barrière de la serra do Caramulo ; en face, une multitude de villages blancs de la plaine côtière ; en contrebas, le Palace Hotel émergeant d'un flot de verdure ; à gauche, au loin, l'agglomération de Coimbra ; à l'extrême gauche, à l'horizon, par-delà la vallée du Mondego, les hauteurs des serras da Lousã et da Estrela.

Revenez par des sentiers en sous-bois que bordent différents ermitages.

LA CROIX HAUTE PAR LA ROUTE Carte de la forêt de Buçaco

Circuit de 6 km. Prenez la route qui part au sud-est du Palace Hotel.

Quelques centaines de mètres plus loin, admirez la cascade qu'alimente la **fontaine de São Silvestre**, nichée dans les fougères et les hortensias.

Museu Militar – *✆ 231 93 93 10 - tlj sf lun. 10h-12h30, 14h-17h - 3 €.* Situé à l'extérieur de l'enceinte, il évoque la bataille de Buçaco et les différents épisodes de la guerre de 1810 au Portugal.

Obelisco – Surmonté d'une étoile de verre, l'obélisque commémore la bataille de Buçaco ; de là, jolie **vue**★ sur la serra da Estrela et la serra do Caramulo.

La route s'élève ensuite parmi les pins jusqu'à la porte donnant accès à la Cruz Alta.

LA BATAILLE DE BUÇACO

En 1810, après deux tentatives d'invasion du Portugal, Napoléon organise une troisième expédition commandée par le général Masséna, qu'accompagnent Junot et Ney. Le 26 septembre, l'armée française arrive en vue des hauteurs de Buçaco sur lesquelles sont installées les troupes anglo-portugaises dirigées par Wellington. Le 27, Masséna, ignorant les positions et l'importance de ces troupes, donne à ses soldats, affamés et épuisés, l'ordre de monter à l'assaut. Dans un brouillard dense, l'une des divisions escalade les pentes, suivie par les autres, mais l'élan des Français est brisé par une décharge d'artillerie et par une contre-attaque à la baïonnette. L'armée française, qui a perdu 4 500 soldats en trois heures, réussit cependant à gagner Coimbra.

LE CYPRÈS DE LUSITANIE, UN ARBRE… MEXICAIN

Planté en abondance par les premiers moines dès le début du 16e s., ce magnifique conifère a été pendant longtemps l'objet d'une méprise : le nom de son espèce, *Cupressus lusitanica*, autrement dit « cyprès de Lusitanie », lui vient d'un savant du 18e s. qui supposait qu'il avait été rapporté de Goa (Inde) par les Portugais. Depuis que, en 1839, on en découvrit une variété au Mexique, le « cèdre de Goa » ou « cèdre du Buçaco » est souvent appelé « cyprès du Mexique ».

★ LUSO ET ENVIRONS Carte de région B1

Le bourg de Luso, au départ duquel on peut facilement rejoindre à pied la forêt de Buçaco, est une station thermale réputée, fréquentée par des curistes depuis plus d'un siècle. Ses eaux radioactives sont notamment utilisées dans le traitement des affections rénales. L'eau minérale de Luso est l'une des plus connues et consommées au Portugal.

Ses kiosques, ses parcs et ses fontaines en font un endroit calme et reposant, qui peut constituer une agréable base de séjour. On y déguste notamment un délicieux cochon de lait rôti *(leitão assado)*. Le **Grande Hotel**, des années 1940, a été conçu par l'architecte Raúl Lino, auteur de plusieurs villas du côté d'Estoril et du Teatro Tivoli à Lisbonne.

Mealhada B1

6 km à l'ouest de Luso par la N 234, à proximité de la grande route (N 1/IC 2).

Mealhada est également réputé pour son *leitão assado* que proposent les nombreux restaurants le long de la route. C'est aussi le centre de production du vin de Bairrada, une appellation contrôlée *(visite de caves possible)*.

Curia B1

13 km au nord-ouest de Luso.

Les Romains exploitaient déjà cette petite station (Aquæ Curiva), de nos jours exclusivement consacrée aux cures thermales. Ses eaux sont indiquées dans le traitement des maladies métaboliques et endocriniennes, musculaires et du squelette, de l'hypertension et des rhumatismes. On y trouve de grands hôtels construits au début du 20e s.

NOS ADRESSES DANS LA FORÊT DE BUÇACO

INFORMATIONS UTILES

Les offices de tourisme sont répertoriés en début de chapitre.

ARRIVER/PARTIR

Gare ferroviaire – *N 235, à 800 m du centre de Luso.* Trains pour Coimbra et Guarda.

HÉBERGEMENT

À Luso

BUDGET MOYEN

Vila Duparchy – *R. José Duarte Figueiredo, 148 (1,5 km de Luso, dir. Mealhada, par la N 234, à droite) - ✆ 231 93 07 90 - P - 6 ch. 75 €.* Sur une colline verdoyante, l'ingénieur français Jean Alexis Duparchy fit construire en 1895 cette villa cossue, qu'il habita alors qu'il supervisait la construction du chemin de fer de la Beira Alta. Superbes volumes et belle hauteur sous plafond, mobilier d'époque, cheminée dans certaines chambres et grand calme font de cette maison d'hôte une étape de charme. À l'étage, belle chambre avec terrasse. Véranda avec vue sur le parc de 6 ha. Table d'hôte sur commande. Wifi.

UNE FOLIE

Palace Hotel do Buçaco – *Floresta do Buçaco - ✆ 231 93 79 70 - www.bussacopalace.com - P - 60 ch. à partir de 147 € ☕ - env. 35 €.* Un séjour inoubliable dans un palace exceptionnel. Chambres décorées avec des meubles anciens de valeur, superbe salle de restaurant.

À Curia

POUR SE FAIRE PLAISIR

Das Termas – *✆ 231 51 98 00 - www.hoteldastermas-curia.com - P - 105 ch. 100 € ☕ - ✕ 25/30 €.* L'hôtel s'élève dans un grand parc *(entrée payante)* à la végétation dense, pourvu d'un lac sur lequel on peut aller dériver en barque. Érigé dans les années 1930, le bâtiment possède une belle piscine et propose une grande variété de traitements. Wifi.

Curia Palace – *✆ 231 51 03 00 - www.curiapalace.com - P - 100 ch. 105/140 € ☕ - ✕ 25/40 €.* Cette opulente bâtisse précédée d'un jardin à la française présente un intérieur digne d'un décor de film des années 1920. Les chambres douillettes, de style Art déco ou bien contemporain, comportent de luxueuses salles de bains en marbre. Spa et golf 9 trous. N'hésitez pas à consulter les offres promotionnelles sur Internet, très fréquentes.

RESTAURATION

À Luso

PREMIER PRIX

Lourenços – *R. Emídio Navarro, 3/7 - Edificio Oasis - ✆ 231 93 94 74 - tlj sf merc. 12h-15h30, 19h-22h30 - env. 20 €.* De la grande salle en surplomb de la rue principale, on apprécie la plaisante langueur qui habite la station. Large éventail de spécialités du pays : poulpe au vinaigre, riz aux fruits de mer, poulet au vin rouge et l'inévitable *bacalhau.*

PETITE PAUSE

Pique-nique – Il n'y a aucune possibilité de se ravitailler dans la forêt de Buçaco. Faites vos emplettes à Luso ou à Curia avant de vous rendre sur place. Veillez, bien sûr, à respecter ces lieux magiques et à ne laisser aucune trace de votre passage.

ACTIVITÉS

Thermes de Luso – *R. Álvaro Castelões - ✆ 231 93 79 10 - www.maloclinictermasluso.com - lun.-vend. 8h-19h, w.-end et j. fériés 8h-20h (18h en hiver, fermé le dim.).* Cures (sur consultation médicale préalable) et soins. En saison, mieux vaut réserver.

AGENDA

Commémoration de la bataille de Buçaco – *27 sept.* Tirs au canon.

Aveiro

★

78 463 habitants – District d'Aveiro

Avec ses canaux qu'enjambent de petits ponts et ses « moliceiros », gracieuses barques colorées rappelant les gondoles vénitiennes, Aveiro affiche des airs de cité lacustre. Son centre-ville, pourvu de plusieurs beaux édifices Art nouveau, abrite un musée d'art baroque et sacré de premier plan. Les richesses industrielles de la région font bon ménage avec la pêche traditionnelle de l'anguille dans la lagune et la fabrication artisanale de la porcelaine. Les environs sont tout aussi attrayants : au nord de la ville, au-delà des salines, une vaste ria livre un paysage étonnant de marais et de canaux, qu'un long cordon de dunes et de pinèdes, en partie constitué en réserve naturelle, protège des assauts de l'Atlantique.

NOS ADRESSES PAGE 453
Hébergement, restauration, achats, activités, etc.

S'INFORMER

Região de Turismo – A1 - *R. João Mendonça, 8 - ✆ 234 42 07 60 - www.turismodocentro.pt - juin-sept. : lun.-vend. 9h-20h, w.-end 9h-18h ; reste de l'année : lun.-vend. 9h-18h, w.-end. 9h30-13h30, 14h-17h30.*

SE REPÉRER

Carte de région B1 p. 414-415 – Plan d'Aveiro p. 449. À 70 km de Porto, à 60 km de Coimbra et à 90 km de Viseu.

Voir aussi la rubrique « Arriver/partir » dans « Nos adresses ».

SE GARER

Parking gratuit entre l'IP 5 et le canal de São Roque, au nord de la ville.

À NE PAS MANQUER

Flâner à pied dans le quartier des canaux ; découvrir la lagune d'Aveiro en *moliceiro* ; explorer la Réserve naturelle des dunes de São Jacinto.

ORGANISER SON TEMPS

Comptez une journée ; visitez la ville avant d'explorer les rives de la ria.

AVEC LES ENFANTS

Découverte en bateau de la lagune ; promenade dans la Réserve de São Jacinto.

Se promener Plan de ville

Circuit tracé en vert sur le plan de ville (p. 449) – Comptez de 2h à 2h30. Balade à faire à pied entre la cathédrale et la gare.

Sé B2

La cathédrale est le seul vestige de l'ancien couvent de São Domingos, fondé en 1423. Très remaniée depuis sa construction, elle arbore une façade baroque et présente, à l'intérieur, un mélange de styles détonnant : des azulejos des 17e et 18e s. tapissent les murs de la nef, un orgue du 17e s. est installé dans le croisillon gauche du transept, tandis que le chœur a été reconstruit dans les années 1970. À gauche de l'entrée, remarquez une Mise au tombeau (début Renaissance) dont les huit personnages, sauf le Christ, figurent en buste.

Cruzeiro de São Domingos B2

Devant la cathédrale.

Ce calvaire de style gothique manuélin est une reproduction fidèle de l'original qui est conservé dans l'édifice, à droite de l'entrée.

Traversez la praça do Milenário.

★★ Antigo Convento de Jesus B2

Av. de Santa Joana, 329 - ✆ 234 42 32 97 - tlj sf lun. 10h-18h (19h en été) - 4 €, gratuit dim. et j. fériés jusqu'à 14h.

L'**ancien couvent de Jésus** a été érigé du 15e au 17e s. La princesse **Jeanne**, fille du roi Alphonse V et future sainte, s'y retira en 1472 et y vécut ses dix-huit dernières années. Au 18e s., une façade baroque fut plaquée devant les bâtiments plus anciens. Le site a été converti en musée en 1911.

★★ **Igreja** – Elle date du 15e s., ainsi qu'en témoigne sa porte d'entrée, mais la décoration intérieure n'en a été achevée qu'au début du 18e s. Le **chœur inférieur**★ *(coro baixo)* est doté d'un plafond compartimenté en bois peint et renferme le **tombeau de sainte Jeanne**★★ (début 18e s.) : cette œuvre magnifique de l'architecte João Antunes en marqueterie de marbre polychrome est supportée par des anges assis, également en marbre. Les murs sont revêtus de marbre et de bois doré. L'intérieur de l'église éblouit par la somptuosité de ses bois sculptés et dorés, surtout dans le **chœur**★★, chef-d'œuvre d'exubérance baroque avec ses colonnes, autels, plafond à caissons et à rosaces entremêlées prodigieusement travaillés ; sur quelques panneaux d'azulejos figurent des scènes de la vie de sainte Jeanne.

Claustro – De style Renaissance, le cloître est entouré de chapelles ; dans l'une d'elles réside le très beau **tombeau de João de Albuquerque** du 15e s. Le réfectoire est totalement revêtu d'azulejos aux motifs floraux, de la fin du 17e s.

★★ **Museu** – Il s'agit du deuxième musée d'art sacré du Portugal par son importance, après le musée d'Art ancien de Lisbonne. Par le musée, on accède au chœur supérieur *(coro alto)* de l'église (tribune), orné d'un Christ en croix du 14e s. et d'un petit orgue du 18e s. Le musée proprement dit expose diverses collections d'art sacré et d'art baroque : sculptures de l'école de Coimbra (16e s.) ; peintures sur bois de primitifs portugais (dont un noble **portrait de la princesse Jeanne**★ de la fin du 15e s., un temps attribué à Nuno Gonçalves, étonnant par la dureté hiératique des traits de la jeune fille représentée en costume de cour) ; primitifs italiens (une *Vierge au chèvrefeuille*, anonyme du 15e s.) ; peintures sur cuivre du 18e s. Des céramiques, des ornements sacerdotaux, divers objets de culte et des lutrins du 17e s. complètent les collections.

HIER…

À l'instar d'Ovar, Ílhavo ou Vagos, situés aujourd'hui à 5 km du rivage, Aveiro était jadis un port de mer. Il connut un essor remarquable à partir du début du 16e s. grâce à la pêche à la morue pratiquée sur les bancs de Terre-Neuve. Mais, en 1575, une violente tempête ferme la lagune : le port s'envase et la ville, privée de ses activités, décline. L'effort de redressement tenté au 18e s. par le marquis de Pombal échoue, ainsi que les multiples plans d'aménagement de la barre. En 1808, enfin, entre les digues édifiées à l'aide des pierres provenant des murailles de la ville, on réussit à rouvrir la passe entre la ria et l'Océan. L'industrie de la céramique et de la porcelaine se développe. La prospérité s'accompagne d'un rayonnement artistique, et Aveiro devient un foyer d'art baroque. Son école de sculpture est réputée et la ville se couvre alors de nombreux monuments.

SE LOGER	SE RESTAURER
Aveiro Center 3	Centenário 5

... ET AUJOURD'HUI

Aveiro continue à exploiter ses salines, ses prairies, ses rizières, ses champs amendés avec des algues récoltées au fond de la baie et transportées par bateau. La pêche demeure fructueuse : anguille dans la lagune, sardine et raie sur la côte. Mais la région tire l'essentiel de ses ressources de l'industrie : fabrication traditionnelle de la porcelaine (Ílhavo, Vista Alegre), usine de cellulose, conserveries de poisson, chantiers navals, industries mécaniques (vélos, tracteurs, montage d'automobiles avec l'usine Renault de Cacia) et sidérurgie (Ovar). C'est le troisième centre industriel après Lisbonne et Porto, et également un pôle universitaire réputé. Aveiro s'est par ailleurs dotée d'un stade de football pour le Championnat d'Europe 2004. Mais l'étonnante construction bariolée, à l'entrée de la ville, s'avère un gouffre financier. Certains n'ont pas hésité à envisager sa destruction pure et simple....

Dans les salles affectées à l'art baroque, remarquez les statues en bois polychrome des anges d'Aveiro, une curieuse sainte Famille en terre cuite due à l'atelier de Machado de Castro et un secrétaire en bois laqué. La chambre où mourut sainte Jeanne en 1490, transformée en oratoire en 1734, est décorée de retables et boiseries dorés. Une galerie lapidaire complète la visite.
En sortant du musée, prenez deux fois à droite et remontez la rua dos Combatentes da Grande Guerra.

Igreja da Misericórdia A1

Couverte d'azulejos, sa façade s'ouvre par un portail du 17e s. très ouvragé. À l'intérieur, remarquez la hauteur de la nef et les azulejos (17e s.) ainsi que, face à la chaire, le banc d'œuvre à dosseret de bois doré.
Poursuivez tout droit dans la rua Coimbra jusqu'à la praça Humberto Delgado, qui enjambe le canal Central. Ici débute le quartier des canaux.

★ Quartier des canaux A1

Certains canaux de la ria ont leur prolongement en pleine ville : ils y sont endigués par des quais sur lesquels l'eau empiète quelque peu à marée haute. Le quartier, limité au sud par le canal Central et, au nord, par celui de São Roque, est tissé d'un dédale de ruelles aux petites maisons colorées, organisées autour du **marché au poisson** *(largo da Praça do Pelxe)*, qui a été reconstruit en 2004.
Canal Central – En partie bordé de demeures patriciennes qui y reflètent leurs façades classiques, il s'y déroule un spectacle animé avec ses *moliceiros* et ses vedettes circulant sans répit. La meilleure perspective s'ouvre depuis la praça Humberto Delgado, large pont-tunnel à balustres qui scinde le canal à mi-parcours et constitue le carrefour principal de la ville.
Canal de São Roque – Limitant l'agglomération au nord, il est enjambé par une élégante passerelle de pierre en dos d'âne *(devant la rua Dr António Cristo)* et par un étonnant pont piétonnier circulaire *(à la hauteur du bras du canal qui mène au marché au poisson)*. Ce canal marque la séparation entre les salines du nord de la ville et les magasins à sel qui bordent ses quais, parmi les maisons basses du quartier des pêcheurs.
Revenez praça Humberto Delgado. Sans franchir le canal Central, prenez à gauche la rua Viana do Castelo, puis l'avenida Dr Lourenço Peixinho, jusqu'à la gare (de 10 à 15mn à pied).

Estação B1, en dir.

Largo da Estacão (à 600 m du centre).
Les superbes panneaux d'azulejos qui décorent ses façades extérieure et intérieure (le long des quais) constituent une intéressante illustration des monuments d'Aveiro et de sa région, ainsi que des métiers et costumes traditionnels de la ria.

LES MOLICEIROS

La récolte de goémon se fait traditionnellement avec des barques à fond plat appelées *moliceiros*, dont la proue recourbée en col de cygne est peinte de motifs naïfs aux couleurs vives ; on les manœuvre à la voile et à la perche. Les peignes des râteaux de raclage ou de ramassage des algues encadrent le bec de la proue. Ces bateaux sont malheureusement de moins en moins nombreux ; on peut en voir quelques exemplaires devant l'office du tourisme d'Aveiro et admirer leurs décorations à l'occasion du concours annuel, en août.

Les *moliceiros* se balancent sur le canal central d'Aveiro.
J. A. Moreno/Imagebroker/age fotostock

À proximité Carte de région

★ RIA DE AVEIRO B1

Remarquable accident hydrographique de la côte ouest du Portugal, à l'embouchure des rios Vouga et Antuã, la ria se présente comme une vaste zone lagunaire soumise à la marée. Elle est parcourue par un labyrinthe de chenaux, semé d'îles et bordé de marais salants ou de pinèdes. Engendré par la régression marine, un cordon littoral, long de 45 km, large au maximum de 2,5 km, la protège de l'Océan. Il est percé d'un goulet à la passe de Barra.

La lagune d'Aveiro affecte la forme d'un triangle et couvre à haute mer environ 6 000 ha, pour une profondeur moyenne de 2 m. Très poissonneuse, elle est surtout célèbre pour ses algues *(moliço)*, utilisées comme engrais *(voir encadré p. 450)*.

Bon à savoir – L'été, des **promenades en bateau au départ d'Aveiro** permettent de découvrir la vie de la ria : barques de sauniers, de pêcheurs, de paysans, *moliceiros* des ramasseurs d'algues *(voir « Visite », p. 453)*.

AU NORD DE LA RIA B1

Torreira B1

47 km au nord d'Aveiro.

Sur la lagune, le port de pêche conserve encore quelques jolis *moliceiros* mais ils se font de plus en plus rares ; côté mer, la plage de sable a permis au village de se développer comme station balnéaire.

Entre Torreira et São Jacinto, de belles vues s'étendent sur la ria et l'on peut parfois y voir les ramasseurs d'algues sur leurs bateaux, ainsi que des pêcheurs.

Reserva Natural das Dunas de São Jacinto B1

2 km à droite avant São Jacinto, au bord de la N 327.

Très intéressante pour ses paysages, sa flore et sa faune, elle couvre 666 ha d'une des zones dunaires les mieux préservées d'Europe.

Comptez 2h. Une promenade balisée en boucle permet de découvrir ce milieu naturel de pinèdes et de végétation dunaire. Un **centre d'interprétation** présente des expositions sur la réserve et délivre un plan avec l'itinéraire pédestre. *234 33 12 82 - 9h-12h, 13h30-17h - possibilité de visite guidée dans le parc (env. 2h30, sur réserv.) tlj sf jeu. et dim. à 9h et 13h30.*

São Jacinto B1

13 km au sud de Torreira.

Cette petite station perdue dans la pinède forme aussi un camp et un port militaires à la pointe nord de la passe de Barra.

AU SUD ET À L'OUEST DE LA RIA B1

Ílhavo B1

6 km au sud d'Aveiro.

Dans cette ancienne bourgade de pêcheurs, aujourd'hui très développée, on peut voir quelques belles villas du début du siècle, comme la « villa Africana » *(peu après l'entrée du bourg, sur le bord droit de la route)*, recouverte d'azulejos aux tons jaunes.

★ **Museu Marítimo** – *Av. Dr Rocha Madahíl - 234 32 99 90 - www.museumaritimo.cm-ilhavo.pt - mars-sept. : mar.-sam. 10h-18h, dim. 14h-18h ; oct.-fév. : mar.-sam. 10h-18h - 5 € (enf. 2,50 €).* Cet intéressant musée consacré à la mer est l'un des plus complets sur la pêche à la ligne de la morue. Un documentaire des années 1970 montre la dure réalité de ces campagnes qui duraient six mois sur les bancs de Terre-Neuve. Il est complété par l'exposition d'embarcations, d'instruments de navigation, de maquettes, mais aussi par l'une des plus vastes collections de coquillages au monde. Une salle présente quelques porcelaines de Vista Alegre.

Vista Alegre B1

2,5 km au sud d'Ílhavo.

Depuis 1824, c'est le centre d'une industrie réputée de **porcelaine** et de verrerie.

Museu – *234 32 06 00/28 - www.vistaalegreatlantis.com - fermé pour rénovation.* Aménagé dans la fabrique de porcelaine, devant une agréable place bordée de grands arbres, il reconstitue l'évolution de cette production en exposant de nombreuses pièces réalisées depuis la fondation.

L**a fabrique** reste en activité – *fermé pour rénovation.*

Deux **boutiques** *(tlj sf dim. 8h30-18h30)* vendent la célèbre porcelaine, ainsi que d'autres articles artisanaux de la région, dont de belles nappes en lin brodées.

Praia da Barra B1

11 km au nord-ouest de Vista Alegre.

La station balnéaire très urbanisée est abritée par un cordon de dunes littorales derrière lequel commence une immense plage s'étendant vers le sud au-delà de Costa Nova.

Costa Nova B1

4 km au sud de Praia da Barra.
Située entre les plages de l'Atlantique et la lagune, la station balnéaire ancienne, fréquentée depuis la seconde moitié du 19e s., a connu une importante expansion. Elle a conservé ses pimpantes maisons de bois *(palheiros)*, peintes de bandes colorées. Dans la rue parallèle, à l'arrière, se cachent d'anciennes maisons de pêcheurs ornées de faïences.

AROUCA B1

65 km au nord-est d'Aveiro, sur la N 224.
Au fond d'une vallée encaissée entre des hauteurs boisées, quelques maisons entourent le monastère d'Arouca. Fondé en 716, mais reconstruit au 18e s. à la suite d'un incendie, il forme un ensemble baroque d'aspect très dépouillé.

Igreja do Mosteiro (Église du monastère)

Sa nef abrite de nombreux autels baroques dorés et plusieurs statues en pierre d'Ançã, du sculpteur Jacinto Vieira ; dans la deuxième chapelle à droite se trouve un tombeau (18e s.) en argent ciselé, ébène et cristal dans lequel repose le corps momifié de la reine de Castille, Mathilde (1203-1252), fille du roi Sanche Ier.
Le **chœur inférieur** *(coro baixo)* est décoré d'un buffet d'orgue doré (18e s.), de stalles au dossier richement sculpté et de gracieuses statues de religieuses sculptées par Jacinto Vieira.

Museu de Arte Sacra

Largo de Santa Mafalda - ☎ 256 94 33 21 - tlj sf lun. 9h30-12h, 14h-17h - 3 €.
Au premier étage du cloître, il présente en particulier des **tableaux★** de primitifs portugais (fin 15e-début 16e s.) de l'école de Viseu *(voir encadré p. 458)*, des toiles (Ascension) de Diogo Teixeira (17e s.) et une statue de saint Pierre (15e s.).

NOS ADRESSES À AVEIRO

INFORMATIONS UTILES

Les offices de tourisme sont répertoriés en début de chapitre.

ARRIVER/PARTIR

Gare ferroviaire – B1, en dir. - *Largo da Estacão (à 600 m du centre) - ☎ 808 20 82 08.* Trains directs pour Porto et Lisbonne.

VISITE

Vélo – Mise à disposition gratuite par la municipalité, à utiliser dans les limites urbaines. Plusieurs bornes dans la ville, notamment près du marché municipal.

Croisières – Achat des billets et départs face à l'office de tourisme. *Dép. ttes les h de 10h à 19h en été (moins fréquent hors saison) - 5 €/pers. pour 45mn de parcours urbain.* Excursions en barque traditionnelle *(moliceiro)* ou en vedette sur les canaux de la ville et sur la lagune. Il est conseillé de partir à marée haute.

HÉBERGEMENT

BUDGET MOYEN

Aveiro Center – A2 - *R. da Arrochela, 6 - ☎ 234 38 03 90 - www.hotelaveirocenter.com - 24 ch. 70/77 €* ☕. À quelques pas du canal Central, sur la rive sud. Une résidence tout confort aux chambres parquetées et à la décoration classique, plutôt agréables. Wifi.

RESTAURATION

Les gourmets dégusteront des *ovos moles*, sorte de confiture d'œufs, présentés en barillets de bois peint ou sous forme d'hosties. Goûtez aussi aux anguilles de la ria *(caldeiradas de enguias)*.

PREMIER PRIX

Centenário – B1 - *Largo do Mercado, 9-10 - ✆ 234 42 27 98 - 12h-23h - 12/16 €.* Face à la halle du marché Manuel-Firmino, il cache derrière une façade assez banale une décoration design. Sa cuisine change agréablement des poncifs de la table portugaise.

PETITE PAUSE

Maria da Apresentação da Cruz – A1 - *R. Jorge de Lencastre, 37 - ✆ 234 42 23 23 - http://mariaapresentacaocruzherd.pt - lun.-sam. 9h-20h, dim. 9h30-15h.* Depuis 1882, on y perpétue la tradition des *ovos moles* (littéralement « œufs mous », sorte de confiture d'œufs), pâtisseries conventuelles d'Aveiro à base de jaunes d'œufs, de sucre et d'eau. Sonnez avant d'entrer.

BOIRE UN VERRE

Sur la **praça do Peixe** A1, piétonne, autour de la jolie halle vitrée du marché au poisson, se succèdent les restaurants-bars où il fait bon prendre un verre en terrasse.

ACTIVITÉS

Randonnée

Paiva Walkways – *Départ du lieu-dit Areinho (au nord-est d'Arouca par la R 326-1) - www.passadicosdopaiva.pt - accès libre.* Des passerelles en bois ont été aménagées tout au long de la rivière Paiva, qui donnent un parfum d'aventure à cette randonnée sertie dans un écrin de nature *(8,7 km ; 2h30)*. Trois plages ponctuent le parcours pour s'offrir un instant de fraîcheur.

AGENDA

Feira de Março – *25 mars-25 avril.* Foire-exposition.

Fête de la ria – *Juil. et août.* Régates de *moliceiros (août seult)*, concours de proues décorées sur le canal Central.

Les azulejos du Rossio de Viseu.
R. Mattes/hemis.fr

Viseu

★

99 593 habitants – District de Viseu

Dans une région boisée et légèrement accidentée, où pousse le fameux vignoble du Dão, cette cité paisible et peu fréquentée est une importante place agricole et artisanale (notamment de poterie d'argile noire). Renommée pour son école de peinture de la Renaissance, la ville, au centre historique bien conservé, abrite le riche musée Grão Vasco. Elle peut aussi constituer une sympathique étape gastronomique : les spécialités régionales comme le chevreau grillé ou les délicieuses sucreries locales à base d'œuf raviront les gourmets. À l'ouest, la serra de Caramulo forme une majestueuse barrière naturelle qui protège la vallée de la dense région côtière. De son sommet, on voit, de part et d'autre, l'Océan et la serra da Estrela.

NOS ADRESSES PAGE 461
Hébergement, restauration, achats, activités, etc.

S'INFORMER

Região de Turismo – B1 - *Casa do Adro - Adro da Sé - ☏ 232 42 09 50 - www.turismodocentro.pt - été : lun.-vend. 9h-19h, w.-end 9h-13h, 14h-18h ; hiver : lun.-vend. 9h-18h, w.-end 9h-13h30, 14h-17h30.*

SE REPÉRER

Carte de région C1 p. 414-415 – Plan de Viseu p. 457. Viseu s'est développée sur la rive gauche du rio Pavia, 84 km à l'est d'Aveiro, 91 km au nord-est de Coimbra et 99 km au sud de Vila Real.

Voir aussi la rubrique « Arriver/partir » dans « Nos adresses ».

À NE PAS MANQUER
Le musée Grão Vasco ; la serra de Caramulo et son point culminant, Caramulinho.

ORGANISER SON TEMPS
La visite de la ville peut s'effectuer en moins de 2h. Comptez 4h avec le musée Grão Vasco et une journée avec les environs.

AVEC LES ENFANTS
Emmenez-les voir la très belle exposition d'automobiles du musée de Caramulo.

Se promener Plan de ville

Circuit tracé en vert sur le plan de ville (ci-contre) – Comptez 1h30 (sans la visite du musée) à pied au départ du Rossio.

★ VIEILLE VILLE

Avec ses ruelles pavées de dalles de granit, ses demeures Renaissance et classiques à encorbellements, décorées d'écussons, le vieux Viseu a gardé son cachet ancien.

Praça da República (Rossio) A2

Centre animé de Viseu, cette agréable promenade plantée d'arbres s'étend devant l'hôtel de ville.
Gagnez, à droite de l'hôtel de ville, le largo Major Teles, et empruntez la rua Nunes de Carvalho.

Porta do Soar A1

La porte de l'enceinte, érigée au 15e s. par le roi Alphonse V, donne accès à la vieille ville.
Franchissez la porte et continuez sur la gauche.

★ Adro da Sé (Place de la Cathédrale) B1

Au cœur de la vieille ville.
La place pavée à l'atmosphère paisible est encadrée de nobles édifices de granit, parmi lesquels le musée Grão Vasco, la cathédrale *(contiguë au musée)* et la façade blanche de l'église da Misericórdia.

★★ Museu Grão Vasco B1

Paço dos Três Escalões - ✆ 232 42 20 49 - mar. 14h-17h30, merc.-dim. 10h-17h30 - 4 €.
Le musée, dit « du Grand Vasco », occupe l'ancien palais des Trois Échelons (Paço dos Três Escalões), construit au 16e s. et modifié au 18e s. Il présente des éléments de sculpture du 13e au 18e s., une pietà du 13e s., des céramiques portugaises (17e et 18e s.), ainsi que des pièces d'orfèvrerie (17e et 18e s.), de la porcelaine orientale (18e s.) et du mobilier civil (17e, 18e et 19e s.).
Outre des œuvres de peintres portugais du 19e s. et du début du 20e s., dont des toiles de **Columbano** (1857-1929) et d'**António Carneiro** (1872-1930), le musée est surtout consacré aux **primitifs**★★ de l'école de Viseu *(voir encadré p. 458)*.
Le **Saint Pierre sur son trône**, l'un des chefs-d'œuvre de Vasco Fernandes, symbolise la suprématie du pouvoir spirituel. Bien que ce tableau soit une réplique de celui attribué à Gaspar Vaz à São João de Tarouca, il montre une grande originalité dans la façon de représenter saint Pierre, homme au visage plébéien, grave, un peu triste, entouré par l'atmosphère de la Renaissance.
Le **Calvaire**, autre grande œuvre de Grão Vasco, est d'une violence terrible dans la représentation des personnages comme dans celle du paysage de

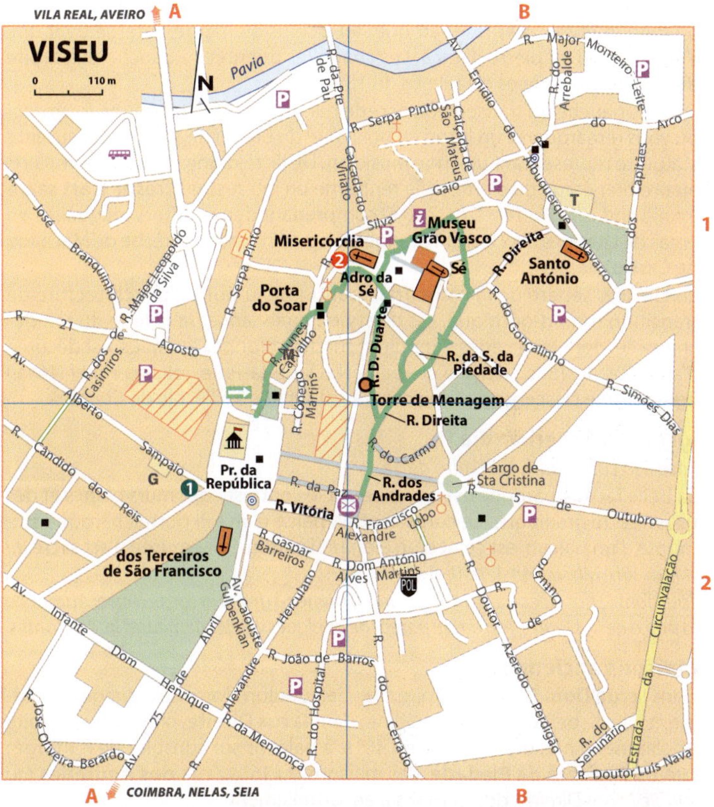

SE LOGER	SE RESTAURER
Hotel Avenida 1	Muralha da Sé 2

l'arrière-plan, balayé par les vents. Les quatorze tableaux qui composent le **retable** provenant de la cathédrale sont dus à un groupe d'artistes de l'école de Viseu ; la *Descente de Croix* et le *Baiser de Judas* sont parmi les meilleurs ; dans l'*Adoration des Mages*, le roi noir Balthazar a été remplacé par un Indien du Brésil, ce pays venant alors d'être découvert. Deux intéressantes peintures proviennent aussi de l'école de Viseu : *La Cène* et *Le Christ dans la maison de Marthe*.

★ Sé B1

✆ 232 43 60 65 - tlj sf jeu. et sam. matin 8h (dim. 9h)-12h, 14h-19h - gratuit.

L'édifice roman a subi d'importantes modifications du 16e au 18e s. Sa sévère façade de granit a été reconstruite au 17e s. ; parmi les six statues, celle du centre représente saint Teotónio, patron de Viseu.

À l'**intérieur** de la cathédrale, la voûte manuéline refaite au 16e s. a transformé l'édifice en église-halle ; s'appuyant sur des piliers gothiques, elle est soutenue par des **liernes★** torsadées se nouant à intervalles réguliers ; les clefs de voûte sont décorées des armes de l'évêque fondateur (un pélican) et des devises des rois Alphonse V et Jean II.

Le chœur date du 17e s. ; la voûte en berceau, peinte de grotesques, abrite un monumental **retable★** baroque ; au-dessus du maître-autel se tient une Vierge (14e s.) en pierre d'Ançã. Les chapelles orientées à gauche et à droite du chœur sont ornées d'azulejos du 18e s.

Du bras gauche du transept, on accède par un escalier à la tribune *(coro alto)* où vous remarquerez un lutrin en bois doré du Brésil (16e s.) et une amusante statuette représentant un ange musicien. De là, rejoignez la salle capitulaire, au premier étage du cloître ; elle renferme un intéressant **trésor d'art sacré** *(mar.-vend. 9h-12h, 14h-17h - 2,50 €)* comprenant deux coffrets reliquaires en émail de Limoges du 13e s., un évangéliaire du 12e s. et une crèche de Machado de Castro.

Le **cloître,** séparé de la cathédrale par un beau portail d'architecture de transition roman-gothique, est de style Renaissance ; la galerie du rez-de-chaussée, dont les arcades s'appuient sur des colonnes ioniques, est décorée d'azulejos du 18e s. ; dans la chapelle N.-D.-de-la-Pitié, joli bas-relief (16e s.) figurant une Descente de Croix ; ce travail serait dû à l'école de Coimbra.

Igreja da Misericórdia B1

Face à la cathédrale, sur l'adro da Sé.

Sa belle façade baroque est rythmée par le contraste des murs blancs et des pilastres de granit gris. Le corps central, percé d'un joli portail baroque surmonté d'un balcon, est ceint d'un élégant fronton. Petit musée d'art sacré *(tlj sf lun. 10h-12h30, 14h-17h30 - 1 €).*

Tournant le dos à l'église da Misericórdia, prenez à droite la rua do Adro. Autour de la praça de D. Duarte, les rues se parent de quelques vieilles demeures intéressantes.

Maisons anciennes B1-2

Dans la **rua Dom Duarte**, admirez l'ancien donjon (Torre de Menagem) agrémenté d'une belle fenêtre manuéline ; dans la **rua Direita**, pittoresque, étroite et commerçante, des maisons du 18e s. à balcons sur consoles de fer forgé ; **rua da Senhora da Piedade**, des maisons du 16e s. ; **rua dos Andrades** *(au sud de la rua Direita)*, des maisons à encorbellement.

L'ÉCOLE DE PEINTURE DE VISEU

Comme Lisbonne, Viseu a connu au 16e s. une florissante école de peinture dirigée par deux maîtres, Vasco Fernandes et Gaspar Vaz, eux-mêmes influencés par des Flamands tels que Van Eyck et Quentin Metsys. **Vasco Fernandes** (1480-v. 1543), connu sous le nom de **Grão Vasco** (le « Grand Vasco »), est le plus célébré des peintres portugais. Ses premières œuvres révèlent l'influence flamande : retables de Lamego et de Freixo de Espada à Cinta. Son art, devenu ensuite plus original, se distingue par le sens dramatique de la composition, la richesse des couleurs et le réalisme violent, d'inspiration populaire et régionaliste, dont sont empreints ses portraits et ses paysages. Ses principales peintures sont exposées au musée Grão Vasco. Formé en grande partie à l'école de Lisbonne, collaborateur de Grão Vasco, **Gaspar Vaz** fut actif entre 1514 et 1569. Doué d'une brillante imagination, il sut donner aux formes et aux drapés une grande intensité d'expression. Ses paysages gardent cependant un cachet régional. Ses œuvres principales, encore imprégnées de gothique, sont exposées dans l'église São João de Tarouca *(voir p. 527)*. Les deux maîtres ont probablement collaboré à la création du polyptyque de la cathédrale de Viseu, ce qui explique le caractère hybride de l'œuvre.

Revenez rua Direita et descendez-la jusqu'au bout, vers le nord.
À droite se dresse l'**église São Bento**, ornée de beaux azulejos du 17e s.
Regagnez l'adro da Sé par la rua São Lázaro et la calçada da Vigia, puis revenez praça da República.
Au sud de la place, observez l'**église dos Terceiros de São Francisco**, édifice baroque revêtu d'azulejos et de bois doré.

Circuits conseillés Carte de région

SERRA DE LAPA C1

Circuit en boucle de 131 km au départ de Viseu tracé en bleu – Comptez une demi-journée.

Mangualde C1

14 km à l'est de Viseu par la N 16, puis l'IP 5 et la N 234.
Mangualde, d'origine médiévale, est devenue un centre agricole et commerçant actif. En avant du palais Anadia et d'une fontaine se trouve le vieux Mangualde : ruelles tortueuses et petites maisons de granit serrées autour d'un beffroi caractérisent le quartier ancien.
Palácio dos Condes de Anadia – *À l'entrée ouest de la ville, route de Nelas.* Le palais des comtes de Anadia, demeure seigneuriale du 18e s., se distingue par son aspect extérieur de style rocaille.
Igreja da Misericórdia – *À gauche du palais, dans le quartier ancien de la ville. Entrez par la cour, à droite.* Bâtie en équerre, cette charmante église du 18e s. présente une petite façade baroque parée de statues et une galerie d'étage *(côté cour)* à colonnades et balustres de granit. À l'intérieur, dans la nef, azulejos évoquant La Cène, la Pêche miraculeuse, saint Martin, etc. Dans le chœur, orné d'un plafond à caissons dorés et de devants d'autels en azulejos, remarquez les potences en bois sculpté destinées à suspendre les lampes.

Penalva do Castelo C1

12 km au nord-est de Mangualde par la N 329-1.
Aux abords ouest du bourg, la **Casa da Insua**, ou **manoir des Albuquerques**, (1775) dresse sa majestueuse silhouette crénelée dans un riant paysage de bois et de vergers. On visite l'entrée de la maison, la chapelle (1690), le parc planté d'arbres géants (séquoias, eucalyptus), et les jardins, très soignés, où fleurissent camélias, magnolias et essences rares. *232 64 22 22 - http://museu.casadainsua.pt - tlj sf lun. et mar. 10h-12h30, 14h-17h30 - 3 €.*

Aguiar da Beira C1

Sur la N 229, 40 km au nord-est de Viseu.
Dans le paysage du haut plateau granitique de la serra de Lapa, les maisons en granit de Aguiar da Beira se groupent autour d'une place principale qui a gardé tout son cachet médiéval. Cette place, dont le centre est occupé par un pilori (12e s.), est encadrée par une tour couronnée de merlons pyramidaux, une fontaine romane elle aussi crénelée et une maison typique de la région des Beiras, avec un escalier extérieur.

Sernancelhe C1

12 km au nord de Aguiar da Beira et 52 km au nord-est de Viseu.
Occupant une éminence rocheuse de la Beira Alta, le vieux bourg de Sernancelhe fut autrefois une commanderie de l'ordre de Malte dont le château n'est plus aujourd'hui que ruines.

Igreja – La façade de cette église romane, flanquée d'un clocher carré trapu, est percée d'un joli portail en plein cintre où court une frise d'archanges sur une des voussures. Le tympan est sculpté de motifs végétaux. Encadrant le portail, deux niches abritent six statues en granit des évangélistes saint Pierre et saint Paul. Face à l'église se dresse le **pilori** (16e s.), surmonté d'une cage décorée de colonnettes.

Solar dos Carvalhos – Cet élégant **manoir** baroque du 18e s., à la façade flanquée de pilastres, appartient à la famille du marquis de Pombal.

Prenez une rue partant à gauche de l'église en dir. du château et se terminant par des escaliers.

Remarquez peu après, sur la droite, abrité par un porche, un beau **Christ** (14e s.) de pierre. Puis, vue sur la place de l'église et le village.

SERRA DE CARAMULO B1

Circuit d'env. 60 km au départ de Viseu tracé en marron sur la carte de région (p. 414-415) – Comptez une demi-journée.

La serra de Caramulo, massif schisteux et granitique, porte une végétation dense (pins, chênes, châtaigniers) et quelques cultures (maïs, vignes, oliviers). Le versant ouest, qui descend doucement vers la plaine côtière d'Aveiro, s'oppose au versant est dont le relief, plus accidenté, est découpé par des affluents du Mondego.

Rejoignez l'IP 3, au sud-ouest de Viseu, puis roulez pendant 23 km, avant de prendre à droite la N 230 (qui remonte au nord-ouest en dir. d'Águeda) que vous suivez sur 19 km.

Caramulo B1

37 km à l'ouest de Viseu.

Agrémenté de parcs, Caramulo est une station thermale accrochée, à 800 m d'altitude, aux pentes de la serra de Caramulo.

★ **Museu** – *Sur la route en dir. de Caramulinho - ✆ 232 86 12 70 - www.museu-caramulo.net - tlj sf lun. 10h-13h, 14h-17h (18h en été) - 7 € (6-12 ans 3 €).* Appelé aussi fondation Abel de Lacerda, ce musée comprend deux parties. Une **exposition d'art ancien et moderne** présente plusieurs statues de l'école portugaise du 15e s., un ensemble de cinq tapisseries de Tournai figurant l'arrivée des Portugais aux Indes ainsi que de nombreux tableaux de peintres du 20e s. : Picasso, Fernand Léger, Dufy, Dali, Braque, etc. L'**exposition d'automobiles★**, dans un second bâtiment, regroupe quant à elle une soixantaine de véhicules, dont certains très anciens (une Peugeot 1899, une Darracq 1902) ou de marques prestigieuses (Hispano-Suiza, Lamborghini, Ferrari), tous en état de marche et merveilleusement entretenus. Quelques cycles et motos également.

★★ Caramulinho B1

7,5 km. Quittez Caramulo à l'ouest par l'av. Abel de Lacerda, puis la N 230-3. Après 3 km, laissez à gauche la route menant à Cabeço da Neve et continuez tout droit. La route se termine par un sentier rocheux coupé de 130 marches (30mn à pied AR).

Ce point culminant (1 075 m) de la serra de Caramulo constitue un excellent **belvédère** sur les serras de Lapa au nord-est, d'Estrela au sud-est, de Lousã et de Buçaco au sud, sur la plaine côtière à l'ouest et sur la serra de Gralheira au nord.

Revenez au croisement de la route de Cabeço da Neve, et suivez-la jusqu'au belvédère.

Cabeço da Neve B1

Alt. 995 m. Ce sommet-balcon déroule des **vues** plongeantes au sud et, vers l'est, sur la moyenne montagne boisée toute piquetée de villages, le bassin du Mondego et la serra da Estrela. Viseu est visible au nord-est.

★ Pinoucas B1

3 km au nord de Caramulo par la N 230 ; à 2 km, prenez à gauche une route de terre qui, 1 km plus loin, aboutit à la tour de surveillance (alt. 1 062 m).
Impressionnant **panorama** sur les chaos rocheux de la serra de Caramulo.
Si vous ne souhaitez pas rentrer par le même chemin, la N 333-2 vers le nord vous ramènera à l'A 25 (IP 5) que vous prendrez vers l'est pour rejoindre Viseu.

NOS ADRESSES À VISEU

INFORMATIONS UTILES

Les offices de tourisme sont répertoriés en début de chapitre.

ARRIVER/PARTIR

Bus – **Gare routière** – A1 - *Av. Dr Antonio José de Almeida - ✆ 232 44 90 07.* Dessert Aveiro, Coimbra, Guarda et Porto.

Train – **Gare ferroviaire** – B2, en dir - *À Mangualde (15 km au sud-est de Viseu).* Liaisons directes pour Guarda, Coimbra et Porto.

HÉBERGEMENT

BUDGET MOYEN

Hotel Avenida – A2 - *Av. Alberto Sampaio, 1 - ✆ 232 42 34 32 - www.hotelavenida.com.pt - 29 ch. 55 €* ☕. Dans un immeuble d'angle cossu, face à la place de la République, un hôtel séduisant qui soigne les détails. Chambres meublées de bois sombre et au charme suranné, réparties autour d'un salon surmonté d'une verrière. Wifi.

RESTAURATION

Ne manquez pas les spécialités locales : le *cabrito assado* (chevreau grillé) et les sucreries à base d'œuf : *bolos de amor* (gâteaux d'amour), *papos de anjo* (bouilles d'ange), *travesseiros de ovos moles* (oreillers d'œufs doux) ou *castanhas de ovos* (châtaignes d'œufs)…

BUDGET MOYEN

Muralha da Sé – A1 - *Adro da Sé, 24 - ✆ 232 43 77 77 - www.muralhadase.pt - tlj sf dim. soir et lun. 12h30-15h, 19h30-23h - 20/25 €.* Au pied de l'église da Misericórdia, dans une salle rustique ou sur la terrasse donnant sur un angle de l'adro da Sé, vous dégusterez une cuisine savoureuse et fruitée : *picanha* (viande rouge grillée) à l'ananas, *pargo* (pagre, poisson voisin de la daurade) au beurre, chevreau braisé, assiette de fromages aux fruits. Assez cher toutefois.

PETITE PAUSE

La paisible localité de **Caramulo**, avec ses parcs, se prête idéalement à un pique-nique improvisé.

ACHATS

Pastelaria Capuchinha – A2 - *Praça da República, 18 - ✆ 232 43 57 10 - www.pastelariacapuchinha.com - 7h30-20h30.* Il y a souvent foule dans cette appétissante pâtisserie qui croule sous les énormes gâteaux.

AGENDA

Feira de São Mateus – *Du 7 août au 13 sept.* Toute la ville s'anime durant cette foire multiséculaire dédiée à la gastronomie, à l'art et à l'artisanat.

Guarda

★

42 460 habitants – District de Guarda

Principale place forte de la province de la Beira Alta, proche de l'Espagne, la « gardienne » du Portugal est perchée sur un contrefort oriental de la serra da Estrela et s'affirme, à 1 000 m d'altitude, comme la ville la plus haute du pays. Cité battue par les vents, à l'atmosphère austère, Guarda forme cependant une base de départ pratique pour découvrir les citadelles médiévales et les forteresses réparties le long de la frontière.

NOS ADRESSES PAGE 469
Hébergement, restauration, achats, activités, etc.

S'INFORMER

Posto de Turismo – *Praça Luís de Camões, 21 - ✆ 271 20 55 30 - www.mun-guarda.pt - été : lun.-vend. 9h-18h, w.-end 9h-12h30, 14h-18h ; hiver : lun.-vend. 9h-17h30, w.-end 9h-12h30, 14h-17h30.*

SE REPÉRER

Carte de région C1 p. 414-415 – Carte des places fortes de l'Est p. 465. Guarda est située 43 km à l'ouest de Vilar Formoso (frontière espagnole) et 75 km à l'est de Viseu.

Voir aussi la rubrique « Arriver/partir » dans « Nos adresses ».

À NE PAS MANQUER

Les places fortes de l'Est, dans les environs de Guarda.

ORGANISER SON TEMPS

Comptez de 1 à 2 jours selon le nombre d'excursions.

Se promener

Circuit dans la vieille ville – Comptez de 1h30 à 2h.

Les quartiers modernes ceinturent le centre médiéval, délimité par les vestiges des anciennes fortifications.

Anciennes fortifications

Comme toutes les enceintes élevées avant le règne du roi Denis, les murailles se caractérisent par l'absence de créneaux, qui vinrent parfois couronner ultérieurement certains des ouvrages. Les vestiges les mieux conservés sont la **tour des Forgerons** (Torre dos Ferreiros), le donjon des 12e et 13e s., ainsi que les portes d'El-Rei et da Estrela.

★★ Sé

Juin-sept. : tlj sf lun. 10h-13h30, 15h-18h30 ; oct.-mai : 9h-12h30, 14h-17h30 - accès aux toits : 2 €.

Commencée en 1390 dans le style gothique, la **cathédrale** ne fut terminée qu'en 1540, ce qui explique la présence d'éléments Renaissance et manuélins dans sa décoration. L'édifice, en granit, est couronné de pinacles et de trèfles qui lui confèrent une certaine ressemblance avec le monastère de Batalha *(voir p. 271)*.

Extérieur – La façade nord, la plus intéressante, est ornée d'un portail de style gothique fleuri que surmonte une fenêtre manuéline. La façade principale, plus

Les fortifications en étoile d'Almeida.
Jesús Nicolás Sánchez/age fotostock

dépouillée, présente un portail manuélin encadré par deux tours octogonales : les blasons fixés au pied des tours crénelées sont ceux de l'évêque Dom Pedro Vaz Gavião qui joua un rôle important dans l'achèvement de la cathédrale au 16e s.

★ **Intérieur** – Remarquez la voûte de la croisée du transept dont la clef est une croix de l'ordre du Christ. Le **chœur** abrite un retable Renaissance (16e s.) en pierre d'Ançã, dorée au 18e s. Attribué à Jean de Rouen, cet ensemble en haut relief de plus de 100 personnages se développe sur quatre étages et représente, de bas en haut, des scènes de la vie de la Vierge et du Christ. Dans l'absidiole de droite se trouve un retable (16e s.), également attribué à Jean de Rouen, qui figure la Cène.

La **chapelle des Pinas** s'ouvre sur le collatéral gauche par une belle porte Renaissance où réside un joli tombeau gothique avec gisant.

À l'angle du bras droit du transept, un escalier érigé autour d'une colonne torse permet d'accéder aux toits de la cathédrale, d'où la **vue** s'étend sur la ville et la serra da Estrela.

5

Maisons anciennes

Sur la praça Luís de Camões, ou largo da Sé, devant la cathédrale et dans les rues Francisco de Passos et Dom Miguel de Alarcão *(no 25)* se dressent de nombreuses maisons armoriées des 16e et 18e s. Sur la place, derrière la cathédrale, on découvre le **Solar de Alarcão**, beau manoir en granit, qui fait partie du réseau du « tourisme d'habitation » *(voir « Hébergement », p. 469)*.

Museu da Guarda

☎ 271 21 34 60 - tlj sf lun. 10h-18h (19h en été) - 3 €, gratuit 1er dim. du mois.

Le musée est aménagé dans l'ancien palais épiscopal au pied des remparts. Datant du début du 17e s., ce dernier a conservé son cloître Renaissance. Des collections régionales d'archéologie, d'ethnologie, ainsi que de peintures et de sculptures, dont une statue du 13e s. de Notre-Dame-de-la-Consolation, en granit polychrome, y sont exposées.

À proximité Carte des places fortes de l'Est

LES PLACES FORTES DE L'EST

Si les citadelles médiévales ou les places fortes furent érigées aux 17e et 18e s. pour protéger la frontière, de nombreux bourgs ou villages fortifiés semblent encore monter la garde au sommet d'une butte ou d'un promontoire escarpé, au cœur de la Beira Alta.

Linhares

49 km à l'ouest de Guarda par l'IP 5 et la N 17 (les 6 derniers km, au départ de Carrapichana, s'effectuent sur une petite route sinueuse).
Juchée sur un promontoire qui domine la haute vallée du Mondego s'élève, à même le granit, la très belle enceinte d'un château du temps du roi Denis (13e s.). Ses deux tours carrées crénelées protègent le vieux village de Linhares où subsistent quelques constructions du 16e s., dont un pilori à sphère armillaire.

Celorico da Beira

28 km au nord-ouest de Guarda par l'IP 5.
Le bourg occupe l'extrémité nord d'une échine boisée de la serra da Estrela. Le vaste donjon carré de son ancien château fort y culmine, entouré d'une petite enceinte. Dans les ruelles du quartier ancien, on peut voir des maisons aux portes gothiques et aux fenêtres manuélines. Vues étendues.

★ Trancoso

47 km au nord de Guarda par l'IP 5, l'IP 2 puis, à gauche, la N 226.
Sur le haut du plateau qui prolonge au nord la serra da Estrela se dresse, intacte, l'enceinte fortifiée médiévale de Trancoso. On en a la meilleure vue d'ensemble depuis un monticule rocheux, à l'entrée nord de la localité, voisin d'un calvaire et bordant la route de Mêda. La petite cité connut ses jours de gloire aux 13e et 14e s., en particulier lorsque fut célébré le mariage du roi Denis et d'Isabelle d'Aragon, le 24 juin 1282.

★ **Fortifications** – *En faire le tour en voiture permet d'apprécier leur puissance.* La muraille, plusieurs fois relevée depuis le 9e s., est crêtée de merlons pyramidaux et renforcée par de massifs bastions carrés. Deux de ses portes sont décorées et cantonnées de tours.

Castelo – *☎ 271 81 11 47.* Dominé par son donjon carré, il occupe l'angle nord-est de l'enceinte ; du haut de ses remparts, la vue s'étend sur le relief accidenté de la Beira Alta.

Pelourinho – Devant l'église, au centre de l'agglomération, le **pilori** est fait d'une colonne octogonale que surmonte un lanternon portant une sphère armillaire et la croix du Christ.

UNE VOCATION MILITAIRE

Occupé dès la préhistoire, le site de Guarda aurait servi de base militaire à Jules César avant d'accueillir, croit-on, la ville romaine de Lancia Oppidana, puis une forteresse wisigothique, bientôt submergée par la conquête arabe. La ville, reprise aux Maures par Alphonse Henriques, fut agrandie et fortifiée à la fin du 12e s., sous Sanche Ier. Le roi Denis y séjourna. Après avoir repoussé les Espagnols, Guarda devait néanmoins faillir à son rôle de « gardienne » lors de l'invasion française de 1808.

Maisons anciennes – Elles se reconnaissent à la patine de leurs murs de granit, et à leurs blasons et balcons ouvragés. L'une d'elles, sur une placette proche de l'église, montre une façade du 16e s. aux fenêtres soulignées de consoles et de sculptures.

Marialva

69 km au nord de Guarda par l'IP 5 et l'IP 2.

Au-dessus du village actuel, les vestiges d'un château construit en 1200 couvrent une échine rocheuse avec des vues étendues sur la plaine. Entre les ruines de l'enceinte, du donjon crénelé et d'une autre tour, sont disséminées celles des maisons abandonnées de l'ancien village, ainsi qu'un pilori du 15e s. à chapeau conique et l'église paroissiale à portail manuélin.

Penedono

74 km au nord de Guarda par l'IP 5, l'IP 2, puis à gauche la N 226 et, enfin, à droite la N 229-1.

Perché à 947 m d'altitude sur une crête rocheuse de la Beira Alta, Penedono est dominé au nord par un gracieux **château fort** triangulaire couronné de merlons pyramidaux. *En cas de fermeture, adressez-vous à l'office de tourisme au 254 50 81 74 - gratuit.*

Un **pilori** du 16e s. précède les marches menant au château. Franchissez les remparts et prenez, à gauche, vers l'unique porte d'entrée flanquée de deux tourelles à mâchicoulis.

Du chemin de ronde, la vue est étendue au sud sur le village et, au loin, sur la serra da Estrela ; au nord, le plateau montagneux annonce le Trás-os-Montes.

5

Pinhel

29 km au nord-est de Guarda par la N 221.

La route d'accès à Pinhel fait traverser une campagne couverte d'oliviers et de vignes. En fin de parcours, aux abords de la localité, des cuves à vin lancent leurs dômes blancs à pointe.

Ancienne place forte située sur un seuil montagneux proche de l'Espagne, Pinhel est un vieux village aux maisons souvent blasonnées et ornées de jolis balcons de fer forgé ; sur la place centrale, plantée d'acacias, se dresse un pilori dont la colonne monolithe est surmontée d'un joli lanternon.

Museu Municipal – *Tlj sf lun. 10h-12h, 14h-18h - gratuit.* Il expose quelques vestiges préhistoriques et romains, des œuvres d'art sacré (retable en pierre d'Ançã, dû à Jean de Rouen), des armes, étains et faïences portugais ; à l'étage, des peintures populaires naïves et autres tableaux.

★ Almeida

49 km au nord-est de Guarda par l'IP 5, puis par les N 324, N 340 et N 332 ; 25 km au départ de Pinhel par la N 324, puis par les N 340 et N 332.

La belle route d'accès à Almeida au départ de Pinhel s'engage sur un plateau désolé, semé d'énormes blocs de granit qui forment un **paysage★** lunaire.

À moins de 10 km de la frontière, la paisible petite cité d'Almeida couronne de ses remparts une butte haute de 763 m. Prise par les Espagnols en 1762, puis par les troupes françaises de Masséna en 1810, elle conserve intact son double **système fortifié★** en étoile à six branches de pur style Vauban achevé au 18e s. Trois portes voûtées disposées en chicane, à porches monumentaux précédés de ponts, donnent accès à l'intérieur de la place où l'on peut voir les anciens casernements *(près de la porte nord)* qui servirent de prison de 1828 à 1833, et quelques beaux hôtels particuliers, dont certains sont revêtus d'azulejos.

Castelo Rodrigo

54 km au nord-est de Guarda par la N 221. *Voir « Serra da Marofa », p. 468.*

★ Castelo Melhor

77 km au nord-est de Guarda par la N 221, puis la N 332 à gauche et la N 222.

Visible de la N 222, le village s'accroche au flanc d'un piton rocheux parsemé d'oliviers. Une **enceinte★** médiévale renforcée de tours rondes ceinture le sommet herbeux. Un centre d'information y est installé pour la visite des gravures rupestres du Parc archéologique de la vallée du Côa *(voir p. 601)*.

★ Castelo Mendo

35 km à l'est de Guarda par l'IP 5.

Entrelaçant ses ruelles pavées sur une butte rocheuse parmi les ruines d'une enceinte gothique, le village conserve les marques d'un passé florissant : quelques édifices Renaissance ou, datant de la domination espagnole, une église du 17e s. avec, devant elle, le plus haut **pilori** de la province (7 m), du 16e s. Les maisons paysannes en granit sont bordées d'un double balcon formant porche. Du sommet, qui porte les vestiges du réduit de défense et d'une chapelle à clocher-porche, vue dominante au sud sur la vallée encaissée du rio Côa que barre un viaduc ferroviaire.

Castelo Bom

39 km à l'est de Guarda par l'IP 5.

Forteresse médiévale du temps du roi Denis, ce village groupé sur une colline ne possède plus qu'une tour ruinée, contiguë à une porte gothique, et une belle maison du 16e s.

Sabugal

33 km au sud-est par la N 18 et la N 233 à gauche.

Groupée sur une butte autour de son château fort, la petite cité domine la vallée du Côa, affluent du Douro. Fondée au début du 13e s. par Alphonse X de León, la ville devint portugaise en 1282, lorsque Isabelle d'Aragon épousa le roi Denis de Portugal.

L'aspect actuel du **château fort** *(800 26 27 88 - tlj sf mar. 10h-12h30, 14h30-16h30 - gratuit)* date de la fin du 13e s.; une double enceinte crénelée, flanquée de tours carrées à merlons pyramidaux, enserre un imposant donjon pentagonal avec balcons à mâchicoulis.

★ Sortelha

45 km au sud de Guarda par l'IP 2, puis la N 18-3, et enfin une petite route à gauche.

Une puissante **forteresse★** du 12e s. entoure l'ancien village aux pittoresques maisons de granit – ainsi qu'un beau pilori manuélin à sphère armillaire – et se dresse à l'extrémité d'un promontoire dominant la haute vallée du Zêzere. On y pénètre par l'une des majestueuses portes gothiques de l'enceinte fortifiée, dont les deux tours carrées subsistantes ont leur propre enceinte, aux entrées surmontées de mâchicoulis.

Du chemin de ronde *(venteux)*, **vues★** impressionnantes sur la vallée.

★ Belmonte

25 km au sud de Guarda, sur la rive gauche du Zêzere – Comptez de 1h à 2h.

Posto de Turismo – *Largo do Brasil - Castelo de Belmonte - 275 91 14 88 - www.cm-belmonte.com - été : tlj sf lun., mar. et le 1er dim. du mois 9h-13h, 14h-18h ; hiver : tlj sf dim. et lun. 9h-13h, 14h-18h.*

Gros bourg isolé appartenant au district de Castelo Branco, perché à 600 m d'altitude sur l'échine d'une colline proche de la serra da Estrela, Belmonte, avec son ancien château fort au donjon carré, ses églises et ses chapelles, forme un ensemble architectural harmonieux.

L'endroit a vu naître l'illustre navigateur Pedro Álvares Cabral, qui découvrit le Brésil en l'an 1500. L'histoire de Belmonte est également liée au judaïsme portugais, et la ville, qui abrite encore aujourd'hui la plus importante communauté juive du pays, possède une nouvelle synagogue et a son propre rabbin.

LES JUIFS AU PORTUGAL

Arrivés dans la péninsule Ibérique dès l'Antiquité, les Juifs y eurent au Moyen Âge un rôle économique, administratif et culturel très important. Les rois portugais étaient entourés de banquiers et de médecins juifs auxquels ils accordaient une grande confiance. Avec l'expulsion des Juifs d'Espagne en 1492, beaucoup se réfugièrent au Portugal. Mais en 1496, le roi Manuel Ier, pour épouser Isabelle, la fille des Rois Catholiques, décréta à contrecœur la conversion forcée des Juifs, ce qui représenta un véritable désastre pour l'économie du pays. Ceux qui ne s'enfuirent pas vers le Maroc (beaucoup périrent lors de la traversée) furent baptisés de force. La plupart des « nouveaux chrétiens » – bien qu'ils aient choisi des noms à consonance catholique comme Cruz (croix), Trindade (trinité) ou Santos (saints) – continuèrent à pratiquer en secret la religion hébraïque (crypto-judaïsme). Les marranes (*mahrán* signifiant « interdit » en arabe) étaient ainsi nombreux à Belmonte, Faro, Porto, Tomar, Amarante ou Castelo de Vide.

Castelo – *☏ 275 91 39 01 - 10h-12h30, 14h-17h30 - gratuit.* Bâti aux 13e et 14e s. par le roi Denis Ier, il n'en reste que le donjon crêté de merlons et l'enceinte en partie démantelée, restaurés en 1940. La tour d'angle à droite du donjon arbore des balcons à consoles du 17e s., et le pan de muraille attenant, à gauche, une fenêtre manuéline géminée surmontée du blason des Cabral. Le château a fait l'objet d'un plan de réaménagement et abrite désormais un amphithéâtre où sont organisés des spectacles et des concerts. Par ailleurs, le donjon accueille un centre muséologique.

Longez l'enceinte pour profiter de la **vue★** sur Belmonte et la campagne.

★ **Igreja de São Tiago** – *Mai-sept. : tlj sf lun. 9h30-12h30, 14h-18h ; oct.-avr. : tlj sf lun. 9h30-13h, 14h-17h - 2 €, billet combiné avec le Panteão dos Cabrais.* Voisine du château, cette église romane (12e-13e s.) remaniée au 16e s. conserve à l'intérieur des éléments intéressants : une cuve baptismale romane, des fresques du 16e s. sur le maître-autel et d'autres plus anciennes sur le mur de droite. La chapelle de Nossa Senhora da Piedade, construite au 14e s., dispose d'une curieuse chaire à abat-voix et une pietà polychrome taillée dans un seul bloc de granit, ainsi que des chapiteaux historiés évoquant les hauts faits de Fernão Cabral, père de Pedro Álvares Cabral.

Panteão dos Cabrais (Panthéon des Cabral) – *☏ 275 08 86 98 - mêmes horaires que l'Igreja de São Tiago.* Attenante à l'église São Tiago, cette chapelle de la fin du 15e s. renferme les tombeaux de Pedro Álvares Cabral et de ses parents.

Capela de Santo António – *Fermé.* Faisant face au château, cette chapelle du 15e s. a été élevée à l'initiative de la mère de Pedro Álvares Cabral.

Igreja Matriz – Édifiée en 1940, l'église paroissiale contient la statue de Notre-Dame-d'Espérance qui, selon la tradition, aurait accompagné Pedro Álvares Cabral dans son voyage de découverte officielle du Brésil, ainsi qu'une réplique de la croix qui présida à la célébration de la première messe au Brésil, l'original se trouvant dans la cathédrale de Braga.

★ **Torre romana de Centum Cellas** – *4 km au nord. Prenez la N 18 vers Guarda, puis, à droite, la route de Comeal, d'où se détache une route permettant d'accéder au pied de la tour.* Cette ruine majestueuse faisait partie d'une villa romaine du 1er s. liée au commerce de l'étain, proche de la voie de Mérida à Braga. La masse carrée de la tour, faite de blocs de granit rose, semble s'élever sur trois niveaux percés d'ouvertures rectangulaires.

SERRA DA MAROFA D1

49 km au nord-est de Guarda (et 20 km au nord de Pinhel) par la N 221.

La route qui relie Pinhel à Figueira de Castelo Rodrigo a été surnommée **« l'excommuniée »** par les habitants de la région en raison des innombrables sinuosités qu'elle décrit dans la serra da Marofa. Après avoir traversé une riche région agricole, cette route s'encaisse entre des versants parsemés de rochers, puis franchit la verdoyante vallée du Côa. Elle pénètre ensuite dans la serra da Marofa, sauvage et rocailleuse, avant d'atteindre le plateau de Figueira de Castelo Rodrigo, planté d'arbres fruitiers. À gauche, le sommet de la serra (976 m) est un bon belvédère, en particulier sur le village fortifié de Castelo Rodrigo dont les ruines se dressent sur une hauteur.

Castelo Rodrigo – Importante cité dès le Moyen Âge, elle fut supplantée au 19e s. par Figueira de Castelo Rodrigo. Belles vues sur la région.

Figueira de Castelo Rodrigo – Ce bourg possède une église baroque (18e s.) aux nombreux autels en bois doré.

Antigo convento de Santa Maria de Aguiar – *6 km au sud-est de Figueira.* L'**église** *(propriété privée)* est un édifice gothique à plan cistercien.

NOS ADRESSES À GUARDA ET SES ENVIRONS

INFORMATIONS UTILES

Les offices de tourisme sont répertoriés en début de chapitre.

ARRIVER/PARTIR

Train

Gare ferroviaire – *Largo da Estação (3 km à l'est du centre historique) - ✆ 808 20 82 08.* Liaisons directes pour Coimbra. Bus urbains pour rejoindre le centre.

HÉBERGEMENT

À Guarda

PREMIER PRIX

Santos – *R. Tenente Valadim, 14 - ✆ 271 20 54 00 - www.hotelsantos.pt - 25 ch. 46 €* . Cette agréable pension installée dans le bâtiment historique de l'ancien hôtel de ville (où est conservée une porte de l'antique muraille) est située en plein centre de Guarda, près de la cathédrale.

BUDGET MOYEN

Solar de Alarcão – *R. D. Miguel de Alarcão, 25/27 - ✆ 271 21 43 92 - P - 3 ch. 55/75 €* . Les amateurs de vieilles demeures apprécieront le cadre historique de ce manoir fin 17e s. jouxtant la cathédrale.

À Belmonte

POUR SE FAIRE PLAISIR

Pousada Convento de Belmonte – *Serra da Esperança (3 km au sud du centre) - ✆ 275 91 03 00 - www.conventodebelmonte.pt - 24 ch. 110/170 €* . Isolées au sommet de la colline boisée de Belmonte, les vieilles pierres de l'ancien couvent de Nossa Senhora da Esperança servent de décor à cette *pousada* : le salon occupe la chapelle du 13e s., un bar a pris place dans la sacristie et les chaises en fer forgé invitent au repos dans le cloître, éclairé de grands chandeliers. Derrière, la terrasse panoramique et la piscine s'ouvrent sur la serra da Estrela. Les chambres, portant chacune le nom d'un moine, disposent d'un balcon face à la montagne.

PETITE PAUSE

Café Central – *R. Marquês de Pombal, 53 - ✆ 271 22 39 25 - à partir de 7h.* Dès que le froid balaye la ville, les habitants se réfugient dans ce café. Excellentes pâtisseries.

AGENDA

Festas da Cidade – *27 juil.-3 août.*

Serra da Estrela

★

Districts de Beira Baixa et de Beira Alta

Joyau de la Beira Alta et massif le plus élevé du pays, la serra da Estrela (la « montagne de l'Étoile ») forme une barrière montagneuse longue de 60 km et large de 30 km qui culmine à 1 993 m d'altitude au pic de la Torre. C'est ici que naît le fleuve Mondego, qui traverse Coimbra en aval. Ses sommets hérissés de blocs rocheux et ses versants boisés sont intégrés dans un Parc naturel de plus de 100 000 ha. Ciels limpides, lacs miroitants, magnifiques panoramas : de tels atouts expliquent l'essor du tourisme dans la région, autrefois isolée, qui attire à présent les skieurs en hiver (à Penhas da Saúde), les campeurs et les randonneurs en été. En prenant de l'altitude, le paysage change radicalement et la forêt disparaît pour laisser place à une végétation de lande, parsemée de roches gelées, balayée par les vents. Portes d'entrée vers les hauteurs, les bourgades de Covilhã (principale localité du massif), Seia, Gouveia et Manteigas, situées au contact de la plaine, constitueront d'excellentes bases pour vos excursions en montagne.

NOS ADRESSES PAGE 476
Hébergement, restauration, achats, activités, etc.

S'INFORMER

Parque Natural da Serra da Estrela – *R. 1° de Maio, 2 - Manteigas - ✆ 275 98 00 60 - tlj sf w.-end 9h-12h30, 14h-17h30.* Principal centre d'information sur le Parc : guides, cartes, sentiers balisés.

Posto de Turismo de Manteigas – *R. Dr Esteves de Carvalho, 2 - ✆ 275 98 11 29 - été : tlj sf lun., mar. et 1er dim. du mois 9h-13h, 14h-18h ; hiver : tlj sf dim. et lun. 9h-13h, 14h-18h.*

Posto de Turismo de Covilhã – *Av. Frei Heitor Pinto - ✆ 275 31 95 60 - tlj sf dim. 9h30-13h, 14h-17h30.*

Posto de Turismo de Gouveia – *R. Jardim da Ribeira - ✆ 238 08 39 30 - 9h30-12h30, 14h-18h.*

Posto de Turismo de Seia – *R. Pintor Lucas Marrão - ✆ 238 31 77 62 - lun.-sam. 9h-12h30, 14h-17h30, dim. 9h-13h.*

SE REPÉRER

Carte de région C1-2 p. 414-415 – Carte de la serra da Estrela p. 473.
La serra da Estrela s'étend au sud-est de Viseu, au sud-ouest de Guarda et à l'est de Coimbra. Covilhã se trouve env. 50 km au sud-ouest de Guarda et env. 140 km à l'est de Coimbra.

À NE PAS MANQUER

La vallée glaciaire du Zêzere ; le panorama depuis le mont de la Torre.

ORGANISER SON TEMPS

Comptez de 1 à 2 jours. En hiver, et souvent jusqu'en avril, certaines routes sont fermées en raison de l'enneigement.

AVEC LES ENFANTS

Une journée de ski à Penhas da Saúde.

La serra da Estrela en hiver.
O. Lima/age fotostock

Circuits conseillés Carte de la serra da Estrela

Circuits tracés sur la carte de la serra da Estrela (p. 473) – Comptez une journée.
La serra da Estrela est un bloc granitique qui prolonge, vers le sud-ouest, la cordillère centrale espagnole. Elle est limitée au nord et au sud par deux escarpements de failles qui dominent de plusieurs centaines de mètres les vallées du Mondego et du Zêzere. Vers l'ouest, elle se termine abruptement au-dessus des croupes schisteuses de la serra da Lousã *(voir p. 436)*.
Si l'on excepte la profonde entaille de la haute vallée glaciaire du Zêzere, le relief est assez uniforme, la plupart des sommets atteignant 1 500 m. Le boisement (pins, chênes) disparaît vers 1 300 m d'altitude pour laisser place à une herbe rase, à quelques fleurs et aux rochers. Seuls les fonds de vallées sont cultivés (maïs, seigle). Sur les sommets, qui reçoivent plus de 2 m de pluie et de neige par an, les gelées durent neuf mois, et les étés sont en général chauds et très secs. Autrefois, seuls quelques bergers pratiquant la transhumance hantaient ces lieux. De nos jours, des troupeaux de moutons et de chèvres venus de la vallée du Mondego estivent encore dans la montagne, favorisant le développement de l'industrie lainière à Covilhã et Fundão, et la fabrication, en hiver, d'un délicieux fromage de montagne *(voir encadré p. 475)*, préparé avec un mélange de laits de brebis et de chèvre.

5

★★ ROUTE DU MONT DE LA TORRE

Circuit de 49 km de Covilhã à Seia tracé en rose sur la carte de la serra da Estrela (p. 473) – Comptez env. 2h. Il emprunte la route la plus élevée du Portugal (souvent interdite à la circulation jusqu'à fin avril en raison de l'enneigement).

Covilhã

50 km au sud-ouest de Guarda.
Étalé sur les premières pentes boisées du flanc sud de la serra, au contact de la riche vallée du Zêzere, Covilhã est une station climatique, un centre

d'excursions qui dessert la station de sports d'hiver de **Penhas da Saúde** et une localité animée grâce à la présence des étudiants de son université. La bourgade est aussi connue pour son fameux fromage *(queijo da serra)*; enfin, elle produit les deux tiers des lainages du Portugal, dont vous pourrez voir certaines fabriques en ville, près de la rivière.

Museu de Lanifícios – *275 31 97 24 - www.museu.ubi.pt - tlj sf lun. 9h30-12h, 14h30-18h - 2 €.* Intégré dans les bâtiments de l'université de la Beira Interior, l'intéressant **musée des Lainiers** a été aménagé dans l'ancienne Fabrique royale des étoffes, construite à la demande du marquis de Pombal en 1763. Sa restauration a permis de mettre au jour ses structures primitives. La visite invite à suivre, dans une succession de salles, tout le processus de fabrication des étoffes. Des objets, des machines et des ustensiles liés à cette activité (rouets, cannetières, métiers à tisser manuels, machines à vapeur) y sont exposés.

À la sortie de Covilhã, la route s'élève rapidement parmi les pins et les chênes qui disparaissent bientôt tandis que les vues prennent de l'ampleur.

Vous parvenez à **Penhas da Saúde**, station de sports d'hiver et villégiature d'été. Puis le paysage devient plus accidenté; quelques lacs de barrage, ou d'origine glaciaire, sont disséminés çà et là dans les anfractuosités.

Laissez à droite la route de Manteigas, décrite ci-contre (« Haute vallée du Zêzere »).

Après un replat correspondant à la haute vallée d'un affluent du Zêzere, de nombreux blocs de granit tailladés par l'érosion donnent au **paysage★** un aspect ruiniforme; dans un abri creusé dans la roche, à droite de la route *(stationnement possible)*, se dresse la statue de Nossa Senhora da Boa Estrela, sculptée dans les années 1940; une fête religieuse s'y déroule chaque année le deuxième dimanche d'août.

Peu avant le sommet, d'un belvédère aménagé dans un virage à gauche, on a une belle **vue★** sur un lac de barrage et la haute vallée glaciaire du Zêzere, dont la source est cachée par un cône de granit de 300 m de hauteur, appelé « la Cruche Fine » (Cântaro Magro) et débité par le gel en blocs réguliers.

Tournez à gauche dans la route d'accès au sommet de la Torre.

★★ Torre

Le point culminant (1 993 m) du Portugal se dresse dans un paysage dénudé, à l'herbe rare. Des constructions diverses y sont installées. Du centre, marqué par un socle portant une croix, se révèle un immense **panorama** sur le moutonnement de reliefs des serras da Estrela et da Lousã, et sur les vallées du Zêzere et du Mondego.

La route serpente ensuite sur la crête parmi les rochers, les mousses et les lacs. Retenu par un barrage qui borde la route, le **« lac Long »** (Lagoa Comprida), aux eaux d'un bleu profond, est le plus vaste de la serra. La descente sur la vallée du Mondego, où se mêlent cultures et villages, est très rapide : **vues★★** magnifiques. Après **Sabugueiro**, village aux maisons de granit où l'on peut acheter des articles en pure laine et en cuir, ainsi que du fromage, l'altitude décroît très vite : les arbres réapparaissent.

Seia

Bourgade située au pied de la serra, elle constitue un point de départ pour les randonnées dans la montagne *(rens. à l'office de tourisme).*

De Seia, un détour de 62 km AR vers le sud-ouest vous permettra de découvrir les belles églises romano-baroque et préromane de Oliveira do Hospital et de Lourosa; voir en fin de circuit la rubrique « À proximité », p. 475.

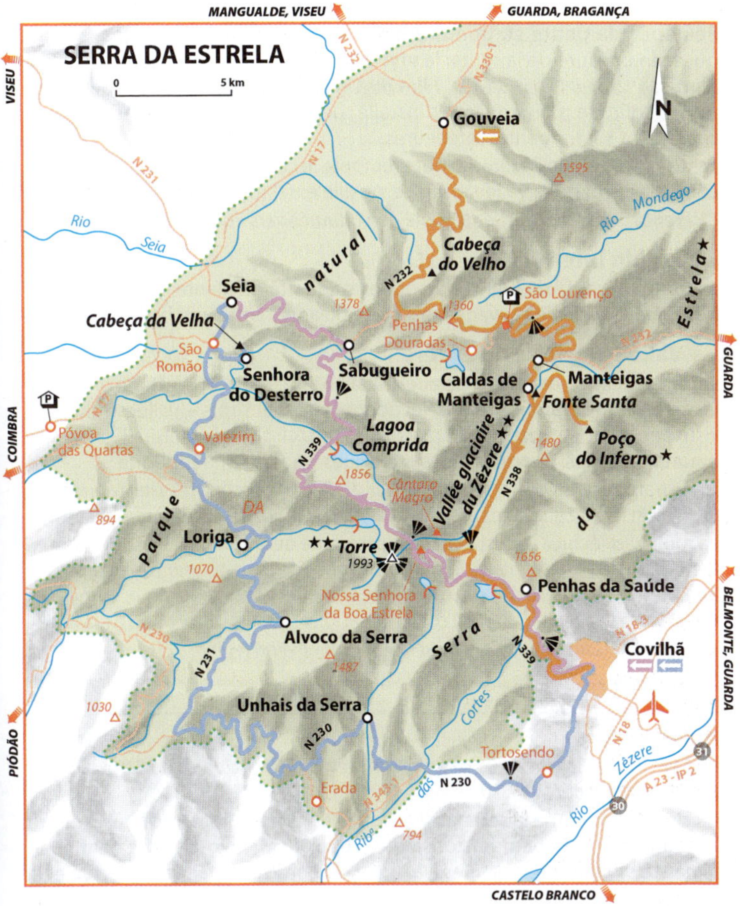

★★ HAUTE VALLÉE DU ZÊZERE

Circuit de 77 km tracé en orange sur la carte de la serra da Estrela (ci-dessus) – Comptez env. 2h30. Il part de ***Gouveia****, petite ville bâtie à mi-pente en bordure de la vallée du Mondego, et rejoint Covilhã par Manteigas ; la traversée du massif emprunte la haute vallée du Zêzere.*

Les hauts plateaux parsemés de rochers sont atteints très rapidement ; quelques boules de granit façonnées par l'érosion prennent parfois des formes étonnantes, comme la **Cabeça do Velho** (« Tête du Vieillard ») qui se dresse sur un amas rocheux à gauche de la route. Le Mondego, le plus long des fleuves entièrement portugais, prend sa source *(signalée)* à 1 360 m d'altitude. La route passe le long de la *pousada* de São Lourenço d'où se dégage un beau point de vue sur Manteigas et la vallée du Zêzere en face. C'est ensuite la descente brutale en lacet sur la haute vallée du Zêzere ; un belvédère aménagé dévoile bientôt une **vue**★ d'enfilade sur l'amont de la vallée que contrôle **Manteigas**, village de montagne aux maisons du 17e s. avec balcons de bois.

À Manteigas, laissez la N 232 et tournez à droite.

Peu après la petite station thermale de **Caldas de Manteigas**, remarquez, en bordure de la route, le **vivier** de truites *(posto aquícola)* de **Fonte Santa** *(☏ 275 98 15 05 - 9h-12h, 13h-17h)*. On trouve encore quelques bergeries, puis la solitude montagnarde s'installe ; des cultures en terrasses s'étagent cependant sur les pentes inférieures.

Passé le pont sur le Zêzere, la route remonte le cours du torrent et vient buter contre la paroi de sa vallée glaciaire, qu'elle escalade ensuite.

Prenez à gauche une petite route non bitumée vers Poço do Inferno (6 km).

★ Poço do Inferno (Puits de l'Enfer)

La route présente de belles échappées sur le site de Manteigas ; le **Puits de l'Enfer** est un défilé sauvage mais boisé qu'agrémente une belle **cascade★**.

★★ Vallée glaciaire du Zêzere

Parfait spécimen de relief glaciaire, la vallée du Zêzere en présente toutes les caractéristiques : profil en auge – et donc versants abrupts –, vallées affluentes « suspendues » et gorges de raccordement, cirque glaciaire à l'extrémité amont, cascades, énormes blocs erratiques, végétation rabougrie…

À mi-parcours de cette section rectiligne apparaissent les dentelures qui cernent le cirque glaciaire : la dent du Cântaro Magro et la pyramide de la Torre.

La route s'infléchit à l'ouest et passe à proximité de la source du Zêzere – signalée « Cântaros » *(invisible de la route mais que l'on peut gagner à pied parmi de gigantesques rochers)*. Un peu plus loin, à hauteur d'une fontaine, admirez la **vue★** sur la vallée glaciaire. Au col terminal, on atteint la bifurcation de la N 339.

Prenez, à gauche, la N 339 pour revenir sur Covilhã (voir p. 471).

★ VERSANT OUEST

Circuit de 81 km tracé en bleu sur la carte de la serra da Estrela (p. 473) – Comptez env. 2h. Il relie Covilhã et Seia en passant cette fois par Unhais da Serra. Quittez Covilhã au sud par la N 230.

Ce circuit contourne la serra par l'ouest en empruntant un tracé qui évolue à une altitude pratiquement constante (600-700 m) ; la route offre continuellement des vues intéressantes à gauche, d'abord sur la vallée du Zêzere et la serra da Gardunha, ensuite sur les moutonnements schisteux de la serra da Lousã, enfin sur la vallée du Mondego.

Après Tortosendo, les sommets de la serra da Estrela se profilent à droite. Vous parvenez à **Unhais da Serra**, petite station thermale et climatique occupant un très joli **site★** au sortir d'une vallée torrentielle. Les villages sont accrochés à mi-hauteur sur les versants, comme **Alvoco da Serra**, ou bien perchés sur un éperon dans la vallée même, comme **Loriga** ; chaque fond de vallée est mis en valeur par des cultures en terrasses (maïs) aux courbes régulières.

À São Romão, tournez à droite vers Senhora do Desterro. La route remonte la vallée de l'Alva jusqu'à Senhora do Desterro.

LE CHIEN SERRA DA ESTRELA

Cette race autochtone, parmi les plus anciennes de la péninsule Ibérique, a partagé pendant des siècles la vie des bergers de la montagne, leur tenant compagnie et protégeant leurs troupeaux. Ce sont des animaux assez corpulents mais agiles, affectueux et courageux. Leur poil aux tons jaunes est tantôt ras, tantôt – plus souvent – long avec deux couches qui les protègent du froid. Leur mâchoire puissante et leurs dents acérées leur permettaient de vaincre les loups.

LE « QUEIJO DA SERRA »

Le fromage de brebis d'appellation « serra da Estrela » est le plus réputé du Portugal. Le meilleur est toujours fabriqué à la main, pendant les mois froids, à partir de lait filtré avec une infusion de chardon, qui favorise le caillage. Il est ensuite déposé sur des faisselles, et pressé plusieurs fois afin d'acquérir une certaine consistance. Après 40 jours, sa pâte est devenue semi-molle, et il est prêt à être consommé. D'un goût très fin, il peut être mangé à la cuillère ou en tranches, accompagné du pain de maïs de la région ou de *marmelada* de coing ou de potiron. On peut l'acheter dans les villages ou les nombreuses fromageries de la serra (Arcozelo da Serra, Folgozinho, São Romão, Celorico da Beira, Linhares). À Celorico da Beira, des foires au « fromage de montagne » ont lieu un vendredi sur deux.

Senhora do Desterro

Laissez la voiture et prenez à gauche le chemin, taillé dans le roc, qui conduit *(15mn à pied AR)* à la **Cabeça da Velha** (« Tête de la Vieille »), rocher granitique sculpté par l'érosion.

Revenez à la route qui mène à Seia (voir p. 472).

À proximité Carte de région

Si vous empruntez le circuit « Route du mont de la Torre », vous pouvez, arrivé à Seia, faire cette excursion de 62 km AR avant d'enchaîner sur le circuit « Le versant ouest » en le suivant à l'envers pour revenir à Covilhã. Attention toutefois aux temps de trajet pour ne pas terminer la route de nuit.

Oliveira do Hospital C2

21 km au sud-ouest de Seia par la N 231 (sur 2,5 km), puis à gauche par la N 17 (sur 17 km), et enfin par une route à droite.

Quelques collines couvertes de vignes, d'oliviers et de pins encadrent ce bourg dont le nom rappelle la vieille appartenance (12e s.) à l'ordre des Hospitaliers de St-Jean-de-Jérusalem *(voir « Leça do Balio », dans les environs de Porto, p. 508).*

★ **Igreja Matriz** – Romane à l'origine, l'église paroissiale a été reconstruite à l'époque baroque, comme l'attestent son clocher en spirale et sa façade à pignon, volutes et balcon encadré de statues. L'intérieur, avec un joli plafond peint en trompe l'œil, abrite la chapelle funéraire des Ferreiros (13e s.) où se trouvent les tombeaux (fin 13e s.) de Domingos Joanes et de son épouse ; leurs gisants, sculptés dans la pierre d'Ançã, reflètent déjà par leur délicatesse l'évolution du roman vers le gothique. Une **statue★** équestre d'un chevalier (14e s.), semblable à celle du musée Machado de Castro à Coimbra, est fixée au mur au-dessus des tombeaux. Un beau **retable★** (14e s.) en pierre polychrome représente la Vierge à l'Enfant entre ses parents, saint Joachim et sainte Anne.

Igreja de Lourosa C2

10 km au sud-ouest de Oliveira do Hospital par la N 230, la N 17 et une route à gauche.

L'église préromane (édifiée vers 950) basse et trapue, de plan basilical, est précédée d'un porche. L'intérieur est typiquement mozarabe par ses arcs outrepassés le divisant en trois nefs et reposant sur de courts piliers ronds, et par les élégantes petites fenêtres géminées perçant chaque pignon de la nef centrale. Un linteau roman primitif est visible dans le faux bras droit du transept. Des fouilles ont mis au jour les vestiges d'un baptistère et de nombreuses sépultures. Près de l'église, campanile du 15e s. et pilori manuélin.

NOS ADRESSES DANS LA SERRA DA ESTRELA

INFORMATIONS UTILES

Les offices de tourisme sont répertoriés en début de chapitre.

HÉBERGEMENT

Bon à savoir – Plusieurs villages de la serra, fréquentés l'hiver par les touristes portugais attirés en masse par la neige, affichent des prix intéressants l'été, considéré comme la basse saison.

ADRUSE – *Largo Dr Alípio de Melo, Gouveia - 238 49 01 80 - www.adruse.pt.* L'Association pour le développement rural de la serra da Estrela gère les réservations d'hébergement en milieu rural.

À Covilhã

PREMIER PRIX

Covilhã Jardim – *Jardim Público, 40 (à 200 m de l'office de tourisme) - 275 32 21 40 - www.hotelcovilhajardim.com - - 15 ch. 40/65 €.* Une grande maison au cœur de la ville haute, face aux jardins publics surplombant la vallée du Zêzere. La famille Almeida, qui a longtemps vécu en France, réserve un accueil sympathique. Chambres propres et agréables avec vue sur la vallée ou sur le jardin (certaines ont un petit balcon). Au rez-de-chaussée, un bar à l'atmosphère intime réunit sur sa terrasse toutes les générations. Réserv. conseillée.

À Seia

BUDGET MOYEN

Camelo – *Av. 1º de Maio, 16 - 238 31 01 00 - www.eurosol.pt - P - 79 ch. 50/55 € - env. 30 €.* Très central, cet hôtel de standing propose des chambres spacieuses et confortables, avec balcon. Le cadre, un peu froid, est compensé par un service impeccable et une large gamme de prestations (belle piscine, tennis, jardin, billard, espaces enfants). Tarifs dégressifs.

À Gouveia

POUR SE FAIRE PLAISIR

Parque de Campismo Vale do Rossim – *Vila Cortez da Serra (accès par la N 232 qui relie Gouveia à Manteigas) - 275 98 10 29 - www.valedorossimecoresort.com - juin-sept.* Un camping d'altitude à deux pas de la retenue de Vale de Rossim aux eaux bleu nuit, à l'ombre des bouleaux et des pins. Si vous n'avez pas votre matériel, pas d'inquiétude : il met à disposition des yourtes tout équipées *(95-130 €/2 pers.).*

À Manteigas

BUDGET MOYEN

Casa das Obras – *R. Teles Vasconcelos, 16 - 275 98 11 55 - www.casadasobras.pt - - 6 ch. 68 € .* Un beau manoir du 17e s. niché à l'intérieur du village. Escalier d'honneur, couloirs et salons sont décorés de vieux tableaux et surmontés de plafonds peints (d'origine dans la salle de petit-déjeuner). Chambres aux belles tentures. De l'autre côté de la ruelle, un jardin et une piscine dissimulés par un muret. Mini de 2 nuitées les jours fériés et la veille.

À Piódão

PREMIER PRIX

Casa da Padaria – *Rue principale - 235 73 27 73 - http://casadapadaria.com - - 5 ch. 45 € .* L'ancienne boulangerie *(padaria)* de Piodão, à la façade de schiste comme toutes les maisons du village, abrite des chambres d'hôte calmes et impeccables, avec plafond en bois et mobilier rustique. L'ancien fournil et le four sont encore visibles dans la salle de petit-déjeuner. Idéal pour une cure de repos ou comme camp de base pour une randonnée.

RESTAURATION

À Covilhã

PREMIER PRIX

Zé do Sporting – *R. Comendador Mendes Veiga, 19 - ✆ 275 33 41 27 - tlj sf dim. soir et lun. 12h-15h, 18h30-21h30 - 12/15 €.* Ce restaurant populaire, toujours animé, est fréquenté par une clientèle de tous âges. Cuisine régionale et spécialités de grillades. Le dimanche, la file s'allonge devant les poulets à emporter. Agréable terrasse noyée sous la vigne, éclairée de néons un peu vifs le soir !

À Valhelhas

BUDGET MOYEN

Vallecula – *Praça Dr José de Castro (7 km de Belmonte) - ✆ 275 48 71 23 - tlj sf lun. 12h30-15h, 19h30-22h - 25/30 €.* Dans la vallée du Zêzere, sur la route entre Belmonte et Manteigas, une excellente table réputée dans la région, mêlant cuisine traditionnelle et créativité. Le chef privilégie les produits régionaux et utilise les herbes aromatiques de la serra. Vins du Dão et du Douro. Liqueurs maison au comptoir.

ACHATS

Fromage de la serra – Vente sur les lieux de production (signalés le long des routes) et dans les fromageries des villages. Ce fromage de brebis à pâte semi-molle *(voir encadré p. 475)* est le plus réputé du pays.

O Mundo Rural – *Largo Dr Alípio de Melo - ✆ 238 49 01 80 - www.adruse.pt - mar.-vend. 9h-12h30, 14h-17h30.* Le magasin de l'ADRUSE *(voir p. 476)* réunit les réalisations artisanales de la région : tissages, broderies, jouets en bois, poterie, vannerie, etc.

ACTIVITÉS

Randonnée pédestre

Une vingtaine d'itinéraires sur 350 km de sentiers. Les randonnées les plus intéressantes s'effectuent autour de Manteigas pour la serra da Estrela et de Piódão pour la serra da Lousã. Livret *(anglais ou portugais)* décrivant les parcours balisés en vente dans les offices de tourisme et au siège du Parc naturel, à Manteigas.

Ski

Station de **Penhas da Saúde** *(13 km de Covilhã).* La seule station de ski du Portugal, au pied de la Torre. Quatre téléskis et un télésiège (dénivelé : 130 m).

5

Castelo Branco

56 033 habitants – District de Castelo Branco

Proche de la frontière espagnole, cette ancienne place forte dominée par les ruines d'un château des templiers, le « Château Blanc », a subi maintes invasions, dont celle des troupes napoléoniennes en 1807. Alors qu'au nord les reliefs de la serra da Estrela se profilent encore à l'horizon, la capitale de la Beira Baixa règne sur une large plaine peuplée de « quintas » où sont produits le fromage, le miel, l'huile d'olive et le liège dont elle tire sa prospérité. Plus au sud s'étend le bassin du Tage. Ville de transition, Castelo Branco ménage une halte reposante et propose une base d'excursion vers l'impressionnant village de Monsanto niché au pied d'énormes blocs de granit ; non loin, l'ancienne cité romaine d'Idanha-a-Velha s'assoupit au milieu de ruines jalonnées de stèles...

NOS ADRESSES PAGE 482
Hébergement, restauration, achats, activités, etc.

S'INFORMER

Posto de Turismo – *Av. Nuno Álvares, 30 - ☎ 272 33 03 39 - www.cm-castelobranco.pt - 10h-13h, 14h-18h.*

SE REPÉRER

Carte de région C2 p. 414-415. 82 km au nord de Portalegre et 152 km au sud-est de Coimbra. Frontière espagnole 20 km à vol d'oiseau au sud et 58 km à l'est (accès routier par Penamacor).

Voir aussi la rubrique « Arriver/partir » dans « Nos adresses ».

SE GARER

Laissez votre voiture sur le largo de São João, à droite en venant du centre (dir. Guarda), juste avant l'escalier à arcades du jardin épiscopal (rua Frei Bartolomeu da Costa).

À NE PAS MANQUER

Le musée Cargaleiro ; le village de Monsanto.

ORGANISER SON TEMPS

Prévoyez une bonne demi-journée.

Se promener

Circuit à pied et en voiture au départ de l'ancien palais épiscopal – Comptez 4h avec les visites.

Cruzeiro de São João

La colonne torse, de style manuélin (16e s.), est surmontée d'une croix sculptée placée sur une couronne d'algues.

Passez sous l'escalier à arcades qui enjambe la rua Frei Bartolomeu da Costa.

★★ Jardim do Antigo Paço Episcopal

R. Frei Bartolomeu da Costa - ☎ 272 34 83 20 - 9h-17h (19h en été) - 2 €.

Derrière le musée Francisco Tavares Proenca Júnior, les **jardins de l'ancien palais épiscopal** s'étagent sur plusieurs terrasses et forment un amusant ensemble, créé au 17e s., composé de buis taillés, massifs de fleurs, pièces d'eau et statues baroques (signes du zodiaque, docteurs de l'Église, saisons, Vertus, etc.).

Ponctués de statues, les jardins en terrasses du palais épiscopal de Castelo Branco.
J. C. Zamarreño/age fotostock

Longeant le lac des Couronnes, une très belle allée, terminée par deux escaliers, est bordée de balustres peuplés de statues : les apôtres et les évangélistes, à droite, font face aux rois de Portugal, à gauche. Remarquez avec quelle ironie le sculpteur a représenté les rois de la domination espagnole, en leur donnant des dimensions réduites et des sobriquets vengeurs. Cet espace ludique et merveilleux invite à la contemplation.

En sortant du jardin, continuez à gauche dans la rua Frei Bartolomeu da Costa.

Museu Francisco Tavares Proença Júnior

Largo Dr José Dias Lopes - ✆ 272 34 42 77 - tlj sf lun. 10h-12h30, 14h-18h (19h en été) - 3 €, gratuit 1er dim. du mois.

Aménagé dans l'ancien palais épiscopal, il expose des collections variées. Au rez-de-chaussée : vestiges archéologiques et lapidaires et salle d'expositions temporaires ; à l'étage, tapisseries flamandes du 16e s., tableaux de l'école portugaise du 16e s. (dont un saint Antoine attribué à Francisco Henriques) et couvre-lits brodés *(colchas)* aux coloris bigarrés, qui ont fait la réputation de Castelo Branco depuis le 17e s. À l'étage encore, deux salles présentent les techniques de la culture du ver à soie et du travail du lin.

Face au musée se tient le Convento da Graça.

Convento da Graça

Devant le palais - ✆ 272 34 84 20 - tlj sf w.-end 9h-12h30, 14h-17h30 - 1,50 €.

Le couvent da Graça garde de sa construction primitive du 16e s. un portail manuélin. À l'intérieur, où est installée la Santa Casa da Misericórdia, le petit **musée d'Art sacré** possède notamment des statues de la reine sainte Isabelle et de saint Jean de Dieu avec un pauvre, une Vierge à l'Enfant et un saint Mathieu du 16e s., ainsi que deux crucifix en ivoire.

Rebroussez chemin par la rua Frei Bartolomeu da Costa. Repassez sous l'escalier à arcades, continuez tout droit et prenez plus loin à droite la rua dos Ferreiros, qui mène à la praça Luís de Camões.

Ville médiévale

Ce quartier, aux ruelles étroites et pavées, avec du linge suspendu aux fenêtres, possède quelques édifices intéressants dont, sur la belle praça Luís de Camões, l'ancien hôtel de ville datant du 17e s. (remanié) et l'**Arco do Bispo**, également du 17e s. Tout près de la place, le **Solar dos Cavaleiros** (18e s.) abrite le musée dédié à Manuel Cargaleiro *(voir ci-dessous)*.

De la praça Luís de Camões, engagez-vous dans la rua dos Cavaleiros.

★ Museu Cargaleiro

R. dos Cavaleiros, 23 - ✆ 272 33 73 94 - tlj sf lun. 10h-13h, 14h-18h - 2 €.

Il présente sur deux étages l'univers créatif de Manuel Cargaleiro (né en 1927), peintre, sculpteur et céramiste qui partage son temps entre le Portugal, l'Italie et Paris (il a décoré d'azulejos la station de métro parisienne Champs-Élysées-Clemenceau). Au rez-de-chaussée, une salle présente les œuvres d'artistes amis, dont des céramiques gravées de Picasso. À l'étage sont réunies des peintures, des céramiques ainsi qu'une grande tapisserie de Cargaleiro, qui correspondent à différentes périodes de création de l'artiste.

Revenez sur le largo de São João pour reprendre votre véhicule. Tournez à gauche (en dir. du centre) dans la rua Frei Bartolomeu da Costa, prolongée par la rua das Olarias. Passez devant la Sé (à gauche) et, plus loin, empruntez le tunnel. À la sortie, engagez-vous à droite dans la rua Espírito Santo, puis à droite rua da Granja, et enfin prenez une route à droite qui monte vers le belvédère de São Gens.

Miradouro de São Gens

L'esplanade ombragée offre une vue étendue sur la ville et ses environs parsemés d'oliviers.

La route se poursuit après le belvédère jusqu'au château.

Castelo

Du « Château Blanc », qui donna son nom à la ville, édifié au 13e s. par Pedro Alvito, maître de l'ordre des Templiers, il ne subsiste aujourd'hui que quelques tourelles et un pan de muraille. Du haut de ces ruines romantiques (les mariés de Castelo Branco viennent s'y faire prendre en photo), vous aurez un joli panorama sur la ville médiévale et les vergers plantés au pied de la forteresse.

Circuit conseillé Carte de région

Circuit de 150 km tracé en parme sur la carte de région (p. 415) – Comptez env. une journée.

LES VILLAGES DE L'EST C2

Penamacor C2

52,5 km au nord-est de Castelo Branco par la N 233.

Perché à 600 m d'altitude, ce village d'origine romaine est couronné par son château. Construit en 1209 par Sanche Ier, il en reste des pans de muraille et le donjon. Outre les vues panoramiques sur la plaine et les collines environnantes, le vieux Penamacor offre une agréable promenade.

L'**église da Misericórdia** *(✆ 277 39 41 06 - visite sur demande préalable)* présente un beau portail manuélin et, à l'intérieur, au maître-hôtel, un retable en bois doré.

Fondé au 16e s., le **couvent de Santo António** abrite une chapelle ornée d'une tribune et d'un plafond somptueux en bois doré.

Descendez par la N 332 jusqu'à Medelim, au sud, et prenez la N 239 vers l'est.

★★ Monsanto C2

24 km au sud de Penamacor.

Monsanto s'accroche aux pentes d'une colline de granit aride et déchiquetée, qui se dresse au milieu de la plaine, à 758 m d'altitude. Vieux village d'origine préhistorique, occupé ensuite par les Romains, il fut accordé en 1165 par le roi Alphonse Henriques à Gualdim Pais, maître de l'ordre des Templiers, qui y éleva une citadelle inexpugnable. De loin, le village apparaît comme un chaos rocheux gigantesque où s'entremêlent les murailles du château, les immenses blocs de granit de la montagne, les murs et les toits rouges de ses maisons.

Des ruelles escarpées sillonnent le village composé de vieilles demeures de granit qui prennent souvent appui sur la roche même, se confondant avec elle et épousant ses courbes ; les façades, parfois écussonnées, sont percées de fenêtres géminées et de portails manuélins.

Capela de Santo António – De style manuélin, elle possède un portail à cinq arcades à arc brisé.

Capela de São Miguel – À côté du château, cette chapelle en ruine d'origine romane conserve un beau portail avec quatre arcades en plein cintre et des chapiteaux historiés.

Castelo – Une ruelle, puis un sentier en très forte pente conduisent au château à travers un chaos impressionnant de blocs rocheux où il n'est pas rare de débusquer, dans des abris formés par les pierres, des poules, des lapins ou, dans quelque ruine romaine, un cochon ou un mouton. Du château, rebâti par le roi Denis, les nombreux sièges n'ont laissé que des ruines. Du donjon, un immense **panorama★★** se développe au nord-ouest sur la serra da Estrela et au sud-ouest sur le lac du barrage d'Idanha et la vallée du Ponsul.

En revenant au village, remarquez le clocher isolé d'une ancienne église romane, puis plusieurs tombes creusées à même le rocher.

Revenez à Medelim et reprenez la N 332 vers le sud.

FÊTE DU CHÂTEAU

Chaque année à Monsanto, en mai, des jeunes filles jettent par-dessus les remparts des cruches remplies de fleurs, en souvenir du veau à qui l'on fit subir le même sort lors d'un siège afin de décourager les assaillants qui comptaient sur la famine pour s'emparer du château. Les petites poupées ou *marafonas*, qu'ont coutume de porter les filles à cette occasion, évoquent Maia, la déesse de la Fécondité, et montrent la survivance de rites païens.

★ Idanha-a-Velha C2

15 km au sud-ouest de Monsanto.

Ce village de 90 habitants fut autrefois une ville romaine prospère, située près de la voie reliant Mérida à Astorga. C'est une sorte de musée en plein air où de nombreuses fouilles évoquent le passé. En suivant le parcours archéologique signalisé, on passe devant une tour construite par les templiers au 13e s. sur les fondations d'un temple romain, une cathédrale d'origine paléochrétienne mais reconstruite cinq fois et qui conserve des traces de ces remaniements successifs, un pont romain rebâti au Moyen Âge et de nombreux autres vestiges.

Reprenez la N 332 vers le sud jusqu'à Alcafozes, et empruntez la N 354 vers Ladoeiro. De là, revenez à Castelo Branco par la N 240.

NOS ADRESSES À CASTELO BRANCO

INFORMATIONS UTILES

Les offices de tourisme sont répertoriés en début de chapitre.

ARRIVER/PARTIR

Bus

Gare routière – *R. Rod. Rebelo (à 200 m de l'office de tourisme).* Liaisons pour Guarda, Coimbra, Portalegre et Lisbonne.

Train

Gare ferroviaire – *Largo do Rei D. Carlos (400 m au sud de l'office de tourisme).* Trains directs pour Guarda, Covilhá, Abrantes et Lisbonne.

HÉBERGEMENT

Les hôtels sont peu nombreux à Castelo Branco.

PREMIER PRIX

Império do Rei – *R. dos Prazeres, 20 - ✆ 272 34 17 20 - 19 ch. 50 €* ☕. Dans une ruelle à l'arrière de la cathédrale, un hôtel assez confortable avec certaines chambres parquetées aux plafonds moulurés. Accueil souriant.

BUDGET MOYEN

Best Western Rainha D. Amelia – *R. de Santiago, 15 - ✆ 272 34 88 00 - http://bestwesternhotelrdamelia.pt - ✕ P - 64 ch. 55/90 €* ☕. Dans un immeuble moderne un peu à l'écart du vieux centre, des chambres standardisées réparties sur quatre niveaux, confortables mais sans grand relief. Wifi.

RESTAURATION

PREMIER PRIX

Retiro do Caçador – *R. Ruivo Godinho, 15/17 (près de la cathédrale) - ✆ 272 34 30 50 - http://restauranteretirocacador.pai.pt - tlj sf dim. 12h-15h, 19h-22h30 - 12/20 €.* Accrochées aux murs, les têtes empaillées de sangliers plantent le décor : une adresse populaire et toujours animée, où les spécialités de gibiers sont servies dans des plats en terre cuite. Excellent rapport qualité-prix et accueil aimable.

ACTIVITÉS

Randonnées à Monsanto – *Réserv. à l'office de tourisme - ✆ 277 31 46 42.* La mairie d'Idanha-a-Nova dispose de programmes de randonnées pédestres à travers les montagnes de la région.

AGENDA

À Monsanto

Fête du château – *1er dim. qui suit le 3 mai.*

Une ruelle escarpée du village de Monsanto.
M. Howard / Sime / Photononstop

Porto et le Nord 6

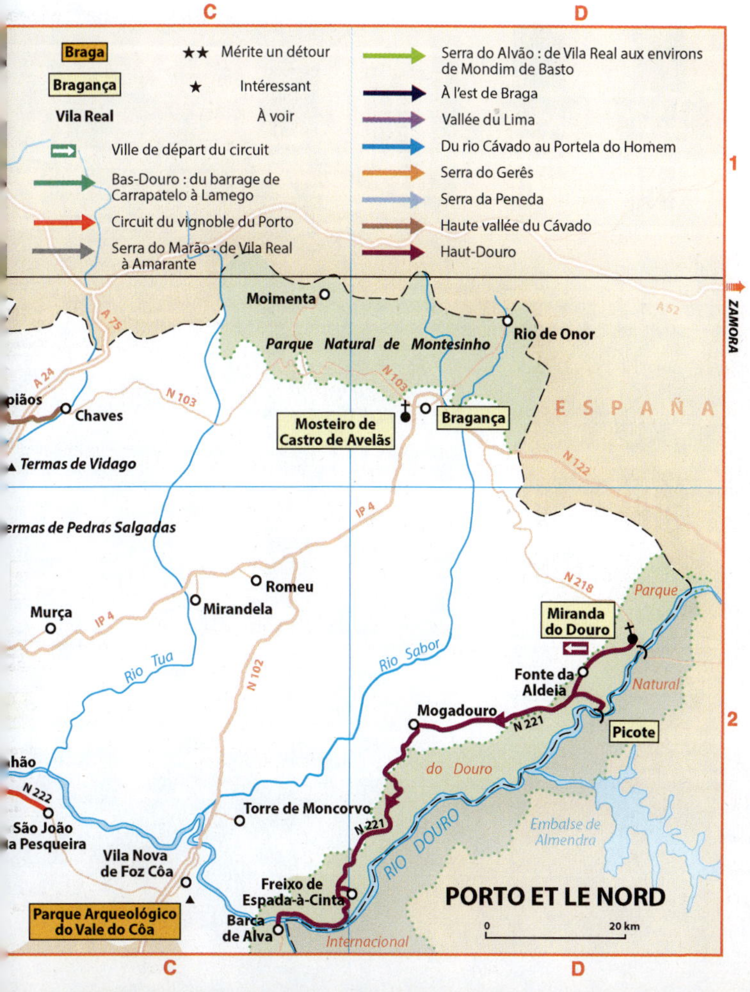

C
D
Braga
Bragança
Vila Real
★★ Mérite un détour
★ Intéressant
À voir
Ville de départ du circuit
Bas-Douro : du barrage de Carrapatelo à Lamego
Circuit du vignoble du Porto
Serra do Marão : de Vila Real à Amarante
Serra do Alvão : de Vila Real aux environs de Mondim de Basto
À l'est de Braga
Vallée du Lima
Du rio Cávado au Portela do Homem
Serra do Gerês
Serra da Peneda
Haute vallée du Cávado
Haut-Douro
1
2
Moimenta
Parque Natural de Montesinho
Rio de Onor
ZAMORA
A 52
A 75
A 24
N 103
Chaves
Termas de Vidago
Mosteiro de Castro de Avelãs
Bragança
ESPAÑA
N 122
IP 4
Termas de Pedras Salgadas
Romeu
Mirandela
Murça
N 218
Parque
Miranda do Douro
Fonte da Aldeia
Natural
Rio Tua
N 102
Rio Sabor
Mogadouro
N 221
Picote
do Douro
N 222
São João da Pesqueira
Torre de Moncorvo
Embalse de Almendra
RIO DOURO
Vila Nova de Foz Côa
Freixo de Espada-à-Cinta
PORTO ET LE NORD
0
20 km
Parque Arqueológico do Vale do Côa
Barca de Alva
Internacional

Grand angle sur Porto et le Nord

Au Douro et au Minho, proches du littoral se succèdent le Trás-os-Montes, l'« au-delà des monts », à l'est de la barrière montagneuse que forment les serras de Gerês et de Marão.

CAMPAGNE RIANTE, CAMPAGNE SAUVAGE

Très dense dans l'arc allant de Porto à Viana do Castelo, en passant par Braga et Guimarães, le bâti s'éparpille dans le Minho, à l'extrême nord. Ici, de petites localités de charme comme **Ponte de Lima** s'étirent au pied de rivières paisibles, tandis que les villages essaiment leurs maisons blanches qui se mélangent aux vignes produisant le *vinho verde*. Localités clairsemées, maisons en schiste et végétation rare : le ton change au Trás-os-Montes, dont un dicton fameux, « neuf mois d'hiver, trois mois d'enfer », résume la rudesse du climat. Ici, dans la haute vallée du Douro, pousse le raisin dont est issu le porto.

LE TRIOMPHE DU BAROQUE ET DU GRANIT

Modelées par des générations, ces hautes terres du Douro sont classées par l'Unesco au Patrimoine de l'humanité, au même titre que les centres historiques de **Porto** et de **Guimarães**. Aux richesses de ces deux villes s'ajoutent l'escalier vertigineux du Bom Jesus et les trésors baroques de Braga, théâtre d'une Semaine sainte spectaculaire, la place Renaissance de Viana do Castelo, les paisibles cités d'Amarante et de Lamego, ou le **Solar de Mateus**, la plus belle demeure seigneuriale baroque du pays. Le patrimoine du Nord portugais s'est encore enrichi à la fin du 20e s., avec la découverte d'un précieux ensemble de gravures rupestres dans un coin perdu de la vallée du Côa !

ET AU MILIEU COULE LE DOURO

Le seul parc national du Portugal se trouve ici. Protégeant les **serras de Peneda et de Gerês**, dans le Minho, il constitue un paradis pour randonneurs, au même titre que le **Parc naturel de Montesinho**, réservé aux amateurs d'authenticité et de solitude. La vallée du Douro exerce un irrésistible pouvoir de fascination. Large et bucolique en amont de Porto, elle dessine des amphithéâtres de verdure autour de Régua. Plus loin, délimitant la frontière avec l'Espagne, les eaux sombres du Douro coulent au fond d'un canyon coupé de plusieurs **barrages** (Miranda do Douro, Picote) : une promenade inoubliable en bateau !

PORTO & CIE

La gastronomie ne se limite pas à la seule star, le **porto**, ou même au *vinho verde*. La capitale du Nord est la patrie du *caldo verde*, soupe au choux élevée au rang de plat national, des tripes à la mode de Porto ou de la *francesinha*, inspiré du **croque-monsieur français**. Un plat roboratif, à l'image d'une région qui donne sans compter !

Solar de Mateus.
B. Barbier / Photononstop

Porto

★★

237 559 habitants (Agglo 1,55 million) – District de Porto

Célèbre pour les vins auxquels elle a donné son nom, ville de négoce au trafic portuaire incessant, la capitale du Nord est réputée industrieuse, sombre et conservatrice... Il faut pourtant regarder derrière les apparences : les églises de granit révèlent l'opulence du baroque portugais ; les quais animés de la Ribeira ou de Vila Nova de Gaia égayent un fleuve souvent sévère et brumeux. Populaire dans les ruelles de la vieille ville, financière et affairée autour de la praça da Liberdade, balnéaire sur le front de mer, intemporelle face au Douro, Porto présente plus d'un visage. Sous le soleil, la ville apparaît radieuse et colorée, avec ses demeures accrochées aux versants du Douro, qui termine ici son long parcours. C'est surtout à pied et durant l'intersaison que la cité révèle le mieux ses charmes, à travers ses ruelles labyrinthiques et ses parcs à l'atmosphère romantique. Mais loin de se reposer sur les acquis du passé, Porto multiplie aujourd'hui les succès. Son centre historique, rénové avec goût, a été classé en 1996 au Patrimoine mondial de l'Unesco. « Capitale européenne de la culture » en 2001, la ville s'est enrichie d'un musée d'Art contemporain et, en 2005, d'un audacieux complexe dédié à la musique, la Casa da Música.

NOS ADRESSES PAGE 510
Hébergement, restauration, achats, activités, etc.

S'INFORMER

Posto central de turismo Centro – Plan II G1 - *R. Clube dos Fenianos, 25 (en haut à gauche de l'avenida dos Aliados) - M° Trindade ou Aliados -* ✆ *223 39 34 72 - www.visitporto.travel - 9h-19h (20h en été).* Vous y trouverez une documentation

SE REPÉRER : LES QUARTIERS DE PORTO

Le **centre** traditionnel étend son réseau de rues commerçantes autour de la praça da Liberdade et de la gare São Bento, très animées dans la journée. On se presse devant les vitrines des boutiques, au charme souvent désuet, des rues Santa Catarina, Formosa, Sá da Bandeira, Fernandes Tomás, on aime à faire une halte dans l'un des multiples cafés ou pâtisseries…

Sur la rive droite du fleuve, le **vieux Porto**, autour du quartier populaire de la **Ribeira**, a fait l'objet de travaux de réhabilitation. La Ribeira est aujourd'hui un lieu de vie nocturne animé, avec de nombreux bars et restaurants. Sur la rive gauche, presque en vis-à-vis, **Vila Nova de Gaia** rassemble les chais où vieillissent les plus prestigieux portos et offre de très beaux panoramas sur la ville.

De nos jours, le centre économique a tendance à se déplacer vers l'ouest, autour de l'**avenue de Boavista**, entre Porto et Foz. Les grandes banques, les hôtels d'affaires, les centres commerciaux se sont installés là, dans des tours modernes. L'animation bat aussi son plein aux alentours, dans le secteur des plages et à Matosinhos.

Les *barcos rabelos*, embarcations traditionnelles transportant le vin sur le Douro.
J.-P. Degas/hemis.fr

de qualité, en particulier la carte Mapa Turístico Oficial et le livret « Parcours d'architecture à Porto, de l'avenue dos Aliados à Trindade » *(gratuit)*.

iPoint Ribeira – Plan II G3 - *Praça da Ribeira - M° São Bento - mai-oct. : 10h-19h (18h en oct.).*

Posto de Turismo Sé – Plan II G3 - *Casa da Câmara - Terreiro da Sé - ✆ 223 32 51 72 - 9h-19h (20h en été).*

iPoint Campanha – Plan I D2 - *Dans la gare ferroviaire - M° Campanha - 9h30-18h30.*

Sur Internet – *www.portoturismo.pt*. Le portail de l'office de tourisme fournit quantité d'infos pratiques (en portugais, espagnol et anglais).

SE REPÉRER

Carte de région A2 p. 484-485– Plan I (agglomération) p. 492-493 – Plan II (centre) p. 494-495 – Plan du métro p. 496. Deuxième ville du Portugal, située au nord du pays, Porto occupe un site escarpé sur la rive droite de l'estuaire du Douro. Trois autoroutes partent vers Lisbonne (distante de 311 km), le Minho et le Trás-os-Montes. L'aéroport international se trouve 14 km au nord-ouest par l'EN 107.

Voir aussi la rubrique « Arriver/partir » dans « Nos adresses ».

SE GARER

La circulation automobile et le stationnement sont difficiles à Porto. Utilisez de préférence les parkings payants souterrains, nombreux et sûrs.

À NE PAS MANQUER

Le tour du vieux Porto ; franchir le pont D. Luís I (en métro ou à pied) ; faire la tournée des chais de Vila Nova de Gaia ; un match du FC Porto au stade du Dragão.

ORGANISER SON TEMPS

Comptez 3 jours pour bien explorer la ville.

AVEC LES ENFANTS

Leur faire découvrir les ponts de Porto ; les jardins du Palácio de Cristal ; l'aquarium Sea Life ; les plages de la ville.

De Portucale à Porto

PORTUCALE

À l'époque romaine, le Douro forme un obstacle aux communications entre le nord et le sud de la Lusitanie. Deux cités qui se font face en contrôlent l'estuaire : Portus (le Port) sur la rive droite; Cale sur la rive gauche. Au 8e s., les musulmans envahissent la Lusitanie, mais la résistance des chrétiens les empêche de s'installer de façon durable dans la région entre le Minho et le Douro; c'est ce territoire, déjà appelé Portucale, que Thérèse, fille du roi de León, apporte en dot en 1095 à son mari Henri de Bourgogne, sous forme de comté. Devenu un des foyers de la Reconquête, le comté donnera son nom à la nation.

LES TRIPES À LA MODE DE PORTO

Aux 14e et 15e s., les chantiers navals du port (O Porto) contribuent à la création de la flotte portugaise. En 1415, sous la direction de l'infant Henri le Navigateur, une importante expédition se prépare pour la prise de Ceuta au Maroc. Porto est lourdement mis à contribution pour ravitailler cette escadre. Le cheptel bovin de la région est réquisitionné, et la population en est réduite à se nourrir de tripes et d'abats. D'où le surnom de *tripeiros* (mangeurs de tripes) donné, un peu injustement, aux habitants. Les *tripas à moda do Porto*, accompagnées de haricots, sont devenues une spécialité locale. Mais aujourd'hui, grâce aux récents succès culturels de la ville, les *tripeiros* de Porto ne ressentent plus aucun complexe face aux « petites laitues » *(alfaçinhas)* lisboètes, leurs rivaux de toujours!

LES ANGLAIS ET LE PORTO

À partir du 13e s. le vin produit dans la vallée du Douro est transporté dans des fûts jusqu'à Porto à bord de bateaux à fond plat *(barcos rabelos)*. En 1703, le Portugal et l'Angleterre signent le traité de Methuen facilitant l'accès des produits manufacturés anglais sur le marché portugais; en échange, les vins du Haut-Douro commercialisés à Porto trouvent un large débouché en Angleterre. Les négociants anglais créent un comptoir dans la ville en 1717; peu à peu, plusieurs compagnies anglaises contrôlent la production, de la récolte à la mise en bouteilles.

Pour faire face à cette situation, le marquis de Pombal, profitant du tremblement de terre de 1755, fonde en 1756 une compagnie portugaise détenant le monopole des vins du Haut-Douro. Sa réglementation stricte mécontente les petits producteurs : à l'occasion du Mardi gras, des ivrognes incendient les locaux de la compagnie; 25 condamnations à mort sont prononcées.

L'AMOUR DE LA LIBERTÉ

La rébellion des Ivrognes (Revolta dos Borrachos) n'a pas été la seule manifestation de l'attachement des habitants de Porto à leur liberté. Auparavant, ils avaient réussi à faire interdire à tout seigneur – par un édit royal – l'accès de leur enceinte réservée au négoce. Plus tard, le 29 mars 1809, fuyant devant l'arrivée des troupes napoléoniennes du général Soult, ils se précipitent à bord de barques pour traverser le Douro; dans la panique, des centaines de personnes se noient. Une plaque près du pont D. Luís I commémore cet événement.

En 1820, la ville se soulève contre l'occupation anglaise, et l'assemblée convoquée *(Junta do Porto)* réussit à faire adopter par le pays une Constitution libérale (1822). Mais, en 1828, D. Miguel s'empare de la couronne et gouverne en roi absolu : nouvelle révolte dans la ville ; en 1833, la monarchie libérale est rétablie. Le 31 janvier 1891, l'agitation des républicains dans tout le pays se mue en une insurrection à Porto. Il faudra pourtant attendre 1910 pour que la république soit proclamée à Lisbonne.

UNE VILLE INDUSTRIEUSE

Porto et sa région rassemblent une grande partie des industries du pays. Les plus importantes sont les industries textiles (coton), métallurgiques (fonderies), chimiques (pneumatiques), alimentaires (conserveries), ainsi que le travail du cuir et la fabrication de céramiques. Porto s'enrichit aussi grâce à ses pépinières et ses jardins d'horticulture, sans oublier son vin, qui a fait la célébrité de la cité dans le monde entier. Le port de pêche et celui d'exportation (port artificiel de Leixões) contribuent enfin à son dynamisme, tandis que les industries de service et de tourisme participent de plus en plus à la prospérité de la ville.

LES PONTS DE PORTO : DES TOURS EIFFEL À L'HORIZONTALE

Les rives du Douro sont reliées par six ponts techniquement remarquables. « Porto a couché ses tours Eiffel à l'horizontale ; elles lui servent de ponts », écrivait Paul Morand avant la construction du pont d'Arrábida.

Le **pont ferroviaire Maria Pia★**, en amont des autres ponts historiques, est le plus élégant avec son arche unique de 350 m de portée. Œuvre du Français Gustave Eiffel, il est entièrement métallique et fut achevé en 1877. Désormais fermé, il est remplacé par le pont ferroviaire de São João en amont.

Le **pont routier D. Luís I★★**, symbole de la ville, classé au Patrimoine mondial de l'Unesco, est le plus spectaculaire avec ses deux tabliers métalliques superposés permettant de desservir simultanément les quartiers hauts et bas de chaque rive. La ligne de métro D passe sur sa partie supérieure, mais on peut aussi le traverser à pied. D'une portée de 172 m, il a été construit entre 1880 et 1886 par une société belge, suivant une technique analogue à celle d'Eiffel. Situé dans le centre, il révèle une vue impressionnante sur la ville.

Le **pont routier d'Arrábida**, en aval, emprunté par l'IC 1, a été lancé en 1963 selon une technique particulièrement audacieuse. Il franchit le Douro en une seule arche de béton armé de près de 270 m. Ce pont constitue également un intéressant belvédère sur la ville et le fleuve.

Inauguré en 1995, le **pont de Freixo**, sur lequel passe l'IP 1, est situé à l'est hors de la ville et permet d'en contourner le centre.

LES PLUS BEAUX PANORAMAS DE PORTO

Torre dos Clérigos *(p. 497)* : vue panoramique de la ville.

Butte du Pilar *(p. 504)* : de la rive sud, du parvis de l'ancien couvent de Nossa Senhora da Serra do Pilar, vue sur la vieille ville, le Douro et les chais.

Terreiro da Sé *(p. 500)* : vue sur le quartier de la cathédrale.

Belvédère de Santa Catarina *(p. 497)* : vue sur l'embouchure du fleuve et Afurada, de l'autre côté du fleuve.

Pont D. Luís I *(ci-dessus)* : au milieu du Douro, vue impressionnante sur les deux rives.

A
B
1
2
3
VIANA DO CASTELO
PÓVOA DE VARZIM
PORTO
plan I
0
1,4 km
N
PRAIA DE BOA NOVA
LEÇA DA PALMEIRA
PORTO DE LEIXÕES
MATOSINHOS
GUIFÕES
SEHNORA DA HORA
ALDOAR
RAMALDE
FOZ DO DOURO
AFURADA
LAVADORES
CANIDELO
COSTA
PRAIA DE LAVADORES
PRAIA DE SALGUEROS
PRAIA DA MADALENA
OCEANO
ATLÂNTICO
R. Óscar da Silva
R. Teófilo Carvalho dos Santos
Rio Leça
R. Belchior Robles
EXPONOR
QUINTA DA CONCEL
A 28
A 4 / E 82
Av. da Liberdade
Pias
Esposade
V. VRI
Custóias
R. Cândido dos Reis
Cândido dos R
Fonte do Cuco
Vasco da Gama
Senhor Matosinhos
Bom Jesus
Mercado
Brito Capelo
Câmara Matosinhos
Matosinhos Sul
Senhora da Hora
Estádio do Mar
Sete Bicas
Pedro Hispano
Parque Real
R. Direita do Viso
Viso
Ramalde
Estrada da Circunvalação
R. do Lidador
PARQUE DA CIDADE
Castelo do Queijo
5
Avenida de Boavista
Fundação António de Almeida
Av. de Montevideu
R. do Crasto
Av. do Brasil
Fundação de Serralves
R. Serralves
R. Grijó
JARDIM BOTÂNICO
R. de Diu
R. de Diogo Botelho
Castelo da Foz
Passeio Alegre
R. das Sobreiras
Ponte da Arrábida
R. do Cabedelo
R. da Bélgica
Av. da Beira-Mar
Av. Poeta Eugénio de Andrade
R. 25 de Abril
R. do Cerro
2

PORTO

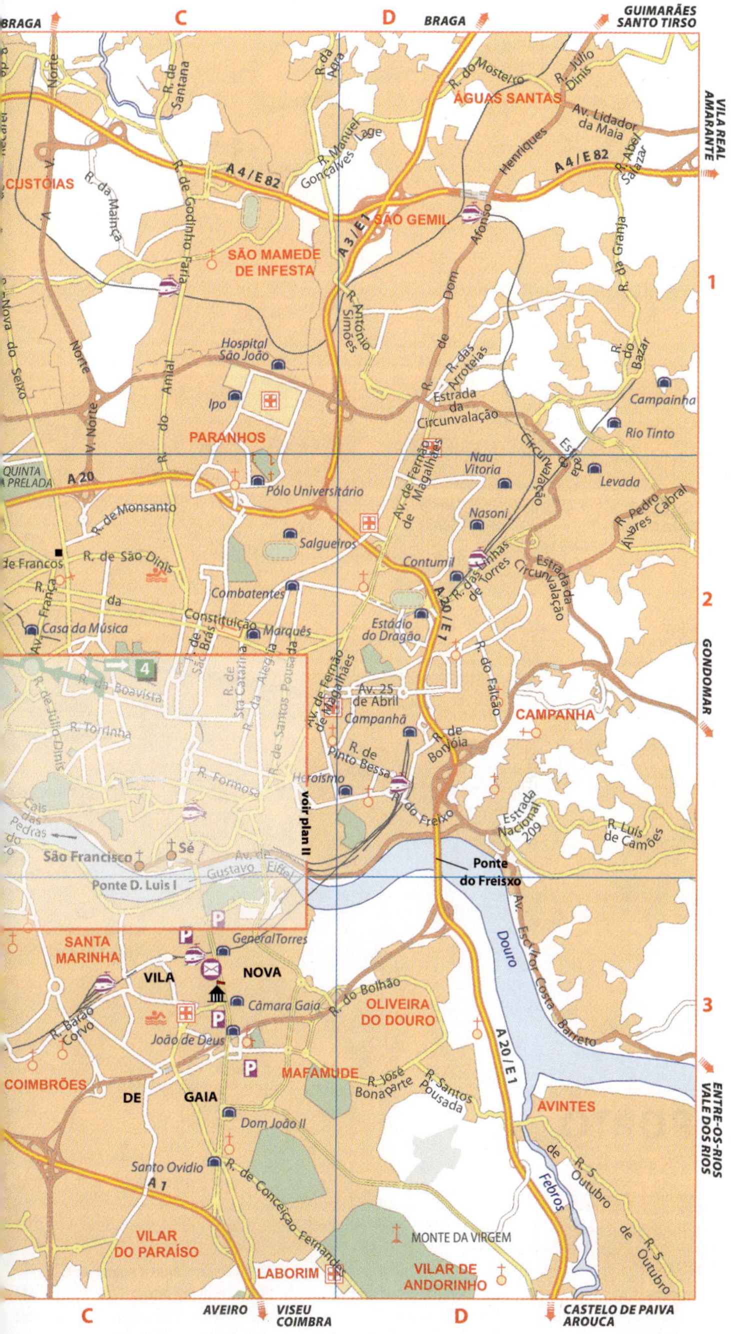
BRAGA
C
D
BRAGA
GUIMARÃES
SANTO TIRSO
VILA REAL
AMARANTE
GONDOMAR
ENTRE-OS-RIOS
VALE DOS RIOS
1
2
3
R. de Santana
R. da Agra
R. do Mosteiro
R. Júlio Dinis
ÁGUAS SANTAS
Av. Lidador da Maia
R. Manuel Gonçalves Lage
Henriques
A 4 / E 82
R. Abel Salazar
CUSTÓIAS
R. da Mainça
R. de Godinho Faria
SÃO GEMIL
A 3 / E 1
SÃO MAMEDE DE INFESTA
Afonso
R. da Granja
Dom
R. António Simões
Nova do Seixo
Norte
V. Norte
Hospital São João
de
R. das Arroteias
R. do Bazar
R.
Estrada da Circunvalação
Campainha
Ipo
R. do Amial
PARANHOS
Rio Tinto
Circunvalação
Estrada
QUINTA PRELADA
A 20
Nau Vitoria
Levada
Av. de Fernão de Magalhães
Pólo Universitário
R. de Monsanto
Nasoni
R. Pedro Álvares Cabral
Salgueiros
R. de São Dinis
de Francos
Contumil
R. das Linhas de Torres
Estrada da Circunvalação
R. França
da
Combatentes
A 20 / E 1
Constituição
Marquês
Casa da Música
Av.
R. de S. Brás
Estádio do Dragão
R. de Sta Catarina
R. da Alegria
R. de Santos Pousada
R. do Falcão
4
R. da Boavista
R. de Júlio Dinis
R. Torrinha
Av. de Fernão de Magalhães
Av. 25 de Abril
Campanhã
CAMPANHA
R. de Bonjóia
R. de Pinto Bessa
R. Formosa
Heroísmo
voir plan II
R. do Freixo
Estrada Nacional 209
Cais das Pedras
R. Luís de Camões
São Francisco
Sé
Av. de Gustavo Eiffel
Ponte do Freixo
Ponte D. Luís I
Av. Escritor Costa Barreto
Douro
SANTA MARINHA
General Torres
VILA
NOVA
R. do Bolhão
OLIVEIRA DO DOURO
Câmara Gaia
R. Barão Corvo
João de Deus
A 20 / E 1
COIMBRÕES
MAFAMUDE
R. José Bonaparte
R. Santos Pousada
DE
GAIA
AVINTES
Dom João II
R. 5 de Outubro
Santo Ovídio
A 1
R. de Conceição Fernandes
Febros
MONTE DA VIRGEM
VILAR DO PARAÍSO
R. 5 de Outubro
LABORIM
VILAR DE ANDORINHO
AVEIRO
VISEU
COIMBRA
CASTELO DE PAIVA
AROUCA

SE LOGER

- América 1
- Castelo de Santa Catarina 3
- Da Bolsa 5
- Eurostar das Artes 24
- Grande Hotel de Paris 7
- Grande Hotel do Porto 8
- Hotel do Norte 16
- Infante de Sagres 10
- Moov Hotel Porto Centro 20
- Oporto Tourist Apartments 22
- Pestana Porto 17
- Teatro 25
- Yours Guesthouse 23

SE RESTAURER

Abadia do Porto	1	Bacalhau	8	Guarany	16
Adega e Presuntaria Transmontana	3	D. Luís	14	O Mercado	10
Arroz de Forno	5	DOP	7	Reitoria	11
		D. Tonho	15		
		Espaço Porto Cruz	6		

LE MÉTRO DE PORTO

- A Estádio do Dragão - Senhor de Matosinhos
- B Estádio do Dragão - Póvoa de Varzim
- C Campanhã-ISMAI
- D Hospital S. João -Santo Ovídio
- E Estádio do Dragão -Aeroporto
- F Senhora da Hora -Fânzeres

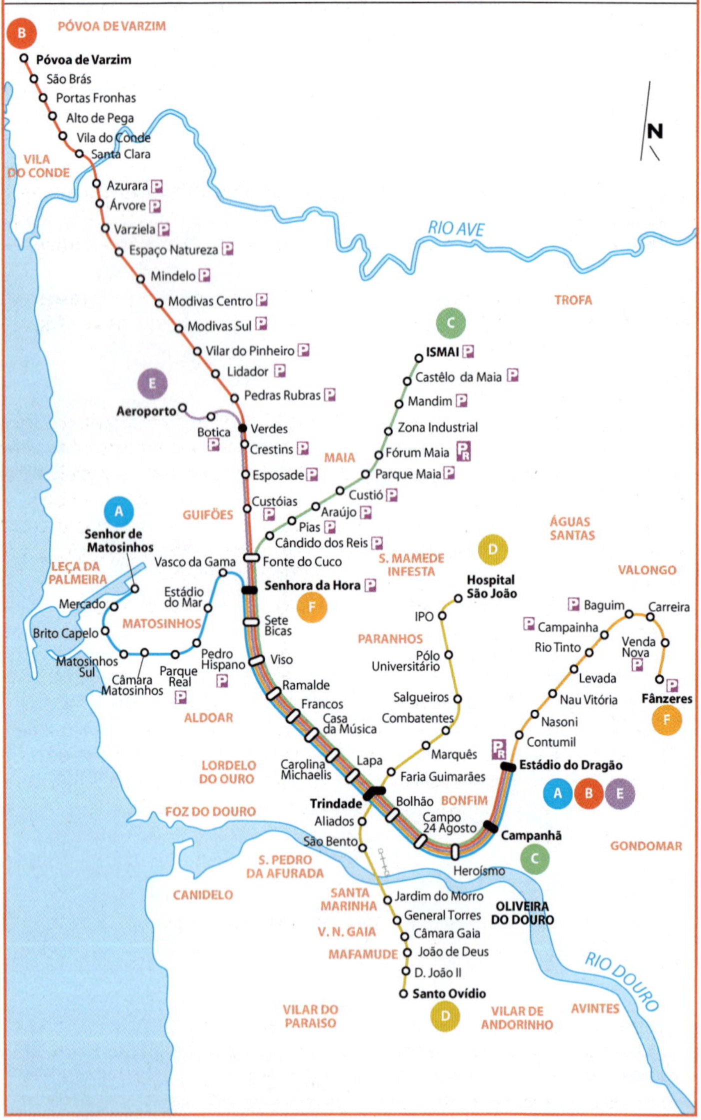

★ Le centre et le Porto romantique Plan II (p. 494-495)

Circuit 1 tracé en vert sur le plan du centre (p. 494-495) – Comptez une journée. Départ de la praça da Liberdade (M° Aliados, ligne D).

Praça da Liberdade et praça do Général Humberto Delgado
Plan II G2

Au cœur de Porto, les deux places entièrement réaménagées forment un vaste espace ouvert dominé, au nord, par l'hôtel de ville. L'ancien Café Imperial, transformé en restaurant McDonald's *(praça da Liberdade, 126)*, a conservé, à l'intérieur, un beau **vitrail** racontant l'aventure du café.

Tout autour de ces deux places, et surtout à l'est, rayonnent les rues commerçantes, dont la **rua Santa Catarina**, en partie piétonne, bordée d'élégantes boutiques et d'enseignes internationales. Au n° 112, admirez le célèbre Majestic Café *(voir « Petite pause », p. 516)*, avec sa façade rococo et son intérieur Art nouveau. La **rua Formosa** compte de délicieuses pâtisseries-confiseries, comme celle du n° 339 (Confeitaría do Bolhão - *face au marché*), et une épicerie au n° 279 (A Pérola do Bolhão), à la belle façade de style Art nouveau recouverte de panneaux d'azulejos représentant deux Amérindiennes *(voir « Achats », p. 517)*.

Le **marché municipal de Bolhão** *(lun.-vend. 7h-17h, sam. 13h)*, pittoresque et animé, s'étend sur deux niveaux entre les rues Formosa et Fernandes Tomás.

Rejoignez le bas de la praça da Liberdade.

Estação de São Bento Plan II G2

De cette **gare ferroviaire** en activité depuis 1896, située au sud du marché de Bolhão, partent les trains pour le Minho et le Douro. Les murs de la salle des Pas-Perdus sont plaqués d'azulejos (20 000 mosaïques) peints en 1930 par Jorge Colaço : les scènes évoquent la vie traditionnelle dans le nord du Portugal (scènes champêtres, pèlerinages), ainsi que de grands épisodes de l'histoire du pays : Jean Ier entrant à Porto *(en haut à droite)* ; prise de Ceuta en 1415 par Henri le Navigateur, parti de Porto *(en bas à droite)*.

Revenez sur la praça da Liberdade et prenez, en face, la rua dos Clérigos.

Igreja e Torre dos Clérigos Plan II G2

R. dos Clérigos - 9-19h (dernière entrée 18h30) - tour 2 €, audioduide 5 €, 11 € billet combiné et l'église Santa Casa da Misericórdia et au Palácio da Bolsa.

Cette église baroque, de style rocaille, construite entre 1735 et 1748 par l'architecte Nicolau Nasoni *(voir encadré ci-dessous)* forme une toile de fond en haut de la rue commerçante du même nom. On retrouve l'influence italienne dans le plan elliptique de la nef. L'église est dominée par la **tour**★ *(entrée côté*

NICOLAU NASONI ET L'EXTRAVAGANCE BAROQUE

Le baroque du nord du Portugal, original et plein d'audace, doit beaucoup à un artiste et architecte italien, un Toscan formé à Sienne : Niccolo Nazoni, Nicolau Nasoni en portugais. Arrivé à Porto en 1725, il va travailler pour le compte du roi Jean V (1706-1750) jusqu'à sa mort en 1773. Nasoni a dessiné les plans, construit, reconstruit ou embelli d'innombrables édifices, tant à Porto (églises dos Clérigos, Misericórdia ou Sé ; palais du Freixo et de São João Novo, etc.) que dans la région (Mateus, Vila Real). Il fut l'un des meilleurs interprètes de la *talha dourada* (« taille dorée »). La dépouille de Nasoni repose dans la crypte de l'église dos Clérigos.

nord), haute de 75,60 m, monument le plus caractéristique de Porto, qui servait autrefois d'amer aux bateaux. De son sommet *(197 marches)* se déroule un **panorama★** étendu sur la ville, la cathédrale, le Douro et les chais.
Revenez au bas de l'église et prenez à gauche la rua das Carmelitas.

Rua das Carmelitas Plan II FG2

Cette rue commerçante vaut surtout pour la façade néogothique de la **librairie Lello & Irmão★** (1881), au n° 144, et son extraordinaire escalier intérieur à double volée et à double orientation *(tlj sf dim. 10h-19h - 3 €)*. Au rez-de-chaussée, observez au sol les sillons servant à tracter les chariots à livres. Au premier étage se trouve un petit bar.
Continuez dans la rua das Carmelitas.

Igrejas do Carmo e das Carmelitas Plan II F2

Praça de Gomes Teixeira.
Les deux églises baroques sont construites côte à côte. La façade de l'église do Carmo *(à droite)* est décorée d'un grand panneau d'azulejos représentant la prise de voile des carmélites (1912).
Longez les églises et continuez tout droit dans la rua do Carmo.

Hospital de Santo António Plan II F2

À l'ouest des églises.
L'imposant hôpital, bâti par l'architecte anglais John Carr à partir de 1770, offre un bel exemple de l'influence de l'architecture palladienne (une esthétique très en vogue dans l'Angleterre de la seconde moitié du 18e s.) à Porto.
Contournez l'hôpital par la droite par les ruas do Prof. Vicente José de Carvalho et Dr Tiogo de Almeida, puis tournez à droite dans la rua de D. Manuel II.

★ Museu Nacional Soares dos Reis Plan II F2

R. D. Manuel II, 44 - ☏ 223 39 37 70 - http://mnsr.imc-ip.pt - mar.-dim. 10h-18h30 - 5 €, gratuit 1er dim. du mois. Agréable jardin, cafétéria.
Installé dans le palais des Carrancas (18e s.) qui servit de résidence à la famille royale au milieu du 19e s. et remanié par Fernando Távora (un architecte originaire de Porto), il présente des collections permanentes de peinture et de sculpture portugaises des 19e et 20e s., ainsi que des œuvres du 16e au 18e s. Il dispose également d'une galerie d'expositions temporaires.
Dans le domaine de la **sculpture**, les œuvres les plus admirables sont celles de **Soares dos Reis** (1847-1889). Y figure notamment son célèbre *O Desterrado (Le Banni)*, une sculpture de 1872 en marbre de Carrare représentant un jeune homme, le regard perdu dans le vide, véritable incarnation de la *saudade*.
La peinture portugaise de 1850 à 1950 est également représentée par les toiles de Silva Porto (1850-1893) et Henrique Pousão (1859-1884), tous deux influencés par les impressionnistes et les symbolistes, ainsi que par José Malhoa, João Vaz et Columbano.
La **peinture ancienne** comprend des œuvres de Frei Carlos, Gaspar Vaz, Vasco Fernandes, Cristóvão de Figueiredo, ainsi que des œuvres étrangères de François Clouet (portraits de Marguerite de Valois et Henri II), Quillard, Pillement, Teniers, Troni et Simpson. Importantes collections de **céramiques** du 17e au 20e s., d'orfèvrerie du 17e au 19e s. et d'art sacré.
Parmi l'**art décoratif** et le **mobilier**, remarquez les *contadores*, meubles-paravents raffinés, et les deux paravents *nambans* du 17e s., représentatifs de l'art indo-portugais, illustrant l'arrivée des Portugais au Japon.
Continuez dans la rua D. Manuel II jusqu'au jardim do Palácio de Cristal.

L'escalier intérieur à double volée de la librairie Lello & Irmão, à Porto.
B. Perousse/hemis.fr

★ **Jardim do Palácio de Cristal** Plan II E2

R. D. Manuel II - ✆ 226 08 10 00 - 8h-19h (avr.-sept. 21h) - gratuit.

Le jardin du palais de Cristal symbolise l'idéal romantique de communion avec la nature. Avec ses belles allées fleuries, ses paons en liberté, ses grottes artificielles, son lagon et ses fontaines, il constitue un lieu plaisant de promenade, de pique-nique ou de repos. En contrebas, des belvédères révèlent des vues sur Vila Nova da Gaia, le Douro et, par temps clair, on aperçoit même la côte au loin. C'est ici que s'élevait autrefois la serre (le palais de Cristal) qui accueillit l'Exposition universelle de 1865. Elle fut détruite pour être remplacée en 1952 par un disgracieux **pavillon des Sports**, structure en béton de forme circulaire, devenu un pôle d'animation récréative, sportive et culturelle.

Galeria do Palácio – *À l'angle nord-ouest du jardin - tlj sf lun. 10h-18h, dim. 14h-18h sf j. fériés - gratuit.* La **galerie du Palais**, un bâtiment à l'architecture moderne et spacieuse, abrite des expositions. À l'étage inférieur se trouve l'agréable et fonctionnelle **bibliothèque Almeida Garrett** (Biblioteca Almeida Garrett - *lun. 14h-18h, mar.-sam. 10h-18h - libre accès à de nombreuses revues, à Internet et au café de la bibliothèque*).

Suivez à travers le jardin les panneaux « Museu Romântico » et « Casa Tait ».

Museu Romântico Plan II E2

R. Entre-Quintas, 220 - ✆ 226 05 70 00 - lun.-sam. 10h-17h30, dim. 10h-12h30, 14h-17h30 - 2,20 €, gratuit w.-end.

Le Musée romantique est installé dans la Quinta da Macieirinha, une demeure d'aspect anglo-saxon aux fenêtres à guillotine, ouvrant sur le jardin du palais de Cristal. C'est ici que le roi Charles-Albert d'Italie se réfugia en 1849 après avoir abdiqué et mourut deux mois plus tard. Les pièces décorées de toiles peintes, les meubles de style Empire ou anglais, les bibelots et les stucs confèrent à cette maison un charme très particulier. De ses fenêtres de jolies vues s'ouvrent sur le Douro.

Solar do Vinho do Porto (Manoir du Vin de Porto) – *R. Entre-Quintas, 220 (en dessous du Musée romantique) - ✆ 226 09 47 49 - www.ivdp.pt - lun.-jeu. 14h-20h, vend.-sam. 14h-0h.* Dans un cadre très agréable, avec vue sur le Douro depuis le petit jardin, on peut y déguster des centaines de portos différents.

Casa Tait Plan II E2

R. Entre-Quintas, 219 - face à l'entrée du Musée romantique - ✆ 226 05 70 00 - tlj sf w.-end 10h-12h30, 14h-17h30 (dernière entrée 17h) - gratuit.

La Maison Tait sert de cadre à des expositions et dispose d'une intéressante **collection de numismatique** liée à l'histoire du Portugal.

Descendez la rua Entre-Quintas (qui forme ruelle) entre la Casa Tait et le Musée romantique et prenez les premiers escaliers à gauche. Dans la rua da Restauracão, tournez à gauche et remontez la rue jusqu'au campo dos Mártires da Pátria (un peu long à pied ; possibilité de prendre le tramway n° 18, arrêt « rua da Restauracão », au 1er virage à gauche).

Centro Português de Fotografia Plan II F2

Campo dos Mártires da Pátria - ✆ 222 07 63 10 - www.cpf.pt - mar.-vend. 10h-12h30, 14h-18h, w.-end et j. fériés 15h-19h - gratuit.

Dans un vaste édifice aux larges volumes et aux résonances sinistres (il abritait la prison de la cour d'appel, la *Cadeia da Relação*), le Centre portugais de la photographie coordonne la politique nationale dans ce secteur et dispose d'une unité d'information et de recherche. De nombreuses expositions temporaires y sont présentées. La collection permanente compte un grand nombre d'appareils de tous âges et tous formats, depuis les daguerréotypes, chambres photographiques et appareils à soufflets du 19e s., jusqu'aux appareils reflex, moyens formats, panoramiques, bi-objectifs, jetables ou minuscules appareils d'espionnage à la pointe de la modernité... Toute l'histoire de la prise de vue, sous l'angle de son support technique, est ainsi exposée.

Rejoignez la praça da Liberdade par la rua dos Clérigos.

★★ Le vieux Porto Plan II (p. 494-495)

Au départ du Terreiro da Sé, circuit 2 tracé en vert sur le plan du centre (p. 494-495) – Comptez une demi-journée. En métro, la station la plus proche est « São Bento » (ligne D) ; gagnez ensuite le Terreiro par l'avenida de Dom Afonso Henriques.

Terreiro da Sé Plan II G3

La vaste esplanade surplombant la vieille ville est occupée en son centre par un pilori néopombalin (1945). Elle est délimitée par la silhouette massive de la cathédrale, par l'ancien palais épiscopal (18e s.) et par une tour en granit du 14e s.

Du **Terreiro da Sé**, on peut s'aventurer dans les escaliers et les ruelles étroites de la vieille ville, dont de nombreuses maisons sont en cours de réhabilitation. Les quartiers en contrebas, Bairro da Sé et Bairro da Lada, sont accessibles par un enchevêtrement de ruelles et d'escaliers.

Sé Plan II G3

✆ 222 05 90 28 - juil.-sept. : lun.-sam. 9h-19h, dim. et j. fériés 9h-12h30, 14h30-19h ; reste de l'année : 9h-12h30, 14h30-19h (18h nov.-mars) - gratuit.

Église-forteresse du 12e s., la **cathédrale**, un des premiers monuments romans importants érigés au Portugal, a subi de profondes modifications aux 17e et 18e s. Avec un aspect rude d'église-forteresse, elle présente une architecture quelque peu hétéroclite. La façade principale, encadrée de deux

SE METTRE AU VERT À PORTO

Jardim de Serralves – Plan I B1 - *R. de Serralves, 977.* Grand parc entourant la fondation de Serralves *(voir p. 505).*

Jardim do Palácio de Cristal – Plan II E2 - *R. D. Manuel II* *(voir p. 499).*

Parque da Cidade – Plan I B1 - Grand parc au nord de Negolvide, en bordure d'Océan, à l'est du Castelo do Queijo.

Jardim de João Chagas (ou **jardim da Cordoaria**) – Plan II F2 - *Campo Mártires da Pátria.* Entre la Torre dos Clérigos et l'hôpital Santo António. Agréable jardin de buis taillés avec une large allée ombragée.

Jardim do Passeio Alegre – Plan I B2 - Au sud de Foz do Douro, à l'embouchure du fleuve, à côté du Castelo da Foz.

Quinta do Covelo – Plan I C1 - *R. Faria Guimarães.* Au nord de la ville.

Jardim Botânico – Plan I C2 - *R. do Campo Alegre, 1191 - lun.-vend. 9h-18h, w.-end 10h-18h - gratuit.* À l'ouest de la ville.

tours carrées, casquées de dômes, est percée d'une rosace romane (13e s.) et d'un portail baroque. Sur la face nord a été ajoutée une loggia baroque (1736), attribuée à l'architecte Nasoni.

À l'intérieur, la nef centrale, assez étroite, est encadrée par deux bas-côtés; remarquez trois bénitiers en marbre du 17e s., chacun supporté par une statuette, ainsi que, dans le baptistère, un relief en bronze, œuvre du sculpteur Teixeira Lopes, représentant le baptême du Christ par saint Jean.

Le transept et le chœur ont été transformés à l'époque baroque. La chapelle du St-Sacrement, qui s'ouvre sur le bras gauche du transept, abrite un très bel **autel★** avec un retable en argent ciselé (œuvre portugaise du 17e s.).

Claustro – *Accès par le bras droit du transept - juil.-sept. : lun.-sam. 9h-18h30, dim. et j. fériés 14h30-18h30; reste de l'année : tlj sf dim. 9h-12h15, 14h30-18h30 (17h30 oct.-mars) - 3 €.* Le cloître, qui date du 14e s., fut totalement revêtu de panneaux d'**azulejos★** réalisés par Valentim de Almeida de 1729 à 1731 et représentant des scènes de la vie de la Vierge et du *Cantique des cantiques.* Un bel escalier en granit signé Nasoni mène à la terrasse décorée d'azulejos d'António Vital (deux tableaux des *Métamorphoses* d'Ovide). Surplombant à droite le cloître roman primitif où sont exposés quelques sarcophages, elle donne à gauche sur la salle capitulaire dont le plafond à caissons peint par Pachini (1737) représente les allégories des valeurs morales. Un autre escalier redescend dans le cloître par la **salle du Trésor**.

Contournez la Sé par la gauche, puis empruntez à droite la petite rua de Dom Hugo jusqu'au musée.

★ Museu Guerra Junqueiro Plan II G3

R. D. Hugo, 32 - ✆ 222 00 36 89 - 10h-17h30 (dim. 12h30) - 2,20 €, gratuit w.-end. Située derrière la cathédrale, cette demeure du 18e s. s'ouvre sur un jardin calme. Elle appartenait au poète du 19e s. Guerra Junqueiro qui rassembla au cours de sa vie une très belle collection de meubles, d'orfèvrerie, d'argenterie portugaise des 17e et 18e s., de statues religieuses, de tapisseries, etc. Remarquez les faïences hispano-mauresques (15e-16e s.), le mobilier portugais, les tapisseries flamandes du 16e s. et une belle collection de Vierges en bois polychrome pour la plupart d'origine flamande.

Revenez sur le Terreiro da Sé, descendez les escaliers pour rejoindre le largo de Colégio.

Igreja de São Lourenço dos Grilos Plan II G3

Largo de Colégio - tlj sf dim. 10h-19h.

D'aspect maniériste, construite par les jésuites au 17e s. et siège du grand séminaire, elle abrite un **musée d'Art sacré** *(✆ 222 00 80 56 - 2 €).*

Par la rua Sant'Anna et, à gauche, la rua (puis travessa) da Bainharia, gagnez la rua Mouzinho da Silveira et traversez-la pour rejoindre le largo de São Domingos. De là, part à droite la pittoresque rua das Flores.

Rua das Flores Plan II G2-3

La petite rue qui remonte vers la gare de São Bento est bordée de commerces traditionnels et de demeures du 18e s., de style baroque, aux façades blasonnées. C'était l'ancienne rue des orfèvres et des joailliers, qui compte aussi deux vénérables librairies.

Santa Casa da Misericórdia - MMIPO Plan II FG3

R. das Flores, 5 - ✆ 222 90 69 60 - www.mmipo.pt - tlj sf w.-end 10h-17h30 (avr.-sept. 18h30) - musée 5 €, 11 € billet combiné avec la Torre dos Clérigos et le Palácio da Bolsa.

La **Misericórdia**, église baroque ornée d'une belle façade, fut dessinée par Nicolau Nasoni. Édifiée en 1750, l'influence du nouvel art décoratif rococo y est déjà visible.

Juste à droite de l'église, le siège de l'ordre du même nom possède entre autres un remarquable tableau de l'école flamande, **Fons Vitæ★★** *(La Fontaine de vie)*, offert par le roi Manuel Ier vers 1520. Il représente un Christ crucifié, entouré de la Vierge et de saint Jean, dont le sang coule dans une fontaine auprès de laquelle sont agenouillés le donateur Manuel Ier et sa femme Leonor, ainsi que leurs huit enfants. L'origine de ce tableau est mystérieuse : il a été attribué à différents peintres dont Holbein, Van der Weyden et Van Orley, mais a probablement été réalisé par un Portugais s'inspirant des peintres flamands.

Retournez sur le largo de São Domingos et descendez, en face et légèrement sur la droite, la rua Ferreira Borges.

Palácio da Bolsa (Palais de la Bourse) Plan II F3

R. Ferreira Borges - ✆ 223 39 90 00 - www.palaciodabolsa.pt - visite guidée (30mn) avr.-oct. : 9h-18h30 ; nov.-mars : 9h-12h30, 14h-17h30 - 7 €, 11 € billet combiné avec la Torre dos Clérigos et l'église Santa Casa da Misericórdia.

Le bâtiment de style néoclassique fut érigé en 1834 par l'Association commerciale de Porto, qui l'occupe toujours. Après avoir emprunté un bel escalier de granit et de marbre sculpté, on visite la salle de l'ancien tribunal de commerce, la Salle dorée et le **Salon arabe★**, pastiche de l'Alhambra de Grenade. De forme ovoïde, il est décoré de vitraux, d'arabesques et de bois sculpté et doré, imitant les stucs arabes.

En face de la Bourse, la halle rouge du **marché Ferreira Borges**, achevée en 1888, présente un bel exemple d'architecture métallique du 19e s. *(expositions temporaires).*

Contournez le palais de la Bourse.

★★ Igreja de São Francisco Plan II F3

R. Infante D. Henrique - ✆ 222 06 21 00 - juil.-sept. : 9h-20h ; mai-juin : 9h-19h30 ; mars-avr. et oct. : 9h-19h ; nov.-fév. : 9h-18h - 3,50 € comprenant la Maison du tiers ordre, la crypte et l'église proprement dite.

L'église est accolée au **palais de la Bourse**. Sur l'esplanade en haut des escaliers, on commence la visite par la **Maison du tiers ordre de saint François** *(Terceiros)*, qui abrite une collection permanente d'art sacré avec des pièces du 16e au 20e s.

La **crypte** *(catacumbas)* recèle un panthéon où reposent les dépouilles de frères franciscains du monastère et de nobles. La salle du fond laisse paraître, à travers un grillage au sol, un ossuaire.
Quant à l'église gothique, elle s'ouvre à l'ouest par un portail du 17e s. qui a conservé sa jolie rosace sculptée. La sobriété de l'architecture extérieure correspondait à l'esprit de pauvreté de l'ordre des Franciscains. Mais cet ordre, devenu très puissant à partir du 17e s., se vit octroyer privilèges et biens matériels. Cela se manifeste à l'intérieur de l'église par le triomphe de la **décoration baroque★★** : les autels, les murs, les voûtes disparaissent sous un foisonnement impressionnant de *talhas douradas*, boiseries sculptées et dorées (17e-18e s.) représentant des pampres, des angelots et des oiseaux.
L'**Arbre de Jessé★** dans la 2e chapelle à gauche est une réalisation particulièrement remarquable, tout comme le maître-autel. Sous la tribune, à droite en entrant dans l'église, se trouve une statue de saint François en granit polychrome datant du 13e s.
Cette richesse choqua tant le clergé que l'église fut fermée au culte.
Revenez sur la praça do Infante Dom Henrique, devant le palais de la Bourse, et prenez à droite la rua da Alfândega.

Casa do Infante (Maison de l'Infant) Plan II G3

R. da Alfândega, 10 - ✆ 222 06 04 00.
D'après la tradition, Henri le Navigateur serait né dans cette maison présentant une belle façade en granit. Ancien bureau de douane de la ville de Porto du 14e au 19e s., elle abrite désormais les Archives historiques de la ville ainsi qu'un petit **musée** *(tlj sf lun. 9h30-13h, 14h-17h30 - 2,20 €, gratuit w.-end)* retraçant l'histoire du site depuis la période romaine.
La rua da Alfândega aboutit sur les quais du Douro.

★★ Cais da Ribeira (Quai de la Ribeira) Plan II G3

Il commence au pied du pont Dom Luis.
Le quai dominé par la haute silhouette du pont métallique Dom Luís I est un des endroits les plus vivants de Porto. Les maisons anciennes, tout en hauteur, pavoisées de lessives multicolores, surplombent le quai aussi animé en journée qu'en soirée. Quelques bateaux anciens y sont amarrés ; certains permettent d'embarquer pour des croisières sur le fleuve. Cette zone du centre historique a fait l'objet depuis quelques années de grands travaux de restauration.
Il est possible de traverser le Douro en empruntant le pont Dom Luís I pour accéder aux chais de la rive sud *(5mn à pied - voir p. 504).*
Au bout du quai, passez sous l'arche du pont D. Luís I et prenez le funiculaire dos Guindais (été : 8h-22h, vend., sam. 0h ; août 8h-0h ; hiver : 8h-20h - 1,80 €). Puis descendez la rua Saraiva de Carvalho sur la droite jusqu'à la petite place qui fait face à l'église.

★ Igreja de Santa Clara Plan II G3

Largo do 1° de Dezembro - ✆ 919 42 82 71 - lun.-vend. 9h-12h, 15h30-18h, sam. 10h-12h, 15h-18h, dim. 10h-12h.
L'église construite à la Renaissance a conservé de cette époque un portail en granit avec des personnages en médaillons. L'extérieur, plutôt austère, contraste avec la profusion de **boiseries sculptées et dorées★** du 17e s. qui décorent l'intérieur.
Continuez par la rua Saraiva de Carvalho jusqu'à l'avenida Dom Afonso Henriques. En tournant à droite, revenez à la gare de São Bento (voir p. 497).

Vila Nova de Gaia et les chais Plan II (p. 494-495)

Circuit 3 tracé en vert sur le plan du centre (p. 494-495) – Comptez 2h.

Loja Interativa de Turismo – Plan II G3 - *Av. Diogo Leite, 223 75 82 88 - www.cm-gaia.pt - mai-sept. : 10h-18h ; reste de l'année : lun.-vend. 10h-18h, sam. 10h-13h, 14h-18h. Autre antenne av. Ramos Pinto (un peu plus loin sur le quai)* F3 - *223 75 62 16.*

Sœur rivale de Porto, située sur la rive gauche du Douro, de l'autre côté du pont Dom Luís I, l'ancienne ville de Cale abrite le centre mondial de production du porto. Avant ou après la visite des chais, promenez-vous sur les quais et l'**avenida Diogo Leite★**, très animés, qui longent le Douro et offrent une **vue★★** d'ensemble imprenable sur Porto : la ville et ses quais se reflètent dans les eaux du fleuve, avec, au premier plan, quelques *barcos rabelos* de circonstance.

Caves de Porto (Chais de Porto) Plan II FG3

Pour en savoir plus sur le vin de Porto, voir « Les vins », p. 53.

Les **chais** *(as caves)*, qui arborent le nom de leur marque de fabrique au-dessus de leurs toits rouges, occupent le quartier bas de la commune de Vila Nova de Gaia et couvrent plusieurs hectares. C'est là, par une lente élaboration, que le raisin récolté sur les versants du Haut-Douro est transformé en porto. Plus de 58 maisons de porto y sont représentées.

Autrefois, c'était en bateau, sur les *barcos rabelos*, que les vins du Haut-Douro parcouraient quelque 150 km avant de parvenir jusqu'aux chais. Aujourd'hui, ce sont des camions-citernes qui viennent déverser leur précieuse cargaison dans des cuves en inox. Les grandes marques ont cependant conservé face à leurs chais quelques *barcos rabelos* chargés de tonneaux.

Une quinzaine de ces caves se visitent, dont celles de **Taylor**, **Cálem**, **Ramos Pinto**, **Sandeman** et **Ferreira** *(voir « Visite », p. 512)*. Les visites des chais permettent de suivre les étapes de l'élaboration du porto. Le vin est stocké plusieurs années dans d'immenses cuves contenant jusqu'à 1 000 hl, puis soutiré dans des tonneaux *(pipas)* de 535 l. La porosité du bois des tonneaux accentue le vieillissement du breuvage. Seuls les vins authentiques, contrôlés par l'Instituto do Vinho, peuvent pénétrer dans ces chais. Sous les voûtes, on verra les énormes barriques de châtaignier, aussi bien que les cuves en métal et la chaîne moderne d'embouteillage.

> **ROUTE DU VIN**
> Pour prolonger la visite, l'Institut du vin de Porto *(voir p. 500)*, en association avec d'autres organismes officiels les offices de tourisme de la région, propose une **route du Vin** dans la vallée du Douro.

Par une succession de ruelles et d'escaliers, au sud des quais, rejoignez la partie haute de Vila Nova de Gaia.

Antigo Convento de Nossa Senhora da Serra do Pilar Plan II G3

Le couvent des 16e et 17e s., au plan en rotonde (attribué à Philippe Terzi), domine la ville. Son esplanade constitue le meilleur **belvédère★★** pour admirer l'ensemble du site de Porto : les photographes ne s'y trompent d'ailleurs pas ! De là, on distingue les vestiges de l'enceinte du 14e s., sur l'autre rive.

Rejoignez Porto à pied en traversant le pont D. Luís I, ou par le métro (arrêt Jardim do Morro, ligne D).

Autour de l'avenue de Boavista Plans I (p. 492-493) et plan II (p. 494-495)

Circuit 4 tracé en vert sur le plan de l'agglomération (p. 492-493) – Comptez une demi-journée. En métro, descendez à la station Carolina Michaelis (lignes A, B ou C).
Autrefois bordée de villas cossues, dont il reste encore quelques témoins, l'**avenida da Boavista** forme une artère bruyante qui mène en ligne droite jusqu'à l'Atlantique. Autour d'elle s'organise tout le quartier ouest de la ville.
À la sortie du métro, descendez les escaliers et prenez, en face, la rua Augusto Luso. Traversez la rua da Boavista. Au bout, empruntez à gauche le largo do Priorado.

Igreja da Cedofeita Plan II F1

R. da Cedofeita - ✆ 222 00 56 20 - accès sur demande seult.
Pour certains, cette petite église constitue le plus vieil édifice chrétien du Portugal, car ses fondations remonteraient au 6e s. L'église actuelle, qui date du 12e s., est en tout cas la plus ancienne de la ville. Bel exemple de roman primitif, elle a été transformée au cours des siècles, surtout au 17e s., mais a conservé intact son portail orné d'un *Agnus Dei*.
Revenez sur l'avenida da Boavista et suivez-la à gauche jusqu'à la praça Mouzinho de Albuquerque.

Casa da Música Plan I C2 et plan II E1

Av. da Boavista, 604-610 - ✆ 220 12 02 10 - www.casadamusica.com - 10h-19h (dim. et j. fériés 18h) - possibilité de visite guidée à 11h (en portugais) et à 16h (en portugais et en anglais) - 5 €. Programme des concerts (jazz, classique, world music, etc.) dans les offices de tourisme. Restaurant et bar-cafétéria.
Ce vaste édifice blanc de forme polyédrique, conçu par l'architecte néerlandais Rem Koolhaas, est le fruit de la politique culturelle poursuivie par la ville depuis sa désignation comme « Capitale européenne de la culture » en 2001. Inauguré en 2005, ce bâtiment audacieux constitue un espace multidisciplinaire dédié à tous les types de musiques. Il comporte deux auditoriums, dont un de 1 260 places.
Prenez le bus nº 502 sur l'avenida da Boavista (arrêt à 200 m de la Casa da Música) et descendez à l'arrêt A Cardoso, puis tournez à droite dans la rua Tenente Valadim.

Fundação Eng-António de Almeida Plan I B2

R. Tenente Valadim, 325 - ✆ 226 06 74 18 - www.feaa.pt - tlj sf w.-end. 14h30-17h30 - fermé en août - gratuit.
Le riche industriel António de Almeida se consacra, sa vie durant, à réunir une **collection de monnaies d'or★** d'origines grecque, romaine, byzantine, française et portugaise. Elle est exposée dans cette maison où il vécut, décorée de meubles anciens et de porcelaines.
Revenez avenida da Boavista et prenez le bus nº 502. Descendez à l'arrêt Gomes da Costa et empruntez à gauche l'avenida Marechal Gomes da Costa jusqu'à la rua D. João de Castro.

★★ Fundação de Serralves Plan I B2

R. D. João de Castro, 210 - ✆ 226 15 65 00 - www.serralves.pt - avr.-sept. : mar.-vend. 10h-17h, w.-end et j. fériés 10h-20h ; oct.-mars : mar.-vend. 10h-17h, w.-end et j. fériés 10h-19h - 8,50 €, parc seul 3 €, gratuit dim. (jusqu'à 13h) - possibilité de visite guidée (1h ; en anglais) le sam. à 16h pour les expositions, le dim. à 16h pour le parc.
La fondation de Serralves, une institution privée qui travaille en partenariat avec l'État, vise à la promotion de l'art contemporain auprès du grand public ainsi qu'à la sensibilisation aux questions d'environnement. Elle est installée

dans un magnifique **parc★★** boisé de 18 ha, avec jardins, forêts et pâturages. Véritable havre de paix, l'endroit est agrémenté d'œuvres d'art et dispose en outre d'un lac, d'un jardin aromatique et d'une ferme avec des animaux. Au sein de ce parc, la **maison de Serralves** (Casa de Serralves) abrite le siège de la fondation, qui a fait construire, non loin de là, un grand musée d'Art contemporain.

★ **Museu de Arte Contemporânea** – Inauguré en 1999, il a été conçu par le plus connu des architectes portugais actuels, **Álvaro Siza Vieira**, natif de Porto, qui a aussi dessiné le quartier du nouveau Chiado à Lisbonne et conçu la faculté d'architecture de Porto. C'est un bâtiment d'aspect massif, d'un blanc immaculé, moderne et dépouillé, aux lignes vives. À l'intérieur, vous remarquerez les luxueux parquets de marqueterie du premier étage. Souvent taxé d'élitisme, ce musée vise à sensibiliser le grand public à l'art contemporain. Les collections permanentes couvrent la production artistique depuis 1960. Avec une programmation pointue, en grande partie d'avant-garde, il accueille des expositions temporaires d'arts plastiques, mais aussi des spectacles de danse, des colloques et des concerts. C'est devenu le plus grand centre multiculturel du nord du pays.

Casa de Serralves – *Expositions temporaires.* Remarquable exemple de l'architecture des années 1930. Sa décoration intérieure de style Art déco a été réalisée par plusieurs architectes et décorateurs français : Siclis, Brandt (remarquez ses élégantes grilles de fer forgé), Lalique, Perzel et Ruhlmann.

Revenez sur l'avenida da Boavista, qui débouche plus loin sur l'Océan, à hauteur du Castelo do Queijo. Pour regagner le centre, prenez le bus n° 502 jusqu'à la praça da República.

À voir aussi Plan II (p. 494-495)

Museu do Vinho do Porto (Musée du Vin de Porto) Plan II E2

R. de Monchique, 45-52 (tram n° 1) - ✆ 222 07 63 00 - tlj sf lun. 10h-17h30, dim. 10h-12h30, 14h-17h30 - 2,20 €, gratuit w.-end.

Dans un ancien dépôt de la Compagnie générale des vignes du Haut-Douro, qui servit ensuite de douane pour les produits importés du Brésil, le petit musée retrace l'histoire de la ville et de son développement autour du négoce du vin qui fit sa renommée.

Museu do Carro Eletrico (Musée du Tram) Plan II E2

Alameda Basílio Teles, 51 (tram n° 1) - ✆ 226 15 81 85 - www.museudocarroelectrico.pt - fermé jusqu'à une date indéterminée.

Dans un authentique hangar de la STCP sont exposées une quinzaine de voitures de tram, des premiers modèles, apparus à Porto en 1872, aux plus récents.

La promenade côtière Plan I (p. 492-493)

Circuit 5, du Castelo do Queijo au Castelo da Foz, tracé en vert sur le plan de l'agglomération (p. 492-493) – Comptez de 2 à 3h depuis le centre avec un AR en bus (nos 500 et 502) jusqu'au Castelo do Queijo, ou une demi-journée en rentrant à pied depuis le Castelo da Foz.

Castelo do Queijo Plan I A2

Également connu sous le nom de fort de São Francisco Xavier, le château du 17e s. est juché sur un rocher en forme de fromage qui lui a donné son nom (*queijo* en portugais). Il gardait jadis l'estuaire du Douro.

La plage de Lavadores, non loin de Porto.
Nevio Doz/Marka/age fotostock

Front de mer Plan I AB2-3

Au sud du Castelo do Queijo, longez le front de mer jusqu'à l'entrée de l'estuaire *(promenade de 2,8 km, parallèle aux avenidas de Montevideu et do Brasil)*. Une digue piétonnière agrémentée d'arbres et de buissons y a été aménagée. Vous longez les plages de Porto *(Praias da Conceição, dos Ingleses, da Luz)*, parfois encadrées de rochers. Même si l'Océan est grisâtre, avec des eaux froides et mouvementées, les embruns sont très vivifiants. C'est ici que s'étendent les quartiers résidentiels et balnéaires de **Nevogilde** et **Foz do Douro**.

Castelo de São João da Foz do Douro Plan I B2

Le fort de São João da Foz constitue une autre place forte, construite pendant la période espagnole (1580-1640) pour protéger l'embouchure du Douro.

Sauf à être en voiture ou à regagner la Ribeira en bus ou en tramway par la rive droite du Douro, vous pourrez revenir à pied par ces mêmes berges, assez bien aménagées (on longe parfois la route d'un peu près). De l'entrée de l'estuaire, comptez 6 km. Un bon moyen de laisser la ville se dévoiler depuis le fleuve.

À proximité Plan I (p. 492-493) et carte de région

6

Plages Plan I B3

Constituées de longues étendues sableuses typiques de la côte atlantique, les plages de Porto sont très fréquentées en été, même si la houle restreint les possibilités de baignade. Outre les plages de Foz do Douro et de Nevogilde, juste au nord de l'estuaire *(ce sont les plus accessibles avec le bus nº 500)*, vous pourrez vous rendre, au sud du Douro, à la **plage de Lavadores** *(bus nº 902)* ou, plus loin, à la **plage de Madalana** *(bus nº 906)*.

En continuant au sud par la IC 1, des sorties mènent aux plages de **Valadares**, **Miramar** et **Granja**. Enfin, la station balnéaire d'**Espinho** est aussi accessible par l'autoroute A 1 en direction de Lisbonne *(22 km au sud de Porto)*.

Matosinhos Plan I A1-2

▶ *8 km au nord-ouest de Porto (juste au nord du Castelo do Queijo), par l'IC 1, sortie n° 2.*

La ville est réputée pour certaines réalisations d'architecture moderne de l'école de Porto, dont le chef de file est Álvaro Siza Vieira. Ce dernier réalisa en 1981 la mairie de Matosinhos.

Igreja Bom Jesus de Matosinhos – L'église se signale par sa façade baroque (18e s.), hérissée de pinacles et de quatre flambeaux, et ornée de blasons. À l'intérieur, sur les magnifiques boiseries du chœur s'inscrivent des tableaux représentant la Passion du Christ; au maître-autel, très ancienne statue du Christ, en bois, objet chaque année d'un important pèlerinage *(voir p. 36)*. La nef et le chœur sont surmontés d'un joli plafond à caissons.

Porto de Leixões Plan I A1

▶ *Au nord de Matosinhos, à 5 km du fleuve.*

Ce grand port de commerce artificiel, créé à la fin du 19e s., fut transformé dans les années 1930 et terminé en 1985. Il double celui du Douro qui souffrait de l'ensablement périodique du fleuve, offrant ainsi un remarquable débouché aux exportations vinicoles, de bois et aux produits industriels. La construction d'un appontement destiné aux gros pétroliers et d'une raffinerie a permis le développement d'un nouveau secteur. Avec ses 29 docks, il est désormais le deuxième port commercial du pays, juste après celui de Lisbonne. C'est également l'un des plus importants ports de pêche à la sardine du pays, et il dispose d'une marina internationale pour les navires de plaisance. Il peut aussi recevoir des navires de croisière.

Leça do Balio Carte de région

▶ *8 km au nord de Porto par la route de Braga (N 14), puis l'A 4 dir. Amarante, sortie « Leça ». Suivez ensuite les panneaux vers le « mosteiro ».*

Après la première croisade, le domaine de Leça do Balio aurait été concédé aux hospitaliers de St-Jean-de-Jérusalem, venus de Palestine probablement en compagnie du comte Henri de Bourgogne. Leça fut la maison mère de cet ordre (actuel ordre de Malte) jusqu'en 1312, date à laquelle le siège fut transféré à Flor da Rosa *(voir p. 326)*.

★ **Église-forteresse du monastère** – Bâtie en granit dans le style gothique, elle se signale par ses merlons pyramidaux, sa haute tour crénelée cantonnée de trois balcons et d'échauguettes à mâchicoulis, par sa façade principale très simple ornée de chapiteaux sculptés au portail et d'une rose à l'étage. L'**intérieur**, dépouillé, a des proportions harmonieuses. Les piliers portent des chapiteaux historiés où figurent des scènes de la Genèse et des Évangiles. Dans le chœur, voûté en étoile, remarquez le tombeau du bailli Frei Cristóvão de Cernache, surmonté d'une statue orante peinte (16e s.), et, dans l'abside de gauche, celui du prieur Frei João Coelho, avec un gisant dû à Diogo Pires le Jeune (1515).

Les **fonts baptismaux**★, de style manuélin, ont été sculptés dans la pierre d'Ançã *(voir p. 420)* par le même artiste; de forme octogonale, la cuve repose sur un pied orné de feuilles d'acanthe et d'animaux fantastiques.

Paço de Sousa Carte de région

▶ *28 km à l'est. Sortez de Porto en dir. de Braga (N 14), puis prenez l'A 4 dir. Amarante et quittez-la à la sortie n° 10. Prenez à droite vers Parada, suivez ensuite l'indication « Paço de Sousa » et empruntez un peu plus loin, à droite, la N 106-3. Au rond-point dans Paço de Sousa, prenez à droite et tout de suite à gauche, dir. « Mosteiro de Paço de Sousa ».*

EGAS MONIZ : UN MODÈLE DE DROITURE

Au 12e s., le roi de León, Alphonse VII, afin de mettre un terme aux aspirations des comtes du Portugal à l'indépendance, vient assiéger la régente Thérèse *(voir encadré p. 540)* à Lanhoso, puis l'infant Alphonse Henriques à Guimarães (1127). Celui-ci ne peut opposer à son suzerain qu'une petite poignée d'hommes ; il lui délègue donc son ancien précepteur Egas Moniz. Ce dernier, en échange de l'abandon du siège de Guimarães, reconnaît au nom de son prince l'autorité du roi de León. Le danger écarté, Alphonse Henriques oublie son serment et se soulève de nouveau (1130). Egas Moniz part alors pour **Tolède** ; accompagné de sa femme et de ses enfants, il se présente devant Alphonse VII en habit de pénitent, pieds nus, la corde au cou, prêt à payer de sa vie la rançon de cette trahison. Juste prix de sa droiture, il reçoit sa grâce.

Paço de Sousa a conservé, d'un ancien monastère bénédictin fondé au début du 11e s., une vaste église romane, restaurée, qui renferme le tombeau d'Egas Moniz *(voir encadré ci-dessus)*.

Igreja do Mosteiro – La façade de l'église abbatiale présente un portail en tiers-point aux voussures garnies de motifs qui se répètent sur la bordure de la rosace. Les chapiteaux sont décorés de feuillages. Le tympan est soutenu à gauche par une tête de bœuf, à droite par une curieuse tête d'homme. Sur le tympan, à gauche, un homme porte la Lune ; à droite, un autre soutient le Soleil. L'intérieur, à trois vaisseaux à arcs brisés, détient, à gauche, une statue naïve de saint Pierre et, à droite, près de l'entrée, le tombeau d'Egas Moniz (12e s.). Les faces du tombeau portent des bas-reliefs sculptés de façon assez grossière, illustrant d'un côté la scène de Tolède *(voir encadré ci-dessus)*, de l'autre les funérailles du loyal précepteur. À gauche de l'église s'élève une tour crénelée.

Santa Maria da Feira Carte de région

28 km au sud. Quittez Porto par l'A 1, dir. Lisbonne.

Face au bourg qui se disperse sur le versant d'une colline se dresse, en hauteur, un château fort, auquel conduit une route pavée et ombragée.

★ **Castelo** – *256 37 22 48 - www.castelodafeira.com - été : tlj sf lun. 9h30-12h30, 13h30-18h, w.-end et j. fériés 10h-12h30, 13h30-18h30 ; hiver : tlj sf lun. 9h30-12h30, 13h-17h, w.-end 10h-12h30, 13h-17h30 - 3 €.* Érigé au 11e s., le château fort fut reconstruit au 15e s. par le seigneur du lieu, Fernão Pereira, dont le blason s'inscrit au-dessus de la porte. Voici un intéressant exemple d'architecture militaire portugaise d'époque gothique. Un donjon quadrangulaire, flanqué de quatre hautes tours carrées à toits en poivrière, domine une enceinte fortifiée à mâchicoulis que renforce, à l'est, une barbacane.

Par une poterne, on accède à la place d'armes. Sur le chemin de ronde, des latrines sont encore visibles. Un escalier conduit au premier étage du donjon, vaste salle gothique ; la plate-forme supérieure *(60 marches)* offre un panorama sur les fortifications du château, la ville, les collines boisées des environs et le littoral. Dans les salons, film sur l'histoire du lieu ; petite exposition sur les fouilles et les travaux de restauration.

Museu do Convento dos Lóios – *Pr. Dr Guilerme Alves Moreira (sur la route montant au château) - 256 33 10 70 - tlj sf lun. 9h30-17h (18h en été), w.-end 14h30-17h30 - 1 € - possibilité de visite guidée.* L'ancien couvent consacré à saint Jean l'Évangéliste, à la façade ornée d'azulejos du 17e s., abrita à partir de 1938 le tribunal. Il accueille aujourd'hui une exposition permanente d'histoire, d'archéologie et d'ethnologie régionales, ainsi que des expositions temporaires.

NOS ADRESSES À PORTO

INFORMATIONS UTILES

Les offices de tourisme sont répertoriés en début de chapitre.

Poste

Poste centrale – Plan II G2 - *Praça G. Humberto Delgado - 222 40 02 02 - lun.-vend. 8h-21h, sam. 9h-18h.*

Représentations diplomatiques

Consulat de France – Plan I C1 - *R. Capela do Telheiro, 70 - São Mamede de Infesta - 229 05 94 39 - www.ambafrance-pt.org.*

Santé

Hôpital – **Hospital Santo António** - Plan II F2 - *Largo Prof. Abel Salazar - 222 07 75 00.*

Sécurité

La nuit, évitez les quartiers avoisinant le port et les quais.

Police du tourisme – Plan II G2 - *R. Clube dos Fenianos, 11 (à côté de l'office de tourisme) - 222 08 18 33 - 8h-2h.*

ARRIVER/PARTIR

Avion

Aeroporto Dr Francisco Sá Carneiro – Plan I A1, en dir. - *Sur l'EN 107, 14 km au nord-ouest de la ville - 229 43 24 00 - www.aeroportodoporto.com.pt.*

Pour gagner le centre-ville : Navette Goin'Porto – *937 59 90 89 - www.goinporto.com.* Elle effectue le trajet entre l'aéroport, Boavista (Casa da Música) et le centre-ville *(av. dos Aliados, angle rua 31 de Janeiro)*, entre 4h45 et 1h15 *(durée : 20mn pour Boavista, 30mn pour le centre ; 5 €, 9 € AR).*

Métro – La ligne E (violette) relie directement l'aéroport au centre-ville *(à partir de 6h ; 2,30 €).*

Bus – Moins pratiques, les bus nos 601 *(5h30-23h30)* et 602 *(5h30-20h45)* relient l'aéroport à Cordoaria dans le centre *(durée : 1h env.)* ; le nº 3M *(0h-5h)* part de l'avenida Alliados.

Taxi – La course de l'aéroport au centre-ville coûte de 20 à 25 €.

Train

Horaires et tarifs des lignes sur www.cp.pt.

Gare Campanhá – Plan I D2 - *R. da Estação (à l'est du vieux Porto) - 808 20 82 08.* Liaisons internationales et nationales.

Gare de São Bento – Plan II G2 - *Praça Almeida Garrett (dans le centre) - 808 20 82 08.* Liaisons banlieue et régionales nord.

TRANSPORTS

Métro

Les 6 lignes de métro sont identifiées par une lettre (de A à F) et une couleur. La ligne D (jaune), reliant le centre ancien à Vila Nova de Gaia, est la seule à traverser le Douro et la plus intéressante pour visiter le centre, avec les stations Trindade (la plus importante en matière d'interconnexions), Aliados, São Bento et Jardim do Morro *(juste après le pont D. Luís I)*. La tarification varie selon le nombre de zones traversées. *www.metrodoporto.pt.*

Bus

Porto compte une soixantaine de lignes de bus *(autocarros)* gérées par la STCP. Il existe aussi 11 lignes de bus de nuit (*rede da madrugada*, sigle « M »). La STCP propose 3 circuits touristiques en bus panoramique *(voir « Visite », ci-contre). www.stcp.pt.*

Tramway

Les petits *eléctricos* (lignes 1, 18 et 22) sont similaires à ceux de

Lisbonne. **Ligne 1** : dép. au pied de l'église São Francisco jusqu'à Foz do Douro ; **ligne 18** : dép. devant l'église do Carmo jusqu'au bord du Douro ; **ligne 22** *(boucle)* : dép. en haut du funiculaire dos Guindais jusqu'à l'église do Carmo. **Circuit touristique :** *voir « Visite », plus loin.*

Téléphérique

Depuis 2011, le **Teleférico de Gaia** Plan II G3 relie en 5mn les Cais de Gaia au jardim do Morro, en haut du pont D. Luís I, sur la rive de Vila Nova de Gaia - *www.gaiacablecar.com - 10h-18h (20h en été) - 5 €, 8 € AR (5-12 ans 50 % de réduction).*

Titres de transport

Les cartes magnétiques rechargeables **Andante** *(0,50 €)* peuvent être utilisées dans le métro et/ou le bus selon le mode de chargement choisi. Optez pour le **chargement multimodal**, sinon vous devrez utiliser tous vos titres (métro ou bus) avant de pouvoir changer de mode de transport. Tarifs dégressifs en fonction du nombre de trajets chargés. Attention au choix des zones. En vente à l'aéroport, à l'office de tourisme central, dans les « lojas Andante », à la gare de São Bento, dans certains guichets STCP et dans les billetteries du métro. Il est toujours possible d'acheter une carte pour un trajet à l'unité dans les bus et les trams *(1,85 €).*

Andante Tour – Deux pass permettent de voyager de façon illimitée en métro, bus, tram et funiculaire : Andante Tour 1 *(valable 24h après la 1re validation ; 7 €)* et Andante Tour 3 *(valable 72h après la 1re validation ; 15 €)*. En vente dans les offices de tourisme, « lojas Andante » et guichets STCP. Une autre formule permet de bénéficier de tarifs spéciaux de parking.

Si vous avez l'intention de faire beaucoup de visites, la **Porto Card** peut être intéressante *(voir plus loin).*

Location de vélos

Blue Dragon – Plan II G3 - *Av. Gustavo Eiffel, 280 - ✆ 222 02 23 75 - www.portorentabike.com - 10h-14h, 15h-18h (19h en été).* Située près du Funicular dos Guindais, cette échoppe vous louera une bicyclette pour *6 €/2h ou 15 € les 24h.*

Taxi

Rádio Táxi Geral – *✆ 225 07 39 00.*

VISITE

Porto Card – Pass touristique valable 1 j *(13 €, 6 € en mode piéton)*, 2 j *(20 €, 10 € en mode piéton)* ou 3 j *(25 €, 13 € en mode piéton)* : réductions dans 18 musées et monuments ; voyages illimités (sauf avec la carte 1 j piéton) dans les bus et tramways de la STCP, le métro et le funiculaire, et certains trains régionaux ; rabais dans de nombreux restaurants et magasins ainsi que sur certains spectacles, croisières, visites de caves, location de voiture ou tours en bus. Vente dans les offices de tourisme, les guichets de la STCP ou du métro, et dans certains hôtels.

Tour de la ville en bus – Deux compagnies, **City Sightseeing** et **Yellow Bus**, proposent des circuits touristiques en bus panoramique dans le centre historique, le long du Douro jusqu'au Castelo do Queijo et dans Vila Nova de Gaia. Les billets, valables 1 j *(13 €)* ou 2 j *(15 €)* permettent de descendre et monter à l'envi. Arrêts desservis ttes les 30 à 60mn selon les parcours. Vente des billets à bord.

Tour de la ville en tram – Porto Tram City Tour - Plan II G3 - *www. portotramcitytour.pt.* Kiosques d'information et vente de billets tout au long du parcours entre Infante et Batalha Guindais, en haut du funiculaire. Semblable à la formule des bus panoramiques, celle-ci permet de grimper et descendre des trams au fil de vos visites. Billet 2,50 €, 8 € pour 24h.

Croisières sur le Douro – Porto Tours - Plan II G3 - *À côté de la Sé.* Centre de réservation de circuits organisés et balades sur le Douro : croisière des 6 ponts *(50mn ; 10 €)*, excursions d'un ou plusieurs jours. Dép. du quai de la Ribeira ou du quai Amarelo à Vila Nova de Gaia.

Douro Azul - Plan II F3 - *R. de São Francisco, 4 - ✆ 223 40 25 00 - www.douroazul.com* - est l'une des plus anciennes compagnies.

Visite des caves à vins – Pour visiter les chais de 18 producteurs de porto, rens. dans les offices de tourisme et à l'Associação das Empresas de Vinho do Porto - Plan II F3 - *R. Dr António Granjo, 207 - Vila Nova de Gaia - ✆ 223 74 55 20 - www.cavesvinhodoporto.com.* On vous remettra une carte répertoriant les chais.

Visite en hélicoptère – Helitours - Plan II E2 - *Alameda Basílio Teles (près du Douro, après le jardin du palais de Cristal) - ✆ 225 43 24 64 - www.helitours.pt. À partir de 65 €/pers. (mini 4 pers. ; durée : 10mn).*

HÉBERGEMENT

PREMIER PRIX

Hotel do Norte – Plan II GH2 - *R. Fernandes Tómas, 579 - ✆ 222 00 35 03 - www.hoteldonorte.com - 36 ch. 45 €.* Bien située à l'angle de la rue Santa Catarina, piétonne et animée, la plus ancienne pension de Porto a rouvert ses portes en 2008. Agréables chambres claires et parquetées, desservies par un grand escalier. De la salle de petit-déjeuner, vous pourrez contempler de près les azulejos de la Capela das Almas.

BUDGET MOYEN

Yours Guesthouse – Plan II G2 - *R. dos Caldeireiros, 131/135 - ✆ 222 03 30 82 - http://yoursporto.com - 8 ch. 50/60 € ☕.* Nichée dans une ruelle à 100 m de la Torre dos Clérigos, cette demeure de charme a été impeccablement rénovée. Chambres claires mi-design mi-tradition, certaines avec vue sur les toits de la ville, d'autres aménagées pour quatre ou six personnes (salle de bains sur le palier). Petit-déjeuner aux saveurs portugaises, en été dans le jardinet fleuri. Accueil plein de gentillesse. Une invitation au plaisir et à la détente.

Castelo de Santa Catarina – Plan II H1 - *R. Santa Catarina, 1347 - ✆ 225 09 55 99 - www.castelosantacatarina.com.pt - [P] - 26 ch. 55/80 €.* Cette maison du 19e s., sorte de « folie » couverte d'azulejos, est située au calme sur les hauteurs de Porto. Accueil charmant et personnalisé. Si l'idée de monter 80 marches ne vous effraie pas, demandez la chambre 141, dans la tour, avec une vue à 360°, ou bien la 122, avec ses meubles d'époque. Réservez dans la maison ancienne plutôt que dans les dépendances.

Moov Hotel Porto Centro – Plan II G2 - *Praça da Batalha, 32/34 - ✆ 220 40 70 00 - www.hotelmoov.com - 125 ch. 57/85 € - ☕ 5,95 €.*
Cet ancien cinéma Art déco s'est métamorphosé pour endosser son nouveau rôle. Aux murs, les photos noir et blanc de stars immortalisées dans des poses glamour rappellent le passé cinéphile du lieu. Dans un

camaïeu de beige, les chambres à la déco minimaliste sont impeccables et parfaitement isolées. Le matin, le réveil se fait en beauté avec un petit-déjeuner varié et très copieux. Bref, le Porto Centro est une valeur sûre pour un prix raisonnable.

Grande Hotel de Paris – Plan II G2 - *R. da Fábrica, 27/29 - ✆ 222 07 31 40 - www.ghparis.pt - 43 ch. 60/80 €* ☕. Cet hôtel, ouvert en 1888, a retrouvé sa splendeur passée. D'antiques objets décorent le salon : radio d'époque, machine à écrire, téléphones anciens, etc. La salle de déjeuner aux boiseries ciselées et aux vitres peintes s'ouvre sur le jardin planté d'un citronnier et d'un cactus centenaire. Les chambres, aux salles de bains modernes, sont décorées de meubles anciens. Optez pour celles qui donnent sur l'arrière, plus vastes et avec vue (prix identique). Petit bar équipé d'un volumineux réfrigérateur des années 1950. Accueil polyglotte et piano à disposition pour ceux qui seraient tentés.

Da Bolsa – Plan II F3 - *R. Ferreira Borges, 101 - ✆ 222 02 67 68 - www.hoteldabolsa.com - 36 ch. 60/85 €* ☕. Une adresse intéressante pour sa situation proche du quartier animé de la Ribeira. Belle façade du 19e s. Les chambres du dernier étage, plus chères, offrent de belles vues sur le fleuve.

América – Plan II H1 - *R. Santa Catarina, 1018 - ✆ 223 39 29 30 - www.hotel-america.net - P - 22 ch. 65/85 €* ☕. Dans la partie haute de la rua Santa Catarina, cet hôtel un peu excentré a préféré le choix du moderne au charme désuet du Castelo de Santa Catarina *(voir ci-avant)*. Chambres au mobilier et parquet de bois clair. Wifi.

Oporto Tourist Apartments – Plan II F3 - *R. O Comércio do Porto, 71 - ✆ 915 16 11 81 - www.oportotouristapartments.com - 15 appart. 65/85 € - 2 nuits mini.* Une quinzaine d'appartements à louer au cœur de la ville. Kitchenette à disposition. Idéal pour un séjour à prix très raisonnable.

POUR SE FAIRE PLAISIR

Grande Hotel do Porto – Plan II G2 - *R. Santa Catarina, 197 - ✆ 222 07 66 90 - www.grandehotelporto.com - P - 99 ch. 85/125 €* ☕ *- ✕ 15/25 €.* Bien qu'ayant perdu de sa splendeur, ce grand hôtel conserve le charme de la Belle Époque, surtout dans ses salons et dans le restaurant décoré façon « Grand Siècle ». Les chambres sont aménagées dans un style plus fonctionnel et moderne. Parking payant. Buffet à midi pour 13,50 € (15 € le w.-end), dîner à la carte env. 25 €.

☺ **Eurostars das Artes** – Plan II F2 - *R. do Rosário, 160 - ✆ 222 07 12 50 - www.eurostarshotels.com - P - 82 ch. 98/120 €* ☕. À deux pas de la rua Bombarda, cet hôtel est un excellent point de départ pour la visite des musées (Museu Soares dos Reis, Museu Romântico) ainsi que celle du Palácio de Cristal. Les chambres parquetées présentent un intérieur élégant dans les tons beige et chocolat. Le petit-déjeuner se prend dans une agréable salle ouverte sur un jardin verdoyant. Le séjour est d'autant plus plaisant que l'accueil est efficace et aux petits soins.

Hotel Teatro – Plan II G2 - *R. Sá da Bandeira, 84 - ✆ 220 40 96 20 - www.hotelteatro.pt - 74 ch. 99/140 €* ☕ *- ✕ 35/50 €.* Cet hôtel très design à la décoration unique, dans les tons bronze et or, sur le thème du théâtre, lui confère une atmosphère cosy particulière. Tout est soigné dans les moindres détails. Son restaurant gastronomique, le Palco, est réputé pour sa cuisine internationale ou encore traditionnelle revisitée. Décor raffiné, restauration de qualité et excellentes prestations.

UNE FOLIE

Infante de Sagres – Plan II G2 - *Praça D. Filipa de Lencastre, 62 - ✆ 223 39 85 00 - www.hotelinfantesagres.pt - 72 ch. 170/210 € (importantes réductions sur Internet) ☕ - ✕ 30/40 €.* Avec ses boiseries, ses meubles d'époque et ses vitraux, cet hôtel de prestige (à la façade pourtant banale) possède un charme tout particulier et plaira aux adeptes des ambiances traditionnelles. Situation centrale près de la praça da Liberdade.

Pestana Porto – Plan II G3 - *Praça da Ribeira - ✆ 223 40 23 00 - www.pestana.com - 48 ch. 175/225 € ☕ - ✕ 35 €.* Difficile de trouver un hôtel mieux placé ! L'ancien Porto Carlton dresse sa façade jaune au bord du Douro avec une vue imprenable sur le fleuve et les chais de la rive opposée. Chambres très confortables et toutes différentes. Une situation idéale pour partir explorer les ruelles pittoresques de la Ribeira.

RESTAURATION

PREMIER PRIX

Arroz de Forno – Plan II G2 - *R. Mouzinho da Silveira, 203 - ✆ 222 00 74 65 - tlj sf dim. - 9/15 €.* Sur la large artère menant au fleuve, ce vaste restaurant sur deux étages affiche une décoration contemporaine en pierre et bois brut qui contraste avec sa carte spécialisée dans les plats traditionnels du Douro. Ceux-ci sont servis dans des cocottes en terre cuite brune, accompagnés de riz. *Meia doses* conseillées, c'est très copieux. Plat du jour à moins de 10 €.

O Mercado – Plan II F3 - *Praça do Infante D. Henrique, 95 - ✆ 935 27 45 36 - tlj sf lun. 12h30-3h - 9/15 €.* Ce café-bar et restaurant occupe l'étage de l'ancien marché Ferreira Borges qui domine la place. À la belle architecture de fer se mêle un décor vide-grenier. Dans une ambiance décontractée, vous apprécierez les pizzas cuites au four à bois, le filet de bœuf ou hamburger frites, le carpaccio, la *franceshina* ou un plat de morue. À prolonger par un concert ou une exposition au Hard Club, à l'étage du dessous.

Abadia do Porto – Plan II G2 - *R. do Ateneu Comercial, 22/24 - ✆ 222 00 87 57 - www.abadiadoporto.com - tlj sf dim. et lun. midi 12h-15h30, 18h30-23h - 12/18 €.* C'est dans une salle tapissée d'azulejos et surmontée d'une mezzanine que vous savourerez de la morue braisée, des tripes à la mode de Porto, des poissons ou des viandes grillées. Un restaurant de cuisine locale aux plats immuables, idéalement situé près de la rua Santa Catarina.

BUDGET MOYEN

Bacalhau – Plan II F3 - *Muro dos Bacalhoeiros, 153/155 - ✆ 960 37 88 83 - www.bacalhauporto.pt - 11h-22h (vend.-sam. 23h) - 15/25 €.* Depuis l'étroite terrasse, savourez cette vue imprenable sur Vila Nova de Gaia et le fleuve. L'endroit est paisible et romantique. Dans l'assiette, la *bacalhau* est déclinée sous toutes ses formes, mais on sert d'autres spécialités comme la marmite de risotto au poulpe, une joue de porc avec purée d'échalote. Le tout accompagné d'une très belle sélection de vins régionaux.

Espaço Porto Cruz – Plan II G3 - *Largo Miguel Bombarda, 23 - ✆ 220 92 53 40 - www.myportocruz.com - tlj sf dim. soir et lun. 12h30-15h,*

19h30-23h - 20/35 € - Associant tradition et high-tech, ce superbe espace est entièrement dédié à la culture du vin. On y trouve salle d'expositions d'art contemporain, salle de dégustation et, au troisième étage, un restaurant au design minimaliste. Au menu, une très bonne cuisine internationale qu'il est possible d'accompagner de vin au verre. Aux beaux jours, ne manquez pas la terrasse *lounge*, au dernier étage, qui offre une vue à 360° sur la ville et le fleuve. Le lieu est très apprécié, et la réservation de rigueur.

D. Luís – Plan II F3 - *Av. Ramos Pinto, 264/266 - ✆ 223 75 12 51 - tlj sf lun. 11h-15h, 19h-22h - env. 25 €.* Décoration raffinée pour cette toute petite salle de Vila Nova de Gaia *(20 places)* dont le bar arrondi fait écho à la vague de béton qui orne les murs de pierres apparentes. On y sert des plats soignés : trois recettes de morue, *feijoada* marinière, colin, crevettes… Une halte dont la tranquillité contraste avec l'animation environnante. Réservez le w.-end.

Guarany – Plan II G2 - *Av. dos Aliados, 85 - ✆ 223 32 12 72 - www.cafeguarany.com - 9h-0h (1h en été) - 25/30 €.* Sol en mosaïques, tables et boiseries Art déco, fresques… et néons confèrent à ce café ancien et très connu de Porto, fréquenté par une clientèle variée, un curieux air à la fois suranné et rutilant. Salades, cuisine portugaise et internationale. Concerts certains soirs.

Reitoria – Plan II F2 - *R. Sá de Noronha, 33 - ✆ 927 60 86 28 - www.reitoria.pt - 12h-0h - 25/40 € au restaurant et 5/10 € au bar à sandwichs.* Amateurs de viande, ne manquez pas cette adresse : faux-filet fondant, pavé de rumsteck, entrecôte, confit de porc et frites maison. Un régal ! Ça se passe au 1er étage dans un cadre sobre et chic. Au rdc, c'est *foccacia*, une version italienne de la fougasse garnie de produits frais au choix (roquette, bresaola, mozzarella, tomates confites, tapenade…) servie pour un déjeuner sur place (quelques tables en terrasse) ou à emporter.

POUR SE FAIRE PLAISIR

D. Tonho – Plan II G3 - *Cais da Ribeira, 13/15 - ✆ 222 00 43 07 - www.dtonho.com - 12h30-15h, 19h30-0h - 30/35 €.* Installé à l'étage d'une maison ancienne restaurée avec une certaine élégance, ce restaurant qui appartient au chanteur Rui Veloso sert de bons petits plats traditionnels : *posta mirandesa* (pièce de bœuf), chevreau au barbecue, morue grillée, tripes à la mode de Porto. Belle vue sur le Douro.

Adega e Presuntaria Transmontana – Plan II G3 - *Av. Diogo Leite, 80 - Vila Nova de Gaia - ✆ 223 75 83 80 - 12h-2h - 30/40 €.* Ce restaurant de Vila Nova de Gaia, l'autre rive du fleuve devenue à la mode, affiche souvent complet derrière sa baie vitrée. Face au Douro, la jolie salle rustico-moderne permet de savourer charcuteries, jambons, viandes à la *plancha*, et d'excellents plats de viande et de poisson. Une seconde salle est située à deux pas *(r. Cândido dos Reis, 132).*

UNE FOLIE

DOP – Plan II F3 - *Largo de São Domingos, 18 - ✆ 222 01 43 13 - tlj sf dim. et lun. midi 12h30-15h, 19h30-23h - 55/80 €.* Ce restaurant, installé dans un édifice du 15e s., appartient au célèbre chef Rui Paula, qui maîtrise à merveille les associations de saveurs. Le menu dégustation (un accord mets et vins), renouvelé au gré des saisons, est un plaisir pour les sens. Un délicieux voyage !

PETITE PAUSE

Pique-nique – Faites vos emplettes au **marché de Bolhão** Plan II G2, puis cap sur le **jardim do Palácio de Cristal** Plan II E2, pour un pique-nique en tête à tête avec le Douro. Le parc de la **Fundação de Serralves** Plan I B2 est également une bonne option.

Casa de Chá – Plan I B2 - *R. de Serralves, 977 (dans le parc de la fondation Serralves) - ✆ 917 27 36 53 - mar.-vend. 12h-18h30, w.-end. et j. fériés 10h-18h30 (19h30 en été).* Avec ses rideaux en toile, ses fauteuils en rotin, ses planches botaniques et sa pergola, ce salon de thé offre un cadre frais et accueillant. Idéal pour des brunchs, goûters ou déjeuners légers lorsqu'on visite la fondation.

Chocolateria das Flores – Plan II G2 - *R. das Flores, 121 - ✆ 220 18 58 92 - 10h-19h.* Ce micro-espace, cosy et chaleureux, propose de délicieux chocolats et cafés, accompagnés de pâtisseries maison. On peut aussi déjeuner simplement de salades composées, quiches, sandwichs ou soupes, préparés avec des produits frais de qualité *(moins de 10 €).*

Confeitaria Império – Plan II G2 - *R. Santa Catarina, 149/151 - ✆ 222 00 55 95.* Cette confiserie située dans la partie piétonne de la rua Santa Catarina, axe commerçant incontournable, reste un classique du genre avec son salon de thé où l'on peut déguster la spécialité locale : le *pão de Ló* (sorte de génoise).

☺ **Majestic Café** – Plan II G2 - *R. Santa Catarina, 112 - ✆ 222 00 38 87 - www.cafemajestic.com - tlj sf dim. 9h-0h.* Sans doute le plus beau café de Porto. Pendant la journée et en fin d'après-midi, le Majestic, avec sa décoration Art nouveau, est toujours un grand classique pour une pause sucrée ou salé.

Mercearia das Flores – Plan II G2-3 - *R. das Flores, 110 - ✆ 222 08 32 32 - www.merceariadasflores.com - lun.-jeu. 10h30-20h, vend.-sam. 10h30-22h, dim. 13h-20h.* Cette petite épicerie de charme dispose de quelques tables à l'intérieur et en terrasse dans la rue des Fleurs. Vous apprécierez les salades et les tartines, confectionnées sur mesure avec de délicieux fromages, jambons et saucissons de la région.

BOIRE UN VERRE

Promenez-vous dans le sympathique **quartier dos Clérigos** Plan II G2, dans les rues juste au nord de l'église (Galeria de Paris, Cândido dos Reis, Conde de Vizela), et sur la **praça D. Filipa de Lencastre** Plan II G2 où abondent bars et restaurants aux ambiances différentes (classiques avec musique pop, électro, concert fado, bar plus tranquille et chic…). C'est la zone la plus animée de Porto la nuit.

Hard Club – Plan II F3 - *Praça Infante D. Henrique - ✆ 707 10 00 21 ou 220 10 11 85 - tlj sf dim. et lun. 11h-2h30.* La grande structure rouge du Mercado Ferreira Borges accueille le jeune et branché Hard Club. On s'y arrête pour prendre un verre dans une ambiance culturelle : expos, projections, concerts à partir de 10 € (plutôt jazz et rock).

Wine Quay Bar – Plan II G3 - *Muro dos Bacalhoeiros, 111 - ✆ 222 08 01 19 - www.winequaybar.com - tlj sf dim. 16h-23h.* Ce bar à vins est un lieu de rendez-vous idéal à l'heure de l'apéritif. Une carte de vins locaux bien choisis, une planche de *pata negra* et un fromage de brebis exceptionnel, que demander de plus ? Une vue sur le Douro et les caves de Vila Nova, par exemple ? Il faut y aller tôt, le nombre de places est limité.

ACHATS

Bon à savoir – La plupart des magasins sont ouv. lun.-vend. 10h-12h30, 14h30-19h, sam. 9h30-13h. Les grands centres commerciaux ouvrent 10h-23h.

Marché de Bolhão – Plan II G2 - *R. Formosa - tlj sf dim. 8h-17h, sam. 8h-13h.* Le cœur battant de Porto et un spectacle permanent, à voir de préférence le matin ! Un vrai lieu, plein de vie, de couleurs et d'odeurs. On y trouve littéralement de tout, et même des animaux vivants…

A Pérola do Bolhão – Plan II G2 - *R. Formosa, 279 - ✆ 222 00 40 09 - tlj sf dim. 9h30-13h, 14h-19h30, sam. 9h30-13h.* Une épicerie fine qui mérite un détour, ne serait-ce que pour sa façade délicieusement rétro. Ses étalages à l'ancienne vous transporteront au temps des colonies avec leurs produits exotiques, leurs épices, le café du Brésil et les fruits secs. Une enseigne intemporelle.

Casa Oriental – Plan II F2 - *Campo dos Mártires da Pátria - ✆ 222 00 25 30 - www.casaoriental.pt - tlj sf dim. 9h-19h30, sam. 9h-13h.* Ici, on ne vend que de la morue : séchée et salée, elle pend en devanture d'une enseigne rendue mythique par une célèbre carte postale en noir et blanc. Une adresse 100 % portugaise.

EN SOIRÉE

Le bimestriel *Iporto Agenda Metropolitana da Cultura (http://iporto.amp.pt)* recense les spectacles de danse, musique et théâtre ainsi que les festivals et les expositions. Vous le trouverez dans les offices de tourisme et à la réception des grands hôtels.

Eskada – Plan II H1 - *R. da Alegria, 611 - ✆ 915 93 28 06 - www.eskadaporto.com.pt - merc., vend. et sam. à partir de 0h.* Spot récent et assez sophistiqué de la nuit portuane. Plusieurs espaces très modernes aux ambiances différentes donnent sur un patio *lounge* et des bassins. Clientèle internationale, soirées à thème et DJ's réputés.

À Foz do Douro

Indústria Club – Plan I A2 - *Centre commercial da Foz - av. do Brasil, 843 - www.industria-club.com - vend.-sam. 0h-6h.* L'une des plus anciennes discothèques de Porto reste toujours dans le coup ; musique allant du reggae à l'électro.

ACTIVITÉS

Sea Life Porto – Plan I A1 - *1ª rua Particular do Castelo do Queijo - bus nos 202/203 ou 500/502 en dir. de Castillo de Queijo - ✆ 226 19 04 00 - www.visitsealife.com/Porto - lun.-vend. 10h-18h, w.-end 10h-19h (20h en été). Adulte 13 €, enf. 9 €, tarif famille 26-39,50 €.* Grand parc aquatique avec piscine à vagues et aquarium rassemblant requins, raies et grands mammifères marins.

AGENDA

Festas de São João – *23 juin.* La fête de saint Jean est très suivie dans les quartiers de Porto ; pot de basilic, tiges d'oignons et marteau en plastique pour frapper sur la tête du voisin de rigueur !

À Matosinhos

Fête « do Senhor de Matosinhos » – *Le mar. suivant la Pentecôte.* Danses folkloriques.

À Santa Maria da Feira

Festival médiéval – *Déb. août.*

Vila do Conde

★

79 390 habitants – District de Porto

Passé les faubourgs de Porto, la route qui longe le bord de mer traverse de grandes forêts d'eucalyptus. Quelques routes ayant conservé leurs pavés mènent jusqu'au littoral verdoyant : la Costa Verde révèle ses paysages sauvages, balayés par les vents humides, jusqu'à l'embouchure du Minho. À l'abri des vents marins, en amont de l'estuaire de l'Ave, Vila do Conde prolonge, au sud, Póvoa de Varzim, vaste et bruyante station balnéaire. Elles forment une agglomération peu amène sur une portion très urbanisée du littoral de la Costa Verde. Port de pêche en haute mer, Vila do Conde a cependant gardé, dans sa partie ancienne qui borde l'estuaire de l'Ave, ses maisons basses traditionnelles, quelques vieux édifices et un certain cachet. À la St-Jean s'y déroulent des défilés grandioses, dont ceux des « mordomas » (les « filles à marier ») parées de bijoux d'or et des « rendilheiras » (dentellières) en costume régional.

NOS ADRESSES PAGE 521
Hébergement, restauration, achats, activités, etc.

S'INFORMER
Posto de Turismo – *Av. 25 de Abril, 103 - 252 24 84 73 - lun.-vend. 9h-13h, 14h-18h.*

SE REPÉRER
Carte de région A2 p. 484-485. À l'embouchure de l'Ave, 27 km au nord de Porto.
Voir aussi la rubrique « Arriver/partir » dans « Nos adresses ».

À NE PAS MANQUER
Le musée de la Construction navale.

ORGANISER SON TEMPS
Trois heures suffisent pour visiter Vila do Conde.

AVEC LES ENFANTS
Le musée de la Construction navale.

Se promener

★ Convento de Santa Clara

En travaux jusqu'à une date indéterminée, mais l'église reste en principe ouverte.
Sa masse monumentale se dresse au-dessus de l'Ave. Derrière la façade du 18e s. se découvrent des bâtiments du 14e s.

Igreja – *Tlj sf lun. et mar. 10h-12h, 14h30-17h, dim. 10h-12h, 15h30-18h30 - 1 €.* Fondée en 1318, elle est du type forteresse et a conservé son style gothique d'origine. Sa façade ouest est percée d'une jolie rosace. L'intérieur, à une seule nef, est couvert de plafonds de bois à caissons sculptés (18e s.). Dans la **chapelle de la Conception** *(1re à gauche)*, du 16e s. demeurent les **tombeaux★** Renaissance des fondateurs et de leurs enfants : travaillés dans la pierre d'Ançã, ils présentent des faces magnifiquement ouvragées. Sur celui de **Dom Afonso Sanches**, les faces latérales content des scènes de la vie du Christ, et le chevet représente sainte Claire empêchant les Sarrasins d'envahir le monastère de Ste-Claire à Assise. Sur le **tombeau de Dona Teresa Martins**, le gisant

L'aqueduc du 18e s. de Vila do Conde.
R. Wareham/age fotostock

est figuré en habit de religieuse ; les faces latérales évoquent les scènes de la Passion du Christ, et le chevet montre saint François recevant les stigmates. Les tombeaux des enfants sont illustrés, l'un des docteurs de l'Église *(à gauche)*, l'autre des évangélistes *(à droite)*. La nef est séparée du chœur des religieuses par une jolie grille.
Au sud de l'église subsistent les arcades du cloître du 18e s. La fontaine centrale est le point d'aboutissement de l'**aqueduc** (18e s.) en provenance de Póvoa de Varzim. Du parvis, belle vue sur la petite cité limitée au sud par l'Ave et, à l'ouest, par l'Océan.

Igreja Matriz

Église fortifiée, de style manuélin, elle a été édifiée au 16e s. par des artistes de Biscaye, ce qui explique la présence d'un joli portail plateresque dont le tympan est décoré d'une statuette de saint Jean-Baptiste, protégée par un dais et encadrée par les symboles des évangélistes.
La **tour** à gauche de la façade date de la fin du 17e s. L'intérieur renferme plusieurs autels et une chaire en bois doré des 17e et 18e s.
En face de l'église paroissiale, le **pilori**, de style Renaissance mais remanié au 18e s., porte un bras de justice brandissant un glaive.

★ Museu de Construção Naval - Alfândega Régia

R. do Cais da Alfândega - ✆ 252 61 75 06 - tlj sf lun. 10h-18h - gratuit.

Vila do Conde a largement participé à l'épopée maritime portugaise au temps des Grandes Découvertes. Avec son excellent port naturel dans l'estuaire de l'Ave, la proximité de communes riches en bois et une main-d'œuvre de qualité, ce fut un des meilleurs **chantiers navals** de tout le pays.
Le bâtiment jaune safran situé aux abords des quais fluviaux, complètement restauré et réaménagé, est celui des anciennes douanes royales (Alfândega Régia) qui percevaient les taxes sur les navires marchands. Aujourd'hui, un petit musée de la construction navale, un centre de documentation sur la

navigation au 16e s. et, à côté, un atelier de charpenterie navale y ont été installés. Le tout s'inscrit dans un projet plus ambitieux de restauration de la zone riveraine du centre historique et de construction d'une fidèle réplique d'un vaisseau du 16e s.

Le musée présente, de façon vivante et didactique, les techniques de construction navale, les itinéraires des caravelles sur les lignes d'Afrique, d'Inde ou du Brésil, la nature de leurs cargaisons, etc.

Museu-Escola das Rendas de Bilros

R. São Bento, 70 - ✆ 252 61 75 06 - tlj sf lun. 10h-18h - gratuit.

Selon un dicton portugais, « Là où il y a des filets, il y a des dentelles. » Vila do Conde est réputé pour la fabrication de ses **dentelles au fuseau** depuis le 16e s. Ce musée de la Dentelle a été créé pour revitaliser cette activité manuelle exigeant une grande habileté. Les dentellières utilisent un coussin cylindrique sur lequel elles disposent les dessins des modèles à réaliser. Elles piquent dessus des épingles entre lesquelles passent les fuseaux contenant des fils de coton, de lin ou de soie. Le musée retrace les différents aspects de cette activité au travers d'une exposition de dentelles anciennes et modernes, de photos, mais surtout grâce à la présence de dentellières qui travaillent sur place.

À proximité Carte de région

Azurara A2

1 km au sud de Vila do Conde.

Le village possède une **église** manuéline fortifiée du 16e s. couronnée de créneaux et, en face, une jolie croix manuéline.

Plages A2

Agréables, elles s'étendent au sud. La plus proche est Praia da Árvore.

LES ÉGLISES ROMANES A2

Circuit d'env. 15 km – Comptez env. 45mn. Prenez la N 206 vers le nord-est, dir. Guimarães, jusqu'à Rio Mau (5 km) ; tournez à droite, en face de la poste, dans un chemin non goudronné.

Rio Mau A2

La petite **église romane São Cristóvão**, très simple, est bâtie en granit ; la décoration fruste des chapiteaux des portails contraste avec celle, plus soignée, des **chapiteaux**★ de l'arc triomphal et du chœur, de construction plus récente.

Reprenez la N 206 ; 2 km plus loin, à Fontainhas, tournez à gauche en dir. de Rates (encore 1 km).

Rates A2 et ABC d'architecture p. 85

L'**église São Pedro**, en granit, a été édifiée aux 12e et 13e s. par des moines clunisiens sur les ordres d'Henri de Bourgogne. La façade est percée d'une rose et d'un portail à cinq arcades, dont deux historiées, et à chapiteaux décorés d'animaux et de figures diverses ; au tympan, un bas-relief représente la Transfiguration. Le portail sud est orné d'un arc alvéolé qui abrite un bas-relief figurant l'Agneau divin. L'intérieur, aux proportions harmonieuses, présente de beaux chapiteaux romans.

NOS ADRESSES À VILA DO CONDE

INFORMATIONS UTILES

Les offices de tourisme sont répertoriés en début de chapitre.

ARRIVER/PARTIR

Bus – Liaisons avec Porto, Braga et Viana do Castelo. Arrêt avenida José Régio, près du pont.
Métro – Stations Santa Clara et Vila do Conde sur la ligne B du métro de Porto, dir. Póvoa de Varzim.

HÉBERGEMENT

BUDGET MOYEN

Forte São João Baptista – *Av. Brasil (en bord de mer, près de l'estuaire) - 918 89 44 86 - www.fortesaojoao.pt - 7 ch. 80/105 €.* L'hôtel occupe le fort du 17e s. qui gardait l'estuaire de l'Ave. Chambres duplex contemporaines aux murs dépouillés où se mêlent agréablement le bois et le fer; dans chacune, cheminée, chaîne hi-fi, minibar, etc. Petit-déjeuner dans le salon de thé décoré de tableaux modernes. Belle petite plage au pied de l'édifice.

RESTAURATION

PREMIER PRIX

Adega do Testas – *R. Comendador António da Costa, 63 (à côté de l'hôpital) - 917 37 73 18 - - tlj sf mar. 12h-23h - 15/20 €.* Au rez-de-chaussée, une grande table en bois d'où l'on peut observer l'activité en cuisine; à l'étage, une salle claire et cosy, fréquentée par des habitués. Une excellente adresse, notamment pour les fruits de mer (c'est l'occasion de goûter aux *amêijoas*, délicieuses). Service attentionné et efficace. L'Adega da Vila, mitoyenne, appartient au même propriétaire.
Le Villageois – *Praça da República, 94 - 252 63 11 19 - tlj sf lun. 12h-15h, 19h-0h - 15/20 €.* Dans une jolie demeure au bord du rio Ave, on vous concoctera une excellente cuisine de la mer aux accents français. Quand le patron est absent, c'est qu'il est à la pêche! Une institution dans le village.

À Vila Chã

PREMIER PRIX

Caravela – *7 km au sud de Vila do Conde - 229 28 27 05 - tlj sf lun. 12h-15h, 19h-22h; fermé en oct. 18/20 €.* Dans un pavillon d'une petite station balnéaire, ce restaurant propose des poissons frais, dont certains sont pêchés par le patron en personne! Les plats, savoureux, sont cuisinés avec les légumes du potager en été.

AGENDA

Défilé de dentellières – *23-24 juin.*

À Póvoa de Varzim

Festa de São Pedro – *Dernière sem. de juin-1re sem. de juil.*

Vallée du Douro

Vale do Douro

★★

Districts de Viseu, Vila Real et Porto

Prenant sa source en Espagne à 2 060 m d'altitude, le Douro est un fleuve impétueux au cours irrégulier. Il dévale depuis la Meseta espagnole pour venir se jeter dans l'Atlantique à hauteur de Porto. Au passage, il découpe dans le nord montagneux du Portugal une vallée aux versants abrupts et granitiques. Trois siècles de labeur et de passion pour la terre ont transformé ces sols arides en terrasses fertiles plantées de vignes qui produisent, entre autres délicieux breuvages, le célèbre vin de Porto et le « vinho verde » : un paysage unique, classé au Patrimoine mondial par l'Unesco (Alto Douro Vinhateiro). Au milieu des vignobles, des champs d'oliviers et des vergers, les paysages sont ponctués de « quintas » (les maisons de domaines vinicoles), de « solares » (manoirs), de couvents et de petites églises romanes, gothiques ou baroques. C'est un véritable bonheur que de les parcourir en voiture, de serpenter en train le long des rives ou de respirer les parfums fluviaux lors d'une croisière. Au début de l'automne, lorsque débutent les vendanges, la région s'anime et célèbre ses traditions. Pour une route des Vins pas comme les autres...

NOS ADRESSES PAGE 533
Hébergement, restauration, achats, activités, etc.

S'INFORMER

Vous trouverez des postos de turismo *à Lamego, Peso da Régua, Vila Real et Amarante. Vous pouvez aussi consulter le site www.douro-turismo.pt.*

SE REPÉRER

Carte de région AB2 p. 484-485 – Carte de la vallée du Douro p. 526-527.
La vallée du Douro court sur 215 km à l'intérieur des terres portugaises, de Barca de Alva à la frontière avec l'Espagne à son embouchure à Porto. Les principales localités sont Lamego au sud, Peso da Régua sur le fleuve, Vila Real au nord et Amarante à l'est. Amarante se trouve à env. 60 km de Porto par l'IP 4 (45mn de route) et à 38 km de Vila Real.

Voir aussi la rubrique « Arriver/partir » dans « Nos adresses ».

À NE PAS MANQUER

Le circuit du vignoble entre Peso da Régua et Pinhão ; à Lamego, le sanctuaire Nossa Senhora dos Remédios ; près de Vila Real, le manoir de Mateus ; le pont d'Amarante et, au bout, l'église du monastère São Gonçalo.

ORGANISER SON TEMPS

Prévoyez une grande journée en voiture pour visiter la vallée du Douro, deux ou trois avec la découverte de Lamego, Vila Real et Amarante.

AVEC LES ENFANTS

Une croisière sur le Douro ; une promenade en train touristique.

Vignobles en terrasses dans la vallée du Douro.
J. Arnold/hemis.fr

Circuits conseillés Carte de la vallée du Douro

Circuits tracés sur la carte de la vallée du Douro (p. 526-527).

★ BAS-DOURO : DU BARRAGE DE CARRAPATELO À LAMEGO

Circuit de 62 km tracé en vert foncé sur la carte de la vallée du Douro (p. 526-527) – Comptez env. 3h. De Porto, prenez l'A 4 dir. Amarante, puis la sortie n° 10. Suivez ensuite la N 106-3, puis la N 106, dir. Entre-os-Rios. Un peu avant cette ville, tournez à droite dans la N 108, dir. Porto, puis rapidement à gauche dans la N 224, qui franchit le Douro. Rejoignez alors le barrage de Carrapatelo par la N 222 en longeant la rive gauche du Douro.

La basse vallée du fleuve, baignée par le climat océanique, n'est pas le domaine du grand porto, mais c'est ici que débute la zone du *vinho verde* (vin vert), dont le cœur de la production se trouve plus au nord du pays, dans le Minho. Le porto proprement dit s'élabore beaucoup plus en amont du fleuve, de Peso da Régua à la frontière espagnole.

Le Douro, élargi par ses barrages successifs, coule encaissé entre les pentes de collines qu'il contourne en d'amples méandres. Les versants schisteux ou granitiques sont plus boisés sur la rive droite et plus cultivés sur la rive gauche, où les villages semblent suspendus au milieu des vignes, des oliveraies et des champs de maïs disposés en terrasses. L'ensemble compose un paysage original, malheureusement assez dégradé par les rappels de la civilisation industrielle et par une urbanisation débridée.

Barragem de Carrapatelo

Long de 170 m, il est doté, rive gauche, d'une usine hydroélectrique et d'une écluse à poissons ; rive droite, l'écluse navigable longue de 90 m présente une dénivellation de 43 m.

Continuez par la N 222 jusqu'à Anreade. Dans le village, tournez à droite dans la route d'Ovadas, au sud. Environ 5,5 km plus loin, prenez à gauche.

Le Douro, histoire d'un fleuve au long cours

UN PROFIL ET UN RÉGIME PARTICULIERS

Le Douro est l'un des fleuves majeurs de la péninsule Ibérique. Il prend sa source à 2060 m d'altitude dans la sierra de Urbión en Espagne, puis serpente à travers la Meseta durant 525 km avant d'atteindre la frontière avec le Portugal. Là, sur 112 km, il va creuser son lit dans une région accidentée, entre de hautes parois granitiques, et marquer la frontière entre l'Espagne et le Portugal. Puis, bifurquant vers l'ouest à hauteur de Barca de Alva, il pénètre au sein des terres portugaises. Son profil s'adoucit alors, mais il reste prisonnier des granits et des schistes jusqu'à Porto et son estuaire.
Le régime annuel du fleuve, tributaire des fortes pluies d'automne et d'hiver, est très irrégulier : aux étiages, surtout marqués en amont de Régua, s'opposent de fortes crues d'automne et d'hiver dans la région de Porto.

UNE VOIE DE NAVIGATION

À partir du 18e s., le Douro a joué un rôle important dans le développement de la région. Sillonné de « **barcos rabelos** », typiques embarcations à fond plat et à haute voile carrée conçues pour franchir les rapides, il assurait le transport des fruits et surtout du vin de Porto. Mais la création de routes carrossables et d'une voie ferrée suivant la vallée, de la frontière espagnole à Cinfães, près du barrage de Carrapatelo, a mis un terme à cette activité.

UNE RÉSERVE D'ÉNERGIE

En raison de l'imperméabilité de ses roches, du profil de son cours d'eau et de l'encaissement de ses vallées, le bassin du Douro constitue une formidable réserve d'énergie.
Depuis les années 1960, une dizaine de grands barrages ont été dressés sur le Douro, aussi bien sur son cours portugais qu'international *(voir « Miranda do Douro », p. 598)*. En y ajoutant la quinzaine de barrages édifiés également sur ses affluents, le bassin du Douro fournit une grande partie de l'énergie électrique consommée au Portugal.

DE MULTIPLES BÉNÉFICES

Autre aspect positif de cette vague de construction, les lacs de retenue formés par les barrages permettent d'assurer l'irrigation des terres cultivables. Le système d'écluses dont sont également pourvus ces barrages a en outre permis la reprise de la navigation sur le Douro, favorisant l'exploitation de nombreuses ressources du sous-sol (gisements d'étain et de wolfram au nord de Miranda, ou encore de fer dans la serra do Reboredo, près de Torre de Moncorvo, et à Vila Cova dans la serra do Marão). Ces renouveaux économiques ne donnant pas le sourire aux défenseurs de l'environnement, des dispositions ont cependant été prises pour faciliter le passage des poissons migrateurs.
Enfin, il existe désormais une volonté politique et économique de faire de la vallée du Douro, en particulier autour des vignobles du porto, un grand pôle touristique du pays, à l'image de Lisbonne, de l'Algarve ou de l'archipel de Madère.

Priorado de Santa Maria de Cárquere

Ne subsistent de ce **prieuré** que l'église et la chapelle funéraire des seigneurs de Resende, reliées par une arche monumentale. L'église, retouchée aux 13e, 14e, 16e et 17e s. (tour carrée à créneaux et chœur gothiques, façade et nef manuélines), a conservé un portail roman orné de colonnettes et de chapiteaux à entrelacs ; le chœur, sous croisée d'ogives, présente *(à gauche)* une porte à fronton aigu et à double cordon de billettes. La chapelle, percée d'une remarquable fenêtre romane aux chapiteaux sculptés de pélicans, abrite quatre sarcophages de pierre sculptés d'animaux (chèvres) et d'inscriptions.

De retour sur la N 222, tournez à droite vers Resende, un important centre viticole, puis continuez en dir. de Lamego.

Barrô

Jolie vue sur les versants de la vallée ; l'église romane du 12e s. *(dans le village, en contrebas de la route, à gauche)* possède un tympan sculpté et une élégante rosace.

8 km plus loin, tournez à droite dans la N 226.

★ Route de Barrô à Lamego

Elle dispense une **vue** dominante sur le Douro et le versant nord de sa vallée, zébré de vignes sur échalas et d'oliviers en terrasses ; c'est ici que débute la culture du vin de Porto. Villages et propriétés *(quintas)* sont dispersés sur l'amphithéâtre des collines. Arrêtez-vous au **belvédère** *(miradouro)* **da Boa Vista★** : en face, dans une courbe du fleuve, s'entassent les maisons blanches de Régua ; les sommets plus arides et grisâtres de la serra do Marão se découpent à l'horizon.

★ Lamego

68 km au nord de Viseu et 38 km au sud de Vila Real.

Posto de Turismo – *Av. Visconde Guedes Teixeira - ✆ 254 61 20 05 - www.cm-lamego.pt - 9h30-12h30, 14h-18h.*

À proximité de la vallée du Douro, dans un paysage de collines verdoyantes couvertes de vigne et de champs de maïs, Lamego est une jolie petite cité épiscopale et commerçante connue pour son vin mousseux et son jambon fumé. Riche en maisons bourgeoises des 16e et 18e s., elle est dominée d'un côté par les vestiges d'un château fort du 12e s., de l'autre par le sanctuaire baroque de Nossa Senhora dos Remédios, réputé pour son pèlerinage annuel de septembre.

Sé – De la cathédrale romane primitive (12e s.) ne subsiste que le clocher carré dont le couronnement date du 16e s. L'intérieur a été refait au 18e s. Le musée diocésain situé en face programme des expositions temporaires.

Capela do Desterro – *R. Cardoso Avelino.* Bâtie en 1640, la **chapelle de l'Exil** est décorée, à l'intérieur, de bois sculpté et doré (18e s.) et d'azulejos (17e s.) ; remarquable **plafond★** à caissons peints illustrant des scènes de la vie du Christ.

★ Santuário de Nossa Senhora dos Remédios – *Accès à pied par l'escalier monumental ou en voiture (4 km).* Du pied de l'escalier de 617 marches qui conduit au sanctuaire se dessine une jolie perspective sur cet ensemble baroque. La façade de l'église (18e s.), dont le crépi blanc fait ressortir les élégantes courbes de granit, domine l'**escalier★★** à double volée, interrompu par des paliers et orné d'azulejos : il est hérissé d'une multitude de pinacles et rappelle celui de Bom Jesus de Braga. Du parvis de l'église, la vue s'étend sur Lamego, dominé à l'horizon par les hauteurs qui bordent la vallée du Douro.

LES « CORTES » DE LAMEGO

C'est à Lamego, en 1143, que s'est réunie la première assemblée territoriale des représentants des nobles, des clercs et des villes de l'histoire du pays. Cette assemblée historique éleva Alphonse Henriques au rang de premier roi de Portugal et proclama la loi successorale interdisant à tout étranger l'accès au trône.

★ **Museu** – *Largo de Camões - ✆ 254 60 02 30 - www.museudelamego.pt - tlj sf lun. et j. fériés 10h-18h - 3 €, gratuit 1er dim. du mois.* Il est installé dans l'ancien palais épiscopal, noble édifice du 18e s. La partie droite du rez-de-chaussée présente la section lapidaire : sculptures religieuses, du Moyen Âge à l'époque baroque, et une belle collection de blasons qui ornaient autrefois les façades des maisons nobles. Au premier étage, ne manquez pas les **cinq peintures sur bois**★ (début 16e s.) de Vasco Fernandes, dit Grão Vasco *(voir « L'école de Viseu », p. 458)*, qui faisaient partie d'un polyptyque ornant le retable de la cathédrale de Lamego. De gauche à droite, on reconnaît la Création, l'Annonciation, la Visitation (scène la plus remarquable), la Présentation au Temple et la Circoncision. Plus loin, **six tapisseries de Bruxelles**★ (16e s.) représentent des scènes puisées dans la mythologie (notez la richesse de composition de l'histoire d'Œdipe et du Temple de Latone). À cet étage, on trouve aussi deux

chapelles baroques en bois sculpté et doré, dont celle de St-Jean-l'Évangéliste provenant du couvent des Chagas avec niches et statues, un salon chinois, des pièces d'orfèvrerie et des céramiques. Dans la partie gauche du rez-de-chaussée, on peut découvrir une autre chapelle baroque et de beaux azulejos du 16e au 18e s. (dont ceux, polychromes, du palais Valmor à Lisbonne).

Capela São Pedro de Balsemão – *3 km à l'est de Lamego (suivez la signalisation à partir de la rue qui descend en face de la chapelle de l'Exil) - ✆ 254 65 56 56 - en principe sf lun., mar. matin, j. fériés et 1er w.-end du mois 9h30-13h, 14h-18h - gratuit.* Une façade du 17e s. masque le sanctuaire que l'on pense être le plus ancien du Portugal : la chapelle serait d'origine wisigothique et remonterait au 7e s. Le petit vaisseau trapu témoigne sur ses murs – où courent des frises en « arête de poisson » – du réemploi de matériaux romains. Il est divisé en trois nefs par deux rangées d'arcades retombant sur des colonnes basses couronnées de chapiteaux corinthiens stylisés (l'un d'eux, à l'entrée du chœur à gauche, repose sur un coussinet à rouleau caractéristique de l'art préroman). Remarquez le sarcophage d'Afonso Pires, évêque de Porto mort en 1362, sculpté de bas-reliefs (Cène, Crucifixion, un couple royal) ; le gisant est soulevé par deux anges. Plafond peint et retables baroques du 17e s.

▶ *Quittez Lamego au sud par la N 226 en dir. de Trancoso.*

La route passe à proximité de **Ferreirim** *(2 km à gauche)* où, de 1532 à 1536, Cristóvão de Figueiredo travailla, avec Gregório Lopes et Garcia Fernandes, à la confection du retable que l'on peut admirer au musée de Lamego.

▶ *2 km après avoir laissé à droite la route de Tarouca, tournez à droite.*

Antigo mosteiro de São João de Tarouca

▶ *19 km de Lamego.*

Tapi au creux de la vallée fertile du Barosa, que dominent les hauteurs de la serra de Leomil, l'**ancien monastère** de São João de Tarouca est entouré de quelques maisons.

L'**église** *(mêmes horaires que la chapelle São Pedro de Balsemão)*, érigée au 12e s., a subi d'importantes modifications au 17e s. L'intérieur a reçu une décoration baroque ; les chapelles exposent des tableaux attribués au peintre Gaspar Vaz, dont un remarquable **saint Pierre★** *(3e chapelle de droite).*

Dans le croisillon gauche, les murs sont tapissés d'azulejos (18e s.) figurant des scènes de la vie de saint Jean-Baptiste et le baptême du Christ. Le monumental tombeau (14e s.) en granit, décoré de bas-reliefs représentant une chasse au sanglier, renferme la dépouille de Dom Pedro, comte de Barcelos, bâtard du roi Denis, auteur de la *Chronique générale de 1344*. Dans le chœur, des azulejos illustrent la vie de saint Bernard.

★★ CIRCUIT DU VIGNOBLE DU PORTO

Circuit de 115 km au départ de Lamego, tracé en rouge sur la carte de la vallée du Douro (p. 526-527) – Comptez env. 3h. De Lamego (voir p. 525), prenez la N 2 qui franchit le Douro, puis qui s'élève au-dessus de la vallée du rio Corgo.

Peso da Régua

15 km au nord de Lamego.

Posto de Turismo – *R. da Ferreirinha - ✆ 254 31 28 46 - horaires variables.*

Au confluent du Corgo et du Douro, ce centre économique régional sans grand charme organise l'expédition par train des vins du Haut-Douro à destination de Porto. Il est le siège des deux puissants organismes qui réglementent la production du porto : la Casa do Douro et l'Institut du vin de Porto.

Peso da Régua mise sur le développement du tourisme régional, mais les constructions récentes gâchent quelque peu le paysage, et la route des berges est bruyante et encombrée. La ville constitue le point de départ de promenades en bateau sur le fleuve, le long des célèbres vignobles et des beaux paysages de la vallée *(voir « Visite », p. 533).*

Quittez Peso da Régua par la N 2 et rejoignez Vila Real, 23 km au nord.

Vila Real

À la confluence du rio Corgo et du rio Cabril.

Posto de Turismo – *Av. Carvalho Araújo, 94 - ✆ 259 32 28 19 - http://cm-vilareal.pt ou www.douro-turismo.pt - 9h30-12h30, 14h-18h.*

Parc naturel d'Alvão – *Largo dos Freitas - Vila Real - ✆ 259 30 28 30 - www.icnf.pt.* Centre d'information et d'interprétation du parc ; rens. sur les balades.

Groupée sur un plateau, au pied de la serra do Marão, parmi les vignes et les vergers, la « ville royale » est un carrefour de communication sans grand relief malgré les nombreuses demeures patriciennes des 16e et 18e s. qui l'agrémentent.

Les principaux monuments de la ville s'ordonnent autour de l'avenida Carvalho Araújo. Descendez l'avenue à partir de la cathédrale, en restant sur le même trottoir.

Sé – Ancienne église conventuelle érigée à la fin de l'époque gothique, la cathédrale présente néanmoins certains caractères romans, discernables en particulier dans la facture des chapiteaux de la nef.

Casa de Diogo Cão – *Av. Carvalho Araújo, 19 (plaque) - ne se visite pas.* Ainsi appelée parce que le célèbre navigateur y serait né. La façade a été refaite au 16e s. dans le style de la Renaissance italienne.

Câmara Municipal – Édifié au début du 19e s., l'hôtel de ville est remarquable par son escalier de pierre à balustres dans le goût de la Renaissance italienne.

Poursuivez tout droit vers le cimetière et contournez-le par la gauche.

Cemitério – Autour du cimetière, une esplanade dégage des points de vue intéressants sur le ravin du Corgo et les quelques maisons qui le surplombent. À l'arrière du cimetière, on jouit d'une vue plongeante sur les gorges du Corgo et son affluent, le Cabril.

Revenez sur l'avenida Carvalho Araújo et remontez-la sur la droite.

Remarquez la jolie façade de la maison du 16e s. occupée par l'office de tourisme *(nº 94).*

Tournez à droite dans la rua Avelino Patena (à hauteur du palais de justice), puis à gauche dans la rua de 31 de Janeiro.

Igreja São Pedro – L'église est décorée d'azulejos polychromes du 17e s. dans le chœur et d'un **plafond**★ à caissons en bois sculpté et doré.

Quittez Vila Real par la N 322 à l'est, en dir. de Sabrosa.

★★ Solar de Mateus (Manoir de Mateus)

3,5 km à l'est de Vila Real par la N 322 dir. Sabrosa. ✆ 259 32 31 21 - www.casademateus.com - visite guidée obligatoire ttes les h (45mn en haute saison ; réserv. conseillée) 9h-18h (mai-oct. 19h30) - 10 €, 6 € jardins seuls en visite libre. Photos interdites dans le manoir.

Châtaigniers, vignes et vergers signalent l'approche du bourg de Mateus, que la présence du manoir des comtes de Vila Real a rendu célèbre. Avec ses jardins magnifiques, le **manoir** de Mateus constitue un lieu d'harmonie et de grande beauté, à visiter absolument. Bijou de l'architecture baroque, il fut édifié dans la première moitié du 18e s. par Nicolau Nasoni *(voir encadré p. 497)*.

En arrière de pelouses plantées de cèdres, et suivi d'un jardin agrémenté de massifs de buis et d'une charmille formant un « tunnel de verdure », l'édifice présente une **façade★★**, précédée d'un miroir d'eau, où repose, couchée, une statue de femme, œuvre du sculpteur contemporain João Cutileiro. Le corps central du bâtiment, en retrait, se pare d'un ravissant escalier à balustres et d'un haut fronton armorié encadré de statues allégoriques. La cour d'honneur est protégée par une balustrade de pierre ornementée. Les fenêtres d'étage sont surmontées de gâbles moulurés. Sur les corniches des toitures s'élèvent de très beaux pinacles.

À gauche de la façade lui fait pendant celle d'une élégante chapelle baroque érigée en 1750, également par Nasoni.

À l'intérieur du palais, on remarque les magnifiques plafonds en bois de châtaignier sculpté de la grande salle et du grand salon, la richesse de la bibliothèque (nombreuses éditions françaises anciennes), certains meubles (portugais, espagnols, chinois, français en bois peint du 18e s.) et, dans deux salles de l'étage constituées en musée : des **cuivres gravés** par Fragonard et le baron Gérard, des éventails précieux, des vêtements liturgiques, un autel du 17e s. et des sculptures religieuses dont un crucifix d'ivoire du 16e s.

Sabrosa

18 km à l'est de Vila Real (env. 15 km de Solar de Mateus).

La ville natale de Magellan (qui n'est donc pas né les « pieds dans l'eau » comme le veut la légende !) compte plusieurs demeures seigneuriales du 15e s.

On peut voir la maison natale de l'illustre navigateur (1480-1521), devant laquelle trône une plaque commémorative, hommage du Chili au découvreur de son plus célèbre détroit.

LES VIGNES DU DOURO

« Dieu créa la Terre et l'homme, le Douro », dit un proverbe local. Il faut avoir vu les rives du Douro complètement sculptées en hauts gradins soutenant chacun quelques rangs de vigne pour comprendre l'immense travail réalisé par les hommes depuis des siècles. Les vignes sont cultivées sur près de 40 000 ha répartis dans la « région délimitée du Douro ». Le spectacle est particulièrement fascinant de mi-septembre à mi-octobre, quand ces gradins deviennent le domaine de milliers de vendangeurs. Près de la moitié de la production est dévolue à l'appellation d'origine porto, et c'est des meilleurs raisins, mûrissant au cœur de cette vallée où la température estivale atteint facilement 40 °C, que naît le précieux breuvage. Le reste est utilisé principalement pour la production des vins d'appellation douro, forts délectables eux aussi. *Voir aussi « Les vins », p. 53.*

★★ Route de Sabrosa à Pinhão

Quittant Sabrosa, la N 323 dégringole vers le Douro en dominant la vallée encaissée du rio Pinhão, à gauche. Les pentes se strient de terrasses couvertes de vignes parmi lesquelles surgissent les *quintas*. Environ 5 km avant Pinhão, se révèle une belle **vue★** d'ensemble sur le méandre du Douro et le confluent de ce dernier avec le rio Pinhão.

Pinhão

17 km au sud de Sabrosa.

Joli bourg et important centre viticole, Pinhão est situé au confluent du rio Pinhão et du Douro. Ici partait le vin en bateau ou en train depuis la **gare** ornée de 25 panneaux d'azulejos illustrant les sites et les costumes traditionnels de la vallée. Aujourd'hui, le vin est acheminé par camion. Près du fleuve s'alignent des cuves blanches.

Pour ceux qui ont le temps, une excursion jusqu'à la bourgade de plateau de **São João da Pesqueira** *(retraversez le fleuve et faites 18 km de route en lacet par la N 222 à l'est)* permet de découvrir d'autres paysages de vignobles en terrasses dans la vallée du rio Torto. La place principale de São João da Pesqueira s'orne d'une chapelle, d'arcades et de maisons blanches à balcons. Le petit **musée Eduardo Tavares** compte une salle où sont exposées les œuvres de ce sculpteur du cru, une autre consacrée à l'archéologie locale, ainsi qu'une petite bibliothèque sur la région du Douro.

À la sortie de Pinhão, la route franchit le Douro, puis la N 222 suit vers l'ouest le fond de la vallée entre des versants schisteux aménagés en terrasses que soutiennent des murettes : la vigne revêt ici l'aspect d'une véritable monoculture. On rejoint de nouveau Peso da Régua après 25 km.

★ SERRA DO MARÃO : DE VILA REAL À AMARANTE

Circuit de 70 km tracé en gris sur la carte de la vallée du Douro (p. 526-527) – Comptez env. 1h30. Quittez Vila Real à l'ouest par l'IP 4-E 82, dir. Porto.

La **serra do Marão★** et la **serra do Alvão★** *(circuit suivant)* constituent un bloc de granit et de schiste délimité à l'est par le Corgo, à l'ouest par le Tâmega et au sud par le Douro. Les dislocations qui ont accompagné son soulèvement à l'ère tertiaire ont entraîné d'importantes différences d'altitude entre ses sommets. Le paysage doit sa désolation à la vigueur de l'érosion.

Dès les premiers versants, pins et châtaigniers remplacent peu à peu vignes et vergers. À partir de Parada de Cunhos, de beaux **panoramas** se développent à droite sur les contreforts de la serra de Alvão et sur Vila Real dans son bassin.

Après Torgueda, laissez à droite la N 304 vers Mondim de Basto.

L'IP 4, en montée, offre à gauche de belles **vues★** sur le sommet du pic de Marão, point culminant (1 415 m) de la serra.

Après le col (alto do Espinho), quittez l'IP 4 et prenez la route menant au pic de Marão. À hauteur de la pousada *de São Gonçalo, située en balcon au-dessus des pentes tapissées de pins, tournez à gauche dir. « Alto da Serra ». Roulez 2,5 km, puis bifurquez à droite dans une petite route étroite et en mauvais état (prudence !).*

La route s'élève dans un paysage minéral de blocs cristallins ou schisteux, très endommagé par les incendies, et aboutit 9 km plus loin au sommet.

★ Pico do Marão

Alt. 1 415 m. De la cime se déploie un magnifique **panorama** sur tous les autres sommets dénudés de la serra.

Revenez à la route qui dévale la montagne vers Candemil et rejoint Amarante.

Azulejos de la gare de Pinhão.
R. Mattes/shemis.fr

La descente sur Amarante, rapide et sinueuse, se fait en corniche au-dessus du rio Ovelha, affluent du Tâmega, riche en truites. Peu avant Candemil, la route s'encaisse dans une vallée rocheuse. La fin du parcours, très verdoyante présente de belles vues à droite sur les vallées affluentes du Tâmega.

★ Amarante

15 km de Candemil et 39 km de Vila Real.

Loja Interativa de Turismo – *Largo Conselheiro António Cândido - ☏ 255 42 02 46 - www.amarante.pt/turismo - 9h-12h30, 14h-17h30 (sans interruption en été).* Carte des hébergements en ville et aux alentours ; carte des producteurs de **vinho verde** et organisation de dégustations.

Étagée sur les rives boisées du Tâmega, Amarante dégage le charme d'une petite localité provinciale, empreinte de religiosité. L'animation se concentre sur la belle praça da República, signalée par le dôme du monastère de São Gonçalo. Outre son célèbre pont et ses églises, elle compte de vieilles demeures aux balcons de bois et aux grilles de fer forgé. On y déguste, comme il se doit, de délicieuses pâtisseries, jadis confectionnées par les religieuses.

Ponte São Gonçalo – Construit à la fin du 18e s. sur le Tâmega, il est en granit. Gravée sur l'un des quatre obélisques gardant l'entrée du pont *(sur la rive droite)*, une plaque rappelle les combats qui opposèrent, du 18 avril au 2 mai 1809, le général Silveira, futur comte d'Amarante, aux troupes napoléoniennes commandées par le général Loison.

Igreja do mosteiro São Gonçalo – L'église du monastère, érigée en 1540, présente un portail latéral à trois étages de colonnettes de style Renaissance italienne, que couronne un fronton baroque ; la statue de saint Gonzalve se dresse dans la niche centrale du premier étage. À gauche du portail, remarquez, adossées aux piliers d'une loggia, les statues des quatre rois pendant le règne desquels le monastère fut construit. Un dôme, au lanternon revêtu d'azulejos, domine la croisée du transept. L'intérieur, modifié au

EN QUÊTE DE L'ÂME SŒUR

Saint Gonçalo (1187-1259), ou saint Gonzalve, a laissé son empreinte sur la ville d'Amarante. Au début du 13e s., ce prédicateur y construit une chapelle. Un pont est ensuite bâti sur le Tâmega. Un des chemins vers St-Jacques-de-Compostelle passe près de la ville, et les pèlerins font désormais le détour pour venir écouter le prédicateur en renommée de sainteté. Saint Gonçalo, patron des vieilles filles, a la réputation de favoriser les mariages et la fécondité ; embrasser ou toucher le gisant (dans la chapelle du monastère) permettrait de trouver l'âme sœur. Très populaire et colorée, sa fête se déroule le premier week-end de juin. À cette date, garçons et filles s'échangent avec malice le *bolo de Gonçalo*, un gâteau de forme phallique, qui se réfère à la même tradition.

18e s., possède un beau mobilier baroque en bois doré : retable du chœur, deux chaires se faisant face et, surtout, le **buffet d'orgue★** (début 17e s.) que supportent trois tritons. Dans la chapelle à gauche du chœur, le tombeau à gisant polychrome de saint Gonzalve est l'objet d'un culte bien particulier *(voir encadré ci-dessus)*. La chapelle de droite, dite « des Miracles », contient quelques ex-voto. Au fond du bras gauche du transept, une porte donne accès au cloître Renaissance, sobre, mais dont les galeries voûtées encadrent une fontaine à masques.

Câmara Municipal – *À droite de l'église, place du Marché - ✆ 255 42 02 72 - www.amadeosouza-cardoso.pt - été : tlj sf lun. et j. fériés 10h-12h30, 14h-18h ; hiver : tlj sf lun. et j. fériés 9h30-12h30, 14h-17h30 (dernière entrée 30mn av. fermeture) - 1 €.* L'hôtel de ville occupe les anciens bâtiments conventuels. Au premier étage, un petit musée municipal présente des vestiges archéologiques, ainsi que des sculptures et peintures modernes : toiles d'**Amadeo de Souza Cardoso** (1887-1918), peintre cubiste né près d'Amarante.

Igreja São Pedro – *Ouverte en principe uniquement l'été - rens. à l'office de tourisme.* Cette construction du 18e s. arbore une façade baroque ornée des statues des saints Pierre et Paul. La nef unique, sous voûte de stuc en berceau, est décorée de bandeaux d'azulejos bleu et jaune du 17e s. ; le chœur, sous voûte de pierre à caissons sculptés, abrite un autel de bois doré. La sacristie est couverte d'un **plafond★** à caissons, en bois de châtaignier élégamment sculpté.

Les amateurs d'art roman feront un détour par Travanca.

Travanca

18 km par la N 15 en dir. de Porto, puis à gauche dans le village de Trovoada.

La région, en particulier sur la rive droite du fleuve Tâmega, compte un riche patrimoine architectural de style roman, comme à Travanca.

L'**église** du 12e s. *(fermée au public)* fait partie d'un ancien monastère bénédictin *(également fermé)* niché au creux d'un vallon. Bâtie en granit, sa façade est large et robuste. Les **chapiteaux★** historiés qui ornent les portails et l'arc triomphal sont remarquables ; parmi les sujets représentés, on reconnaît des oiseaux aux cous enlacés, des dragons, des serpents, des biches, des sirènes, etc. À gauche de l'église, une tour crénelée avec mâchicoulis s'ouvre à l'arrière par un portail décoré de façon très fruste.

Sur la rive gauche du fleuve, on trouve quelques églises plus modestes.

★ SERRA DO ALVÃO : DE VILA REAL AUX ENVIRONS DE MONDIM DE BASTO

Circuit de 61 km tracé en vert clair sur la carte de la vallée du Douro (p. 526-527) – Comptez env. 1h30. Quittez Vila Real par l'IP 4 et, après Torgueda, prenez à droite la N 304.

La route s'élève vers le col (alto de Velão), d'où se révèle à gauche une **vue** sur le haut bassin du rio Olo. Elle traverse ensuite l'extrémité ouest du **Parc naturel d'Alvão**, aux beaux paysages verdoyants parsemés de chaos granitiques, puis amorce une **descente★** en corniche vers Mondim de Basto dans la vallée du Tâmega.

De Mondim de Basto, prenez la N 312 au nord pendant 3,5 km et, à droite, une large route qui grimpe en lacet entre les rochers et les pins, sur 8,5 km.

★ Capela Nossa Senhora da Graça

Un majestueux escalier mène à la chapelle. De l'esplanade ainsi que du haut du clocher *(54 marches et échelons ; le billet s'achète à la boutique face à l'entrée)* se déroule un **panorama** à 360° sur la vallée du Tâmega, Mondim de Basto et la serra do Marão.

Retournez à Mondim de Basto. De là, rejoignez Amarante (voir p. 531) par Fermil (dir. Fafe/Celorico par la N 304), puis à gauche par la N 210.

NOS ADRESSES DANS LA VALLÉE DU DOURO

INFORMATIONS UTILES

Vous trouverez des postos de turismo *à Lamego, Peso da Régua, Vila Real et Amarante.*

ARRIVER/PARTIR

Train

De Porto, on peut remonter la vallée du Douro en train (ligne Porto-Régua-Pocinho). Plusieurs dép./jour des gares de São Bento et de Campanhá. Comptez 2h jusqu'à Peso da Régua, 2h30 jusqu'à Pinhão.

À Vila Real

Bus – Central de Camionagem - *R. Dr António Valente Fonseca.* Départs fréquents pour Porto et Lisbonne, entre autres.

VISITE

À Peso da Régua

Croisières sur le Douro – Une dizaine de compagnies de navigation se partagent le marché des croisières sur le Douro *(voir aussi « Visite » dans « Nos adresses à Porto », p. 512).* Départs de **Peso da Régua**, où la plupart des compagnies sont représentées, avec une portion navigable principale d'environ 50 km entre Mesão et Tua. Des parcours beaucoup plus longs sont possibles (jusqu'à 8 j). Autres départs de Vila Nova de Gaia, juste en face de Porto, ou Barca de Alva, à la frontière espagnole.

Petit train – Au départ de la gare de Peso da Régua *(av. 5 de Outubro)*, un charmant petit train à vapeur du début du 20e s., roulant à la vitesse décoiffante de 30 km/h, a été remis en circulation. La **ligne du Douro** longe les berges de la rivière vers l'amont en remontant jusqu'à Pinhão *(25 km ; 50mn env.)* et Tua *(38 km ; 1h30 ; 35 € AR, 5-12 ans 15 €) - ✆ 707 21 02 20 - juil.-oct. : le sam. seult sur réserv.* Il est aussi possible d'emprunter le train jusqu'à Pinhão ou Tua, avec retour en bateau *(de 65 à 92,50 €).*

6

HÉBERGEMENT

À Ribadouro

BUDGET MOYEN

Casa da Torre – *Porto Manso (de la N 222, entre Cinfães et Oliveira do Douro, prenez la route à gauche qui franchit le Douro, dir. Ribadouro) - ✆ 255 55 12 32 - www.torredeportomanso.com* - *- 8 ch. 68/80 €*. Dans un site enchanteur d'une beauté peu commune et d'un calme absolu, quatre maisons d'hôte (de 1 à 3 chambres chacune) s'étagent sur une colline, autour de la maison du propriétaire (préférez les maisons situées en hauteur à celle en bord de route). Vue spectaculaire, piscine surplombant le fleuve, tonnelles couvertes de vigne pour conduire aux bâtiments : c'est l'idéal pour se ressourcer.

À Lamego

BUDGET MOYEN

Quinta da Timpeira – *Penude (sur la route de Viseu, à env. 2,5 km, suivez l'indication « Turismo rural ») - ✆ 254 61 28 11 - www.quintadatimpeira.com* - P *- 7 ch. 76 €* - *(sur demande) 25 €*. Au creux des vignobles, cette ancienne exploitation agricole délivre un beau panorama sur les montagnes de Meadas. Ses petites chambres immaculées, au mobilier rustique, sont confortables. On prend le petit-déjeuner sur la terrasse en contemplant le paysage. Accueil charmant. Wifi.

POUR SE FAIRE PLAISIR

Hotel Rural Casa Viscondes da Várzea – *Várzea de Abrunhais (dir. Tarouca) - ✆ 254 69 00 20 - www.hotelruralviscondesvarzea.com* - *- 36 ch. 95/130 €*. Dans une propriété vinicole de 180 ha dominant la vallée, comme au bout du monde, une demeure cossue du 17e s. où se succèdent des salons aux grandes cheminées couronnées de beaux plafonds. Dans les chambres spacieuses, grands lits en fer forgé, miroirs dorés et tissus à motifs fleuris. Chapelle privée du 18e s. Tennis.

À Vila Real

Bon à savoir – Le centre de **Vila Real** dispose de peu de chambres. La plupart des hébergements sont dispersés dans la campagne alentour. Les offices de tourisme délivrent la liste complète des hébergements à la campagne *(turismo rural)*.

PREMIER PRIX

Hospedaria Real – *R. Combatentes da Grande Guerra, 5 - ✆ 259 32 58 79 - www.residencialreal.com* - *- 13 ch. 40 €*. Dans le centre piétonnier, au-dessus de la Pastelaria Real, ce bel immeuble d'angle propose des chambres simples, mais spacieuses et hautes de plafond, avec de grandes fenêtres donnant sur la rue animée en journée. Deux chambres triples. Petit-déjeuner au rez-de-chaussée, avec les habitués.

BUDGET MOYEN

Hotel Miracorgo – *Av. 1º de Maio, 76/78 - ✆ 259 32 50 01 - www.hotelmiracorgo.com* - P - *166 ch. 71 €*. Grand édifice dans la partie haute de la ville, moderne et sans charme particulier mais louant des chambres vastes et confortables, très bien équipées. Les chambres sur l'arrière donnent sur la profonde échancrure du Corgo. Grande piscine.

À Amarante

PREMIER PRIX

Residencial Estoril – *R. 31 de Janeiro, 152 (rive gauche du Tâmega) - ✆ 255 43 12 91 - 7 ch.*

env. 50 € ☕ - 🍴 *10/15 €*. Un établissement en aplomb des eaux dormantes du Tâmega. Terrasse suspendue pour petit-déjeuner enchanteur face au pont et aux monuments sur l'autre rive. Le restaurant sert une cuisine portugaise familiale.

À Celorico de Basto

POUR SE FAIRE PLAISIR

Casa do Campo – *N 210 (en venant d'Amarante, prenez le chemin à droite face au lycée agricole) - ✆ 255 36 12 31 - www.casadocampo.pt - 🏊 - 10 ch. 90/110 €* ☕. Signalée par la façade baroque de la chapelle familiale, cette belle demeure en granit et aux murs blancs (15e-18e s.) est agrémentée d'un somptueux jardin de camélias taillés, rythmé de fontaines et d'étroites allées ombragées ; à l'arrière, la piscine s'ouvre sur la montagne de Nossa Senhora da Graça. Les chambres aménagées dans les ailes modernes adoptent un style résolument contemporain. Tennis. Petit-déjeuner dans un salon meublé d'antiquités. Table d'hôte possible.

RESTAURATION

À Oliveira do Douro

BUDGET MOYEN

Hotel Porto Antigo – *Porto Antigo - Cinfães (juste après le pont sur le Douro, entre Ribadouro et Oliveira do Douro) - ✆ 255 56 01 50 - www.hotelportoantigo.com - 12h-15h, 19h-22h - env. 25 €.* Installé au bord de l'eau, cet hôtel de charme, qui héberge aussi un centre d'entraînement nautique, propose dans une belle salle à la décoration claire et au parquet de bois une cuisine soignée et goûteuse. On y dîne face au fleuve, dans un cadre enchanteur.

À Vila Real

PREMIER PRIX

Terra de Montanha – *R. 31 de Janeiro, 16/18 (dans la zone piétonnière) - ✆ 259 37 20 75 - http://terramontanha.wix.com/terrademontanhavreal - tlj sf dim. soir et j. fériés 12h30-14h30, 19h30-22h30 - 16/20 €.* Portraits en noir et blanc exposés à l'entrée, tables aménagées à l'intérieur de tonneaux, musique traditionnelle en fond sonore… Les traditions culinaires du Trás-os-Montes s'invitent en plein centre de Vila Real : beignets de haricots verts, chorizo au vin grillé, ragoût de poulpe, etc. Une cuisine soignée servie dans de la vaisselle noire locale.

À Amarante

PREMIER PRIX

A Quelha – *R. da Olivença (derrière la gare routière) - ✆ 255 42 57 86 - 11h30-22h - 12/15 €.* Avec sa terrasse un peu cachée aux tables couvertes de nappes à carreaux, cette taverne mêle rustique et contemporain. Bonne cuisine régionale faisant la part belle aux viandes et aux charcuteries.

À Vila Meã

PREMIER PRIX

Quinta da Lama – *D'Amarante, prenez la N 15 vers Porto, puis la N 211-1 à gauche jusqu'à Real (situé avant Vila Meã). Dans le bourg, tournez à gauche, dépassez l'église, puis descendez à droite à hauteur du stade municipal ; l'accès à la quinta est indiqué plus bas, sur un panneau en pierre - ✆ 255 73 35 48 - 💳 - tlj sf dim. soir et lun. 12h-15h, 19h-22h - env. 20 €.* Perdu au milieu des paysages vallonnés du vignoble du *vinho verde*, un ancien moulin à huile conservé dans son jus : les tables entourent la meule, et un four à pain apparaît au fond de la salle. Une adresse d'initiés pour une cuisine régionale délicate et savoureuse.

PETITE PAUSE

Pique-nique – Les petits coins pour déjeuner en plein air ne manquent pas dans la région : à **Amarante**, au bord du rio Tâmega ou sous les arbres de l'Alameda Teixeira de Pascoaes, du côté du Musée municipal ; à **Lamego**, dans la forêt sur la colline que coiffe le Santuário de Nossa Senhora dos Remédios ; à **Vila Real**, près du Museu da Vila Velha, au-delà de la mairie, pour profiter d'une vue plongeante sur les gorges du Corgo.

À Vila Real

Casa Lapão – *R. da Misericórdia, 51 - ✆ 259 32 41 46 - www.casalapao.pt - à partir de 9h.* À l'angle d'une venelle, une pancarte éclairée de néons roses : réputée dans toute la ville, cette minuscule adresse est fréquentée aussi bien pour les pauses gourmandes que pour le déjeuner : *bolas de carne* (pain fourré au jambon cru, au bacon et au saucisson), *cristas de galo* (gâteau aux amandes en forme de demi-lune) et *pitos de Santa Luzia*, une spécialité locale aux figues et à la cannelle.

À Amarante

Don Rodrigo – *R. 31 de Janeiro, 39 - ✆ 255 42 25 64 - 9h-20h.* Dans cette taverne-boutique ouverte sur la rue, aux murs de pierre couverts d'adages sur le vin et de jambons suspendus, quelques tables en bois pour une formule unique : des sandwichs de *presunto* accompagnés d'un bon verre de vin.

☺ **Confeitaria da Ponte** – *R. 31 de Janeiro, 17 - ✆ 255 43 20 34 - http://confeitariadaponte.pt - 8h-21h30.* La terrasse de cette pâtisserie située au pied du pont, en aplomb de la rivière, compose un cadre époustouflant. Parmi les spécialités, goûtez au fameux *bolo de Gonçalo (voir « Agenda »)* que vous accompagnerez d'un thé sélectionné parmi une belle gamme. L'endroit est également idéal pour faire le plein de gâteaux à rapporter en souvenir dans des boîtes bleu et blanc à l'écriture surannée.

ACHATS

À Lamego

Produits régionaux - Sé Gourmet – *R. Macário de Castro, 38 (derrière l'église) - ✆ 254 68 82 63 - www.segourmet.com - tlj sf dim.* Une belle boutique mêlant traditionnel et contemporain. Irrésistibles cadeaux gourmands, très joliment présentés : biscuits artisanaux, miels, huiles d'olive, produits biologiques, vins, etc. Espace de dégustation.

À Peso da Régua

Solar dos Vinhos do Douro e do Porto – *R. dos Camilos, 90 - ✆ 254 32 01 30.* Rattaché à l'Instituto do Vinho do Porto, cet espace vend la production régionale de porto et organise des dégustations.

À Vila Real

Poterie noire – *Av. da Noruega (près du rond-point) - Vila Real.* Quelques étals où les artisans réalisent et vendent leur poterie noire aux reflets argent : de la truie, symbole du village de Murça, aux plats creux pour servir les spécialités à base de riz.

Près d'Amarante

Quinta da Aveleda – *À Penafiel, sur l'IP 4 entre Amarante et Porto - ✆ 255 71 82 00 - www.aveleda.pt.* La quinta da Aveleda donne son nom à l'une des marques de *vinho verde* les plus connues à l'exportation. Intégrée dans un beau site naturel, elle comprend un restaurant. Visite des caves, dégustation.

ACTIVITÉS

À Vila Real

Solar de Mateus – *N 322 - ✆ 259 32 31 21 - www. casademateus.com.* La fondation du Solar de Mateus, outre l'entretien du manoir et l'accueil d'artistes résidents, organise régulièrement des concerts et des expositions, à l'intérieur de l'ancien cellier transformé en salle de spectacle ou dans la cour d'honneur.

Randonnée pédestre – Deux sentiers balisés traversent les superbes paysages du **parc naturel do Alvão**, avec ses cascades et ses villages typiques. Cartes et descriptifs au siège du parc ou à l'office du tourisme de Vila Real. Ce même office de tourisme propose également un livret décrivant cinq parcours dans la campagne environnante.

Loisirs nautiques – En été, location de **barques** et de *gaivotas* (amusants pédalos montés sur un tronc de bois) en amont du pont d'Amarante.

AGENDA

À Lamego

Festa de Nossa Senhora dos Remédios – *Début sept. - procession les 7 et 8 sept.* Un des plus importants pèlerinages du Portugal.

À Vila Real

Feira de São Pedro – *28-29 juin.* Foire de la St-Pierre ou des *pucarinhos* (vases en céramique). On y trouve des produits artisanaux de la région : vaisselle, belles poteries noires, tissus et vêtements en lin.

Festas da Cidade – *13-21 juin.* Fêtes en l'honneur du patron de la cité, saint Antoine.

À Amarante

Festa de São Gonçalo – *1er w.-end de juin.* Fête du patron des vieilles filles : filles et garçons partagent le *bolo de Gonçalo*, un drôle de gâteau de forme phallique rappelant le culte rendu localement à saint Gonzalve.

Guimarães

★★

158 108 habitants (dont 9 000 dans le bourg historique) – District de Braga

Première capitale du Portugal et berceau de la nation au 12e s., Guimarães est une des villes les plus jeunes d'Europe par sa population et l'une des plus attirantes du nord du pays. Son centre historique médiéval, ensemble architectural homogène réhabilité dans les règles de l'art, est classé au Patrimoine mondial de l'Unesco en 2001. La ville, dominée par un fier château, est aussi un centre économique dynamique, notamment dans le domaine du textile. Elle renoue avec la célébrité en 2012, année qui la consacra « Capitale européenne de la culture ».

NOS ADRESSES PAGE 544
Hébergement, restauration, achats, activités, etc.

S'INFORMER

Loja Interativa de Turismo – B2 - *Praça de São Tiago - ✆ 253 42 12 21 - www.guimaraesturismo.com - lun.-vend. 9h30-18h (19h de déb. juin à mi-sept.), sam. 10h-13h, 14h-18h (19h de déb. juin à mi-sept.), dim. et j. fériés 10h-13h.*

SE REPÉRER

Carte de région B2 p. 484-485 – Plan de Guimarães ci-contre. Au cœur de la vallée de l'Ave, Guimarães est situé 22 km au sud-est de Braga et 54 km au nord-est de Porto.

Voir aussi la rubrique « Arriver/partir » dans « Nos adresses ».

SE GARER

Parking souterrain donnant sur le largo da República do Brasil, au sud-est de la vieille ville ; grand parking gratuit derrière le château.

À NE PAS MANQUER

Prendre un verre à la terrasse d'un des cafés du largo da Oliveira ou de la praça de São Tiago, dans le centre.

ORGANISER SON TEMPS

Une bonne demi-journée est nécessaire pour profiter de Guimarães.

AVEC LES ENFANTS

Prenez le téléphérique pour monter au mont Penha.

Se promener Plan de ville

Circuit tracé en vert sur le plan de ville (ci-contre) – Comptez une demi-journée. Commencez la visite par la vieille ville, dont les limites sont circonscrites par de larges avenues et qui se prête à une agréable flânerie.

★★ CENTRE HISTORIQUE

Avec son dédale de rues reliant des places bordées de maisons anciennes en granit, il compose un ensemble harmonieux, bien conservé.

Du parking, rejoignez le haut du largo da República do Brasil et prenez, en face, la rua Alfredo Guimarães jusqu'au largo da Oliveira.

Largo da Oliveira B2

Cette place qui abrite la collégiale Nossa Senhora da Oliveira forme un bel ensemble médiéval avec ses maisons aux balcons fleuris, sa résidence seigneuriale du 14e s., un temps transformée en *pousada* de luxe, et sa galerie d'arcades ogivales du 14e s.

Au-dessus des arcades se tient l'ancien hôtel de ville ou **Antigos Paços do Concelho**, un édifice manuélin du 16e s.

Convento da Nossa Senhora da Oliveira B2

Largo da Oliveira - lun.-sam. 8h30-12h, 15h30-19h30, dim. 9h-13h, 17h-20h - gratuit.

Le **couvent de N.-D. de l'Olivier** a été fondé au 10e s. par la comtesse Mumadona. Plusieurs constructions se sont ensuite succédé sur le site ; de celles-ci ne subsiste aujourd'hui que la collégiale gothique qui a conservé un cloître et une salle capitulaire d'époque romane *(occupés par le musée Alberto Sampaio)*.

Colegiada (Collégiale) – Le portail principal est surmonté d'un fronton gothique du 14e s. À l'intérieur, remarquez l'autel en argent de la chapelle du St-Sacrement *(à droite du chœur)*.

Devant la collégiale, un **édicule** gothique contient un *padrão* qui commémore la victoire des Portugais et des Espagnols sur les Maures à la bataille du Salado, en 1340. La légende raconte que, lors de l'achèvement de ce porche,

SE LOGER
- Paço de São Cipriano 1
- Residencial das Trinas 5
- Residencial Mestre d'Avis 7

SE RESTAURER
- El Rei 1
- Históricoj 6
- Solar do Arco 4

Antigos Paços do Concelho .... R

LE BERCEAU DU PORTUGAL

Une tour de défense assurant la protection d'un monastère et de quelques maisons alentour : telle est, au 10e s., la configuration du bourg de Guimarães, fondé peu de temps auparavant par la comtesse Nuña Mumadona, originaire du León. En 1095, Alphonse VI, souverain de León et de Castille, lègue le comté de Portucale *(voir « Histoire », p. 92)* à son gendre Henri de Bourgogne. Celui-ci fait aménager en château la tour de Guimarães, capitale du comté, et s'y installe avec sa femme, la princesse Thérèse. De cette union naît, vers 1110, **Alphonse Henriques** qui succède à son père en 1112 (ou 1114). Arguant de l'inconduite notoire de sa mère, qui assure la régence, le jeune prince se révolte et s'empare du pouvoir le 24 juin 1128, à l'issue de la bataille de São Mamede. Puis il engage la lutte contre les Maures, qui se montrent menaçants, et les défait le 25 juillet 1139 à Ourique. Au cours de l'engagement, il est proclamé roi de Portugal par ses troupes ; ce choix est confirmé en 1143 par les Cortes de Lamego *(voir encadré p. 526)* et par son cousin Alphonse VII, roi de León et de Castille (traité de Zamora).

en 1342, le tronc d'olivier qui se trouvait devant l'église se couvrit de feuilles : de cet épisode proviendrait le nom de l'église.

★ **Museu Alberto Sampaio** – *Entrée r. Alfredo Guimarães - ✆ 253 42 39 10 - http://masampaio.imc-ip.pt - tlj sf lun. 10h-18h (juil. merc.-sam. 20h30-23h30) - 3 €, gratuit dim. 10h-14h.* Il est installé dans les bâtiments conventuels. Le cloître roman du 13e s. possède d'intéressants chapiteaux, essentiellement à motifs végétaux. Dans une chapelle gothique à gauche de l'entrée, observez deux beaux gisants du 15e s. Dans l'angle est du cloître se trouve la porte de la salle capitulaire, qui arbore un arc outrepassé mozarabe et deux chapiteaux des 11e et 12e s. Remarquez le superbe plafond à caissons du 18e s.

Dans les salles attenantes, belles *talhas douradas* (boiseries sculptées et dorées), retables baroques et pièces d'orfèvrerie, ces dernières constituant l'essentiel du trésor de la collégiale et provenant des dons de Jean Ier. Parmi elles se distinguent un calice gothique en argent doré rehaussé d'émaux, un ostensoir manuélin attribué à Gil Vicente, poète qui fut également orfèvre à ses heures, et une **croix★** manuéline en argent finement ciselé (16e s.) où figurent les scènes de la Passion.

À l'étage, dans la salle Aljubarrota, observez, outre la tunique portée par Jean Ier à la bataille d'Aljubarrota (1385), le **triptyque★** en argent doré que le roi aurait pris aux Castillans lors de la bataille : il représente au centre la Nativité, à gauche l'Annonciation, la Purification et la Présentation au Temple, à droite l'Adoration des bergers et des Mages.

Dans la salle suivante, dédiée à la sculpture et à la peinture, remarquez une curieuse statue (14e s.) de sainte Marguerite, d'exécution française, un tableau d'António Vaz, natif de Guimarães et disciple de Grão Vasco, et d'étonnantes peintures sur fresques, dont celles attribuées au peintre connu sous le nom du « Maître délirant de Guimarães » (16e s.).

Passez sous les arcades des Antigos Paços do Concelho pour déboucher sur la praça de São Tiago.

★ Praça de São Tiago AB2

Séparée du largo da Oliveira par les Antigos Paços do Concelho, la place au tracé irrégulier typiquement médiéval est bordée de maisons anciennes à encorbellement surmonté du large auvent des toits.

Passez devant l'office de tourisme pour déboucher sur la rua de Santa Maria.

Rua de Santa Maria B1-2

Elle suit le tracé du chemin qui reliait le couvent fondé par la comtesse Mumadona au château. Il faut la parcourir à pied pour découvrir les maisons des 14e et 15e s. à grilles de fer forgé et corniches de granit ouvragées.

Retournez sur la praça de São Tiago et prenez, en bas à droite (angle sud-ouest), la rua Dr António Mota Prego puis, à gauche, le largo de João Franco et, enfin, à droite la rua Rainha D. Maria II. Elle débouche sur le largo do Toural.

Largo do Toural A2

Pittoresque, animée d'un curieux pavage ondé, la place forme un bel ensemble urbain classique. Cœur battant de la cité, elle est bordée de maisons anciennes aux toitures mansardées et aux façades rythmées d'immenses fenêtres et de belles grilles de fer forgé.

Traversez le largo et tournez à droite dans la rua Paio Galvão.

Museu Martins Sarmento A2

R. Paio Galvão - ✆ 253 41 59 69 - www.csarmento.uminho.pt - tlj sf lun. 9h30-12h, 14h-17h, dim. 10h-12h, 14h-17h - 1,50 €.

Installé en partie dans le cloître gothique de São Domingos, il comprend de nombreuses pièces archéologiques trouvées dans les environs de Braga.

Prenez à gauche en sortant et longez la façade de l'ancien marché.

★ Plataformas das Artes e Criatividade A2

Av. Conde Margaride, 175 - ✆ 253 47 47 15 - www.ciajg.pt - tlj sf lun. 10h-19h (dernière entrée 18h) - 4 €, gratuit dim. avant 14h.

Caché derrière l'ancien marché et créé en 2012 quand la ville fut promue au rang de Capitale européenne de la culture, cet édifice d'architecture avant-gardiste abrite désormais le **Centro Internacional das Artes José de Guimarães** (CIAJG). En plus des expositions temporaires et concerts, il présente la collection personnelle du peintre (né en 1939) : nombreuses œuvres de l'artiste, mais aussi objets d'art qu'il affectionnait (sculptures médiévales et orientales, tissus, broderies, et surtout un impressionnant ensemble de **masques africains★**).

Revenez largo do Toural puis rejoignez l'alameda de São Dãmaso. Un peu plus loin, à droite, apparaît le clocher de l'église São Francisco.

Igreja de São Francisco B2

Largo de São Francisco - tlj sf lun. et mar. 9h30-12h, 15h-17h, dim. 9h30-13h.

Construite au début du 15e s., l'église a été modifiée au 17e s. Seuls le portail et le chevet ont conservé leur caractère gothique d'origine. Les chapiteaux du portail principal évoquent la légende de saint François. L'intérieur a subi de malheureuses transformations aux 17e et 18e s. Le chœur, qui abrite un autel baroque en bois doré, est décoré d'**azulejos★** du 18e s. figurant la vie de saint Antoine. Dans la chapelle ouverte dans le bras gauche du transept, beau **gisant★** en granit de Dona Constança de Noronha, épouse de Dom Afonso, premier duc de Bragance.

★ **Sacristia** – *Accès par le bras droit du transept - 2,50 €.* Elle possède un joli plafond à caissons orné de grotesques; une table en marbre d'Arrábida s'appuie sur une élégante colonne en marbre de Carrare.

La **salle capitulaire**, qui donne sur un cloître Renaissance (16e s.), est fermée par une belle grille gothique.

Remarquez, à droite de l'église, une élégante façade ornée d'azulejos.

Poursuivez sur la droite de l'alameda de São Dâmaso jusqu'au largo da República do Brasil. De là, remontez l'avenida Alberto Sampaio puis prenez à gauche la rua Serpa Pinto pour retrouver la rua Santa Maria.

COLLINE DU CHÂTEAU

Suite du circuit 1 tracé sur le plan de la ville (p. 539). Accès à pied en 15mn (ça grimpe !) depuis le centre par la rua de Santa Maria puis, en face, par le largo de Martins Sarmento.

★ Paço dos Duques de Bragança (Palais des ducs de Bragance) B1 et ABC d'architecture p. 88

253 41 22 73 - http://pduques.culturanorte.pt - tlj sf lun. 10h-18h15 (dernière entrée 30mn av. fermeture) - 5 €, gratuit 1er dim. du mois.

Tout à côté de l'église, ce palais fut construit au début du 15e s. par le premier duc de Bragance, Alphonse Henriques, fils naturel du roi Jean Ier. Son architecture montre une forte influence bourguignonne, surtout dans les toitures et l'aspect insolite des 39 hautes cheminées de brique. Il fut l'une des plus somptueuses demeures de la péninsule Ibérique mais, à partir du 16e s., la Cour s'étant déplacée à Vila Viçosa, il ne fut plus occupé que par intermittence. Il reste aujourd'hui résidence officielle de la présidence de la République du Portugal, mais n'est quasiment pas utilisé.

Quatre corps de bâtiment le composent, flanqués de tours d'angle massives, ordonnés autour d'une cour et couronnés de créneaux à mâchicoulis. En 1933, le palais a fait l'objet d'une importante restauration qui lui a rendu son aspect d'origine. Devant sa façade s'élève la statue en bronze d'Alphonse Henriques réalisée par Soares dos Reis (fin 19e s.).

Intérieur – Les salles immenses étaient chauffées par de vastes cheminées. Au premier étage, admirez les **plafonds★** de chêne et de châtaignier des salles des Banquets et des Fêtes, ainsi que les **tapisseries★** des 16e et 18e s. (d'Aubusson, des Flandres et des Gobelins). Les tapisseries de Tournai, représentant la prise d'Asilah et de Tanger, sont les copies de celles exécutées d'après les cartons de Nuno Gonçalves (les originaux font partie du trésor de l'église de Pastrana en Espagne). Des tapis persans, des meubles portugais (17e s.), des porcelaines de Chine, des armes et armures, des tableaux hollandais et italiens complètent cette décoration.

Igreja de São Miguel do Castelo B1

Entre le palais des Ducs de Bragance et le château - tlj sf lun. 10h-18h.

La petite église romane (12e s.) abrite des dalles funéraires et les fonts baptismaux sur lesquels aurait été baptisé Alphonse Henriques.

★ Castelo B1

253 41 22 73 - tlj sf lun. 10h-18h (dernière entrée 30mn av. fermeture) - gratuit, donjon 1,50 € (fermé pour travaux).

Le **donjon** (Torre de Menagem) du château, haut de 28 m, fut construit au 10e s. par la comtesse Nuña Mumadona pour protéger le monastère et la bourgade qui l'entourait. C'est au sud de ce bourg d'origine que se développeront les

LE CRÉATEUR DU THÉÂTRE PORTUGAIS

Né à Guimarães vers 1470, **Gil Vicente** est un bourgeois qui vit à la cour des rois Manuel Ier et Jean II ; il écrit des divertissements pour le roi et sa suite (farces, tragicomédies) ou des drames religieux *(autos)*. Son œuvre, composée de 44 pièces, constitue une peinture satirique de la société portugaise au début du 16e s. La variété de son inspiration, alliée à la légèreté et à la finesse de son style, fait de ce dramaturge l'un des plus grands écrivains de son époque.

Les façades du centre historique de Guimarães.
J.-P. Degas/hemis.fr

quartiers médiévaux puis modernes. Le château fut ensuite érigé par Henri de Bourgogne et renforcé au 15e s. Sept tours carrées, bâties sur des affleurements rocheux, encerclent le donjon. Du haut des remparts crénelés, on bénéficie d'une belle **vue** sur Guimarães, cantonné au sud par le mont Penha.

Convento de Santo António dos Capuchos B1

Rua Dr Joaquim de Meira - ✆ 253 54 12 44 - 10h-17h - 2 € (visite guidée). Soucieuse de son patrimoine, la Santa Casa da Misericordia a entrepris la rénovation de cette bâtisse du 17e s. et y a ouvert un petit musée. De l'ancien **couvent St-Antoine-des-Capucins**, transformé en hôpital en 1842, on visite les cours, le cloître et surtout la sacristie du 18e s., à nouveau parée de ses dorures et de ses boiseries, de ses tableaux et de ses azulejos.

À proximité Carte de région

Mont Penha B2

En téléphérique – *Largo das Hortas Plan de ville B2 (au sud-est de la ville) - accès depuis le centre par la rua Dr José Sampaio (10mn à pied) - ✆ 253 51 50 85 - www.turipenha.pt - avr.-mai et oct. : 10h-18h30 ; juin-juil. et sept. : lun.-vend. 10h-19h (20h le w.-end) ; août : 10h-20h ; nov.-mars : vend.-dim. 10h-18h - fermé pour entretien le dernier lun. du mois - 4,50 € AR (4-11 ans 2,30 €).* Vous pouvez rejoindre Penha par les airs, un trajet plaisant et rapide *(10mn)*. Les cabines passent au-dessus d'une forêt de pins, d'eucalyptus et de mimosas, puis, à mesure que l'on s'élève, la végétation fait place à d'énormes blocs de granit polis par l'érosion. La descente offre une vue étendue sur la ville et la campagne environnante.

En voiture – *Circuit de 17 km. Quittez Guimarães par la N 101, dir. Felgueiras, au sud-est. Après Mesão Frio, prenez à droite vers Penha.* La route s'élève aussitôt en serpentant parmi les pins et les eucalyptus de la serra de Santa Catarina jusqu'au sommet, le mont Penha (617 m), couronné par la basilique Nossa Senhora da Penha.

Traversez l'esplanade de la basilique Nossa Senhora da Penha, poursuivez jusqu'à la statue de sainte Catherine et garez-vous.
De là, **panorama★** sur la serra do Marão au sud, sur Guimarães et la serra do Gerês au nord.
Pour revenir à Guimarães, prenez, après l'esplanade, une route étroite qui descend en lacet parmi les rochers et les arbres.

★ Trofa B2

13 km au sud-est. Quittez Guimarães par la N 101, en dir. de Felgueiras.
Trofa est une localité où quelques femmes travaillent encore le filet et la dentelle ; lorsque le temps le permet, certaines d'entre elles dressent leur métier au bord de la route et exposent leurs travaux (nappes et napperons).

Roriz A2

17 km au sud-ouest. Quittez Guimarães par la N 105. À 3 km de Lordelo, prenez à gauche une route en dir. de Roriz.
Auprès d'un ancien monastère se dresse une intéressante **église** romane en granit du 11e s., rappelant extérieurement celle de Paço de Sousa *(voir p. 508)*. La façade, simple mais harmonieuse, est percée d'un portail aux chapiteaux ornés de feuillages et d'animaux, et aux colonnes agrémentées de coquilles en relief. Comme à Paço de Sousa, des demi-sphères décorent les voussures du portail et la bordure de la gracieuse rosace qui le surmonte. Deux têtes de taureau stylisées servent de linteau. L'avant-toit est bordé d'une frise d'arcatures lombardes. L'intérieur, sobre, à nef unique, ne manque pas d'élégance.

NOS ADRESSES À GUIMARÃES

INFORMATIONS UTILES

Les offices de tourisme sont répertoriés en début de chapitre.

ARRIVER/PARTIR

Gare ferroviaire – B2, en dir. - *Av. D. João IV - ✆ 808 20 82 08.* Une douzaine de trains par jour pour Porto *(1h10 de trajet).*
Gare routière – A2, en dir. - *Alameda Mariano Felgueiras - ✆ 253 51 62 29.* Bus pour Porto, Braga, Lisbonne, Coimbra, etc.

HÉBERGEMENT

PREMIER PRIX

Residencial das Trinas – A1 - *R. das Trinas, 29 - ✆ 253 51 73 58 - www.residencialtrinas.com - 11 ch. 40 €.* Une petite pension de la vieille ville très bien tenue et on ne peut plus centrale. Les chambres carrelées, au mobilier à l'ancienne, donnent sur la ruelle pavée das Trinas. Vue un peu moins pittoresque à l'arrière. Le rapport qualité-prix est très intéressant. Wifi.

BUDGET MOYEN

Residencial Mestre d'Avis – A2 - *R. D. João I, 40 - ✆ 253 42 27 70 - www.hotelmestredeavis.pt - 16 ch. 57/60 € - 8 €.* Près du centre historique, derrière la façade en granit d'un immeuble ancien, se cachent des chambres plutôt confortables, quoique pour certaines un peu défraîchies. Le propriétaire, sympathique et accueillant, vous donnera plein de tuyaux sur la ville. Une excellente adresse où l'on parle français, anglais, allemand… et portugais !

À Tabuadelo

POUR SE FAIRE PLAISIR

Paço de São Cipriano – B2, en dir. - *6 km au sud de Guimarães, dir. Santo Tirso - ✆ 253 56 53 37 - www.pacoscipriano.com - P - 7 ch. 110 € - table d'hôte env. 30 €.* Les amateurs de belles demeures historiques seront comblés par cette maison d'hôte en partie du 15e s., entourée d'un domaine de 80 ha à l'écart de Guimarães. Les propriétaires accueillent eux-mêmes leurs visiteurs, qui découvriront à côté d'une ravissante chapelle un véritable jardin à la française avec des buis taillés, des azalées, des roses et des camélias. Les moutons et les vaches viennent même paître jusqu'au bord de la piscine ! Accueil charmant.

RESTAURATION

BUDGET MOYEN

El Rei – AB2 - *Praça de S. Tiago, 20 - ✆ 253 41 90 96 - 12-22h - 15/25 €.* Dès les premiers beaux jours, le restaurant dispose ses tables sur la ravissante praça de São Tiago. Dans ce décor historique, vous savourerez d'autant mieux la simplicité de la cuisine régionale : apéritif copieux (pain frotté à l'ail, charcuterie locale et melon vert, crème de thon maison), *caldo verde* (la soupe au chou émincé) et différentes recettes de morue. Choix de *tapas*.

Histórico – A2 - *R. de Valdonas, 4 - ✆ 915 42 97 00 - www.papaboa.pt - 12h-15h, 19h-23h - 20/30 €.* Probablement le restaurant le plus agréable de la ville à la belle saison avec sa cour intérieure rafraîchie d'une fontaine en pierre. Attablez-vous à l'ombre d'une glycine, bercé par le bruissement de l'eau, pour savourer calamar, lotte ou médaillon de porc, les spécialités de la maison. Fado le jeudi soir, animation musicale le w.-end.

Solar do Arco – B2 - *R. de Santa Maria, 48/50 - ✆ 253 51 30 72 - www.solardoarco.com -tlj sf dim. soir 12h-0h - 20/30 €.* Au menu gourmand de ce restaurant du centre historique, les spécialités de poissons ont une place de choix : brochettes de gambas, crevettes aux haricots noirs *(feijoada de camarão)*, velouté de fruits de mer, etc. Une adresse cependant très touristique.

ACHATS

Marché – A2, en dir - *R. do Mercado Municipal - lun.-vend. 7h-19h, sam. 7h-13h.* Et grand *Mercado* da Segunda Mão (brocante, livres et disques d'occasion) les 1er et 3e dim. du mois en plein air.

ACTIVITÉS

Centro Cultural Vila Flor – A2, en dir. - *Av. D. Afonso Henriques, 701 - ✆ 253 42 47 00 - www.ccvf.pt.* Manifestations culturelles variées (concerts, cinéma, expositions, etc.), et l'occasion de découvrir un beau palais avec son jardin en balcon sur la ville.

AGENDA

Festas Gualterianas – *1er w.-end d'août.* Fête populaire et folklorique.

Festa de São Nicolas – *29 nov.-7 déc.* Fête des étudiants.

Festa de Nossa Senhora da Conceição – *8 déc.* Fête religieuse.

Festa de Santa Luzia – *13 déc.* Fête religieuse.

Braga

★★

181 819 habitants – District de Braga

La capitale du Minho, important pôle industriel, économique et universitaire, a connu une brusque métamorphose. Longtemps tenue pour une ville conservatrice et pieuse, elle frappe désormais par la jeunesse de sa population, par son importante offre culturelle, et par l'animation qui enfièvre l'avenida Central, l'avenida da Libertade ou le centre piétonnier. Braga est célèbre pour ses festivités de la Semaine sainte et du solstice d'été (la St-Jean), quand elle se transforme en un véritable théâtre de plein air. Elle est aussi connue sous le surnom de « Rome portugaise » : comme la Ville Éternelle, elle se singularise par un nombre important d'églises et de couvents, mais aussi de places ornées d'élégantes fontaines. Les amateurs de baroque seront ici à la fête, une fête qui s'achèvera dans toute sa démesure au sommet de l'escalier du Bom Jesus do Monte, sur la colline dominant la ville longtemps gouvernée par des prélats.

NOS ADRESSES PAGE 553
Hébergement, restauration, achats, activités, etc.

S'INFORMER

Posto de Turismo – B1 - *Av. da Liberdade, 1 - ✆ 253 26 25 50 - www.cm-braga.pt - 9h-13h, 14h-18h30 (18h le w.-end).* Inévitable avec sa façade d'angle Art déco. Carte *(Roteiro do Barroco em Braga)* avec descriptif des principaux monuments baroques de la ville et des alentours. Vente de la Braga Card *(voir « Visite », p. 553).*

SE REPÉRER

Carte de région A1 p. 484-485 – Plan de Braga p. 549 – Plan de la cathédrale ci-contre. À la confluence des rios Este et Ávado, au pied de la serra da Falperra, Braga se trouve 54 km au nord-est de Porto et 22 km au nord-ouest de Guimarães.

Voir aussi la rubrique « Arriver/partir » dans « Nos adresses ».

SE GARER

Utilisez les parkings souterrains du centre-ville (tarifs dégressifs), le stationnement en surface étant souvent limité à 2h, voire complet. Le centre est piétonnier.

À NE PAS MANQUER

L'idéal est de découvrir la ville pendant la Semaine sainte ou à la St-Jean. Sinon, la cathédrale et Bom Jesus do Monte.

ORGANISER SON TEMPS

Braga mérite une journée complète.

AVEC LES ENFANTS

Les enfants bien en jambes seront contents de compter les (nombreuses) marches de l'escalier de Bom Jesus do Monte !

Se promener Plan de ville

Circuit tracé en vert sur le plan de ville (p. 549) – Comptez 3h, hors visite de la cathédrale et du musée.

Et, en toute saison, il fait bon flâner dans les rues commerçantes ou s'attabler aux terrasses des cafés du centre piétonnier. Démarrez par la visite du centre-ville avant de poursuivre vers Bom Jesus do Monte, à 4,5 km.

★ **Sé** A1

Entrée largo D. João Peculiar ou r. D. Paio Mendes.

Dressée au cœur de la ville, la **cathédrale** forme un large complexe constitué de l'église elle-même, du cloître attenant et de plusieurs chapelles. De la construction romane d'origine, d'influence clunisienne, il ne subsiste guère que le portail sud et les voussures du portail principal ornées de scènes suggérant le *Roman de Renart*. Le portique à arcs festonnés gothiques est l'œuvre d'artistes de Biscaye, attirés à Braga au 16e s. par Diogo de Sousa. Les encadrements moulurés des fenêtres sont du 17e s.

Ce même prélat fit édifier le chevet hérissé de pinacles et de balustres ; la gracieuse **statue★** de Notre-Dame-du-Lait (Senhora do Leite) qui l'agrémente, protégée par un baldaquin flamboyant, serait due à Nicolas Chanterene.

★ **Intérieur** – Il a été transformé au 18e s., et les boiseries dorées des deux orgues contrastent par leur exubérance baroque avec la sobriété architecturale de la nef. La cuve baptismale ① est de style manuélin ; à droite, dans une chapelle fermée par une grille, se trouve le tombeau en bronze (15e s.) de l'infant Dom Afonso, fils de Jean Ier.

La chapelle du St-Sacrement (Capela do Sacramento) possède un bel autel (17e s.) en bois polychrome représentant le Triomphe de l'Église, inspiré d'un tableau de Rubens ②.

Le chœur, œuvre de João de Castilho, protégé par une **voûte★** à nervures complexes de caractère flamboyant, abrite un **autel★** flamboyant en pierre d'Ançã dont la partie avant est ornée de scènes figurant l'Ascension ainsi que les apôtres ③. Au fond du chœur, statue de sainte Marie de Braga (14e s.). À gauche, une chapelle ④ est décorée d'azulejos (18e s.) d'António de Oliveira Bernardes, évoquant la vie de saint Pedro de Rates, premier prélat de Braga. Les deux **buffets d'orgue★★** (18e s.), placés en vis-à-vis de part et d'autre de la balustrade de la tribune, forment un ensemble baroque fourmillant de statues.

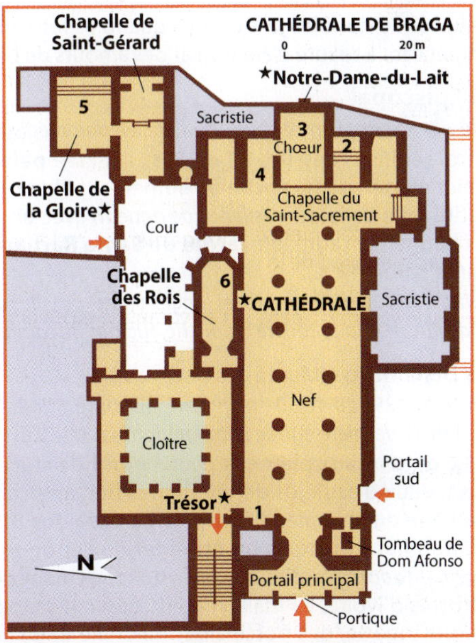

★ **Tesouro** – *Tlj sf lun. 9h-12h30, 14h-17h30 (18h30 en été) - 3 € pour le trésor et 2 € pour la tribune et les trois chapelles (visite guidée 20mn).* Le **trésor** de la cathédrale conserve une belle collection d'habits sacerdotaux du 16e au 18e s. ainsi que de remarquables pièces d'orfèvrerie : un calice manuélin, une croix en cristal de roche du 14e s., une croix-reliquaire en argent doré du 17e s., un coffret mozarabe du 10e s. en ivoire, un calice du 16e s. à clochettes, de même qu'un ostensoir du 17e s., l'ostensoir de Dom Gaspar de Bragança, du 18e s. (en argent doré serti de diamants), quelques statues dont un Christ du 13e s., et celles des saints Crépin et Crépinien, patrons des cordonniers. On y remarquera aussi quelques azulejos du 16e s.

La **tribune** est occupée par des stalles en bois doré du 18e s. et offre une belle vue sur l'intérieur de l'église.

Capela de São Geraldo – Cette jolie chapelle gothique dont les murs sont plaqués d'azulejos (18e s.) évoque la vie de saint Gérard, premier archevêque de Braga.

★ **Capela da Glória** – Le centre de cette construction, ornée de peintures murales de style mudéjar (14e s.), est occupé par le **tombeau★** gothique ⑤ du fondateur, Dom Gonçalo Pereira ; en faisant le tour du tombeau, on reconnaît les sujets suivants : la Crucifixion, les apôtres, la Vierge et l'Enfant Jésus, et des clercs en prière.

Capela dos Reis – La **chapelle des Rois**, dont la voûte gothique repose sur de jolies consoles à tête humaine, abrite les tombeaux (16e s.) de Henri de Bourgogne et de sa femme Thérèse, parents du premier roi de Portugal ⑥, ainsi que la momie d'un archevêque de Braga, Dom Lourenço Vicente (14e s.), qui combattit à Aljubarrota.

Contournez la cathédrale sur la droite par la rua do Souto et dirigez-vous vers la place voisine de l'hôtel de ville.

Fonte do Pelicano (Fontaine du Pélican) A1

Devant l'hôtel de ville.

Belle fontaine baroque dont les jets d'eau – quand ils fonctionnent – sont soufflés par un pélican (à l'allure d'aigle…) et des amours de bronze.

Antigo Paço Episcopal A1

Face à l'hôtel de ville se tient l'entrée ouest de l'ancien palais épiscopal.

Constitué de trois édifices des 14e, 17e et 18e s., l'**ancien palais épiscopal** abrite au premier étage une très riche bibliothèque publique (documents du 9e s.) : la petite salle de lecture *(silence de rigueur)* avec un joli plafond à caissons dorés donne sur l'agréable **jardin de Santa Bárbara**, où trône la fontaine de sainte Barbe (17e s.).

En sortant du palais, retraversez la place et longez l'hôtel de ville sur le côté droit. Prenez la rue à droite, puis la première à gauche, rua dos Biscaínhos.

★ Museu dos Biscaínhos (Musée des Biscayens) A1

R. dos Biscaínhos - ✆ 253 20 46 50 - http://museus.bragadigital.pt - tlj sf lun. 10h-12h45, 14h-17h30 (dernière entrée 30mn av. fermeture) - 2 €.

Le palais des 17e et 18e s. aux plafonds peints ornés de stucs et aux murs couverts de panneaux d'azulejos donne un très bon aperçu de la vie seigneuriale et raffinée qu'on y menait au 18e s. La **Casa dos Biscaínhos** est décorée d'un mobilier portugais ou étranger de l'époque ; remarquez notamment les *contadores*, petits meubles de rangement de style indo-portugais, incrustés d'ivoire. La maison abrite aussi des tapis d'Arraiolos, de l'argenterie portugaise, des porcelaines de Chine et de la Compagnie

SE LOGER	SE RESTAURER	
Hotel Bracara Augusta 1	Anjo Verde 5	**Antigo Paço Episcopal..... A**
Dona Sofia 3	Hotel do Elevator 6	**Capela dos Coimbras...... C**
Hotel do Parque 7	Inácio 8	**Casa das Gelosias......... E**
		Fonte do Pelicano......... K

des Indes, des tables de jeu, des instruments de musique, etc. L'élégante suite de salons donne sur de beaux jardins agrémentés d'un bassin et de statues, dans le goût du 18e s.

Revenez à l'arrière de l'hôtel de ville, continuez tout droit et tournez à gauche dans la rua Dom Diogo de Sousa, piétonne et commerçante. Admirez le beau plafond de la librairie Cruz, nos 129-133, fondée en 1888. Dépassez la cathédrale et la place du palais épiscopal (entrée principale sud, accès au jardin de Santa Bárbara) et tournez à droite dans la rua Francisco Sanches jusqu'au largo de São João do Souto.

Capela dos Coimbras (Chapelle des Coimbras) A1

Largo de São João do Souto - se visite uniquement le Jeudi saint 9h-19h.

Construite au 16e s., elle est contiguë à une église du 18e s. Sa tour crénelée, ornée de statues, est de style manuélin. À droite de la chapelle, la **Casa dos Coimbras**, de la même époque, présente un beau portail et des fenêtres de style manuélin. Elle accueille une galerie d'art contemporain.

Longez la chapelle par la droite jusqu'au largo Carlos Amarante où se situe, immédiatement à droite, l'église Santa Cruz.

Igreja de Santa Cruz A2

L'intérieur de cette vaste église baroque (17e s.) à deux clochers surprend par sa profusion de boiseries dorées.

Traversez le largo Carlos Amarante et tournez à droite dans la rua de São Lazaro.

Palácio do Raio B2

R. São Lazaro.

Appelée « **palais du Rayon** » ou **maison du Mexicain**, cette superbe maison dessinée par André Soares est une résidence du 18e s. avec une façade baroque de style rocaille revêtue, au 19e s., d'azulejos bleus. L'encadrement des fenêtres est en granit sculpté. Malheureusement peu mise en valeur, elle abrite des services de l'hôpital de São Marcos.

Revenez en haut du largo Carlos Amarante et tournez à droite dans la rua São Marcos.

Casa das Gelosias ou Casa dos Crivos (Maison des Jalousies) B1

R. São Marcos, 41.

Cette curieuse maison du 17e s. doit son nom à ses grilles et jalousies d'inspiration arabe.

Continuez rua São Marcos et, au bout, prenez à droite la rua do Souto. Traversez l'avenida da Liberdade et poursuivez en face, sur l'avenida Central. Environ 300 m plus loin, après l'église des Congregados, se dresse la chapelle de N. S. da Penha da França.

Capela de Nossa Senhora da Penha da França B1, en dir.

Pour visiter, adressez-vous à la résidence Dom Pedro V, à droite de la chapelle.

L'intérieur s'orne de beaux azulejos dus à Policarpo de Oliveira Bernardes, et d'une chaire baroque en bois doré.

Revenez à la place de l'hôtel de ville en redescendant la rua do Souto, puis la rua Dom Diogo do Sousa.

UNE VILLE TRÈS RELIGIEUSE

De Bracara Augusta, importante place romaine, les Suèves firent leur capitale au 5e s. Conquise ensuite par les Wisigoths (à qui l'on doit l'église São Frutuoso) et les Maures, Braga ne retrouva sa prospérité qu'après la Reconquête, lorsqu'elle devint le siège d'un archevêché. Elle fut marquée dès lors par l'influence du clergé qui contribua à son enrichissement architectural : au 16e s., l'archevêque mécène Dom Diogo de Sousa dota la ville de palais, d'églises et de calvaires Renaissance ; au 18e s., deux prélats, Dom Rodrigo de Moura Teles et Dom Gaspar de Bragança, firent de Braga le foyer de l'art baroque au Portugal. Siège du primat des Espagnes, la ville est encore imprégnée de fortes traditions religieuses. De spectaculaires processions s'y déroulent pendant la Semaine sainte, célébrée ici avec une solennité exceptionnelle. La St-Jean, les 23 et 24 juin, attire des environs et même de Galice une foule considérable, venue assister aux défilés, cortèges, danses folkloriques et feux d'artifice dans la ville magnifiquement décorée et illuminée. Le centre-ville est très commerçant et vivant et, dans la **rua do Souto**, quelques boutiques vendent encore des objets pieux.

L'escalier baroque des Cinq-Sens mène au sanctuaire de Bom Jesus do Monte.
M. Borgese/hemis.fr

À proximité

★★ Bom Jesus do Monte Carte de région A1

4,5 km à l'est par la N 103, vers Chaves. Pour les différents accès possibles (funiculaire, voiture ou à pied), voir la rubrique « Arriver/partir », p. 553.

Le sanctuaire de Bom Jesus s'élève au sommet d'un escalier monumental qui est l'une des plus surprenantes réalisations de style baroque au Portugal. Taillé dans l'austère granit gris que rehausse la blancheur des murs crépis à la chaux, il est représentatif du baroque du nord du pays (début du 18e s.). Le sanctuaire vers lequel conduit l'escalier est plus austère : il a été construit entre 1784 et 1811 dans le style néoclassique, par Carlos Amarante.

Sens symbolique de la voie sacrée – La voie sacrée, que le pèlerin gravissait à genoux, se compose d'un sentier bordé de chapelles correspondant aux stations du chemin de croix, et se poursuit par l'escalier des Cinq-Sens puis celui des Trois-Vertus. Elle représente le parcours spirituel du croyant qui doit apprendre à maîtriser ses sens et acquérir les trois vertus que sont la foi, la charité et l'espérance pour obtenir le salut.

Elevador do Bom Jesus do Monte – Inauguré en 1882, ce funiculaire qui permet d'atteindre directement le sanctuaire fut le premier construit dans la péninsule Ibérique. Il est actuellement le plus ancien au monde utilisant la seule force de gravité de l'eau, grâce à deux réservoirs faisant contrepoids.

Chemin de croix – Tout en bas, un élégant portique donne accès à la première partie de la montée, un sentier en lacet bordé de chapelles dont chacune abrite une scène de la Passion évoquée par des personnages en terre cuite, grandeur nature, d'un réalisme étonnant; auprès de chaque chapelle se trouve une fontaine ornée de motifs mythologiques.

Escalier des Cinq-Sens – Il est à double volée; la base en est constituée par deux colonnes où s'enroule un serpent; l'eau sort de la gueule du

serpent et s'écoule en tournoyant le long de son corps. Au-dessus de la fontaine des Cinq-Plaies (l'eau jaillit par les cinq besants figurant dans les armes du Portugal), chaque palier est décoré de fontaines allégoriques se rapportant aux cinq sens : l'eau jaillit des yeux pour la vue, des oreilles pour l'ouïe, du nez pour l'odorat, de la bouche pour le goût. Le toucher est représenté quant à lui par un personnage tenant des deux mains une cruche d'où s'écoule l'eau.
Escalier des Trois-Vertus – Il est orné de fontaines évoquant la foi, l'espérance et la charité ; chaque balustrade est décorée d'obélisques et de statues rappelant des personnages de l'Ancien Testament.
Du parvis de l'église, la **perspective**★ se développe sur l'escalier baroque et sur la ville de Braga.
L'**église** renferme, dans ses chapelles, des reliquaires et des ex-voto. Le chœur est décoré d'un calvaire de même style que les chapelles du chemin de croix.

★ Capela de São Frutuoso de Montélios Plan de ville A1 en dir.

3,5 km (bien fléché au départ de la gare). Tlj sf lun. et mar. matin 9h30-12h30, 14h-17h30 (18h en été) - fermé le 1er dim. du mois - gratuit.
Accolée au flanc droit de l'église baroque São Francisco, cette chapelle wisigothique se trouve sur l'un des chemins portugais de St-Jacques-de-Compostelle. Édifiée au 7e s., elle aurait été en partie démolie par les Maures et reconstruite au 11e s. En forme de croix grecque, elle présente une influence byzantine. Elle se composait autrefois de quatre bras surmontés de coupoles et d'arcs en fer à cheval que supportaient 22 colonnes. Les chapiteaux et les frises sont toujours décorés de feuilles d'acanthe. Une porte à droite donne accès à une petite exposition présentant quelques vestiges et retraçant l'histoire de cette chapelle, dont une maquette reconstitue l'aspect d'origine. Dans le prolongement, la sacristie conserve un retable en bois doré placé sur un grand meuble à tiroirs.

Circuit conseillé Carte de région

★ À L'EST DE BRAGA B2

Circuit d'env. 45 km tracé en violet sur la carte de région (p. 484-485) – Comptez env. 3h. Quittez Braga par la N 103, dir. Chaves.
★★ **Bom Jesus do Monte** – *Voir ci-dessus.*
★ **Mont Sameiro** – Lieu de pèlerinage très fréquenté, le mont est couronné par un sanctuaire marial (fin 19e-début 20e s.). Dans l'église, devant une salle remplie d'ex-voto, un escalier de 265 marches mène à la lanterne de la coupole (alt. 613 m) qui offre un **panorama**★★ immense sur le Minho : on aperçoit au nord-ouest le mont de Santa Luzia qui domine Viana do Castelo, au nord-est la serra do Gerês, et au sud-est la serra do Marão ; on distingue en contrebas les vestiges de la cité protohistorique de Briteiros et, à l'opposé, Braga.
Citânia de Briteiros – *✆ 253 41 59 69 - www.csarmento.uminho.pt - 9h-17h (18h en été) - 3 €.*
Sur une butte de 337 m d'altitude subsistent les ruines de la cité de Briteiros, datant de

LES VINS DU MINHO
Profitez de votre séjour dans le Minho pour découvrir les domaines *(quintas)* et les caves coopératives où l'on produit et élabore le fameux **vinho verde**. Dans tous ces établissements, vous pourrez goûter et acheter ce vin. Certaines *quintas* font partie du réseau du « Turismo da Habitação » *(voir p. 22)* et proposent des chambres d'hôte dans un cadre traditionnel et raffiné des plus agréables. Plusieurs maisons disposent d'un restaurant.

l'âge du fer (du 8e au 4e s. av. J.-C.). Protégée par trois ceintures de murailles, la cité s'étendait sur 250 m de longueur et 150 m de largeur, et comprenait plus de 150 huttes dont deux ont été reconstituées. Les objets découverts lors des fouilles sont exposés au musée Martins Sarmento de Guimarães *(voir p. 541)*.

Serra da Falperra – Sur une pente boisée de cette petite serra se dresse l'**église Santa Maria Madalena★**. Due à un architecte à qui on attribue également la Casa do Raio à Braga, elle arbore une curieuse façade de style rocaille (18e s.) d'où toute ligne droite est bannie.

La N 309 ramène à Braga.

NOS ADRESSES À BRAGA

INFORMATIONS UTILES

Les offices de tourisme sont répertoriés en début de chapitre.

Informations touristiques

Instituto da Conservação da Natureza e da Biodiversidade – A1 - *Av. António Macedo - ℘ 253 20 34 80 - www.geira.pt - lun.-vend. 9h-13h, 14h-17h*. Le bureau d'information du Parc national de Peneda-Gerês *(voir p. 576)*. Profitez de votre passage dans la ville pour y prendre toutes les informations sur le Parc.

ARRIVER/PARTIR

Gare ferroviaire – A2, en dir. - *Largo da Estação - ℘ 707 21 02 20*. Trains pour Porto *(dép. ttes les 30mn en journée ; 1h env.)*.

Gare routière – A2, en dir. - *Près de la gare ferroviaire - ℘ 253 20 94 00*. Liaisons pour Porto, Viana do Castelo, Vila Real, Vila do Conde, etc.

Bus urbains – Transportes Urbanos de Braga (TUB) – *R. Quinta de Santa Maria - ℘ 253 60 68 90 - www.tub.pt*. Plusieurs points de vente dans la ville, dont praça Conde de Agrolongo A1. Le bus n° 2 mène au sanctuaire de Bom Jesus *(devant l'entrée du funiculaire, 9h-19h30)*. Billets à bord : de 1,55 à 2 € selon le trajet ; 3,35 €/j.

Les billets *pré-comprados* (prépayés) sont de 30 à 50 % moins chers.

Accès à Bom Jesus do Monte

– Par le **funiculaire** qui, en quelques minutes du pied de la montée, franchit 116 m d'altitude - *8h-20h en été, 9h-12h30, 13h30-18h en hiver - dép. ttes les 30mn (en haute saison) - AS 1,20 €, AR 2 €* ;

– Par la **route** qui monte en lacet dans la verdure ;

– Par le **sentier** puis l'escalier, ou « voie sacrée » *(575 marches jusqu'au parvis ; de 15 à 20mn)* empruntée par les pèlerins : ce dernier accès est ardu, mais plus intéressant ; il permet d'apprécier la magnificence de l'architecture baroque et la beauté du cadre naturel. *Laissez votre voiture sur le parking près du départ du funiculaire.*

VISITE

En vente à l'office du tourisme *(voir p. 546)*, la **Braga Card** *(5 € pour 2 j)* confère 50 % de réduction sur l'entrée des monuments et musées, et 10 % sur le prix de certains hébergements. Par ailleurs, moyennant une caution de 100 € et sur remise de votre pièce d'identité, l'office de tourisme vous prêtera un vidéoguide GPS décrivant les principaux monuments de la ville.

Tour de la ville

Yellow Bus – B1 - *Avenida Central - ✆ 213 58 23 34 - www.yellowbustours.com - départ tlj sf lun. en été à 9h45, 11h, 12h15, 15h, 16h15 et 17h30 - 10 €.* Tour des principales curiosités de la ville en bus panoramique *(1h)*; visite commentée.

HÉBERGEMENT

BUDGET MOYEN

Dona Sofia – A2 - *Largo São João do Souto, 131 - ✆ 253 26 31 60 - www.hoteldonasofia.com - 34 ch. 65 €* ☕. Cet hôtel proche de la cathédrale est installé dans une maison ancienne rénovée. Les chambres sont confortables, mais la décoration manque quelque peu d'originalité.

Hotel do Parque – B2, en dir - *Bom Jesus (en face du sanctuaire) - ✆ 253 60 34 70 - www.hoteldoparquebraga.pt - 49 ch. 78,50 €* ☕. Au milieu du parc de Bom Jesus, un édifice cossu en granit (18e s.). Les chambres, décorées de meubles anciens, aux fenêtres encadrées de belles tentures, se distribuent autour de deux jardins d'hiver. Salon avec tables de jeu et cheminée en pierre. Accès gratuit à la piscine et au Jacuzzi de l'hôtel do Templo.

Hotel Bracara Augusta – B1 - *Av. Central, 134 - ✆ 253 20 62 60 - ✕ - www.bracaraaugusta.com - 19 ch. 79/99 €* ☕. Dans une très belle bâtisse en pierre donnant sur la place la plus animée de Braga, cet hôtel climatisé dispose de chambres très confortables, à la décoration contemporaine sobre et de belle facture. Petit jardin à l'arrière où prendre le petit-déjeuner lorsqu'il fait beau. Également un restaurant (formule buffet à midi en semaine).

RESTAURATION

PREMIER PRIX

Anjo Verde – A1-2 - *Largo da Praça Velha, 21 - ✆ 253 26 40 10 - www.anjoverde.com - tlj sf dim. 12h-15h30, 19h30-22h30 - 12/15 €.* Une grande baie vitrée, des murs de pierre repeints de rose pâle, une décoration fraîche et reposante : on se sent bien dans ce restaurant végétarien dont les portions légères et savoureuses (tartes et quiches de légumes, courgettes gratinées au four, tofu au lait de coco, etc.) accompagnées de thé changent des habituelles *dose* et *meia dose* des restaurants traditionnels. Accueil discret.

BUDGET MOYEN

Hotel do Elevador – B2, en dir - *Bom Jesus (au sommet du funiculaire) - ✆ 253 60 34 00 - 12-22h - env. 25 €.* Un restaurant panoramique avec une loggia perchée au-dessus du jardin à la française : vue imprenable sur le site de Braga et une partie de la région du Minho.

Inácio – A2 - *Campo das Hortas, 4 - ✆ 253 61 32 35 - tlj sf mar. 12h-16h, 19h30-22h - fermé à Noël, Pâques, 2 sem. en sept. et mar. - 25/30 €.* Savoir-faire et tradition font la réputation et le prestige de ce restaurant typique. Spécialités régionales. Service soigné.

PETITE PAUSE

Pique-nique – Vous pouvez pique-niquer du côté du Bom Jesus do Monte, du mont Sameiro ou dans la forêt de la serra da Falperra, à condition d'avoir fait vos emplettes au préalable en ville.

A Brasileira – B1 - *Largo Barão de S. Martinho, 17 - ☎ 253 26 21 04 - www.cafe-abrasileira.com - 7h-0h (2h le w.-end).* Le temps semble ne pas avoir altéré cette institution de Braga, à l'angle de deux rues animées : ses bas-reliefs Art déco, ses chaises rembourrées et ses tables rondes ont gardé tout leur cachet. Fréquenté à toute heure par une clientèle hétéroclite, les habitués préférant la salle à la terrasse.

ACTIVITÉS

L'agenda mensuel *Braga Cultural*, disponible à l'office de tourisme, présente l'ensemble des activités culturelles, sportives et festives de la ville : foires, expositions, musique, etc.

Theatro Circo – B2 - *Av. da Liberdade, 697 - ☎ 253 20 38 00 - www.theatrocirco.com.* Rénové, cet ancien théâtre programme aussi bien des concerts de jazz, de pop ou d'électro que du théâtre portugais ou des spectacles de cabaret. Visite possible sur demande.

Museu da Imagem – A1 - *Campo das Hortas, 35 (au pied de l'ancienne porte de la ville) - ☎ 253 27 86 33 - http://museudaimagem.blogspot.com - mar.-vend. 11h-19h, w.-end 14h30-18h30 - gratuit.* Ce bel espace aménagé dans une ancienne tour médiévale accueille, sur plusieurs niveaux, des expositions de photographes contemporains, principalement portugais.

AGENDA

Solenidades da Semana Santa – *Pendant la Semaine sainte.* Grandes processions spectaculaires et solennelles.

Romaria de São João – *23-24 juin.* La St-Jean réunit une foule considérable.

Foire agricole et artisanale – *Tous les mardis, dans le Parc des expositions, au sud de la vieille ville.*

Rues en fête à Braga.
Ch. Parker / Axiom Photographic / age fotostock

Barcelos

120 492 habitants – District de Braga

Barcelos est une petite ville riante du nord du Portugal. Son centre historique est dominé par les ruines d'un ancien palais comtal en surplomb du Cávado, qu'enjambe un pont médiéval. La cité est réputée pour sa céramique, et notamment pour son coq décoratif, icône à la fois nationale et touristique. Son marché du jeudi matin, agricole et artisanal, compte parmi les plus importants du Portugal.

NOS ADRESSES PAGE 558
Hébergement, restauration, achats, activités, etc.

S'INFORMER

Posto de Turismo – *Largo Dr José Novais, 27 - ✆ 253 81 18 82 - www.cm-barcelos.pt - de mi-mars à sept. : lun.-vend. 9h30-18h, sam. et j. fériés 10h-13h, 14h-17h, dim. 10h-13h, 14h-16h ; d'oct. à mi-mars : lun.-vend. 9h30-17h30, sam. 10h-13h, 14h-17h.* Salle multimédia avec vidéo en français sur la ville. Accès Internet gratuit.

SE REPÉRER

Carte de région A1 p. 484-485. Au cœur de la province du Minho, 22 km à l'ouest de Braga et 57 km au nord-est de Porto. La plupart des monuments sont regroupés près du pont médiéval sur le Cávado, au sud de la ville.

Voir aussi la rubrique « Arriver/partir » dans « Nos adresses ».

À NE PAS MANQUER

Le grand marché du jeudi.

ORGANISER SON TEMPS

En deux petites heures, vous pouvez faire le tour de Barcelos.

Se promener

Circuit dans le centre historique – Comptez 2h. Juste au-dessus du pont se dressent les ruines du palais des ducs de Bragance.

Paço dos Condes de Barcelos (Palais des Comtes de Barcelos)

La cité fut le siège du premier comté du Portugal et la résidence du premier duc de Bragance, également comte de Barcelos *(voir encadré p. 592)*. Dans les vestiges de cet ancien palais construit au 15e s. a été aménagé un petit musée archéologique de plein air.

Museu Arqueológico – *Largo do Município - ✆ 253 82 47 41 - 9h-17h30 (19h en été) - gratuit.* Outre les stèles et les blasons de la maison de Bragance, on y voit *(à droite des ruines)* le monument (14e s.) qui avait été dressé en l'honneur du coq de Barcelos.

L'église paroissiale s'élève près des ruines du palais.

Igreja Matriz – Construite au 13e s., elle a été modifiée aux 16e et 18e s. La façade, très sobre et flanquée à droite d'un clocher carré, s'ouvre par un portail roman. L'**intérieur★** est bordé de chapelles baroques ; les murs sont revêtus d'azulejos du 18e s. ; remarquez les chapiteaux historiés.

Dans le petit jardin devant l'église s'élève un pilori.

Pelourinho – Ce pilori gothique se compose d'une colonne hexagonale portant un gracieux lanternon de granit.

Solar dos Pinheiros – Face au pilori, ce joli manoir gothique construit en granit au 15e s. s'orne de tours d'angle à trois étages.

Le coq de Barcelos, emblème de la ville.
Danita Delimont Stock/Danita Delimont Agency/age fotostock

Prenez la rua Infante Dom Henrique, sur le flanc droit de la mairie, puis tournez à droite dans la rua António Barroso, piétonnière et principale artère commerçante de la ville. Avant de déboucher sur le campo da República, une ruelle à droite mène à l'ancien donjon.

Torre da Porta Nova

Lun.-vend. 10h-18h, w.-end et j. fériés 10h-13h, 14h30-17h30.

Vestige des remparts du 15e s., le **donjon** abrite un centre d'artisanat (exposition-vente).

Traversez le largo da Porta Nova.

Igreja do Bom Jesus da Cruz

De style baroque du nord (18e s.), elle présente un intéressant plan en croix grecque. D'après la légende, le 20 décembre 1504, une croix apparut à cet endroit. L'église fut alors édifiée pour commémorer le miracle.

Juste derrière l'église s'étend le marché.

★ Mercado

Campo da República - chaque jeudi 8h-18h.

Le **marché** de Barcelos, l'un des plus grands et des plus anciens du Portugal, se tient sur le campo da República, vaste esplanade située au centre de la ville. Très animé, il présente deux parties distinctes : d'un côté, les paysans vendant leurs produits (poules et coqs vivants, montagnes de choux et autres légumes, fleurs…), de l'autre, tout l'artisanat qui déborde largement des frontières régionales : céramique, vannerie, linge de maison en lin brodé à la main, articles en cuir, harnais et, évidemment, d'innombrables coqs peints, de toutes tailles. Façonné en terre cuite par les potiers de Barcelos, le coq, longtemps symbole de la région, est devenu l'emblème touristique du Portugal.

Traversez le campo da República vers le nord.

LE COQ DE BARCELOS

Un pèlerin, qui se rendait à St-Jacques-de-Compostelle, se voit accusé de vol au moment de quitter Barcelos. Incapable, malgré sa bonne foi, de se défendre face à l'apparente évidence des faits, il est condamné à être pendu. Il tente alors une ultime démarche auprès du juge. Comme celui-ci refuse de se laisser convaincre, le pèlerin implore la protection de saint Jacques et, avisant le coq rôti destiné au repas du juge, déclare que, pour preuve de son innocence, le coq se lèvera et chantera. Le miracle a lieu. Le juge, reconnaissant l'innocence du pèlerin, le libère. En souvenir, l'homme fait ériger un monument qui se trouve aujourd'hui au Musée archéologique de la ville.

★ Igreja de Nossa Senhora do Terço

Elle faisait partie d'un couvent de bénédictins, fondé en 1707. Les murs de la nef, tapissés d'**azulejos★** resplendissants (18e s.), figurent la vie de saint Benoît. La voûte de la nef et du chœur est constituée de caissons de bois peints représentant des scènes de la vie monastique. La chaire, en bois doré, est richement ornée.

NOS ADRESSES À BARCELOS

INFORMATIONS UTILES

Les offices de tourisme sont répertoriés en début de chapitre.

ARRIVER/PARTIR

Train

Gare – *Largo Marechal Gomes da Costa (300 m à l'est du Campo da República) - 707 21 02 20.* Liaisons pour Viana do Castelo *(ttes les h de 7h à 23h ; durée : 40mn)* et Porto *(ttes les h de 6h à 21h ; 1h).*

Bus

Gare routière – *Av. das Pontes, Arcozedo.* Certains bus s'arrêtent sur l'avenida Sidónio Pais et le campo da República, au sud de l'esplanade du marché.

Transdev – *253 89 41 93 - www.transdev.pt.* Départs de l'avenida Sidónio Pais pour Braga notamment.

HÉBERGEMENT

Les hôtels sont rares ; aux alentours, beaucoup de gîtes et de maisons de campagne proposent des chambres *(liste complète disponible à l'office de tourisme).*

PREMIER PRIX

Residencial Arantes – *Av. da Liberdade, 35 - 253 81 13 26 - http://residencialarantes.webnode.pt - - 12 ch. 30/40 €.* Dans cette grande demeure familiale, les chambres sont désuètes et un brin défraîchies. Deux d'entre elles peuvent accueillir jusqu'à 4 pers. Pas de petit-déjeuner mais le café en bas de la maison ouvre dès 7h du matin : vous serez aux premières loges pour observer l'animation du marché, le jeudi !

Bagoeira – *Voir « Restauration ».*

RESTAURATION

PREMIER PRIX

A Furna – *Largo da Madalena 105 - 253 81 11 77 - tlj sf lun. 9h-22h - 15/20 €.* Dès la rue, des effluves de poulet rôti signalent cette institution très populaire de Barcelos, où l'on vient en famille et à toute heure (service continu). Dans les claires et vastes salles trônent les inévitables télévisions : pour y échapper, rejoignez la terrasse *(fermé en sem.)*. Savoureuses pièces de viande grillée.

POUR SE FAIRE PLAISIR

Bagoeira – *Av. Dr Sidónio Pais, 495 (au sud de l'esplanade du marché) - ✆ 253 81 12 36 - www.bagoeira.com - 12h-22h30 - 30/35 €*. Un lieu pour le moins historique – d'ailleurs considéré comme patrimoine régional – puisque cette vaste brasserie, où l'on se réunit aussi bien autour d'un verre que pour un repas, existe depuis 400 ans ! Derrière le comptoir apparaît le spectacle des cuisines où l'on concocte des plats populaires et savoureux : ragoût de porc *(papas de Sarrabulho)*, hanche de cabri au four ou rognons « à la mode du Minho ». Grand choix de gâteaux et de tartes. Au-dessus, le confortable **Hotel Bagoeira** propose des chambres standard *(✆ 253 80 95 00 - www.bagoeira.com - 54 ch. 75 €)* et un bar panoramique.

PETITE PAUSE

Arantes – *Av. da Liberdade, 32 (au pied de la pension du même nom) - à partir de 8h*. Pour une pause-café en face des étals bondés du marché. Moelleux *paralelos*, roulés et saupoudrés de sucre glace.

ACHATS

Marché

Barcelos – *Largo da República - jeu. 8h-18h*. Montagnes de pains au sésame, huiles d'olive artisanales, fruits et légumes de la vallée vendus directement par les producteurs, œufs de ferme et poules vivantes… Le marché alimentaire occupe le haut de l'immense esplanade ; au centre, la fontaine est envahie de coqs en terre cuite, symbole de la ville. Plus bas, artisans et forains vantent à la foule les produits les plus divers : meubles, selles de cheval, paniers, musique, bijoux, outils, vêtements, etc.

Vinho verde

Quinta de Paços – *Rio Côvo, Santa Eulália (5 km du centre, dir. Famalicão) - ✆ 968 01 81 45 - www.quintapacos.com - sur réserv.* Un producteur réputé pour ses vins blancs fruités ; dégustation sur place dans une *quinta* du 17e s.

Bon à savoir – Pour rencontrer des potiers de Barcelos, demandez à l'office de tourisme la brochure *Roteiros do artesanato* qui recense leurs coordonnées.

AGENDA

Festas das Cruzes – *Début mai*. Grande *romaria*.

Feira de Barcelos – *Fin juil.-déb. août*. Artisanat et céramique.

Viana do Castelo

★★

88 767 habitants – District de Viana do Castelo

Blottie entre fleuve, mer et montagne, au pied de la colline de Santa Luzia, Viana do Castelo est la station balnéaire la plus importante de la Costa Verde, et sans conteste la plus charmante. Sa vieille ville foisonne de belles demeures manuélines ou Renaissance ; ses rues piétonnes et commerçantes convergent sur une grande place entourée de monuments du 16e s., tandis que ses larges jardins s'étendent en bordure du fleuve. Très fréquentée et animée à la belle saison, cette cité du Haut-Minho peut constituer un agréable lieu de séjour, d'autant que sa région propose un riche patrimoine culturel et des paysages variés et verdoyants.

NOS ADRESSES PAGE 564
Hébergement, restauration, achats, activités, etc.

S'INFORMER

Viana Welcome Center – B2 - *Praça da Liberdade - ✆ 258 09 84 15 - www.cm-viana-castelo.pt - juil.-août : 10-19h ; mars-juin et sept. : 10h-13h, 14h-18h ; nov.-fév. : tlj sf lun. 10h-13h, 14h-17h. Location de vélos.*

SE REPÉRER

Carte de région A1 p. 484-485 – Plan de Viana do Castelo ci-contre. Sur la Costa Verde, 73 km au nord de Porto, la ville est située sur la rive droite de l'estuaire du Lima, au pied de la colline de Santa Luzia.

Voir aussi la rubrique « Arriver/partir » dans « Nos adresses ».

À NE PAS MANQUER

La vieille ville ; le belvédère de Santa Luzia.

ORGANISER SON TEMPS

En une demi-journée, vous aurez le temps de parcourir la ville.

AVEC LES ENFANTS

La plage de Cabedelo, au sud de la ville ; la montée au belvédère de Santa Luzia en funiculaire.

Se promener Plan de ville ci-contre

Circuit tracé en vert sur le plan de ville – Comptez de 2h à 2h30.

La visite de la ville est circonscrite au vieux centre, essentiellement piétonnier. Vous y découvrirez de nombreuses demeures aux façades armoriées, ainsi que d'intéressants exemples d'architecture Renaissance et manuéline.

★ BAIRRO ANTIGO (Quartier ancien)

Rejoignez la praça da República depuis l'avenida dos Combatentes da Grande Guerra, l'artère principale de la station, qui débouche sur la mer.

★ Praça da República B2

Les édifices s'ordonnant autour de cette vaste place, dont la **Casa dos Sá Sottomayores** (qui abrite la banque Millennium), forment un superbe ensemble urbain de style Renaissance.

Chafariz (Fontaine) – Construite en 1554 par João Lopes le Vieux, cette fontaine à plusieurs vasques se termine par un couronnement de motifs sculptés portant une sphère armillaire et la croix de l'ordre du Christ.

SE LOGER	
Estalagem Casa Melo Alvim	2
SE RESTAURER	
Barquinha do Agra	2
Casa d'Armas	1

Casa dos Costa Barros	**A**
Casa dos Lunas	**B**
Casa dos Sá Sottomayores	**C**
Igreja Matriz	**D**
Palácio de Carreira	**H**
Paços do Conselho	**N**

Antigos Paços do Conselho (Ancien hôtel de ville) – Seule la façade a conservé son aspect primitif (16e s.) ; hérissée de merlons, elle est percée d'arcades ogivales au rez-de-chaussée. Au-dessus des fenêtres, à l'étage, on reconnaît l'écusson du roi Jean III, une sphère armillaire, emblème du roi Manuel Ier, et le blason de la ville représentant une caravelle, qui rappelle que de nombreux marins de Viana participèrent aux Grandes Découvertes.

★ **Hospital da Misericórdia** – *À gauche de l'ancien hôtel de ville.* Cet édifice Renaissance (1589), d'influences vénitienne et flamande, montre une harmonieuse façade, avec deux étages de balcons à loggias soutenus par des atlantes et des cariatides qui reposent sur une colonnade aux chapiteaux ioniques.

Attenante, l'**église da Misericórdia** *(à droite)* a été refaite en 1714. Elle est décorée d'azulejos et de bois doré de cette époque.

Longez l'hôpital sur la gauche.

Rua Cândido dos Reis B1

Elle est bordée de plusieurs demeures qui ont conservé des façades manuélines. On remarquera en particulier, sur le côté droit de la rue, la **Casa dos Alpuins**, puis le **Palácio de Carreira**, qui abrite les bureaux de l'hôtel de ville. La façade manuéline de ce palais séduit par sa symétrie.

Revenez sur la praça da República et traversez-la. En face, par la rua Sacadura Cabral, rejoignez l'église paroissiale.

Igreja Matriz B2

Bien que la construction date des 14e et 15e s., les deux tours carrées crénelées encadrant la façade sont encore de style roman, et leur couronnement à arcatures lombardes repose sur des modillons sculptés. Autre archaïsme : les trois voussures historiées du portail gothique s'appuient sur des statues-colonnes (saint André, saint Pierre et les évangélistes) ; la voussure supérieure est ornée d'un Christ encadré d'anges porteurs des instruments de la Passion. À l'intérieur, dans le baptistère, un panneau en bois sculpté polychrome (17e s.) évoque le baptême du Christ. Dans la 3e chapelle à gauche, belle peinture sur bois du 16e s.

À gauche de l'église se dresse une maison du 15e s., appelée la « **maison des Vieux** » (Casa dos Velhos). Face à l'église, la **Casa dos Lunas** *(nos 48 et 50 de la rua Sacadura Cabral)*, de style Renaissance italienne, présente aussi des éléments manuélins.

Continuez dans la rua Sacadura Cabral et prenez à gauche la rua de São Pedro.

Rua de São Pedro B2

Elle est elle aussi bordée de belles demeures anciennes ; remarquez la fenêtre manuéline de la **Casa dos Costa Barros**, sur le trottoir de droite.

Revenez vers la rua Sacadura Cabral et continuez en face dans la rua Grande, jusqu'à l'avenida dos Combatentes da Grande Guerra. Tournez à droite, remontez l'avenue puis prenez à gauche dans la rua Manuel Espregueira (piétonne).

★ Museu de Artes Decorativas A2

Largo São Domingos - ✆ 258 82 03 77 - tlj sf lun. et j. fériés 10h-13h, 15h-18h (juin-sept. 19h) - 2 €.

Il est installé dans l'ancien palais (18e s.) de la famille Barbosa Maciel, l'une des nombreuses familles de la ville à s'être enrichies durant la période faste du commerce avec le Brésil et de la pêche en haute mer. Les murs intérieurs du palais sont revêtus de superbes **azulejos★★** peints en 1721 par Policarpo de Oliveira Bernardes : les sujets traités concernent les continents, la chasse, la pêche, les réceptions, etc. Les salles du premier étage, ornées d'azulejos et de beaux plafonds en bois, exposent des peintures, ainsi qu'une remarquable **collection de faïences portugaises★** (de Coimbra, de Lisbonne, etc.), qui serait la plus importante du Portugal.

Le rez-de-chaussée, sous les plafonds de bois verni à caissons, abrite de beaux meubles indo-portugais du 17e s., sculptés ou marquetés, parmi lesquels un somptueux cabinet en écaille de tortue et ivoire, d'anciennes céramiques et faïences portugaises, italiennes et hollandaises, une petite Vierge à l'Enfant en ivoire ainsi que des vestiges préhistoriques. La cour-jardin attenante rassemble des curiosités archéologiques : statues en ex-voto, pierres tombales.

TOURNÉE VERS LA MER

Humble village de pêcheurs au Moyen Âge, la cité connut ensuite un développement prodigieux : le fructueux commerce avec le Brésil et les villes hanséatiques, la pêche à la morue sur les bancs de Terre-Neuve et l'essor des chantiers navals lui apportèrent la prospérité. De cette époque datent les demeures manuélines et Renaissance qui font aujourd'hui le charme de la vieille ville. Après une période de déclin consécutive à l'accession du Brésil à l'indépendance (1822) et à la guerre civile (1846-1847), la ville est redevenue un actif centre de pêche en haute mer. Industries (bois, céramique, pyrotechnie, construction navale, industrie papetière) et artisanat (costumes, broderies) contribuent à sa prospérité.

En sortant du musée, à droite, rejoignez l'église São Domingos.

Igreja de São Domingos A2

Construite en 1576, elle présente une façade Renaissance de granit en forme de retable. À l'intérieur, tombeau du fondateur de l'église, Bartolomeu dos Mártires, archevêque de Braga.

Longez l'église sur la droite, traversez la praça do General Barbosa et continuez tout droit.

Igreja de Nossa Senhora da Agonia A2

Charmante église baroque connue pour le grand pèlerinage qui s'y déroule en août *(voir « Agenda », p. 565).*

Rejoignez les quais par l'avenida Campo do Castelo puis, à gauche, le bas de l'avenida dos Combatentes da Grande Guerra et longez les quais jusqu'au ponte Eiffel (10mn).

Ponte Eiffel B1-2

Le pont en treillis métallique à deux tabliers superposés (l'un ferroviaire, l'autre routier), de 600 m de longueur, enjambe le rio Lima à la sortie est de la vieille ville. Il est l'œuvre de Gustave Eiffel.

★★ Miradouro de Santa Luzia A1

Accès en 7mn par le **funiculaire** de Santa Luzia qui, avec ses 650 m, est le plus long du pays *(Elevador - ✆ 961 77 31 64 - juin-sept. : 9h-20h ; mars-mai et oct. : mar.-vend. 10h-12h, 13h-17h, w.-end 9h-18h ; janv.-fév. et nov.-déc. : mar.-vend. 10h-12h, 13h-17h, w.-end 10h-17h - 2 € AS, 3 € AR)*, ou en voiture par une route pavée en lacet, grimpant entre des pins, des eucalyptus et des mimosas. Le belvédère est juché au sommet de la colline de Santa Luzia, que coiffe une basilique moderne, lieu de pèlerinage.

Basílica de Santa Luzia – *✆ 258 82 31 73 - 8h-17h (19h en été) - gratuit ; montée à la coupole centrale : 1 €.* De style néobyzantin plutôt disgracieux, elle est précédée d'un vaste parvis et d'un escalier monumental. Le dôme central est doté d'un lanternon supérieur, qui culmine à 57 m au-dessus du sol *(142 marches à partir de la sacristie ; passage très resserré en fin de montée).* L'intérieur, éclairé par trois rosaces, se réduit à une abside et à un chœur sous une coupole ornée de fresques.

Du parvis, magnifique **panorama**★★ sur Viana do Castelo et l'estuaire du Lima que dominent à l'horizon, au sud-est, les hauteurs boisées et les villages blancs de la région de Barcelos. Au-delà du port, contrôlé par le fort São Tiago da Barra (16e s.), l'Océan écume le long d'immenses plages de sable fin.

À proximité Plan de ville et carte de région

Praia do Cabedelo Plan de ville B2, en dir.

Par la N 103 dir. Braga. Accessible par bus au départ de Viana do Castelo (départs fréquents de la gare routière) ou par ferry (voir « Arriver/Partir », p. 564).

De grandes dunes abritées derrière une pinède *(accès pour handicapés en été)* : très belle **plage** au sud de l'estuaire du Lima, de l'autre côté de la ville.

Praias de Afife Carte de région A1

10 km au nord.

Ces plages composent une vaste étendue sableuse ; sur celle du Bico, les vagues séduisent les amateurs de surf et de bodyboard.

NOS ADRESSES À VIANA DO CASTELO

INFORMATIONS UTILES

Les offices de tourisme sont répertoriés en début de chapitre.

ARRIVER/PARTIR

Train

Gare ferroviaire – A1 - *Av. Combatentes da Grande Guerra.* Liaisons avec Porto *via* Barcelos *(ttes les h env. de 5h à 20h ; env. 1h30 de trajet)* et Valença do Minho *via* Caminha *(ttes les h env. de 7h30 à 18h30 ; env. 1h).*

Bus

Gare routière – A1 - *Viana Shopping (derrière la gare ferroviaire) - 258 80 93 61.*

Rede Expressos – *707 22 33 44 - www.rede-expressos.pt.* Plusieurs liaisons/j avec Porto *(1h ; 7,60 €)*, Caminha *(30mn ; 6 €)* et Valença do Minho *(1h ; 6,70 €).*

Auto Viação Minho – *258 80 03 40 - www.avminho.pt.* Liaisons pour Ponte de Lima *(ttes les h env. en sem. ; 40mn)* et Porto *(4/j ; 1h15).*

Ferry

Portela – B2 - *Embarcadère à droite du monument du 25 Avril (face à l'avenida Combatentes da Grande Guerra) - 962 30 55 95. Traversée du Lima, vers la plage de Cabedelo - mai-oct. : 10h-18h, départ ttes les h - 1,40 €.*

Location de vélos

Viana Welcome Center – A1 - *Rotunda da Liberdade - 258 09 84 15 - www.vivexperiencia.pt.* Comptez 11 €/j, 14 € pour un tandem.

VISITE

Croisières fluviales – B2 - *Praça da Liberdade - 962 30 55 95 ou 965 43 36 83 - www.passeiofluvial.com.* La compagnie Portela, qui gère les ferries permettant de se rendre à la plage de Cabedelo, organise aussi des croisières sur le fleuve *(40mn/7,50 € ou 1h30/12 €).*

HÉBERGEMENT

POUR SE FAIRE PLAISIR

Estalagem Casa Melo Alvim – A1 - *Av. Conde da Carreira, 28 - 258 80 82 00 - www.meloalvimhouse.com - P - 20 ch. 120/170 € - 30/45 €.* Cette ancienne maison seigneuriale agrandie se caractérise par la présence de différents styles artistiques s'alliant harmonieusement. Accueilli avec la plus grande courtoisie, vous apprécierez cette enclave de charme et de douceur en plein cœur de la ville. Chambres de très bon confort et belle salle à manger.

RESTAURATION

PREMIER PRIX

Barquinha do Agra – A2 - *R. Altamira, 10 - 964 55 38 70 - 12h-15h, 19h-22h - env. 20 €.* Les murs en pierre sont surlignés par un éclairage contemporain, intégré dans les décaissements du plafond et des parois. Cette alliance de l'ancien et du moderne annonce une cuisine inventive qui sort du tout-venant, tant dans la réinterprétation des classiques que dans les alliances de saveurs. Service impeccable et très aimable. Le chef vient lui-même s'enquérir de la satisfaction de chacun de ses convives.

BUDGET MOYEN

Casa d'Armas – B2 - *Largo 5 de Outubro, 30 - 258 82*

49 99 - www.casadarmas.com - tlj sf merc. 12h30-15h, 19h30-22h30 - fermé 3 sem. en nov. - 30/35 €. Ce restaurant installé dans une maison ancienne propose une cuisine régionale savoureuse. Spécialités de viandes et de poissons grillés ainsi que de fruits de mer.

PETITE PAUSE

Pique-nique – L'agréable **jardin Marginal** B1 est l'endroit tout indiqué.

Picotinha – B2 - *R. da Picota (entre l'avenida Combatentes da Grande Guerra et la praça da República) - ✆ 258 82 44 69 - tlj sf dim. 8h-20h.* Une petite salle qui ne désemplit jamais : *manjerico* (cornet à la pâte d'amande), *bolo de Gêma* (gâteau à base de jaunes d'œufs), etc. Parfait pour un déjeuner léger *(autour de 3 €).*

ACHATS

Sandra – B2 - *Largo João Tomás da Costa, 46 - ✆ 258 82 21 55 - http://sandraregionais.com - fermé à l'heure du déjeuner.* Les plus belles broderies de la ville *(bordados de Viana)*, unies ou polychromes, toutes réalisées à la main : nappes, rideaux, châles, dessus-de-lit, vêtements, etc.

ACTIVITÉS

Vianalocals – B2, en dir. - *Praia de Cabedelo - ✆ 258 32 51 68 - www.vianalocals.com.* Surf, bodyboard, windsurf et kitesurf.

AGENDA

Romaria de Nossa Senhora da Agonia – *Autour du 20 août.* Ce pèlerinage est l'une des fêtes les plus célèbres du Minho. Procession, course de taureaux, feux d'artifice sur le Lima, défilés de géants et de nains, illuminations et remarquables manifestations folkloriques : festival de danses et chants régionaux et, le dernier jour, magnifique défilé costumé. Il attire une foule considérable.

Festa das Rosas (Fête des roses) – *2e w.-end de mai.* Cortège des « Mordomas » (maîtresses de maison) portant sur la tête des plateaux fleuris figurant les blasons des diverses provinces.

Bijoux et costume traditionnels du Minho.
J. Arnold / hemis.fr

Caminha

★

16 630 habitants – District de Viana do Castelo

Contrôlant l'estuaire du Minho, Caminha est située au point le plus septentrional du littoral portugais. La rive espagnole, que surplombe le mont Santa Tegra,se trouve juste en face. De par sa position stratégique, la ville fortifiée défendit longtemps la frontière nord du Portugal contre les ambitions galiciennes. Possédant l'une des plus belles églises du Minho, Caminha séduit par son artisanat demeuré très vivant, spécialisé dans le travail du cuivre. Ses cafés et ses nombreux restaurants en font une étape de charme, plébiscité le week-end par les visiteurs espagnols.

NOS ADRESSES PAGE 568
Hébergement, restauration, achats, activités, etc.

S'INFORMER

Loja Interativa – *Praça Conselheiro Silva Torres - ✆ 258 92 19 52 - www.caminhaturismo.pt - tlj sf dim. 9h30-13h, 14h-17h30.*

SE REPÉRER

Carte de région A1 p. 484-485. Caminha est situé 31 km au nord de Viana do Castelo, à l'extrême nord-ouest du pays, au confluent du Coura et du Minho.

Voir aussi la rubrique « Arriver/partir » dans « Nos adresses ».

ORGANISER SON TEMPS

Prévoyez 1h30 pour visiter la ville et l'estuaire.

AVEC LES ENFANTS

Gagnez l'extrémité de l'estuaire du rio Minho pour profiter avec eux de la longue plage de sable fin de Moledo.

Se promener

Circuit au départ de la place centrale du bourg – Comptez 30mn.

Praça do Conselheiro Silva Torres

Ordonnées autour d'une belle **fontaine** circulaire du 16e s. en granit, plusieurs constructions anciennes confèrent à cette place un harmonieux cachet médiéval. Le **palais des Pitas** (15e s.), au sud, est un édifice gothique dont la façade blasonnée présente d'élégantes fenêtres en accolade. L'**hôtel de ville**, à l'est, montre, dans la salle des séances, un joli plafond à caissons. Vestige des anciennes fortifications (14e s.), la **tour de l'Horloge** (Torre do Relógio) se dresse au nord.

En franchissant cette porte, on débouche sur la rua Ricardo Joaquim de Sousa qui conduit à l'église paroissiale.

★ Igreja Matriz

Avr.-sept. : mar. 14h-18h, merc.-dim. 10h-12h30, 14h-18h ; oct.-mars : mar. 14h-17h30, merc.-dim. 9h30-12h30, 14h-17h30 - gratuit.

L'église-forteresse s'élève juste derrière le pan de fortification le plus avancé sur le fleuve. Elle a été bâtie en granit aux 15e et 16e s. par des architectes venus

Praia de Moledo
O. Lima / age fotostock

de Galice et de Biscaye. En dehors de quelques éléments gothiques, l'essentiel est de style Renaissance, en particulier les portails des façades ; le portail latéral sud est encadré de pilastres sculptés qui supportent une galerie ; le fronton abrite une Vierge entourée de deux anges. L'intérieur est couvert d'un magnifique **plafond mudéjar★** en érable, dû à un sculpteur espagnol ; encadré de chaînes stylisées, chaque panneau central octogonal est occupé en son milieu par une rose.

À l'entrée, à droite, se dresse une statue colossale de saint Christophe, patron des bateliers. La chapelle du St-Sacrement, à droite du chœur, contient un tabernacle en bois doré du 17e s., illustré de scènes de la Passion par Francisco Fernandes.

★ Estuaire et plage

Comptez 2 km. Longez à pied la berge du Minho, le long de la grande avenue puis, à hauteur du petit port, prenez le premier sentier à droite bordant l'estuaire, à l'orée de la forêt de résineux. En voiture, prenez la première route goudronnée à droite, qui traverse la forêt.

Vous pourrez vous promener sur les dunes jusqu'à l'embouchure de l'estuaire, qui s'ouvre sur l'Océan en une très belle et longue plage de sable bordée de pins, la **Praia de Moledo**. Au large, édifiée sur un éperon rocheux telle une sentinelle marine, une vieille **forteresse** portugaise (Forte da Ínsua) veille encore ; elle date de la guerre d'indépendance contre l'Espagne (17e s.).

À l'arrière de la plage, la **pinède de Gelfa et Caramido** s'étend vers le sud, le long de l'Atlantique.

NOS ADRESSES À CAMINHA

INFORMATIONS UTILES

Les offices de tourisme sont répertoriés en début de chapitre.

ARRIVER/PARTIR

Train – Gare ferroviaire – *Av. Saraiva de Carvalho.* Sur la Linha do Minho qui relie Porto *(gare de Campanhã - ttes les 1 à 3h ; env. 2h30 de trajet)* à Valença do Minho *(ttes les 1 à 2h ; env. 20mn de trajet)* en passant par Viana do Castelo.

Ferry – *Embarcadère au bout du largo Dr Bento Coelho - ✆ 258 09 25 64.* Un bac assure toutes les heures la traversée du fleuve pour rejoindre A Guarda, sur la rive espagnole *(mar.-vend. 8h-12h, 14h-18h, w.-end 10h-12h, 14h-18h).*

HÉBERGEMENT

PREMIER PRIX

Residencial Galo d'Ouro – *R. da Corredoura, 15 (réception au 1er étage) - ✆ 258 92 11 60 - http://residencialgalodouro.blogspot.fr - ⊭ - 40 €.* Pension simple dans une maison ancienne jouxtant la charmante praça do Conselheiro Silva Torres. La grande gentillesse de l'accueil, les plafonds moulurés et la situation très centrale font vite oublier l'impression de vétusté.

BUDGET MOYEN

Casa da Eira – *R. do Ingusto, 274 (Gateira-Moledo) - ✆ 258 72 21 80 - www.casadaeira.com - ⊭ - 4 ch. 75/80 €.* Au-dessus de la plage du Moledo, une ravissante petite route bordée d'hortensias serpente dans les hauteurs et conduit à cette maison d'hôte au cadre enchanteur. Le bâtiment principal propose une chambre, et les deux autres trois appartements, le tout jouxtant un superbe jardin planté d'orangers, d'eucalyptus, de citronniers et de lavande, avec la mer comme horizon et, en sus, une piscine-bassin en granit. Non fumeur. Séjour de 2 nuits mini.

RESTAURATION

BUDGET MOYEN

Duque – *R. Ricardo Joaquim de Sousa, 111 - ☏ 258 72 20 46 - tlj sf lun. 12h30-15h30, 19h-22h30 - env. 30 €.* Dans une ruelle du centre historique, une agréable salle aux pierres et poutres apparentes d'où l'on aperçoit la cuisine, derrière le comptoir. Spécialités du Minho et du Trás-os-Montes. Le patron vous aidera volontiers à faire votre choix. Terrasse.

À Moledo

PREMIER PRIX

Ancoradouro – *R. João Baptista da Silva, 522 - ☏ 258 72 24 77 - seult vend., w.-end et j. fériés espagnols et portugais 13h-14h30, 20h-22h - 15/20 €.* Derrière la plage du Moledo, à l'orée de la pinède avant Caminha, cette maison aux volets rouges attire tous les vacanciers par son cadre rustique chaleureux et son menu typique composé de viandes et de très bons poissons.

PETITE PAUSE

Pique-nique – Rendez-vous à **Praia de Moledo** ou dans la pinède proche.

ACHATS

Garrafeira Baco – *R. de S. João, 42 - ☏ 258 92 11 21 - www.garrafeirabaco.com.* Aux abords de la vallée du Minho, terre du fameux *vinho verde*, entrez chez ce fin connaisseur pour découvrir toute la gamme des vins régionaux et bénéficier de conseils avisés en vue d'acheter le meilleur d'entre eux : l'*alvarinho*.

ACTIVITÉS

Centro de Interpretação da Serra d'Arga – *Arga de Baixo (env. 20 km au sud-est de Caminha) - ☏ 258 72 17 08 - www.cm-caminha.pt - tlj sf dim. et lun. 9h-12h30, 14h-17h30.* Cette association vise à faire découvrir la magnifique serra d'Arga et ses environs. Visites guidées et promenades thématiques vous mèneront sur des chemins ornithologiques, dans les dunes ou la forêt ; des activités telles que le VTT, le trekking ou l'escalade vous seront aussi proposées. Ateliers sur le cycle du lin, du miel ou la fabrication du pain.

AGENDA

Festa de Santa Rita – *2e w.-end d'août.*

Valença do Minho

★

14 129 habitants – District de Viana do Castelo

Pendant des siècles, Valença a farouchement gardé la frontière nord du Portugal et le passage du fleuve Minho, du haut de sa butte située sur la rive gauche, face à la ville galicienne de Tui. Dans sa partie ancienne, c'est une très curieuse cité, constituée de deux places fortes de style Vauban, reliées par un unique pont. Les touristes espagnols viennent ici en grand nombre pour acheter les nappes et draps brodés dans les multiples boutiques de la ville consacrées à cette spécialité. La cité ne retrouve son calme que le soir venu, et il fait bon alors déambuler dans ses ruelles pavées.

S'INFORMER

Posto de Turismo – *Paiol do Campo de Marte - ✆ 251 82 33 74 ou 251 82 33 29 - www.cm-valenca.pt - été : tlj sf dim. 9h-18h (sam. 13h) ; hiver : lun.-vend. 9h-12h30, 14h-17h30.*

SE REPÉRER

Carte de région A1 p. 484-485. La ville se trouve 54 km au nord-est de Viana do Castelo, 71 km au nord de Braga et 30 km au nord-est de Caminha.

À NE PAS MANQUER

La ville fortifiée ; la vallée du Minho.

Se promener

★ Ville fortifiée

Accès en voiture, depuis le sud, par une route ombragée détachée de la N 13.

Chacune des deux places fortes du 17e s. se présente dans son état d'origine. Parfaitement intégrées à la colline, encerclées de douves, elles épousent la forme d'un polygone irrégulier et sont défendues par six bastions à double redans et à échauguettes, précédés d'ouvrages avancés. Elles sont fermées, au nord et au sud, par deux portes monumentales blasonnées aux armes du royaume et du gouverneur. Des pièces d'artillerie anciennes demeurent en position devant les embrasures. Des remparts nord, jolie **vue**★ sur la vallée du Minho, sur Tui et les monts de Galice.

Chaque enceinte circonscrit un quartier autonome de la ville avec ses églises, ses pittoresques rues étroites et pavées, ses fontaines, ses maisons et ses boutiques.

SUR LES CHEMINS DE SAINT-JACQUES

Valença do Minho se trouve sur la grande route reliant St-Jacques-de-Compostelle à Porto : le chemin du nord-ouest pour les pèlerins qui passe par le bord de mer de Póvoa de Varzim jusqu'à Caminha et s'infléchit ensuite en suivant le cours du Minho. La route le franchit grâce au pont métallique construit par Gustave Eiffel en 1884.

À proximité Carte de région

★★ Monte do Faro A1

7 km de Valença do Minho. Quittez Valença par la N 101 vers Monção ; prenez à droite en dir. de Cerdal et, peu après, à gauche vers Monte do Faro.

La route s'élève rapidement parmi les pins, tandis que les vues prennent de l'ampleur. Laissez la voiture sur le rond-point final et prenez, à gauche de la route, le sentier qui conduit au sommet *(alt. 565 m)*. De là, s'ouvre un **panorama**★★ époustouflant : au nord et à l'ouest, sur la vallée du Minho parsemée de villages blancs et dominée dans le lointain par les monts de Galice ; à l'est, sur la serra do Soajo ; au sud-ouest, sur les collines boisées de la côte et l'Océan.

Excursion Carte de région

Vale do Minho B1

52 km de Valença à São Gregório. Sortez de Valença par la N 101, à l'est.

Bon à savoir – C'est à l'est de Valença que la vallée du rio Minho présente le plus d'intérêt.

Le fleuve, qui apparaît majestueusement étalé au début du parcours, s'encaisse jusqu'à devenir invisible entre des pentes aussi abruptes que verdoyantes. La route, pavée et sinueuse, toujours bordée d'arbres (pins, eucalyptus et même palmiers) ou de vignes sur treilles – produisant le célèbre *vinho verde* –, traverse de gros villages viticoles.

Monção – Construite au bord du Minho qu'elle domine, cette agréable petite ville est une station thermale dont les eaux soignent les rhumatismes. Quelques maisons anciennes, l'**église paroissiale** qui a conservé certaines parties romanes, le **belvédère**★ sur le Minho et les paysages alentour, son vin réputé, l'*alvarinho*, font de Monção une étape agréable.

À 3 km au sud sur la route d'Arcos de Valdevez, on peut voir sur la droite le **palais de Brejoeira** construit au début du 19e s. sur le modèle du palais d'Ajuda à Lisbonne.

En contrebas de la route, les vignes, les champs de maïs et de potirons s'étagent en terrasses face au riant versant espagnol ponctué de villages perchés. L'abondance des cultures et des maisons isolées (au crépi de couleur vive) frappe particulièrement.

Après Melgaço, la N 301, en balcon, ménage des **échappées** plongeantes sur le Minho, toujours très encaissé, jusqu'aux approches de São Gregório (poste frontière).

CHOISIR SON VIN

En matière de *vinho verde*, les Portugais choisissent en premier prix les vins de la cave coopérative de Monção (cuvée « Muralhas de Moncão »), ou un vin vert de cépage *alvarinho* à un prix plus élevé.

Ponte de Lima

★

43 594 habitants – District de Viana do Castelo

Au cœur du Haut-Minho, en pleine région de production du « vinho verde », la petite ville de Ponte de Lima est un centre viticole fort actif. Comme son nom le laisse supposer, un très beau pont médiéval d'origine romaine y enjambe le fleuve Lima. La ville mérite le détour ne serait-ce que pour ses ruelles bordées de constructions romanes, gothiques, manuélines, baroques ou néoclassiques. Mais on s'attardera aussi avec plaisir dans ses environs enchanteurs, qui comptent un nombre exceptionnel de manoirs – les « solares » – et de propriétés seigneuriales – les « quintas » – des 16e, 17e et 18e s. La région, verdoyante, se prête à une belle excursion au long de la vallée du Lima, jusqu'au Parc national de Peneda-Gerês.

NOS ADRESSES PAGE 575
Hébergement, restauration, achats, activités, etc.

S'INFORMER

Posto de Turismo – *Torre da Cadeia (dans le centre historique) - ✆ 258 94 23 35 - www.cm-pontedelima.pt - tlj sf dim. 9h30-13h, 14h-17h30.*

SE REPÉRER

Carte de région A1 p. 484-485 – Carte du Parc national de Peneda-Gerês p. 579. À mi-chemin entre Viana do Castelo et le Parc national de Peneda-Gerês ; 37 km au nord de Braga.

À NE PAS MANQUER

S'attabler à une terrasse de café sur le largo Principal, face au pont médiéval.

ORGANISER SON TEMPS

Prenez la journée pour visiter la ville et explorer la vallée du rio Lima, jusqu'à la frontière espagnole.

AVEC LES ENFANTS

Un pique-nique sur les berges verdoyantes du rio Lima.

Se promener

Circuit au départ du pont médiéval – Comptez de 1h30 à 2h.

★ Ponte medieval

Le magnifique pont sur le rio Lima, édifié par les Romains sur la voie qui allait de Braga à Astorga (en Espagne), a donné son nom à la ville. Il présente 16 arches en plein cintre alternant avec des piles ajourées munies d'avant-becs, sur une longueur de 277 m par 4 m de largeur. Du pont d'origine, il reste cinq arches et quelques bornes milliaires. Il a été reconstruit au 14e s. par le roi Pierre Ier, qui éleva aussi les remparts et les portes fortifiées. Au-delà du pont, les jardins thématiques do Armado offrent un agréable lieu de promenade.

Largo Principal

La **grand-place** devant le pont est agrémentée d'une fontaine du 18e s. à sphère armillaire. Plusieurs terrasses de cafés permettent une pause agréable. *Longez les quais sur votre gauche (face au pont) et remontez à gauche la rua Cardeal Saraiva.*

Igreja Matriz

Angle rua Cardeal Saraiva et rua da Matriz.

Remaniée au 18e s., elle conserve un portail roman aux voussures ornées d'un cordon de billettes. À l'intérieur, plafond à caissons de bois et, dans les chapelles latérales, deux retables baroques.

Continuez dans la rua Cardeal Saraiva. En haut, tournez à droite dans la rua Cândido da Cruz.

Paço do Marquês de Ponte de Lima

La façade du palais des marquis de Ponte de Lima, percée de fenêtres manuélines, est datée de 1464.

Poursuivez rua Cândido da Cruz et continuez en face rua Agostinho José Taveira. À hauteur du théâtre Diogo Bernardes, descendez sur la droite vers la berge du rio Lima.

Igreja-Museu dos Terceiros

Entrée par l'av. D. Luís Filipe ou l'av. 5 de Outubro - ✆ 258 24 02 20 - www.museudosterceiros.com - tlj sf lun. 10h-12h30, 14h-18h - 2,50 €.

L'ensemble comprend deux églises : Santo António dos Frades (15e s.) et l'**église des Tertiaires** (membres du tiers ordre de saint François), du 18e s., ainsi que des bâtiments conventuels. On y remarquera les azulejos hispano-arabes du 16e s. et, dans l'église des Tertiaires, un rare ensemble de **boiseries★**. Dans la section d'art sacré autour du cloître sont rassemblés des ornements religieux et des statues anciennes.

Retour au pont médiéval en longeant la berge ombragée.

Circuit conseillé Carte du Parc national de Peneda-Gerês

▷ *Circuit de 29 km, de Bravães à Lindoso, tracé en violet sur la carte du Parc national de Peneda-Gerês (p. 579) – Comptez 1h30.*

VALLÉE DU LIMA AB1

Le Lima coule généreusement dans une paisible vallée, particulièrement verdoyante et calme en amont de Ponte de Lima. Celle-ci est jalonnée de beaux domaines, comme la quinta dos Nóbregas (14e s.), près de Ponte da Barca.

▷ *De Ponte de Lima, suivez la N 203 vers l'est sur 16 km.*

Bravães A1

★ **Igreja de São Salvador** – *En cas de fermeture, demandez la clef au café situé un peu plus haut, au bord de la route.* La petite église du 12e s. à chevet plat, derrière lequel un campanile fait office de clocher, est l'un des plus beaux édifices romans du Portugal. La façade est percée d'un remarquable **portail★** aux cinq voussures couvertes d'un décor fouillé où l'on reconnaît des colombes, des singes, des personnages humains et des motifs géométriques; des statues-colonnes sculptées de façon naïve et maladroite soutiennent des chapiteaux abondamment historiés. Le tympan, que supportent deux têtes de bovins stylisées, est enrichi de deux anges adorant un Christ en majesté. Sur le tympan du portail sud, au-dessus de deux têtes de griffons, un bas-relief représente l'Agneau divin.

À l'intérieur, l'arc triomphal est agrémenté d'une frise d'influence arabe et retombe sur des chapiteaux sculptés de motifs stylisés. Un cordon de billettes court, à mi-hauteur, sur tous les murs.

Ponte da Barca B1

4 km à l'est de Bravães.

Loja Interativa de Turismo – *R. Conselheiro Rocha Peixoto, 9 - ✆ 258 45 52 46 - www.cmpb.pt - tlj sf dim. et lun. 9h30-12h30, 14h-17h30 (18h en été).*
La cité verdoyante doit son nom au pont jeté au 15e s. sur le rio Lima, qui se substitua ainsi à la barque qu'empruntaient les pèlerins de St-Jacques-de-Compostelle. Outre d'élégantes maisons nobles (18e s.) aux parements de granit, la ville possède une petite place bordée par les arcades de l'ancien marché du 18e s., ornée en son centre d'un curieux pilori.
Igreja de São João Baptista – Édifiée de 1717 à 1738 d'après les plans de l'architecte régional Manuel Pinto de Villalobos, elle est dotée, de part et d'autre de la nef et du chœur, de chapelles latérales qui lui confèrent une forme inhabituelle. La façade, asymétrique depuis la destruction par la foudre de la tour de droite, mêle les styles maniériste et baroque ; le relief un peu fruste du baptême du Christ proviendrait de l'église primitive du 15e s. Le plafond en bois de cette église-halle est peint à l'imitation de voûtes à croisée d'ogives ; beau **retable** baroque (1727) en bois doré dans le chœur et, sauvés de l'ancienne église, azulejos polychromes de type tapis dans une chapelle.
De Ponte da Barca à Lindoso, la route, bordée de pins, de mandariniers et de lauriers-roses, serpente sur un versant de la serra Amarela, en vue des serras da Peneda et do Soajo, arides et rocailleuses, qui s'élèvent de l'autre côté de la vallée du Lima. À hauteur de l'embranchement pour Entre Ambos-os-Rios, elle s'engage, en forte montée, dans le **Parc national de Peneda-Gerês** *(voir p. 576) et agrémente le trajet de vues dominantes sur les méandres du fleuve, qu'élargit un barrage en amont. Son parcours se termine, en corniche, avec l'apparition du château de Lindoso.*

★ Lindoso B1

25 km au nord-est de Ponte da Barca.
Adossé en amphithéâtre aux flancs sud d'un contrefort de la serra do Soajo, Lindoso étage à 462 m d'altitude ses austères maisons de granit, intégrées au paysage rocheux – malgré la présence de constructions récentes – et entourées de cultures en terrasses, derrière l'éminence où se dressent son château et un ensemble insolite d'*espigueiros*.
★ **Espigueiros** – Ces **greniers à grain** en granit, juchés sur pilotis et surmontés pour la plupart d'une ou deux croix chrétiennes, couvrent une plate-forme rocheuse au pied du château. Au nombre d'une soixantaine, ils forment une extraordinaire concentration aux allures de cimetière. Leur exécution, très soignée, remonte aux 18e et 19e s. Ils sont encore utilisés de nos jours pour le stockage et le séchage du maïs.
Castelo – *✆ 258 57 81 41 - www.cmpb.pt - tlj sf lun. 10h-12h, 14h-17h - 3 €.* Édifié au début du 13e s., sa situation face à la frontière lui valut d'être attaqué à plusieurs reprises par les troupes de Philippe IV d'Espagne pendant la guerre d'indépendance au 17e s. Restauré en 2008, il a l'aspect d'un donjon féodal crénelé, élevé à la demande du roi Denis, au milieu d'une petite enceinte quadrilatère du 17e s. à bastions et échauguettes. Du chemin de ronde, vues sur la vallée du Lima et les farouches montagnes environnantes, portugaises ou galiciennes.

NOS ADRESSES À PONTE DE LIMA

INFORMATIONS UTILES

Les offices de tourisme sont répertoriés en début de chapitre.

HÉBERGEMENT

Bon à savoir – L'office de tourisme pourra vous orienter vers des hébergements en *casa rustica* ou en manoir : Ponte de Lima dispose d'un choix particulièrement étendu en la matière, pour tous budgets.

BUDGET MOYEN

Quinta da Aldeia – *São João da Ribeira (3 km du centre, dir. Ponta da Barca, près de l'entrée de l'A 3) - 961 30 29 78 - http://quintadaaldeiapontedelima.pt - fermé nov.-mars - - 2 ch. 65 €.* Derrière le portail d'entrée envahi de glycines se cache une grande propriété viticole dominée par une demeure du 17e s. Près des vieux orangers, les chambres sont aménagées dans une annexe : confort rustique déployé sur deux niveaux, avec cheminée, kitchenette et chaises en rotin. À l'arrière, les vignes s'étendent jusqu'au fleuve.

Casa do Pinheiro – *R. General Norton de Matos, 50 - 258 94 39 71 ou 965 00 85 75 - http://casadopinheiro.pt - - - 7 ch. 65/70 €* . Une maison du 19e s. au classicisme distingué. Les chambres, vastes et bien aménagées, associent confort bourgeois et tranquillité. Deux d'entre elles disposent d'une petite terrasse donnant sur le pont médiéval, le jardin planté d'orangers et la petite piscine.

RESTAURATION

PREMIER PRIX

A Tulha – *R. Formosa - 258 94 28 79 - tlj sf lun. 12h-15h, 19h-22h - 15/22 €.* Une grande salle aux pierres et poutres apparentes, munie d'une cheminée au fond et parée de bouteilles de vin aux murs : le « Grenier » sert une cuisine régionale aux plats bien garnis. Irrésistible chorizo maison servi chaud en apéritif, ragoût de porc *(sarrabulho)*, rillons, etc.

À Ponte da Barca

PREMIER PRIX

Gomes – *R. Concelheiro Rocha Peixoto, 13 - 258 45 21 94 - 12h-15h, 19h-22h - 12/15 €.* Dans un édifice rustique aux murs épais, une grande salle arrière, percée de petites fenêtres s'ouvrant sur le fleuve et le vieux pont. Poissons grillés : bar, daurade, espadon, truite, etc.

PETITE PAUSE

Pique-nique – Sur les berges de la rivière à Ponte de Lima ou, si elles sont envahies de voitures, à Ponte da Barca.

ACHATS

Adega Cooperativa – *R. Conde de Bertiandos - 258 90 97 00 - www.adegapontelima.com.* Dégustation et vente de *vinho verde (voir p. 53).*

Marché – Grand marché sur les berges, un lundi sur deux.

AGENDA

Festa da Vaca das Cordas – *Merc. de la sem. de l'Ascension.* Course de taureaux dans les rues.

Festival des jardins – *Mai-oct. - 1 €.* Douze jardins éphémères.

Feira do Vinho Verde – *2e w.-end de juin.*

Percursos da Músia – *Juil.* Récitals de musique classique.

Parc national de Peneda-Gerês

Parque Nacional da Peneda-Gerês

★★

Districts de Viana do Castelo, Braga et Vila Real

Vallées profondes et verdoyantes de Gerês, paysages désolés de la serra da Peneda, cimes déchiquetées, la région joue du contraste dans le registre du grandiose. Aux confins nord du Portugal, dans une zone isolée, ce Parc national – le seul du pays – en forme de fer à cheval enserre dans ses 91 000 ha un morceau d'Espagne entre ses branches. Créé en 1971, il a pour mission de protéger des paysages et des sites archéologiques de premier plan, ainsi qu'une flore et une faune (cerfs, poneys sauvages, aigles royaux) très diversifiées. Répartie dans de nombreux hameaux, une population agricole aux traditions vivaces y vit en harmonie avec l'environnement. Et si les rares routes qui le traversent sont superbes, ses vraies richesses se découvrent à pied.

NOS ADRESSES PAGE 581
Hébergement, restauration, achats, activités, etc.

S'INFORMER

Instituto da Conservação da Natureza e da Biodiversidade - Siège de Braga – *Av. António Macedo - ☎ 253 20 34 80 - www.geira.pt - tlj sf w.-end 9h-12h30, 14h-17h30.*

Informations touristiques – *Av. Manuel da Costa (entrée nord de Gerês) - ☎ 253 39 11 33 - www.cm-terrasdebouro.pt - été seult : lun.-jeu. 9h-12h, 14h-18h (vend.-dim. 21h).* Brochures sur les activités sportives, les hébergements chez l'habitant, les sentiers de randonnée aménagés par la commune.

ICNB - Délégation de Gerês – *Centro de Educação Ambiental - Vidoeiro - ☎ 258 39 01 10 - www.natural.pt - tlj sf w.-end. et j. fériés 9h-12h, 14h-17h30.* Livres, cartes, documentation pour les randonnées pédestres. Expositions temporaires.

SE REPÉRER

Carte de région B1 p. 484-485 – Carte du Parc national de Peneda-Gerês p. 579. Frontalier de l'Espagne, tout au nord du Portugal, Peneda-Gerês possède plus de 100 km de frontière commune avec la pointe sud-ouest de la province espagnole d'Orense. Depuis son association en 1997 au Parc naturel de Galice, l'ensemble forme le Parque Transfronteiriço Gerês-Xurés, occupant 91 000 ha. La partie portugaise du parc se compose de quatre massifs montagneux orientés nord-est sud-ouest, **Peneda** et Soajo au nord du Lima, Amarela et **Gerês** au sud.

Voir aussi la rubrique « Arriver/partir » dans « Nos adresses ».

À NE PAS MANQUER

La superbe route de Mezio à Lamas de Mouro, qui traverse les paysages somptueux de la serra da Peneda.

AVEC LES ENFANTS

Pique-niquer à l'entrée de la réserve naturelle, à 8 km de Gerês, et se promener jusqu'à la voie romaine.

Le lac de retenue de Caniçada, dans le Parc national de Peneda-Gerês.
P. Galán Cela/age fotostock

Circuits conseillés Carte du Parc national de Peneda-Gerês

Circuits tracés sur la carte du Parc national de Peneda-Gerês (p. 579).
Le Parc s'inscrit dans une zone très accidentée où le relief de nature granitique s'est érodé en chaos de rochers et en éboulis, formant des paysages impressionnants. Les vallées des rios Lima, Homem et Cávado ont compartimenté cette région en différentes serras. Le territoire du Parc se divise en trois parties principales : au nord, une forêt sauvage à l'indice de pluviosité le plus élevé du Portugal, la **serra da Peneda**, qu'une route permet de traverser ; au sud, la **serra do Gerês**, la zone la plus fréquentée ; enfin, à l'est, la **région du Barroso** autour de la retenue *(barragem)* de Paradela *(voir p. 585)*, où les villages ont conservé le four et le bœuf communaux.

Bon à savoir – Pour se rendre de la partie de Peneda à celle de Gerês, il est plus rapide de passer par l'Espagne.

★★ DU RIO CÁVADO AU PORTELA DO HOMEM

Circuit de 22 km à partir de São Bento (sur la N 103), tracé en bleu sur la carte du Parc national de Peneda-Gerês (p. 579) – Comptez 3h. Se détachant de la N 103 entre Braga et Chaves, la N 304 entame une descente sinueuse entre de beaux rochers tapissés de bruyère. Après 2 km, on passe devant la pousada *de São Bento, magnifiquement située, d'où se dévoile un remarquable panorama sur le* barragem *(retenue) de Caniçada.*

★ Caniçada

Deux ponts franchissent successivement le Cávado et son affluent le Caldo, transformés en lacs par le barrage de Caniçada *(10 km plus loin à l'ouest)*. Le premier passe au-dessus des ruines d'un village noyé, qui émergent en période de basses eaux.

Au débouché du pont, sur la presqu'île située entre les deux lacs, à droite du carrefour, prenez la N 308 qui franchit aussitôt le 2e pont. Suivez la dir. de Gerês.

Gerês

Située au fond d'une gorge boisée, cette agréable petite station thermale est fréquentée pour ses eaux, riches en fluor, utilisées dans le traitement des maladies du foie et de l'appareil digestif.

Gerês est aussi la principale base d'excursions pour explorer le Parc national : vous y trouverez le **Centre d'information du Parc**, juste après l'établissement thermal.

Passé Gerês, la route, bordée d'hortensias au début, monte en lacet à l'ombre de bois de pins et de chênes. Env. 8 km après Gerês, on entre dans la réserve naturelle, après une **aire de pique-nique** installée au bord du torrent.

Laissez la voiture et poursuivez à pied jusqu'à la voie romaine (1h30 AR). 1 km après le parking, un pont franchit un torrent ; 700 m plus loin, prenez à gauche la piste vers Campo do Gerês ; après 1,3 km apparaissent les vestiges de la voie romaine ; d'autres se trouvent 700 m plus loin.

★ Geira-Via Romana

Les quelques bornes milliaires se dressant au bord de la route sont des **vestiges de la voie romaine** qui reliait Braga à Astorga sur 320 km en passant par le col de Homem. Ces bornes portaient des inscriptions commémoratives ou honorifiques concernant l'empereur (dynastie des Flaviens au 1er s.), voire parfois le gouverneur de la province. On retrouve sur certaines l'inscription « Bracara Augusta », nom romain de Braga.

De belles vues s'offrent ensuite sur le lac de retenue de **Vilarinho das Furnas★**, dont les eaux bleues s'étalent dans un paysage sauvage et rocailleux.

Rebroussez chemin et reprenez la voiture.

La route s'élève doucement à travers les bois et franchit le rio Homem qui se faufile en flots tumultueux à travers les rochers. Elle se poursuit jusqu'au défilé du **col de Homem** (Portela do Homem), frontière avec l'Espagne.

★★ SERRA DO GERÊS

Circuit de 15 km, de Gerês à la retenue de Vilarinho das Furnas, tracé en orange sur la carte du Parc national de Peneda-Gerês (ci-contre) – Comptez 2h. De Gerês, prenez la N 308 vers le sud, puis tournez à droite.

★★ Route de montée vers Campo do Gerês

La route en lacet offre de beaux points de vue sur la retenue de Caniçada et sur les superbes coulées de rocs où se chevauchent d'énormes blocs en équilibre.

Sur la droite, un panneau indique « Miradouro de Junceda ». Une piste de 3 km mène à ce belvédère.

★ Miradouro de Junceda

Une magnifique vue aérienne embrasse Gerês et sa vallée.

Revenez à la route et continuez vers Campo do Gerês.

On arrive à un croisement au centre duquel une belle borne milliaire sert de piédestal à un Christ sculpté.

En poursuivant la route sur la droite, on accède à la retenue de **Vilarinho das Furnas★**. Sur la gauche, le barrage-voûte a été construit dans un site rocailleux et sauvage. La piste qui longe la retenue *(à prendre à pied)* mène aussi à la voie romaine décrite ci-dessus.

PARC NATIONAL DE PENEDA-GERÊS

★★ SERRA DA PENEDA

Circuit de 70 km d'Arcos de Valdevez à Melgaço, tracé en bleu-gris sur la carte du Parc national de Peneda-Gerês (ci-dessus) – Comptez une bonne demi-journée. Cet itinéraire permet de découvrir la région la plus sauvage du Parc, dans sa partie nord.

6

Arcos de Valdevez

Sur la N 202, 20 km au nord-est de Ponte de Lima.

Centro Municipal de Informação e Turismo – *R. Prof. Mário Júlio B.A. Costa - 258 52 05 30 - été : tlj sf dim. 9h30-12h30, 14h-18h ; hiver : tlj sf dim. 9h-12h30, 14h-17h30.*

Agréable petite ville sur les rives du rio Vez, dominée par les tours de deux églises. Entre Arcos et Soajo, la N 202 s'élève d'abord parmi les châtaigniers, les pins et les platanes, dans des paysages en terrasses essaimés de maisons entourées de vigne. Puis on entre dans un paysage plus sauvage de landes.

Arrivé à **Mezio**, entrée du Parc national, faites une halte au **Centre d'information et d'interprétation** *(☏ 258 51 01 00 - www.portadomezio.pt - 9h30-17h, 18h en été) - brochures et publications du Parc)* qui présente les caractéristiques géologiques, la faune et la flore de la région.

2,5 km plus loin s'amorce la route pour Peneda, mais poursuivez en direction de Soajo.

Soajo

Cette localité isolée possède un très bel **ensemble d'espigueiros★**. Au nombre d'une vingtaine, ces séchoirs à grain en granit sur pilotis sont regroupés sur une plate-forme, à la périphérie du village. Ils datent des 18e et 19e s. Certains sont surmontés d'une ou de deux croix.

Revenez à l'embranchement avec la route de Peneda et suivez-la.

Les paysages sont grandioses : montagnes parsemées de blocs de granit, dont certains ont des formes extraordinaires. Quelques hameaux jalonnent la route.

Roucas

Le village est entouré de champs en terrasses dans lesquels s'éparpillent des *espigueiros*.

Santuário de Nossa Senhora da Peneda

Dans un **site★** magnifique au pied d'une falaise de granit, le sanctuaire est précédé d'un escalier de 300 marches, qu'une foule de fidèles emprunte lors du pèlerinage de septembre qui attire toute la région. Avant la création de la route, les pèlerins y venaient à pied ou à cheval.

Lamas de Mouro

Autre porte du Parc, ce site est équipé d'un **centre d'interprétation** *(près du camping - ☏ 251 46 50 10 - 10h-12h30, 14h-17h, 19h en été)* où est présentée une exposition *(fermé lun.)* sur la gestion et l'aménagement du Parc *(vous y trouverez aussi toutes les informations sur les activités sportives à l'intérieur du parc; location de matériel).*

Castro Laboreiro

Le village a conservé quelques maisons traditionnelles en granit ainsi que les ruines d'un château duquel vous aurez une vue étendue sur les paysages parsemés de rochers.

De Castro Laboreiro, revenez à Lamas de Mouro, puis rejoignez Melgaço par la N 202.

DE PONTE DA BARCA À LINDOSO

Fin (25 km) du circuit tracé en violet sur la carte du Parc national de Peneda-Gerês (p. 579) et décrit dans le circuit « vallée du Lima » à partir de Ponte de Lima (p. 573).

DE BRAGA À LA SERRA DO BAROSO

Voir circuit tracé en marron sur la carte du Parc national de Peneda-Gerês (p. 579) et décrit dans le circuit « Haute vallée du Cávado » (p. 584).

NOS ADRESSES DANS LE PARC DE PENEDA-GERÊS

INFORMATIONS UTILES

Les offices de tourisme sont répertoriés en début de chapitre.

À Gerês

Banque – *Av. Manuel da Costa.* Une seule banque dans la rue principale, près de l'hôtel Águas do Gerês.

ARRIVER/PARTIR

La voiture est le moyen le plus approprié pour se déplacer dans le Parc. **Station-service** à Lamas de Mouro *(dir. Castro Laboreiro).* Pas de station-service entre Lamas de Mouro et Mezio *(45 km).* Le relief ne facilite pas les liaisons entre les massifs du Parc, et en particulier entre la vallée du Lima et la serra do Gerês. Deux solutions : passer par l'Espagne *(25 km de route nationale)* ou par Entre Ambos-os-Rios et Campo do Gerês *(20 km de route communale).*

Bus

Empresa Hoteleira do Gerês – *253 61 58 96 - www.ehgeres.pt.* Liaison pour Gerês au départ de Braga *via* la retenue de Caniçada *(ttes les h env. de 6h30 à 18h ; 1h30 de trajet).*

Salvador Alves Pereira – *258 52 15 04 - www.salvador-transportes.com.* Au départ de Arcos de Valdevez, liaisons pour Braga *(8/j en sem. ; 1h15),* Soajo, Lindoso et Monção.

HÉBERGEMENT

Deux associations peuvent s'occuper de réserver votre hébergement dans le Parc.

ADERE – *R. D. Manuel I - Ponte da Barca - 258 45 22 50 - www.adere-pg.pt.* Réservations de tout type d'hébergement rural : maisons d'hôte et maisons d'altitude, *casas abrigos* (avec électricité) et *casas retiros* (sans électricité). *De 45 à 92 €/j.*

ADRIL – *Praça da República - Ponte de Lima - 258 93 17 50 - www.aldeiasdeportugal.pt.* Recherche par village.

À Lamas de Mouro

BUDGET MOYEN

Parque de Campismo – *N 202 (dir. Nossa Senhora da Peneda) - 251 46 60 41 - www.camping-lamas.com - 75 €/bung.* Sur la route du col de Largato, ce camping d'altitude sous les sapins, recouvert d'une pelouse épaisse, a reconverti en bungalows d'une capacité de 8 personnes deux anciennes maisons forestières. Comprenant chacune 4 chambres, 2 salle de bains et une cuisine équipée, ces *casas abrigos* constituent une solution intéressante pour les familles ou les petits groupes. Calme absolu au milieu de la petite vallée en auge et au pied des cimes rocheuses.

À Gerês

BUDGET MOYEN

Quinta de Gestaçós – *N 308 (au sud de Gerês) - 253 39 14 91 - - www.quintadegestacos.com - 5 ch. 55/65 €.* Cette coquette maison d'hôte, à la tenue soignée, surplombe la basse vallée de Gerês et la retenue de Caniçada. Grande terrasse au-dessus du jardin potager et des orangers embaumants, barbecue et four à disposition. Chemin privé menant jusqu'au sommet du versant.

Parque de Campismo de Cerdeira – *Campo do*

Gerês - ✆ 253 35 10 05 - www.parquecerdeira.com - 12 bung. - 70/80 €. À 800 m de la retenue de Vilarinho et de ses eaux transparentes, un grand camping d'altitude entièrement équipé (laverie, minigolf, tennis, etc.), au cœur d'un paysage de blocs granitiques. Chalets d'une et de deux chambres. Possibilité de planter sa tente ou d'installer son camping-car. Quatre nuitées mini en été.

RESTAURATION

À Gerês

PREMIER PRIX

Adega do Ramalho – *N 308 (à l'entrée sud de la ville) - ✆ 253 39 13 36 - 💳 - 12h-23h - 15/20 €.* Une taverne populaire et animée sur le bord de la route. Filet de porc au porto, truite au jambon fumé…

PETITE PAUSE

Pique-nique – Les endroits ne manquent pas, à commencer par l'aire aménagée au nord de Gerês *(p. 578)*. Si vous pique-niquez en forêt ou en pleine nature, veillez bien sûr à ne laisser aucune trace de votre passage.

Café da Ponte – *N 308, Rio Caldo (au confluent de Caniçada) - à partir de 7h.* Une grande terrasse juste au-dessus de la retenue, près des deux ponts. À l'intérieur, photos du village englouti et des piliers soutenant les ponts actuels, avant la montée des eaux.

ACTIVITÉS

Parque de Cerdeira – *Campo do Gerês (à l'entrée du camping de Cerdeira) - ✆ 253 35 10 05 - www.parquecerdeira.com.* Propose toute l'année un programme de parcours pédestres, en VTT, en kayak, etc.

Equi Campo – *Campo do Gerês - ✆ 253 16 14 05 - www.equicampo.com.* Randonnées pédestres et balades à cheval sur les plateaux parsemés de blocs rocheux, accrobranche, *via ferrata*.

Centre nautique – *Lugar de Paredes - Rio Caldo - ✆ 253 39 17 92.* Balades en barque sur les eaux de la retenue de Caniçada.

Pitões das Júnias.
J. Arnold/hemis.fr

Haute vallée du Cávado

Alto Vale do Rio Cávado

★

Districts de Braga et Vila Real

Le Cávado s'encaisse en amont de Braga entre la serra do Gerês, au nord, et les serras da Cabreira et do Barroso, au sud. Dans sa haute vallée rocheuse et celle de son affluent, le Rabagão, plusieurs barrages retiennent les eaux du fleuve, teintées de bleu profond. La remontée du fleuve fait assister à une fabuleuse métamorphose des paysages, des versants boisés du Haut-Douro, en aval, aux cimes dénudées et aux plateaux minéraux du Trás-os-Montes, en amont.

NOS ADRESSES PAGE 586
Hébergement, restauration, achats, activités, etc.

SE REPÉRER

Carte de région B1 p. 484-485 – Carte du Parc national de Peneda-Gerês p. 579. Au nord-est de Braga, entre le Haut-Douro et le Trás-os-Montes. Le fleuve Cávado prend sa source dans la serra do Larouco, juste au nord du plateau de Montalegre. Son affluent, le Rabagão, alimente la grande retenue du Alto Rabagão qui occupe un plateau plus au sud.

Voir aussi la rubrique « Arriver/partir » dans « Nos adresses ».

À NE PAS MANQUER

Alturas do Barroso et Vilarinho Seco, villages de montagne traditionnels ; les spectaculaires retenues de Paradela, Alto Rabagão et Venda Nova.

ORGANISER SON TEMPS
Comptez une journée pour explorer la haute vallée, parsemée de villages en cul-de-sac qui obligent à de fréquents demi-tours.

Circuit conseillé Carte du Parc national de Peneda-Gerês et carte de région

Circuit de 235 km, de Braga à Chaves, tracé en marron sur les cartes de région (p. 484-485) et de microrégion (p. 579) – Comptez une journée. Quittez Braga par la N 103 vers le nord-est en dir. de Chaves.

Dès la sortie de Braga, la vallée du Cávado, à gauche, se fait profonde et sauvage ; la route en escalade le versant sud, couvert de pins et d'eucalyptus. À 8 km, sur le bord gauche de la route, un belvédère offre une vue sur le dernier élargissement, verdoyant, de la vallée. On voit ensuite, en avant puis à droite, une butte couronnée de rochers aux allures de forteresse médiévale et, 3 km plus loin, le château de Póvoa de Lanhoso dressant son donjon derrière Pinheiro. Après ce village, la vallée du Cávado se soustrait au regard tandis qu'apparaît, à droite, la vallée du rio Ave, riante et parsemée de hameaux. La route s'élève ensuite au milieu d'un paysage aux crêtes pelées et rocailleuses souvent hérissées de rocs ruiniformes ; sur les pentes apparaissent des rochers « en boule », mais aussi des greniers à grain sur pilotis *(espigueiros)* et quelques bovins.

Peu avant Cerdeirinhas, la N 103 revient, en descente, vers le Cávado qu'elle va suivre et dominer désormais, en bordure du Parc national de Peneda-Gerês. La route devient alors sinueuse, offrant des **vues★** plongeantes sur la **retenue de Caniçada★**, longue de 15 km, et sur celle de Salamonde, au pied des pentes piquetées de pins de la serra do Gerês dont on voit la succession de sommets grisâtres et ravinés.

Quittez la N 103 pour la route de Paradela, à gauche, qui passe sur la crête du barrage de Venda Nova ; au croisement suivant, prenez à droite la N 308-4.

La route tracée en corniche s'élève rapidement, dévoilant des **vues★★** sur l'enfilade de la vallée et sur la serra do Gerês. Peu avant Paradela, remarquez à gauche un village au pied d'une butte schisteuse déchiquetée et creusée, au revers d'une carrière géante.

La route traverse Paradela et aboutit au barrage du même nom, dans les limites du Parc national de Peneda-Gerês.

À Paradela, on pénètre dans la partie est du **Parc national de Peneda-Gerês** *(voir p. 576)*, la région de Barroso, où les traditions sont restées vivaces : dans

MISE EN VALEUR DE LA HAUTE VALLÉE DU CÁVADO

Avec une longueur de 118 km, le rio Cávado prend sa source à 1 500 m d'altitude dans la serra do Larouco, tout près de la frontière espagnole. Après la traversée du plateau de Montalegre, sa pente s'accentue brutalement (dénivellation de 400 m en 5 km) tandis que son cours prend une direction nord-est/sud-ouest imposée par une ligne de failles. Favorisé par l'imperméabilité des roches granitiques dans lesquelles la rivière a creusé son lit, l'équipement hydroélectrique de cette haute vallée a été entrepris à partir de 1946 : barrages d'Alto Cávado, de Paradela, de Salamonde et de Caniçada sur le Cávado, d'Alto Rabagão et de Venda Nova sur le Rabagão, et de Vilarinho das Furnas sur le rio Homem. Ces ouvrages produisent annuellement environ 18 % de la production hydroélectrique portugaise.

Alto Rabagão.
J. Arnold / hemis.fr

les villages, les habitants partagent toujours le four communal ainsi que le bœuf, utilisé pour les travaux des champs.

★ **Barragem de Paradela** Carte du Parc national de Peneda-Gerês
La retenue à 112 m au-dessus du lit du Cávado occupe un beau **site★** de montagne. À 15 km de Paradela, à **Pitões das Júnias**, on voit les ruines romanes d'un monastère bénédictin dont les fondations remontent à la période wisigothique (9e s.). Le granit taché de lichen s'orne, autour du portail, de frises de feuillage stylisé ; quelques arcades permettent d'évoquer le cloître.
Revenez à la N 103.
La route longe la **retenue de Venda Nova** festonnée de presqu'îles.
Après **Vila da Ponte**, *gros village posé sur le bord d'un éperon boisé, puis Pisões, prenez à droite la route goudronnée qui conduit au barrage do Alto Rabagão.*

★ **Barragem do Alto Rabagão** Carte du Parc national de Peneda-Gerês
L'imposante muraille de béton longue de 2 km, au tracé en baïonnette, est flanquée, côté amont, de trois porches cubiques commandant les vannes. Gagnez l'extrémité de la route de crête pour avoir la meilleure **vue** sur la retenue.
Revenez à la N 103 et suivez la rive nord du lac, puis tournez à gauche vers Montalegre.

Montalegre Carte de région B1
À 966 m d'alt., les vieilles maisons à toits rouges de Montalegre entourent l'enceinte d'un château du 14e s., à demi ruiné, dans un joli **site★**. Du pied du donjon, on domine le plateau montagneux et sauvage traversé par le Cávado, et on aperçoit au nord-est la serra do Larouco où ce fleuve prend sa source.
La N 308, route de plateau, bordée de pins et de landes, rejoint la N 103.
Le parcours se poursuit au travers de landes rocheuses désolées, couvertes de bruyère et sillonnées de petits torrents, jusqu'à ce que le plateau s'effondre brusquement : la **vue★★** embrasse alors un immense bassin cultivé et verdoyant au fond duquel sont tapis les vieux villages de **Sapiãos** et **Boticas**.

★ Serra do Barroso Carte de région B1

En prenant la N 311 à Sapiãos, on traverse **Carvalhelhos**, célèbre pour ses eaux *(à proximité de Chaves; voir p. 589)*.

Sur une hauteur voisine, à laquelle on accède par un chemin de terre, se trouve le **Castro de Carvalhelhos**, structure fortifiée datant de l'âge du fer dont les fondations, portes et murailles sont bien visibles.

De Carvalhelhos, une route conduit ensuite à **Alturas do Barroso**, village traditionnel de la montagne isolée et austère.

De là, on atteint **Vilarinho Seco★**, le plus caractéristique de ces hameaux de montagne : aucune construction moderne, mais des maisons rustiques en pierres sèches sombres disposant d'un étage (le rez-de-chaussée étant réservé à la paille et aux animaux). Couvertes d'un toit d'ardoises, elles sont pourvues d'un balcon et d'un escalier extérieur en bois. Les poules et les chèvres errent en liberté sous les *espigueiros* en granit, et les rues sont fréquentées par des attelages de bœufs de la belle race *barrosã*. Pour résister à la rudesse de ce milieu, les habitants y ont perpétué des pratiques communautaires, et partagent troupeaux et prés communs, fours et moulins collectifs.

La descente vers la N 311 se fait dans un paysage de blocs erratiques arrondis et polis par l'érosion.

▶ *Rejoignez à Viveiro la N 311 et la suivez-la à nouveau jusqu'à Sapiãos, puis reprenez la N 103 vers Chaves.*

NOS ADRESSES DANS LA VALLÉE DU CÁVADO

ARRIVER/PARTIR

Bus

À Montalegre – Rodoviária d'Entre Douro e Minho – *R. Gen. Humberto Delgado (N 308, dir. Chaves) - ✆ 253 20 94 00 - www.transdev.pt* - Liaisons pour Braga *(3 AR/j en sem. seult; env. 2h15 de trajet)*.

HÉBERGEMENT

À Cabril

PREMIER PRIX

Parque rural de Outeiro Alto – *400 m après la traversée du pont - ✆ 253 65 98 60 - avr.-sept. - 5 €/pers.* À l'intérieur du Parc national, dans le calme absolu, un petit camping perdu dans une pinède au-dessus de la retenue de Salamonde. Emplacements étagés en terrasses, maison équipée d'un barbecue à l'extérieur et d'un bar à l'intérieur, près de la cheminée. Petit centre équestre à proximité et restaurant au bord du lac.

À São Bento

UNE FOLIE

Pousada do Gerês/Caniçada – *N 304 (dir. Gerês à partir de la N 103) - ✆ 210 40 76 50 - www.pousadas.pt - [piscine] - 36 ch. 130/190 €* [petit-déj.]. Perché au-dessus de la retenue de Caniçada, un chalet en granit rehaussé de bleu, surplombant la vallée du Cávado et la serra do Gerês. À l'intérieur, le salon percé de grandes baies est recouvert de bois. Sous les poutres, bar cosy niché dans la mezzanine. Les couloirs lambrissés conduisent aux petites chambres douillettes ; celles de l'aile moderne, plus spacieuses, se répartissent autour de la piscine. Jardin intimiste sous la terrasse.

Chaves

41 444 habitants – District de Vila Real

La province aride du Trás-os-Montes réserve ici, à Chaves, une heureuse surprise. Ceinturée par une agglomération filandreuse et ingrate, le centre ancien de la ville conserve un charme certain avec son pont romain qui enjambe le Tâmega et son donjon autour duquel se pressent de pimpantes maisons blanches. L'ancienne Aqua Flaviae, station thermale aux portes de l'Espagne, a donné son nom à un délicieux jambon fumé, le « presunto de Chaves ».

NOS ADRESSES PAGE 589
Hébergement, restauration, achats, activités, etc.

S'INFORMER

Posto de Turismo – *Terreiro de Cavalaria - ✆ 276 34 81 80 - www.chaves.pt - tlj sf dim. 9h30-12h30, 14h-17h30 (18h en été).*

SE REPÉRER

Carte de région C1 p. 484-485. Chaves se trouve 63 km au nord-est de Vila Real et 10 km au sud de la frontière espagnole.

ORGANISER SON TEMPS

Une journée suffit pour visiter la ville et explorer les stations thermales.

Se promener

Comptez de 2 à 3h.

Ponte Romana

Le beau jardin sur les rives du fleuve en offre une bonne vue d'ensemble. Bien que le temps lui ait volé ses parapets de pierre et quelques arches, ce **pont romain** du 2e s. confère au site un charme certain. Les bornes milliaires qui l'encadrent au sud portent encore des inscriptions romaines.

Praça de Camões

Au cœur du quartier ancien de Chaves, peuplé de maisons blanches rehaussées de balcons à encorbellement colorés, cette place élégante regroupe plusieurs monuments. Au centre se dresse la statue de Dom Afonso, premier duc de Bragance.

★ **Igrega da Misericórdia** – La façade de ce petit édifice baroque du 17e s. s'agrémente de balcons et de colonnes torsadées. L'intérieur est tapissé d'azulejos figurant des scènes de la vie du Christ et de la Bible, attribués à Oliveira Bernardes, et conserve un grand retable de bois doré ; le plafond est décoré de peintures du 18e s. dont, au centre, une Visitation.

Museu da Região Flaviense – *✆ 276 34 05 00 - http://museusdechaves.com - lun.-vend. 9h-12h30, 14h-17h30, w.-end 14h-17h30 - fermé j. fériés et le w.-end en hiver - 1 € billet combiné avec le Musée militaire.* Installé dans l'ancien palais des ducs de Bragance, bel édifice du 17e s., le musée régional expose des collections archéologiques et ethnographiques. Salle de vestiges lapidaires préhistoriques – dont une **figure à forme humaine** mégalithique (env. 2 000 ans av. J.-C.) – et romains (sculptures, bornes milliaires) et, à l'étage, des monnaies, une planche à billets ancienne, une lanterne magique, des récepteurs de radio.

UNE VILLE CLEF

Chaves, qui signifie « clefs » en portugais, occupa longtemps une position stratégique, servant de verrou territorial face aux nombreuses invasions. Grâce au pont bâti sur le fleuve par Trajan, la petite cité d'Aquæ Flaviæ, déjà appréciée par les Romains pour ses eaux thermales, devint une importante étape sur la voie d'Astorga à Braga. Reprise aux Maures en 1160, Chaves fut fortifiée pour assurer le contrôle de la vallée face à la forteresse espagnole de Verín. Au 17e s., on y aménagea des remparts dans le style de Vauban.

Câmara Municipal – L'hôtel de ville présente une noble façade d'époque classique.
Igreja Matriz – Certaines parties sont romanes, mais l'église paroissiale fut reconstruite à la Renaissance comme en témoigne son portail à pilastres sculptés. Sur un mur de l'abside polygonale, une niche abrite la statue en granit de Santa Maria Maior, considérée comme l'une des plus anciennes statues portugaises. Le chœur est surmonté d'une voûte à nervures.
De l'autre côté de l'église paroissiale, sur une autre place, se trouve un **pilori** manuélin.

Torre de Menagem

✆ 276 34 05 00 - mêmes horaires et billet que le musée de la région de Chaves.
Unique vestige du château fort disparu, son donjon, puissante tour carrée crénelée à échauguettes, est encore entouré de sa chemise quadrangulaire. Bâti par le roi Denis au 14e s., le château servit de résidence au premier duc de Bragance, bâtard du roi Jean Ier.
Museu Militar – Il occupe quatre étages du donjon, les deux premiers exposant des armes et armures anciennes, le 3e évoquant la guerre de 1914-1918 (mitrailleuses, uniformes), le 4e, les guerres coloniales (armes portugaises et indigènes). De la plate-forme au sommet *(121 marches)*, beau panorama sur la ville, les remparts et le bassin cultivé de Chaves.

À proximité Carte de région

La zone de Chaves est riche en **sources thermales**, nées de la ligne de fracture nord/sud de la région du Haut-Tâmega. Toutes ont des eaux minérales aux propriétés thérapeutiques et font partie d'un ensemble appelé « système thermal du Haut-Tâmega ». On vient y prendre un verre d'eau bienfaisante, se plonger dans les piscines thermales ou suivre une cure « soins et bien-être ».

Caldas (sources) de Chaves C1

Établissement thermal moderne situé dans un parc bordant le Tâmega - ✆ 276 33 24 45 - www.termasdechaves.com - 9h-12h30, 16h-19h.
Ces sources d'eau chaude (73 °C) étaient déjà connues et appréciées des Romains, qui donnèrent à la ville le nom d'Aquæ Flaviæ. Les eaux, alcalines, bicarbonatées et hyperthermales, sont indiquées dans le traitement des maladies de l'appareil digestif, des rhumatismes et de l'hypertension artérielle.

Termas (thermes) de Vidago C1

17 km au sud-ouest de Chaves par la N 2 - ✆ 276 99 09 70 - www.termasdeportugal.pt - 9h-21h.
Située dans un beau parc arboré, accueillant un golf, cette station thermale totalement rénovée par l'architecte Siza Vieira propose une large panoplie de services. Face à l'entrée, la majestueuse façade Art déco du **Vidago Palace-Hotel** transporte le visiteur au début du siècle dernier. L'atmosphère raffinée

de la grande époque se retrouve à l'intérieur, superbement décoré, dans un cadre reposant. L'eau de Vidago est vendue dans tout le pays, et l'on y soigne les maladies des appareils digestif et respiratoire et du système nerveux. Les anciens garages devraient bientôt abriter un espace dédié à l'art contemporain.

Termas de Pedras Salgadas C2

31 km au sud-ouest de Chaves en continuant sur la N 2 - ☎ 259 43 71 40 - www.parquepedrassalgadas.com - tlj sf lun. 10h-19h, dim.10h-13h.

Dans cette station fondée en 1904 règne une atmosphère nostalgique : belles fontaines, établissements de bains et casino début 20e s. dans un magnifique parc de 40 ha. Les eaux bicarbonatées de Pedras Salgadas sont indiquées dans le traitement des maladies des os et de l'appareil digestif.

Caldas Santas de Carvalhelhos B1

30 km à l'ouest de Chaves par la N 103, puis la N 311 - ☎ 276 41 03 00 - www.carvalhelhos.pt - fermé pour une durée indéterminée.

La station thermale est installée dans un agréable parc traversé par de petits cours d'eau et entouré des belles montagnes de la serra do Barroso.

NOS ADRESSES À CHAVES

INFORMATIONS UTILES

Les offices de tourisme sont répertoriés en début de chapitre.

HÉBERGEMENT

PREMIER PRIX

Hospedaria Florinda – *R. dos Açougues (près du largo do Anjo) - ☎ 276 33 33 92 - www.hospedariaflorinda.com - 13 ch. 40 €.* Dans une ruelle à l'arrière du donjon, un bel édifice avec ses balcons à encorbellement. Chambres parquetées munies de salles de bains entièrement équipées. Celles du dernier étage, sous les toits, ont vue sur les montagnes. Petit-déjeuner convivial servi sur une grande table.

POUR SE FAIRE PLAISIR

Forte de São Francisco – *Largo da Nossa Senhora da Lapa - ☎ 276 33 37 00 - www.fortesaofrancisco.com - P - 58 ch. 82/102 € - env. 25 €.* Protégé dans l'enceinte d'un ancien fort dominant la ville, cet hôtel de standing allie charme de l'ancien et confort moderne. On se plaît à déambuler autour du cloître franciscain pour s'imprégner de l'âme du lieu. Les chambres sont réussies : douillettes, fonctionnelles et lumineuses. Cuisine soignée et raffinée au restaurant.

RESTAURATION

PREMIER PRIX

Adega Faustino – *Travessa do Olival (perpendiculaire à la r. Santo António) - ☎ 276 32 21 42 - http://adegafaustino.pt - tlj sf dim. 12h-0h - env. 15 €.* Dans cet ancien cellier à vin, parmi les grands tonneaux en chêne, les longues tables sont garnies de *vinho verde* et de charcuteries régionales, tel le *presunto* du Trás-os-Montes.

PETITE PAUSE

Pique-nique – Sur les berges du Tâmega ou dans le parc du complexe thermal.

AGENDA

Festas da Cidade – *Vers le 8 juil.*
Feira do Folar – *Sam. de Pâques.*
Feira dos Santos – *30 oct.-1er nov.*

Bragança

★

35 319 habitants – District de Bragança

Aux confins de l'austère province du Trás-os-Montes, une citadelle solitaire s'élève à 668 m d'altitude : Bragança, la cité la plus excentrée du Portugal. Ce nom prestigieux, dont l'aura ne cesse de fasciner, évoque l'une des plus grandes familles du pays, la dynastie des Bragance, qui régna de 1640 à 1910, et restaura l'indépendance portugaise face à la couronne espagnole. Au-dessus de la ville nouvelle (dite « basse »), la cité médiévale semble immuable à l'abri de ses remparts. Une visite poétique, mais aussi un excellent point de départ pour la découverte du Parc naturel de Montesinho, tout proche.

NOS ADRESSES PAGE 593
Hébergement, restauration, achats, activités, etc.

S'INFORMER

Posto de Turismo – *Av. Cidade de Zamora - ✆ 273 38 12 73 - www.cm-braganca.pt - été : tlj sf dim. 9h-13h, 14h-18h ; hiver : lun.-vend. 9h-13h, 14h-17h30, sam. 10h-12h30.*

Parque Natural do Montesinho – *Parque Florestal (dans la ville basse et le bairro Rubacar, 200 m au nord-est de l'office de tourisme) - ✆ 273 32 91 35/6/7 - www.montesinhovivo.pt - tlj sf w.-end. 9h-13h, 14h-17h.* Cartes et informations sur la faune et la flore, les circuits de randonnée pédestre ou cycliste et l'hébergement dans le Parc naturel.

SE REPÉRER

Carte de région D1 p. 484-485. Bragança s'élève 138 km au nord-est de Vila Real et 90 km à l'est de Chaves. À la frontière avec l'Espagne, Portelo, au nord, est distant de 18 km.

Voir aussi la rubrique « Arriver/partir » dans « Nos adresses ».

À NE PAS MANQUER

Le Parc naturel de Montesinho ; les villages frontaliers.

ORGANISER SON TEMPS

Comptez une journée pour la ville et le Parc naturel.

Se promener

Comptez 2h.

★ **CIDADELA** (Ville médiévale)

Il se dégage de la vieille ville aux ruelles pavées et tranquilles une atmosphère désuète. Entourée de sa longue enceinte fortifiée et de ses tours, la citadelle couronne la colline. Pour en avoir la meilleure **vue★**, rendez-vous à la Pousada de São Bartolomeu *(2 km au sud-est)* ou au belvédère de la chapelle voisine.

Castelo

Tlj sf lun. et j. fériés 9h-12h, 14h-17h - 2 €.

Édifié en 1187, il comprend un donjon carré, haut de 33 m, flanqué d'échauguettes et de plusieurs tours, qui abrite un petit **musée militaire** ; deux salles

La citadelle de Bragança.
J. Arnold/hemis.fr

sont éclairées par des fenêtres gothiques géminées. La plate-forme du donjon offre un panorama sur la vieille ville, la ville basse et les collines proches.

Pelourinho – De style gothique, le **pilori** repose sur un sanglier taillé dans le granit qui daterait de l'âge du fer.

Museu Ibérico da Máscara e do Traje (Musée ibérique du Masque et du Costume)

R. D. Fernando O Bravo, 24-26 - ✆ 273 38 10 08 - http://museudamascara.cm-braganca.pt - été : tlj sf lun. 9h-13h, 15h-18h ; hiver : tlj sf lun. 9h-12h30, 14h-17h30 - 1 €.

Une cinquantaine de masques et de costumes y évoquent notamment les fêtes d'hiver que l'on célèbre dans le Trás-os-Montes et le Haut-Douro, de part et d'autre de la frontière avec l'Espagne.

Igreja de Santa Maria

D'origine romane mais totalement remodelée au 18e s., elle présente une élégante façade percée d'un portail encadré par deux colonnes torses garnies de ceps. À l'intérieur, un beau plafond, peint en trompe l'œil, représente l'Assomption.

Domus Municipalis (Hôtel de ville)

Tlj sf fériés 9h-12h, 14h-17h - gratuit.

Plus ancien hôtel de ville du Portugal, cette construction à cinq pans du 12e s. est percée de petites ouvertures en plein cintre. Sous le toit court une frise à modillons sculptés. Une ancienne citerne occupe le sous-sol.

6

VILLE BASSE

Elle fut construite aux 17e et 18e s.

Praça da Sé

Elle est ornée d'un ancien pilori devenu calvaire baroque, édifié devant la cathédrale dont l'intérieur, décoré d'azulejos, abrite des autels baroques en bois doré.

LE FIEF DE LA MAISON DE BRAGANCE

La cité médiévale fut érigée en duché en 1442 pour Dom Afonso, comte de Barcelos et fils naturel du roi Jean Ier, devenant ainsi le fief de la famille de Bragance. Celle-ci, qui revendiqua la couronne à la mort du roi Sébastien en 1578, régna sur le Portugal de 1640 (date de la fin de l'occupation espagnole) jusqu'à 1910, ainsi que sur le Brésil de 1822 à 1889. Pendant toute cette période, l'héritier du trône recevait le titre de duc de Bragance.

Igreja de São Bento

Cette église du 16e s., richement décorée, abrite une nef couverte par un plafond peint de style Renaissance ; le chœur, surmonté d'un beau **plafond mudéjar**, contient un riche retable en bois doré du 18e s.

Igreja de São Vicente

D'origine romane, l'église St-Vincent a été entièrement reconstruite au 18e s. L'intérieur recèle une grande profusion de bois doré du 17e s. et le chœur est orné d'une voûte peinte et dorée. Selon la légende, c'est là que le futur Pierre Ier et Inés de Castro se seraient secrètement mariés *(voir « Alcobaça », p. 266)*.

★ Museu do Abade de Baçal

R. Abílio Beça, 27 - ✆ 273 33 15 95 - www.mabadebacal.com - tlj sf lun. 10h-17h (w.-end et j. fériés 18h) - 2 €.

Installé dans l'ancien palais épiscopal, il expose des collections régionales d'archéologie, de peinture, d'ethnologie, de numismatique et d'art sacré. À l'entrée, une vidéo *(20mn)* présente les coutumes de la région du Trás-os-Montes, et une borne interactive fournit des informations sur le musée, la région et ses monuments. Au rez-de-chaussée, belle collection de stèles funéraires, de bornes milliaires et de sangliers en pierre *(berrões)*. Au deuxième niveau, dans la chapelle de l'ancien palais, décorée d'un plafond peint, sont exposés des parements religieux datant du 15e au 18e s. et des images baroques polychromes de saints. Admirez, dans la salle n° 7, une Vierge à l'Enfant en bois polychrome et doré du 15e s. Intéressante collection d'orfèvrerie religieuse.

Centro de Arte Contamporânea

R. Abílio Beça, 150 - ✆ 273 30 24 10 - http://centroartegracamorais.cm-braganca.pt - tlj sf lun. et j. fériés 10h-12h30, 14h-18h30 - 2 €, gratuit dim. matin.

L'ancien manoir du 17e s., redessiné en 2008 par l'architecte Souto Moura, accueille en collection permanente des toiles et dessins de Graça Morais. Tous les trois à quatre mois, des expositions temporaires présentent des noms connus ou moins connus de l'art contemporain portugais ou étranger.

À proximité Carte de région

Parque Natural de Montesinho CD1

Le parc verdoyant englobe les serras de Montesinho et de Coroa, s'étendant sur 75 000 ha entre Bragança et la frontière espagnole. La faune, très riche (sangliers, renards, rapaces et l'espèce rare du loup ibérique), y est préservée. La végétation dominante est constituée de chênes et de châtaigniers.

Sur les hauteurs poussent la bruyère et le ciste. Cette région a conservé des traditions rurales anciennes, encore visibles dans l'architecture et le mode de vie des habitants. À **Rio de Onor**, village à la fois portugais et espagnol, où la frontière est matérialisée par un petit pont, on peut encore voir les femmes laver le linge dans la rivière. Les coutumes communautaires y sont toujours assez vivaces, de même qu'à **Guadramil**, autre hameau frontalier.

★ Mosteiro de Castro de Avelãs D1

3 km à l'ouest de Bragança. Prendre la route de Chaves. Passer à droite d'un viaduc et, après le pont, tourner immédiatement à gauche. Suivre les indications « Mosteiro » (monastère).

L'église faisait partie d'un monastère bénédictin du 12e s. aujourd'hui disparu. Il n'en reste que le chevet roman, avec son abside et ses absidioles en hémicycle, et ses arcatures aveugles superposées. Unique au Portugal par sa forme et son appareil de brique, elle s'apparente à des églises espagnoles de l'ordre de Cluny et est associée au chemin de St-Jacques-de-Compostelle.

NOS ADRESSES À BRAGANÇA

INFORMATIONS UTILES

Les offices de tourisme sont répertoriés en début de chapitre.

Internet – Espaço Município Digital – *Derrière l'hôtel de ville. Gratuit.*

ARRIVER/PARTIR

Gare routière – *Av. João da Cruz - 273 30 01 83.* Elle occupe l'ancienne station de chemin de fer désaffectée. Liaisons pour Vila Real, Braga *(3h30)*, Porto et Lisbonne.

HÉBERGEMENT

PREMIER PRIX

Residencial Classis – *Av. João da Cruz (à 5mn à pied de la cathédrale) - 273 33 16 31 - www.hotelclassis.com - 20 ch. 50 €* . Ses chambres, sur 4 étages, proposent un confort sans surprise : vastes, blanches et impeccablement propres, elles présentent un très bon rapport qualité-prix. Accueil souriant. Wifi.

À Vilarinho de Cova da Lua

BUDGET MOYEN

Casa dos Marrões – *Vilarinho de Cova da Lua (15 km au nord-ouest de Bragança) - 273 99 95 50 - www.casadosmarroes.com - - 7 ch. 50/60 €* . Au cœur du Parc, cette maison ancienne en schiste, restaurée avec goût, propose des chambres belles et vastes, avec parquet et plafond en bois. Chaleureux salon aux murs de pierre, avec cheminée et mezzanine-bibliothèque. La propriété abrite aussi une piscine biologique. Attention, supplément de 10 € si séjour d'une seule nuit.

À Macedo de Cavaleiros

BUDGET MOYEN

Solar das Arcas – *Arcas (50 km au sud-est de Bragança, dir. Vila Real, puis Ferreira) - 278 40 00 10 - - 6 appt. (2 ou 4 pers.) 80/140 €* . Dans un hameau silencieux, un manoir du 18e s. faisant face à de magnifiques paysages vallonnés, plantés

6

de milliers d'oliviers. La maîtresse de maison, peintre, a choisi une couleur pour chaque appartement. Petit-déjeuner servi dans le salon familial. Déjeuner et dîner sur demande. Réductions pour les séjours d'une semaine et plus. Réserv. conseillée.

RESTAURATION

BUDGET MOYEN

☺ **Solar Bragançano** – *Praça da Sé - ✆ 273 32 38 75 - 11h30-15h, 19h30-23h - env. 30 €.* Sous les lustres de cristal de ce manoir situé en plein cœur de Bragança, les tables sont décorées avec soin de nappes brodées, bougies et verres anciens. La cuisine est tournée vers le faisan accompagné de marrons, le lapin sauvage, la perdrix et ses raisins ou encore le lièvre en risotto. À la belle saison, il est possible de s'installer sur la ravissante terrasse envahie par les plantes. Tout au long du repas, le service reste souriant et discret. On l'aura compris, cette adresse de caractère mérite que l'on s'y attarde pour son authenticité.

Dans le Parc naturel de Montesinho

PREMIER PRIX

O Careto – *Varge (dir. Rio de Onor) - ✆ 273 91 91 12 - tlj sf lun. - 12/15 € - fermé en sept.* Dans une maison de village, deux salles aux pierres apparentes, une terrasse à l'arrière et de drôles de lampes imitant les masques *(caretos)* des fêtes d'hiver : pas de carte, mais un choix de deux ou trois viandes et poissons cuits au feu de bois dans la grande cheminée. Simplissime et savoureux ! Desserts maison, dont un délicieux mélange fromage/confiture. À côté, un bar, où s'éparpillent quelques vieilles tables rondes installées près d'un ruisseau.

PETITE PAUSE

Café Chave Douro – *R. dos Combatentes da Grande Guerra (à l'angle de la praça da Sé) - ✆ 273 33 12 05 - tlj sf dim.* Un vieux café d'angle avec son décor intact des années 1960 et ses nombreuses embrasures pour observer les passants et la cathédrale.

AGENDA

Feira das Cantarinhas – *1er-3 mai.* Grand marché d'artisanat.

Romaria de Nossa Senhora das Graças – *12-22 août.* Fête de la ville.

Romaria de São Bartolomeu – *24 août.* Fête de la St-Barthélemy au mont São Bartolomeu.

Mirandela

23 913 habitants – District de Bragança

Fondée par le roi Alphonse II, mais d'origine romaine, Mirandela, au cœur de la région du Trás-os-Montes, s'inscrit dans un joli site : adossée à sa colline, elle domine le fleuve Tua que franchit un long pont romain (230 m) reconstruit au 16e s. et soutenu par des arches asymétriques. Ville blanche et paisible, fleurie et dotée de nombreux espaces verts, c'est une halte agréable.

NOS ADRESSES PAGE 596
Informations utiles, visite, agenda, etc.

S'INFORMER

Posto de Turismo – *R. D. Afonso III (à côté de la gare) - ✆ 278 20 31 43 - www.cm-mirandela.pt - été : lun.-vend. 9h-12h30, 14h-17h30, sam. 10h-13h ; hiver : lun.-vend. 10h-16h, sam. 10h-13h.*

SE REPÉRER

Carte de région C2 p. 484-485.
Mirandela se trouve à mi-chemin entre Vila Real et Bragança.

À NE PAS MANQUER

Le Musée municipal, dédié aux arts plastiques.

Se promener

Comptez 1h.

Palácio dos Távoras

Au sommet de la colline, la mairie occupe ce beau palais du 18e s. dont la façade en granit se compose de trois corps. Le plus élevé, au centre, présente des frontons incurvés surmontés de pinacles.
Au milieu de la place se trouve la statue du pape Jean-Paul II et, à côté, l'église paroissiale, édifice massif reconstruit dans la seconde moitié du 20e s.

★ Museu Municipal Armindo Teixeira Lopes

Praça do Município - ✆ 278 20 15 90 - http://museu-armindo-teixeira-lopes.weebly.com - lun.-vend. 9h-12h30, 14h-17h30, sam. 14h30-18h - fermé j. fériés - gratuit.
Installé dans le centre culturel municipal, cet intéressant musée d'arts plastiques, fruit des donations des enfants d'Armindo Teixeira Lopes, expose plus de 400 œuvres de 200 artistes, portugais pour la plupart, du début du 20e s. à nos jours. Citons entre autres : Vieira da Silva, Tàpies, Cargaleiro, Nadir Afonso, Graça Morais, José Guimarães, Júlio Pomar et Teixeira Lopes. Le musée organise aussi des expositions temporaires d'artistes contemporains.

À proximité Carte de région

Romeu C2

12 km au nord-est de Mirandela.
Au cœur du Trás-os-Montes, dans un paysage de vallons boisés de chênes-lièges et de châtaigniers, Romeu forme avec **Vila Verdinho** et **Vale de Couço** un ensemble de coquets villages fleuris qui ont bénéficié d'une restauration soignée dans les années 1960.

Museu das Curiosidades – *✆ 278 93 91 33 - www.quintadoromeu.com - mai.-sept. : tlj sf lun. 12h-18h (merc. 16h) ; reste de l'année : tlj sf lun. 12h-16h - 1,50 €.* Le musée des Curiosités regroupe les collections personnelles de Manuel Meneres, bienfaiteur des trois villages. Dans une salle sont rassemblés des modèles primitifs de machines à écrire, à coudre, stéréoscopes et phénakistiscopes – l'ancêtre du cinéma ; dans une autre, le moindre objet (chaise, poupée, pendule) engendre, une fois son mécanisme remonté, une agréable musique. Au rez-de-chaussée, on verra en particulier un vélocipède et ne manquez pas les automobiles anciennes dont une belle Ford de 1909.

Murça C2

29 km à l'ouest de Mirandela par l'IP 4 (39 km au nord-est de Vila Real). La route traverse des paysages caractéristiques du Trás-os-Montes.

Le gros bourg s'étend tout en longueur au pied de la petite serra de Vilarelho. Sur la praça do Munícipo, remarquez le **pilori** manuélin et la façade blanche de la **chapelle** baroque au portail richement ouvragé. Dans le jardin attenant se trouve une étrange **porca**, sculpture de granit représentant une truie sur son piédestal. On s'interroge encore sur l'origine de ce monument : il évoque pour certains les battues de sangliers organisées dans la région au début du Moyen Âge ; pour d'autres, il serait beaucoup plus ancien et lié aux rites de fertilité de l'âge du fer.

NOS ADRESSES À MIRANDELA

INFORMATIONS UTILES

Les offices de tourisme sont répertoriés en début de chapitre.

VISITE

Train touristique – *Dép. sur le pont romain* (Ponte Românica) - *✆ 935 02 91 33 - tlj d'avr. à oct. ; en hiver : le w.-end seult, et selon la météo - 2 €.* Visite de la ville.

Location de barques – *Embarcadère à l'ouest du pont romain - en été seult.*

AGENDA

Festa de Nossa Senhora do Amparo – *Fin juil.-déb. août.* Fête de sainte Marie-Auxiliatrice : elle dure une dizaine de jours.

Feira de São Tiago – *25 juil.* Foire de la St-Jacques.

Miranda do Douro

★

7 462 habitants – District de Bragança

Isolée au sein d'une région austère à l'extrême nord-est du Portugal, dominant en à-pic la vallée du Douro, Miranda est une ancienne bourgade où l'on parle encore un idiome particulier, le « mirandês », apparenté au bas latin. Plus que du tourisme, cette ville excentrée aux charmantes maisons blanchies à la chaux vit surtout de ses commerces (textiles, chaussures, bijouterie) destinés aux voisins espagnols qui traversent la frontière pour y faire leurs achats.

NOS ADRESSES PAGE 600
Hébergement, restauration, achats, activités, etc.

S'INFORMER

Posto de Turismo – *Largo Menino Jesus da Cartolinha - ✆ 273 43 00 25/ 11 32 - www.cm-mdouro.pt - mar.-vend. 9h30-17h30, lun. et sam. 10h-17h.*

Parque Natural do Douro Internacional – *Largo do Castelo - ✆ 273 43 14 57 - www.icnf.pt.* Centre d'information de la réserve naturelle protégeant la région du Haut-Douro. Visites guidées sur RV.

Vous trouverez un autre bureau du Parc à Mogadouro.

SE REPÉRER

Carte de région D2 p. 484-485. 105 km à l'est de Mirandela, la ville est séparée de l'Espagne par le rio Douro.

À NE PAS MANQUER

L'itinéraire magnifique du Haut-Douro, de Miranda do Douro à Barca de Alva.

ORGANISER SON TEMPS

Prévoyez une journée complète, voire 2 jours si vous décidez de redescendre ensuite la vallée du Haut-Douro.

AVEC LES ENFANTS

Une croisière en bateau sur le Douro, au départ de Miranda.

Se promener

Comptez 1h.

Sé

Largo da Sé - ✆ 273 43 00 25 - tlj sf lun. et mar. matin 9h-12h30, 14h-17h30.

La **cathédrale** du 16e s., bâtie selon les plans de Gonçalo de Torralva et les indications de Miguel de Arruda, arbore une austère façade en granit flanquée de deux tours quadrangulaires.

L'intérieur, de type halle, aux voûtes nervurées, abrite une série de **retables**★ en bois doré : celui du chœur, œuvre des Espagnols Gregório Hernandez et Francisco Velázquez, représente l'Assomption autour de laquelle s'ordonnent des scènes de la vie de la Vierge ainsi que des évangélistes et des évêques ; l'ensemble est couronné par un calvaire ; de chaque côté du chœur, des stalles en bois doré du 17e s. sont décorées de jolis paysages peints.

Dans le bras droit du transept, remarquez dans une vitrine l'amusante statuette de l'Enfant Jésus, coiffé d'un haut-de-forme. Il est l'objet de toutes les attentions de la part des habitants de Miranda qui lui ont fait don d'une importante garde-robe. Sa fête a lieu le jour des Rois. Quatre enfants le transportent pendant la procession.

De la terrasse de la cathédrale, belle **vue** plongeante sur le Douro, en contrebas. Derrière la cathédrale s'élèvent les ruines du cloître du palais épiscopal.

★ Museu da Terra de Miranda

Praça D. João III - ✆ 273 41 72 88 - www.imc-ip.pt - mar. 14h30-18h, merc.-dim. 9h-13h, 14h-18h - 2 €, gratuit dim. et j. fériés le matin.

Situé dans le centre historique de la ville et occupant le bâtiment de l'ancien hôtel de ville du 17e s., le musée ethnographique régional expose une collection variée de métiers à tisser, des pièces archéologiques, des jouets anciens, des costumes régionaux, une chambre à coucher traditionnelle, une cuisine de Miranda, des armes, des outils agricoles, des céramiques et des costumes des fêtes rituelles du solstice d'hiver. À cette occasion, ceux qui les portent, cachés derrière des masques aux expressions effrayantes, peuvent faire tout ce qui leur est interdit le reste de l'année. L'origine de ces rites, liés aux pratiques initiatiques et de fertilité, se perd dans la nuit des temps.

Circuit conseillé Carte de région

Circuit bordeaux de 136 km tracé sur la carte de région (p. 484-485) – Comptez une demi-journée à une journée entière.

★ HAUT-DOURO CD2

Le Haut-Douro constitue une des parties les plus reculées et sauvages du pays. La région, très peu peuplée, conserve des espèces animales rares, comme la cigogne noire et divers rapaces (aigle royal, aigle de Bonelli, vautour fauve). Le fleuve Douro se confond avec la frontière espagnole : les deux pays comptent ici 115 km de frontière commune.

L'essentiel de l'itinéraire s'effectue par la N 221. Très peu fréquentée, elle traverse un plateau fertile et verdoyant au printemps, sec en été, et longe une partie des gorges du Douro.

★ Barragem de Miranda do Douro D2

3 km après Miranda par la N 221 en dir. de l'est.

Il est le premier des cinq barrages (Miranda, Picote, Bemposta, Aldeadávila et Saucelle) dressés sur le cours international du Douro. Érigé de 1956 à 1961 dans un défilé rocheux, il mesure 80 m de hauteur et 263 m de longueur à la crête. Il abrite une usine électrique souterraine.

La **croisière en bateau** en amont du barrage, dans les gorges abruptes du Douro, permet notamment d'observer des espèces rares de rapaces *(voir « Visite », p. 600).*

Revenez à Miranda do Douro, prenez la route de Mogadouro (N 221) sur 27 km puis, à gauche après Fonte da Aldeia, la N 221-6.

★ Barragem de Picote D2

Après avoir traversé Picote, village créé pour le personnel affecté à la construction du barrage, on laisse à droite une route menant à un belvédère. Inauguré en 1958, le barrage, prenant appui sur les versants granitiques du Douro, haut de 100 m et long de 139 m à la crête, est du type voûte.

Rejoignez la N 221 et suivez-la sur 29 km vers l'ouest jusqu'à Mogadouro.

LA DANSE DES « PAULITEIROS »

Dans la région, les jours de fête et en particulier lors de la Santa Bárbara, le 3e dimanche d'août, les hommes se réunissent pour la danse des *pauliteiros*. Revêtus d'un jupon de flanelle blanc, d'une veste noire aux broderies multicolores et d'un chapeau noir à ruban écarlate abondamment fleuri, ils exécutent des mouvements scandés, en frappant des baguettes *(paulitos)* les unes contre les autres. La danse, évoquant le croisement des épées, aurait une origine guerrière.

Mogadouro D2

Parque Natural do Douro Internacional – *Av. do Sabor, 49 - ✆ 279 34 15 96 - www.icnf.pt. Centre d'information de la réserve naturelle.*

Petite ville assoupie perchée à 920 m d'altitude, Mogadouro n'a conservé que peu de vestiges : quelques ruines et la tour d'un château du 13e s. fondé par le roi Denis et offert aux templiers en 1297.

L'église paroissiale (Igreja Matriz) du 16e s. possède une tour du 17e s. et des retables dorés du 18e s.

Mogadouro est réputée pour son artisanat textile (cuir, soie, lin, laine). La région de Miranda et de la serra de Mogadouro produit en outre une succulente viande de veau.

Roulez ensuite tranquillement, toujours sur la N 221, pendant 46,5 km.

La route, paisible et souvent déserte, offre de beaux panoramas et traverse des paysages de plus en plus sauvages à la végétation spontanée et agreste (pins, genêts).

Freixo de Espada-à-Cinta D2

Face à un horizon de montagnes, la bourgade bâtie en schiste et en granit est tapie dans un bassin fertile où l'on cultive la vigne, les oliviers et les orangers. C'est la ville natale du poète satirique et régionaliste **Guerra Junqueiro** (1850-1923).

★ **Igreja Matriz** – Édifiée à la fin du gothique, l'église-halle s'ouvre par un joli portail gothique agrémenté de motifs manuélins.

L'intérieur, qui contient une belle chaire en fer forgé, est couvert d'une voûte en réseau ; le **chœur★**, dont la voûte est armoriée de clefs pendantes blasonnées, abrite un autel en bois doré orné de colonnes torses et d'un baldaquin ; les murs sont entièrement revêtus de caissons peints (16e s.).

Pelourinho – De style manuélin, il est surmonté d'une tête humaine.

La N 221 se rapproche progressivement du lit du Douro jusqu'à le longer sur une quinzaine de kilomètres, encaissée dans des gorges, face à la frontière espagnole.

Après avoir franchi le fleuve, on arrive à **Barca de Alva**, où la floraison des amandiers constitue, entre la fin février et la mi-mai, un spectacle enchanteur.

Bon à savoir – Départ possible pour une croisière sur les moyenne et basse vallées du Douro *(voir « Vallée du Douro », p. 522).*

De là, il est possible de rejoindre Figueira de Castelo Rodrigo, situé 20 km plus loin (voir « Serra da Marofa », aux environs de Guarda, p. 468).

6

NOS ADRESSES À MIRANDA DO DOURO

INFORMATIONS UTILES

Les offices de tourisme sont répertoriés en début de chapitre.

VISITE

Centro Ambiental Luso-Espanhol-Parque Náutico de Miranda do Douro – *273 43 23 96 - www.europarques.com.* Balades en bateau en amont du barrage de Miranda do Douro, avec dégustation de vin. La compagnie transfrontalière Europarques se trouve au milieu d'un canyon spectaculaire ; l'embarcadère est situé sur la route reliant l'Espagne. Parcours *(16/20 €; 1h30)* jusqu'à Vale de Águia. Centre d'information de l'autre côté du pont du barrage, côté espagnol.

HÉBERGEMENT

PREMIER PRIX

Flor do Douro – *R. do Mercado Municipal, 7 - 273 43 11 86 - www.flordodouro.com - 12 ch. 35 €.* À quelques pas du centre historique, la famille Martins tient à votre disposition des chambres parquetées et spacieuses, dont certaines munies d'un balcon en surplomb des gorges du Douro. Wifi.

RESTAURATION

PREMIER PRIX

Balbina – *R. Rainha Dona Catarina, 35 (près de la praça Dom João III) - 273 43 23 94 - - 10h-22h - env. 15 €.* Dans une ruelle calme du centre, la rumeur des clients attablés interpelle le passant. Signalé par une discrète pancarte en fer forgé, ce restaurant propose une cuisine régionale à base de viande. Volaille cuite dans son sang *(cabidela)*, saucisses à l'ail *mirandesa (alheiras)* et tranche de veau grillée aux poivrons rouges, spécialité de la maison. Également 8 chambres confortables à l'étage, avec air conditionné.

À Mogadouro

PREMIER PRIX

A Lareira – *Av. Nossa Senhora do Caminho, 58 - 279 34 23 63 - tlj sf lun. 12h-15h, 19h-22h - env. 20 € - fermé en janv.* Dans une grande salle comportant une cheminée (*lareira* en portugais), on déguste d'excellentes viandes (notamment du veau de la région) accompagnées de vins du cru. Repas savoureux, copieux et à moindre prix, concocté par le propriétaire qui a exercé ses talents de cuisinier en France. Vente de produits régionaux sur place (miel, huile d'olive, etc.). Au-dessus du restaurant, 8 chambres sont à louer.

AGENDA

Festa de Santa Bárbara – *3e dim. d'août* *(voir encadré p. 599).*

À Póvoa

11 km au nord de Miranda do Douro.

Pèlerinage à « Nossa Senhora do Nazo » – *8 sept.* Une foire précède le pèlerinage et une fête le clôture.

Vue sur la vallée du Côa depuis le musée d'Art et d'Archéologie.
J. Almeida/age fotostock

Parc archéologique de la vallée du Côa

Parque Arqueológico do Vale do Côa

★★

District de Guarda

Situé dans un cadre naturel grandiose, dans une région isolée au nord-est du pays, aux confins du Trás-os-Montes et de la Beira Alta, le Parc archéologique de la vallée du Côa a été créé pour préserver l'un des plus importants ensembles mondiaux de gravures rupestres à ciel ouvert du Paléolithique. Lors des travaux de réalisation d'un barrage, en 1992, ont été découverts 28 groupes de sculptures rupestres répartis sur trois sites de la vallée du Côa, peu avant sa confluence avec le Douro. Finalement épargnés de la montée des eaux qu'aurait entraînée l'achèvement de l'ouvrage, ils ont été protégés par la création du Parc, inauguré en 1996, et classés deux ans plus tard au Patrimoine mondial de l'Unesco – une inscription qui englobe aussi, depuis 2010, tout le site de Siega Verde, en territoire espagnol. Véritable réussite architecturale, un superbe musée rend désormais hommage à ces œuvres émouvantes venues de l'aube de l'humanité – un trésor qui s'enrichit sans cesse de nouvelles trouvailles puisque au fil des années les archéologues continuent à mettre au jour d'autres roches gravées, dissimulées sous les eaux ou dans la terre.

La saga des gravures du Côa

UN SITE PRÉSERVÉ

Depuis l'époque où les hommes de Cro-Magnon gravaient sur le schiste les animaux qu'ils voyaient dans la nature, le paysage a peu changé. Grâce à l'isolement, l'art rupestre de la vallée du Côa a été préservé jusqu'à nos jours. Il a même été perpétué au cours des siècles par les hommes de toutes les époques qui y sont passés et y ont laissé leur trace, inscrite sur la pierre, jusqu'au 20e s., où fut représenté un train empruntant le pont ferroviaire de Foz do Côa.

SAUVÉ DES EAUX

En 1992, lors de la construction du barrage dans la zone de Canada do Inferno, on découvrit des roches gravées datant du Paléolithique (de 30000 à 10000 ans avant notre ère). Après une longue polémique, le nouveau gouvernement, choisissant de conserver cet ensemble exceptionnel d'art rupestre, décida début 1996 de suspendre les travaux du barrage, qui aurait élevé le niveau des eaux de 130 m.

DES SITES ÉPARPILLÉS SUR LA RIVIÈRE

Jusqu'à présent, plus de 150 roches gravées ont été mises au jour, dont seule une petite partie peut être approchée. Elles sont réparties sur plusieurs sites qui s'étendent sur 17 km le long du rio Côa, près de la confluence avec le Douro. Quatre d'entre eux (Penascosa, Ribeira de Piscos, Canada do Inferno et, plus difficile d'accès, Fariseu) sont ouverts au public. On a aussi trouvé des roches ornementées, dont certaines immergées, sur d'autres sites, et le Parc évolue sans cesse en raison des nombreuses découvertes faites au cours de nouvelles prospections.

L'ART RUPESTRE DU PALÉOLITHIQUE

Le Paléolithique, ou âge de la pierre taillée, est la période la plus longue (2,5 millions d'années) et la plus reculée de l'histoire de l'humanité. Les gravures les plus anciennes de la vallée du Côa, datées grâce aux espèces animales représentées, ont environ 20000 ans : elles remontent au Paléolithique supérieur et se rattachent pour la plupart au Solutréen. Si les peintures des grottes de Lascaux en France ou d'Altamira en Espagne sont à peu près de la même époque, elles appartiennent à l'art pariétal. Alors qu'ici, comme sur le site de Siega Verde en Espagne, dans la vallée du rio Águeda, à quelque 80 km, il s'agit d'**art rupestre à ciel ouvert**.

Les techniques de gravure utilisées dans la vallée du Côa sont de trois sortes : l'**abrasion**, qui consiste à faire un sillon profond en passant plusieurs fois avec une pierre taillée sur le trait ; le **picotage**, succession de points martelés avec un caillou et formant un trait, parfois complété par abrasion ; et le **trait filiforme**, une incision fine, plus difficile à distinguer.

Les animaux les plus fréquemment figurés sont le cheval, l'aurochs et le bouquetin. Généralement, le même rocher sert de support à l'illustration de plusieurs animaux, dont les dessins se superposent. La particularité de l'art du Côa réside dans l'extraordinaire beauté des gravures rendue par la représentation du mouvement et de la forme des animaux, associée à un trait simple et sûr.

NOS ADRESSES PAGE 606
Hébergement, restauration, achats, activités, etc.

S'INFORMER

Parque Arqueológico do Vale do Côa (PAVC) – *Rua do Museu - Vila Nova de Foz Côa - ☏ 279 76 82 60 - visitas@arte-coa.pt (pour les réservations) - www.arte-coa.pt - 9h-13h, 14h-18h.* Centre d'information et de réservation obligatoire des visites pour les trois sites archéologiques. Bibliothèque spécialisée dans l'art rupestre.

SE REPÉRER

Carte de région C2 p. 484-485. De Lisbonne, accès par Coimbra *(A 1)*, Viseu *(IP 3)*, Celorico da Beira *(IP 5)* puis IP 2 ; ou par Torres Novas *(A 1)*, Castelo Branco *(IP 6)*, Guarda *(IP 2)* et Celorico da Beira *(IP 5)*, puis l'IP 2 *(env. 400 km - 4h30 de trajet)*. De Porto, accès par l'E 82/IP 4 en direction de Bragança, puis les N 213, N 215 et IP 2 vers le sud à partir de Mirandela *(214 km - env. 3h)*.

À NE PAS MANQUER

Le site de Penascosa ; le musée de Côa.

ORGANISER SON TEMPS

Comptez 2 jours pour explorer les trois sites du Parc ouverts à la visite. Si vous ne disposez que d'une journée, privilégiez le site de Penascosa, le plus accessible et intelligible. Réservez au moins 1 semaine à l'avance. Pensez à vous protéger du soleil, redoutable en été.

Les conditions de visite sont rigoureuses : voir la rubrique qui y est consacrée dans « Nos adresses », p. 606.

AVEC LES ENFANTS

Le Parc est un régal pour leur enrichissement culturel. Il faut toutefois faire attention sur les sites de Ribeira de Piscos et Canada do Inferno, dont l'approche est un peu difficile. Les enfants de moins de 3 ans n'y sont pas acceptés.

Découvrir

Penascosa

Départ du Centre de réception de Castelo Melhor - env. 15 km de Vila Nova de Foz Côa, dir. Figueira de Castelo Rodrigo – ☏ 279 71 33 44 - visite tlj sf lun. vers 13h (13h30 en été) - 10 € (enf. 2,50 €), 17 € en visite de nuit – Comptez env. 1h30 AR, dont 40mn en véhicule tout-terrain.

Aménagé dans une maison ancienne en schiste typique de la région, le Centre de réception de **Castelo Melhor** *(voir aux environs de Guarda, p. 466)*, point de départ de la visite, allie harmonieusement une architecture traditionnelle préservée et un espace intérieur moderne, équipé de postes multimédias reliés à Internet et d'une salle de conférences et de projection.

Bon à savoir – Une agréable terrasse extérieure permet de patienter en prenant une boisson.

Le trajet en véhicule tout-terrain offre de belles vues panoramiques sur les pentes où l'on cultive les vignes pour le porto, en particulier sur le domaine de la célèbre Quinta da Ervamoira. Penascosa est le site le plus accessible et le plus intelligible. Il se trouve près du fleuve et les véhicules s'arrêtent à quelques mètres des roches gravées. Il se visite l'après-midi, ce qui permet de bénéficier de la luminosité la plus favorable à la perception des gravures, pour la plupart exécutées suivant les techniques de l'abrasion et du picotage. Le mouvement des animaux est ici extraordinairement reproduit, en particulier dans une probable scène d'accouplement, montrant une jument couverte par un cheval à trois têtes qui traduisent le mouvement du cou. On verra également un cheval gravé à taille réelle et, sur la roche n° 3, une douzaine d'animaux superposés, dont l'un est présenté à la fois de face (tête) et de profil (corps). Actuellement, on visite en détail cinq roches sur ce site qui en compte près d'une quarantaine, réparties en deux grands groupes réunissant à peu près tous les types de gravure identifiés dans la vallée.

Ribeira de Piscos

Départ du Centre de réception de Muxagata – env. 7 km de Vila Nova de Foz Côa, dir. Celorico da Beira et Guarda - ✆ 279 76 42 98 - visite tlj sf lun. vers 10h (9h30 en été) - 10 € (enf. 2,50 €) – Comptez 2h30 AR, dont 1h en véhicule tout-terrain et 40mn à pied.

Situé dans le village de **Muxagata**, où l'on peut voir un pilori du 16e s., le centre de réception occupe une belle maison du 16e s., entièrement restaurée.

La visite s'agrémente d'une promenade le long de la rivière de Piscos. Les gravures, en majorité filiformes, sont dispersées sur les versants et moins perceptibles que sur le site de Penascosa. Toutefois, l'une d'elles, assez visible, représente deux chevaux dont les têtes enlacées et les lignes dorsales évoquent deux ailes. La grâce et la pureté du trait sont d'une émouvante beauté. À noter, sur une roche à côté, une figure humaine de la même époque, baptisée « l'homme de Piscos », un type de représentation extrêmement rare parmi les gravures du Paléolithique à Côa. On approche actuellement cinq roches sur la petite trentaine que compte ce site.

À DÉGUSTER

La visite du site peut être complétée par une dégustation de porto ou un déjeuner à la **Quinta da Ervamoira** *(réserv. ✆ 279 75 92 29 - www.ramospinto.pt)*. La *quinta* dispose en outre d'un musée consacré à l'environnement de cette zone de la vallée du Côa.

Canada do Inferno

Départ du musée d'Art et d'Archéologie de la vallée du Côa, à Vila Nova de Foz Côa (voir ci-contre) – visite vers 9h15 (9h30 en été) - 10 € (enf. 2,50 €) – Comptez de 1h30 à 2h AR, dont 20mn en véhicule tout-terrain et 20mn à pied.

Premier redécouvert et plus important des trois, le site se trouve dans une zone plus escarpée de la rive gauche du Côa, sur une pente accentuée de 130 m, d'accès un peu plus difficile. De là, on peut voir le chantier interrompu du barrage, 400 m en aval. La visite est organisée le matin pour bénéficier de la meilleure visibilité des gravures, en majorité filiformes. Plus de 40 panneaux ont déjà été repérés, comprenant plus de 150 figurations paléolithiques; six d'entre eux sont décrits durant la visite. L'un des motifs mis au jour, montrant une chèvre, mêle les techniques du picotage et de l'abrasion *(voir « La saga des gravures du Côa », p. 602)*. Un autre animal figure deux têtes, possible manière d'en représenter le mouvement. Témoignant de la continuité de l'activité au cours des siècles, quelques gravures à thèmes religieux datant du 17e s. sont également visibles, ainsi que des œuvres réalisées dans les années 1950 par des paysans de la région.

À proximité Carte de région

Vila Nova de Foz Côa C2

15 km au nord-est de Castelo Melhor sur l'IP 2.

Dans un paysage de collines dénudées, cette petite ville solitaire mais riante s'étend sur une longue crête aux pentes garnies de vignes. La région est particulièrement belle lors de la floraison des amandiers (février-mars).

Igreja Matriz – L'église paroissiale offre une remarquable **façade★** manuéline en granit, à clocher-porche, avec un portail entouré de pilastres en faisceaux, surmonté d'une archivolte décorée de motifs floraux et de coquilles. L'intérieur compte trois nefs dont le plafond de bois peint est soutenu par des colonnes à chapiteaux sculptés de têtes humaines, inclinées de façon à donner une impression d'ouverture vers le ciel. Des retables baroques de bois doré ornent l'abside et une chapelle du bas-côté droit.

Pelourinho – Beau pilori manuélin en granit, au fût ceint d'une torsade et au faîte sculpté de colonnettes et de statues sous une sphère armillaire et un lys.

Museu do Côa – *Rua do Museu (env. 3 km à l'est de la ville, sur la rivière) - ☏ 279 76 82 60 - www.arte-coa.pt - tlj sf lun. 10h-13h30, 14h-17h30 - 5 €, 12 € billet combiné avec l'un des trois sites archéologiques, 2,50 € le dim. de 14h à 17h - restaurant-cafétéria tlj sf lun. 9h30-23h.*

S'intégrer dans le paysage de la vallée et faire écho à une création artistique vieille de 20 000 ans : tel fut le mot d'ordre des architectes Camilo Rebelo et Tiago Pimentel, à l'origine de l'imposante bâtisse coiffant la colline et surplombant le rio Côa. Ouvert mi-2010, ce **musée d'Art et d'Archéologie** restitue les gravures de Côa parmi les autres manifestations de l'art préhistorique et dans la vie quotidienne des hommes du Paléolithique. Plaques de schiste gravées, reconstitution des motifs les plus emblématiques, matériels exhumés lors des fouilles, projections et maquettes présentent les grands cycles de l'art rupestre sur les différents sites explorés, du Paléolithique à l'âge de fer. Il retrace aussi la controverse qui divisa le pays avant le sauvetage du site : « Les gravures, elles, ne savent pas nager », clamaient les opposants au barrage. Belle vue panoramique.

Torre de Moncorvo C2

17 km au nord de Vila Nova de Foz Côa par l'IP 2, puis la N 325 à droite.

La ville ouvre sur un vaste paysage de croupes montagneuses arides, au-dessus d'une vallée fertile plantée d'oliviers et de vignes, proche de la confluence du Douro et du Sabor. Au sud-est, la serra do Reboredo recèle de riches gisements de minerai de fer. La vallée du rio Sabor, seule rivière du Portugal restée à l'état sauvage (sans barrage ni retenue d'eau), court à travers une très belle nature, riche de nombreuses espèces de fleurs sauvages, de champignons et d'oiseaux. La ville compte plusieurs maisons seigneuriales des 17e et 18e s. comme le Solar dos Pimentéis ou la Casa dos Távoras. Goûtez à ses *amêndoas cobertas*, sortes de pralines, très réputées.

Igreja Matriz – Cette imposante église à façade austère, des 16e et 17e s., renforcée de puissants contreforts, présente au centre une tour à avant-corps et un portail Renaissance en plein cintre. L'entablement est surmonté de sculptures dans des niches baroques en forme de coquillage. L'intérieur, sous des voûtes à nervures, abrite un beau retable du 17e s. et, dans le bas-côté gauche, un triptyque en bois peint illustrant la vie de sainte Anne, mère de la Vierge, et de saint Joachim, son époux. On y voit à droite leur rencontre, à gauche leur mariage et, au centre, la présentation de l'Enfant Jésus à ses grands-parents.

NOS ADRESSES DANS LA VALLÉE DU CÔA

INFORMATIONS UTILES

Les offices de tourisme sont répertoriés en début de chapitre.

VISITE

Chacun des trois sites de gravures rupestres ouverts à la visite est accessible en 4x4 depuis un point de rendez-vous donné : Centre de réception de Castelo Melhor pour le site de Penascosa ; Centre de réception de Muxagata pour celui de Ribeira de Piscos ; musée d'Art et d'Archéologie de Vila Nova de Foz Côa pour celui de Canada do Inferno *(voir plus haut, dans le descriptif de chacun des sites)*. Les visiteurs doivent se rendre par leurs propres moyens au Centre de réception au moins 15mn avant le départ ; de là, accompagnés par un guide du PAVC, ils gagnent la zone archéologique à bord d'un 4x4 du site.
On ne peut visiter que deux sites par jour, un le matin et l'autre l'après-midi. Le nombre de visiteurs étant limité à 8 personnes par 4x4, enfants compris, il est indispensable de réserver *(voir plus bas)*.
Horaires des visites – Du mar. au dim., l'après-midi ou en nocturne pour Penascosa, le matin pour les deux autres sites. L'heure de départ des visites varie selon la saison : faites-vous confirmer les détails du rendez-vous au moment de votre réservation.
Réservations – Du mar. au vend. auprès du PAVC, à Vila Nova de Foz Côa *(voir « S'informer », p. 603)*. Réservez au moins une semaine à l'avance, voire plus en haute saison.
Tarifs – 10 € par site (étudiant et -16 ans 2,50 €, réductions pour les familles), transport en 4x4 et guide compris ; 17 € pour une visite de nuit ; billet cumulé Musée archéologique + l'un des trois sites (selon les places disponibles) 12 €.
Équipement – Prévoyez des chaussures de marche (respectivement 1 et 2 km de marche AR pour accéder aux sites de Canada do Inferno et de Ribeira de Piscos), des bottes et un imperméable en hiver (parapluies interdits), de quoi vous protéger du soleil en été (crème, chapeau) et une bouteille d'eau. Prenez un petit sac à dos pour garder les mains libres et marcher plus aisément, surtout à Canada do Inferno et à Ribeira de Piscos, où le terrain irrégulier et pentu oblige à s'accrocher parfois à la végétation et aux pierres. Les personnes sensibles à la chaleur doivent éviter les visites en été, car la température dépasse facilement 40 °C.
Autres sites – Pour la visite de sites plus difficiles d'accès, comme **Fariseu** *(au départ de Muxagata)* ou **Algodres** *(27 km au sud-est de Vila Nova de Foz Côa)*, se renseigner sur place.
Bon à savoir – Le Parc peut annuler provisoirement les visites en cas d'intempéries (pluie notamment).

HÉBERGEMENT

Vila Nova de Foz Côa dispose d'une auberge de jeunesse *(voir ci-dessous)* et de plusieurs hôtels près du siège du Parc archéologique, sur l'avenida Gago Coutinho.

À Vila Nova de Foz Côa

PREMIER PRIX

Albergue Juvenil – *Caminho Vicinal Currauteles, 5 - ✆ 279 76*

81 90 - fozcoa@movijovem.pt - - 27 ch. - 32/60 € - fermé en déc. De petits dortoirs bien entretenus, très propres et au grand calme, ou des chambres particulières, avec ou sans salle de bains, version couple ou famille : cette auberge en briques rouges convient à toutes les situations et toutes les bourses. Belle vue sur la vallée depuis les chambres et la terrasse.

À Torre de Moncorvo

BUDGET MOYEN

Casa da Avó – *R. Manuel Seixas, 12 - 279 25 24 01 - www.casaavo.com - - 6 ch. 75/85 € - 25 €.* Au cœur de la vieille ville, en face de l'église paroissiale, cette maison d'hôte centenaire est ornée de plafonds moulurés et décorée de beaux meubles et sièges du 17e s. Chambres confortables dont deux s'ouvrent sur un ravissant jardin arrière et sur les mBontagnes de la serra do Reboredo. Salle de petit-déjeuner aux beaux murs peints.

RESTAURATION

À Vila Nova de Foz Côa

PREMIER PRIX

A Marisqueira – *R. São Miguel, 35 - 279 76 21 87 - tlj sf dim. 8h30-2h - env. 15 €.* Un établissement populaire au milieu de la rue piétonne, servant des plats copieux. Les poulets et le chevreau grillent dans la remise arrière pour le grand plaisir olfactif de la clientèle.

ACTIVITÉS

Atelier d'archéologie expérimentale – *Museu do Côa (voir p. 605) - durée : 1h45 - 1 € - 6 participants mini.* Tailler une pierre, allumer un feu, graver une plaque de schiste ou garder de l'eau : pour réapprendre à vivre comme les hommes du Paléolithique.

Randonnées – Le Parc peut organiser des randonnées et des promenades en VTT (vélos 5 €, 10 participants mini).

Sur les traces des chasseurs du Paléolithique – *Départ de l'église paroissiale du village d'Algodres (27 km au sud-est de Vila Nova de Foz Côa) - visite sur réserv. auprès du PAVC (voir « S'informer », p. 603) à 9h30 - 14 € – Comptez 3h, dont accès en 4x4 puis 700 m à pied.* Randonnée thématique conduisant au site d'Olga Grande 4, où des fouilles archéologiques ont mis au jour des outils (pics de gravure).

6

Parce que le monde est mobile, **Michelin** améliore notre mobilité.

PAR TOUS LES MOYENS ET SUR TOUTES LES ROUTES.

Depuis l'avènement de l'entreprise – il y a plus d'un siècle ! –, Michelin n'a eu qu'un objectif : aider l'homme à toujours mieux avancer. Un défi technologique, d'abord, avec des pneumatiques toujours plus performants, mais aussi un engagement constant vis-à-vis du voyageur, pour l'aider à se déplacer dans les meilleures conditions. Voilà pourquoi Michelin développe, en parallèle, toute une collection de produits et de services : cartes, atlas, guides de voyage, accessoires automobiles, mais aussi applications mobiles, itinéraires et assistance en ligne : Michelin met tout en œuvre pour que bouger soit un plaisir !

Paris
RESTAURANTS
2014
PARIS
PAR ARRONDISSEMENT
Les Alpes à

CODE
DE LA ROUTE
2014
AUVERGN

Europe
Routes
des vignobles
en France
BERLIN
Stadtplan und Register

Un pneu
→ *c'est quoi ?*

Rond, noir, à la fois souple et solide, le pneumatique est à la roue ce que le pied est à la course. Mais de quoi est-il fait ? Avant tout de gomme, mais aussi de divers matériaux textiles et / ou métalliques... et d'air ! Ce sont les savants assemblages de tous ces composants qui assurent aux pneumatiques leurs qualités : adhérence à la route, amortissement des chocs, en deux mots : confort et sécurité du voyageur.

1 BANDE DE ROULEMENT
Une épaisse couche de gomme assure le contact avec le sol. Elle doit évacuer l'eau et durer très longtemps.

2 ARMATURE DE SOMMET
Cette double ou triple ceinture armée est à la fois souple verticalement et très rigide transversalement. Elle procure la puissance de guidage.

3 FLANCS
Ils recouvrent et protègent la carcasse textile dont le rôle est de relier la bande de roulement du pneu à la jante.

4 TALONS D'ACCROCHAGE À LA JANTE
Grâce aux tringles internes, ils serrent solidement le pneu à la jante pour les rendre solidaires.

5 GOMME INTÉRIEURE D'ÉTANCHÉITÉ
Elle procure au pneu l'étanchéité qui maintient le gonflage à la bonne pression.

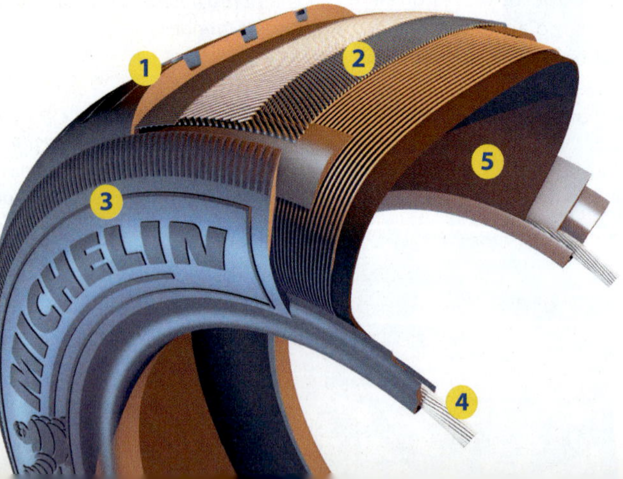

Michelin

→ *l'innovation en mouvement*

Créé et breveté par Michelin en 1946, le pneu radial ceinturé a révolutionné le monde du pneumatique. Mais Michelin ne s'est pas arrêté là : au fil des ans, d'autres solutions nouvelles et originales ont vu le jour, confirmant Michelin dans sa position de leader en matière de recherche et d'innovations, pour répondre sans cesse aux exigences des nouvelles technologies des véhicules.

→ *la juste pression !*

L'une des priorités de Michelin, c'est une mobilité plus sûre. En bref, innover pour avancer mieux. C'est tout l'enjeu des chercheurs, qui travaillent à mettre au point des pneumatiques capables de "freiner plus court" et d'offrir la meilleure adhérence possible à la route. Aussi, pour accompagner les automobilistes, Michelin organise, partout dans le monde, des campagnes de sensibilisation à la sécurité routière : les opérations "Faites le plein d'air" rappellent à tous que la juste pression des pneumatiques est un facteur essentiel de sécurité.

MICHELIN

La mobilité durable

→ *c'est une mobilité propre... et pour tous*

La mobilité durable c'est permettre aux hommes de se déplacer d'une façon plus propre, plus sûre, plus économique et plus accessible à tous, quel que soit le lieu où ils vivent.

Tous les jours, les 113 000 collaborateurs que Michelin comptent dans le monde innovent :

- en créant des pneus et des services qui répondent aux nouveaux besoins de la société,
- en sensibilisant les jeunes à la sécurité routière,
- en inventant de nouvelles solutions de transport qui consomment moins d'énergie et émettent moins de CO_2.

→ *Michelin Challenge Bibendum*

La mobilité durable, c'est permettre la pérennité du transport des biens et des personnes, afin d'assurer un développement économique, social et sociétal responsable. Face à la raréfaction des matières premières et au réchauffement climatique, Michelin s'engage pour le respect de l'environnement et de la santé publique. De manière régulière, Michelin organise ainsi le Michelin Challenge Bibendum, le seul événement mondial axé sur la **mobilité routière durable.**

MICHELIN CHALLENGE BIBENDUM

Notes

Notes

Notes

Notes

Notes

Notes

INDEX GÉNÉRAL

Porto : villes, curiosités et régions touristiques.
Pessoa, Fernando : noms historiques ou termes faisant l'objet d'une explication.
Les sites isolés (châteaux, abbayes, grottes, etc.) sont répertoriés à leur propre nom.

A

B

C

D

E

Q

R

CARTES ET PLANS

CARTE GÉNÉRALE

CARTES DES RÉGIONS

PLANS DE VILLE

PLANS DE TRANSPORT

PLANS DE MONUMENT

CARTES THÉMATIQUES

CARTES DES CIRCUITS

LÉGENDE DES CARTES ET PLANS

Curiosités et repères

- Itinéraire décrit, départ de la visite
- Église
- Mosquée
- Synagogue
- Monastère - Phare
- Fontaine
- Point de vue
- Château - Ruine ou site archéologique
- Barrage - Grotte
- Monument mégalithique
- Tour génoise - Moulin
- Temple - Vestiges gréco-romains
- Temple : bouddhique - hindou
- Autre lieu d'intérêt, sommet
- Distillerie
- Palais, villa, habitation
- Cimetière : chrétien - musulman - israélite
- Oliveraie - Orangeraie
- Mangrove
- Auberge de jeunesse
- Gravure rupestre
- Pierre runique
- Église en bois
- Église en bois debout
- Parc ou réserve national
- Bastide

Sports et loisirs

- Piscine : de plein air - couverte
- Plage - Stade
- Port de plaisance - Voile
- Plongée - Surf
- Refuge - Promenade à pied
- Randonnée équestre
- Golf - Base de loisirs
- Parc d'attractions
- Parc animalier, zoo
- Parc floral, arboretum
- Parc ornithologique, réserve d'oiseaux
- Planche à voile, kitesurf
- Pêche en mer ou sportive
- Canyoning, rafting
- Aire de camping - Auberge
- Arènes
- Base de loisirs, base nautique ou canoë-kayak
- Canoë-kayak
- Promenade en bateau

Informations pratiques

- i — Information touristique
- P — Parking - Parking - relais
- Gare : ferroviaire - routière
- Voie ferrée
- 1 — Ligne de tramway
- Départ de fiacre
- M RER — Métro - RER
- Station de métro (Calgary, ...) (Montréal)
- Téléphérique, télécabine
- Funiculaire, voie à crémaillère
- Chemin de fer touristique
- Transport de voitures et passagers
- Transport de passagers
- File d'attente
- Observatoire
- D — Station-service - Magasin
- Poste - Téléphone
- @ — Internet
- H H B — Hôtel de ville - Banque, bureau de change
- J J × POL — Palais de justice - Police
- GNR — Gendarmerie
- T T U U M — Théâtre - Université - Musée
- Musée de plein air
- Hôpital
- Marché couvert
- Aéroport
- Parador, Pousada (Établissement hôtelier géré par l'État)
- A — Chambre d'agriculture
- D — Conseil provincial
- G — Gouvernement du district, Délégation du Gouvernement Police cantonale
- L — Gouvernement provincial (Landhaus)
- P — Chef-lieu de province
- Station thermale
- Source thermale

Axes routiers, voirie

- Autoroute ou assimilée
- 1 — Échangeur : complet - partiel
- Route
- Rue piétonne
- Escalier - Sentier, piste

Topographie, limites

- Volcan actif - Récif corallien
- Marais - Désert
- Frontière - Parc naturel

Comprendre les symboles utilisés dans le guide

LES ÉTOILES

★★★ **Vaut le voyage** ★★ **Mérite un détour** ★ **Intéressant**

HÔTELS ET RESTAURANTS

9 ch.	Nombre de chambres		Piscine
7,5 €	Prix du petit-déjeuner en sus	CC	Paiement par cartes de crédit
50 €	Prix de la chambre double, petit-déjeuner compris		Carte de crédit non acceptée
bc	Menu boisson comprise	P	Parking réservé à la clientèle
	Air conditionné dans les chambres	Tram	Station de tramway la plus proche
	Restaurant dans l'hôtel	M	Station de métro la plus proche
	Établissement servant de l'alcool (à l'étranger)		

SYMBOLES DANS LE TEXTE

	À faire en famille		Randonnée à vélo
	Pour aller au-delà		Facilité d'accès pour les handicapés
	Promenade à pied	A2 B	Repère sur le plan

Note au lecteur

Michelin a apporté le plus grand soin à la rédaction de ce guide et à sa vérification. Toutefois, les informations pratiques (formalités administratives, prix, adresses, numéros de téléphone, adresses Internet, etc.) doivent être considérées comme des indications du fait de l'évolution constante de ces données.

Il n'est pas totalement exclu que certaines d'entre elles ne soient plus, à la date de parution du guide, tout à fait exactes ou exhaustives. N'hésitez pas à nous signaler toute omission ou inexactitude que vous pourriez constater, ainsi qu'à nous faire part de vos avis et suggestions sur les adresses contenues dans ce guide.

Avant d'entamer toute démarche, formalités administratives ou douanières notamment, vous êtes invité à vous renseigner auprès des organismes officiels. Ces informations ne sauraient, de ce fait, engager notre responsabilité.

Collection Le Guide Vert sous la responsabilité de Philippe Orain

Édition
Mélanie Cornière, Florence Dyan

Rédaction
Célia Bénisty, Philippe Bourget, Camille Bouvet, Séverine Cachat, Tiphaine Cariou, Mélanie Cornière, Françoise Dupont, Denis Feugeas, Michel Fonovich, Alexandra Forterre, Serge Guillot, Emmanuelle Lepetit, Valérie Minet, Marie Perchat, Jérôme Saglio

Cartographie
Évelyne Girard, Florica Paizs, Iulia Fontanine, Mihaita Constantin, Thierry Lemasson

Relecture
Béatrice Peyret-Vignals

Remerciements
Didier Broussard, Hervé Dubois, Maria Gaspar, Pascal Grougon

Conception graphique
Christelle Le Déan

Régie publicitaire et partenariats
business-solutions@tp.michelin.com
Le contenu des pages de publicité insérées dans ce guide n'engage que la responsabilité des annonceurs.

Contacts
Michelin
Guides Touristiques
27 cours de l'Ile-Seguin, 92100 Boulogne Billancourt
Service consommateurs : tourisme@tp.michelin.com
Boutique en ligne : www.michelin-boutique.com

Parution 2016

Michelin Travel Partner
Société par actions simplifiées au capital de 11 288 880 EUR
27 Cours de l'Ile Seguin - 92100 Boulogne Billancourt (France)
R.C.S. Nanterre 433 677 721

Dépôt légal : 03-2016 – ISSN 0293-9436
Compograveur : IGS-CP, L'Isle-d'Espagnac
Imprimeur : Lego Print, Lavis (Italie)
Imprimé en Italie : 02-2016
Usine certifiée 14001
Sur du papier issu de forêts gérées durablement (100 % PEFC)

LE GUIDE VERT

Le guide de toutes les découvertes !

Nos guides sur le Monde

Argentine • Argentine Route 40 • Bali Lombok • Boston et la Nouvelle-Angleterre • Brésil • Californie • Cambodge Laos • Canada • Chine Hong-Kong • Colombie • Corée du Sud • Cuba • États-Unis Nord-Est • États-Unis Nord-Ouest • États-Unis Sud-Est • Floride • Guadeloupe • Indonésie • Japon • Maroc • Martinique • Maurice Rodrigues • Mexique • New York • Parcs de l'Ouest américain • Pérou • Québec • Rajasthan • La Réunion • Seychelles • Sud-Ouest américain • Taïwan • Thaïlande • Tunisie • Vietnam

Nos guides sur l'Europe

Allemagne • Andalousie • Angleterre • Autriche • Barcelone et la Catalogne • Belgique • Bulgarie • Crète • Croatie • Danemark Suède • Ecosse • Espagne Atlantique (Pays Basque Navarre Cantabrie Asturies Galice) • Espagne du Centre (Madrid Castille) • Espagne côté Est (Valence Murcie Baléares Aragon) • Grèce continentale • Iles grecques Athènes • Irlande • Islande • Italie du Nord • Italie du Sud • Londres • Moscou St-Pétersbourg • Norvège • Pays Baltes • Pays-Bas • Pologne • Portugal • Pouilles • Prague • Rome • Roumanie • Sardaigne • Sicile • Suisse • Toscane Ombrie • Turquie • Venise • Vienne

Nos guides sur la France

Alpes du Nord • Alpes du Sud • Alsace Vosges • Aquitaine • Ardèche Drôme • Auvergne • Bourgogne • Bretagne Nord • Bretagne Sud • Champagne-Ardenne • Châteaux de la Loire • Corse • Côte d'Azur • Franche-Comté • Ile-de-France • Languedoc • Limousin Berry • Lorraine • Lot Aveyron Vallée du Tarn • Lyon et sa région • Nord Pas-de-Calais • Normandie Cotentin • Normandie Vallée de Seine • Paris • Pays Basque et Navarre • Pays de la Loire • Périgord Quercy • Picardie • Poitou Charentes • Provence • Pyrénées Toulouse Gers • Roussillon Aude Pays Cathare • France

Nos guides week-end en France et à l'étranger

Aix-en-Provence • Amsterdam • Athènes • Iles Baléares • Barcelone • Berlin • Bordeaux • Bruges • Bruxelles • Budapest • Iles Canaries • Copenhague • Cracovie •

Dublin • Édimbourg • Florence • Gênes Cinque Terre & Portofino • Grenade Málaga • Hong-Kong Macao • Iles anglo-normandes • Istanbul • Lille • Lisbonne • Londres • Luxembourg • Lyon • Madère • Madrid • Malte • Marrakech Essaouira • Marseille • Milan et les lacs • Montpellier • Montréal • Munich et la Bavière • Nice • Nantes • Naples et Pompéi • New York • Paris • Porto • Prague • Québec • Rome • Saint-Pétersbourg • Séville • Stockholm • Strasbourg • Toulouse • Valence • Venise • Vienne